徐向艺 著

公司治理论

Corporate Governance Theory

经济科学出版社
Economic Science Press

图书在版编目（CIP）数据

公司治理论/徐向艺著. —北京：经济科学出版社，2015.8

ISBN 978-7-5141-5940-0

Ⅰ.①公… Ⅱ.①徐… Ⅲ.①公司-企业管理-研究 Ⅳ.①F276.6

中国版本图书馆 CIP 数据核字（2015）第 172581 号

责任编辑：柳　敏　宋　涛
责任校对：郑淑艳
版式设计：齐　杰
责任印制：李　鹏

公司治理论

徐向艺　著

经济科学出版社出版、发行　新华书店经销
社址：北京市海淀区阜成路甲 28 号　邮编：100142
总编部电话：010-88191217　发行部电话：010-88191522
网址：www.esp.com.cn
电子邮件：esp@esp.com.cn
天猫网店：经济科学出版社旗舰店
网址：http://jjkxcbs.tmall.com
北京汉德鼎印刷有限公司印刷
三河市华玉装订厂装订
710×1000　16 开　43.25 印张　870000 字
2015 年 9 月第 1 版　2015 年 9 月第 1 次印刷
ISBN 978-7-5141-5940-0　定价：80.00 元
（图书出现印装问题，本社负责调换。电话：010-88191502）
（版权所有　侵权必究　举报电话：010-88191586
电子邮箱：dbts@esp.com.cn）

内 容 摘 要

第1篇 公司治理研究方法论问题

第1章 公司治理研究现状评价与范式辨析。近年来公司治理方面的研究文献日益激增，形成了诸多较为固定的研究范式，但却不乏有待商榷之处。探究其深层原因，多来自这些理论与实证研究范式本身所存在的局限性，包括共同治理理论的本质缺陷、治理结构与治理行为的模糊界定、治理绩效与财务绩效的等同、公司治理动态内生性问题的忽视以及公司治理评价指数的缺陷等，造成了目前研究中的概念混淆、结论迥异以及虚假关系等问题。在对上述范式进行辨析的基础上探索公司治理研究领域的新趋势，以期推动公司治理研究体系进一步深化与拓展。

第2章 公司治理理论的演进与趋势研究。单边治理与利益相关者共同治理是公司治理理论演进过程中的两个重要观点，从经济学与法学的视角出发，两者都具有其合理性与局限性。核心利益相关者治理理论是对上述两种观点的整合与修正，是公司治理理论发展的新趋势。从资本市场成熟程度、法律环境与路径依赖等方面来看，中国公司治理实践的发展与完善应以核心利益相关者治理理论为指导，强化股东、管理者、员工以及主要债权人等核心利益相关者的治理功能。

第3章 母子公司治理研究脉络梳理与演进趋势探析。本章以母子公司为研究对象，通过梳理相关研究脉络，对母子公司治理研究现状进行了深入的剖析。对现有研究进行归类，并分别分析其体现的治理问题、具体表现以及理论基础，结果发现该领域研究主要集中于母子公司间"自上而下"的单向治理问题，而忽视了以母子公司间的互动性为中心的双向治理问题。随后，通过把基于行为经济学的参照点契约引入分析框架，即放松了参与主体不能进行讨价还价的假设，对母子公司双向治理视角的研究可行性进行了分析，并提出了进一步的研究展望。

第4章 媒体监督与公司治理研究的文献评述与分析。媒体监督在担当资本市场信息传播者角色的同时，在公司治理中也起到重要的监督约束作用，声誉机制与信息传播机制的相互配合迫使契约双方重视自己的声誉，这成为媒体监督参与公司治理的理论基础，但媒体发挥治理功能的前提是报道内容真实客观。对现有文献进行梳理后发现，媒体监督可以成为法律制度的有益补充，对公司治理的完善确实起到了重要的促进作用。但相关研究尚未形成完整的框架体系，且多针对较为成熟的欧美市场，国内研究刚刚起步。对媒体偏差的负面效应及互联网和社交群体等新媒体的监督作用已引起学者们的关注，将逐渐成为新的研究方向。

第5章　国有企业委托代理关系与代理成本。国有企业与现代公司委托代理关系显著不同在于：前者存在多层次所有权委托代理关系。与发达国家现代公司代理关系相比，中国国有企业代理成本昂贵的主要原因之一是国有资产在各级、各类所有者主体之间的代理层次太多，即初始所有者与代理所有者之间的关系过于繁杂。本章重点研究国有企业所有权委托代理关系与代理成本。在此基础上，分析所有权代理成本和经营权代理成本降低的途径。

第6章　基于O-SEA权力体系下的公司治理研究。公司治理已经得到了经济学、管理学、法学、社会学等众多学科的交叉研究，而他们所研究的部分内容与焦点都可以从"权力"当中找到线索：经济学所理解的制度安排必然反映的是权力的分配关系，这是卢梭早在1762年就论证了的观点；管理学研究的是各部分的功能和运作方式，着眼点在于责、权、利的界定；法学从法理的角度理解公司治理，本质上是孟德斯鸠"三权分立"思想的发挥；社会学则在关注公司日益膨胀的权力及引致的社会问题。从更普遍的意义上说，公司治理研究的就是这种权威（权力）是怎样配置和执行的。因此，本章试图在界定公司权力的基础上构建一个O-SEA权力体系来研究公司治理问题。

第2篇　资本结构与公司价值

第7章　资本结构与利益相关者控制权研究。资本结构不仅仅是一种融资方式与融资比例的关系，更重要的是一种企业控制权的安排，资本结构规定着股东、债权人和经营者等利益相关者（在企业中投入了专用性资产的人或团体）的控制权安排。同时，资本结构与控制权之间的相互作用机制，又使得控制权的分配与转移作用于企业的资本结构，促进资本结构的优化。

第8章　财务杠杆、大股东持股与公司价值。上市公司股权结构、债务结构和公司价值之间存在着相互作用，为了探寻对中国上市公司大股东治理的有效机制，优化上市公司资本结构，解决资本结构与治理绩效的内生性问题。本章在实证分析方法上突破现有的研究模式，把公司价值方程与股权结构和债务结构决定方程结合构建了联立方程组，对联立方程组2SLS的检验结果显示，实证结果的可靠性和稳定性得到改进。

第9章　公司治理视角下公司价值的衡量。从公司治理角度来讲，一般采用在给定成本的前提下，考察公司的治理绩效。治理绩效从理论上严格说应该是因实施治理机制而获得的公司价值或股东利益的增量，公司价值指标严格的理论意义应该是企业未来现金流的贴现值。在有效资本市场中，公司价值可以用股票价格表示。但实际上，市场不可能达到完全有效。因此，股票价格并不能准确反映公司价值。一般的做法是用企业绩效指标来替代表示公司价值。常用的公司绩效指标有总资产收益率、净资产收益率、每股收益、主营业务资产收益率和托宾Q值等。不过，近几年来，学术界对用传统的财务业绩指标（如资产收益率、净资产收益率、每股收益等）是否能够有效地衡量公司的价值创造能力和水平提出了质疑，认为公司及股东价值并不一定随上述财务业绩指标的持续增长而相应增长，反而有可能下降和贬值。其原因是这些指标没有反映公司股权资本的投入。为此，一种新的价值评估方法，即经济增加值（EVA）法开始受到关注。

第10章 资本结构与公司价值实证分析。公司发展需要资本，不同的股权融资与债务融资组合形成了公司的资本结构。不同的资本结构是否会影响公司的市场价值？这个问题早在20世纪50年代就为经济学家所关注，两位诺贝尔奖得主莫迪利安尼和米勒（Modigliani and Miller）首先在很苛刻的条件下得出了资本结构与公司市场价值无关的结论，即著名的MM定理。虽然这个结论不能解释资本结构中债务融资比例不断上升这一经济现象，但由此而开创了资本结构理论研究的先河，并掀起了探索现代资本结构之谜的热潮。自那时起，资本结构理论研究就一直围绕着两个基本问题争论不休：一是资本结构的变化如何影响公司的价值；二是资本结构受哪些因素影响，到目前为止，还没有一个满意的答案。但经济学家和管理学家们通过从不同角度对这个问题的探讨，已经得到了许多令人鼓舞的成果。本章试图通过实证分析，对第一个问题进行验证，以期得出有意义的结论。

第11章 公司价值最大化与社会责任。自人类社会出现剩余物品以来，个体的利益追逐与整体的责任承担就成为一个硬币的两面，无论哪一面向上，都不能忘却其隐含着的另一面。公司价值与公司社会责任就是这样的：公司作为市场经济中的个体，有权利去追求利益（或价值）的实现；同时，由于公司参与了社会资源的使用和分配，它也就有义务去承担一定的社会责任。在实践中，公司利益（价值）与社会责任逐步的从一个"零和博弈"的立场向"非零和博弈"转化。然而，观点的逐步统一并不代表着实践上的一致，如何把曾经卓然独立于利益相关者之外的股东收益最大化与公司价值、社会责任相统一，并不十分清楚。因此，本章试图在一个统一的框架内解决上述几个问题，论述的焦点不是社会责任的是非命题，而是它与公司价值的结合。

第12章 股权结构与公司治理绩效实证分析。近些年来，关于股权结构的研究逐渐成为公司治理研究的一个热点，这是因为股权结构在公司治理结构中具有重要地位，是公司治理机制的基础，它决定了股东结构、股权集中程度以及大股东的身份，导致股东行使权力的方式和效果有较大的区别，进而对公司治理模式的形成、运作及绩效有较大影响。换句话说股权结构与公司治理中的内部监督机制直接发生作用；同时，股权结构在很大程度上受公司外部治理机制的影响，反过来，股权结构也对外部治理机制产生间接作用。本章在上述理论的基础上，从股权属性和股权集中度两个方面，用实证方法对我国上市公司股权结构与公司治理绩效的关系进行分析。

第13章　股权性质、信息透明度与股权融资成本。安然、世通等公司丑闻的曝光，美国的公司治理体制不再是毫无瑕疵的标杆。2002年萨班斯－奥克斯利法案的推出，越来越多的学者开始关注公司信息披露与透明度问题。由于中国证券市场的建立首要目的在于完成国企改革的历史使命，很难脱离政治干预独立存在，而包含了政治干预的公司治理存在许多内在的缺陷。其中，上市公司的融资成本问题值得引起注意。由于中国上市公司大部分来自国企改制而产生，其融资成本并不仅受市场因素影响，而更多地受到非经济因素影响，较为突出的是非理性投资行为的存在，容易导致股票价格的剧烈波动。由此，中国上市公司的融资成本是否受到信息透明度的影响，而股权性质是否对于信息透明度存在替代效应成为需要回答的问题。

第14章　公司自由现金流、负债融资与过度投资。现代企业中自由现金流处于经理人控制之下，经理人有可能将企业资金投入到能够给自己带来私人收益但损害公司价值的非营利项目，从而导致过度投资。目前中国上市公司过度投资倾向比较严重，自由现金流的存在和"预算软约束"则将这种"倾向"催化为实际行动。实证研究发现，第一，上市公司过度投资程度与短期负债水平负相关，与长期负债正相关，即负债期限越长，股东—债权人冲突越严重，负债代理成本越高，由此引起的过度投资程度也越大；第二，短期负债对中国上市公司过度投资只起到微弱的约束作用，长期负债不仅未起到约束作用，而且助长了上市公司的过度投资倾向。这从另一个角度说明在市场经济和资本市场发展的不成熟阶段，由于中国企业的制度背景、股权结构、融资结构、公司治理、市场环境等与西方发达国家相比存在很多不同的特点，其企业行为不能完全套用西方财务理论来解释。

第3篇　上市公司控制权安排

第15章　企业控制权演进与本质的分析。企业的控制权始终是公司治理的一个重要理论与实践问题。企业从最初的基本形态发展为现代的公司制企业是历史的必然，它反映了社会化大生产的本质要求。企业控制权形态的演变是由企业各要素资源的稀缺性和可监督性所决定的。控制权结构随着企业形态的演变而不断发生变化。现代公司控制权在其发展中呈现出不同以往企业制度的不同特性，即控制权来源的多维性、控制权的可分割性和控制权的动态性。

第16章　后股权分置背景下上市公司控制权机制。中国上市公司的股权分置是特殊国情下的产物，由于上市公司内部存在流通股与非流通股两种不同性质的股票，从而形成同股不同权、同权不同利的市场分割制度，严重影响着资本市场的发展。并且由此为根源，导致上市公司控制权机制方面一系列的缺陷。作为资本市场一项制度性变革，股权分置改革重在解决非流通股股东对流通权的取得问题，目标在于真正实现同股同权。随着股权分置改革的逐步推进，长期困扰我国资本市场的上市公司股权分置的现象正在逐步减弱，一个全新的后股权分置时代已经来临。如何在新形势下优化设计上市公司控制权机制是上市公司必须要思考的问题之一。本章在对股权分置时代中国上市公司控制权机制存在的缺陷进行分析的基础上，探讨了股权分置改革对中国上市公司控制权机制的影响机理，之后论述了后股权分置时代优化上市公司控制权机制的几点建议。

第17章 "无效市场"条件下股东控制权分析。美、英等国的公司治理模式是市场主导型，股东对代理人的监控机制建立在高度发达的股票市场基础上，其理论基础是有效市场理论与投资者的理性预期能力。然而近年来行为金融学的发展，却对金融市场的有效性与投资者的理性决策能力提出了强有力的挑战。本章旨在借鉴行为金融学的相关理论重新考察公司治理架构，分析在股票市场定价无效率的情况下，公司股东对代理行为与自身财富的控制机制，并指出，在股票市场定价缺乏效率的情况下，股份的转让不能成为对代理人的有效控制机制；公司制度中股权资本直接退出机制的有无及其效率的高低，是市场主导型公司治理模式有效与否的关键。

第18章 大股东所有权、控制权与公司治理绩效的灰色关联分析。本章采用案例研究方法，通过对"三一重工"的公司治理绩效和控制性大股东的所有权、控制权以及两权分离度进行灰色关联度分析，揭示了集中的所有权和控制权形态对公司治理绩效的影响模式。实证研究结果表明"三一重工"的最终控制大股东所持有的的所有权（现金流量权）在一定程度上抑制了其进行"隧道挖掘"的行为，起到了利益汇聚的激励效应，并且随着其所有权比例的上升，公司治理绩效随之提高。同时，"三一重工"的最终控制大股东虽然通过采用金字塔控股结构分离所有权与控制权，用较少的所有权掌握的大部分的控制权，但是两权分离并没有降低上市公司的治理绩效，即两权分离并未产生隧道挖掘的防御效应。但是激励效应和防御效应均不显著。

第19章 两权分离度与公司治理绩效实证研究。本章采用灰色关联理论的实证方法，借鉴公司控制权理论关于控制权价值的研究思路，以2008年度中国民营上市公司为研究对象，通过追溯终极控制人，基于行业和控制方式两个维度系统考察终极股东所有权、控制权以及两权分离度的状况，同时考察两权分离度与公司治理绩效之间的关系。研究结果表明：中国民营上市公司两权分离状况较为严重，两权偏离度平均达到9.30；并且，不同的行业特征条件下，终极所有权、控制权、两权分离度以及治理绩效均有较大的差异。金字塔结构是最常见的控制方式，在此种控制方式下，两权分离度最大，达到11.53；同时，亦有18.8%的终极控制人选择直接控制，说明有相当数量的民营上市公司终极股东不愿放弃大股东的身份。两权分离度与公司治理绩效的五个指标均存在显著相关性。

第20章 控制权转移、股权结构与目标公司绩效。基于第二类代理理论中公司控制权的概念，借助控制权转移事件对目标公司股权结构和公司绩效问题进行研究。研究结论表明控制权转移为目标公司带来了明显的财富效应，为目标公司创造了价值。同时发现，控制权转移后第一大股东持股对目标公司绩效的影响呈现倒 U 形关系，股权制衡对目标公司绩效的影响呈现 U 形关系，第一大股东利益侵占效应得到显著抑制，其他股东制衡能力逐步加强。随着控制权转移市场的发展，应大力推进控制权有效转移。在控制权转移过程中，应注重推进控制权部分转移和股权结构的优化，将第一大股东持股比例限定在 50%～60% 之间，第二大至第五大股东持股比例之和限定在 8% 左右，充分发挥大股东持股的利益趋同效应和其他股东的制衡效应，提高目标公司绩效。

第 21 章　上市公司控制权私有收益计量方法的比较及其改进。攫取控制权私有收益是导致大股东对小股东进行侵害的主要动因。目前理论界对我国控制权私有收益的研究较为贫乏，而且现有的文献中所使用的测量私有收益的方法也存在一定缺陷。本章首先概括了国内外现有关于度量控制权私有收益的不同方法；然后对现存方法进行比较分析及评价；最后在对现有计量方法进行改进的基础上提出适用于我国上市公司控制权私有收益的计量方法并对其应用进行理论上的探讨。

第 22 章　上市公司控制权私有收益实证研究。控股股东侵害中小股东利益已成为公司治理的核心问题和突出矛盾，攫取控制权私有收益是导致控股股东对中小股东进行剥削的主要动因，因此控制权私有收益的规模就成为衡量控股股东对中小股东利益侵害程度的重要指标。本章通过对中国上市公司控股股东的私有收益规模的测度并对其影响因素进行多变量线性回归分析，以期对制约我国上市公司控股股东对中小股东的侵害行为提出建设性意见。

第 23 章　金字塔结构、股权制衡与上市公司股权信息质量。本章根据委托代理理论，研究在母子公司金字塔结构下，上市公司的信息披露是否能够保持独立性，以及股权制衡机制是否能够有效地强化其独立性这一问题，还引入社会资本理论和社会资本控制链的思想，将股权制衡进行细分，分别研究其制衡效果。研究结论显示：上市公司在金字塔结构所处的位置显著影响其股价信息质量；股权制衡能够有效提升上市公司股价信息质量；实质型股权制衡的治理效应显著优于形式型股权制衡。

第 4 篇　董事会治理与高管激励

第 24 章　经理人代理行为与管家行为的选择。本章基于代理理论和管家理论的博弈模型，通过具体分析，指出经理人与所有者的关系是建立在博弈基础之上的，在不同的心理因素和情景因素下，经理人的行为既可能是代理行为，也可能是管家行为。代理理论认为经理人是个人主义、机会主义、自利、与所有者利益冲突的"经济人"，其行为是代理行为；管家理论认为经理人是集体主义、组织至上、值得信赖、与所有者利益一致的"社会人"，其行为是管家行为。由于对经理人的认知假设不同,对经理人行为的判断也不同。在公司治理机制的设计上,一方面要促使经理人更多、更主动地选择管家行为,因此要重视经理人的心理因素。另一方面要有效地抑制经理人的代理行为,要重视组织的情景因素,要制定有效的薪酬激励政策,加重对经理人谋取私利、损害公司利益的惩罚力度。

第25章 高管人员报酬激励与公司治理绩效。本章选取深、沪A股上市公司1107家,分别从报酬形式、总经理来源形式、公司规模、行业竞争环境、地区分布、股权结构、代理成本等方面来对高管人员报酬(高管薪酬和高管持股收益)激励与公司治理绩效之间的相关关系进行分析,主要结论是:在目前的报酬激励体系下,非年薪制激励形式优于年薪制和股权性报酬激励形式;总经理为董事长或董事的公司治理绩效和激励机制优于其他类型;公司规模、行业竞争环境和地区分布影响公司治理绩效水平;股权结构的外生性扭曲了股票市场的有效性理论;高管薪酬、公司治理绩效与代理成本显著负相关。最后根据实证分析的结果,提出相关的政策建议。

第26章 股权结构和董事会结构对CEO薪酬的影响。研究合理制定CEO的薪酬问题有利于保护股东利益。本章的实证研究表明我国引进独立董事制度以来,尤其是在设立薪酬委员会的上市公司中,CEO薪酬水平以及薪酬与业绩之间的关联性得到了显著的改善。而第一大股东的国有股属性严重影响了CEO的薪酬水平以及薪酬与业绩之间的关联性。因此,独立董事对公司治理机制的完善需要同时进行产权改革,以及通过设立次级委员会的方式,加强独立董事对公司治理的影响程度。

第27章 上市公司主要高管变更后的高管团队稳定性研究。本章以2001~2005年发生主要高管(董事长和总经理)变更的上市公司为研究样本,实证检验了主要高管变更与随后高管团队任职稳定性之间的关系。结果显示,与主要高管变更后高管团队稳定性显著相关的变量有持股高管比例、离任高管的任期以及继任高管的年龄与来源等。本章在对这一结果进行原因分析的基础上提出了相关政策建议。

第28章 上市公司股权激励效应研究脉络梳理与不同视角比较。股权激励是解决委托—代理问题的重要工具。一直以来,股权激励效应都是一个充满争议的论题。本章从理论基础、研究思路与研究方法等角度出发,把股权激励效应的相关研究归纳为外生视角、内生视角、超外生视角与超内生视角四种研究视角,并以研究视角的演进路径为主线系统阐释了股权激励效应的研究脉络与趋势,然后通过比较这四种研究视角,深入剖析了研究视角演进的合理性和发展的内在逻辑,最后对未来研究进行了简要展望,以期为后续研究奠定扎实的基础。

第29章 股票期权激励契约合理性及其约束性因素。股权激励是完善上市公司治理的重要环节。设计适合中国上市公司特征的股权激励方案并规避其所带来的风险是使其发挥作用的关键。本章以2006~2008年公布与实施股票期权激励方式的中国上市公司为样本,对股票期权激励契约的合理性及其内生约束性因素进行了理论探讨与实证检验,研究表明,较长的激励期限与严格的绩效条件是体现股票期权契约合理性的关键特征,而债务融资、独立董事与大股东治理等内生性因素对两者具有显著的约束作用,进一步证实了公司内部治理机制的互补效应假说,为上市公司股票期权契约的设计与实施以及公司治理制度的完善提供有益参考。

第 30 章　金字塔结构下股权激励的双重效应。在金字塔结构下,股东与经营者之间以及控股股东与中小股东之间的两类治理关系普遍存在,对于上市公司治理问题的研究也从单一治理关系分析框架向两者权衡分析转变。在双重治理关系视角下,股权激励成为利益主体之间博弈的重要工具。本章在提出双重治理关系分析框架的基础上,运用 2006~2009 年中国上市公司面板数据对股权激励的双重效应及其与控股股东之间的关系进行实证检验,研究发现:股权激励对于第一类代理问题具有显著的治理效应,但对第二类代理问题的治理效应并未显现,这与控股股东对其存在显著的抑制作用有关;股权性质能够对股权激励与控股股东不同效应的体现以及两者关系产生影响。

第 31 章　监事股权激励、合谋倾向与公司治理约束。在金字塔结构下,股东与经营者之间以及控股股东与中小股东之间的两类治理关系普遍存在,对于上市公司治理问题的研究也从单一治理关系分析框架向两者权衡分析转变。在双重治理关系视角下,股权激励成为利益主体之间博弈的重要工具。本章在提出双重治理关系分析框架的基础上,运用 2006~2009 年中国上市公司面板数据对股权激励的双重效应及其与控股股东之间的关系进行实证检验,研究发现:股权激励对于第一类代理问题具有显著的治理效应,但对第二类代理问题的治理效应并未显现,这与控股股东对其存在显著的抑制作用有关;股权性质能够对股权激励与控股股东不同效应的体现以及两者关系产生影响。

第 32 章　家族控股公司独立董事比例与企业成长关系研究。随着我国经济快速发展,家族控股公司的规模逐渐扩张,关于家族控股公司成长性的研究逐渐增多。我国全面实行独立董事制度后,独立董事在公司治理中的积极作用逐渐显现,但在股权高度集中的家族控股公司中独立董事的治理作用能否得到充分发挥值得进一步探讨。本章基于我国 310 家家族控股的上市公司 2007~2012 年的经验数据,对其独立董事比例、创新行为和企业成长性之间的关系进行实证研究,得出如下结论:第一,独立董事比例的升高有利于促进家族控股公司的创新行为;第二,独立董事比例的升高对家族控股公司的成长性有正向推动作用;第三,创新行为有利于推动家族控股公司成长;第四,家族控股公司的创新行为在独立董事比例与企业成长之间存在部分中介作用。

第 5 篇　企业集团与母子公司治理

第 33 章　协调与合作视角下的企业集团治理框架研究。传统企业集团分析有企业与市场的二分法分析框架,即企业集团呈现出层级中间组织结构特征;亦有企业、市场与网络三分法分析框架,企业集团呈现出网络结构特征。本章指出,企业集团的运行、风险和战略决策不仅仅依赖于层级关系,而且还依赖于网络关系来完成,因此,企业集团的本质是"嵌入"一定社会关系中的协调与合作网络。通过对企业集团治理目标、治理边界和治理内容的分析,提出了基于协调与合作的企业集团治理新框架。

第34章 母子公司关联度与子公司审计师选择。基于委托—代理理论和社会资本理论,本章研究了母子公司关联度与子公司审计师选择的关系,以及股权制衡的调节作用。研究发现:由于其处于较为重要的地位,与母公司关联度较高的子公司选择审计师时,更加倾向于选择本地事务所,即审计师选择更具地域敏感性;当子公司具有较高水平的股权制衡时,与母公司关联度较高的子公司倾向于选择具有较高声誉的事务所,即在股权制衡的调节作用下,审计师选择更具声誉敏感性;子公司实质型股权制衡对于审计师选择声誉敏感性的调节效应显著优于形式型股权制衡。

第35章 母公司持股、子公司管理层权力与创新行为关系研究。本章以我国高科技上市公司作为研究样本,对母公司持股、子公司管理层权力与创新行为之间的关系进行实证分析。指出母公司持股比例越高,子公司管理层权力越弱;母公司持股比例越高,子公司创新行为越少;子公司管理层权力对子公司创新行为存在正向推动作用;子公司管理层权力在母公司持股与子公司创新行为之间存在部分中介作用。最后对子公司动态竞争能力的构成维度与演化机理进行探究,并在此基础上构建子公司动态竞争能力的培育机制是提升企业集团竞争优势并实现协同效应的基础。

第36章 基于集团内部资本配置视角的子公司动态竞争能力维度建构。经济全球化趋势增加了市场环境的开放性和复杂性,塑造企业的动态竞争能力成为战略管理的主要任务。对子公司动态竞争能力的构成维度与演化机理进行探究,并在此基础上构建子公司动态竞争能力的培育机制是提升企业集团竞争优势并实现协同效应的基础。实证结果表明:由于影响路径的变化,子公司动态竞争能力随着集团内部资本配置的变化呈现非线性的演化趋势。以此趋势为基础,企业集团应构建基于内部资本配置的子公司动态竞争能力培育机制,从而为子公司动态竞争能力的塑造与提升贡献不竭的内生动力。

第37章 跨国公司行为及其治理结构的影响因素分析。在跨国公司日益成为"世界经济增长的引擎"的今天,把公司治理的研究视角置换到一个跨国经营的背景中时,我们甚至还缺乏一个基本的研究框架。有鉴于此,本章基于以下思路展开:从跨国公司治理的独特性出发,对其治理结构的选择进行一个宏观的把握,并考证现有研究的局限;遵循跨国企业行为理论的主流框架,结合跨国公司的不同发展阶段来分析其对治理结构的要求;作为研究的深化,构建一个"8S

模型"来具体阐释哪些因素影响以及怎样影响了跨国公司治理结构的选择。

第6篇　公司关联交易与信息披露治理

第38章　公司关联交易的经济学分析。由于结果可能具有不公平性，关联交易备受关注。本章依据成本效益的经济学分析方法，利用经济模型对关联交易的各种形式进行了系统地分析，所得结论是，只要关联企业间存在控制与从属关系，且控制公司能从交易中获益，则关联交易就会发生。

第39章　公司关联交易治理制度及其构建。本章在对关联交易成因分析基础上，提出了以保护投资者利益为指导思想的关联交易政府规制模型。主要包括对控股股东要求其承担诚信义务，并要求提供关联交易担保，这将有效降低不公允关联交易的发生；强化信息披露应成为公司关联交易监管的重点，通过细化关联交易的信息披露内容、加大对违规企业和责任人的处罚力度以及迫使企业重新编制财务报表；加强对投资者（包括债权人）的法律救济，实行股东派生诉讼制度和揭开公司面纱原则，也是进行关联交易治理的有效途径。

第40章　上市公司实际控制人与信息披露透明度研究。本章以2004~2006年深圳证券交易所的国有上市公司和民营上市公司为样本，发现中央国有上市公司实际控制人的控制权、现金流权同信息披露透明度显著正相关；地方国有上市公司实际控制人的控制权、现金流权同信息披露透明度显著正相关，控制层次同信息披露透明度显著负相关；民营上市公司实际控制人的控制层次、控制权与现金流权的分离程度同信息披露透明度显著负相关。

第41章　民营上市公司实际控制人与信息披露透明度研究。本章以2004~2006年深圳证券交易所的民营上市公司为样本，对实际控制人与信息披露透明度的关系进行了实证研究。结果发现，民营上市公司实际控制人的控制权同信息披露透明度之间存在倒U形关系；实际控制人利用金字塔方式控制的上市公司信息披露透明度显著偏低，而且金字塔层级越多，信息披露透明度越低；实际控制人只担任董事长同信息披露透明度显著正相关，而控制家族占据董事长和总经理职位对信息披露透明度具有负面影响，当控制家族中的某个成员同时出任董事长和总经理时，该影响更为显著。

第42章　终极控制股东与关联担保关系的实证研究。以2007~2009年沪深证券交易所的民营上市公司为样本，对终极控制股东与关联担保之间的关系进行了实证研究。研究结果证实，关联担保与终极控制股东的控制权、现金流权显著负相关，与控制权与现金流权的分离程度显著正相关。将关联担保分类后发现，为控股股东提供的担保与终极控制股东的现金流权显著负相关，与控制权与现金流权的分离程度显著正相关，与控制权无显著相关关系。

第43章　基于SAMO框架的中外上市公司信息披露机制比较研究。随着安然、世通等上市公司财务丑闻的曝光，发达国家的公司治理体制弊端开始显现，尤其是信息披露方面的缺陷引发了公司治理理论界和企业界的共同反思。同时，由于发达国家的公司治理体制一直以来都是各国竞相效仿的模板，其普适性与有效性已经成为学术界研究的重点。本章选取美国、德国、日本和中国作为样本国家，基于SAMO框架分析其现行信息披露机制的特点。通过比较分析，认为我国应建立和完善严格监管与惩罚威慑并重的"双向"信息披露机制将更具有有效性。

第44章 公司金字塔结构与股价信息含量。本章基于委托代理理论与控制权理论，以沪、深两市2007~2011年1035家上市公司为研究对象，实证研究了金字塔结构、审计师声誉与股价信息含量的关系，期望验证在两权分离情况下，是否存在母公司对于子公司的信息披露控制问题。研究发现：在金字塔结构下，两权分离度与上市公司股价信息含量呈现显著正相关关系，即随着母公司现金流权的减少、两权分离程度的加大，股价信息含量也得到相应的提高；具有良好声誉的审计师能够调节母子公司金字塔结构与上市子公司股价信息含量的相关关系，即强化上市子公司的股价信息含量。

第7篇 公司有限责任与股份价值评估权制度

第45章 现代企业母子公司体制的法律透视。本章剖析了母子公司体制有限责任制度在实践中的缺陷，指出由于事实上母子公司之间已经形成了控制与被控制、领导与被领导的关系，子公司已经丧失了独立财产权、独立意志能力和独立法人人格。因此，现代公司法人制度中的独立法人人格、有限责任制度对母子公司已不完全适用。对此，本章提出了公司法人人格否认法理的应用、实施举证责任倒置原则、公司董事应履行"诚信义务"及子公司自我保护的对策建议。

第46章 母公司恶意经营行为及其治理。随着我国经济体制改革的深入开展，母子公司管理体制在许多大企业中已经逐步确立。但是，由于现行法律法规存在诸多缺陷，部分母公司利用自身的管理优势、技术优势、信息优势和控制权优势，对子公司实施恶意经营行为，严重损害了子公司利益相关者的利益。本章结合我国实践，分析母公司恶意经营行为的方式及成因，并提出对母公司恶意经营行为的控制途径。

第47章 异议股东股份价值评估权的适用性分析。公司立法中对于异议股东股份价值评估权制度是否适用于股份公司这一问题存在着争论，这一争论在金融学中的反映是人们对市场有效假说与资本资产定价模型所持的不同观点。近年来行为金融理论的出现，对市场有效假说与资本资产定价模型提出了强有力的挑战，从而为股份公司适用异议股东股份价值评估权制度提供了理论基础。

第48章 公司治理中的中小股东权益保护机制。公司治理制度安排是围绕着对股东利益的保护而展开的。公司是一个包含各参与方在内的不完备契约的集合。在这样一个契约结构中，由于不确定性的存在，股东作为剩余风险的最后承担者，其利益不能像债权人、公司雇员的利益那样通过签订较为完备的契约得到保障。因此，如何确保股东的利益，特别是作为弱势群体的中小股东的利益，是公司治理所要解决的核心问题之一。

第 8 篇　公司管理层收购与价值评估

第 49 章　管理层收购的投资价值及最优投资时机选择。在管理层收购中，基于实物期权的评估方法充分考虑到企业未来增长机会、收购灵活性、收购后企业经营柔性产生的期权价值，但是，由于自身资源及能力限制，企业只能选择利用实物期权，同时，竞争的存在，改变了管理层收购决策灵活性及投资机会的价值。管理层只有在对目标企业自身内部优劣势、外部竞争条件进行充分分析，并对管理层收购中竞争对手的反应和可能采取的措施分析的基础上，才能准确确定管理层收购的实物期权价值并做出最优投资决策。本章利用期权博弈方法，结合传统的战略分析研究管理层收购中目标企业的投资价值和最优投资决策。

第 50 章　基于实物期权方法的管理层收购中企业价值评估。管理层收购（MBO，Manage Buy-out）是指企业的管理者或经理层利用自有或借贷所融资本购买本企业的股份，从而改变企业所有权结构、控制权结构和资本结构，进而重组企业并获取预期收益的一种收购行为。实施管理层收购的核心问题是定价问题，而企业的价值评估是定价的基础。传统的企业价值评估方法没有考虑到企业未来增长机会、收购灵活性、收购后企业经营柔性产生的期权价值和管理层收购所创造的价值，因此，不能准确衡量企业的价值。管理层收购作为企业战略并购的一种特殊方式，具有一定的期权特征。本章采用实物期权方法从交易双方的角度研究管理层收购中的企业价值评估模型，首先介绍企业自身价值评估的实物期权方法，随后对企业的投资价值进行分析计算，最后形成企业价值评估的整体框架。

第 9 篇　公司治理与技术创新

第 51 章　生命状态干扰下的公司规模对成长性的影响。针对公司规模与成长性关系的研究仍未取得一致性结论的重要原因在于忽视了公司生命状态的干扰效应。本章选取高科技中小上市公司为研究样本，从非线性视角实证检验了公司规模与成长性之间的关系，以及公司生命状态的两个维度——成长阶段和生存风险对两者关系的显著干扰效应。研究结果表明：成长期的公司比成熟期具有更高的成长性，生存风险能够对公司的成长性产生显著的抑制效应；对公司的生命状态进行控制后，公司的员工、资产与销售规模均与成长性呈现出显著的倒 U 形变动关系。因此，高科技中小上市公司在扩张过程中存在规模报酬递增到递减的演化规律，应寻求最优的员工、资产和销售规模以实现公司绩效最大化和可持续成长。

第 52 章　控制权激励双重性与技术创新动态能力分析。控制权激励是一种重要的高管隐性激励契约，但其在本质上具有双重性。本章基于创新经济学相关理论，运用中国高科技上市公司平衡面板数据，对高管控制权激励与技术创新动态能力的关联性进行实证检验，结果表明：控制权激励与技术创新动态能力之间存在显著的倒 U 形关系，即当控制权激励达到极值之前，控制权的积极性使其对技术创新动态能力产生促进效应，但超过此极值，控制权激励的消极性得到凸显，使其对技术创新动态能力具有抑制效应。

第 53 章　金字塔结构对技术创新绩效抑制效应分析。本章对终极控制人现金流权、控制权、两权分离度等对技术创新绩效的影响进行实证检验，研究发现：终极股东现金流权与技术创新投入显著正相关，控制权与技术创新产出显著负相关；两权偏离程度对技术创新投入与产出均具有显著的抑制效应。同时，也证实了机构投资者对于技术创新绩效的积极效应。

第 54 章　中小上市公司股权激励与技术创新投入的关联性研究。研究发现：中小上市公司的经营者股权激励与技术创新投入之间存在倒 U 形曲线关系；终极产权性质对这种关联性具有显著影响，即在国有控股公司中，股权激励与技术创新投入之间存在正相关关系，而在非国有控股公司中，股权激励与技术创新投入之间则存在倒 U 形曲线关系。

第 55 章　中小上市公司董事会结构与技术创新绩效的关联性研究。研究发现董事会结构中董事会规模、董事会独立性与两职合一情况等变量与中小上市公司技术创新具有显著的关联性。具体而言，董事会规模与技术创新投入与产出均具有显著的倒 U 形关系，董事会独立性、两职合一与技术创新产出之间存在显著的正相关关系。因此，中小上市公司应保持合理董事会规模，在董事会多样化与决策效率之间找寻平衡点，同时加强董事会独立性，并强化独立董事监督的积极性。

第 56 章　高科技上市公司技术创新导向的高管激励整合效应。从促进技术创新这个重要维度对高管激励效应进行重新界定与测度，并对我国高科技上市公司薪酬激励、股权激励以及控制权激励等主要激励契约之间的交互关系及其对技术创新的整合效应进行实证检验，得出以下结论，股权激励在薪酬激励与控制权激励的双重调节作用下，对高科技公司的技术创新具有促进效应，即三者的整合，而非单一机制对技术创新产生作用；具体而言，股权激励与薪酬激励存在互补关系，与控制权激励之间存在互替关系。因此，以技术创新为导向，应在高科技公司内部建立以强化股权激励、稳定薪酬激励、弱化控制权激励为特征的高管激励整合体系。

目 录

第1篇 公司治理研究方法论问题

第1章 公司治理研究现状评价与范式辨析 ··················· 3
- 1.1 引言 ··················· 3
- 1.2 公司治理理论演进路径辨析：共同治理及其本质缺陷 ··················· 3
- 1.3 公司治理实证研究中的基本范式辨析 ··················· 4
- 1.4 公司治理评价指数的合理性辨析 ··················· 7
- 1.5 公司治理研究的几个重要趋势 ··················· 9
- 1.6 基于动态内生性视角对公司治理的理论探究与实证检验 ··················· 10

第2章 公司治理理论的演进与趋势研究 ··················· 12
- 2.1 引言 ··················· 12
- 2.2 从单边治理到利益相关者共同治理 ··················· 13
- 2.3 从利益相关者共同治理到核心利益相关者治理 ··················· 16
- 2.4 对中国公司治理实践的启示 ··················· 19

第3章 母子公司治理研究脉络梳理与演进趋势探析 ··················· 22
- 3.1 引言 ··················· 22
- 3.2 母子公司单向治理研究评述 ··················· 22
- 3.3 母子公司治理研究的演进趋势：从单向治理到双向治理 ··················· 28
- 3.4 结论与研究展望 ··················· 31

第4章 媒体监督与公司治理研究的文献评述与分析 ··················· 35
- 4.1 引言 ··················· 35
- 4.2 媒体监督参与公司治理的理论基础 ··················· 35
- 4.3 媒体监督参与公司治理的途径 ··················· 37

4.4　评述与展望 ·· 41

第5章　国有企业委托代理关系与代理成本 ································ 44
　　5.1　国有企业多层次委托代理关系及多重代理成本 ···················· 44
　　5.2　代理成本Ⅰ的节约：所有权主体的再造 ······························ 46
　　5.3　代理成本Ⅱ的降低：激励与监督 ·· 48

第6章　基于 O-SEA 权力体系下的公司治理研究 ···················· 52
　　6.1　企业权力及来源 ·· 52
　　6.2　O-SEA 权力体系 ·· 54
　　6.3　O-SEA 权力体系公司治理 ·· 56
　　6.4　结论与启示 ··· 59

第2篇　资本结构与公司价值

第7章　资本结构与利益相关者控制权研究 ······························ 63
　　7.1　引言 ·· 63
　　7.2　资本结构与利益相关者控制权安排 ···································· 64
　　7.3　资本结构与企业控制权的作用机制 ···································· 66
　　7.4　小结 ·· 69

第8章　财务杠杆、大股东持股与公司价值 ······························ 71
　　8.1　引言 ·· 71
　　8.2　模型设计与变量描述 ·· 72
　　8.3　实证结果及分析 ·· 74
　　8.4　研究结论与政策建议 ·· 79

第9章　公司治理视角下公司价值的衡量 ·································· 82
　　9.1　经济增加值（EVA）的概念 ··· 82
　　9.2　经济增加值的调整 ··· 83
　　9.3　经济增加值与传统财务指标的比较 ···································· 87
　　9.4　结论 ·· 89

第10章　资本结构与公司价值实证分析 ··································· 91
　　10.1　文献回顾 ··· 91

10.2 样本选择与变量定义 …………………………………………………… 92
10.3 资本结构与公司价值相关性分析 ………………………………………… 96
10.4 公司价值与资本结构回归分析 ………………………………………… 98
10.5 结论与启示 ……………………………………………………………… 101

第11章 公司价值最大化与社会责任 ……………………………………… 103
11.1 利益相关者理论与公司价值最大化 …………………………………… 103
11.2 公司价值最大化的理论模型 …………………………………………… 105
11.3 公司社会责任的商业道德约束与政府管制 …………………………… 107

第12章 股权结构与公司治理绩效实证分析 ……………………………… 110
12.1 研究样本与数据 ………………………………………………………… 110
12.2 股权属性与公司治理绩效分析 ………………………………………… 111
12.3 股权集中度与公司治理绩效的分析 …………………………………… 114
12.4 主要结论与政策建议 …………………………………………………… 118

第13章 股权性质、信息透明度与股权融资成本 ………………………… 120
13.1 文献回顾 ………………………………………………………………… 120
13.2 理论分析与假设提出 …………………………………………………… 121
13.3 研究设计 ………………………………………………………………… 122
13.4 实证结果与分析 ………………………………………………………… 125
13.5 研究结论与政策建议 …………………………………………………… 129

第14章 公司自由现金流、负债融资与过度投资 ………………………… 131
14.1 引言 ……………………………………………………………………… 131
14.2 文献评述 ………………………………………………………………… 132
14.3 重要变量的选择与定义 ………………………………………………… 133
14.4 实证研究结果与分析 …………………………………………………… 133
14.5 结论 ……………………………………………………………………… 137

第3篇 上市公司控制权安排

第15章 企业控制权演进与本质的分析 …………………………………… 141
15.1 引言 ……………………………………………………………………… 141
15.2 不同企业制度下的企业控制权模式 …………………………………… 142

15.3 现代公司控制权性质的分析 ·················· 145

第16章 后股权分置背景下上市公司控制权机制 ·················· 148

16.1 引言 ·················· 148
16.2 股权分置时代上市公司控制权机制分析 ·················· 149
16.3 股权分置改革对上市公司控制权的影响 ·················· 152
16.4 后股权分置时代优化控制权机制的几点思考 ·················· 154

第17章 "无效市场"条件下股东控制权分析 ·················· 157

17.1 市场有效假说与股票市场的作用在传统公司治理理论中的核心地位 ·················· 157
17.2 行为金融学对金融市场有效性的挑战 ·················· 160
17.3 "无效市场"条件下公司治理理论的反思 ·················· 162
17.4 小结 ·················· 164

第18章 大股东所有权、控制权与公司治理绩效的灰色关联分析 ·················· 166

18.1 引言 ·················· 166
18.2 理论假设 ·················· 167
18.3 实证研究过程 ·················· 170
18.4 研究结论与启示 ·················· 177

第19章 两权分离度与公司治理绩效实证研究 ·················· 181

19.1 引言 ·················· 181
19.2 变量设计及样本选取 ·················· 183
19.3 终极所有权、控制权及两权分离度特征分析 ·················· 184
19.4 两权分离与公司治理绩效的灰色关联分析 ·················· 187
19.5 结论与政策建议 ·················· 190

第20章 控制权转移、股权结构与目标公司绩效 ·················· 195

20.1 问题提出 ·················· 195
20.2 研究假设 ·················· 196
20.3 控制权转移带来的目标公司财富效应分析 ·················· 198
20.4 股权结构对目标公司绩效影响的实证分析 ·················· 201
20.5 结论及政策建议 ·················· 208

第21章 上市公司控制权私有收益计量方法的比较及其改进 ·················· 211

21.1 上市公司控制权私有收益计量方法 ·················· 211

- 21.2 上市公司控制权私有收益计量方法的比较及评价 ……………… 213
- 21.3 我国上市公司控制权收益计量方法的改进及其应用 …………… 214

第22章 上市公司控制权私有收益实证研究 …………………………… 221

- 22.1 引言 …………………………………………………………………… 221
- 22.2 模型设计 ……………………………………………………………… 222
- 22.3 样本选取及测度结果 ………………………………………………… 223
- 22.4 私有收益影响因素分析 ……………………………………………… 224
- 22.5 结论与政策建议 ……………………………………………………… 228

第23章 金字塔结构、股权制衡与上市公司股价信息质量 …………… 231

- 23.1 引言 …………………………………………………………………… 231
- 23.2 文献综述 ……………………………………………………………… 232
- 23.3 理论分析与假设提出 ………………………………………………… 233
- 23.4 研究设计 ……………………………………………………………… 235
- 23.5 实证研究及结果分析 ………………………………………………… 238
- 23.6 研究结论与政策建议 ………………………………………………… 242

第4篇 董事会治理与高管激励

第24章 经理人代理行为与管家行为的选择 ……………………………… 249

- 24.1 代理理论与管家理论对经理人行为的判断 ………………………… 249
- 24.2 基于代理理论的博弈分析 …………………………………………… 250
- 24.3 基于管家理论和代理理论的博弈模型分析 ………………………… 253
- 24.4 结语 …………………………………………………………………… 255

第25章 高管人员报酬激励与公司治理绩效 …………………………… 258

- 25.1 引言 …………………………………………………………………… 258
- 25.2 研究样本与假设 ……………………………………………………… 259
- 25.3 实证分析结果 ………………………………………………………… 261
- 25.4 主要结论与政策建议 ………………………………………………… 267

第26章 股权结构和董事会结构对CEO薪酬的影响 …………………… 270

- 26.1 问题的提出 …………………………………………………………… 270
- 26.2 研究背景和研究假设 ………………………………………………… 271

26.3 样本选取、变量说明及研究设计 ……………………………… 273
26.4 研究结果分析 …………………………………………………… 275
26.5 结论和政策建议 ………………………………………………… 279

第27章 上市公司主要高管变更后的高管团队稳定性研究 …………… 282
27.1 引言 ……………………………………………………………… 282
27.2 研究假设 ………………………………………………………… 283
27.3 研究设计 ………………………………………………………… 286
27.4 数据分析与实证检验 …………………………………………… 288
27.5 主要结论 ………………………………………………………… 291

第28章 上市公司股权激励效应研究脉络梳理与不同视角比较 ……… 294
28.1 引言 ……………………………………………………………… 294
28.2 股权激励效应研究脉络梳理 …………………………………… 295
28.3 不同研究视角的本质比较及其演进路径 ……………………… 300
28.4 总结与研究展望 ………………………………………………… 304

第29章 股票期权激励契约合理性及其约束性因素 …………………… 308
29.1 问题提出 ………………………………………………………… 308
29.2 理论分析 ………………………………………………………… 309
29.3 研究设计 ………………………………………………………… 312
29.4 实证结果分析与讨论 …………………………………………… 314
29.5 结论与政策建议 ………………………………………………… 319

第30章 金字塔结构下股权激励的双重效应 …………………………… 323
30.1 引言 ……………………………………………………………… 323
30.2 理论分析与假设提出 …………………………………………… 324
30.3 研究设计 ………………………………………………………… 327
30.4 实证结果分析 …………………………………………………… 329
30.5 结论与政策建议 ………………………………………………… 333

第31章 监事股权激励、合谋倾向与公司治理约束 …………………… 336
31.1 引言 ……………………………………………………………… 336
31.2 文献回顾与研究假设 …………………………………………… 337
31.3 研究设计 ………………………………………………………… 340
31.4 实证结果分析 …………………………………………………… 342

31.5 研究结论与政策建议 ································· 347

第32章 家族控股公司独立董事比例与企业成长关系研究 ············· 350

32.1 引言 ·· 350
32.2 理论基础与研究假设 ······································ 351
32.3 研究设计 ·· 353
32.4 数据分析 ·· 355
32.5 主要结论与政策建议 ······································ 357

第5篇 企业集团与母子公司治理

第33章 协调与合作视角下的企业集团治理框架研究 ············ 363

33.1 企业集团的架构：对二分法与三分法的再认识 ············ 363
33.2 企业集团的本质："嵌入"一定社会关系中的协调与
　　 合作网络 ··· 365
33.3 协调与合作视角下企业集团治理的整体框架 ············· 369

第34章 母子公司关联度与子公司审计师选择 ···················· 373

34.1 引言 ·· 373
34.2 文献综述 ·· 374
34.3 理论分析与研究假设 ······································ 375
34.4 研究设计 ·· 377
34.5 实证研究及结果分析 ······································ 379
34.6 研究结论与政策建议 ······································ 384

第35章 母公司持股、子公司管理层权力与创新行为关系研究 ······ 387

35.1 引言 ·· 387
35.2 理论基础与研究假设 ······································ 388
35.3 研究设计 ·· 391
35.4 数据分析 ·· 393
35.5 研究结论与政策建议 ······································ 397

第36章 基于集团内部资本配置视角的子公司动态竞争能力维度建构 ···· 401

36.1 引言 ·· 401
36.2 理论分析与研究假设 ······································ 402

36.3　研究设计 ·· 407
　　36.4　数据分析与结果讨论 ································ 410
　　36.5　主要结论与政策建议 ································ 415

第37章　跨国公司行为及其治理结构的影响因素分析 ·············· 420
　　37.1　跨国公司治理的独特性 ····························· 420
　　37.2　跨国公司行为所对应的治理结构 ·················· 422
　　37.3　跨国公司治理结构分析的"8S"框架 ············· 424
　　37.4　结论与展望 ·· 428

第6篇　公司关联交易与信息披露治理

第38章　公司关联交易的经济学分析 ··························· 433
　　38.1　引言 ·· 433
　　38.2　一般产品或服务的关联交易分析 ·················· 434
　　38.3　资产交易型关联交易分析 ··························· 435
　　38.4　从属公司为上市公司的关联交易分析 ············ 437
　　38.5　结论 ·· 439

第39章　公司关联交易治理制度及其构建 ······················· 441
　　39.1　关联交易的成因及政府规制模型 ·················· 441
　　39.2　控股股东的诚信义务及担保责任 ·················· 442
　　39.3　关联交易的信息披露及财务报表重编制度 ······ 444
　　39.4　投资者的法律救济制度及其构建 ·················· 448

第40章　上市公司实际控制人与信息披露透明度研究 ··········· 451
　　40.1　引言 ·· 451
　　40.2　理论分析及研究假设 ································ 452
　　40.3　研究设计 ·· 455
　　40.4　实证检验 ·· 457
　　40.5　结论与政策建议 ····································· 462

第41章　民营上市公司实际控制人与信息披露透明度研究 ······ 465
　　41.1　引言 ·· 465
　　41.2　理论分析及研究假设 ································ 466

41.3　研究设计 ………………………………………………………… 468
41.4　实证检验 ………………………………………………………… 469
41.5　结论及政策建议 ………………………………………………… 473

第42章　终极控制股东与关联担保关系的实证研究 …………………… 475

42.1　引言 ……………………………………………………………… 475
42.2　文献综述 ………………………………………………………… 476
42.3　理论分析及研究假设 …………………………………………… 477
42.4　研究设计 ………………………………………………………… 480
42.5　实证检验 ………………………………………………………… 482
42.6　结论及政策建议 ………………………………………………… 493

第43章　基于SAMO框架的中外上市公司信息披露机制比较研究 …… 497

43.1　引言 ……………………………………………………………… 497
43.2　美德日三国上市公司信息披露机制分析 ……………………… 497
43.3　中国上市公司信息披露机制分析 ……………………………… 502
43.4　中外上市公司信息披露机制比较及政策建议 ………………… 503

第44章　公司金字塔结构与股价信息含量 ………………………………… 506

44.1　引言 ……………………………………………………………… 506
44.2　文献综述 ………………………………………………………… 507
44.3　理论分析与假设提出 …………………………………………… 508
44.4　研究设计 ………………………………………………………… 511
44.5　实证研究及结果分析 …………………………………………… 514
44.6　研究结论与政策建议 …………………………………………… 518

第7篇　公司有限责任与股份价值评估权制度

第45章　现代企业母子公司体制的法律透视 ……………………………… 525

45.1　问题的提出 ……………………………………………………… 525
45.2　母子公司体制中有限责任制度在实践中的缺陷 ……………… 526
45.3　公司法人人格否认法理及其在实践中的应用 ………………… 527
45.4　公司董事的"诚信义务"及子公司的自我保护 ……………… 529

第46章　母公司恶意经营行为及其治理 …………………………………… 532

46.1　母公司恶意经营行为的方式分析 ……………………………… 532

46.2 母公司恶意经营行为的负面影响分析 ……………………………… 538
46.3 公司法人人格否认理论及应用 ………………………………………… 540

第47章 异议股东股份价值评估权的适用性分析 …………………………… 542

47.1 异议股东股份价值评估权的由来 …………………………………… 542
47.2 行为金融与数理金融之争：两种立法体例的金融经济学基础 …… 544
47.3 结论 …………………………………………………………………… 546

第48章 公司治理中的中小股东权益保护机制 …………………………… 548

48.1 公司治理结构中小股东权力配置之缺陷 …………………………… 548
48.2 主要的中小股东法律救济手段及其法经济学分析 ………………… 553
48.3 异议股东股份价值评估权：我国中小股东权益保护机制创新 …… 555
48.4 结论 …………………………………………………………………… 558

第8篇 公司管理层收购与价值评估

第49章 管理层收购的投资价值及最优投资时机选择 …………………… 563

49.1 引言 …………………………………………………………………… 563
49.2 实物期权框架下管理层收购中目标企业投资价值评估模型 …… 564
49.3 实物期权价值的影响因素 …………………………………………… 565
49.4 管理层收购最优投资时机的期权博弈分析 ………………………… 568
49.5 竞争条件下管理层收购中目标企业投资价值及决策步骤 ………… 572
49.6 结论 …………………………………………………………………… 574

第50章 基于实物期权方法的管理层收购中企业价值评估 ……………… 576

50.1 企业的价值区间及其确定 …………………………………………… 576
50.2 管理层收购中企业自身价值的确定 ………………………………… 578
50.3 管理层收购中企业投资价值的确定 ………………………………… 579
50.4 管理层收购中目标企业价值评估的整体框架 ……………………… 583

第9篇 公司治理与技术创新

第51章 生命状态干扰下的公司规模对成长性的影响 …………………… 587

51.1 引言 …………………………………………………………………… 587

51.2　文献回顾及假设提出 …………………………………… 588
　　51.3　研究设计 …………………………………………………… 590
　　51.4　数据分析 …………………………………………………… 591
　　51.5　结论与建议 ………………………………………………… 594

第52章　控制权激励双重性与技术创新动态能力分析 ……………… 597
　　52.1　问题提出 …………………………………………………… 597
　　52.2　理论分析与研究假设 ……………………………………… 599
　　52.3　研究设计 …………………………………………………… 603
　　52.4　实证结果分析与讨论 ……………………………………… 606
　　52.5　主要结论与政策建议 ……………………………………… 611

第53章　金字塔结构对技术创新绩效抑制效应分析 ………………… 615
　　53.1　引言 ………………………………………………………… 615
　　53.2　理论分析与研究假设 ……………………………………… 616
　　53.3　样本选取与研究设计 ……………………………………… 617
　　53.4　实证结果分析与讨论 ……………………………………… 619
　　53.5　主要结论与政策建议 ……………………………………… 624

第54章　中小上市公司股权激励与技术创新投入的关联性研究 …… 626
　　54.1　引言 ………………………………………………………… 626
　　54.2　文献回顾与研究假设 ……………………………………… 627
　　54.3　研究设计 …………………………………………………… 629
　　54.4　实证结果分析 ……………………………………………… 631
　　54.5　结论与政策建议 …………………………………………… 636

第55章　中小上市公司董事会结构与技术创新绩效的关联性研究 …… 638
　　55.1　引言 ………………………………………………………… 638
　　55.2　理论分析与研究假设 ……………………………………… 639
　　55.3　样本选取与研究设计 ……………………………………… 641
　　55.4　实证研究结论 ……………………………………………… 643
　　55.5　主要结论与政策建议 ……………………………………… 646

第56章　高科技上市公司技术创新导向的高管激励整合效应 ……… 649
　　56.1　引言 ………………………………………………………… 649
　　56.2　理论分析与研究假设 ……………………………………… 650

56.3 研究设计 …………………………………………………………… 652
56.4 实证结果分析与讨论 ………………………………………………… 655
56.5 主要结论与政策建议 ………………………………………………… 658

徐向艺教授出版著作一览表（1991~2014） …………………………… 661
后记 …………………………………………………………………………… 663

第1篇

公司治理研究方法论问题

第 1 章

公司治理研究现状评价与范式辨析[*]

近年来公司治理方面的研究文献日益激增,形成了诸多较为固定的研究范式,但却不乏有待商榷之处,造成了目前研究中的概念混淆、结论迥异以及虚假关系等问题。探究其深层原因,多来自这些理论与实证研究范式本身所存在的局限性,包括共同治理理论的本质缺陷、治理结构与治理行为的模糊界定、治理绩效与财务绩效的等同、公司治理动态内生性问题的忽视以及公司治理评价指数的合理性等。鉴于此,本章对现有公司治理理论与实证研究中有待商榷的几个基本范式进行辨析,并在此基础上提出公司治理研究领域的发展趋势,以期为公司治理研究体系的深化与拓展提供有益参考。

1.1 引 言

20世纪80年代以来,公司治理在西方发达国家逐渐成为企业发展理论研究的一个核心问题,并涌现出了大量的理论研究成果和极富实践指导意义的公司治理规则。近年来,公司治理方面的研究文献日益激增,且形成了诸多较为固定的研究范式,但其中某些范式却存在着一定的局限性,造成了目前研究中的概念混淆、研究结论迥异以及统计上的虚假因果或相关关系等问题。

1.2 公司治理理论演进路径辨析:共同治理及其本质缺陷

随着公司治理主体等主要维度的演变,公司治理理论经历了从单边治理到共同治理的演进路径,两者在诸多方面具有十分鲜明的差别。信奉"股东至上"的单边治理理论以新古典资源配置观及私有财产、资本雇佣劳动等传统逻辑为基础,认为股东向企业投入了具有可抵押特性的物质资本,并承担一定的经营风险,

---

[*] 本章内容发表在《东岳论丛》2012年第2期。

是唯一的公司治理主体（委托人）。而利益相关者共同治理（Stakeholder Co-Governance）理论则认为，公司是利益相关者之间相互缔结的契约网络，各利益相关者在公司共同投入资源，共同创造价值、共同承担风险，成为公司治理的共同体。公司治理的目标不应该仅仅是股东利益的最大化，而是包括股东在内的全体利益相关者利益的最大化。布莱尔（Blair，1995）指出，共同治理在突破新古典资源配置可逆性假设的同时，也重构了委托人的界定范围，即委托人不仅仅局限于股东，而是包括所有对企业进行特定投资并为此承担风险的参与者，即全体利益相关者。国内外诸多学者认为，共同治理克服了股东主权至上的局限，是对单边治理的演进与超越。

然而，正是这种对委托人范围的重构及其衍生出的目标导向问题使该理论陷入了一种"泛利益相关者"的困境。在实践中，如何实现全体利益相关者利益的最大化？如何保持各个利益相关者之间利益的均衡？这几乎是难以破解的难题。并且，这种以全体利益相关者的利益为基础的决策机制，很容易导致由于权力过度分散而产生的意见僵持或者决策延误的局面，从而使公司治理的效率大幅降低，与企业经济主体的本质相违背。于是，更加凸显了共同治理在实践中可操作性的缺失。

从较深的层次看，共同治理本身所具有的本质缺陷是造成其在实践中可操作性降低的根本原因。共同治理将委托人的范畴扩展到与企业经营直接或间接相关的全部主体，认为他们共同拥有企业的剩余控制权与索取权，并未详细区分企业产权关系的层次。而根据产权理论，而当一项产权被作为"公地"，尚未加以清晰界定之时，必然会导致其被过度使用而损失效率。从法理学视角分析，由于不同利益主体的利益具有异质性，有时甚至相互冲突，如果企业处于亟须抉择的关键时期，面对众多迥异的利益相关者的利益要求，企业很可能会面临诸多无所适从的窘境，更为严重的是产生某些相关者利益被严重侵犯的情形。而此时，以确定利益调整顺序为基础的法律对其提供平等保护是难以实现的。

1.3 公司治理实证研究中的基本范式辨析

在公司治理理论研究发展的同时，实证研究的成果也日益丰富。但目前诸多研究文献中采用的典型公司治理指标经不起深入推敲，研究结论也差别迥异，甚至出现变量之间的虚假因果或相关关系。也有些研究虽然拥有严格规范的研究设计，但其结论对于管理层决策行为、组织绩效的解释能力却十分有限，甚至出现与实践相违背的情况。因此，笔者认为，由样本选取、变量定义、模型构建等研究设计方面所导致的实证研究局限性仅是表面原因，而从深层次来看，其根源在于研究范式本身存在的诸多缺陷。

1.3.1 公司治理结构与公司治理行为的模糊界定

在多数公司治理实证研究文献中，通常将"公司治理结构"等同于"公司治理"，而且学者们通常直接建立公司治理结构与公司绩效的简单逻辑关系。股权结构、董事会特征、经营层治理等是该类研究选择的主要变量。具体而言，股权结构一般采用股权集中度或股权制衡度等指标，董事会特征多关注董事会构成、董事会规模、董事持股情况等方面，经营层治理则侧重于激励机制与两职设置等方面。比如，很多文献将"独立董事比例"作为"董事会独立性"或者"独立董事监督"的操作变量，检验其与公司绩效的相关关系（Beasley, 1996[①]）。再如，"董事会规模"通常作为公司治理结构的重要特征，学者们多倾向于探讨其是否与公司绩效之间存在关联性（Lipton and Lorsch, 1992[②]；Yermack, 1996[③]）。

笔者认为，上述研究范式是经不起深入推敲的，其原因在于其没有严格区分治理行为与治理结构等概念，甚至忽视了治理行为的存在，这种概念上的混乱严重影响了对公司治理概念的清晰界定。事实上，公司治理结构仅是公司治理的组织特性，侧重于构建公司内部的权力制衡关系，是保障企业契约关系得以维持的组织框架。如上文提到的"独立董事比例"仅仅是公司治理组织特性的一个方面，并不能代表董事会的独立性或者独立董事的尽职行为，而应将"独立董事行为"，如发表独立意见情况、参加会议情况、提出异议情况等作为研究的重要维度。同理，"董事会规模"也仅仅是衡量董事总人数的一个指标，"人数的多寡"与"功能的发挥"并不能画等号。在实践中，拥有基本结构特征的董事会，在不同运行机制与行为的作用下会做出不同的决策、产生不同的效率与结果，即相同的投入变量在经历了不同的"过程"以后可能会得出不同的结果。也就是说，董事会结构的合理性是保证其有效运行的必要条件，董事会的有效性更多地取决于其运行机制与行为，而不仅仅是其结构完善与否。而上述事实在实证研究上的反映则是董事会结构变量与公司绩效之间不存在直接的因果关系。

在企业实际运行的过程中，仅仅依靠位于"存在"层面的公司治理结构来解决公司治理的所有问题是远远不够的。良好的公司治理，不仅需要一套完备的治理结构，更需要若干具体的超越结构的治理行为。因此，只关注公司治理组织特性层面的内容，而不关注具体行为过程的研究，必定是无效的。公司治理研究的

[①] 比斯利（Beasly, 1996）实证检验了独立董事比例与虚假财务报告发生率的关系，结果表明，独立董事比率越高，发生虚假财务报告的概率就越低。

[②] 立顿和洛尔施（Lipton and Lorsch, 1992）从理论层面提出限制董事会规模的合理性，并认为，董事会的规模最好为8～9人，最大不应超过10人。

[③] 耶麦克（Yermack, 1996）以美国公司为对象进行实证研究，结果发现，董事会规模与公司价值之间呈现负相关的凹性曲线关系，董事会规模越大，公司绩效越差。

趋势应从实践出发，注重区分公司治理结构与公司治理行为，强化对公司治理行为层面的深入探究，才能够真正揭开公司治理作用机理的面纱。

1.3.2　公司治理绩效与公司财务绩效的等同

公司治理与公司绩效之间关系的实证研究是公司治理研究领域的逻辑起点与重要构成。在已有的实证研究中，"公司绩效"多用"公司财务绩效"来衡量，如资产收益率（ROA）、净资产收益率（ROE）、每股收益（EPS）等反映收益能力的指标以及 Tobin Q 等反映公司市场价值的指标。该领域研究成果丰富，但研究结论却差别迥异。比如，关于股权集中度与公司绩效关系方面的研究结论便不尽相同，经典文献中的结论一般包括线性相关论（Pederson and Thomsen, 1999[①]）, 非线性相关论（McConnell and Servaes, 1990[②]）与无关论（Holderness and Sheehan, 1988[③]）等。

毋庸置疑，公司财务绩效与公司治理绩效之间的确存在较为密切的关系。虽然在某种意义上说，完善公司治理能够为公司管理活动提供激励与约束机制，从而间接促进公司绩效的提高，但公司治理并不能直接作用于公司财务绩效。作为一种契约关系，公司治理的关键在于明确而合理地配置公司股东、董事会、经理人员和其他利益相关者之间的权力、责任和利益，从而形成有效的制衡关系，以确保公司运作的合规性与合法性，而其本身是不能直接创造公司价值的，需要通过作用于公司管理等要素来间接对公司财务绩效产生影响。因此，公司治理与公司财务绩效之间并不是简单的线性关系，而是受到诸多中介与调节变量影响的间接关系，甚至在某些情况下，良好的公司治理对于短期的财务绩效可能会产生负向影响。

比如，某公司可能会通过某项关联交易而产生巨额收益，但该项关联交易是非公允的，假设该公司拥有完善的公司治理结构，尤其是其独立董事勤勉尽责，将会对该关联交易提出异议以阻止其进行，但这种尽职行为并不会通过公司的财务绩效显现出来。相反，倘若该公司的独立董事玩忽职守，无视该关联交易的非公允性而令其顺利实施，那么该公司的财务绩效一定会在短期内有显著提升。因此，更确切地说，公司治理绩效是对公司治理结构有效性的度量，更加注重如何

[①]　彼得森和托马森（Pederson and Thomsen, 1999）以欧洲12国435家公司为样本进行实证检验，结果表明，股权集中度与公司绩效呈显著的正相关关系。

[②]　迈克康奈尔和瑟维斯（McConnell and Servaes, 1990）以美国公司为样本对股权结构与 Tobin Q 之间的关系进行检验，研究表明，公司内部股东所拥有的股权与 Q 值之间存在曲线关系。当股权比例从0开始逐渐增加时，曲线呈向上倾斜的形状；当该比例达到40%~50%之时，曲线开始向下倾斜。

[③]　胡德尼斯和席安（Holderness and Sheehan, 1988）对具有集中型与分散型股权结构的上市公司的经营绩效进行比较，研究显示，两者的绩效或价值指标并未显示出明显差别，从而得出股权结构与公司绩效无关的结论。

取得委托人与代理人的利益均衡、发挥治理功效、实现治理目标以及公司的规范运作。公司财务绩效与公司治理绩效完全不能等同，该类实证研究应更加深入地探讨公司治理绩效的界定与评价及其对公司财务绩效的影响机理。

1.3.3 公司治理动态内生性问题的忽视

已有研究多将公司治理的某项结构要素，如股权结构、董事会特征、高管层治理等作为外生变量，认为它们与公司绩效之间的关系只是一种单一静态的关系，并由于数据的可得性，在研究方法上多采用截面数据与运用OLS模型。上述基于外生性视角的研究在公司治理实证研究中主导了多年。在经理层持股方面的很多经典研究便是从该视角出发，如阿格拉沃尔和克罗伯（Agrawal and Knoeber，1996）选取福布斯500强中383家企业1987年的数据为样本，采用普通最小二乘法（OLS）与两阶段最小二乘法（2SLS），经检验发现经理层持股对企业价值有负向作用，但不显著。国内学者周建波，孙菊生（2003）运用回归分析方法，发现成长性较高的公司，经营者因股权激励增加的持股数与公司经营业绩的提高显著正相关。

然而，外生性视角下的研究忽视了公司治理的动态内生性（Dynamic Endogeneity）特征。公司治理是非独立存在的内生变量，是有关公司所属行业、公司规模和战略乃至外部政治、文化和法律环境等诸多微观和宏观因素共同作用的均衡结果。再者，在现实中，政策的制定和实施、制度的变革、机制的构建以及绩效的显现之间大多有一定的时滞性，这就意味着某个时期的公司治理结构既可能受到本期绩效的影响，也有可能受到前期绩效的影响。例如，在当期，机构投资者持股比例可能对公司绩效可能无明显的促进效应，但前期的公司绩效，对机构投资者持股比例却可能会呈现出显著的反馈效应，即机构投资者持股比例与绩效之间存在着跨期联系，而此时，若不考虑机构投资者持股比例和公司绩效的跨期互动情形必然会得出有偏的结论。由此可知，公司治理与公司绩效表现之间的关系在不同时期可能会表现出不同的特征，较短的样本期间无法检验出两者之间的真实关系。因此，某些实证研究未把公司治理的内生性质与时间因素纳入研究体系，从动态内生视角来考察公司治理与公司表现之间的关系也是目前该研究领域结论不一的深层原因。

1.4 公司治理评价指数的合理性辨析

为了更为全面地审视公司治理结构，有关公司治理评价指数的研究成为新兴的热点。高珀斯等（Gompers et al.，2003）通过构建综合性的G指数①来衡量股东权利，别布丘克等（Bebchuk et al.，2004，2009）构建了壕沟指数（E指数②）。在对该两种指数进行批判继承的基础上，布朗和凯勒（Brown and Caylor，2006）构建了由审计、规章、董事会、董事培训、高管薪酬、所有权结构、变革程序、公司状态八个方面51个指标构成的复合指标体系Gov – Score。南开大学公司治理研究中心于2004年起发布中国上市公司治理指数，从股东权益、董事会、监事会、经理层、信息披露和利益相关者6个维度出发，构建了一个综合评价体系。

然而，这种结构性的公司治理指标体系是否具有合理性？应该对其进行客观理性的审视。公司治理评价指数的构建，是在试图寻找一个公认的标准来对处于同一国家的全部公司或者不同国家的部分公司的治理状况进行衡量。然而，由于路径依赖性特征，公司治理制度的最优设计会由于企业所处治理环境的不同而存在较为显著的差异，因而并不存在衡量公司治理状况的最佳方法。实践的一种现象也可以解释上述原理，即假设不同的公司治理结构会导致不同的公司绩效，那么有效的市场竞争会自动淘汰业绩较低的公司，最终导致整个市场仅仅留下最优的公司治理结构。但与之相反的是，在现实中却存在着诸多差异显著的公司治理结构。由于每个公司所处的内外部环境存在差异，它们会在既定规则之下选择最适合本公司的公司治理结构，企业所处行业、规模、生命周期等特征均会对该选择产生影响，从而导致具有不同特征的公司治理结构并存。因此，"公司治理是否存在一个统一的、综合性评价标准"这个议题一直备受质疑。

而公司治理评价指数有待商榷的另一重要缘由，是其忽视了公司治理机制之间可能存在的交互关系。这种由不同公司治理要素简单罗列而形成的结构性体系，可能会忽视客观上存在于公司治理机制之间的相互替代或者相互补充的关系。在既定的法律、经济和市场条件下，各种治理机制是否形成一个合理的组合，成为决定公司治理效率的关键。因此，构建一个综合性的公司治理指数，需要以"不存在各种公司治理机制之间的交互作用"作为假设，从而以较为简单的形式融合不同的公司治理机制，而这是与公司治理的内生性、路径依赖性以及公司治理整合理论相背离的。

---

① 高珀斯、爱西和麦特瑞克（Gompers, Ishii and Metrick，2003）把美国投资者责任研究中心（IRRC）提出的24项公司治理条款从延缓敌意收购的战术、投票权、董事/管理层保护、其他接管防御措施以及国家法律五个维度加以区分，并根据公司的实际情况对这些条款进行赋值，然后把每项条款的得分进行加总从而形成G指数。

② 别布丘克、科恩和费雷尔（Bebchuk, Cohen and Ferrell，2004，2009）在深入分析公司治理条款的基础上，选出了能够充分反映股东投票权限制以及敌意收购防御的六项重要条款，并进行0或1的赋值，形成E指数，主要涵盖交错选举董事条款、股东修订公司章程的限制、毒丸计划、金色降落伞计划以及兼并和修订公司章程遵循绝对多数原则的规定等要素。

1.5 公司治理研究的几个重要趋势

1.5.1 以股东为主导的核心利益相关者治理理论

随着对利益相关者定义过于宽泛的指责的日益增多与利益相关者共同治理理论局限性的逐步凸显，国内外学者开始了对该理论缺陷的修正，并侧重从动态演化观点出发来定义利益相关者。企业的利益相关者对企业投入资源的重要性程度与其所承担的风险是不同的，理想的治理模式应该定位于股东中心模式和利益相关者模式所界定的均衡区域之内。可以说，股东是企业最为核心的利益相关者，但单边治理"股东至上"的理念应被摒弃，但共同治理的泛利益相关者窘境也应加以改善，继而产生的是一种以股东为主导的核心利益相关者治理理论。该理论不仅超越了股东至上的局限，也避免了利益相关者共同治理理论所主张的全员参与治理模式容易引起的目标混乱、意见僵持与效率低下等问题，是对单边治理与共同治理的修正与整合，是现代公司治理理论演进的新趋势。目前，对该理论的研究仅仅处在初级阶段，诸多关键性问题，如以该理论为基础的治理机制设计以及核心利益相关者参与公司治理效果的验证等都亟待研究。

1.5.2 双重代理框架下公司治理效率的界定与重构

由上文可知，公司财务绩效并不是公司治理直接作用的结果，而是由诸多因素共同决定的。如何对公司治理的有效性进行衡量？笔者认为，公司治理的有效性应表现为在公司经营过程中的预测与应对各种风险与不确定性等方面的效率，以及确保公司实现持续发展，履行公司使命，实现委托人与代理人的利益均衡、满足利益相关者的利益诉求等方面的效率，即公司治理效率。而对公司治理效率进行准确界定与测度，是研究公司治理结构合理安排与设计的逻辑出发点，已经成为目前公司治理研究的发展趋势之一。然而，公司治理效率如何界定与评价？公司治理作为一种制度安排，其存在的最终目标应是解决两权分离导致的代理问题，因此，治理效率的核心是公司治理解决代理问题的效率。传统的"贝利—米恩斯命题"认为，股东与经营者之间的利益冲突形成了第一类委托代理问题，而控制权与现金流权的严重分离使控股股东与中小股东之间的矛盾更为凸显，构成了第二类委托代理问题。这两类互相联系的治理关系普遍存在于现代公司中，因此，对于公司治理效率的界定与重构也应从单一治理关系框架向两者权衡分析转变。目前鲜有的相关研究多为单一治理关系下的规范性研究，亟须双重代理成本框架下理论与实证研究的丰富与补充。

1.5.3 公司治理行为研究领域的深化与拓展

公司治理的主流研究方法以代理理论为基础,强调正式结构的作用。如何构建能充分发挥激励和监管作用的最优治理结构以保护股东利益是其关注的重点。显然,这种研究范式将公司治理视为一个孤立的黑箱,忽视了对公司治理内在机制的探索。公司治理行为研究是在传统代理理论基础上引入行为理论等视角,进一步拓展了公司治理的研究框架。目前影响最为广泛的是基于行为视角的董事会治理研究,该视角下的研究关注董事会行为和决策过程。行为视角以人的态度、意愿和行为作为主要关注点,基于此,公司治理行为视角研究的基本思路是通过探索个体认知和行为特征对公司治理有效性的影响,旨在打开公司治理运作的黑箱。该视角下的诸多研究课题,如高管成员个体认知特征和行为动机分析、高管成员与企业内、外部主要行为主体之间的互动、高管团队当责(Accountability)[①]研究等均成为公司治理行为视角的关注重点。但目前关于公司治理行为的研究还未形成统一清晰的研究框架。

1.6 基于动态内生性视角对公司治理的理论探究与实证检验

在对始终被诸多问题所困扰的外生视角进行质疑的基础上,公司治理研究领域的内生性视角逐渐产生并被学者们所认识,最初应用于股权结构、董事会治理等研究领域。根据制度经济学相关理论,契约对经济交易结果会产生一定的影响,而契约所在的制度环境又会对契约产生制约作用,影响契约的设计与执行,这是动态内生性视角的理论基础。在既定的制度环境之下,实现根据企业的特点不断完善公司治理的动态均衡过程是动态内生视角的目标所在。以此为导向,公司治理动态内生视角的研究思路应将各种公司治理结构、治理机制、治理行为等要素视为内生变量,检验其与诸多影响因素之间的交互作用及对公司价值的影响,既从微观层面深入剖析公司治理的作用机理,又引入中间调节变量构建起公司治理与公司价值之间的桥梁。因此,以超产权理论、机制设计理论、实证主义代理理论等为基础,对公司治理的动态内生性问题进行深入探究,并采用联立方程模型、工具变量法等方法以克服以往研究在方法上的局限,是公司治理研究领域的重要主题。

---

① "当责"(Accountability)一词早期主要应用于会计学领域,指的是一种对组织或者个体绩效等因素的正式测量评估机制。近年来,该词在组织行为学领域受到关注,是指行为个体愿意采取各种方法尽全力实现委托人所期望结果的一种现象。

参 考 文 献

1. 徐向艺等:《公司治理制度安排与组织设计》,经济科学出版社 2006 年版。
2. 贾生华、陈宏辉:《利益相关者的界定方法述评》,载《外国经济与管理》2002 年第 5 期。
3. Blair, M. M., Ownership and control: rethinking corporate governance for the twenty-first century. Washington, D. C.: Brookings Institute, 1995.
4. Algrawal, A. and C. Knoeber, Firm performance and mechanisms to control agency problems between managers and shareholders, Journal of Financial and Quantitative Analysis, 1996, 31 (3): 377 – 397.
5. 周建波、孙菊生:《经营者股权激励的治理效应研究》,载《经济研究》2003 年第 5 期。
6. Brown, L. D. and M. C. Caylor, Corporate governance and firm valuation, Journal of Accounting and Public Policy, 2006, 25 (4): 409 – 434.
7. 南开大学公司治理评价课题组:《中国公司治理评价与指数报告——基于 2007 年 1162 家上市公司》,载《管理世界》2008 年第 1 期。
8. 徐宁、徐向艺:《公司治理理论演进趋势研究——基于经济学与法学的整合视角》,载《经济与管理研究》2009 年第 12 期。
9. 徐宁、徐向艺:《上市公司股权激励效应研究脉络梳理与不同视角比较》,载《外国经济与管理》2010 年第 7 期。

第 2 章

公司治理理论的演进与趋势研究[*]

单边治理与利益相关者共同治理是公司治理理论演进过程中的两个重要观点,从经济学与法学的视角出发,两者都具有其合理性与局限性。核心利益相关者治理理论是对上述两种观点的整合与修正,是公司治理理论发展的新趋势。从资本市场成熟程度、法律环境与路径依赖等方面来看,中国公司治理实践的发展与完善应以核心利益相关者治理理论为指导,强化股东、管理者、员工以及主要债权人等核心利益相关者的治理功能。

2.1 引　言

在所有权与控制权相分离的现代企业中,公司治理的核心问题就是要如何建立代理人对委托人负责的制衡体系。而公司治理主体的界定成为核心问题的关键,也是公司治理理论演进的焦点。随着公司治理主体与结构等主要维度的演变,现代企业公司治理理论经历了从单边治理到利益相关者共同治理,再到核心利益相关者治理的演进路径。

单边治理理论是自公司治理理论产生以来最早被广泛认知的一种理论。该理论以资本雇佣劳动为逻辑基础,强调股东因其投入的物质资本的可抵押特性与承担的企业经营风险,在法律上拥有全部权益,是唯一的公司治理主体,在公司治理中发挥关键作用。伴随着知识经济的发展,人力资本(Human Capital)已不再是物质资本的附属物,其重要性逐渐提高,日益成为与物质资本有着互补共生关系的企业重要资本构成,并且具有了对共同创造的价值进行分享的权利与要求。股东单边治理模式开始受到理论与实务界的质疑。20 世纪 60 年代产生的利益相关者理论(Stakeholder Theory)是在对信奉"股东至上"的公司治理实践的质疑中逐步发展起来的,80 年代后得到了广泛重视,在该理论基础上产生了一种新型的公司治理理论——利益相关者共同治理(Stakeholder Co‑Governance),对

---

[*] 本章内容发表在《经济与管理研究》2009 年第 12 期。

全球范围内的公司治理和公司立法改革产生了重要影响。该理论认为，公司是利益相关者之间相互缔结的契约网络，各利益相关者在公司共同投入资源，共同创造价值、共同承担风险，企业的本质是一种追求协同效应的团队生产。因此，公司治理的目标不仅仅是股东利益的最大化，而是包括股东在内的全体利益相关者利益的最大化。股东、管理者、债权人、职工、供应商等公司所有的利益相关者都是平等、独立的公司利益主体，在公司治理中都应发挥重要作用。但是，利益相关者共同治理理论虽然超越了股东主权至上的局限，但却容易陷入泛利益相关者治理的困境①，这种困境使学术界与企业界陷入了长期的迷惑与质疑之中。在理论上，该理论笼统地将全部与企业经营直接或间接相关的主体都纳入到企业所有者的范畴之中，对于企业产权关系的层次没有详细区分，而是将所有主体同等对待，这种概念的宽泛界定使研究者难以驾驭；而在实践中，该理论强调的目标是通过协调各利益相关者的利益要求，达到利益相关者总体利益的最大化，将其应用于企业实践时，面对众多迥异的利益相关者的利益要求，企业很可能会面临诸多无所适从的窘境，可操作性明显缺乏。为解决这一问题，公司治理理论又开始了新一轮演进过程。基于学术界对利益相关者"窄定义→宽认识→多维细分→属性评分"的认识过程，核心利益相关者治理理论（Core Stakeholder Governance）作为对共同治理理论的修正应运而生。该理论认为，理想的治理模式应该定位于股东中心模式和利益相关者模式所界定的均衡区域之内。为此，就必须对上述两个模式加以整合。整合的思路主要是借助已有的利益相关者模式，对参与公司治理的利益相关者进行筛选。在现实中，利益相关者对企业投入资源的重要性程度与其所承担的风险是不同的，通过这两种因素来衡量并明确主导的利益相关者是企业所有权得以有效分配的前提。

本章从经济学与法学的视角出发，对演进过程中的公司治理理论——单边治理与利益相关者共同治理理论进行了分析与比较，并对公司治理理论发展的新趋势——核心利益相关者治理理论的合理性进行了阐述，从而对公司治理理论演进脉络进行梳理，对中国公司治理实践具有重要的启示意义。

2.2 从单边治理到利益相关者共同治理

2.2.1 两种治理理论的实践模式比较

两种公司治理理论在实践中运行模式的不同主要体现在治理目标、治理主体

---

① 李维安、王世权：《利益相关者治理理论研究脉络及其进展探析》，载《外国经济与管理》2007年第4期，第10~14页。

与治理结构等方面：一是治理目标不同。单边治理模式强调股东利益最大化，主张为股东创造价值是企业存在的唯一理由，因此一切治理行为都要对股东负责。而共同治理模式则认为企业不应只代表物质资本的利益需求，而应该为所有利益相关者的利益服务。二是治理主体不同。单边治理模式下，以股东投入的物质资本为核心，使股东在公司剩余索取权与控制权分配中占据主导地位。在共同治理模式下，企业所有的利益相关者，包括管理层、员工、供应商、顾客、债权人等都会间接或直接地参与公司治理，成为公司治理的主体。三是治理结构不同。单边治理结构一般是由股东会选举产生董事会，由董事会任命总经理，总经理任命或管理若干中高层管理者，中高层管理者制订计划并管理雇员，实现企业的运营。在单边治理模式下，获得授权的经营者只有围绕股东的利益行使控制权才是企业有效率的保证。共同治理结构一般有两种：一种是"直接参与模式"，直接让利益相关者的代表进入董事会，各方一起监督管理层，并通过各方协商，设计出能使整体利益最大化的政策；另一种是"间接信托模式"，即使董事会成为各利益相关者的受托人，不仅仅为股东利益服务，而且有更大的自由裁量权。

2.2.2 经济学视角下从单边治理到利益相关者共同治理演进的合理性

随着企业生存环境的变化、企业规模的扩大与单边治理理论自身缺陷的日益凸现，现代公司治理理论开始了从单边治理到利益相关者共同治理的演进。现代经济学理论是推动这一进程的理论基础。现代经济学理论动摇了股东作为企业唯一所有者的假设，也对公司治理的制度安排围绕"股东至上"为逻辑出发点的观念提出了质疑，从而使单边治理理论的合理性受到诘难。

1. 人力资本理论与资产专用性理论的共同作用。单边治理理论以资本雇佣劳动为逻辑基础，公司被理解为一个由物质资本所有者构成的集合体。该逻辑基础主张股东为企业投入的物质资本是决定企业所有权分配的主导要素，而雇员的劳动是物质资本所购买的商品。但随着经济增长方式的转变，人力资本的作用越来越突出，物质资本不再是企业发展的决定性因素，企业价值的增值来源于人力资本与非人力资本的密切合作，两者都拥有平等的权利，共同拥有企业的剩余索取权与相应的控制权。人力资本理论的产生对该逻辑基础提出了挑战。在此基础上，资产专用性（Asset Specificity）理论认为无论是人力资本所有者，还是物质资本所有者，一旦将他们所拥有的资源中的全部或部分产权转移给公司，这些资源将因某种投资行为而成为一种专用性资产，它们的使用价值相对单一，如果向其他用途转移，则将因需要付出转移成本而蒙受不同程度的损失。公司专用性资产的形成，既增加了资产投入者将资产转移给其他投资对象的成本，也意味着任何资产投入方的任意退出或采用其他机会主义行为均可使对方受到损失，这必将导致人力资本所有者和物质资本所有者产生共同治理公司的意愿与动力。利益相关者共同治理理论在两种理论的共同作用下，主张公司是各利益相关者及其投入资源，包括物质资本与人力资本的相互依赖相互依存的集合，因此，各利益相关者具有共同参与公司治理的权利。

2. 产权外延的扩展与关系契约网络逻辑的共同影响。从传统业主式企业到现代企业，从广义上讲产权（Property Rights）的外延已从所有者扩展到其他的利益相关者，包括管理者、员工、顾客、供应商、债权人、社区等。现代社会中的新型产权是一个以所有权为中心的社会关系的集合或称为产权束，其中涉及的不同产权主体之间是平等的关系。剩余索取权与控制权集中地对称分布于任何一方，意味着另一方的产权权益被剥夺，因此，单边治理理论主张的权力集中对称分布形态的缺陷就逐步凸显出来。在共同治理模式下，随着产权主体的明确与企业参与人之间谈判力量关系的变化，对初始合约的内容做了一定的边际调整，导致剩余索取权和控制权由集中对称走向分散对称分布，初始的集中对称型企业合约得到了修正。与此同时，在关系契约网络（Relationship Contractual Network）逻辑的影响下，企业本质上是由人力资本与物质资本组成的特殊契约网络，公司的共同治理模式是利益相关者间关于公司所有权结构最优配置的显性契约和隐性契约"织成"的关系网络。在此网络中，有些利益相关者与公司签订了显性契约（Explicit Contract），各自投入了一定的专用性资产，从而承担了公司的部分风险，如股东、员工、债权人等；有些利益相关者公司之间存在着一种"隐性契约"（Implicit Contract），间接受到公司"外部性"（Externality）的影响，如社区、政府等。契约网络中的每一个产权主体都应该有平等的机会与权力参与企业所有权的分配与企业的公司治理。

2.2.3　利益相关者共同治理产生的法理基础

利益相关者共同治理理论的产生不仅仅受到现代经济学理论的影响，其同样是现代公司民主理念、公司自体理念、利害团体参与理论等法理学理论影响的产物。

1. 在现代公司民主理念所强调的广义民主影响下，利益相关者被赋予了平等参与公司治理的权利。所谓公司民主（Company Democracy）就是保证公司全体成员或大多数成员直接或间接参与公司事务的一种公司理念和公司制度。传统的公司法理论认为股东是公司的唯一所有者，是公司的唯一治理主体，拥有参与公司事务的全部民主权利，而其他利益相关者则无权参与公司治理与其他公司事务，被拒之于公司民主之外。公司民主制度逐渐发展成熟，逐渐形成了现代公司民主理念。现代公司民主理念中的民主是广义的，不仅局限于股东民主，而且惠及股东之外的公司其他利益相关者。在该理念影响下，公司其他利益相关者也成为公司治理的主体，应保证他们平等参与公司事务的权利，并赋予他们对一定范围公司事务的知情权、质询权、建议权、监督权等权力。

2. 在企业自体理论所主张的公司利益与股东利益相分离的基础上，形成了由全部利益相关者构成的公司利益系统。企业自体理论（Unternehmen an Sich）是在 1918 年由德国学者瓦尔特·拉特瑙（Walther Rathenau）提出，其主要内容是指企业本身具有经济上、法律上及社会上的固定性及继续性价值，独立存在于股东之外，不因股东变动而变动，而应将企业视为一个独立法益，优先于股东利益来保护。根据企业自体理论，公司作为一个具有独立人格的法人实体，奉行私法自治原则，其财产与股东财产相分离、其人格与股东人格相分离。随着现代公司规模的扩大，公司利益与股东利益更不能等同，公司利益已不再仅仅局限于股东利益，而是股东利益、职工利益、债权人利益、顾客利益以及其他相关利益子系统构成的公司利益系统，各方利益协调统一才能实现公司利益最大化。

3. 在利害团体参与理论提出的保护公共利益理念的影响下，公司利益主体呈现多元化趋势。由斯科特·布坎南（Scott Buchanan）提出的利害团体参与理论（Interest Groups Theory）主张为保护公共利益，各州应制定规范企业民主性的法律。董事会不应仅由股东选出，还应由员工及社会大众选出，以达成企业组织之民主化。该理论强调企业在决策时除股东外，还必须兼顾管理者、员工、供应商、债权人、顾客及其他社会机构等利益主体的利益。

2.3 从利益相关者共同治理到核心利益相关者治理

2.3.1 利益相关者共同治理的经济学悖论与法理缺陷

利益相关者共同治理理论的产生有其经济学与法理基础，反映了社会和市场经济的发展趋势，在多方面凸显了其合理性。但当该理论应用于公司治理实践时，以全体利益相关者为基础的结构与机制会产生因权力过度分散而导致的决策延误或者意见僵持的局面，使公司治理的效率大幅降低，其可操作性受到了越来越多学者的质疑。利益相关者共同治理理论虽然克服了单边治理的局限，但却又陷入了利益相关者定义过于宽泛的困境。笔者认为，在实践中可操作性的缺失是该困境的具体表现，而该困境产生的深层原因是共同治理理论自身存在的经济学悖论与法理缺陷。

1. 利益相关者共同治理的经济学悖论。利益相关者共同治理较易导致公司利益的宽泛化，陷入无人能够真正发挥治理作用的困境，其中一个重要的深层原因是该理论自身存在着几个经济学悖论：一是与经济主体本质之间的悖论。共同治理理论是建立在所有权分散对称分配给全部利益相关者的基础上的。而实际上，这种分散对称分布会使企业面临相当高昂的成本，而且会大大降低企业的效率，从而与经济主体的本质相违背。二是与私有产权理论之间的悖论。企业所有权作为契约不完全的产物，其本质是一种剩余索取权，应该是每一个产权主体都应有权力拥有，但这样将会酿成"公地的悲剧"，将企业的所有权看成所有利益相关者都有份的公共蛋糕，而当一项产权被作为公共地，未加以明确界定时，必然会导致过度使用而无效率。三是与经济主体追求效率目标之间的悖论。企业多重目标之间的冲突在所难免，甚至会使多种目标之间产生混乱，以使得那些无法完成全部目标的经营者仅仅追求与满足自己利益相关的那部分目标，如企业规模扩张等，而忽略了这些目标与企业效率或整体价值之间的平衡。此外，经营者在决策时需要顾及多方迥异的利益要求而使决策效率会大受影响。

2. 利益相关者共同治理的法理缺陷。利益相关者共同治理的困境同样来自其在一定程度上存在的法理缺陷。调整和协调多种存在相互冲突的利益是法律的主要作用之一。然而在很多情况下，这些相互对立的利益往往不能同时得到满足，因此，法律必须对其调整以及对它们的先后顺序予以安排，以确定哪些利益具有相对重要性、应该优先得到保护。这就是法律对利益进行调整的一般过程。而利益相关者治理理论的主要观点在于公司各利益相关者都平等地拥有各项权利，平等地参与公司治理，其利益都平等地受到法律保护。但由于各方利益具有异质性，甚至相互冲突，当企业经营状况良好时也许会相安无事，但一旦公司经营状况不佳或发生重大事项时，各方利益可能会因剧烈冲突而不能被同时满足，从而发生严重内耗，影响企业的效率与目标的实现。此时，以确定利益调整顺序为基础的法律对其提供平等保护是力不从心的。从这个角度出发，利益相关者共同治理理论在法理上具有一定程度上的缺陷。

2.3.2 核心利益相关者治理理论对利益相关者共同治理理论的修正

随着对利益相关者定义过于宽泛的指责的日益增多与利益相关者共同治理理论局限性的逐步凸显，国内外学者开始了对该理论缺陷的修正，并侧重从动态演化观点出发来定义利益相关者，核心利益相关者治理理论由此产生。该理论强调谁提供了对企业生存发展至关重要的关键性资源或承担企业经营的重大风险，谁就该掌握企业的控制权。米切尔（Mitchell，1997）基于利益相关者特征属性提出的定量化评分法，使学者和企业家有可能从利益相关者宽泛的定义中，根据实际确立一个明确的研究范围或决策目标。日本学者伊丹敬之（1997）认为成为企业主权者必须具备两个条件：一是为企业存续提供不可替代的资源；二是承担企业经营的重大风险。从这两个条件出发，他提出股东与核心员工（包括内部提升的经理人）是企业主权者，也即核心利益相关者。国内学者陈宏辉（2004）通过实证研究，从利益相关者的主动性、利益相关者的重要性和利益相关者利益要求的紧急性三个维度上，应用米切尔评分法把核心利益相关者界定为股东、管理者、员工这三类对企业具紧密的利害关系，同时又深深受企业发展影响的利益相关者。该理论不仅超越了股东至上的局限，避免了利益相关者共同治理理论所主张的全员参与治理模式容易引起的混乱、僵持与效率低下等问题，在一定程度上修正了利益相关者共同治理的经济学悖论与法理缺陷。

1. 确定核心利益相关者为治理主体，降低了代理成本与监督成本，提高了公司治理效率。企业的核心人力资本是价值创造之源，而且又具有很强的可塑性。让核心人力资本产权的所有者，如管理者、员工参与公司治理，分享企业控制权，可以调动人力资本所有者的积极性与主动性，减少对人力资本所有者激励和监督的成本，降低交易成本。同时，管理者参与治理能够有助于解决道德风险问题，而员工参与治理，能较好地改善信息不对称和对经理人员监督不力的问题，抑制内部人对企业的过度控制，这两类核心利益相关者共同参与治理的制衡机制是对股东治理的良好补充，从而大幅提高治理效率。

2. 克服了泛利益相关者多重利益冲突带来的困境。核心利益相关者治理模式以资本的本性为连接纽带，将物质资本与人力资本联系在一起，形成了一个综合性契约集合体。物质资本追求增值，人力资本同样也追求增值，对经济利益的追求是两者结合的必要条件。虽然在短期利润分配上他们的目标可能存在冲突，但在公司长期发展等方面却有着共同的利益和要求。核心利益相关者行为主体基于共同的长期利益，形成了一定的互惠共生关系，只有通过他们的共同努力，才能获得共赢，在一定程度上克服了共同治理模式中众多利益相关者利益不一致而导致与效率目标的背离。

3. 通过对企业产权关系层次的详细区分，契合了法律对利益进行调整的一般过程。该理论没有笼统地将所有与企业活动有关的主体纳入企业所有者的范畴，而是通过某些评价方法根据具体的情形来确定企业的主导利益相关者，体现了企业产权的层次性，使公司治理安排面对众多相互冲突的利益相关者的利益要求时，以核心利益相关者的利益要求为主导，从而在一定程度上克服了利益相关者共同治理的法理缺陷。

随着经济全球化等宏观环境的变化以及单边治理模式与利益相关者共同治理模式自身缺陷的逐渐凸显，两种模式在实践中逐步开始趋同性的变革。对于两种模式是否趋同以及向何种模式趋同，学者们存在着巨大的分歧与争论。笔者认为，核心利益相关者理论是对两者的修正与整合，是现代公司治理理论演进的趋势。目前，对该理论的研究仅仅处在初级阶段，诸多关键性问题，如对核心利益相关者的评估与确定、以该理论为基础的治理机制设计以及核心利益相关者参与公司治理效果的验证等都亟待研究。

2.4 对中国公司治理实践的启示

治理理论的形成与存在是以特定的市场、法律环境、文化和历史为背景的，而且由于路径依赖性与互补性的存在，不同国家公司治理具有不同的理论倾向，如英美模式较倾向于股东单边治理，而日德模式则更倾向利益相关者共同治理。对于中国而言，真正有效的治理模式应是与中国的市场法律文化相契合的产物。笔者认为，从资本市场成熟程度、法律环境与路径依赖等方面来看，中国的公司治理实践不能简单地对单边治理或是共同治理模式加以模仿和盲目照搬，而应以核心利益相关者治理理论为指导，在公司治理实践中侧重考虑主要利益相关者的利益，同时兼顾次要利益相关者的利益，实现一种选择性的利益平衡。目前，根据学者的研究，中国企业的核心利益相关者主要是指股东、管理者与员工三方面，债权人也可视具体情况而纳入核心利益相关者之列，如为企业提供长期贷款的银行，因较长的贷款期限与较大的风险而有足够动力来关注企业的经营决策与财务状况，则可以作为企业的核心利益相关者来参与公司治理。笔者主要从组织设计、运行机制与法律体系三个方面对中国公司治理实践提出相应建议。

2.4.1 完善公司治理组织设计

在核心利益相关者治理理论指导下，从完善公司治理组织设计角度出发，中国企业的公司治理应在以下几个方面有所改善：一是董事会中适当引入职工董事，并逐步完善职工董事的职权与职责，使其真正发挥作用，同时，主债权人也可以派代表进入公司董事会，并享有投票权，但考虑到我国银行实行"两业分离"的法律阻碍，可以采取"表决权信托制度"或"表决权代表制度"；二是董事会专门委员会，包括提名委员会、审计委员会、薪酬委员会等，成员仍以独立董事为主，可以适当允许经营者、职工、主债权人等核心利益相关者代表的参与；三是完善职工监事制度，制定相应的议事规则，保证职工监事独立有效地履行监督职权，加强职工监事对董事会决议事项提出质询或者建议的权利；四是主债权人可以派代表进入监事会，并列席董事会会议。平时行使监事职权，对公司财务进行跟踪监督，当公司财务状况异常时，可以董事身份参加董事会会议，参与公司决策，将当时的债权额按一定标准折算成股份享有投票权。

2.4.2 构建更为合理的公司治理运行机制

构建更为合理有效的公司治理运行机制主要包括以下几个方面：一是增加中

小股东的话语权,适当降低其参与公司治理的门槛。中小股东的高管提名权、股东提案权、股东大会召集权通常是有名无实。设计某些机制来创造中小股东参与重大决策的便利条件,如对于资产规模较大的上市公司,可以考虑降低股东提出临时提案和提出召集临时股东大会的条件。二是创造机构投资者参与公司治理的途径。机构投资者由于具有资金充足、抗风险能力强、投资专业化等特点,可以作为公司治理的积极主体,大力发展机构投资者是资本市场相当长时期内改革和发展的战略内容,也是保护中小股东权益,构建合理的运行机制不可缺失的环节。三是独立董事的选聘适当体现核心利益相关者的意愿。独立董事若由大股东提名,应采取大股东回避表决制度,即在选举时由大股东之外的核心利益相关者来投票表决,这样可以较为有效地避免提名与表决都由大股东一手掌控而使选出的独立董事难以"独立"的情况。四是完善经理人市场,改善经营者选聘机制,完善经营者激励与约束机制。对于经营者激励机制的设计,股票期权、管理层持股等长期激励与年薪制等中期激励都是可以采纳的措施。

2.4.3 建立健全相关规范与法律体系

在中国现有法律确立的治理框架内核心利益相关者的利益还很难得到有效保护,且其参与公司治理的途径受到多方限制,为改善这一状况,主要从以下几个方面入手:一是完善有关法律法规规范大股东行为,限制大股东通过占用上市公司资金、报表造假、滥用关联交易混乱等行为损害中小股东及其他利益相关者的利益。二是建立健全职工参与公司治理的法律规范体系。如在新《公司法》中,职工董事的存在应该作为强制性条款,并完善职工董事的职权职责,使其真正发挥作用。有关职工监事的职权与职责也应进一步明确。三是为主要债权人参与公司治理创造条件。可以通过对《商业银行法》、《证券法》与《公司法》等,打破分业经营体制,让商业银行成为主银行,或者让银行进入公司的董事会和监事会等措施来解决。

参 考 文 献

1. 李维安、王世权:《利益相关者治理理论研究脉络及其进展探析》,载《外国经济与管理》2007 年第 4 期,第 10~14 页。

2. 贾生华、陈宏辉:《利益相关者的界定方法述评》,载《外国经济与管理》2002 年第 5 期,第 13~18 页。

3. O'Conner, Marleen A., The human capital era: reconceptualizing corporate law to facilitate labor management cooperation, Cornell Law Review, 2003, 78: 899–965.

4. 刘永春、张宗益、朱健:《公司治理要"单边治理"还是要"共同治理"》,载《经济体制改革》2005 年第 3 期,第 38~41 页。

5. 缪因知:《趋同抑或维系:公司治理模式演化的逻辑与实证——The End of History for Corporate Law 述评》,载《研究生法学》2007 年第 2 期,第 83 页。

6. 何一鸣:《论关系契约网络逻辑下的利益相关者共同治理模式》,载《上海立信会计学院学报》2006 年第 5 期,第 46~51 页。

7. 杨瑞龙、周业安:《论利益相关者合作逻辑下的企业共同治理机制》,载《中国工业经济》1998 年第 1 期,第 38~45 页。

8. 唐英:《公司利益相关者共同治理之法学分析》,载《贵阳学院学报(社会科学版)》2007 年第 3 期,第 41~44 页。

9. 周江洪、范晓宇:《构建有效的中国公司治理结构——从法学与经济学的角度考察》,载《兰州大学学报(社会科学版)》2001 年第 4 期,第 105~111 页。

10. [日] 中村一彦:《企业的社会责任——法学的考察(改订增补版)》,日本同文馆出版社 1981 年版,第 236~237 页。

11. 杨瑞龙、周业安:《一个关于企业所有权安排的规范性分析框架及其理论含义》,载《经济研究》1997 年第 1 期,第 12~22 页。

12. 陈勇:《"公司多边治理"质疑——兼论"公司利益相关者论"之法理缺陷》,载《河南司法警官职业学院学报》2005 年第 1 期,第 77~79 页。

13. Mitchell, A. and D. Wood, Toward a theory of stakeholder identification and salience defining the principle of who and what really counts, Academy of Management Review, 1997, 22 (4): 853-886.

14. 伊丹敬之:《日本企业的"人本主义"体系》,载《财经问题研究》1997 年第 4 期,第 31~36 页。

15. 陈宏辉:《企业利益相关者利益要求:理论与实证研究》,经济管理出版社 2004 年版,第 62~85 页。

16. 邓汉慧、赵曼:《企业核心利益相关者共同治理:公司治理新思维》,载《湖北社会科学学》2008 年第 7 期,第 75~78 页。

17. Bebchuk, L. A. and M. J. Roe. A., Theory of path dependence in corporate ownership and governance, Stanford Law Review, 1999, 52 (10): 127-170.

18. 杨瑞龙、周业安:《企业共同治理的经济学分析》,经济科学出版社 2001 年版。

第 3 章

母子公司治理研究脉络梳理与演进趋势探析[*]

本章以母子公司为研究对象,通过梳理相关研究脉络,对母子公司治理研究现状进行了深入的剖析,对现有研究进行归类,并分别分析其体现的治理问题、具体表现以及理论基础,结果发现该领域研究主要集中于母子公司间"自上而下"的单向治理问题,而忽视了以母子公司间的互动性为中心的双向治理问题。随后,通过把基于行为经济学的参照点契约引入分析框架,即放松了参与主体不能进行讨价还价的假设,对母子公司双向治理视角的研究可行性进行了分析,并提出了进一步的研究展望。

3.1 引 言

自拉波塔等(La Porta et al., 1999)实证研究指出全球大部分上市公司都隶属于企业集团(business group)且呈现复杂的股权结构以来,越来越多的学者开始关注企业集团的治理问题。本章以最典型的企业集团——股权控制链呈金字塔结构的母子公司——为研究对象,对母子公司治理研究现状进行了深入剖析。通过梳理国外相关研究,我们发现该领域研究主要集中于母子公司间"自上而下"的单向治理问题,而忽略了以母子公司间互动为核心的双向治理问题,如母公司基于控制权收益的道德风险和母子公司间的讨价还价等问题。近年来,随着行为经济学的发展,母子公司治理研究开始关注子公司在母子公司治理方面的能动性,单向治理研究开始向双向治理研究演进。双向治理研究拓宽了母子公司治理研究的范畴,同时也为复杂的企业集团治理进行了有益的理论探索。

3.2 母子公司单向治理研究评述

国外学者运用不同理论研究了母子公司这种企业组织形式的成因及治理问

---

[*] 本章内容发表在《外国经济与管理》2013年第7期。

题，但没能没有得出一致的结论，甚至有学者（Claessens et al., 2006；Dow et al., 2009；Peng et al., 2011）研究发现股权结构呈金字塔形的控股集团同时存在积极和消极两种治理效应。本章按照治理效应（积极效应或者消极效应）和治理范围（母子公司整体治理或者子公司个体治理）两个维度，把现有的母子公司治理研究细分为积极治理效应内生、积极治理效应外生、消极治理效应内生、消极治理效应外生四个研究视角（见图3-1）。其中，内生视角把母子公司视为一个整体，认为治理效应内生于母子公司之间，关注母子公司整体绩效的提升；而外生视角则把母公司与子公司作为两个独立的个体，认为治理效应由母公司外生作用于子公司，主要关注母公司对子公司的影响。

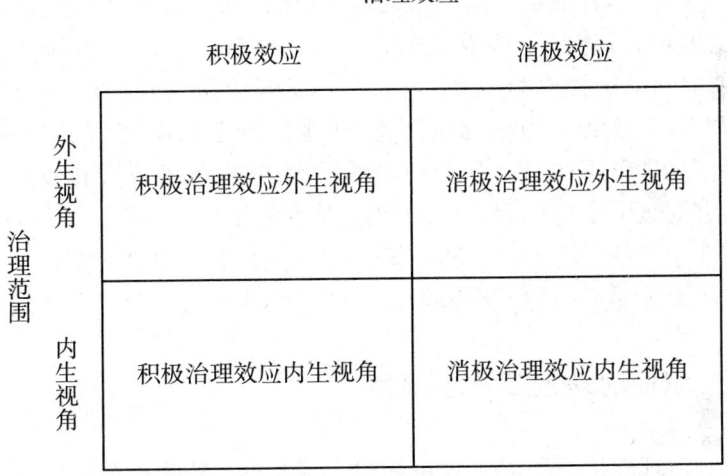

图3-1 母子公司治理研究视角分类

3.2.1 积极治理效应内生视角

积极治理效应内生视角主要着眼于母子公司整体治理效应，即具体的治理行为是否有助于母子公司整体利益水平的提升。学者们基于交易费用理论的相关研究得出了基本一致的结论，认为母子公司具有"内部市场替代"的功能，能够有效应对市场失灵问题，即母子公司是一种替代市场的组织形式，可用于规避由市场失灵导致的资本、劳动和管理低效率问题（Khanna, 2000）。

许多学者不仅验证了"内部市场替代"假说，而且还提供了来自不同国家的经验证据，从而大大提高了该假说的适用性。具体而言，克拉森等（Claessens et al., 2000）采用中国香港、印度尼西亚、日本、韩国等九个国家和地区1996年的母子公司数据研究表明：这些国家和地区母子公司控制权与现金流权分离的现象非常普遍，因此，大股东或者实际控制人能够实施资源的调度与配置。这种现象在家族控制企业（family-controlled firms）尤为常见。法西奥等（Faccio et al.，2002）采用欧洲大陆13国1996~1999年的相关数据研究发现，尽管家族控制是在这些国家比较常见母子公司控制模式，但控制权与现金流权分离的现象并不严重。为了提高研究结论的适用性，林等（Lin et al.，2012）综合运用以上两项研究的样本数据，以这22个国家的3056家公司（1998~2006年）作为研究对象进行了多元回归分析，结果发现：在子公司现金流权与控制权两权分离的情况下，实际控制人能以母子公司整体为信誉载体，获得地理位置相近或者相关产业借贷经验丰富的银行组成贷款银团的融资。还有学者（如Andres et al.，2008；Haas et al.，2010）以跨国银行集团为样本，研究发现跨国银行集团常常通过内部协调来方便和优化资本转移，从而证实了它们用集团内部市场来替代外部市场的倾向。其他一些学者采用不同国家数据完成的实证研究从不同的侧面都支持了母子公司"内部市场替代"假说。例如，道等（Dow et al.，2009）采用日本企业集团1987~2001年的数据发现：在信贷压力增大的宏观经济环境下（1991年之后），由母公司提供信用担保的子公司具备较强的应变能力；郑（Cheong，2010）考察了韩国公平交易委员会圈定的最大30家韩国最大企业集团，结果表明母公司能够为旗下子公司营造便利的融资环境和发展空间；马诺斯等（Manos et al.，2007）比较分析了印度4506家独立上市公司和2042家隶属于母子公司的上市公司，结果表明后一种上市公司财务杠杆比率越高，融资空间就越大。

3.2.2　积极治理效应外生视角

积极效应治理外生视角以子公司利益为出发点，认为母公司行为外生作用于子公司，并且主要关注母公司对子公司产生的积极作用或正面影响。该视角的研究通常把资源依赖理论作为自己的理论基础。资源依赖理论关注组织之间相互关系，认为外部环境也是组织的重要资源。致力于母子公司治理问题研究的学者基于资源依赖理论研究了母子公司之间的资源依赖关系，认为子公司（尤其是陷入困境的子公司）通过与母公司进行互动和协同，能够获取母公司的资源支持，实现资源的外部整合，并创造有利的竞争环境。张等（Chang et al.，2000）较早就关注企业集团内部母子公司之间的"支持"（Propping）行为，并且研究发现企业集团出于保证整体利益的需要，有可能对陷入困境的子公司实施救济或提供援助。弗里德曼等（Friedman et al.，2003）则最先为企业集团的支持行为提供了实证证据：陷入困境的子公司能够取得高额贷款就是母公司支持行为的具体表现。近年来，许多学者还利用不同国家的样本进行了研究，为企业集团的支持行为提供了经验证据，而且证明在宏观经济不景气时母公司支持行为的作用就更加显著。例如，高尼克等（Gonenc et al.，2008）以1991~2003年的土耳其母子公司为研究样本，不仅证实了支持行为的存在，而且还发现在1991~1999年经济

"温和负增长"时期土耳其的母公司明显对子公司采取了支持行为。彭等（Peng et al., 2011）基于中国上市公司的研究表明，某些母公司甚至通过关联交易来支持支持上市公司，而且在经济状况欠佳时尤其明显；道等（Dow et al., 2009）以及郑等（Cheong et al., 2010）对日本、韩国的研究也表明：虽然平时母公司会对子公司实施掏空行为，但在宏观经济不景气时期会对子公司提供支持。

3.2.3 消极治理效应内生视角

消极治理效应内生视角主要基于第二类代理成本问题，从母子公司整体利益出发来考察母公司的治理行为可能对子公司利益造成的侵害，并且认为母公司的治理行为有可能产生消极效应而不能提升母子公司的整体利益。具体而言，基于消极治理效应内生视角的研究主要根据廉价现金流假说和有效市场假说，从转移风险引发的过度投资以及转移资源导致的市场价值贬损两个方面来验证了母公司治理行为对子公司产生的消极效应。

1. 过度投资。按照廉价现金流假说，企业内部现金流充裕，会导致现金价值下降，即导致廉价现金流，因而容易引发过度投资。有学者结合风险转嫁假说，运用廉价现金流假说来考察母子公司治理问题，认为母公司在自身扩张冲动的驱使下会把子公司的现金流投资于高风险项目。例如，韦等（Wei et al., 2008）选取亚洲金融危机发生前（1991～1996年）中国香港、韩国、马来西亚等8个东亚地区新兴经济体为样本，将控制权与现金流权分离程度引入分析框架，考察了实际控制人对投资水平的影响，结果发现：随着现金流权与控制权分离程度的提升导致母公司之于子公司经营风险与责任承担的同步下降，从而容易产生严重的代理问题，使得子公司对投资—现金流敏感性相应提高，进而引发过度投资行为，证实了自由现金流假说。

2. 市场价值贬损。也有学者基于代理成本理论，结合运用有效市场假说和信号理论来研究母子公司治理问题，结果发现：母子公司间关联交易滥用会向外界发送了"资源转移不合理"的信号，从而导致市场做出负面评价，进而导致公司市场价值贬损。具体而言，乔治等（George et al., 2008）利用1998～2000年的数据，对印度476家独立上市公司和368家非独立上市公司进行了比较研究，结果发现母公司的利润分配行为容易导致市场对子公司的价值做出负面评价估；马里塞提等（Marisetty et al., 2010）以印度1990～2004年的IPO公司为样本，研究发现无论是长期还是短期，隶属于母子公司的上市公司都承受着更高的"价值折扣"；班纳森等（Bennedsen et al., 2010）在考察了欧盟国家4096家上市公司后指出母公司或者实际控制人现金流权较低的上市公司不仅存在"价值贬损"现象，而且这一现象在投资者保护水平较高的国家更加严重。磊等（Lei et al., 2011）以181家在香港特别行政区上市的内地子公司作为样本，以托宾Q值、账面价值和累计异常收益率（CAR）为企业价值评判标准，实证考察了母子公司关联交易对子公司市场价值评估的影响，结果表明母子公司关联交易显著降低了子公司的市场价值，而信息披露完备程度能够显著弱化这一负向关系。

3.2.4 消极治理效应外生视角

消极治理效应外生视角以子公司利益作为出发点，着眼于由于实际控制人寻租行为所导致的子公司利益损失，即"掏空"行为（Johnson et al.，2000）。由于实际控制人与子公司中小股东之间的信息不对称，母公司或者实际控制人获得了寻租的外部条件，加之母公司或者实际控制人与子公司中小股东利益不一致的内部原因，"掏空"行为就发生了，具体体现为自我交易（Self-dealing）、实际控制人与子公司高管共谋以及借助财务杠杆剥夺子公司。

1. 自我交易（Self-dealing）。"自我交易"是指公司的实际控制人（经理层或控股股东）在信息不对称的情况下，利用职权的便利实现财富的"自肥式"转移，而不是与其他投资者分享（Djankov et al.，2008）。"自我交易"在公司治理实践中有多种表现形式，例如，不合理的高管薪酬、过度投资、关联交易滥用等（Shleifer et al.，1997）。由于市场机制不健全、法律制度不完善，中国资本市场"自我交易"行为更是成为近年来研究的热点（Berkman et al.，2009；Li，2010）。江等（Jiang et al.，2010）、彭等（Peng et al.，2011）基于中国关于投资者保护和信息披露的法律法规现状，研究证实了母子公司条件下"自我交易"行为的普遍性。阿佐弗拉等（Azofra et al.，2011）利用1996~2004年数据，对西班牙80家商业银行进行了研究，结果表明：实际控制人存在利用"自我交易"行为进行跨领域信贷转移的现象，并且导致商业银行绩效水平的下降。

2. 实际控制人与子公司高管合谋。母子公司治理框架下，代理人与大股东或者实际控制人找到了共同的利益诉求点，即通过共谋侵害子公司以及中小股东的利益，导致控制权与现金流权的形式分离和实际重合，出现内部人控制[①]。王等（Wang et al.，2011）研究中国非独立上市公司（1999~2005年）高管薪酬—业绩敏感性是否受到母公司的影响，结果显示隶属于母子公司的上市公司高管薪酬—业绩敏感性较低，主要原因在于高管的特殊身份，即高管能够协调实际控制人与中小股东的利益分歧，所以实际控制人为了实现"掏空"而扭曲高管评价体系，通过降低高管薪酬—业绩敏感性以获取高管的支持，合谋导致子公司和中小股东利益受损；罗等（Lo et al.，2011）则利用2004~2005年中国沪市上市公司作为研究对象，研究发现：关联交易的存在导致子公司高管自愿性信息披露动机弱化，不利于信息披露质量的提升；弗朗西斯科（Francisco，2009）在考察了

---

① 郝云宏（2012）将实际控制人与子公司高管合谋定义为第四类代理关系。

智利 157 家非金融类上市公司后指出在现金流权较低的情况下,实际控制人更加倾向于提升子公司董事与高管的薪酬水平,而不是提升股利水平。

3. 借助财务杠杆与盈余管理剥夺子公司。现有研究也关注了财务管理领域的治理效应,从两个方面对实际控制人的控制权私利进行研究:首先,基于代理成本理论,利用子公司进行担保或者抵押等途径,转移子公司资源,实现"掏空",导致子公司财务风险水平与融资成本的提高。帕里格罗瓦等(Paligorova et al.,2012)研究指出隶属于母子公司的上市公司与没有隶属关系的上市公司相比,前者具有更高的财务杠杆,这主要源于终极控制人的剥夺。林等(Lin et al.,2011)以中国香港、中国台湾、新加坡等 22 个国家和地区(1996~2008年)为样本进行母子公司框架下的子公司财务风险研究,结果表明:由于终极控制人的"剥夺",子公司的财务杠杆以及债务融资成本显著高于没有隶属关系的上市公司。阿惹芬等(Bany - Ariffin et al.,2010)则考察了马来西亚的上市公司数据,研究证实了母公司借助财务杠杆剥夺子公司的存在。其次,基于信号理论与有效市场假说,利用盈余管理向外界释放积极的信号,以期获取市场溢价。阿哈尼等(Aharony et al.,2010)以中国实施 IPO 的上市公司为研究对象,研究发现在 IPO 之前,实际控制人存在利用盈余管理获取更高市场溢价的动机,从而借助母公司的主导地位取得更大的寻租空间(见表 3-1)。

表 3-1　　　　　　　　母子公司单向治理的研究视角比较

研究视角	基础理论	治理问题	具体表现
治理积极效应内生视角	交易费用理论	内部市场替代、税盾效应	获取银行支持;资源的共享或者转移;合理避税
治理积极效应外生视角	资源依赖理论	"支持"行为	对陷入困境的子公司进行救济,如提供高额贷款等
治理消极效应内生视角	代理成本理论	过度投资、资源转移	基于风险转嫁的投资行为;不合理的资源转移
治理消极效应外生视角		"掏空"行为	"自我交易"行为;实际控制人与子公司高管实现合谋等

资料来源:根据相关文献整理。

3.2.5 母子公司单向治理研究评价

综上所述,综观国外母子公司治理研究我们发现一个共同的特征:以母公司的单向治理为主,即主要关注了母公司治理行为对于母子公司整体以及子公司的影响。

1. 作为公司治理研究的主要理论基础，传统委托代理理论侧重于单向契约基础上的母子公司治理。具体表现在两方面：首先，忽视了契约双方的互动性。假定委托人与代理人之间是单向的契约关系，且代理人只能被动接受，没有双方讨价还价的空间（冯根福等，2012）；其次，忽视了母公司道德风险的存在。传统委托代理理论关注的是母子公司框架下，控制链的延伸可能产生由于子公司"内部人控制"导致的效率损失问题，故而将母公司的治理方向定格在了对于子公司"自上而下"的管控，但是没有将母公司基于控制权私利的道德风险问题纳入研究框架。因此，现有关于母子公司治理的研究只关注了母公司单向治理问题。

2. 由于母公司"权责不对等"，现有研究过于强调母公司的控制强度与效率，而忽视了子公司自主性以及自我保护。按照法律规定，母公司"以出资额为限承担有限责任"，在规避母公司因控制链延伸而存在的潜在效率损失的同时，然而却容易产生母公司"越位"问题，导致"掏空"行为，从而侵害子公司利益。

因此，母子公司治理研究亟须引入一个全新的视角，克服单向治理研究的不足，母公司一方面要突破传统委托代理理论的束缚，即将母子公司间的互动性和母公司道德风险纳入分析框架；另一方面在"权责对等"原则下兼顾母子公司间的权利、义务的对称性，从母公司"自上而下"单向治理实现向母子公司之间"互动性"研究过渡。

3.3 母子公司治理研究的演进趋势：从单向治理到双向治理

随着哈特（Hart，2009）将行为经济学引入契约理论，承认缔约双方的能动性，放松了关于双方不进行讨价还价的假设，母子公司治理开始关注子公司的能动性，以母子公司之间"互动性"的全新视角审视母子公司治理，单向治理向双向治理转变，产生了一个全新的视角——母子公司双向治理。

3.3.1 母子公司双向治理研究的演进：行为经济学的引入

行为经济学认为感知、价值判断等个体差异，一方面呈现自利倾向，即在判断过程中优先考虑自身利益得失，难以容忍"损己利人"；但另一方面呈现互惠倾向，即当自身利益得到保障时，存在追求互惠的利他动机。哈特（Hart，2009）率先将行为经济学关于个体差异的思想引入新古典分析框架，提出了参照点契约概念（Contract as a Reference Point），即契约不再是完全预设的，而仅仅是为契约双方提供了一个符合期望预期的参照点，为双方提供议价空间，允许双方就自身利益进行讨价还价。如果一方觉得契约规定有利于自身利益的实现，那么其就会尽力履行契约；如果一方感觉难以保证自身利益的实现，那么其就会消极履约，甚至违约（徐细雄，2012）。

通过将参照点契约概念引入母子公司治理研究，即允许母子公司双方基于自身利益和互惠的目的进行敲竹杠和再谈判，给予双方讨价还价的空间，原有的母公司单向治理、管控子公司也就转向母子公司双向治理、母子公司协同，因此，参照点契约成为母子公司双向治理的理论基础。母子公司双向治理，不仅要求母公司以整体利益为治理行为出发点，还应该承认在提高管控效率的过程中可能存在的母公司"道德风险"问题，即充分尊重子公司自主性，允许子公司基于自身利益的合理讨价还价行为，在治理实践中表现为子公司对于自主性的诉求或者自我保护。

3.3.2 母子公司双向治理研究实现途径

双向治理目前虽然没有得到普遍关注，但是对已有文献进行梳理，发现该领域研究主要集中于双向治理实现途径，学者们主要从内部治理机制、子公司特征与外部治理机制三个角度展开研究。

1. 基于内部治理机制的双向治理实现途径。

第一，股权结构。首先，避免过度集中的股权结构，引入机构投资者参与治理。休斯（Hughes，2009）通过考察西欧12个国家上市子公司股权结构与市场评价的关系，结果表明：在投资者保护水平较低的法律环境下，股权结构分散以及现金流权与控制权分离程度较低能够有效抵御由于终极控制权所导致的子公司"价值折扣"。张等（Cheung et al.，2009）以中国企业集团作为研究对象，结论指出国有股"一股独大"容易导致"掏空"行为，但是如果拥有外国投资者参股或者子公司双重上市，则"掏空"行为会转变为"支持"行为。其次，在控制权与现金流权分离程度较大时，有必要限制现金流权的表决权。贝尔基尔（Belkhir，2009）、阿佐弗拉等（Azofra et al.，2011）研究指出在现金流权与控制权两权分离的情况下，股权结构的配置一定程度上可以替代董事会的职能，因为后者主要受到实际控制人的控制。

第二，董事会治理。基于委托代理理论，学者们研究指出董事会治理能够有效提升子公司决策自主性，具体说来，首先，为了增强董事会决策的独立性与科学性，进而保证子公司董事会决策的自主性，应该引入更多的独立董事（Dahya et al.，2008；Lefort et al.，2008）。其次，实施董事长与CEO两职分离，避免决策权的过度集中，从制度层面实现权力的分散化（Kim et al.，2005）。最后，更大的董事会规模能够提升实际控制人或者控股股东的机会成本，有效降低其对于子公司决策的过度干预（Kim et al.，2005）等。还有学者基于自愿性披露（Lo et al.，2010，2011）与母子公司间关联交易（Yeh et al.，2012）视角验证了董事会的独立性能够有效制衡实际控制人，保护子公司核心利益。罗等（Lo et al.，2010，2011）以中国上市公司（2004~2005年）为研究对象发现随着董事会独立性的增强（独立董事数量的增多），子公司自愿性信息披露水平能够得到显著提升；叶等（Yeh et al.，2012）利用1996~2008年的数据，研究了中国台湾上市公司的关联交易情况，结果表明：董事会治理机制的优化能够有效限制子公司与母公司关联交易的规模。

2. 基于子公司特征的双向治理实现途径。子公司可以借助自身特征，增强与母公司间的讨价还价能力，进而实现自我保护的双向治理也得到了许多学者的认可，具体表现为子公司地位、子公司自治性与子公司内外部社会资本。

第一，子公司地位。子公司在母子公司中的地位，一方面体现了子公司对于母公司的重要性，可能受到来自于母公司的更强干预与控制；但是另一方面实现了子公司对于母公司资源的"套牢"，增强了母子公司相互之间的依赖性，使得子公司能够在经营决策过程中获得必要的话语权，即强化了其讨价还价的能力。子公司地位主要有3个研究视角：母子公司关联强度、母公司对子公司业绩的评价和母子公司业务重叠程度与持久性。阿格瓦等（Aggarwal et al.，2012）从母子公司关联强度角度研究了日本企业集团母子公司股利政策配置问题，结论指出母子公司关联强度显著影响母公司对子公司的股利分配的倾斜程度，母子公司间关联程度越强，母子公司依赖性越发增强，一定程度上能够抑制母公司对子公司的过度干预。① 劳伏特等（Lovett et al.，2009）从业绩评价角度研究子公司地位，通过考察美国在墨西哥设立的44家子公司后发现母公司对子公司业绩的积极评价能够增强子公司的讨价还价能力，进而显著弱化母公司的控制。皮亚那等（Piana et al.，2012）考察了意大利家族企业集团，结论表明：母子公司业务重叠程度与持久性能够显著提升子公司的地位，进而增强子公司治理机制的积极效应。

第二，子公司自治性。林等（Lin et al.，2010）以海外企业集团在台湾设立的子公司为研究对象，结论指出具有自主或者自治性战略角色的子公司具有较强的自发协同能力，从而降低了来自母公司的管制压力。基于嵌入理论，王等（Wang et al.，2009）、圣塔格罗（Santangelo，2012）指出子公司信息共享主动性能够有效弱化来源于母公司的控制，尤其是文化控制；基于网络分析方法，盖米伽德等（Gammelgaard et al.，2012）将在英国、德国以及丹麦的国外公司子公司置于母子公司治理网络中研究影响子公司自治性的相关因素，发现经营效率能够显著提升子公司自治性。

此外，还有学者关注到子公司内外部社会资本对于增强子公司独立性的作用，认为如果子公司拥有高度的社会资本资源，能够以此强化其讨价还价能力实

---

① 但是，唐等（Tang et al.，2012）通过对日本企业集团在中国设立的子公司进行研究，发现母子公司的关联强度负向影响子公司绩效，原因在于子公司对于母公司的过度依赖。

现自我保护，例如，盖米伽德等（Gammelgaard et al., 2012）研究表明子公司在企业集团内部以及外部的社会资本联结能够成为子公司有力保障。

3. 基于外部治理机制的双向治理实现途径。子公司外部治理机制的相关研究十分有限，原因可能在于学术界基于传统委托代理理论，默认了母公司单向治理的思想。但是，通过梳理相关文献，还是能够找到少数有价值的研究，其主要切入点是外部审计师、政治关联与投资者保护3个方面。外部审计师方面，范等（Fan et al., 2005）以东亚8个国家和地区的上市公司（1994~1996年）为研究对象，希望研究在家族控制较为普遍的东亚地区，上市公司是否愿意雇用更有声望的外部审计师来缓解其代理冲突，从而获取投资者对于会计信息更高的信任度，结论显示越是代理冲突严重的上市公司，越倾向于雇用声誉水平较高的会计事务所，而声誉水平较高的事务所出具非标准审计意见的可能性也越大，即外部审计师作为外部治理机制能够较好地发挥治理效应，很好地补充了内部治理机制的不足。政治关联方面，彭等（Peng et al., 2011）利用1998~2004年数据研究了上海、深圳两市上市公司，并针对中国上市公司普遍存在政治关联的现实，将政治关联引入分析框架，以检验政治关联是否对于上市公司关联交易的市场反应产生显著影响，结果表明：中国上市公司的政治关联能够抵消一部分因为"掏空"行为所导致的市场"价值折扣"。在投资者保护保护方面，李（Li, 2010）以中国上市公司为研究对象，为了增强研究结论的实用性，每年随机选择50家上市公司（2002~2007年），意在研究中国上市公司中实际控制人的"掏空"行为，结论证实了中国资本市场上"掏空"行为的普遍存在，即单纯依靠公司内部治理机制很难抑制"掏空"行为，因此需要建立健全投资者保护的法律体系从外部切实保护投资者利益。

3.4 结论与研究展望

通过梳理国外关于母子公司治理领域的研究，母公司"自上而下"的单向治理得到了充分的关注，研究视角也十分全面，可具体细分为治理积极效应内生视角、治理积极效应外生视角、治理消极效应内生视角和治理消极效应外生视角等几个角度。但是，由于传统委托代理理论的不足以及对于母公司权责的非对称性关注，学术界对于以子公司自主性以及母子公司间的互动性为中心的母子公司双向治理问题还没有展开系统的论述。本章回顾了近年来国外母子公司治理文献，发现目前有关于母子公司双向治理思想的研究主要集中于母子公司双向治理的实现路径，例如内部治理机制、子公司特征与外部治理机制3个角度。但是，现有关于母子公司双向治理的研究对于其理论框架、影响因素的作用机理以及治理绩效评价等几个方面还存在不足，存在着几个亟须回答的问题，如双向治理的理论基础较之于单向治理如何实现了演化与完善？双向治理框架下，内、外部治理机制对于治理效应的作用机理是什么？双向治理绩效评价是否区别于单向治理？对于这几个方面的问题，我们认为可以从以下方向进行深化研究，以进一步完善母子公司治理研究。

1. 完善母子公司治理理论框架，将母子公司互动性引入理论框架，实现传统委托代理分析框架向行为分析框架的转变。通过将行为经济学中参照点契约概念引入母子公司治理研究，子公司不再是母公司治理行为的被动接受者，而可以成为母公司治理行为的积极影响者，进而实现由传统委托代理分析框架向行为分析框架的转变，即进一步从理论上分析母子公司间是否存在最优的参照点水平？如果存在最优的参照点水平，母子公司双方通过再谈判或者讨价还价实现这一水平的作用机理是什么？这些问题都是完善母子公司治理理论框架亟须回答的问题。

2. 拓展母子公司双向治理的实证研究，系统阐述治理机制互动的影响及机理研究。在母子公司双向治理的理论框架下，母子公司能够根据自身利益诉求进行再谈判，这就需要引入治理机制为谈判过程提供保障和约束，以保证再谈判能够切实提高母子公司整体治理效率。母子公司通过再谈判能否提升整体治理效率？在存在实际控制人情况下，母公司董事会是否能够有效地履行职能？在母公司存在实际控制的情况下，子公司的外部审计师或者来自媒体的监督，能够有效制衡实际控制人的治理行为？这些都是需要母子公司双向治理研究进行量化分析的问题。

3. 建立母子公司双向治理绩效评价体系，进行基于整体评价的机制与制度创新。母子公司双向治理要求母子公司双方寻求最优的契约参照点，实现整体治理效率的最优化，而不再单纯地关注于母公司管控行为的治理效率，这就要求母子公司治理绩效评价方面进行相关机制与制度创新，即治理行为是否兼顾了母子公司整体绩效水平以及母子公司个体绩效水平的提升？是否在提升子公司管控效率的同时，有效规避了母公司道德风险导致的过度干预问题？另外，母子公司双向治理的治理绩效评价不仅要兼顾母子公司短期与长期的经济绩效，还要力求产生必要的社会绩效，也就是说母子公司双向治理是否能够从以获取企业利润为导向的"消极遵守法律法规"向以获取社会效益为导向的"积极迎合法律法规"转变，进而完成母子公司基于整体治理效率评价的机制与制度创新。

参 考 文 献

1. Aggarwal, R. and S. Dow, Dividends and strength of Japanese business group affiliation, Journal of Economics and Business, 2012, 64 (3): 214-230.

2. Azofra, V. and M. Santamaria, Ownership, control, and pyramids in Spanish commercial banks, Journal of Banking and Finance, 2011, 35 (6): 1464-1476.

3. Belkhir, M., Board Structure, Ownership structure and firm performance: evidence from banking, Applied Financial Economics, 2009, 19 (19): 1581 – 1593.

4. Bennedsen M. and K. Nielsen, Incentive and entrenchment effects in European ownership, Journal of Banking and Finance, 2010, 34 (9): 2212 – 2229.

5. Cheong, K., et al., Understanding the behavior of business groups: a dynamic model and empirical analysis, Journal of Economic Behavior and Organization, 2010, 76 (2): 141 – 152.

6. Claessens, S., et al., The separation of ownership and control in East Asian corporations, Journal of Financial Economics, 2000, 58: 81 – 112.

7. Dahya, J., et al., Dominant shareholders, corporate boards, and corporate value: a cross-country analysis, Journal of Financial Economics, 2008, 87 (1): 73 – 100.

8. Jankov, S., et al., The law and economics of self-dealing, Journal of Financial Economics, 2008, 88 (3): 430 – 465.

9. Gammelgaard, J., et al., The impact of increases in subsidiary autonomy and network relationships on performance, International Business Review, 2012, 21 (6): 1158 – 1172.

10. Hart, O. Hold-up, Asset ownership and reference points, Quarterly Journal of Economics, 2009, 124 (1): 267 – 300.

11. Hughes, J., Corporate value, ultimate control and law potection for investors in western Europe, Management Accounting Research, 2009, 20: 41 – 52.

12. Johnson, S., et al., Tunneling. American Economic Review, 2000, 90 (2): 22 – 27.

13. Khanna, T., Business groups and social welfare in emerging markets: existing evidence and unanswered questions, European Economic Review, 2000, 44 (4 – 6): 748 – 761.

14. La Porta et al., Corporate ownership around the world, Journal of Finance, 1999, 54 (2): 471 – 517.

15. Li, G., The pervasiveness and severity of tunneling by controlling shareholders in China, China Economic Review, 2010, 21 (2): 310 – 323.

16. Lin, S. and A. Hsieh, International strategy implementation: roles of subsidiaries, operational capabilities, and procedural justice, Journal of Business Research, 2010, 63 (1): 52 – 59.

17. Lei, A. and F. Song, Connected transactions and firm value: evidence from China-affiliated companies, Pacific – Basin Finance Journal, 2011, 19 (5): 470 – 490.

18. Lin, C., et al., Corporate ownership structure and bank loan syndicate structure, Journal of Financial Economics, 2012, 104 (1): 1 – 22.

19. Lo, A. and R. Wong, An empirical study of voluntary transfer pricing disclosures in China, Journal of Accounting and Public Policy, 2011, 30 (6): 607 – 628.

20. Lo, A., et al., Can corporate governance deter management from manipulating earnings? Evidence from related-party sales transactions in China, Journal of Corporate Finance, 2010, 16 (2): 225 – 235.

21. Paligorova, T. and Z. Xu, Complex ownership and capital structure, Journal of Corporate Finance, 2012, 18: 701 – 716.

22. Peng, W., et al., Tunneling or propping: evidence from connected transactions in China, Journal of Corporate Finance, 2011, 17 (2): 306 – 325.

23. Piana, B., et al., Towards a better understanding of family business groups and their key dimensions, Journal of Family Business Strategy, 2012, 3 (3): 174-192.

24. Santangelo, G., The tension of information sharing: effects on subsidiary embeddedness, International Business Review, 2012, 21 (2): 180-195.

25. Tang, J. and W. Rowe, The liability of closeness: business relatedness and foreign subsidiary performance, Journal of World Business, 2012, 47 (2): 288-296.

26. Wang, K. and X. Xiao, Controlling shareholders' tunneling and executive compensation: evidence from China, Journal of Accounting and Public Policy, 2011, 30 (1): 89-100.

27. Yeh, Y., et al., Related-party transactions and corporate governance: the evidence from the Taiwan stock market, Pacific-Basin Finance Journal, 2012, 20 (5): 755-776.

28. 冯根福、赵珏航：《管理者薪酬、在职消费与公司绩效——基于合作博弈的分析视角》，载《中国工业经济》2012年第6期。

29. 郝云宏：《公司治理内在逻辑关系冲突：董事会行为的视角》，载《中国工业经济》2012年第9期。

30. 徐细雄：《参照点契约理论：不完全契约理论的行为与实验拓展》，载《外国经济与管理》2012年第11期。

第 4 章

媒体监督与公司治理研究的文献评述与分析[*]

媒体监督在担当资本市场信息传播者角色的同时,在公司治理中也起到重要的监督约束作用,声誉机制与信息传播机制的相互配合迫使契约双方重视自己的声誉,这成为媒体监督参与公司治理的理论基础,但媒体发挥治理功能的前提是报道内容真实客观。对现有文献进行梳理后发现,媒体监督在制度不完善、监管不充分的环境中,可以成为法律制度的有益补充,对公司治理的完善确实起到了重要的促进作用,但相关研究尚未形成完整的框架体系,且多针对较为成熟的欧美市场,国内研究刚刚起步。对媒体偏差的负面效应及互联网和社交群体等新媒体的监督作用已引起学者们的关注,将逐渐成为新的研究方向。

4.1 引 言

法律制度和声誉机制是维持市场经济运行有序的两项基本保障,任何社会仅依靠法律制度能够解决的问题是有限的,与法律制度相比,声誉机制成本更低,声誉机制的出现成为法律制度的有益补充。对于转型期的中国而言,显著特点之一是法律制度尚不完备,导致许多侵害投资者利益的行为并不"违规",即便违反了相应的制度规范,也存在处罚周期过长、处罚力度不够、补偿不足等问题,媒体监督作为一种"自我约束"机制,已成为正式监督机制的必要补充。

4.2 媒体监督参与公司治理的理论基础

所谓媒体是指信息传播的媒介、载体或平台,报纸、杂志、电视、广播是传统媒体的四大类别。学者们对于媒体监督的治理作用最早开始于对政府行为的监督,贝斯利(Besley,2001)指出,媒体监督是社会民主监督机制和整个

---

[*] 本章内容发表于《东岳论丛》2014 年第 2 期。

社会制度的重要组成部分。自2002年起，对于媒体监督在上市公司治理中作用的研究开始逐步增多，但数量仍然有限。戴克等（Dyck et al.，2002）首次从理论角度分析了媒体监督影响公司治理的途径：一是媒体监督促使政府管理者修订公司法并监督其执行的有效性；二是媒体监督督促董事会和管理层重视并维护自己的声誉以提高公司治理水平；三是媒体监督能够影响上市公司董事和管理层的社会声誉和公众形象。[①] 戴克等（2008）则进一步分析了媒体监督影响管理层决策的四个途径：一是通过曝光管理层的不良行为使其声誉受损；二是通过持续关注增加其获得和维持声誉的成本；三是通过线索披露增加其受到法律制裁的可能性；四是通过公之于众增加法律处罚的力度。[②] 格曼等（Gorman et al.，2009）进一步证实了戴克等（2002）的观点，他们研究了媒体披露上市公司违规事实的过程，发现媒体影响公司治理的途径有三个：一是促使董事会采取有效措施提高公司治理水平；二是促使政府监管机构进行干预，加大调查和处罚力度；三是促使投资者用脚投票，影响股价，进而对管理层的行为产生约束。[③]

戴克等（2002）、布席等（Bushee et al.，2010）分别从社会学和信息传播学的角度注意到声誉机制和信息传播机制作用的存在。[④] 但研究的不足之处在于，仅仅将二者孤立对待，而忽视了它们之间的交互作用。股东与公司之间的关系可以视为一份委托代理契约，由于有限理性和信息不对称的存在，导致了逆向选择和道德风险问题，加强监督制约和信息沟通是解决这些问题的核心所在。声誉机制通过社会规范形成行为规则，激励契约双方履行其承诺事项，进而达到降低交易费用、保障契约实施的目的；而信息传播机制则是指利用信息传播中介，扩大信息传播总量、改变信息分布、影响信息接收方的理解和信息传播效果，从而降低契约双方信息不对称的程度。实际上，两种机制必须相互结合才能更有效地发挥作用。无论是在一次性交易中还是重复性交易中，为规范约束交易双方的行为，必须做到将投机取巧者的投机行为"公之于众"，这便需要信息传播机制发挥作用。为使这种约束更加强而有力，声誉机制的作用便不可缺少，即让投机取巧者的行为被公众所不耻。综上所述，只有两种机制相互作用，才能迫使契约双方重视自己的声誉，从而有效保护契约双方，尤其是投资者的利益。

---

① Dyck, A. and L. Zingales, The corporate governance role of the media, in Roumeen Islam, The Right to Tell: the role of mass media in economic development, World Bank, Washington, D. C. 2002.

② Dyck, A., N. Volchkova and L. Zingales, The corporate governance role of the media: evidence from Russia, Journal of Finance, 2008, 63 (3): 1093 – 1135.

③ Gorman, Louise, Theodore G. Lynn and Mark L. Mulgrew, The influence of the newspaper media on the corporate governance practices of Irish listed PlCS, 2009 (6), Working Paper.

④ Bushee, B. J., J. E. Core and W. Guay, The role of the business press as an information intermediary, Journal of Accounting Research, 2010, 48 (1): 1 – 19.

4.3 媒体监督参与公司治理的途径

通过对媒体监督参与公司治理的理论基础进行分析，将有助于理解媒体监督参与公司治理的途径。作为信息传播媒介，媒体监督一方面对市场中的信息进行收集、加工、整理并传播；另一方面也对市场中的交易行为进行监督和记录，从而降低市场交易成本。

4.3.1 媒体监督与投资者利益保护

由于信息不对称，多数投资者在获取和判断市场信息和公司信息的过程中处于弱势地位，媒体监督作为信息传播媒介，恰好能起到促进信息流通，改善投资者信息弱势地位的作用。贺建刚等（2008）对五粮液上市公司的控股股东五粮液集团公司通过关联交易从上市公司获取现金的行为进行了跟踪研究，重点关注五粮液上市公司的治理缺陷被曝光后，大股东的利益输送行为是否有所缓解。他们发现媒体监督能够使该公司的缺陷得到市场的有限纠正，但尚不足以约束大股东滥用控制权、侵害中小股东和公司利益的行为。[①] 近年来，随着媒体监督力度的不断加大，相关研究结论越来越证实了媒体监督对投资者利益保护所起到了积极作用。李培功等（2010）研究表明，媒体曝光在促进企业改正违规行为，保护投资者利益方面具有十分积极的作用，深度报道及关于严重侵害投资者利益行为的报道完善公司治理的效果更加明显。[②] 通过信息传播机制，媒体监督形成了公司的外部信息环境，有助于削弱部分交易参与者（包括内部人和大股东）的天然信息优势，降低信息不对称程度，同时，媒体监督也能借助声誉机制增强投资者的信心，提高其在市场交易中的参与程度。徐莉萍等（2011）考察了媒体监督在股权分置改革及流通股股东分类表决制度安排下所发挥的治理功能，研究表明，媒体关注程度越高，公司治理溢价越高，非流通股股东的私有利益越小，中小流通股股东所面临的信息风险越低，从而其要求的对价也会相对较低。[③] 梁红玉等（2012）对媒体监督、公司治理与代理成本之间的关系进行了研究，结果表明，媒体监督能显著降低股东与管理层之间的代理成本，提高代理效率，从而更好地为投资者利益服务。[④] 权小锋等（2012）系统分析了媒体监督与盈余操纵之间的

[①] 贺建刚、魏明海、刘峰：《利益输送、媒体监督与公司治理：五粮液案例研究》，载《管理世界》2008 年第 10 期。

[②] 李培功、沈艺峰：《媒体的公司治理作用：中国的经验证据》，载《经济研究》2010 年第 4 期。

[③] 徐莉萍、辛宇：《媒体治理与中小投资者利益保护》，载《南开管理评论》2011 年第 6 期。

[④] 梁红玉、姚益龙、宁吉安：《媒体监督、公司治理与代理成本》，载《财经研究》2012 年第 7 期。

关系，结果表明，媒体关注度的提高有助于抑制管理层主观的盈余操纵行为，进而有利于投资者获取更真实的会计信息。①

4.3.2 媒体监督与董事会和管理层行为约束

现实环境中，投资者无法完全知晓管理层的行为，媒体监督能够通过信息传播机制，缓解投资者与管理层之间的信息不对称问题。姚益龙等（2011）研究表明，媒体监督通过社会舆论改变了企业利益相关者的决策和行动，影响企业的市场绩效，进而达到迫使企业和高管们为企业的生存必须有所改变的目的。② 媒体监督能够通过声誉机制制约管理者遵守法律、道德规范，当管理者的行为有悖于主流价值观时，媒体监督可能使其个人声誉受损，或者损害其社会信誉。个人声誉受损会影响其就业前景和薪酬待遇，社会声誉则是通过"公之于众"的方式来约束管理层，一旦丑闻被披露，不仅会有损管理者在员工、亲朋眼中的形象，也会受到公众的舆论压力。哈里斯互动（Harris Interactive，2002）调查表明，管理层将媒体批评视为公司声誉最大的威胁，媒体监督的信息传播机制能够强化声誉机制的惩罚效果。对于媒体监督与公司内部治理的关系，现有研究主要是围绕董事会和高管行为两个方面展开的。一是媒体监督对董事会和独立董事行为的约束。詹妮弗等（Jennifer et al.，2009）研究表明，媒体对缺乏效率的董事会名单进行曝光后，相关公司通常会积极采取措施提高董事会的效率，从而维护投资者的权益，投资者也更倾向于为公司治理水平较高的公司支付溢价。③ 李焰等（2011）以媒体负面报道过的公司为研究样本，分析了媒体监督对独立董事辞职行为的影响，同时，对独立董事声誉机制在此过程中发挥的作用进行了探讨。结果表明，媒体负面报道的数量与独立董事辞职的概率显著正相关，而且报道媒体的影响力越大，独立董事辞职的概率越高，就独立董事群体而言，声誉机制可以发挥很好的治理作用。④ 可见，媒体监督参与公司治理的作用已引起了学者们的广泛关注。二是媒体监督对高管行为的约束。范等（Fan et al.，2007）研究表明，我国上市公司高管中有 27% 曾是中央或地方行政官员，而政治关联高管可能会损害中小股东的利益，为获得控制权私利，他们不愿到美国等监管更严格的市场上市，或者不聘用专业人士而是聘请政府官员作为董事会成员，导致上市后

---

① 权小锋、吴世农：《媒体关注的治理效应及其治理机制研究》，载《财贸经济》2012 年第 5 期。

② 姚益龙、梁红玉、宁吉安：《媒体监督影响企业绩效机制研究——来自中国快速消费品行业的经验证据》，载《中国工业经济》2011 年第 9 期。

③ Jennifer R. Joe, Henock Louis, Dahlia Robinson, Managers' and investors' responses to media exposure of board ineffectiveness, Journal of Financial and Quantitative Analysis, 2009, 44 (3): 579 – 605.

④ 李焰、秦义虎：《媒体监督、声誉机制与独立董事辞职行为》，载《财贸经济》2011 年第 3 期。

业绩长期表现不佳。① 对于政治关联损害中小股东利益的行为，现有公司的治理机制难以对其进行约束或变更，而作为重要的外部治理机制的媒体监督是否能起到应有的抑制作用呢？吴超鹏等（2012）对媒体监督对政治关联高管行为的监督和约束作用进行了研究，结论表明：并购绩效越差的公司，高管被变更的可能性越大，但政治关联高管即使并购绩效较差，也不容易被变更；进一步研究发现，媒体对并购行为的负面报道越多，或公司处于媒体监督力较强的区域时，政治关联背景并不能成为高管的保护伞，这说明，通过强大的社会舆论媒体监督可以对政治关联高管的行为进行约束，从而提高上市公司治理水平。② 在我国上市公司中存在"天价薪酬"、"零薪酬"等乱象，在高管薪酬备受关注的今天，媒体监督究竟发挥了怎样的作用？是否发挥了监督约束功能？这些已成为媒体监督与公司治理关系研究的重点内容。杨德明等（2012）研究表明，由于"天价薪酬"、"零薪酬"等现象具有很高的新闻价值，媒体愿意投入精力去挖掘相关公司的负面新闻，而媒体监督也确实发挥了一定的功能，但功能的发挥是间接的，唯有在政府及行政主管部门介入的条件下，媒体监督才能促使高管薪酬趋于合理。③ 梁红玉等（2012）也得出相同结论，即作为一种外部治理机制，媒体监督具有强化高管薪酬和董事会规模的积极作用。

4.3.3 媒体监督与公司外部监督机制的改善

媒体监督通过信息传播机制能够传播大量新的信息，从而显著提高行政机构及独立第三方介入的可能性，最终提高企业改正违规行为的概率。媒体监督通过声誉机制增加了监督部门、独立第三方"不作为"的声誉成本，促使其采取有效监管措施或作出恰当评价。④ 媒体监督改善公司外部治理环境的相关研究，主要是围绕对公司财务舞弊行为的监督及对外部审计师行为的影响两方面展开的。

一是媒体监督对公司财务舞弊行为的揭露。柳木华（2010）研究认为，媒体监督在揭露财务舞弊行为时发挥了主导作用，在此过程中，媒体主要扮演信息传播者的角色，而非信息生产者。⑤ 杨德明等（2011）则进一步证实了上述观点，他们以违规公司为样本，对媒体报道上市公司丑闻的原因进行了研究，指出在处罚公告公布前，媒体已经对其中24.7%的违规行为进行过深入报道，说明媒体监

---

① Fan, J., T. Wong and T. Zhang, Politically connected CEOs, corporate governance, and post – IPO performance of China's newly partially privatized firms, Journal of Financial Economics, 2007, 84 (2)：330 – 357.
② 吴超鹏、叶小杰、吴世农：《媒体监督、政治关联与高管变更——中国的经验证据》，载《经济管理》2012年第2期。
③ 杨德明、赵璨：《媒体监督、媒体治理与高管薪酬》，载《经济研究》2012年第6期。
④ Besley, T. and A. Prat, Handcuffs for the grabbing hand? Media capture and government accountability, American Economic Review, 2006, 96 (3)：720 – 736.
⑤ 柳木华：《大众传媒对会计舞弊的监督：一项经验研究》，载《证券市场导报》2010年第8期。

督作用确实存在，但由于媒体主要是对已有信息进行收集整理，自身发掘有价值新闻的数量有限，进而也限制了媒体监督作用的发挥。① 戴亦一等（2011）研究了媒体报道对于中国上市公司财务重述行为的影响，结论表明，在中国这样一个处于经济转型期的国家，无论是媒体的市场竞争环境还是法律保护环境都不甚理想，媒体监督作为一种有效的外部治理机制仍然扮演了积极的公司治理角色。② 醋卫华等（2012）研究表明，60.42%存在公司治理问题的企业在证监会正式介入调查前受到过媒体的质疑和负责报道，说明媒体监督积极地扮演了资本市场监督者的角色，考虑到成本效益原则，媒体会选择性质严重和涉及金额大的公司治理问题进行负面报道。③ 杨德明等（2012）结合紫鑫药业的案例，研究了媒体监督披露我国上市公司财务造假行为的内在逻辑，不同于其他监督机制，媒体不易被收买，可以"变隐为显"，对公司的财务造假行为起到重要的监督作用，同时他们也指出，媒体监督仅是一种间接的治理机制，其功能的发挥需借助一定的"外在路径"，一旦其他的外部监督机制和声誉机制失效，媒体监督将无助于解决公司财务造假问题④已有研究多认为媒体监督对公司治理具有积极的揭露和制约作用，而忽视了媒体监督这把"双刃剑"的另一面，即媒体对"轰动效应"的追逐可能引起资本市场的恐慌。熊艳等（2011）对此进行了研究，结果表明，媒体监督通过"有偏的放大机制"而非"中立的把关机制"的传导产生了"轰动效应"，这种出自自利目的的行为并未受到资本市场的声誉惩戒，会导致资本市场乱象丛生，应当引起媒体、监管部门以及投资者的足够重视。⑤

二是媒体监督对审计师行为的影响。媒体监督在公司治理中的作用已引起理论界的广泛关注，但对媒体监督影响审计师行为的研究尚不多见，余玉苗和张建平等对媒体监督与审计意见决策和审计定价的影响进行了专门研究。余玉苗等（2013）以2001~2009年中国A股上市公司为研究对象，首次就媒体监督对审计师发表审计意见是否产生影响以及如何影响进行了考察，结论表明，媒体对上市公司的负面报道越多，审计师对其发表非标准审计意见的概率越大；"四大"会计师事务所的声誉机制并不能加强这一结论，而当年财经媒体对上市公司负面报道越多，审计师改善次年审计意见类型的概率越高。⑥ 说明媒体监督起到了改善

---

① 杨德明、令媛媛：《媒体为什么会报道上市公司丑闻?》，载《证券市场导报》2011年第10期。
② 戴亦一、潘越、刘思超：《媒体监督、政府干预与公司治理：来自中国上市公司重述视角的证据》，载《世界经济》2011年第11期。
③ 醋卫华、李培功：《媒体监督公司治理的实证研究》，载《南开管理评论》2012年第1期。
④ 杨德明、刘静、赵璨：《媒体监督与财务丑闻——针对紫鑫药业的案例研究》，载《中大管理研究》2012年第4期。
⑤ 熊艳、李常青、魏志华：《媒体"轰动效应"：传导机制、经济后果与声誉惩戒——基于"霸王"事件的案例研究》，载《管理世界》2011年第10期。
⑥ 余玉苗、张建平、梁红玉：《媒体监督影响审计师的审计意见决策吗?——来自中国证券市场的实证证据》，载《审计与经济研究》2013年第1期。

公司外部治理环境的作用。张建平等（2013）利用 Simunic 审计定价模型，从企业性质和审计师类型两个角度，研究了媒体监督对审计定价的影响，发现财经媒体对国有上市公司负面报道越多，审计师对其定价越高，媒体监督对上市公司负面报道越多，"四大"会计师事务所比非"四大"的事务所审计定价越高，由此表明，媒体监督对审计定价确实存在影响。[①]

4.4 评述与展望

媒体监督参与公司治理已成为理论界与实证界的热点问题，研究视角各有不同，通过对现有文献进行梳理，不难得出以下结论：一是媒体监督在制度不完善、监管不充分的环境中，可以成为现有法律制度的有益补充，对上市公司治理的完善起到重要的促进作用，学术界对此已获得诸多共识，相关研究也取得重要进展；二是现有研究多围绕欧美等法律制度健全、证券市场充分发展的发达国家展开，对转型经济国家和新兴市场的关注不够，国内相关探讨才刚刚起步，且多数直接采用国外理论体系，缺乏对本国特殊国情的分析；三是现有研究将信息传播机制和声誉机制及其交互影响作为媒体监督参与公司治理的理论基础，但媒体监督的作用机制很可能不仅限于此；四是国内对媒体治理作用的发挥多围绕某个环节展开，如投资者利益保护等，尚未建立起完整的框架体系，如缺少媒体对资本市场违规行为的监督，媒体对公司违规行为进行报道后公司的反应如何等相关内容的研究；五是媒体监督作为重要的信息传播媒介，无论是转发还是调查形成的新闻，都能够为公众提供大量信息，但其治理功能发挥的前提是报道内容真实客观，媒体监督制造的"轰动效应"给资本市场带来的恐慌，也说明了媒体偏差的负面效应，但目前相关研究尚未取得实质性进展，这也成为近年来西方研究所呈现出的新方向。

在未来的发展中，应当在充分考虑我国正处于经济转型期，特别是各级政府仍然对媒体实施较为严厉的管理等特点，结合我国传媒产业正在进行体制变革，逐步参与市场竞争的现状，转变现有的媒体报道总是客观、中立的传统观念，从深化理论研究、探讨媒体偏差、关注新的报道渠道等方面完善媒体监督与公司治理的研究框架，拓展学术界对媒体监督参与公司治理的认识，就如何进一步发挥媒体监督的治理作用提供可行的对策建议，具体而言，可以从以下几个方面进行深入探讨。一是深化媒体监督参与公司治理的理论研究。除已有的信息传播机制和声誉机制及其相互作用外，其他机制是否会在媒体监督与公司治理之间搭建起

[①] 张建平、余玉苗：《媒体监督影响审计定价吗？——来自中国证券市场的初步证据》，载《审计与经济研究》2013 年第 3 期。

桥梁仍需做进一步考察,并且这些看不见的机制如何发挥作用也需要验证。二是深化媒体偏差对于公司治理影响的研究。作为正式制度的有益补充,媒体监督也可能存在失效性,对于媒体监督带来的积极方面,即媒体监督的正向效果的研究占了现有研究的大部分,对于其负面效果,即媒体偏差的研究依然有较大空间。三是完善媒体监督与公司治理的实证研究。现有文献并没有较好地处理媒体监督参与公司治理的实证研究中存在的内生性问题,尚未处理好如何计量媒体报道的数量问题。同时,对于媒体监督实证研究中所采用的媒体报道混合了媒体关注与媒体监督的双重影响,未来需要将媒体关注从媒体报道总量中予以剔除,由此进行的实证研究会更加严谨。四是深化新媒体公司治理作用的研究。现有研究关于媒体报道多限于报纸杂志、电台、电视台等传统媒体,忽视了互联网和社交网络等新媒体的作用,实际生活中新媒体具有传播迅速、覆盖面广、能够在短时间内形成全国性的舆论压力等特点,其所产生的影响已逐渐取代了传统媒体,当然由于缺乏自律和监管,新媒体也存在传播谣言、恶意报道等行为,如新快报记者陈永洲受人指使收人钱财发表大量失实报道攻击中联重科就是其中的典型代表。由于新媒体与传统媒体特点的不同,对于新媒体如何参与公司治理,产生的效果如何,同样值得进一步探讨。

参 考 文 献

1. Dyck, A. and Luigi Zingales, The corporate governance role of the media, in Roumeen Islam, The right to tell: The role of mass media in economic development, World Bank, Washington, D. C. 2002.

2. Dyck, A., N. Volchkova and L. Zingales, The corporate governance role of the media: evidence from Russia. Journal of Finance, 2008.

3. Gorman, Louise, Theodore G. Lynn and Mark L. Mulgrew, The influence of the newspaper media on the corporate governance practices of Irish listed PlCS, 2009 (6), Working Paper.

4. Bushee, B. J., J. E. Core and W. Guay, The role of the business press as an information intermediary, Journal of Accounting Research, 2010, 48 (1): 1 – 19.

5. Besley, T. and A. Prat, Handcuffs for the grabbing hand? Media capture and government accountability, American Economic Review, 2006, 96 (3): 720 – 736.

6. 贺建刚、魏明海、刘峰:《利益输送、媒体监督与公司治理:五粮液案例研究》,载《管理世界》2008 年第 10 期。

7. 李培功、沈艺峰:《媒体的公司治理作用:中国的经验证据》,载《经济研究》2010 年第 4 期。

8. 徐莉萍、辛宇:《媒体治理与中小投资者利益保护》,载《南开管理评论》2011 年第 6 期。

9. 梁红玉、姚益龙、宁吉安:《媒体监督、公司治理与代理成本》,载《财经研究》2012

年第 7 期。

10. 权小锋、吴世农：《媒体关注的治理效应及其治理机制研究》，载《财贸经济》2012 年第 5 期。

11. 吴超鹏、叶小杰、吴世农：《媒体监督、政治关联与高管变更——中国的经验证据》，载《经济管理》2012 年第 2 期。

12. 杨德明、赵璨：《媒体监督、媒体治理与高管薪酬》，载《经济研究》2012 年第 6 期。

13. 柳木华：《大众传媒对会计舞弊的监督：一项经验研究》，载《证券市场导报》2010 年第 8 期。

14. 杨德明、令媛媛：《媒体为什么会报道上市公司丑闻?》，载《证券市场导报》2011 年第 10 期。

15. 戴亦一、潘越、刘思超：《媒体监督、政府干预与公司治理：来自中国上市公司重述视角的证据》，载《世界经济》2011 年第 11 期。

16. 醋卫华、李培功：《媒体监督公司治理的实证研究》，载《南开管理评论》2012 年第 1 期。

17. 杨德明、刘静、赵璨：《媒体监督与财务丑闻——针对紫鑫药业的案例研究》，载《中大管理研究》2012 年第 4 期。

18. 熊艳、李常青、魏志华：《媒体"轰动效应"：传导机制、经济后果与声誉惩戒——基于"霸王"事件的案例研究》，载《管理世界》2011 年第 10 期。

19. 余玉苗、张建平、梁红玉：《媒体监督影响审计师的审计意见决策吗?——来自中国证券市场的实证证据》，载《审计与经济研究》2013 年第 1 期。

20. 张建平、余玉苗：《媒体监督影响审计定价吗?——来自中国证券市场的初步证据》，载《审计与经济研究》2013 年第 3 期。

第 5 章

国有企业委托代理关系与代理成本[*]

国有企业的委托代理关系与现代公司委托代理关系显著不同在于：前者存在多层次所有权委托代理关系。与发达国家现代公司代理关系相比，中国国有企业代理成本昂贵的主要原因之一是资产在各级、各类所有者主体之间的代理层次太多，即初始所有者与代理所有者之间的关系过于繁杂。本章重点研究国有企业所有权委托代理关系与代理成本。在此基础上，分析国有企业所有权代理成本和经营权代理成本降低的途径。

5.1 国有企业多层次委托代理关系及多重代理成本

现代公司与传统业主制企业的根本区别在于资本所有者并不直接支配资本的运用，而是委托他人在满足自身利益前提下决定其资本营运。这就形成了一种契约约束下的委托代理关系。

西方现代企业委托代理理论主要研究的是所有者对经营者单一委托代理关系。这在私有制占主导地位的现代股份公司制度中确实具有典型意义。但是在国有经济占绝对优势的经济制度条件下，人们不能忽视企业的委托代理关系不仅发生在所有者与经营者之间，而且发生在初始所有者与代理所有者之间。例如中国国有企业目前现状是：国有企业的法律形式是全民所有制，由于作为初始所有者的全体公民占有资产的分散性和绝对均等性，决定其不可能行使其直接经营管理权，甚至无法履行对经营者的直接委托责任。这样，全民所有制企业不得不采用政府所有制形式，政府就成为代理所有者。由于中央政府经济目标的多重性和受托资产规模的巨大性，决定其自身也难以直接承担对经营者的委托责任，这不可避免地产生中央政府对各级地方政府的委托代理关系。由于政府说到底是一种政权行使机构而非纯粹经济组织，政府必然组建一个专门国有资产管理机构并与之形成另一层次的委托代理关系。这样，国有企业在初始所有人与代理所有人之间

---

* 本章内容发表在《文史哲》1994 年第 4 期。

就形成一个委托代理关系链：全民（初始所有者）→中央政府（代理所有者）→地方政府（代理所有者）→国有资产管理机构（代理所有者）。

代理所有者所行使的仍然是所有者职能而非经营者职能。作为最后层次的代理所有者——国有资产管理机构的主要使命是选择可信赖经营管理者并授予企业经营权。这最终形成了所有者对经营者的委托代理关系。在国有企业公司化改组过程中，这种委托代理关系又具有两种联系密切且性质不同的层次。代理所有者通过一定的程序，选择董事作为自己的财产代理人，由董事组成董事会受托负责经营和管理企业的财产。这种所有者与董事之间的委托代理关系构成了现代企业法人治理结构的第一层次委托代理关系。但是董事会作为一个决策集团，并不直接行使企业日常经营管理权。董事会通过一定程序挑选任命适合于本企业发展的经理人员，董事会与经理人员建立一种新的委托代理关系。从法律上说，经理便具有了对企业的管理权和代理权。这是企业法人治理结构的第二层次委托代理关系。

现代企业的这种委托代理关系在企业营运中至少有三大优点：企业委托代理关系为缺乏财富但有着管理才能的经理人员从事企业管理创造了机会，并且使得拥有财富但无管理能力的人去从事投资活动；授权代理行为可降低投资者风险。因为他们可以把资本投入于众多的企业，不必亲自经营即可获利；授权代理行为帮助了管理人员去筹措足够的资金以实现生产的规模经济，以企业内部协调减少市场交易费用。

不可否认，企业委托代理关系也增加了代理成本。如前所述，所谓代理成本是指委托人与代理人之间由于信息占有的不对称性导致的资本效率损失以及前者对后者的监督费用支出。这具体包括三部分：一是由于委托人对代理人经营能力的错误判断或者代理人因不负责任或严重渎职致使企业资产承受不应有的损失；二是因代理人个人利益与委托人利益发生冲突时的个人利益偏好并以种种手段从委托资产经营中攫取财富的行为所给委托人带来的损失；三是委托人为防止上述情况的发生所采取的监督约束措施所带来的费用增加。

就我国目前国有企业现状来看，由于代理关系的多层次性和复杂性，代理成本显得特别昂贵。如果将所有者之间的委托代理成本假定为 I，全民对中央政府的委托代理成本为 I_A，中央政府对各级地方政府的委托代理成本为 I_B，政府对国有资产管理机构的委托代理成本为 I_C；将所有者与经营者之间的委托代理成本假定为代理成本 II，则所有者对董事的委托代理成本为 II_A，董事对经理人员的代理成本为 II_B。国有企业的综合代理成本为 M，则：

$$M = I_A + I_B + I_C + II_A + II_B$$

根据现代企业委托代理理论的分析及国有企业的营运实践证明，企业综合代理成本与代理层次成正比，即企业代理环节越多，代理成本越高，反之，则越低。另外，委托人对代理人的监督成本与综合代理成本成反比，即监督机制越完善，企业综合代理成本就越低。因此，我国国有企业代理成本降低具有两条基本途径：一是减少代理环节；二是完善对代理人的激励、监督机制。

5.2 代理成本Ⅰ的节约：所有权主体的再造

与发达国家现代公司代理关系相比，中国国有企业代理成本过于昂贵主要原因之一是资产在所有者之间的代理层次太多，即初始所有者与代理所有者之间的关系过于繁杂。所以，减少初始所有者与代理者之间的代理层次是减少代理成本Ⅰ的根本途径，而这种环节减少从实质上看是国有企业所有权主体的再造。

5.2.1 初始所有者的选择：资产收益最大化

国有资产的法律主体——全体公民将资产委托代理经营的目标是唯一的，即资产收益（短期收益或长期收益）最大化。但是，初始所有者将其资产委托给政府代理经营无法满足这一要求。政府作为社会管理者和宏观经济调控者，本身就具有社会的、行政的、经济的多元目标趋向，如关心充分就业、注重币值稳定、促进经济增长、争取国际收支平衡等。如果政府承担资产代理所有者的责任，那就必然在上述目标体系之外，再加上另一目标准则，即资产的保值与增值。这样，将这些彼此冲突的目标追求集于一身，政府或者无法履行社会管理的职能，或者难以担负初始所有者所委托的资产保值、增值的重任。所以初始所有者重新考虑委托对象不能不是一种明智的选择。

5.2.2 代理所有者的转换：来自德国银行业的启示

政府及其机构（中央政府、地方政府及其所属管理机构）退出资产代理所有者的角色之后，初始所有者由于过度分散而又无法直接委托董事、经理管理资产，那么如何解决这种资产所有权主体的缺位问题呢？我们发现这种困境不仅在国有经济占主导地位的国家存在，在私有经济占主导地位的发达国家依然存在。由于大型股份公司股权非常分散，众多小股东无法或不愿直接行使其所有权职能。为了弥补这一所有权主体缺位现象，银行业在其中发挥了特殊作用。譬如在德国，上市公司的股票是不记名的，其股份的分散化，使众多小股东难以表达或不愿表达自己的决策意向，于是都愿意将股票委托给银行保管，银行就获得了对保管股票的表决权，成为事实上的代理所有者，从而影响和干预股票发行公司的经营决策。有关资料显示，开展股票寄存业务的主要有德意志银行、德累斯顿银行和考曼芝银行。这三家最大的城市银行控制着德国 100 多家最大的工商业企业集团和 30 多家中小银行。这就给我们以启示：我国国有资产并不一定全部采取国家所有制或政府所有制形式，全民所有制资产应大部分地还原给全体公民，由公民自主选择社会性信托投资公司或者信托银行作为自己的委托代理人，由后者受托行使代理所有者职能。这样，既缓解了国有资产政府所有制条件下的多种目标的冲突，也大大减少了国有资产在各级政府之间及政府与所属机构之间的资产委托代理关系和代理成本。

5.2.3　国有企业的分解：全民所有制与政府所有制

国有资产所有权主体的重新塑造必然导致现有国有企业的分类与改组。大部分竞争性国有企业政府从所有者角色退出，但仍可保留对一些特殊行业和企业的直接所有权。西方市场经济国家在推动国有经济发展的过程中，形成了一种独特的国有企业模式。例如，在法国，有一部分国有企业是非法人的公用事业和从事工商业活动的具有行政机构性质的公用事业机构，包括国有邮电局、国家印刷厂以及与地方政府相联系的供水、住宅建设等机构。在日本，有一类由中央政府直接经营的国有企业，主要是造币、邮政、印刷（仅指日本银行券的印刷）和国有林区，日本称为"政府四现业"。这类企业属于非营利性国有企业。我国也有必要把一部分从事经济活动的公用事业机构和特殊生产行业从一般国有企业中分离出来。这包括以下企业：(1) 公共产品生产企业。公共产品的显著特征是具有消费的非排他性，只要社会生产出这种产品，就不能排斥该社会任何人消费该种产品。公共产品生产组织自身经济效益不一定好，但社会效益十分显著。这类企业经营的主要有基础公共设施、环保以及大型交通运输和水利工程等。(2) 自然垄断企业。这类企业由其自身生产经营特点呈现自然垄断性，如城市供水、煤气、电力、通讯以及某些严重稀缺的自然资源的开发经营等。(3) 信息严重不对称企业。这类企业由于供需双方拥有信息量的严重失衡不易于展开公平竞争，如部分金融和医院企业。(4) 其他社会经济服务企业。如公共娱乐设施、公园、疗养院等。这类特殊性国有企业在经济上有三个共同特征：一是这类企业不以盈利或不主要以盈利为目的；二是政府一般对其实行直接管理和经营，并对其负无限责任；三是不适用一般的《公司法》、《企业法》和其他商法，而是制定特殊专门法规规范。

通过以上分析可以看出，我国现有国有企业将区分为两种类型：一是全民所有制。将大部分竞争性国有资产按照一定标准从价值上（而不是从物质上）量化到全体公民，由公民个人占有和支配。公民可按照资本收益最大化标准自由选择信托公司、信托银行、共同基金等作为自己的代理所有者。代理所有者受托与代理经营者发生委托代理关系。二是政府所有制。即将一部分非营利性国有资产在中央政府和各级政府之间分解。各级政府占有和处置这部分资产，按照社会效益最大化原则直接与代理经营者发生委托代理关系。

国有资产所有权主体的换位及国有企业的分类改组，一般性国有企业原有代理成本I_A、I_B、I_C也就相应消失或大幅度减少。当然，初始所有者选择信托公司或信托银行作为代理所有者也存在一定的代理成本，但这种代理成本必然随着代理环节的减少而相对降低。

5.3 代理成本Ⅱ的降低：激励与监督

企业代理成本Ⅱ的大小直接决定于资产所有者（初始所有者和代理所有者）对代理经营者的选任以及对其激励和监督机制的设计。

5.3.1 企业代理经营者的职业化

集我国几十年国有企业发展的经验教训，大批"官员董事"进入企业内部参与决策无法消除政府过度干预和经营低效的弊端，而职业董事和经理，即终身从事企业经营管理的人充任代理经营者是企业按照市场规律有效运行的先决条件。正如D.钱德勒所说："这种被经理人员所控制的企业可以称为经理式企业，而此种公司占支配地方的经济系统可称为经理式资本主义。"西方国家逐渐以职业企业家管理企业取代传统的业主直接管理企业的经验可为我们借鉴。我国现代企业的成长与发展，既不允许把不称职的政府官员下放企业担任董事或经理，也不应把政绩卓著的董事和经理"提升"为政府官员，应把大批职业经营管理者沉淀在企业界，这就使全民资产具有可信赖的"委托—代理"对象，从而大大减少委托资产的经营风险。

但是也应看到，培育职业董事和经理并形成一个独立的阶层是一个漫长的过程，而我国改组过程中的国有企业又急需大批职业代理经营者上岗。为了克服这一矛盾，笔者提出三点建议：一是从发达国家和部分新兴工业化国家和地区（如亚洲四小龙）招聘一批企业经营者。招聘对象是在企业界工作一定年限、有丰富的企业经营管理经验的职业企业家。将他们派往大中型国有企业，让其放手加强经营管理，推动国有企业的发展。当然，招聘外籍经理要支付高额工资报酬，但他们只要经营有方，将会为所有者创造巨额财富，其工资支付与之相比将是微不足道的。二是从国内选拔年轻化、知识化的管理人员到发达国家各类公司任职见习，然后回国到国有企业任职。三是利用国内高等学校，对大批现任经营管理者进行职业培训，使他们系统学习现代工商管理的最新知识和方法，熟悉市场经济运行机理及国际商务惯例。通过上述措施，可望迅速集聚起一大批现代化的代理经营者，较快改变我国国有企业的目前状况。

5.3.2 激励机制的重新设计

从行为科学角度讲，人的行为特别是有目的的经济行为，都是发源于一定的心理需要，由一定动机推动去实现某种目标的行动。因此，企业委托代理关系中的激励就是委托人采取各种措施来激发、增强和维持代理人去实现代理目标的动机，使他们的经营行为能有效地实现委托人的既定目标，又能因此带来个人需要的满足从而保持积极工作热情的过程。为了呼唤中国的企业家脱颖而出，形成一支高素质、懂经营、善管理的企业家队伍，必须建立对企业经营者行之有效的激励机制。不言而喻的是，激励企业代理经营者为所有者谋取利益而尽心尽责的办法就是设计一套恰当的报酬制度并创造有利于个人发展的环境。

第一，变"职位消费"为高额年薪制。目前我国国有企业代理人的强有力的行为动机是"职位消费"，即除货币报酬之外的按其职位所享有的企业给予的或公开或隐蔽的物质待遇（如公车私用、公款宴请、公款旅游等）。在我国许多企业代理经营者的需求结构中，"职位消费"费用远远大于其货币报酬。但是，因为"职位消费"不是按照经营者的经营绩效提供的，不是对自己经营管理劳动效果的奖励，而认为是承担特定职务应有的权力，因而，"职位消费"并不具有激励功能。笔者认为，应该将这种"职位消费"转化为高额年薪制。经营者的年薪由基本工资和奖励两部分组成，其额度按全年的经营绩效来确定。现在事实上，一些民营企业经营者个人收入往往是国有企业经营者的十几倍或数十倍，这种利益上的巨大反差，必然影响国有企业代理经营者的行为方式和行为效果。如果在经济改革的初期，经营者与普通劳动者在收入上过分悬殊往往引起后者心中不平、侧目而视的话，而在经历了十几年经济改革后的今天，人们的心理承受能力大大增强。国有企业代理人由于资源的短缺性和职业的风险性理应获得高额收入已成为越来越多的人的共识。最近美国《观察家》杂志刊出佳士拿汽车公司总裁李·艾柯卡的年薪高达1200万美元，而一个制造业普通员工的年薪为2.45万美元，前者是后者的489倍。美国一般公司董事长、总经理与普通雇员的年薪相差50~100倍。由于我国国有企业特殊性，我们不必完全仿效发达国家对企业代理人的激励模式，但是拉开档次，建立具有激励功效的高额年薪制度是造就企业家队伍的有效途径。

第二，实行代理人购买股票期权制度。由于所有者的收益来自股份分红和股票增值，而分红又直接影响股票的市价。如果企业经营状况良好，分红增加，股份的市价就上涨，反之就下跌。可以据此设计，在我国股份公司代理经营者的收入结构中，可以在一定的时间内，允许他们以现在的市场价格水平购买企业的股票，即股票期权。如果以后企业经营状况改善，股票市价升值，那么经营者将获得股票现价与未来价格之间的差额收入；如果经营状况恶化，它也遭受股票价格下跌的损失。这样，企业代理经营者将为使自己购买的股票在未来年份的不断升值而对经营管理竭尽全力。实际上这是将企业投资人利益与经营者个人利益有机结合的有效措施。

第三，注重对代理经营者的事业型激励。物质型激励方式随着代理经营者收入水平的提高而呈效果递减趋势。因此，不可忽视对经营者大量经济性激励，如职务晋升、终身雇佣、名誉称号等。这种综合性、社会性激励机制，对经营者更容易产生长期激励效应。

5.3.3　权力制衡：内部监督与外部监督体系的构造

建立、完善国有企业的委托代理制并减少代理成本还必须建立权力制衡的监督机制。这具体包括企业内部监督和外部监督。完善企业内部监督机制的措施有：一是完善所有者——董事会——经理人员之间的纵向监督。现代企业治理结构中的纵向授权必须与纵向约束有机结合起来，保证权利与责任的对称，使任何权利都无法摆脱责任的约束。二是完善监事会对董事会和经理人员的横向监督。要保证公司监督机构职权的独立性，监事会应及时检查公司的财务状况，对董事、经理执行公司的职务时违反法律、法规公司章程损害公司关系人的利益的行为进行权威约束。如果经营管理者严重失职而监事会失察，监事人员应负相应风险责任。三是完善职工或职代会对监事会、董事会、经理人员的系统监督。我国为保证职工参与的经常性与全面性，应对职工代表进入监事会和董事会做出制度安排。为此，有的学者提出，在落实职工代表入选董事会的具体操作过程中，一种选择是由全体职工通过职工代表大会选举职工代表直接进入董事会；另一种方法是由全体职工通过职工代表选举出若干名职工董事候选人，然后再由股东选举认定。这一建议值得参考。在我国现有的社会经济条件下，企业制度创新不应导致职工民主监督的弱化，而应使我国企业长期形成的这一传统继续发扬光大。

企业外部监督机制的完善包括三方面内容：一是健全商品市场对代理经营者的监督。在市场竞争过程中，企业产品和服务将受到消费者的裁决，公司市场竞争的成功意味着公司经营者的成功，公司市场竞争的失败，也意味着经营管理者的失败。所有者也正是通过商品竞争市场来评判经营管理者的政绩大小并决定其奖惩措施。二是健全资本市场对代理经营者的监督。企业股票在资本市场上价格升降将是对经营管理者的一种无情的评判。股东们抛售股票或潜在购买者争相购买股票无疑对企业经营者形成极大的压力，并且暴露出尽职程度和管理水平的高低。三是健全经理人才市场对经营者的监督。在现有经理市场上，不尽职的或素质低下的经营管理者将不仅无法获得较高个人收入和进一步晋升的机会，而且受到潜在经营者职业替代的威胁；而勤奋努力、政绩卓著的经理人员将会受到资本所有者的普遍欢迎，并能够获得较高收入和晋职的机会。这种监督机制也会促使代理人献身于企业经营事业，以增加自身职位的稳定性和晋升可能性。

参 考 文 献

1. 科斯等：《财产权利与制度变迁》，上海三联书店、上海人民出版社 1994 年版，第 97 页、第 166 页。
2. D. 钱德勒：《看得见的手——美国企业的管理革命》，中译本，第 2 页、第 9 页。
3. 张军：《现代公司的理论与经验》，上海译文出版社 1994 年版。
4. 卢昌崇：《公司治理机构及新老三会关系论》，载《经济研究》1994 年第 11 期。

第 6 章

基于 O – SEA 权力体系下的公司治理研究*

公司治理已经得到了经济学、管理学、法学、社会学等众多学科的交叉研究，而他们所研究的部分内容与焦点都可以从"权力"当中找到线索：经济学所理解的制度安排必然反映的是权力的分配关系，这是卢梭早在 1762 年就论证了的观点；管理学研究的是各部分的功能和运作方式，着眼点在于责、权、利的界定；法学从法理的角度理解公司治理，本质上是孟德斯鸠"三权分立"思想的发挥；社会学则在关注公司日益膨胀的权力及引致的社会问题……从更普遍的意义上说，公司治理研究的就是这种权威（权力）是怎样配置和执行的；[①] 徐向艺（1999，2006）也早就指出"公司治理结构是公司利益相关者之间的权力关系与利益关系的制度安排"。遗憾的是，对公司治理的研究并没有沿着权力的这条道路前进很远，相关研究依然是零散和混乱的。因此，本章试图在界定公司权力的基础上构建一个 O – SEA 权力体系来研究公司治理问题。

6.1 企业权力及来源

企业作为一种经济组织，其基本属性是剩余创造，也就是说创造出比前期投入以及所有成员单干时产出的加总更大的价值。作为一种经济组织，企业权力的根本来源就是"价值资源"[②] 的占有或者控制。而在剔除暴力的因素之后，企业权力的行使方式就是契约的（通过契约规定）或诱致的（合作产生更大收益），其本质上就只能是一种讨价还价能力。因此，可以这样定义企业权力：X 基于价值资源的占有或者控制，通过改变 Y 的行为预期而影响企业生产和分配的讨价还

---

* 本章内容发表在《软科学》2007 年 21 卷。
① Zingales, L., In search of new foundations, NBER working paper, No. 7706, May 2000：12.
② 资源是权力的来源，稀缺性也是权力度量的一个方面。但对于公司而言，只有在公司生产中发挥作用的资源才是公司权力的来源，比如资本、劳动、政治关系、社会资源等，我们统一用"价值资源"来表示。

价能力。这种讨价还价所形成的责、权、利的配置状态就是企业的权力结构。①显然，所有权并不是企业权力的唯一来源，把焦点置于所有权的配置也不是公司治理的全部现实，要论述清楚企业权力与治理，需要从企业权力的来源入手。

在以往的经典文献当中，阿尔钦和德姆赛茨（Alchian and Demsetz，1972），格卢斯曼、哈特和摩尔（Grossman and Hart，1986；Hart and Moore，1990）分别从"事后的交易费用"和"事前的交易费用"两个纬度，以三阶段模型刻画了企业中的讨价还价并借此提出了"剩余索取权"和"剩余控制权"的两个核心变量。尽管他们结论上存在仅关注物质资本所有权的片面性，尽管"剩余索取权可能不是一个非常健全或者重要的理论概念"；②剩余控制权与完全的控制权同样难以区别："并不区分契约明确规定的控制权与剩余控制权，而且在事实上剩余控制权等同于完全控制权"。③诸多的不足并不影响借鉴其天才的思想，我们把二者结合起来探讨企业权力的来源（见图6-1）。

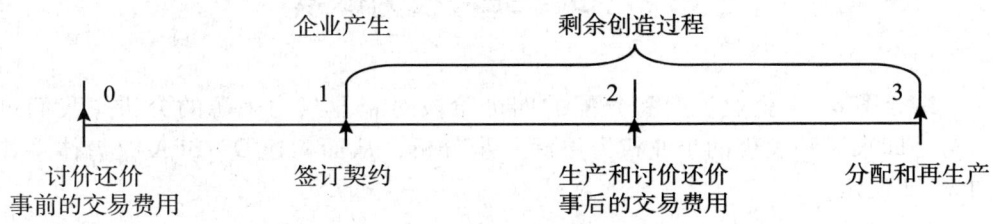

图6-1　企业生产和分配的四个阶段

0期代表企业成立前的讨价还价，即"事前的交易费用"，1期代表企业成立。在0~1期并没有其他利益相关者的参与，企业将来能够创造多少价值只有天知道。讨价还价主要集中在物资本所有者和人力资本所有者之间，比如企业家④与风险投资者，企业家与劳动者。显然，此时企业权力来源主要是所有权：物质资本或人力资本的所有权。而资本对劳动的雇佣是这个阶段的必然，这是以往大多数文献的分析结论。

从1期到3期进入企业的生产和分配过程，此时由于各利益相关者参与到企业经营当中，原有讨价还价所形成的结果并不一定完全反映资源主体在企业生产中的实际地位，因此2时期再次讨价还价，这次争夺的焦点就是对企业剩余的分享，更多的资源主体根据自身在企业生产中的作用重新讨价还价，3期进行分配

---

① 需要指明的是，权力结构并不是稳定的，随资源在企业生产过程中地位的变化必然引起权力结构的变化，它只能是权力主体博弈所形成的暂时的"均衡状态"。

② Hart, O., Firm, contracts and financial structure. Oxford University Press. 1995.

③ Hart, O. and J. Moore, Foundations of incomplete contracts, Review of Economic Studies, 1999, 66 (1): 134.

④ "企业家"是一个有着不同理解的概念，文中我们指物质资本与人力资本兼而有之的企业创立者。

与再生产。1 期到 3 期的过程中显然突破了所有权范畴，比如客户经理，他的权力来源于对客户资源的掌握；一些高管和技术骨干，他们可能源于对企业的重要作用而逐渐拥有企业股份。对这些情况的关注有学者拉詹和津加勒斯（Ranjan，Zingales，1998，2000）提出了"进入"（acess）的概念，[①] 即对关键资源接近或者掌握作为权力的来源。越来越多的经营者或骨干成为企业的所有者，以及股票市场实际上承担了物质资本所有者的"退出机制"而非生产性融资的功能（Lazonick，O'Sullivan，1997b，1997c），其根源都在于企业权力来源的多样化及随企业发展动态调整的特性，这使得"劳动雇佣资本"在一定程度上成为可能，同时也是"利益相关者"理论最本质的依据。实际上，专用性投资、专有性资源、对资源的配置方式等都是在这个时期企业权力的来源，O - SEA 权力体系详细地刻画了这一点。

6.2　O - SEA 权力体系

结合图 6 - 1 企业生产和分配的四个阶段对企业权力来源的分析，我们可以对不同来源和表现的企业权力更深一步分析，从而构建 O - SEA 权力体系如图 6 - 2 所示。

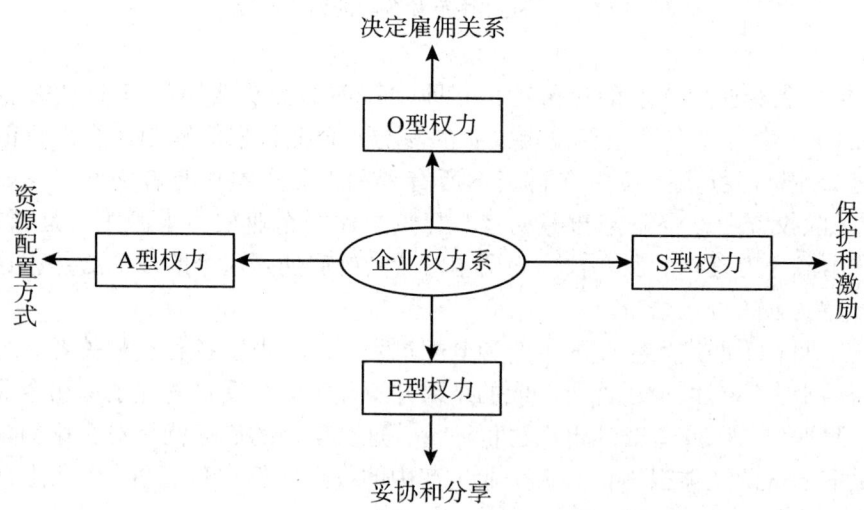

图 6 - 2　O - SEA 权力体系与治理

---

① "Access"国内主要有"进入权"或者"通道"两种译法，处于忠于原文作为权力来源的表述，我们将其翻译为"进入"而不是"进入权"，避免来源与种属的混淆。

源于所有权的权力记为 O 型权力系（Ownership-power System），这种权力本质上是对资本（资源）的所有权而产生的，主要包括物资资本和人力资本。在企业生产的过程中，许多主体对企业进行了专用性投资。尽管以往的分析主要集中在专用性投资的"锁定"（Hold Up）特性易遭受机会主义威胁，因此需要通过赋予剩余索取或控制的权力来提供保护和激励，但事实上，企业效率的来源正是主体间持续不断的专用性投资。无论出于何种原因，专用性投资都是企业权力的来源，源于专用性投资的权力记为 S 型权力系（Specific-power System）。

价值资源是权力的来源，但不同资源在企业生产中的地位是不一样的，现实中观察到的是那些能够"主动跳槽"、具有非常高的流动性的人员具有很大权力，比如 IT 行业的技术人员、高级管理人员等，这部分人所掌握的实际上就是拉詹（Ranjan）和津加勒斯（Zingales）所指的"关键资源"（Critical Resource），杨瑞龙和杨其静命名的"专有性"资源，即那些一旦退出企业将造成组织效率大幅下降，乃至危及企业生存的必不可少的资源。① 对于具有专有性质的这类权力我们记为 E 型权力系（Exclusive Power System）。

而另外一种展现在企业的组织架构当中权力：职位所带来的权力，我们将其称为 A 型权力（Architecture Power System）。从表面上看，职位越高，A 型权力越大。从本质上而言，A 型权力涉及的是对企业资源的配置和运作方式，A 型权力越大，接触企业的核心机密越多，就越容易选择创业。因此，A 型权力配置一方面可以通过职位的提升激励企业人员进行专用性投资；而另一方面则需要注意保障企业核心资源的安全。原仙童公司（Fairchild）的雇员创办的 Intel、AMD 公司的例子形象地说明了企业核心技术的失窃问题。一位曾在仙童和英特尔都任职的员工说，"英特尔是在窃取仙童公司的硅门技术上建立起来的"。② 而缺乏制衡的 A 型权力配置则是导致这种现象发生的重要原因。③

公司治理作为配置和调节利益相关者之间的权力关系和利益关系的制度安排（徐向艺，1999，2006）本质上就是对 O－SEA 权力体系的配置和调节，而 O－SEA 权力体系中不同权力的性质和特点，治理的重点和方式也就各不相同。

---

① 杨瑞龙和杨其静将专有性而非专用性作为谈判力的基础，进一步区分了专有性的几种来源：（1）拥有发现并能组织实现某种市场获利机会的企业家；（2）掌握某种带来巨大商业利益的技术的人，比如重要专利技术所有者；（3）在资本稀缺的环境中掌握大量货币资本的人；（4）掌握能带来大量商业机会的特殊社会关系的人，比如一些高干亲属。参见杨瑞龙、杨其静：《专用性，专有性与企业制度》，载《经济研究》2001 年第 3 期，第 84～93 页。

② Jackson, Tim, Inside Intel: Andrew grove and the rise of the world's most powerful chip company, New York, NY: Dutton Books, 1997: 26 – 27.

③ 仙童母公司收购了仙童半导体公司（Intel 创始人葛罗夫、摩尔等人所在的公司）之后，半导体公司的运营及技术开发等仍然控制在葛罗夫、摩尔等人的手中。详见"半导体霸主——英特尔"、戈登·摩尔的演讲 http：//www.mmrc.net；http：//tech.sina.com.cn/it/2007 – 09 – 19/10141748573.shtml；http：//baike.baidu.com/view/621898.htm。

6.3 O-SEA 权力体系公司治理

整体而言,在 O-SEA 权力体系当中(见图 6-2),O 型权力决定的是企业成立初始的雇佣关系,由于物质资本的社会属性以及人力资本的"不可抵押"性质,资本雇佣劳动在更普遍的意义上所体现的是一种有效率的安排。但 O-SEA 权力体系随企业的生产过程而动态调整,这其中 SEA 权力体系的作用和治理就至关重要。如同前文所言,由于更多的利益相关者的参与以及权力主体间相对地位的变化,使得企业成立后的讨价还价变得更为重要和激烈。从 O-SEA 权力体系的视角研究公司治理会给我们许多新的启示。

6.3.1 稳定性问题

由于权力主体地位的动态变化及不同权力类型在治理中的重点有所差别,SEA 权力体系的稳定性就成为一个重要问题(见图 6-3)。

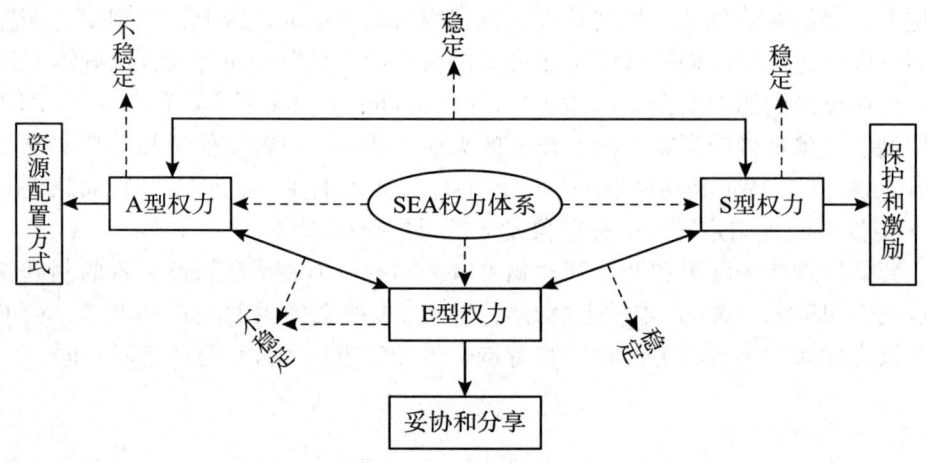

图 6-3 SEA 权力系的稳定性

由于不同的权力在企业生产过程中动态变化,我们用字母的先后顺序表示这些权力的生成顺序,比如 SE 组合表示先有了 S 型权力,然后才具备了 E 型权力,ES 则反之(下同)。显然企业的创立者们符合 ES 这种情况,企业最初的所有权与控制权最初都由他们掌握,因此我们重点分析的 ES 是指在企业后来参与者,而非创业者。

1. S 型与 E 型权力组合。单就 S 型权力而言,权力主体主观上是稳定的,因为他对企业做出了专用性投资,退出企业的成本高昂。但对企业来讲,仅有专用性并不足以让权力主体在企业中处于强势地位,企业可能会对这部分人进行"盘剥"。大多数的普通员工、分散化的中小股东都属于这种情况,因此,公司治理的对 S 型的治理的重点是保护他们的利益,规范企业的行为。单就 E 型权力而言,权力主体主观上是不稳定的,因为他们具有较强的谈判筹码。但企业却希望他们能够稳定。① 因此对这部分的重点就是 ES 的转化,提高这部分权力主体的对企业的专用性投资。让渡一部分所有权、使他们的工作或者资源与企业之间产生互补性等,都是提高其专用性投资的一些手段。因此对 ES,即掌握专有性资源的主体参与到企业当中来,比如外部引进的高管、重要的战略联盟等,其治理的重点就是使这种 E 型权力向 S 型权力转化,从而可以"锁定"到企业当中。对 SE 型权力,一些企业的技术骨干、伴随企业成长而提升起来的高级管理人员属于这种情况。其机理是源于人力资本所有者持续不断地对企业进行专用性投资,随着人力资本自身能力的不断提升,他有可能成长为企业生存和发展所依赖的资源。许多企业的高管都属于这种情况,比如张瑞敏之于海尔、倪润丰之于长虹、周厚健基于海信等。此时,如果 E 型权力得到体现,即有足够的激励(比如股票、期权、精神激励等形式),S 型权力主体主观上也是具有稳定性的。对于这部分的治理就是采用利润分享、股票赠予、期权等形式,使其直接的或间接的拥有企业的所有权。一般而言,这部分权力主体至少要参与企业剩余的分享,而不仅仅是工资收入。

2. S 型与 A 型权力组合。A 型权力对企业最大的威胁就是因其接触到了核心资源,容易自己创业成为企业的竞争对手,尤其当核心资源是技术、知识等相对容易"剽窃"的时候。② 因此对 A 型权力的治理,最好的办法就是 SA:提拔在公司时间长的人员担任高管,尽量避免 AS:先赋予较高的 A 型权力,然后才对企业进行专用性投资。从这个角度也说明了为什么"空降兵"不太招企业喜欢的原因。但企业往往需要从外部引进高级管理人员,那么这就需要在初始采取对他的 A 型权力进行分拆、引入制衡机制等措施,使其只能部分地接触到核心资源,逐步对企业进行专用性投资之后再慢慢放开。组织结构适当的扁平化,也是降低 A 型权力的一种途径。

---

① 专有性与专用性二者实际上是相辅相成的。一个显而易见的推论是:如果某一类资源仅对企业具有专用性,而不具备任何专有性,也就是说这类资源存在与否企业生产而言无关紧要,那么这种资源在企业当中就毫无存在的价值与意义,企业完全可以不要这种资源。同样的,如果某种资源只具有专有性,而丝毫不具备专用性,显然这种情况是很难想象的,因为这意味着这种资源对企业生存至关重要,而它们却能无成本的退出企业,这种资源是无法被企业所利用的。因此 S 型权力与 E 型权力二者之间并非泾渭分明,只是程度上的差别罢了。

② 对 500 家成长迅速的年轻公司的调查报告显示,其中 71% 是通过剽窃原雇主的核心资源而成立的。见 Bhide, Amar V., Building the professional firm: McKinsey & Co: 1939 – 1968, Harvard Business School working paper, 1996: 94。

3. E型与A型权力的组合。缺少了S型权力,这两种权力无论如何组合都是不稳定的。因此,对它们的治理如上面的分析类似:引导其进行专用性投资,转化为S型权力。

由此可见,E型权力、A型权力与S型权力一旦结合,即对企业进行了专用性投资,那么它就具有了稳定性。当然,所有的稳定与不稳定都是相对的。即使与S型权力组合的稳定性也需要满足"激励相容约束"。比如S-E的组合要稳定,需要他从企业中得到的收益能够激励弥补其进行专用性投资的成本,且不低于另谋高就时的收益;S-A的组合要稳定,需要他在企业获得的收益大于他创业时的预期收益。但总体而言,具备S型权力的主体其稳定性要强一些。因此对公司治理而言,首先是要区分不同权力主体的类型,采取赋予所有权、签订限制性条款的合同、工作任务分拆、引入监督制衡机制等措施限制E型、A型权力主体的行为,并逐步引导不同类型的权力与S型权力相结合以构造稳定性。

6.3.2 治理边界、权力转化与制约

从O-SEA权力体系研究公司治理,另外一个重要的启示是以权力的边界来体现治理的边界。随着时代的发展和企业面临环境的变化,战略联盟、网络企业等新的企业形式不断出现,这使得企业的法律边界可能与权力边界不一致。比如,丰田公司与其独立供应商的关系。丰田公司通过为供应商提供技术上支持,使之获得丰田给予它们的优先权,包括能优先获得丰田的技术规范、创新等,但并不事先确定固定的采购比例,而是根据供应商的效率来调节采购额度。通过这种方式丰田在供应商之间创造了一种可控的竞争(Managed Competition),从而促使供应商针对丰田进行专用性投资。供应商不是丰田公司的内部单位,但丰田公司却具有影响和控制它们的能力,本质上如同是丰田公司的内部部门一样。这时候治理的边界已经超越了企业的法律边界。与之相对应的是,即使在企业法律边界之内,却也可能有力所不及之处,尤其是对E型权力很大的资源主体,比如原伊利集团的牛根生及盛世长城公司的例子。[①] 因此,以权力的边界来体现治理的边界,更有利于保持公司的完整性或体现利益相关者在公司中的地位。

另外,整个O-SEA的权力体系之间是可以互相转化的。比如O型权力向SEA权力转化:最初表现为O型权力向S型权力的转变——物质资本通过建设厂

---

① 1998年牛根生离开伊利之前,伊利集团80%的利润来自牛根生所领导的事业部。尽管总裁郑俊怀因二者的分歧可以将牛根生"扫地出门",但结果却是成就了最大的竞争对手——400多人追随牛根生离开伊利集团,创办蒙牛乳业。参见:http://bbs.jn8.net/thread-135329-1-1.html。1994年,掌握了盛世长城公司(Saatchi and Saatchi)30%股份的美国基金经理,反对将丰厚的股票期权授予总裁莫里斯·萨阿特齐(Maurice Saatchi)而导致莫里斯的离开,随后与另外一些离职的高管创办了尚奇(M and Saatchi)公司,并在很短的时间内就夺走了盛世长城公司的大部分重要业务。参见:Rajan, R. G. and L. Zingales, The governance of new enterprise, NBER working paper7958, Oct. 2000:29。

房、购买机器、设备等对企业进行了专用性投资，人力资本通过企业的生产过程不断地进行学习从而逐渐地具备了专用性的特征。同时，伴随着企业的成长，可能一部分会成为企业的关键资源，从而具有了 E 型的权力；也会因为在企业中担任要职而具有 A 型权力。转化同样发生在 SEA 权力系与 O 型权力之间：当企业越来越依赖于某些主体的贡献，通过直接赠予股份、股票期权、MBO、ESOP 等手段，SEA 权力系转化为 O 型权力。公司治理就需要鉴别不同阶段权力主体的相对地位并适时促成转化。

绝对权力导致绝对腐败，权力的制约问题同样重要。出于 O-SEA 权力体系当中权力地位和大小的不同，对一些强势权力就需要适当的制约以防止对利益相关者的侵害。具体的方法为：(1) 以利益制约权力，用共同的利益诱使权力主体的行为，防止权力的滥用。股东们对经理采用利润分享、赠予股票、期权等形式的激励，就是用利益制约权力的应用。(2) 以权力制约权力。单纯的利益有时候并不能解决全部的问题，比如利润分享并不能完全根除经理们的腐败和机会主义行为；大股东与小股东有同样的利益却仍然会出现大股东侵害小股东的行为等。因此，除了用利益制约权力之外，以暴制暴，即权力制约权力也十分重要。这一方面体现在法律法规等的事后惩罚；另一方面应该注重分权、构建监督制衡体系来进行事前防范。比如"三权分立"的原则，独立董事的引入，通过任务分拆、构建互补性以减小 A 型权力与 E 型权力等。(3) 以道德制约权力。前两种方法都是通过他律来实现权力的制约，但自律同样重要，通过媒体舆论等提高权力主体的道德情操来进行自我制约。

6.4　结论与启示

基于权力在公司治理中的重要性及以往研究的片面性，本章所做出的是一次新的尝试。在上述分析之外，基于 O-SEA 权力体系研究公司治理还可以得出如下结论与启示：(1) 打破了企业类型的局限。无论是所有权与经营权合一古典企业、两权分离下的公司制企业，还是人力资本重要性不断增加的新企业，权力的配置和调节都是这些不同类型企业当中公司治理研究的关键。(2) 找到了研究新问题的线索。企业法律边界的日益模糊，信息技术的迅猛发展，要维持企业的相对完整并保护对其核心资源，只有从权力的边界入手。(3) 调和了"股东至上"与"利益相关者"之间的争论。在 O-SEA 权力体系内，既不排斥股东对企业的所有权（O 型权力配置），也没有忽视利益相关者在企业生产过程中的作用（SEA 权力体系以及 O-SEA 之间的转化）。当然，本章仅仅是在权力研究公司治理的道路上所前进的一小步，在构建具体的基于权力配置的公司治理机制等方面仍有许多工作要做。

参 考 文 献

1. Hart, O., Firm, contracts and financial structure, Oxford University Press. 1995.
2. Hart, O. and J. Moore, Foundations of incomplete contracts, Review of Economic Studies, 1999, 66 (1): 115 – 138.
3. Jackson, Tim, Inside Intel: Andrew grove and the rise of the world's most powerful chip company, New York, NY: Dutton Books. 1997.
4. Bhide, Amar V., Building the professional firm: McKinsey&Co: 1939 – 1968, Harvard Business School, 1996, working paper.
5. Oosterhout, J., Authority and democracy in corporate governance? Journal of Business Ethics, 2007, 71 (4): 359 – 370.
6. Rajan, R. G. and L. Zingales, The governance of new enterprise, NBER working paper7958, 2000.
7. Rajan, R. G. and L. Zingales, The influence of the financial revolution on the nature of Firms, The America Economic Review, 2001, 91 (2): 206 – 211.
8. Rajeeva, S., Regulation the market for corporate control and corporate governance, Global Finance Journal. 2006, 16: 264 – 282.
9. Zingales L., In search of new foundations, NBER working paper, No. 7706, 2000.
10. http://www.mmrc.net; http://tech.sina.com.cn/it/2007 – 09 – 19/10141748573.shtml.
11. http://baike.baidu.com/view/621898.htm.
12. http://bbs.jn8.net/thread – 135329 – 1 – 1.html.
13. 高传富、李心合:《基于资源的公司权力配置研究》,载《南京师范大学学报》(社会科学版) 2007 年第 1 期, 第 50 ~ 54 页。
14. 谷建全、张晓峰:《基于公司权力视角下的公司治理研究》,载《中州学刊》2007 年第 3 期, 第 64 ~ 66 页。
15. 范黎波、张中元:《基于网络的企业学习与治理机制》,载《中国工业经济》2006 年第 10 期, 第 106 ~ 112 页。
16. 刘元春:《权力与企业治理结构———一种马克思主义的动态分析框架》,载《教学与研究》2005 年第 3 期, 第 12 ~ 19 页。
17. 玛丽·奥沙利文:《公司治理百年——美国和德国公司治理演变》,人民邮电出版社 2007 年版。
18. 徐向艺:《公司治理制度安排与组织设计》,经济科学出版社 2006 年版。
19. 徐向艺:《现代公司组织与管理》,经济科学出版社 1999 年版。
20. 徐向艺、卞江:《公司治理中的中小股东权益保护机制研究》,载《中国工业经济》2004 年第 9 期, 第 65 ~ 91 页。
21. 杨瑞龙、杨其静:《专用性,专有性与企业制度》,载《经济研究》2001 年第 3 期, 第 84 ~ 93 页。

第 2 篇

资本结构与公司价值

第 7 章

资本结构与利益相关者控制权研究*

资本结构不仅仅是一种融资方式与融资比例的关系，更重要的是一种企业控制权的安排，资本结构规定着股东、债权人和经营者等利益相关者（在企业中投入了专用性资产的人或团体）的控制权安排。同时，资本结构与控制权之间的相互作用机制，又使得控制权的分配与转移作用于企业的资本结构，促进资本结构的优化。

7.1 引 言

资本结构指的是企业融通资金不同方式的构成及其融资数量之间的关系，通常指股权与债务的构成及比例。而詹森和麦克林（Jensen and Meckling，1976）发现资本结构不仅仅是降低财务成本问题，背后还隐藏着控制权的拥有和执行问题，经营收益的分配不仅仅是按资本出资比例执行，还要看谁掌握控制权，谁拥有决定如何分配的权利，谁拥有修改分配契约的权利，谁拥有企业契约之外的剩余权力问题，如何实现最优的控制权配置问题，这些问题比简单的资本收益分配问题更重要，因为这些因素很大程度上影响可分配收益的多少，是否能够达到资本收益的最大化。

威廉姆森（Willianmson，1985）也认为，在市场经济条件下的企业中，资本结构的债务和股权不应仅仅被看做是可替代的融资工具，而且还应该被看做是可替代的治理结构。张维迎（1999）也认为企业资本结构是公司治理最重要的一个方面，公司控制权的分配在很大程度上取决于资本结构。

企业本质上是由各利益相关者所缔结的"一组契约"的联合体。在这个联合体中，依据契约，每个利益相关者都会向企业投入自己的专用性资产，这构成了产生"企业剩余"的物质基础。各个利益相关者正是利用自己投入的专用性资产而获得了企业的控制权，通过控制权参与企业剩余索取权的分配来实现自己的产权收益。那么何谓"利益相关者"？利益相关者是指在公司行为的程序或权利义务方面具有合法利益的个人或群体。笔者认为只有在企业中下了"赌注"的人或

---

* 本章内容发表在《开发研究》2008 年第 1 期。

团体才是企业的利益相关者,这一定义用主流经济学中"资产专用性"概念来解释,就是"凡是在企业中投入了专用性资产的人或团体才是企业的利益相关者"。① 何谓控制权?笔者认为合约内外企业的重大决策权和决策制定以及执行的监督权(这比格罗斯曼和哈特的剩余控制权定义的范围更加广泛)都是控制权,既包括合约中规定的重大决策和监督权,还包括合约之外权责之内的重大决策和监督权,② 它比剩余控制权的范围更广。③

鉴于包括投资者在内的利益相关者不同程度承担公司经营风险并参与公司的利益分配,因此,公司控制权绝非公司股东或经营管理者所独有,在很多时候,公司其他利益相关者也分享公司的控制权。即向公司投入了专用性资产的各利益相关者为了维护自己的合法权益,就需要参与公司控制权的分配,各利益相关者参与控制权分配是通过建立和完善公司治理结构来实现的。资本结构中的股权与债务不仅仅是不同的融资方式和工具,而且还应该被看成是不同的治理结构。资本结构中的股权和债务比例体现了不同的控制权分配,用来限制经营者以投资者的利益为代价,追求他们自己的目标。因此,资本结构是控制权安排的基础,控制权安排是公司治理的关键。

7.2 资本结构与利益相关者控制权安排

契约理论从资本结构视角将企业定义为"企业是要素投入者之间签订的一组

---

① 杨瑞龙和周业安(2000)综合许多定义,将它们归为三类:第一类是最广泛的理解,即凡是能够影响企业生产经营活动或被企业生产活动所影响的人或团体都是企业的利益相关者,包括股东、债权人、雇员、供应者、消费者、政府部门、相关的社会组织和社会团体、周边的社会成员等;第二类是稍窄的定义,即凡是与企业有直接关系的人或团体才是企业的利益相关者,该定义排除了政府、社会组织及社会团体、社会成员等与企业没有直接关系的利益相关者;第三类是最窄的定义,即只有在企业中下了"赌注"的人或团体才是企业的利益相关者。本章同意第三种定义。

② 在企业理论中"控制权"一词主要有两个来源:一是来自伯利(Berle)和米恩斯(Means)的著作《私有财产和现代企业》,他们把控制权定义为选举董事会或多数董事的权利;二是出自产权理论的"不完全合约理论"中的剩余控制权。严格地说,控制权与剩余控制权的区别主要在于范围的不同。控制权包括合同中列明和没有列明的权利,剩余控制权只包括没有列明的权利。本章指前者。

③ 哈特和摩尔(Hart and Moore, 1990)提出了剩余控制权的概念,是指"决定资产最终契约所限定的特殊用途以外如何被使用的权利"。格罗斯曼等人提出剩余控制权指的是在契约中没有特别规定的活动的决策权,并强调剩余索取权在企业产权分配过程中对剩余控制权的相对依赖性。必须承认,哈特和格罗斯曼等人对剩余控制权的理解是深刻的,而且有启发性。但是在实践中,他们关于剩余控制权的界定却过于理想化,和企业的实际状况无法对应,由此导致人们真正运用他们的剩余控制权概念分析企业治理结构时,经常遇到难以克服的困难(杨瑞龙和周业安,2001)。这突出表现在:按照他们的理论逻辑,企业合约中已明确规定的活动决策权是被排斥在剩余控制权范畴之外的,因此这些决策权并不重要。但如聘请经理的权利、合并和清算、重大投资权等企业许多生产经营的战略性重大决策权在有关的法律条款和公司章程中都作过清晰的界定,这些控制权的行使将会对企业的发展产生深远而重大的影响,无论如何也不能被认为是无关紧要的。由此看出,控制权与剩余控制权不是一个概念,控制权的范围应该更为广泛。

契约的联合体"，也就是说企业的资本结构是利益相关者之间不断谈判交易的结果。所以，企业最终的资本结构是各利益相关者讨价还价的结果，不同的资本结构决定了利益相关者控制权的安排。

7.2.1 资本结构与股东控制权

现代股份公司由于两权分离，股东并不直接参与公司经营管理，而是委托经营者进行经营管理。股东的目标是追求货币报酬，而经营者的目标不仅包括货币报酬，还包括非货币报酬（如在职消费、个人声誉等）。因此经营者的目标与股东的利益不一致。如果股东与经营者之间的合同是完全的，则可以化解双方利益目标的不一致。但现实的合同总是不完全的，这主要是人们不可能将所有条件下的所有责任、权利均在合同规定出来。所以股东希望选择一种资本结构来优化控制权，使得经营者的行为尽可能符合股东的利益。

股东对企业的控制主要通过两种方式来实现：第一，内部控制，是指股东以其拥有的公司投票权和责任权，选举产生公司董事会，由董事会选择经营者，并将企业的日常经营决策委托给经营者来实现。内部控制的有效实现依赖于三个因素：(1) 股权集中度。如果股权比较集中且投资一方是大额股份持有者，那么他就有足够的投票权对经营者施加压力。在企业正常经营状态下，股权适当集中有利于大股东决策，还可以解决中小股东的"搭便车"问题。(2) 股东的性质。主要有国家、机构投资者、银行、个人等，不同性质的股东追求的利益目标不一样。机构投资者不像一般投资者那样成为"搭便车"的主体，有可能成为公司控制的主体。(3) 股东投票权限的大小，是采用累计投票制还是采用多数投票制？在存在有效的内部控制时，如果经营者未尽股东委托的法定义务，或者存在其他损害企业价值的行为时，股东可以通过董事会更换经营者，实现"用手投票"的内部控制方式来控制和干预企业。第二，外部控制。如果股权资本的结构较分散，资本市场相对发达，股东便可以通过股票市场上的股票买卖、企业的兼并等外部控制机制进行间接控制。即当企业发展看好时，并对经营者做出的决策持认同态度时，股东增加股票持有份额；反之，则卖出股票份额，给经营者施加压力，间接实现对企业经营者行为和重大决策的控制和干预。外部控制的有效发挥有两个前提条件：(1) 资本市场相对发达；(2) 股权相对分散且流动性强。

7.2.2 资本结构与债权人控制权

资本结构对债权人控制权的影响在不同的财务状态是不同的。第一种情况是财务平稳时，由于股东主要获取货币报酬，而经营者不仅希望获得货币报酬，还希望获得非货币报酬，这使得股东和经营者存在利益冲突，缓和这种冲突的方式是改变融资方式，即选择负债融资。债权融资对债务人的影响更多地体现在间接方面，也就是激励经营者努力工作，以使企业能按时付息并到期还本。主要体现在以下方面：(1) 在经营者对企业的绝对投资不变的情况下，增加投资中的负债融资比例将增加经营者的股权比例，激励经营者努力工作；(2) 由于负债的利息采用固定支付方式，负债的利用减少了企业的自由现金流量，从而减少了经营者从事低效投资选择的空间和限制其在职消费；(3) 债务可以作为一种担保机制促使经营者努力工作。第二种情况是企业出现财务危机时，企业控制权将有可能转移给债权人。在企业发生财务危机时，对其处理有两种选择：(1) 清算，即依法对企业的资产、负债进行清理变卖，所得的收益按债权的优先顺序进行清偿；(2) 重组，即企业利益相关者协商讨论并确定是否对企业的债务和资产重新进行调整和处理。一般而言，债权人愿意选择清算，而股东则选择重组的方式。这主要是因为债权人在清算时有优先索取权，清算后，企业资产一般没有多余分配给股东。当然，选择哪种方式主要取决于债权集中度。如果债权比较集中，由于大的债权人在清算时的损失也大，所以单个债权人持有的债权比重较大，达成重组协议可能性就大。同时在债权集中时，股东、债权人和经营者达成重组的协议成本也较低；相反，如果债权比较分散，单个债权人持有的债权比重相对较小，重组协议达成的成本较高，则清算的可能性较大。

7.2.3 资本结构与经营者控制权

所有权和经营权的分离使得经营者实际掌握了企业的决策权。在经营者拥有投票权及存在兼并市场的情况下，公司的经营者可以调整自己所持有股权比例在一定程度上去应付、操纵可能施行的收购、兼并计划。假若在某一个特定的时期，现任经营者预料本公司将会成为收购对象，他就可以用负债融资所筹集的资金从其他股东手中购回股权，提高其持股比重，扩大自己的投票权，以增大掌握控制权和减少被收购、兼并的概率，从而使其收益增加。但是，现任经营者在用扩大债务比例的方式提高自己应付被收购企图的能力时，如果其持有股份增加过多，企业的市场价值及经理股份的相应价值就会减少。因为更有能力的潜在竞争者，由于受到破产风险的限制，其成功的可能性会减少。所以，最优的资本结构是掌握控制权带来经营者个人收益同股权价值损失相权衡的结果，经营者的努力程度可以通过选择最优资本结构来加以调节。

7.3 资本结构与企业控制权的作用机制

一个企业的资本结构安排实际上就是企业控制权的安排，资本结构中最典型的比率关系权益负债率的选择，就是决定控制权在何时由股东转移给债权人。控制权是一种状态依存权，① 当企业能正常支付债务的情况下，股东是企业的所有者，企业控制权在股东手中；当企业不能支付债务时，债权人就成为企业的所有者，控制权转移到债权人手中。资本结构的选择规定着控制权的分配，控制权配置完成后，随着企业的经营管理的延续，由于存在接管、兼并与代理权争夺等企业控制权竞争与转移的形式，这些机制可以改变企业资本结构构成，调整企业控制权的配置。同时，初始建立的资本结构也影响着未来的控制权竞争与转移。所以，企业资本结构和控制权存在着密切联系，互为因果。一方面，企业资本结构反映了投资者的权益，决定了企业控制权；另一方面，谁掌握公司控制权谁决定资本结构。

7.3.1 资本结构对企业控制权的影响

在市场经济条件下，资本结构的确定对企业有着特殊的治理功能，规定着企业控制权的分配，对企业的控制权争夺具有多方面的作用。

首先，企业资本结构的安排实际上就是企业控制权的安排。阿洪与博尔顿（Aghion and Bolton，1992）就资本结构规定企业控制权分配的问题建立了一个模型。他们认为，在资本结构决定控制权安排方面会出现三种情况：（1）如果融资方式是发行普通股（有投票权的股票），则投资者拥有剩余控制权；（2）如果融资方式是发行优先股（无投票权的股票），则企业家拥有剩余控制权；（3）如果融资方式是发行债券（借款），又会出现两种情况：当企业家能够按期偿还债务时，则企业家拥有控制权，否则剩余控制权就由企业家手中转到债权人手中，即企业破产。以上三种结论都是比较极端的，在正常情况下，一家企业的融资方式应该多样化，由此才能形成剩余控制权在企业家和投资者之间的合理分配，权益负债率表明了控制权在何时由股东转移给债权人。这就克服了控制权在投资者与经营者之间非此即彼分配的简单、机械、低效的弊端，既能防备投资者随意插手和滥用权力，又能防备经营者攫取投资者的投资收益的机会主义行为。

其次，资本结构的选择直接影响着该企业控制权的争夺。主要体现在以下几个方面：（1）资本结构对企业控制权转移的影响。在一定的负债——股权比例构成的企业里，正常状态下股东或经理是企业控制权的拥有者；面临清算、破产

---

① 企业控制权的一个重要特点是控制权处于"依存状态"（State-contingent）。令 X 为企业的总收入，A 为应当支付给员工的合同工资，B 为对债权人的合同支付（本金加利息），C 为股东所要求的一个满意利润。那么，"状态依存"说的是：（1）当 $X > A + B$ 时，控制权掌握在股东手中；（2）当 $X > A + B + C$ 时，控制权实际上掌握在经理手中；（3）当 $A < X < A + B$ 时，控制权掌握在债权人手中；（4）当 $X < A$ 时，控制权实际上掌握在员工手中（张维迎，1996）。股东只不过是正常状态下企业的所有者，这种正常状态占企业存续时间的 90% 以上，股权的概念也是在企业的正常状态下的所有权。

时，企业控制权就转移到债权人手中；在企业完全靠内源融资维持生存时，企业控制权就可能被员工所掌握（这在现实生活中不是普遍现象）。这种控制权转移的有序进行，依赖于负债与股权之间一定的比例构成。(2) 资本结构选择对委托投票权竞争的影响。一般而言，在企业的绝对投资量保持不变的情况下，增大投资中负债融资的比例将增大经理的股权比例。这样，在职经理掌握企业控制权的概率相应增大，在代理权之争过程中的主动性必然加强，从而降低了更有能力的潜在竞争者获取代理权成功的可能性。但是，如果在职经理的股份增加过多，更有能力的潜在竞争者成功的可能性将减少，从而企业的价值及相应的经理的股份价值就会减少。这样，就存在着一个最优负债水平的选择问题。(3) 资本结构对企业收购与反收购的影响。负债与股权的比例关系，是影响公司控制权市场上的收购行为的一个极其重要的因素，一个企业的资本结构往往决定着该企业的收购与反收购的能力。主要体现在：某个企业的负债——股权比与其被收购的可能性负相关，这就是所谓的"债务杠杆效应"，通过改变企业现有的资本结构，实施多种消极的反收购策略。另外，在短时间内，大幅度提升企业的债务水平，从而增大企业的资产总额，为实施收购行为扩充实力，增强收购能力。(4) 资本结构对企业清算、破产的影响。破产对经营管理者约束的有效性取决于企业的资本结构，尤其是负债——股权比。

7.3.2 控制权对资本结构选择的影响

控制权配置完后，随着企业的经营管理的延续，由于存在接管、兼并与代理权争夺等企业控制权竞争与转移的形式，这些机制可以改变企业资本结构构成，调整企业控制权的配置。

根据控制权理论选择融资工具及其相互搭配，从而决定资本结构。企业可利用的融资工具通常有负债和股权，但这两种融资工具对企业的控制权不一样。负债属于保持距离型融资，债权人并不直接干预企业经营战略决策，只要他们得到了合同规定的给付（如还本付息等），企业可以其资产或可证实的一部分现金流量为其债务作担保，其主要特点是不对企业的控制权构成威胁，仅以其后清算权确保企业履行其事前承诺。因此，债权人控制权是"状态依存"的，即只有在企业无力履行支付义务的不佳状态时期才会行使控制权，具有相机性。而股权属于控制导向型融资，股东可以通过自己监控企业投资决策来减少某些代理问题，其控制一般持续存在于企业正常经营的目标和发展规划中。但是，股权控制往往比较宽松，因为股东的收入可随企业盈利增长而提高，因此容易倾向于同意企业经理人员的投资决策和企业的扩张经营，而债权人只能获得固定收入而无法分享企业盈利增长，因此债权控制倾向于企业的保守经营和低风险决策，甚至会放弃某个项目或者整个企业。负债的不同也会造成不同的经营与风险决策，如银行贷款在破产时可以选择重组，而债券却由于成本太大的缘故而可能进行重组。股东与企业经理人员可根据负债和股权这两种融资工具的特性，以及不同股权与负债的特点进行融资决策，从而形成特定的资本结构。在股东与经理人控制公司的情况下，他们可以从企业的控制中获得各自的控制私人利益，在面对接管和兼并威胁的情况下，他们可以利用手中的控制权调整资本结构，提高收购与反收购的能力。

7.4 小　　结

资本结构是公司存在的基础，是公司治理发挥作用的基石。资本结构本身反映了控制权的不同配置方式，控制权反过来也对资本结构的调整和优化起到一定的促进作用。资本结构通过对企业控制权的配置及自身的激励机制和约束机制约束管理者的代理行为，控制权尤其剩余控制权的获取对于管理者具有更重要的激励和约束作用。因此，资本结构通过最基本的控制权治理机制，来降低公司治理中的代理成本，提高公司治理效率。

参 考 文 献

1. Modigliani, Franco and Merton Miller, The cost of capital, capital finance, and the theory of investment, American Economic Review, 1958, 48: 261-297.
2. Jensen, M. C. and W. Meckling, Theory of the firm: managerial behavior, agency costs and capital structure, Journal of Financial Economics, 1976, 3 (4): 305-360.
3. Hart, O. and J. Moore, Property rights and the nature of the firm, Journal of Political Economy, 1980, 98: 1119-1158.
4. Willianson, O., The economic of institutions of capitalism, New York: Free Press. 1985.
5. Jensen, M. C., Agency Costs of Free Cash Flow, Corporate Finance and Takeovers. American Economic Review, 1986, 76 (2): 323-329.
6. Grossman, Sanford, and Oliver Hart. The costs and benefits of ownership: a theory of vertical and lateral integration, Journal of Political Economy, 1986, 94 (4): 691-719.
7. 张维迎：《公司融资结构的契约理论：一个综述》，载《改革》1995 年第 4 期。
8. 杨瑞龙、周业安等：《企业共同治理的经济学分析》，经济科学出版社 2001 年版。
9. 林浚清、黄祖辉：《公司相机治理中的控制权转移与演进》，载《财经论丛》2003 年第 1 期。
10. 严武：《公司股权结构与治理机制》，经济管理出版社 2004 年版。
11. 徐向艺、王俊韡：《股权结构与公司治理绩效研究》，载《中国工业经济》2005 年第 6 期。

12. 燕志雄、费方域：《企业融资中的控制权安排与企业家的激励》，载《经济研究》2007年第2期。

13. 徐向艺、王俊韡、巩震：《高管人员报酬激励与公司治理绩效研究》，载《中国工业经济》2007年第2期。

14. 吕长江、赵骄：《管理者留任影响控制权变更吗?》，载《管理世界》2007年第5期。

第 8 章

财务杠杆、大股东持股与公司价值[*]

上市公司股权结构、债务结构和公司价值之间存在着相互作用，为了探寻对中国上市公司大股东治理的有效机制，优化上市公司资本结构，解决资本结构与治理绩效的内生性问题，本章在实证分析方法上突破现有的研究模式，把公司价值方程与股权结构和债务结构决定方程结合构建了联立方程组，对联立方程组 2SLS 的检验结果显示，实证结果的可靠性和稳定性得到改进。

8.1 引 言

自从莫迪利安尼和米勒（Modigliani and Miller）于 1958 年提出了著名的 MM 理论，西方金融经济学家相继从不同角度提出了一系列基于资本市场现实环境的资本结构模型，如权衡理论、信息不对称理论、优序融资理论等。而詹森和麦克林（Jensen and Meckling, 1976）则认为，应该从更广泛的公司治理视角去研究资本结构问题。他们发现，增加债务融资的比例，将可以增加经理拥有的股权比例，进而影响公司的治理绩效——这同时也使得公司治理研究被拓展到了包括股权结构和债务结构的更广泛基础上，公司治理不但关注股东（包括中小股东）利益的保护，而且注重债权人等其他利益相关者的治理作用。[①]

本章以上市公司负债融资的治理效应为主线，从中国上市公司一股独大和普遍存在的股权融资偏好出发，通过反映股权结构、债务结构和公司价值三者之间互动模型的检验，探寻对中国上市公司大股东治理的有效机制，以达到提高上市公司绩效，优化上市公司资本结构的目的。

---

[*] 本章的内容发表在《山东社会科学》2008 年第 3 期。
[①] 詹森和史密斯（1985）（Jensen and Smith, 1985）、詹森和沃纳（Jensen and Warner, 1988）认为，所有权与治理结构、资本结构以及管理权的激励与约束，通过与企业组织内的其他力量的互动，对企业行为有着显著影响。

8.2 模型设计与变量描述

8.2.1 数据来源

本章以上海和深圳证券交易所1157家A股上市公司的2005年横截面数据作为研究样本，样本公司数占非金融业上市公司总数的84.5%，研究数据来自深圳国泰安公司的CSMAR中国上市公司数据库。样本选取的原则如下：（1）不考虑金融类上市公司；（2）剔除ST和PT类上市公司；（3）剔除无法获得相关数据及财务数据存在异常的公司；(4)剔除上市年限一年以内的公司。

8.2.2 模型设计

本章采用以下包含三个方程的方程组来考察股权结构、债务结构和公司价值的互动关系。

$$TQ = \alpha_1 + \beta_{11} Top1 + \beta_{12} Lev + \beta_{13} Lev\_sq + \gamma_{11} Topdum + \gamma_{12} HHI2\_10 \\ + \gamma_{13} Assets + \gamma_{14} Growth + \gamma_{15} Risk + \gamma_{16} Age \tag{1}$$

$$Top1 = \alpha_2 + \beta_{21} TQ + \beta_{22} Lev + \gamma_{21} State + \gamma_{22} State\_sq + \gamma_{23} Assets \\ + \gamma_{24} Age + \sum \gamma i_{25} Ind\_i \tag{2}$$

$$Lev = \alpha_3 + \beta_{31} TQ + \beta_{32} Top1 + \gamma_{31} Assets + \gamma_{32} Growth + \gamma_{33} ROA \\ + \gamma_{34} Deprt + \gamma_{35} Curnt + \gamma_{36} Tang + \sum \gamma i_{37} Ind\_i \tag{3}$$

其中，公司价值方程（1）中的公司价值变量TQ是托宾Q值，取自公司资产的市场价值与其重置价值之比，这种计算方式把公司看作一个包括负债在内的整体而不仅仅是权益资本；由于在中国很难估算资产的重置价值，公司资产的重置价值以其账面价值代替，这也是多数学者计算托宾Q时使用的方法。方程（1）中的内生性变量包括第一大股东持股比例Top1和总负债率Lev及其平方项Lev_sq。大股东性质哑变量Topdum和第二大至第十大股东集中度HHI2_10分别作为控制变量反映国有第一大股东性质和其他大股东在股权结构中的制衡作用；其他影响公司价值的控制变量还有资产规模Assets、收入增长率Growth、企业风险Risk和上市年限Age。

股权结构方程（2）中的被解释变量是第一大股东持股比例Top1，内生性变量是公司价值TQ和总负债率Lev。根据中国上市公司第一大股东形成的特殊背景，方程（2）中加入了国有股比重State及其平方项State_sq来控制股权结构变量Top1，其他影响股权结构的控制变量还有资产规模Assets、上市年限Age。

债务结构方程（3）中的被解释变量是总负债率 Lev，内生性变量公司价值 TQ 和第一大股东持股比例 Top1。根据先前的理论和实证研究结论，公司债务水平受资产规模、成长性、盈利能力、折旧额、资产流动性和有形资产等因素的影响，为此引入资产规模 Assets、收入增长率 Growth、总资产报酬率 ROA、非债务税率 Deprt、流动比率 Curnt 以及资产结构 Tang 等变量以控制其他变量对公司债务水平的影响。

另外，相关研究显示，第一大股持股比例和公司债务水平还受到来自行业因素的影响，为此我们引入了影响资本结构的行业哑变量（Ind_1～Ind_5）来控制方程（2）和方程（3）中的被解释变量 Top1 和 Lev。

方程（1）~（3）中各变量的具体定义如表 8-1 所示。

表 8-1　　　　　　　　　　　　变量的设计与定义

变量名称	变量定义	变量符号
托宾 Q 值	（流通股每股股价 × 总股本 + 总负债）÷账面资产净值	TQ
第一大股东持股	第一大股东持股数占总股本的比例	Top1
总负债率	总负债除以总资产	Lev
总负债率平方	总负债除以总资产后的平方	Lev_sq
大股东性质哑变量	第一大股东为国有股东取 1，否则取 0	Topdum
第二大至第十大股东持股集中度	第二大至第十大股东持股比例的平方和	HHI2_10
国有股比重	国有股权占总股本的比例	State
国有股比重平方	国有股权占总股本比例的平方	State_sq
资产规模	年均资产净值的自然对数	Assets
收入增长率	（本年主营业收入 – 上年主营业务收入）除以上年主营业务收入	Growth
企业风险	公司贝塔系数值	Risk
上市年限	公司上市年限（截至 2005 年年底）	Age
总资产报酬率	利润总额÷年均总资产	ROA
非债务税盾	年折旧除以总资产	Deprt
流动比率	短期资产除以短期负债	Curnt
资产结构	（存货 + 固定资产）÷总资产	Tang
行业哑变量	属于本行业取 1，否则取 0	Ind_1～Ind_5

注：Ind_1～Ind_5 依次代表采掘业，电力、煤气及水的生产和供应业，建筑业，批发和零售贸易，房地产业。

8.2.3 研究变量的描述性分析

各主要变量的描述性统计如表 8-2 所示。

表 8-2　　　　　　　　　研究变量的描述性统计

	样本数	最小值	最大值	平均值	标准差
TQ	1157	0.74	5.34	1.3933	0.50547
ROA	1157	-1.67	0.31	0.0247	0.10896
Lev	1157	0.01	0.93	0.4910	0.17666
Top1	1157	0.06	0.85	0.4112	0.16274
Topdum	1157	0	1	0.52	0.500
HHI2_10	1157	0.00	0.19	0.0218	0.02864
State	1157	0.00	0.85	0.3280	0.26004

考察表 8-2 看出，样本公司的托宾 Q 值 TQ 平均为 1.3933，总资产报酬率 ROA 平均值为 2.47%，且标准差高达 1.09%，反映出上市公司在 2005 年整体业绩不佳，良莠不齐。平均负债率为 49.1%，而同期全国国有及规模以上非国有工业企业的平均负债率是 57.8%，说明上市公司负债率普遍低于全国水平。样本公司第一大股东持股均值为 41.12%，最高达到 85%，其中 52% 为国有股或国有法人股，显示中国上市公司中"一股独大"现象仍然非常显著；第二大至第十大股东持股集中度平均为 0.0218，且标准差较大；国有股占样本公司总股本的比例平均为 32.8%，最高达到 85%。总之，上市公司盈利能力整体偏弱，债务水平偏低导致上市公司债务约束严重缺失，股权集中和大股东身份集中是中国上市公司的突出特点。

8.3　实证结果及分析

我们首先对方程（1）~（3）进行单方程的 OLS 回归，然后将结果与方程（1）~（3）的 2SLS 回归结果进行比较分析，以显示联立方程的改进效果。

8.3.1　单方程的 OLS 检验结果与分析

表 8-3（a）栏是我们采用普通最小二乘法（OLS）对方程（1）至方程

(3) 分别进行回归的结果。考察表 8-3 (a) 栏看出，方程 (1) 至方程 (3) 的拟和优度较高，显示回归结果不错。除了方程 (2) 的 TQ 和 Age 参数不显著外，其他变量参数均在 5% 及以上水平显著。单方程检验的各内生变量之间的关系如图 8-1 所示。

表 8-3 方程组 OLS 和 2SLS 检验结果

	单方程 OLS 检验结果（a）			联立方程 2SLS 检验结果（b）		
	方程（1）	方程（2）	方程（3）	方程（1）	方程（2）	方程（3）
TQ		0.001 (0.097)	-0.025*** (-2.883)		-0.107241*** (-3.587)	-0.033506 (-1.156)
Top1	0.370*** (3.973)		-0.113*** (-4.411)	0.545419*** (3.209)		-0.087733** (-2.363)
Lev	-1.575*** (-4.829)	-0.080*** (-3.598)		1.481122** (1.973)	-0.164971*** (-3.169)	
Lev_sq	1.129*** (3.333)			-2.887510*** (-3.320)		
Topdum	-0.072*** (-2.710)			-0.089785*** (-3.046)		
HHI2_10	2.187*** (4.355)			2.816437*** (4.544)		
State		-0.562*** (-10.914)			-0.643672*** (-10.853)	
State_sq		1.295*** (16.791)			1.423235*** (15.934)	
Assets	-0.186*** (-12.121)	0.029*** (6.695)	0.041*** (8.447)	-0.163878*** (-8.575)	0.012562** (2.021)	0.038583*** (5.349)
Growth	0.090*** (2.612)		0.034*** (3.181)	0.042451 (1.099)		0.033902*** (3.147)
Risk	-0.457*** (-7.788)			-0.431308*** (-6.671)		
Age	0.014*** (3.554)	-0.002 (-1.580)		0.020342*** (4.428)	-0.000153 (-0.115)	
ROA			-0.482*** (-11.788)			-0.476785*** (-9.610)

续表

	单方程 OLS 检验结果（a）			联立方程 2SLS 检验结果（b）		
	方程（1）	方程（2）	方程（3）	方程（1）	方程（2）	方程（3）
Deprt			-0.281** (-2.054)			-0.286420** (-2.087)
Curnt			-0.040*** (-17.375)			-0.039394*** (-16.865)
Tang			0.022** (2.318)			0.022018** (2.289)
截距	6.007*** (18.294)	-0.193** (-2.065)	-0.249** (-2.330)	4.990236*** (12.035)	0.338959** (1.996)	-0.193511 (-1.055)
样本数	1157	1157	1157	1157	1157	1157
Adj-R^2	0.221	0.424	0.417	0.19925	0.38778	0.40996
F 值	37.380	78.427	64.565	32.96107	67.56437	62.78275

注：(1) *、**、***表示估计系数在10%、5%、1%置信度水平显著。

(2) 单方程 OLS 检验下，方程（2）的所有行业哑变量参数都不显著；方程（3）的行业哑变量中，电力、煤气及水的生产和供应业在5%显著水平与 Lev 呈负相关，建筑业、批发和零售贸易、房地产业都在1%显著水平与 Lev 呈正相关，采掘业不显著。

(3) 联立方程 2SLS 检验下，方程（2）的行业哑变量中，采掘业在5%显著水平与 Top1 呈正相关，电力、煤气及水的生产和供应业在10%显著水平与 Top1 呈负相关，其他行业不显著；方程（3）的行业哑变量中，电力、煤气及水的生产和供应业在5%显著水平与 Lev 呈负相关，建筑业、批发和零售贸易、房地产业都在1%显著水平与 Lev 呈正相关，采掘业不显著。

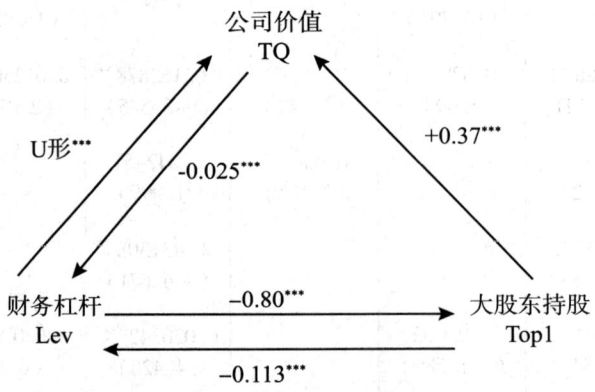

图 8-1 单方程检验下的资本结构与公司价值关系

表 8-3（a）栏的方程（1）回归结果显示，上市公司第一大股东持股 Top1

与公司价值 TQ 显著正相关，说明集中的股权结构有利于提高公司价值①，然而，国有第一大股东哑变量 Topdum 显著为负，说明这种正向作用并非来自占样本总数 52% 的国有第一大股东，而是来自非国有第一大股东。资本市场对于国有第一大股东评价较低。同时我们发现，第二至第十大股东集中度 HHI2_10 的系数显著为正，说明上市公司其他大股东对第一大股东的制衡作用有利于公司价值的增加。通过一个非线性的二次函数考察，发现债务水平 Lev 与公司价值之间呈"U"形关系（负债率平方项 Lev_sq 系数为正）并存在拐点，在该拐点之前，减少债务能通过公司价值；而在拐点之后，增加债务能通过公司价值——这种结果显然与资本结构理论不一致②。在接下来的联立方程检验时将会修正这种"伪 U 形"关系。

表 8-3（a）栏的方程（2）结果显示，负债水平 Lev 与第一大股东持股 Top1 显著负相关，说明公司债务对于第一大股东（尤其是国有第一大股东）有一定的抑制作用，增加公司负债水平有利于改善上市公司的股权结构。一个重要的发现是，上市公司国有股比重 State 与第一大股东持股 Top1 呈显著的"U 形"关系（国有股比重平方项 State_sq 系数为正），拐点处的国有股比重为 22%③。当国有股比重从 100% 开始减少时，第一大股东持股比例下降，由方程（1）回归结果可知，国有第一大股东持股比例下降可能激励其他非国有大股东参与监督管理，从而带来企业价值的增加，可见，该拐点对于国有股比重的战略性调整具有重要的指导性意义。

表 8-3（a）栏的方程（3）结果显示，公司价值 TQ 与债务水平 Lev 显著负相关，说明公司价值高的企业具有更高的盈利能力（ROA 的系数也显著为负），更有可能利用内源性融资或有条件进行股权融资。第一大股东持股比例 Top1 也显著与债务水平负相关，说明股权结构越集中，上市公司越倾向于少利用负债，即股权融资偏好越显著，这充分证明中国上市公司的股权融资偏好与第一大股东持股比例密切相关，只有降低股权集中度和国有股比重，才能使上市公司更充分地利用负债，消除股权融资偏好，提高公司价值。方程（3）中的资产规模 Assets、收入增长率 Growth 和资产结构 Tang 变量的参数值都显著为正，说明规模越大、成长性越好以及有形资产越多的公司更倾向于更多地利用负债融资；而总资

---

① 这种观点以施莱弗和威斯李（Shleifer and Vislly，1986）的大股东监督论最有代表性，而拉波塔等（La Porta et al.，1998）、克拉森等（Claessens et al.，2002）在实证研究的基础上从法律体系和投资者保护的角度也提出了另一种解释，即在投资者保护程度较差的情况下，股权集中就成了法律保护的替代，因为只有大股东才有获得预期投资收益的监督激励。

② MM 理论及均衡理论显示，存在使得公司价值最大化的最佳债务水平，即财务杠杆与公司价值应呈倒 U 形关系。

③ 该关系在接下来的联立方程检验时得到了进一步证实。韦等（Wei et al.，2005）对上市公司国有股减持效率所作到实证分析中发现，国有股比重与公司价值负相关，而且呈 U 形变化。本章的发现解释了这种 U 形变化的内在原因在于国有股比重对第一大股东持股的影响作用。

产报酬率 ROA、非债务税盾 Deprt 和流动比率 Curnt 等变量的参数值都显著为负，说明盈利能力越高、折旧额越大以及资产流动性越好的公司具有内源融资优势，可以减少对债务的依赖性。这些结论与资本结构理论一致，也显示了本模型的可靠性和稳定性。

8.3.2 联立方程的 2SLS 检验结果与分析

为了对方程（1）至方程（3）做联立方程组回归，本章首先对其进行了联立方程的阶条件识别和 Hausman 检验，结果显示方程联立性成立。然后我们对方程（1）至方程（3）运用两阶段最小二乘法（2SLS）进行了估计，结果如表 8-3（b）栏。联立方程检验的各内生变量之间的关系如图 8-2 所示。

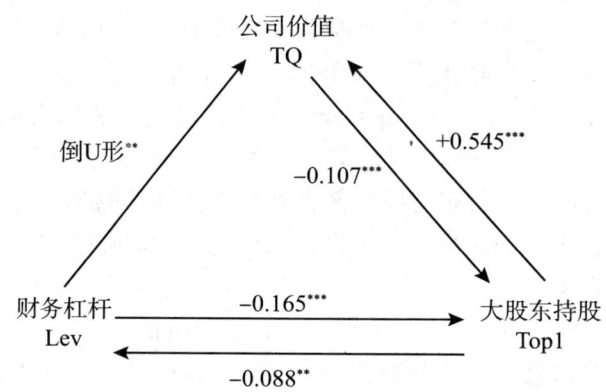

图 8-2 联立方程检验下的资本结构与公司价值关系

考察表 8-3（b）栏看出，方程（1）至方程（3）的拟和优度较高，这也从另一侧面验证了方程组联立的可靠性。除了方程（2）的 Age 和方程（3）的 TQ 参数不显著外，其他变量参数均在 5% 及以上水平显著。

比较表 8-3（a）和（b）的方程（1）回归结果，第一大股东持股比例 Top1 和国有第一大股东哑变量 Topdum 对公司价值 TQ 的负相关程度都显著增加，同时，第一至第十大股东集中度对公司价值的正相关程度也显著增加，说明单方程回归模型低估了各变量对公司价值的解释程度。一个非常令人关注的结果是，财务杠杆 Lev 对公司价值 TQ 的影响从"U 形"关系变成了显著的"倒 U 形"关系（负债率平方项 Lev_sq 系数为负），即中国上市公司存在使得公司价值最大化的最佳债务水平，拐点位于负债率 25%（见图 8-3）。不过该拐点所显示的负债率偏低，充分显现了上市公司负债融资利用程度不够和股权融资偏好的内在原因。本章的这一重要结果与资本结构理论的结论相符，证明中国上市公司的负债结构与公司价值关系与西方资本结构理论和实证结果一致，同时说明无论通过数据观察还是单方程检验方法所得到的负债率与公司价值的"U形"关系都是"伪U形"关系,只有在联立方程的检验下才能使"倒U形"关系显现出来①。

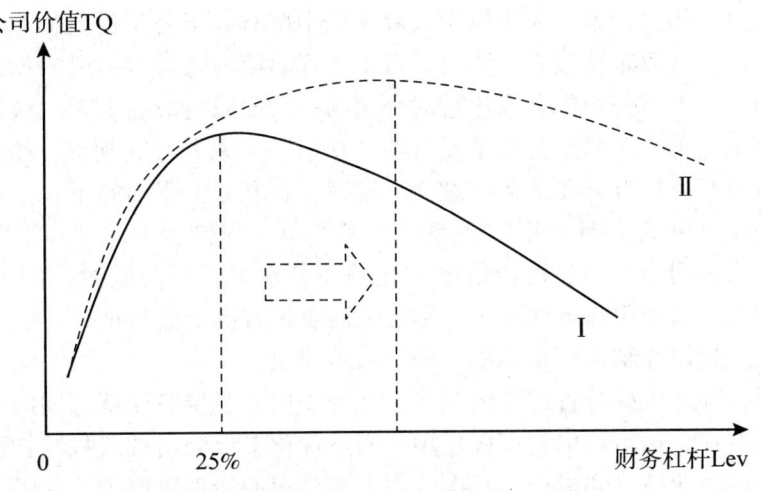

图8-3 财务杠杆与公司价值关系示意图

比较表8-3(a)和(b)的方程(2)回归结果,公司价值TQ对第一大股东持股Top1的影响由不显著的正相关变为显著负相关,说明股权集中度也受到来自资本市场估值的影响;在联立方程组检验下,负债率Lev对第一大股东持股Top1的负相关程度也提高了。一个令人满意的结果是,国有股比重State与第一大股东持股Top1之间的"U形"关系仍然成立[表8-4方程(2)中State_sq的系数显著为正],且拐点几乎保持不变(22%),表明国有股比重与第一大股东持股之间的关系无论在单方程检验和联立方程检验下都十分稳定。如前所述,该结论的政策意义不容忽视。

比较表8-3(a)和(b)的方程(3)回归结果,除了TQ对Lev变得不显著外,其他系数值几乎没有太大变化,唯一改变的是第一大股东持股Top1对负债率Lev的负相关程度变小了(由-0.113变为-0.088),说明在联立方程组检验下,第一大股东的股权融资偏好有所降低,但仍然显著为负。

8.4 研究结论与政策建议

本章基于股权结构、债务结构和公司价值之间的互动关系,将股权结构和债

---

① 于东智(2003)通过分组观察得出负债率与总资产收益率(ROA)呈"倒U形"关系,但本章结论是在联立方程组检验下得出的,且公司绩效指标采用了托宾Q值。

务结构决定方程引入公司价值决定方程，通过对联立方程组进行 2SLS 估计，得出如下结论：

第一，上市公司第一大股东持股与公司价值正相关，但国有第一大股东持股与公司价值负相关，第一大至第十大股东集中度有利于公司价值的增加，同时公司价值对第一大股东持股有反作用，资本市场对第一大股东持股的低估作用不容忽视。第二，上市公司国有股比重对公司第一大股东持股有显著的决定作用，且国有股比重与第一大股东持股呈显著的"U形"关系并存在拐点，该拐点对上市公司国有股减持具有重要的实践意义。第三，在联立方程检验下，上市公司债务水平与公司价值呈"倒U形"关系，推翻了单方程检验下的"U形"结论，证明中国上市公司存在使公司价值最大化的债务水平，但较低的"倒U形"拐点仍然显现出上市公司债务融资不足和股权融资偏好的显著特征。

针对上述研究结论，本章提出如下政策建议：

首先，随着股权分置改革的深入，在减少国有股持股比例的同时，应重视非国有大股东在公司治理中的积极作用，通过优化上市公司的股权结构配置，使上市公司的整体业绩得到提升。其次，在上市公司的治理机制中，除了应重视大股东的制衡作用外，还要不断完善资本市场的运行效率，通过增加上市公司透明度，强化独立董事的监督机制，提高资本市场估值对公司第一大股东的抑制作用。最后，针对中国资本市场处于起步阶段，股权市场和债权市场发展不均衡的现状，要大力发展企业债权市场，丰富债券品种，提高市场流动性，优化企业的债务结构（使图 8-3 中的曲线 I 向曲线 II 移动），并通过建立有效的偿债保障机制和健全的破产制度，激励债权人积极参与公司治理，使债务融资充分发挥其治理作用，以保护中小股东利益和实现债权人的相机控制。

参 考 文 献

1. Claessens, S., S. Djankov, J. P. H. Fan, and L. H. P. Lang, Disentangling the incentive and entrenchment effects of large shareholding, The Journal of Finance, 2002, 57 (6): 2741 – 2771.

2. Jensen M. C. and W. H Meckling., Theory of the firm: managerial behavior agency cost and ownership structure, Journal of Financial Economics, 1976, 3 (4): 305 – 360.

3. Jensen M. C. and C. W. Smith, Stockholder, manager, and creditor interests: applications of agency theory, 2000, in Jensen, M., A Theory of the Firm: Governance, residual claims and organizational forms, Harvard University Press, 1985, original in Altman, E. and M. Subrahmanyan, Recent advances in corporate finance, Irwin.

4. Jensen, M. C. and J. B. Warner, The distribution of power among corporate managers, shareholders, and directors, 2000, in Jensen M., A theory of the firm: governance, residual claims and

organizational forms, Harvard University Press, 1988, original in Journal of Financial Economics, 20: 3 – 24.

5. La Porta, R., F. Lopez-de-Silanes, A. Shleifer, and R. Vishny, Law and finance, Journal of Political Economy, 1998, 106 (6): 1113 – 1155.

6. Modigliani, Franco and M. H. Miller, The cost of capital, corporation finance and the theory of investment, American Economic Review, 1958, 48 (3): 261 – 297.

7. Shleifer, A. and R. W. Vishny, Large shareholders and corporate control, Journal of Political Economy, 1986, 94 (3): 461 – 488.

8. Wei, Zuobao, Feixue Xie, and Shaorong Zhang, Ownership structure and firm value in China's privatized firms: 1991 – 2001, Journal of Financial and Quantitative Analysis, 2005, 40 (1): 87 – 108.

9. 白重恩、刘俏、陆洲、宋敏、张俊喜：《中国上市公司治理结构的实证研究》，载《经济研究》2005 年第 2 期。

10. 杜莹、刘立国：《中国上市公司债权治理效率的实证分析》，载《证券市场导报》2002 年 12 月号。

11. 黄志忠、白云霞：《上市公司举债、股东财富与股市效应关系的实证研究》，载《经济研究》2002 年第 7 期。

12. 李志彤、张瑞君：《所有权结构与影响因素分析》，载《中国管理科学》2004 年第 6 期。

13. 孙永祥：《所有权、融资结构与公司治理机制》，载《经济研究》2001 年第 1 期。

14. 唐宗明、蒋位：《中国上市公司大股东侵害度实证分析》，载《经济研究》2002 年第 4 期。

15. 于东智：《资本结构、债权治理与公司绩效：一项经验分析》，载《中国工业经济》2003 年第 1 期。

第 9 章

公司治理视角下公司价值的衡量*

从公司治理角度来讲，一般采用在给定成本的前提下，考察公司的治理绩效。治理绩效从理论上严格说应该是因实施治理机制而获得的公司价值或股东利益的增量，公司价值指标严格的理论意义应该是企业未来现金流的贴现值。在有效资本市场中，公司价值可以用股票价格表示。但实际上，市场不可能达到完全有效。因此，股票价格并不能准确反映公司价值。一般的做法是用企业绩效指标来替代表示公司价值。常用的公司绩效指标有总资产收益率、净资产收益率、每股收益、主营业务资产收益率和托宾 Q 值等。不过，近几年来，学术界对用传统的财务业绩指标（如资产收益率、净资产收益率、每股收益等）是否能够有效地衡量公司的价值创造能力和水平提出了质疑，认为公司及股东价值并不一定随上述财务业绩指标的持续增长而相应增长，反而有可能下降和贬值。其原因是这些指标没有反映公司股权资本的投入。为此，一种新的价值评估方法，即经济增加值（EVA）法开始受到关注。[1]

9.1 经济增加值（EVA）的概念

经济增加值，也称为经济利润，是指公司的经营所得扣除支付的全部成本

---

* 本章内容发表在《山东大学学报哲社版》2008 年第 5 期。

[1] EVA（Economic Value Added，经济增加值）是由乔尔·斯特恩（Joel Stern）和 G. 贝内特·斯图尔特（G. Bennett Stewart）两人于 20 世纪 80 年代提出的。EVA 一词最早见于 1981 年"拯救可口可乐"的咨询项目，用于评估可口可乐公司在各地的灌装生产线及设计灌装线经理人员的奖金体制。他们于 1982 年创立了思腾斯特公司，致力于推广 EVA。到 20 世纪 90 年代，EVA 成为一种引人注目又倍受推崇的公司价值评价体系和价值管理方法，并逐渐在国外得到广泛应用。比如，高盛、瑞士信贷第一波士顿等投资银行以及麦肯锡、毕马威等世界著名管理、会计咨询公司都尝试用 EVA 指标替代每股收益进行投资价值分析和管理咨询分析。思腾斯特管理咨询中国公司于 2001 年 3 月正式成立，该公司一经成立便于当年 8 月在《财经》杂志上发表了基于 EVA 评价的中国上市公司 2000 年财富创造和毁灭排行榜，之后连续几年都发表此类排行榜，使 EVA 这一新的公司价值概念很快引起学者和商业人士的普遍关注。

（包括机会成本）之后剩余的部分。而传统的会计利润是指经营所得扣除全部实际投入成本（不包括机会成本）的剩余值。显然，计算公司价值是否考虑机会成本，成为 EVA 和传统财务价值指标实质性的区别。经济学家汉密尔顿早在 1777 年就提出：公司要创造价值，所赚取的报酬必须高于公司负债与权益资本的资金成本。管理大师彼得·德鲁克（Peter Drucker）1955 年也曾指出：企业的获利在还没超出其资本成本即机会成本之前，他的经营实际上是亏损的。因此，EVA 方法的根本理念，在于再次强调和复苏了对价值创造内涵本来意义上的认识，EVA 法的核心是采用经济增加值（EVA）指标评价企业的价值。

经济增加值（EVA）是企业的税后净营运利润减去包括股权和债务的全部投入资本的机会成本后的所得。经济增加值（EVA）计算公式：

EVA = 税后净营业利润 – 资本成本（机会成本）= 税后净营业利润 – 资本占用 × 加权平均资本成本率

式中，税后净营业利润的含义和通常意义上的税后利润不同，指的是财务报表中的税后净利润加上债务利息支出，也就是公司的销售收入减去除利息支出以外的全部经营成本和费用后（包含所得税）的净值。资本占用（投资资本）是指所有投资者（包含债权人）投入公司经营的全部资金的账面价值，包括债务和股本资本。其中债务是包含所有应付利息的长短期贷款，不包含应付账款等无利息的流动负债（通称为无息流动负债）。加权平均资本成本率是指公司债务资本和股权资本的加权资本成本率，这里把债务和股本都看成是资本。

9.2 经济增加值的调整

显然在计算经济增加值（计算税后经营业利润和资本占用或资本总额）时要对企业财务数据进行必要的调整。Stern Stewart 财务顾问公司列出了 160 多项可能需要调整的会计项目，包括存货成本、重组费用、税收、营销费用、无形资产、货币贬值、坏账准备金、重组费用以及商誉摊销等。从操作层面上来讲，我们反对大范围的调整，因为这会使经济增加值计算变得非常复杂，实际执行起来也增加了不少难度。我们提倡简单、适度、易于理解的调整。

9.2.1 企业税后净营业利润的调整

在计算时不能简单地用利润表中的税后利润代替，必须对会计净利润作出调整后得出税后净营业利润，从字面上理解，这个利润不包括营业外收支。对于那些虽然是一次性支出但收益期长的费用，进行资本化处理，如研发费用、长期的广告支出等，这些支出有利于企业未来的持续发展，属于长远决策。然而根据会计稳健性原则，这些费用必须当年作为期间费用一次性核销，这会影响公司的当年利润，因此管理者有倾向减少这种长期投入，从长远看是损害公司未来价值的。经济增加值方法将这些费用调整为资本支出，允许在一个时期内摊销（一般为5年左右）①，解决了这个矛盾。

1. 债务利息支出不作为期间费用扣除。由于资本成本的计算包括了债务部分的成本，在计算税后净营业利润时，支出的利息、相关费用不计入期间费用，否则将导致债务成本利息和费用的重复计算。而企业的利息收入和汇兑收益由于不属于经营收益，也不计入税前经营利润。

2. 营业外收入与营业外支出，由于不反映主营业务业绩，必须扣除。

3. 补贴收入，由于不反映主营业务业绩，必须扣除。比如按政策减免的增值税就属于此类。

4. 会计准备由于不反映企业的真实损失，容易被管理者操纵，不从资本内扣除。会计准备包括：坏账准备、存货跌价准备、投资减值准备等。进行经济增加值计算时，从资产负债表中提取当期准备金加税前营业利润，按照实际的坏账发生额、实际的跌价减值损失计入。

5. 递延税金由于不反映实际的税务支出，不扣除。因为大多数公司永远也不会缴纳他们递延税款，递延税款实际上形同企业资本。

9.2.2 资本占用的调整

现代财务制度规定，资产负债表中的资产是指过去的交易、事项形成的并有企业拥有或控制的资源，该资源预期会给企业带来收益。资产负债表中的资产却不能真实代表企业可实际用于生产经营的所有资产，这些资产项目并不完全反映企业当期生产经营实际占用的资本，可能包括那些企业并未投入的资产，这就不能真实地反映企业的投入资本，因此必须作出调整。

1. 无息流动负债由于不占用企业资本，必须从资本中扣除。无息流动负债是指除短期借款和一年内到期的长期借款外的所有流动负债。

2. 在建工程，由于其收益在未完工前无法体现，从资本中扣除。

3. 会计准备，由于不反映企业的真实损失，不从资本中扣除。包括坏账准备、存货跌价准备、投资减值准备等。

4. 递延税项由于不反映实际的负债和资产，不予以扣除。递延税项贷方余额和借方余额的差值计入资本占用。

---

① 据统计，美国公司研究发展费用的平均有效时间为5年。经过调整，公司投入的研究发展费用和市场开拓费用不是在当期核销，而是分期摊销，从而不会对经营者的短期业绩产生负面影响，鼓励经营者进行研究发展和市场开拓，为企业长期发展增强后劲。本章也采用五年的摊销期。

5. 非正常营业收支，由于占用了资本，必须将支出与收入的差额计入资本。

经过调整和处理之后，EVA 的实际计算方法如下：①

EVA = 息前税后营业利润 − 投资资本 × 加权平均资本成本

息前税后营业利润② = 税后净利润 + 财务费用 × (1 − 税率) + (营业外支出 − 营业外收入 − 补贴收入) × (1 − 税率) + 会计准备余额增加 × (1 − 税率) + 递延税款贷方增加额 − 递延税款借方增加额

投资资本③ = 资产总计 − 无息流动负债 − 在建工程 + 会计准备金余额增加 + 递延税款贷方余额 − 递延税款借方余额 + (营业外支出 − 营业外收入 − 补贴收入) × (1 − 税率)

9.2.3 加权平均资本成本率的计算

在对企业的财务会计报表进行一系列的调整，并得出较为准确地反映企业正常经营活动所产生的息前税后净营业利润和投资资本后，还需要确定加权平均资本成本率，从而计算出资本成本和经济增加值。

前面我们说过，资本成本是由已发生的成本和机会成本构成，资本成本率的实质是将预期的投资回报同项目的风险程度相互对应。股东的风险承受程度通过资本成本率来体现，较高的风险自然需要较高的预期回报来补偿，而这个预期回报也就是我们所说的资本成本率。

一般来说，公司资本主要来源于两个方面：权益资本融资和债务融资。公司资本成本取决于三个因素：债务资本的成本、权益资本的成本以及以上两种资本在总资本中所占的权数，我们用资本成本率来体现。

---

① 我国国务院国资委业绩考核局 2005 年《经济增加值业绩考核操作实务》中对 EVA 计算方法作出的建议：EVA = 息前税后营业利润 − 投资资本 × 加权平均资本成本。其中，息前税后营业利润 = 税后净利润 + 财务费用 × (1 − 税率) + (当年按会计口径摊销的研发费用 − 按经济增加值口径应摊销的研发费用) × (1 − 税率) + (营业外支出 − 营业外收入) × (1 − 税率) − 补贴收入 × (1 − 税率) + 会计准备余额增加 × (1 − 税率) + 商誉本期摊销额 × (1 − 税率) + 递延税款贷方增加额 − 递延税款借方增加额 + 其他调整项；投资资本 = 资产总计 − 无息流动负债 − 在建工程 + 会计准备金余额 + 商誉摊销余额 + 递延税款贷方余额 − 递延税款借方余额 + (累计营业外支出 − 累计营业外收入 − 累计补贴收入) × (1 − 税率) + 其他调整项；加权平均资本成本率 = (债务资本成本率 × 债务占总资本比例) × (1 − 所得税率) + (股权资本成本率 × 股权占总资本比例)。由于其调整项目太多，本章对理论分析的主要项目进行了调整，并参考其公式进行整理而得。

② 实际上在对息前税后营业利润调整时，还有一项是商誉等无形资产，也不向利润摊销。但由于商誉等无形资产数值难以精确查找，所以本章不对此项进行计算。

③ 在对投资资本调整时，还有一项是商誉等无形资产，作为资本占用，也不作摊销。但由于商誉等无形资产数值难以精确查找，所以本章不对此项进行计算。

加权平均资本成本率① =（债务资本成本率×债务占总资本比例）×（1 - 所得税率）+（股权资本成本率×股权占资本比例）

1. 债务资本成本率的计算方法：债务资本的成本率不是基于账面价值，而是基于市场价值。公司债务一般都有多种组成，每种债务的利率也不尽相同，所以债务成本率应该使用加权平均值。所得税率不要遗忘，因为支付的债务利息是可以免税的。

在实际操作中，我们常常采用替代法：我国上市公司的负债主要是银行贷款，这与国外上市公司大量发行短期票据和长期债券的做法不同，因此可以以银行贷款利率作为债务资本成本率，通常做法是使用一年期流动资金贷款利率。因此，本章也采用此方法，用中国人民银行公布的一年期流动资金贷款利率作为税前债务资本成本率，并根据央行每年调息情况加权平均。②

2. 股权资本成本率的计算方法：股权资本成本率代表了股东对投资所要求的最低回报率。一般采用资本资产定价模型（CAPM）来确定，该模型认为股权投资回报率和风险是线性关系。该模型对投资者的行为有两个重要的假设：投资者首先是一个风险的规避者，投资者通过多元化投资（或投资组合）来规避风险。这里的风险来源包含两个部分：市场固有风险（系统风险）和自身经营风险（非系统风险）。对正常股市的研究表明，其中的自身经营风险约占总风险的70%，只有30%风险来自市场。自身经营风险可以通过分散投资来消化分解，但是系统风险（市场风险）是难以通过多元化来化解的，从理论上说，资本市场必须对承担市场风险的投资者进行补偿。基于CAPM模型，可以确定股权资本成本率的计算公式：$Re = Rf + \beta \times MRP$。其中，$Re$为股权成本率，$Rf$为零风险回报

---

① 资本成本率的经验计算：
公司价值可以理解为是公司债务和股票的现值。公式表示：$V = B + S$
式中：V—公司价值；B—债务的现值，即长期债券和长期借款的现值，假定其为面值或本金；S—股票的现值，其按股票未来净收益计算的贴现值。
计算公式如下：$S = (EBIT - I)(1 - t)/Re$
式中：EBIT—息税前盈利；I—债务年利息额；t—公司所得税税率；Re—权益资本成本率。
在公司总价值最大的资本结构情况下，其综合资本成本率也是最低的。公司的全部资本由债务资本和权益资本组成，其综合资本成本率的计算公式如下：
$$Kw = KB(B/V)(1 - t) + Re(S/V)$$
式中：Kw—公司加权平均资本成本率；KB—税前债务资本成本率；Re—权益资本成本率；B/V—债务资本占总资本的比重；S/V—权益资本占总资本的比重。
如果考虑财务风险的话，权益资本成本率可采用资本资产定价模型计算：
$$Re = rf + rp = Rf + Beta \times MRP = 零风险报酬率 + 市场风险报酬率$$
式中，β—股票组合投资的贝塔系数；MRP即（rm - rf）—股票市场平均风险溢价。

② 1年期流动资金贷款利率（r_1）的加权计算方法：$r_1 = \frac{1}{12}\sum_{i=1}^{12} r_i$，$r_i$为该年第i个月的一年期贷款利率。

率，通常是以同期国债利率代替，也可采用 5 年期银行存款的内部收益率[①]。β 为企业股票市场风险系数[②]，β 值计算必须进行时序回归分析，比较麻烦，本章参考 CSMAR 数据库给出的股票市场风险系数 β 的年度值。MRP 为资本市场整体回报率溢价，反映整个证券市场相对于零风险收益率的溢价，是股票市场预期回报和国债回报率之差，目前许多学者将我国的市场风险溢价通过研究多数在 4% 左右，因此本章将该值设为 4%。

至此，我们已经得到经过调整后的 EVA 计算方法：

EVA = [税后净利润 + 财务费用 ×（1 - 税率）+（营业外支出 - 营业外收入 - 补贴收入）×（1 - 税率）+ 会计准备余额增加 ×（1 - 税率）+ 递延税款贷方增加额 - 递延税款借方增加额] - [资产总计 - 无息流动负债 - 在建工程 + 会计准备金余额增加 + 递延税款贷方余额 - 递延税款借方余额 +（营业外支出 - 营业外收入 - 补贴收入）×（1 - 税率）] ×[一年期流动资金贷款加权利率 ×（负债合计 - 无息流动负债）/（资产总计 - 无息流动负债）×（1 - 所得税率）+（5 年期银行存款的加权利率 + β × 4%）×（股东权益合计 + 少数股东权益）/（资产总计 - 无息流动负债合计）]

9.3 经济增加值与传统财务指标的比较

我们选取上市公司的实际数据对经济增加值测量方法和传统财务指标进行比较。根据前人对公司价值的研究和本章的需要，此处的传统财务指标选取净资产收益率（ROE）、每股收益（EPS）、主营业务资产收益率（CROA）、托宾 Q 值（TQ），并对托宾 Q 值进行了一定的处理。其中，ROE = 净利润/净资产；EPS = 公司税后利润/总股本；CROA = 主营业务利润/总资产，TQ = 企业市场价格/企业重置成本 =（权益市场总值 + 负债总值）/公司总资产账面价值。

由于我国证券市场的特殊性，存在流通股与非流通股同股不同价的局面，不同的学者对托宾 Q 值中未流通股市值的计算做出了不同的处理，目前主要有两种方法：（1）未流通股市值 = 未流通股股数 × 每股净资产，这种方法比较通用；（2）未流通市值 = 未流通股股数 × 流通股股价 × 一定的折价比，对于折价比的设定诸多学者存在差异。[③]

---

① 本章采用银行存款 5 年期利率作为零风险回报率，并根据央行每年调息情况加权平均。

② β 值体现了公司所面临的市场风险，一般我们把整个市场的 β 值定义为 1，大于 1 表示公司股价比股市整体波动大，相应市场风险就越高。反过来，小于 1 表示公司股价比股市整体波动小，相应市场风险就越低。β 值反映的是一个较长时间段的系统风险系数，当计算出 β 值后，就可以计算出股权资本成本率，并最终得出加权平均资本成本率。

③ 对于折价比的确定目前争论较多，诸如宋敏等的论文《股权结构的陷阱》（《南开管理评论》2004 年第 1 期）将折价系数定为 0.7；白重恩等《中国上市公司治理结构的实证研究》（《经济研究》2005 年第 2 期）将折价比设定在 0.7793 ~ 0.8559。

本章对未流通股市值采用每股净资产的计算方式，负债市值采用账面价值，流通股采用流通市值，最后，得到托宾 Q 的计算公式：TQ = [流通股总市值 + 未流通股股数 × 每股净资产 + 负债合计]/资产总计。

本章的实际数据以中国 A 股上市公司 2003~2006 年的年报数据为基础，剔除 PT 和 ST、金融保险以及数据缺失的样本，同时为了与托宾 Q 值进行比较，还剔出了同时发行 B 股和 H 股的公司，共得到有效数据 4337 个，其中 2003 年 996 个，2004 年 1096 个，2005 年 1102 个，2006 年 1143 个。各指标统计值如表 9-1 所示。

表 9-1　　　　　　　　　样本描述性统计（4337 个样本）

	Mean（2003）	Mean（2004）	Mean（2005）	Mean（2006）	Mean（总样本）
ROE	0.056085	0.044562	0.007926	0.019617	0.030120
EPS	0.185924	0.201590	0.130289	0.207148	0.184871
CROA	0.118845	0.127091	0.123676	0.129203	0.124984
TQ	1.305411	1.189834	1.103880	1.321269	1.229010
EVA	-5435969174	-6111664635	-7615441956	-8447028567	-6959771657

由表 9-1 所示，上市公司在 2003~2006 年的传统财务指标与 EVA 指标存在巨大差异：传统财务指标净资产收益率、每股收益、主营业务资产收益率的均值皆为正值，表明公司存在一定的会计利润。托宾 Q 值大于 1，表明公司的市值大于公司的账面价值，公司股票存在一定的溢价，表明市场对公司价值有所高估，市场前景比较乐观，公司应该存在利润。但在使用 EVA 指标之后，四年的平均经济增加值皆为负值，而且呈现逐年下降的趋势。表明虽然存在众多会计利润大于零的公司，但多数不存在经济利润，赚取的只是正常利润，甚至只是收回变动成本，还有相当多的公司在经济学的"破产点"以下经营，也反射出 EVA 指标与其他价值指标的衡量存在巨大差异。

为了进一步比较传统财务指标与 EVA 指标的差异，进行一次简单的相关分析。仍旧选用 2003~2006 年的上述数值，再选取相应的资本结构指标，来验证资本结构理论的焦点问题：资本结构对公司价值的影响，即公司价值与资本结构的相关性。资本结构（财务杠杆）用公司的资产负债率指标衡量，即资本结构（FL）= 负债合计/资产总计，公司价值指标分别选取上述五种指标衡量，并且控制了公司规模变量，进行 Partial Correlation 分析，结果如表 9-2 所示。

表 9–2 公司价值与资本结构相关分析

Varible P	Valid N (listwise)	Correlations of P and AFL	
		Beta	Sig. (2-tailed)
ROE	4337	-0.1559***	0.000
EPS	4337	-0.2489***	0.000
CROA	4337	-0.1897***	0.000
TQ	4337	-0.1390***	0.000
EVA	4337	0.1392***	0.000

注：Beta 为 Partial Correlation 标准化系数，Sig.（2-tailed）为 F 检验的相关概率。*** Correlation is significant at the 0.01 Level (2-tailed)。

由表 9–2 可见，公司价值与资本结构存在显著的相关关系，但是不同指标的相关性不同。其中，净资产收益率、每股收益、主营业务资产收益率、托宾 Q 值与资本结构皆呈现显著的负相关关系，支持大多数中国学者关于资本结构与公司价值之间存在负相关的结论。而经济增加值 EVA 与资本结构却呈显著正相关关系，支持西方学者关于资本结构与公司价值之间存在正相关的结论。显然，公司价值用经济增加值 EVA 来衡量与传统的财务指标存在巨大差异。

9.4 结　　论

在公司治理越来越重要的今天，什么样的公司是好公司？什么样的公司才具有高价值？成为众多投资者所关心的问题。国外学者和管理人员很早就关注经济增加值指标，因为该指标考虑了经济学所谓的"机会成本"。就国内研究现状来说，经济增加值计算方法的复杂与烦琐使众多学者望而却步，多使用传统财务指标加以替代，但本章的研究表明，EVA 与传统财务指标的描述性统计存在巨大差异，相关研究也支持该结论。本章将复杂的 EVA 计算具体化、可行化，通过上市公司年报数据即可获得，这必然引起该方面研究的突破。对于本章所推导的 EVA 计算方法的可靠性和可信性，还有待于理论和实证研究的进一步验证。

参 考 文 献

1. 宋敏等：《股权结构的陷阱》，载《南开管理评论》2004 年第 1 期。

2. 白重恩等:《中国上市公司治理结构的实证研究》,载《经济研究》2005年第2期。
3. 国务院国资委业绩考核局:《经济增加值业绩考核操作实务》,2005年。
4. 徐向艺、王俊韡:《股权结构与公司治理绩效实证分析》,载《中国工业经济》2005年第6期。
5. http://manage.org.cn.

第 10 章

资本结构与公司价值实证分析[*]

企业发展需要资本，不同的股权融资与债务融资组合形成了企业的资本结构。不同的资本结构是否会影响企业的市场价值？这个问题早在 20 世纪 50 年代就为经济学家所关注，两位诺贝尔奖得主莫迪利安尼和米勒（Modigliani and Miller）首先在很苛刻的条件下得出了资本结构与企业市场价值无关的结论，即著名的 MM 定理。虽然这个结论不能解释资本结构中债务融资比例不断上升这一经济现象，但由此而开创了资本结构理论研究的先河，并掀起了探索现代资本结构之谜的热潮。自那时起，资本结构理论研究就一直围绕着两个基本问题争论不休：一是资本结构的变化如何影响公司的价值；二是资本结构受哪些因素影响。到目前为止，资本结构还没有一个满意的答案，但经济学家们通过从不同角度对这个问题的探讨，已经得到了许多令人鼓舞的成果。笔者试图通过实证分析，对第一个问题进行验证，以期得出有意义的结论。

10.1 文献回顾

自莫迪利安尼和米勒在 1958 年提出了资本结构与公司价值无关的 MM 定理以来，诸多学者从实证角度论证了资本结构对公司价值的影响，证实了最优资本结构的存在。

国外的实证研究证实了资本结构对公司价值的影响，而且大多得出了企业负债率与公司绩效呈正相关的结论。马苏里斯和罗纳德（Masulis and Ronald，1980）的实证结果显示：普通股股票价格的变动与企业财务杠杆的变动呈正相关关系，公司绩效与负债水平呈正相关关系，对公司绩效产生影响的负债水平范围介于 0.23~0.45。马洛尼等（Maloney，1993）通过对 1962~1982 年 428 次兼并以及 1982~1986 年 389 次收购进行实证分析发现，代理成本确实是一种真实的现象，而且公司会根据代理成本调整资本结构。

---

[*] 本章内容发表在《中国工业经济》2008 年第 4 期。

国内对资本结构与公司价值关系的很多研究都与国外的研究结论不同，主要表现在负债率与公司绩效的关系上。最早研究资本结构与公司绩效关系的是陈小悦和李晨（1995），他们利用1993年7月到1994年3月的数据，分析了上海股票市场的收益与资本结构（负债/权益）的关系，得出两者呈负相关的结论。陆正飞和辛宇（1998）、冯根福等（2000）、郑长德（2004）、王玉荣（2005）等也得出了资本结构与公司绩效负相关的结论。另外，王娟和杨凤林（1998）、洪锡熙和沈艺峰（2000）等则得出了资本结构与公司绩效呈正相关的结论。李义超（2003）通过对1992年年底前上市的51家非金融类上市公司1992~1999年的数据进行分析，指出如果以净资产收益率作为公司绩效的衡量指标，则存在一个最优负债区间，在这一负债区间内企业有可能取得更为理想的经营业绩，而用托宾Q值作为公司价值的衡量指标，则得出公司价值随负债水平的上升而下降。

有关资本结构与公司价值关系的理论研究，证实了最优资本结构的存在，而这个最优资本结构只是理想的最优，不可能求得一个固定的数值，因此实证研究并没有得出一致的最优值。实际上，最优资本结构是客观存在的，但是由于受众多因素的影响，最优资本结构不是一个固定不变的值，而是一个合理的区间，在这个区间范围内，能够最大限度地实现公司价值。因此，实证研究得出的最优资本结构只是一个合理的资本结构区间，是一个实际的次优结构。

10.2　样本选择与变量定义

10.2.1　样本选择

截至2006年12月31日，我国A股上市公司已有1400多家，根据分析的需要，本章以2003~2006年的年报数据作为选样窗口，具体选样窗口如下：

1. 考虑到极端值对统计结果的不利影响，首先剔除了业绩过差的ST和PT公司以及被注册会计师出具过保留意见、拒绝表示意见、否定意见等审计意见的上市公司。

2. 由于国内投资者主要关注的还是A股上市公司，而且B股和H股对A股的信息披露有所影响，同时也方便托宾Q值的计算，所以剔除了同时发行B股或H股的A股上市公司。

3. 考虑到金融、保险行业的特殊性，本章将其剔除。

4. 为了剔除极端值的影响，我们剔除了总负债率大于100%和小于0的数值。

5. 剔除重要数据缺失的样本。

按照以上原则，剔除了PT和ST类、同时发行B股或H股、金融保险业、总负债率大于100%和小于0以及重要数据不全的A股上市公司，共获取2003~2006年有效样本数据4337个，其中2003年996个，2004年1096个，2005年1102个，2006年1143个。

10.2.2 变量定义

1. 公司价值。从公司治理角度来讲，一般采用在给定成本的前提下，考察公司的治理绩效。治理绩效从理论上严格说应该是因实施治理机制而获得的公司价值或股东利益的增量，公司价值指标严格的理论意义应该是企业未来现金流的贴现值。在完全有效的市场中，公司价值可以用股票价格表示。但实际上，市场不可能达到完全有效。因此，股票价格并不能准确反映公司价值。一般的做法是用公司绩效指标来替代表示公司价值，常用的公司绩效指标有净资产收益率（ROE）、每股收益（EPS）等。不过，近几年来，学术界对用传统的财务指标是否能够有效地衡量公司的价值创造能力和水平提出了质疑，认为公司及股东价值并不一定随上述财务业绩指标的持续增长而相应增长，反而有可能下降和贬值。越来越多的学者尝试采用新的衡量指标，诸如主营业务资产收益率（CROA = 主营业务利润/总资产）、托宾Q值（TQ）和经济增加值（EVA）。主营业务资产收益率和托宾Q值的使用较为多见，但EVA由于计量方法的复杂和数据获取的难度，使诸多学者望而却步。

本章的实证分析，公司价值（V）变量分别选取净资产收益率（ROE）、每股收益（EPS）、主营业务资产收益率（CROA）、托宾Q值（TQ）和经济附加值（EVA）来进行比较研究，其中，ROE = 净利润/净资产；EPS = 公司税后利润/总股本；CROA = 主营业务利润/总资产；TQ = 企业市场价格/企业重置成本 = （权益市场总值 + 负债市场总值）/公司总资产账面价值；EVA = 税后净营业利润 – 资本成本（机会成本）。

由于我国证券市场的局限性，在计算托宾Q值时，一般的做法是只计算股票的市场价值，债务仍旧使用账面价值，股票的市场价值多采用每股净资产指标对非流通股进行处理[①]，本章也采用此方法。因此，本章的托宾Q(TQ) = （权益市场总值 + 负债市场总值）/公司总资产账面价值 = [流通股总市值 + 未流通股股数 × 每股净资产 + 负债账面价值合计]/资产账面价值总计。

---

① 由于我国证券市场的特殊性，对于托宾Q的计算，市值的处理成为关键。其中未流通股市值的处理方法成为争论的焦点，对于未流通股市值的处理方法，目前主要有两种：（1）未流通股市值 = 未流通股股数 × 每股净资产，这种方法比较通用，本章即采用此方法；（2）未流通市值 = 未流通股股数 × 流通股股价 × 一定的折价比。对于折价比的确定目前争论较多，诸如宋敏等的论文《股权结构的陷阱》（《南开管理评论》2004年第1期）将折价系数定为0.7；白重恩等《中国上市公司治理结构的实证研究》（《经济研究》2005年第2期）将折价比设定在0.7793~0.8559。

另外，借鉴国务院国资委业绩考核局2005年《经济增加值业绩考核操作实务》中对EVA计算方法的建议，本章对经济附加值EVA的计算做了以下调整：

EVA＝税后净营业利润－资本成本（机会成本）＝息前税后营业利润－投资资本×加权平均资本成本＝[税后净利润＋财务费用×(1－税率)＋(营业外支出－营业外收入－补贴收入)×(1－税率)＋会计准备金余额增加×(1－税率)＋递延税款贷方增加额－递延税款借方增加额]①－[资产总计－无息流动负债－在建工程＋会计准备金余额增加＋递延税款贷方余额－递延税款借方余额＋(营业外支出－营业外收入－补贴收入)×(1－税率)]②×加权平均资本成本

加权平均资本成本（WACC）③＝(债务资本成本率×债务占总资本比例)×(1－所得税率)＋(股权资本成本率×股权占资本比例)＝一年期流动资金贷款加权利率④×(负债合计－无息流动负债)/(资产总计－无息流动负债)×(1－所得税率)＋(5年期银行存款的加权利率＋β×4%)×(股东权益合计＋少数股东权益)/(资产总计－无息流动负债合计)⑤

2. 资本成本变量⑥。资本成本（CC）指标，我们选用加权资本成本（WACC）计算方法来计算上市公司的总资本成本，公式：WACC＝(债务资本成本率×债务占总资本比例)×(1－所得税率)＋(股权资本成本率×股权占资本比例)，具体的处理方法同EVA的加权资本成本计算，此处不再论述。

3. 资本结构（CS）变量，选取财务杠杆（FL）作为衡量指标，计算公式为：FL＝D/(S＋D)，D指债务，S指股东权益。

公司债务选取总负债（短期负债＋长期负债），即负债合计来计算财务杠杆，另外还选取了长期负债合计、有息负债（短期借款＋一年内到期的长期负债＋长

---

① 实际上在对息前税后营业利润调整时，还有一项是商誉等无形资产，也不向利润摊销。但由于商誉等无形资产数值难以精确查找，所以本章不对此项进行计算。

② 在对投资资本调整时，还有一项是商誉等无形资产，作为资本占用，也不作摊销。但由于商誉等无形资产数值难以精确查找，所以本章不对此项进行计算。

③ 根据综合资本成本率的计算而得，综合资本成本率计算公式如下：

$$Kw = KB(B/V)(1-t) + Re(S/V)$$

式中：Kw—公司加权平均资本成本率；KB—税前债务资本成本率；Re—权益资本成本率；B/V—债务资本占总资本的比重；S/V—权益资本占总资本的比重。

如果考虑财务风险的话，权益资本成本率可采用资本资产定价模型计算：

$$Re = rf + rp = Rf + Beta \times MRP = 零风险报酬率 + 市场风险报酬率$$

式中，β—股票组合投资的贝塔系数；MRP即（rm－rf）—股票市场平均风险溢价。

④ 1年期流动资金贷款利率（r1）的加权计算方法：$r_1 = \frac{1}{12}\sum_{i=1}^{12} r_i$，$r_i$为该年第i个月的1年期贷款利率。

⑤ β为企业股票市场风险系数。

⑥ 资本成本（CC）指标没有采用MM的平均资本成本方法，也没有采用MM在1958年定义的资本成本概念。MM在1958年的做法，是用税后总收益与所有证券市场价值的比率来衡量资本成本，即CC＝税后总收益/所有证券市场价值。

期负债合计）进行比较研究，分别记为总杠杆（AFL）、长期杠杆（LFL）、有息杠杆（EFL）（又称为总负债率、长期负债率、有息负债率）。具体计算方法为：①

AFL = 负债总计/资产总计，

LFL = 长期负债合计/资产总计，

EFL =（短期借款 + 一年内到期的长期负债 + 长期负债合计）/资产总计。

4. 控制变量（Cont）。本章将公司规模（Si）作为控制变量，选取公司总资产（Size）的自然对数作为公司规模的衡量指标，即 $Si = Ln (Size)$。

10.2.3 样本总体特征

上市公司四年的数据具有一定的历史长度，而且样本数目较大，相关结果反映的是一种长期趋势，样本描述性统计如表 10-1 所示。

表 10-1　　　　　　　样本描述性统计（4337 个样本）

	Mean（2003）	Mean（2004）	Mean（2005）	Mean（2006）	Mean（总样本）
ROE	0.056085	0.044562	0.007926	0.019617	0.030120
EPS	0.185924	0.201590	0.130289	0.207148	0.184871
CROA	0.118845	0.127091	0.123676	0.129203	0.124984
TQ	1.305411	1.189834	1.103880	1.321269	1.229010
EVA	-5435969174	-6111664635	-7615441956	-8447028567	-6959771657
WACC	2.911816	2.996922	3.452150	3.612331	3.255611
AFL	0.454513	0.471353	0.498341	0.502553	0.481216
LFL	0.067621	0.069511	0.070792	0.071436	0.070044
EFL	0.239530	0.243635	0.248520	0.241359	0.242775

由表 10-1 可知，上市公司在 2003～2006 年四年的统计数据具有如下特征：

---

① 本章在实际分析过程中，还借鉴巴克莱等（Barclay et al., 2006）的方法，分别对财务杠杆选取了市值和账面价值进行比较，计算方法如下：市场财务杠杆 = 债务账面价值/（股东权益市场价值 + 债务账面价值）= 债务账面价值/（流通股股数×流通股市价 + 未流通股股数×每股净资产 + 负债合计），账面财务杠杆 = 债务账面价值/公司资产账面价值 = 债务账面价值/资产总计。结果发现，市场财务杠杆、账面财务杠杆与公司价值因素的相关分析几乎没有区别，所以在组织文字时，我们就直接采用了账面财务杠杆指标（大多数学者也是选取此指标），忽略了市场财务杠杆的描述。在我国股票市场和债券市场逐步成熟后，这两个指标之间可能存在一定的差异，这为以后的研究开拓了新的思路。另外在计算几个杠杆时，直接将 S + D 默认为公司总资产，这也是通行做法。

公司价值指标净资产收益率在2003～2006年，不但没有上升，却有下降的趋势，平均水平较低。每股收益在2005年有下降趋势，总体水平偏低，没有超过0.21元/股。主营业务资产收益率相对比较平稳，且有所上升，平均水平在11.87%～12.93%，总体水平偏低。托宾Q在2003年、2006年数值较高，2004年和2005年较低，这与股市的行情基本吻合，总体水平在1.10～1.33之间，表明市值高于账面价值，有一定的市场前景。EVA在2003～2006年的均值皆为负值，而且呈现逐年下降的趋势。表明虽然存在众多净利润大于零的公司，但采用EVA计算方法后多数公司价值为负，均值在负值55亿～85亿元之间，总体水平呈现负值状态，说明多数上市公司不存在经济利润，赚取的多是正常利润，甚至只是收回变动成本，还有相当多的公司在经济学的"破产点"以下经营，也反射出EVA指标与其他价值指标的衡量存在巨大差异。资本成本呈现逐年上涨的趋势，在2006年达到3.61。总资产负债率、长期负债率、有息负债率在2003～2006年均呈现逐年上升的趋势，在2006年三项指标分别达到50.25%、7.14%、24.13%，总体水平与世界水平相比，还是明显偏低。[①]

10.3　资本结构与公司价值相关性分析

10.3.1　研究假设

为了检验资本结构（用财务杠杆表示）对公司价值的影响，我们提出如下假设：

假设1：公司价值与财务杠杆[用$D/(S+D)$表示，D指债务，S指股东权益]有显著相关性。

在一定的负债水平下，随着债务的增加，企业会获得节税利益，企业价值会随着财务杠杆的提高而增加。但是债务增加的同时，企业风险也增加，当债务比例增加到一定程度之后，负债带来的好处被破产风险和破产成本所抵消，企业价值继而下降。因此，公司价值与财务杠杆有显著相关性。

假设2：资本成本与财务杠杆有显著相关性。

在中等负债比率的相关范围内，资本成本会随着杠杆增加而下降，但随着杠杆的增加，所借资本节约的成本会逐渐被普通股收益的相应减少而抵消。因此，资本成本与财务杠杆有显著相关性。但是，MM在1958年对43家电子公用事业公司和42家石油公司的实证分析之后，没有得出资本成本与财务杠杆之间的显

---

① 20世纪90年代西方国家的负债率（指总负债率）平均在70%左右。

著相关性。[1]

10.3.2 相关分析结果研究

我们控制了公司规模变量,进行了 Partial Correlation 相关分析,结果如表 10 - 2 所示。

表 10 - 2　　　　　　　　公司价值与资本结构相关分析

Varible P	Valid N (listwise)	Correlations of P and AFL		Correlations of P and LFL		Correlations of P and EFL	
		Beta	Sig. (2 - tailed)	Beta	Sig. (2 - tailed)	Beta	Sig. (2 - tailed)
ROE	4337	-0.1559***	0.000	-0.0021	0.889	-0.1517***	0.000
EPS	4337	-0.2489***	0.000	-0.0179	0.239	-0.2951***	0.000
CROA	4337	-0.1897***	0.000	-0.1723***	0.000	-0.2982***	0.000
TQ	4337	-0.1390***	0.000	-0.0397***	0.009	-0.1753***	0.004
EVA	4337	0.1392***	0.000	-0.0503***	0.001	0.0360**	0.018
WACC	4337	0.1659***	0.000	0.0820***	0.000	0.1471***	0.000

注:Beta 为 Partial Correlation 标准化系数,Sig. (2 - tailed) 为 F 检验的相关概率。*** Correlation is significant at the 0.01 level (2 - tailed);** Correlation is significant at the 0.05 level (2 - tailed)。

由表 10 - 2 可见,总负债率与所有指标皆存在显著关系。其中,总负债率与净资产收益率、每股收益、主营业务资产收益率、托宾 Q 皆呈现显著的负相关关系,支持大多数中国学者关于资本结构与公司价值之间存在负相关的结论。但总负债率与经济附加值 EVA 指标呈显著正相关关系,支持西方学者关于资本结构与公司价值之间存在正相关的结论。相比之下,有息负债率与公司价值的相关分析与总负债率的相关分析结果基本一致,长期负债率与公司价值的分析结果与之存在一定差异。但三种衡量方式的负债率与资本成本皆呈显著正相关关系,表明资本成本随公司财务杠杆的增加而增加。

整体来看,虽然不能断定总负债率对公司价值的具体影响(要视公司价值指标的选取情况),但我们基本上证实了资本结构对公司价值存在显著影响的结论。同时数据显示,增加财务杠杆会造成资本成本的上升。因此,中国的实证数据表

---

[1] MM 在 1958 年进行的实证分析中,用的是财务结构(FS)定义而非财务杠杆,公式为:FS = 100 × [有优先分红权利的证券市场价值/所有证券市场价值],其中,有优先分红权利的证券是指优先股和债券。本章统一使用财务杠杆(FL)定义:FL = D/(S + D),D 指债务,S 指股东权益。并且本章的资本成本指标也与 MM 不同。

明，增加公司债务并不一定能降低资本成本，增加公司的价值。

10.4 公司价值与资本结构回归分析

根据 MM 理论、权衡理论以及代理成本理论等现代资本结构理论，在一定的负债水平范围内，随着债务的增加存在负债抵税收益及降低代理成本等影响，公司价值与负债水平正相关；但在超过一定的负债水平后，增加负债产生的好处不及债务代理费用的增加，公司价值与负债水平会呈现负相关关系。由此，笔者认为资本结构与公司价值之间可能存在曲线关系，财务杠杆在某一范围内时，公司价值会随着财务杠杆的提高而提高，当超过这一范围，公司价值会随着财务杠杆的提高而降低。根据这一假设建立如下回归模型：

$$P = \alpha + \beta_1 FL + \beta_2 FL^2 + \beta_3 FL^3 + \varepsilon$$

（P 表示公司价值或资本成本，公司价值分别选取净资产收益率 ROE、每股收益 EPS、主营业务资产收益率 CROA、托宾 Q 和经济附加值 EVA，资本成本选取加权资本成本 WACC；FL 表示财务杠杆，由于前面相关分析显示总杠杆、有息杠杆与公司价值的相关性较强，长期杠杆与公司价值的相关性较差，所以此处只选取总杠杆 AFL 和有息杠杆 EFL 进行回归分析的比较研究[①]；α 表示常数项；β_i 表示回归系数，ε 为随机误差项）

对公司价值、资本成本与总负债率进行非线性回归，发现所有回归函数中三次函数回归的效果最好，R^2 值最大，且 Sigf 通过了 0.01 的显著性检验。回归数据如表 10-3 所示。

表 10-3　　　　　　　　公司价值与总负债率回归分析

	Mth	Rsq	d.f.	F	Sigf	b_0	b_1	b_2	b_3	折点（%）
ROE	CUB	0.082	4333	128.8	0.000	0.3580	-3.3122	9.7674	-8.3600	24.94, 52.95
EPS	CUB	0.040	4333	59.82	0.000	0.2352	-0.0501	0.5364	-1.0685	5.61, 27.86
CROA	CUB	0.040	4333	59.53	0.000	0.1087	0.3595	-0.9544	0.6068	24.61, 80.25
TQ	CUB	0.055	4265	82.36	0.000	1.4076	0.0328	-1.6395	1.5192	1.01, 70.93
EVA	CUB	0.005	4333	7.30	0.000	-4.E+09	3.4E+09	-4.E+10	3.7E+10	4.54, 67.54
WACC	CUB	0.029	4333	42.92	0.000	3.2497	-0.8812	2.6617	-1.7374	20.78, 81.35

注：Mth 表示模型的形式（LIN 为一元线性函数，QUA 为二次函数，CUB 为三次函数，COM 为符合函数），Rsq 为 R^2 统计量的值，d.f. 表示自由度，F 表示 F 检验值，Sigf 表示 F 检验的实际显著性水平即相伴概率值 P，本章将 P=0.10 默认为显著，b_0 表示常数项，b_1、b_2、b_3 表示回归参数。

---

① 实际上笔者也对长期杠杆与公司价值、资本成本进行了回归分析，只得到资本成本与长期杠杆的显著一次正函数，其他并没有得出有意义的结论。

由表 10-3，公司价值、资本成本与总负债率呈显著的三次函数关系，表明在一定的总负债率水平下，随着债务的增加，公司价值不断上升，资本成本不断下降，但超过一定的范围之后，如果债务继续增加，公司价值将会下降，资本成本将会上升。我们分别计算三次函数的拐点，并结合三次函数的图形，进行分析：

1. 净资产收益率与总负债率的拐点为 24.94% 和 52.95%。表明总负债率在 0~24.94%，净资产收益率随着总负债率的上升而下降，总负债率在 24.92%~52.95%，净资产收益率随着总负债率的上升而上升，总负债率超过 52.95% 之后，净资产收益率随着总负债率的上升而下降。

2. 每股收益与总负债率的拐点为 5.61% 和 27.86%。意味着总负债率在 0~5.61% 时，每股收益随着总负债率的上升而下降，总负债率在 5.61%~27.86% 时，每股收益随着总负债率的上升而上升，当总负债率超过 27.86% 之后，每股收益随着总负债率的上升而下降。

3. 主营业务资产收益率与总负债的拐点为 24.61% 和 80.25%。意味着总负债率在 0~24.61% 时，CROA 随着总负债率的上升而上升，当总负债率在 24.61%~80.25% 时，CROA 随着总负债率的上升而下降，当总负债率超过 80.25% 之后，CROA 随着总负债率的上升而上升。

4. 托宾 Q 与总负债率的拐点为 1.01% 和 70.93%。意味着当总负债率在 0~1.01% 时，托宾 Q 随着总负债率的上升而上升，当总负债率超过 1.01%~70.93% 时，托宾 Q 随着总负债率的上升而下降，当总负债率超过 70.93% 之后，托宾 Q 随着总负债率的上升而上升。

5. 经济附加值 EVA 与总负债率的拐点为 4.54% 和 67.54%。意味着总负债率小于 4.54% 时，EVA 随着总负债率的上升而上升，当总负债率在 4.54%~67.54% 时，EVA 随着总负债率的上升而下降，当总负债率超过 67.54% 时，EVA 随着总负债率的上升而上升。

6. 资本成本与总负债率的拐点为 20.78% 和 81.35%。意味着总负债率在 0~20.78% 时，资本成本随着总负债率的上升而下降，总负债率在 20.78%~81.35% 时，资本成本随着总负债率的上升而上升，当总负债率超过 81.35% 之后，资本成本随着总负债率的上升而下降。

因此，公司价值、资本成本与总负债率的分析中，净资产收益率、每股收益与其他指标的回归结果差异较大。其中，净资产收益率的回归结果显示总负债率介于 25%~53%，是提高净资产收益率的合理区间，这与马苏里斯和罗纳德（Masulis and Ronald, 1980）的有效区间（0.23~0.45）较为一致，但是其他指标多显示这个区间对于公司是不利的。主营业务资产收益率、托宾 Q、经济附加值 EVA、资本成本与资本结构的回归结果较为一致，且显示了资本结构有一定的合理区间，基本上可以肯定总负债率在 25%~70% 时，随着总负债率的提高，资本成本上升，公司价值指标主营业务资产收益率、托宾 Q、经济附加值 EVA 下降。而目前我国的总负债率正好在这个区间，因此相关分析显示多数公司价值指标与总杠杆负相关，资本成本与总杠杆正相关。那么总负债率提高到 70%（甚至 80%）以上将对提高公司价值，降低资本成本有利。

为了作对比研究，进行了公司价值、资本成本与有息负债率的非线性回归，如表 10-4 所示。由表 10-4 可知，(1) 净资产收益率与有息负债率呈显著的三次函数关系，并存在有效折点，当有息负债率在 0~13.47% 时，净资产收益率随着有息负债率的上升而降低，当有息负债率在 13.47%~26.86% 时，净资产收益率随着有息负债率的上升而增加，当有息负债率超过 26.86% 时，净资产收益率随着有效负债率的上升而降低。(2) 每股收益、主营业务资产收益率、托宾 Q 与有息负债率之间显著的一次负函数关系，表明他们之间存在显著的负相关。(3) EVA 则于有息负债率存在显著的正函数关系。(4) 资本成本与有息负债率存在显著的三次函数关系，拐点为 9.07% 和 63%，当有息负债率在 0~9.07% 时，资本成本随着有息负债率的上升而降低，当有息负债率在 9.07%~63% 时，资本成本随着有息负债率的上升而增加，当有息负债率超过 63% 时，资本成本随着有息负债率的上升而降低。

表 10-4　　　　　　　　　公司价值与有息负债率回归分析

	Mth	Rsq	d.f.	F	Sigf	b_0	b_1	b_2	b_3	折点（%）
ROE	CUB	0.042	4333	62.87	0.000	0.0993	-0.8686	4.8414	-8.0026	13.47, 26.86
EPS	LIN	0.057	4335	259.8	0.000	0.3203	-0.5576			—
CROA	LIN	0.085	4335	402.2	0.000	0.1637	-0.1594			—
TQ	LIN	0.050	4267	223.7	0.000	1.3405	-0.4587			
EVA	LIN	0.006	4335	27.35	0.000	-5.E+09	8.E+09			
WACC	CUB	0.025	4333	36.49	0.000	3.2158	-0.4457	2.8103	-2.5994	9.07, 63.00

注：Mth 表示模型的形式（LIN 为一元线性函数，QUA 为二次函数，CUB 为三次函数，COM 为符合函数），Rsq 为 R^2 统计量的值，d.f. 表示自由度，F 表示 F 检验值，Sigf 表示 F 检验的实际显著性水平即相伴概率值 P，本章将 P=0.10 默认为显著，b_0 表示常数项，b_1、b_2、b_3 表示回归参数。

因此，公司价值、资本成本与有息负债率的回归分析显示，净资产收益率与有效负债率存在显著的三次函数关系，并存在有息负债率区间。而每股收益、净资产收益率、托宾 Q、EVA 与有效负债率是简单的一次函数关系。资本成本与有息负债率存在显著的函数关系，且有有息负债率区间。

综上，公司价值与资本结构（财务杠杆）的回归分析显示，公司价值与总负债率存在显著的三次函数关系，与有息负债率的回归结果则不确定（要视具体公司价值指标的差异）。而且公司价值指标之间得出了完全不同的结论，如果以净资产收益率来衡量公司价值,则显示总负债率介于25%~53%、有息负债率介于13.47%~26.86%,是提高净资产收益率的有效区间。如果以每股收益、主营业务资产收益率、托宾Q、经济附加值来衡量公司价值,则显示总负债率介于25%~70%之间对于这些指标是不利的,总负债率高于70%(最好高于80%)对于提高这些指标的数值才是有利的。另外,资本成本与资本结构的回归分析显示,总负债率介于20.78%~81.35%、有息负债率介于9.07%~63%时,资本成本随着总负债率、有息负债率的上升而增加,再次证明了在我国目前的负债率区间,资本成本与资本结构的正相关性。

10.5 结论与启示

本章运用我国深、沪A股上市公司的数据,展示了我国目前资本市场的发展状况,再次检验了资本结构理论的焦点问题:资本结构是否影响公司价值、资本成本?如何影响公司价值、资本成本?是否存在最优的资本结构区间?并得到了非常明确的答案:公司价值、资本成本与资本结构显著相关。相关分析结果显示:净资产收益率、每股收益、主营业务资产收益率、托宾Q与总负债率显著负相关,支持多数众多学者的研究结论;经济附加值EVA与总负债率显著正相关,支持西方学者的研究结论;资本成本与财务杠杆显著正相关。回归分析结果显示:如果用净资产收益率来衡量公司价值,则显示总负债率介于25%~53%、有息负债率介于13.47%~26.86%,是提高净资产收益率的有效区间;如果以每股收益、主营业务资产收益率、托宾Q、经济附加值来衡量公司价值,则显示总负债率介于25%~70%对于公司价值是不利的,总负债率高于70%(最好高于80%)才有利于提高公司价值;资本成本与资本结构存在显著的函数关系,在总负债率介于20.78%~81.35%、有息负债率介于9.07%~63%时,资本成本随着总负债率、有息负债率的上升而增加,但当总负债率高于81.35%、有息负债率高于63%时,资本成本随着总杠杆和有息杠杆的提高而降低。

从实证分析的整体结果来看,资本结构对公司价值的影响是肯定的,或说支持最优资本结构理论,但究竟最优的临界点或极值点在哪里,则没有得出非常一致的结论(净资产收益率与其他公司价值指标得出的结论不一致)。虽然如此,但我们通过本章的研究,至少明确了资本结构对公司价值的显著影响,并且明晰了关于资本结构的研究中西方存在差异的可能原因:一是选取的指标不同,若公司价值选取EVA指标,则得出与西方一致的结论,如果公司价值选取其他指标,则出现相反结论;二是各国资本结构实际数值的不同影响了实证研究的结论,西方资本结构处于优化范围,而我国的资本结构尚处于较低阶段。另外本章的研究也使我们明确了目前我国的资本结构区间不利于降低资本成本,提高公司价值。

或者从侧面说明了我们应该适度降低公司的权益资本比例，扩大债权融资规模，大大提高公司的财务杠杆，使其越过临界值，起到降低资本成本，提高公司价值的作用。

参 考 文 献

1. Modigliani, F. and M. H. Miller, The cost of capital, corporate finance, and the theory of investment, The American Economic Review, 1958, 48 (3): 261 – 297.
2. Masulis and W. Ronald, The effect of capital structure change on security prices: a study of exchange offers, Journal of Einancial Economics, 1980, 8 (2): 139 – 178.
3. Maloney, M. T. et. al., Managerial decision making and capital structure, Journal of Business, 1993, 66 (2): 189 – 217.
4. 陈小悦、李晨：《上海股市的收益与资本结构关系实证研究》，载《北京大学学报（哲社版）》1995 年第 1 期。
5. 陆正飞、辛宇：《上市公司资本结构主要影响因素之实证研究》，载《会计研究》1998 年第 8 期。
6. 洪锡熙、沈艺峰：《我国上市公司资本结构影响因素的实证分析》，载《厦门大学学报（哲学社会版）》2000 年第 3 期。
7. 冯根福等：《我国上市公司形成的影响因素分析》，载《经济学家》2000 年第 5 期。
8. 徐向艺、王俊韠：《股权结构与公司治理绩效实证分析》，载《中国工业经济》2005 年第 6 期，第 112~118 页。
9. 金静红：《论企业价值最大化与上市公司资本结构》，载《会计论坛》2007 年第 1 期，第 79~89 页。
10. 祝红梅、王勇：《上市公司控制权市场功能研究》，中国金融出版社 2007 年版。

第 11 章

公司价值最大化与社会责任*

自人类社会出现剩余物品以来,个体的利益追逐与整体的责任承担就成为一个硬币的两面,无论哪一面向上,都不能忘却其隐含着的另一面。公司价值与公司社会责任就是这样的:公司作为市场经济中的个体,有权利去追求利益(或价值)的实现;同时,由于公司参与了社会资源的使用和分配,它也就有义务去承担一定的社会责任。在实践中,公司利益(价值)与社会责任逐步地从一个"零和博弈"的立场,向"非零和博弈"转化。然而,观点的逐步统一并不代表着实践上的一致,如何把曾经卓然独立于利益相关者之外的股东收益最大化与公司价值、社会责任相统一,并不十分清楚。因此,本章试图在一个统一的框架内解决上述几个问题,论述的焦点不是社会责任的是非命题,而是它与公司价值的结合。

11.1 利益相关者理论与公司价值最大化

11.1.1 利益相关者理论的兴起

20 世纪 30 年代,当科斯怀着对新古典经济学企业理论的不满而寻求企业与市场之间的关系,并给出一种新的企业理论分析框架时,一些同样具有探索精神的实干家和学者[①]基于对企业日益巨型化所引致的社会问题的关注,提出了一个

---

* 本章内容发表在《生产力研究》2007 年第 23 期。
① 1924 年,美国的奥立弗·谢尔顿(Oliver Sheldon)就把公司的社会责任与公司的经营者满足产业内外各种人类需要的责任联系起来,并认为公司社会责任含有道德因素在内;1929 年,通用电气的一位经理欧文·杨(Owen D. Young)在一次演说中指出不仅股东,而且雇员、顾客和广大公众在公司中都有一种利益,而公司的经理们有义务保护这些利益;1953 年,霍华德·鲍恩(Howard Bowen)出版的《企业家的社会责任》一书引起广泛关注,可以说是宣告企业追求自身权利的同时必须受到责任和义务的现代企业社会责任观念在企业管理领域的确立。

与传统企业角色或目标定位不同的命题——企业的社会责任（Corporate Social Responsibility）。① 这直接导致了利益相关者（Stakeholders）理论的兴起。尽管不同学者对利益相关者理论的表述有所不同，但其要旨是一样的：在现代社会中，公司不能仅仅作为谋求股东收益最大化的工具，而应当被视为最大限度的顾及和实现包括股东在内的诸如职工、顾客、债权人、供应商、消费者、政府和社区等利益相关者利益的组织体系或制度安排。

11.1.2　有关企业理论②在论述公司价值和公司社会责任的不足

从利益相关者理论出发，以往的企业理论在对于公司价值和公司社会责任上存在诸多不足，这主要体现在：第一，把谋求利润最大化当做企业唯一的目标。利润最大化是经济学中把最大化假设用于营利性经济单体时所做出的人性概括，古典和新古典经济学用"经济人"假定赋予了企业以类人的性质和经济利益目的，企业在决策的时候追求 MR = MC 的最大化条件。显然这些假定和条件都属于"黑板经济学"的分析。第二，企业所有权和控制权归属于股东。企业的所有权归属于股东几乎是各时期主流企业理论中一个毋庸置疑的公理，基于这一判断，传统的企业理论进而认为控制权也应该归于股东，以确保其对企业控制。这一观点隐含的假定就是物质资本决定论。但由于人力资本的特殊性质（与其所有者的不可分离性），不能通过合约进行规定，必须用"激励"而非压榨的手段予以调度。因此人力资本应该与非人力资本一样分享企业的所有权。③ 第三，企业的经营者只对股东负责。在传统的古典企业中，企业的经营者与所有者相一致；而在典型的"两权分离"的现代公司中，企业实际上是一系列契约的集合体，除去股东的利益之外，企业的经营者还必须对其他的利益相关者负责，只对股东负责的观点有失偏颇。第四，股东收益最大化自动满足企业价值最大化的目标。在古典和新古典经济学的企业观里，由于股东获得的收益是在支付了债权人的利息、员工工资、税收等之后的剩余，处于分配序列之末，因此使得股东收益最大化就是在上述扣除之后的剩余最大化，这实际上与企业价值最大化是统一的。表面上看来，这样的论述合理且易于操作。但仔细推敲之后，其隐含的假定就是所有对企业的投入都等同于物质资本，或是为获得利润而必需的垫支物，都可以作为成本开支在实现收入中扣除。但人力资本的工资仅仅是对消耗掉的人力资本进

---

① 公司仅仅是企业的一种形式，但由于其广泛性和文章的需要，文章有时直接对"企业"与"公司"两者进行替换而不作概念上的区分。
② 从严格的意义上讲，企业理论是经济学界在对新古典经济学的不满和反思中发展起来的。以现代企业理论的观点看，新古典经济学是没有企业理论的（张维迎，1999）。但本章所分析的有关企业理论并不单指这种严格意义上的企业理论，而是涵盖了各时期对企业进行分析的主流经济学思想。
③ 周其仁：《市场里的企业：一个人力资本与非人力资本的特别契约》，载《经济研究》1996 年第 6 期，第 71 页。

行的价值补偿，而非剩余分配。因此，如果我们对人力资本的所有者只进行工资性补偿而不进行剩余的分配，是对人力资本的歧视，是"对劳动者的迫害"[①]。另外，正如诺贝尔经济学奖获得者西蒙所指出的，经济责任是公司的基本功能，而社会责任则是从道德价值判断得到的企业目的，如果不考虑公司的社会责任，无视各利益相关者的对公司的作用和贡献，股东收益最大化并不能直接的等同于公司价值最大化，公司存在的意义也就大打折扣。

11.1.3　从股东收益最大化向公司价值最大化的转变

通过以上的分析来看，把股东收益最大化当做公司经营的唯一目标是不恰当的，公司无视其应当承担的社会责任也是不可以的。1970年后，西方社会各种公司企业不道德经营行为泛滥，使得商界丧失了公众信任。据统计，在1968年，有70%的公众认为美国企业努力在利润和公共利益之间作出合理的权衡；而在1976年，这一比例降至15%[②]。如果公司使得公众丧失了对其基本的信任，那么所谓股东收益的最大化也就成了无本之木、无源之水。因此，公司应该充分考虑诸如雇员、顾客、债权人、供应商、政府和社区等利益相关者的利益，而不仅仅局限于股东。公司应该承担相应的社会责任，把目标从股东收益最大化向公司价值最大化转变。但是公司的社会责任到底包括什么，公司价值最大化又如何体现的呢？

11.2　公司价值最大化的理论模型

前文已经提及，公司必须从股东收益最大化转向公司价值最大化，这里的公司价值最大化不仅局限于"股东收益最大化"，而是指通过公司财务上的合理经营，采用成本最低的财务政策，充分考虑资金的时间价值和风险与报酬的关系，在保证公司长期稳定发展的基础上使公司总值达到最大。不妨把所要描述的公司个体称为"利益相关者公司"[③]。这样，构建一个公司价值最大化的塔状模型如图11-1所示。

[①]　徐国君：《劳动者权益会计》，中国财政经济出版社1997年版，转引自冯静：《股东价值最大化或企业价值最大化》，载《财经科学》2000年第2期，第39页。
[②]　马力、齐善鸿：《公司社会责任理论述评》，载《经济社会体制比较》2005年第2期，第138页。
[③]　是指充分考虑了各利益相关者利益，以公司价值最大化而非股东收益最大化的公司形式，是基于公司发展趋势的一种判断。

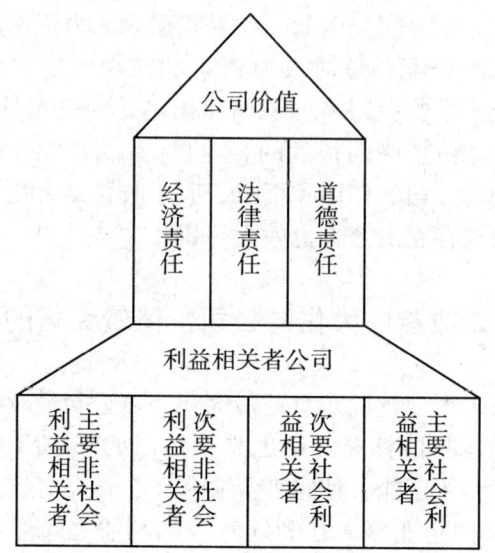

图 11-1 公司价值最大化的塔状模型

在这个塔状模型里，塔的底层是对利益相关者公司产生影响的因素，包括股东在内的各利益相关者，以及对利益相关者公司产生影响的其他因素，我们把这些因素划分为主要社会利益相关者、次要社会利益相关者、主要非社会利益相关者和次要非社会利益相关者四类[①]。其中，主要社会利益相关者是指：股东、雇员、顾客、供应商及业务伙伴、社区等；次要社会利益相关者指政府、社会、竞争对手、压力集团、工会和媒体等；主要非社会利益相关者指自然环境、其他生物、人类后代等；次要非社会利益相关者主要指环境压力集团、动物利益压力集团等。这样，利益相关者公司就需要考虑到这四类利益相关者集团的利益及诉求，进而在追求公司价值最大化过程中履行三种责任：经济责任、法律责任和道德责任[②]。对公司社会责任清晰的定义是指公司追求有利于社会的长远目标的一种义务，它不仅涵盖而且超越了法律和经济所要求的义务（主要指还包括了道德、道义上的责任）。经济责任是指公司所必须负有的生产、盈利和满足消费者需求的责任；法律责任是指公司需要遵守包含着基本伦理道德的法律规定，并在

---

① 本划分方式参考了大卫·威勒、玛利亚·西兰芭：《利益相关者公司》，经济管理出版社 2002 年版，第 9 页。

② 从以往文献资料来看，对于经济责任与社会责任的划分莫衷一是，但概括起来可以分为两大类：一类是并列说，即将公司社会责任与其经济责任、法律责任、道德责任、慈善责任等并列起来看待；另一类是涵盖说，即认为社会责任中包含经济的、法律的、道德的责任。涵盖说的代表人物最为著名的是美国佐治亚大学管理学教授阿尔奇·卡罗尔（Archie B. Carroll），他把公司社会责任归结为经济、法律、伦理和慈善四种责任之和，并依次给出了 4-3-2-1 的权重。我们认为，涵盖说旗帜不够鲜明，易引起误解；并列说的分类不够简洁。因此给出了文中三种责任的划分，事实上道德、慈善、伦理都可以归类到道德责任之中。

法律的要求下履行其经济使命；道德责任是除去法律正式规定之外的，公司应予以履行的义务，包含着广泛的企业行为规范和准则，体现了对消费者、雇员、社区等公众的尊重和关注的道德精神，也包括诸如捐赠等慈善行为。从长远的观点看，这与追求股东利益最大化非但不是水火不容的不可调和的矛盾，而且具有非常的一致性。基于对整个人类社会和生态系统的关注，在追求公司价值最大化的过程中必须扭转那种"股东至上"的根深蒂固的传统观念。

然而，良好的愿望并不一定导致良好的结果，套用卢梭对制度分析的思想——制度建立在一个存在权力关系的社会中，因而它必须反映这种权力的分配关系，否则它就不会持久。对公司社会责任也是一样，如果我们不在制度规定中体现各利益相关者的利益，不明确相应的权利和义务，公司社会责任是不会自我实施的（Self-enforcing）。因此，必须对公司追求价值最大化和履行社会责任有所规制。

11.3 公司社会责任的商业道德约束与政府管制

既然公司社会责任无法自我实施，就必须给予其制度上的保障。制度经济学一个基本的命题是"制度有作用"，制度影响人们相互交往中的规则、信念和行为，从而塑造了结果。因此，我们需要通过恰当的制度设计使得公司的社会责任得以履行。制度分为两类：一类是正式制度；另一类是非正式制度。而中国从来就是一个正是制度十分缺失的国家，无论是政权的安排还是人们交往中博弈的规则。因此在保证公司履行其社会责任的制度建设道路上，我们还有很长的路要走。

11.3.1 公司社会责任的政府管制

政府在公司社会责任中的作用主要是通过正式的制度安排，强制性地使公司履行其社会责任，用法律的形式确定公司社会责任的内容和履行方式，政府对公司社会责任的管制主要体现在：

第一，加强立法建设，通过多方法律机制的配合使公司社会责任有法律的保障。公司社会责任包含法律意义上的社会责任和道德意义上的社会责任，而以法律形式规定的责任是公司对社会最低限度的道德义务，是具有强制性的公司行为规范。纵观国外公司社会责任的实践，为公司履行对社会的道德义务提供法律上的支持是其共同取向。因此，必须加强在公司履行社会责任方面的法制建设，同时在立法的过程中必须对社会的、非社会的利益相关者的权益予以保护，包括社会责任国际标准（SA8000，Social Accountability 8000 International Standard）的引入与本土化改造。

第二，建立公司社会责任评价体系。早在 1995 年，美国加州大学环境管理科学部顾问、原美国三菱公司总裁木内多知与美国新经济学家比尔·沙伊尔曼就共同创建了一套"未来 500 强组织"的评价体系，与传统的以利润为主要标杆的评价体系不同，新方法更强调公司的社会责任，以公司的经济、社会、环境三重职责为基准对其基建项目、分公司治理、职工、社区、市场、环境等相关各项进行检验[①]。国内现阶段"中国公司治理指数（CCGINK，简称南开治理指数，李维安，2004）"的指标体系中就有涉及公司社会责任的评价指标，对建立一套系统和完整的中国公司社会责任评价指标体系是有一定启发和借鉴意义的。

第三，公司社会责任在公司治理中要有明确的"代言人"。因为制度必然反映权力的分配关系，因此在公司治理中对公司社会责任的履行要有明确的权力分配。实际上，对公司管理者究竟是股东利益的排他性代表，还是肩负着统筹兼顾各利益相关者利益的责任，不同回答将决定着公司社会责任生成空间之大小，甚至是有无。因此，必须明确公司管理者要兼顾各利益相关者利益的角色定位，同时加强职工、债权人、独立董事等在公司治理中的地位和作用。

另外需要指明的是，政府实际上也是企业利益相关者中的一员，各国政府也无一例外地要求企业对政府或国家负担相应的责任，比如纳税、接受国家干预、完成特定任务等等。但是必须要加以注意的是，企业对政府的责任与对社会的责任是两种不同的形态，两者有可能存在偏差。在极端的情况下，缘于政府的非理性，也可能会出现政府利益对社会利益的严重背离和践踏。正如马恩所说，"统治阶级为了达到自己的目的就不得不把自己的利益说成社会全体成员的共同利益。"[②] 因此，政府在对企业社会责任的规制中要注意各方利益的协调并考虑到政策的实际效果。

11.3.2 公司社会责任的道德约束

法律法规的正式制度安排不可能穷尽所有公司应该承担的社会责任，而且，对公司社会责任中大部分属于道德责任的部分是无法用法律法规来予以规定的。因此，在正式制度规定之外的公司社会责任就要靠非正式制度——道德约束来进行规范。通过构建和谐社会的舆论导向，使公司关注长期的价值最大化，关注其道德义务，在社会范围内形成重视公司社会责任的氛围，使公司对其社会责任的履行从义务到响应。

---

① 李立清、李燕凌：《企业社会责任研究》，人民出版社 2005 年版，第 375 页。
② 《马克思恩格斯选集》第 1 卷，人民出版社 1972 年版，第 609 页。

参考文献

1. ［英］大卫·威勒，玛利亚·西兰芭：《利益相关者公司》，经济管理出版社2002年版。
2. 冯静：《股东价值最大化或企业价值最大化》，载《财经科学》2000年第2期。
3. 李立清、李燕凌：《企业社会责任研究》，人民出版社2005年版。
4. 卢代富：《企业社会责任的经济学与法学分析》，法律出版社2002年版。
5. ［美］罗宾斯：《管理学》，中国人民大学出版社2003年版。
6. 马力、齐善鸿：《公司社会责任理论述评》，载《经济社会体制比较》2005年第2期。
7. ［美］亚当·普热沃斯基：《制度起作用吗》，载《经济社会体制比较》2005年第3期。
8. 周其仁：《市场里的企业：一个人力资本与非人力资本的特别契约》，载《经济研究》1996年第6期。
9. Gómez, Carla Pasa, Leonardo Gómez, SCP-social: a model for the assessment of corporate social performance, working paper.
10. Archie B. Carroll, Stakeholder thinking in three models of management morality: a perspective with strategic implications, In the Corporation and Its Stakeholder: Classic and Contemporary Readings, Edited by Max B. E. Clarkson, University of Toronto Press, 1998: 139–170.

第 12 章

股权结构与公司治理绩效实证分析[*]

股权结构是指股份公司总股本中不同性质的股份所占的比例及其相互关系，包括股权属性和股权集中度。近些年来，关于股权结构的研究逐渐成为公司治理研究的一个热点，这是因为股权结构在公司治理结构中具有基础性的地位，是公司治理机制的基础，它决定了股东结构、股权集中程度以及大股东的身份；同时，股权结构的不同导致股东行使权力的方式和效果有较大的区别，进而对公司治理模式的形成、运作及绩效有较大影响。股权结构与公司治理中的内部监督机制直接发生作用；同时，股权结构在很大程度上受公司外部治理机制的影响，反过来，股权结构也对外部治理机制产生间接作用。本章在上述理论的基础上，从股权属性和股权集中度两个方面，用实证方法对我国上市公司股权结构与公司治理绩效的关系进行分析。

12.1 研究样本与数据

截至 2004 年 6 月 30 日，我国上市公司已有 1300 多家，根据分析的需要，以 2004 年上市公司公布的半年报数据为选样窗口。具体选样原则如下：

1. 考虑到极端值对统计结果的不利影响，首先剔除了业绩过差的 ST 和 PT 公司以及被注册会计师出具过保留意见、拒绝表示意见、否定意见等审计意见的上市公司。

2. 由于国内投资者主要关注的还是 A 股上市公司，而且 B 股和 H 股对 A 股的信息披露有所影响，所以剔除了同时发行 B 股或 H 股的 A 股上市公司。

3. 考虑到新上市公司的业绩容易出现非正常性的波动，而且公司内部各方面的运行机制还不够健全和完善，所以新上市或次新上市公司也未包含在样本中。

4. 考虑到不同时期市场环境、国家政策的影响，可能会带来统计上的"噪

---

[*] 本章内容发表在《中国工业经济》2005 年第 6 期。

声",因此所选样本在上市时间上具有一定的可比性。

5. 由于制造业包含的子行业太多,造成行业特征不明显,将其剔除。

6. 考虑到金融、保险业的特殊性,本章将其剔除。

按照以上原则,选取了在1999~2001年上市,不包含制造业、金融保险业、PT和ST类,且只发行A股的深沪两市上市公司101家。其中沪市65家,深市36家。

由于不同的行业其竞争环境有差异,股权结构对公司治理绩效的作用可能不同,不能笼统地定义股权结构与公司治理绩效的关系。比如说,行业竞争环境激烈的企业和行业竞争环境较弱的企业放在一起进行检验,势必会引起相关指标的相互影响,一定程度上加强或减弱了相关关系。因此,本章根据公司所处行业竞争环境强弱将样本公司分为行业竞争环境强和行业竞争环境弱两类公司,将具有全国垄断性、寡头垄断、纯粹的公用事业和具有特殊专营权的公司列入行业竞争环境弱的类别,将在全国范围内不具有垄断性和有专营权但不是主营业务的列入行业竞争环境强的类别。经过划分,处于行业竞争较强环境的有71家公司,处于行业竞争较弱环境的共有30家公司。

本章后面的相关分析和回归分析中,对上市公司的治理绩效指标使用主营业务资产收益率(CROA = 主营业务利润/总资产)来衡量,因为这项指标受重视程度较高而且人为操作少,因此比较客观。

12.2 股权属性与公司治理绩效分析

12.2.1 股权属性的含义

股权属性指各类股东性质,我国上市公司的股东主要包括国有股东、法人股东、社会流通股股东三大类。不同性质的股东其目标函数及对上市公司的影响方式不同。国有股东由于多重委托代理关系和其目标函数的多维性,除特殊行业外并不具备效率上的优势。法人股东具有较大的独立性,且拥有明确的持股主体,不流通使其更加关注长期利益和公司的成长稳定发展,剩余索取权和剩余控制权大体上匹配,在管理监督效率上比国有股具有优势。社会流通股股东较多注重二级市场的价差,投机性较强,并不关注公司的长期发展,稳定性差,没有效率上的优势。

本章的国有股包括国家股和部分明显带有国家性质的国有法人股,法人股包括部分明显带有法人性质的国有法人股和其他法人股(其他法人股指境内法人股、外资法人股、其他发起人股和募集法人股之和剔除国有法人股的部分),社会流通股指流通 A 股。①

12.2.2 股权属性与公司治理绩效的相关性分析

为了确定公司治理绩效与股权属性的相关性，使用 SPSS11.0 将主营业务资产收益率和股权属性变量进行相关分析，分析结果如表 12-1 所示。

表 12-1　　　　　公司治理绩效与股权属性的相关性分析

治理绩效 股权属性	主营业务资产收益率（CROA）		
	总体样本公司	行业竞争环境强	行业竞争环境弱
国有股比例（PS）	-0.0232（P=0.818）	-0.0329（P=0.786）	0.0035（P=0.985）
法人股比例（PL）	0.0535（P=0.595）	0.0653（P=0.588）	0.0180（P=0.925）
流通股比例（PT）	-0.0694（P=0.490）	-0.0743（P=0.538）	-0.0583（P=0.759）

注：每一个方格内有两个数据，第一个数据表示相关系数，第二个数据（括号内的数据）表示相伴概率。

表 12-1 从总体趋势上显示了不同的行业竞争环境公司治理绩效与股权属性的相关性不同，且相关性非常低，但均未通过显著性检验。也即是说股权结构（国有股、法人股、流通股比例）与公司治理绩效之间绝非简单的线性关系。那么公司治理绩效与股权属性是否存在曲线关系，还需要进一步做回归分析。

假定一个初始的函数：PER = f(P)，PER 代表上市公司的治理绩效变量，P 代表公司股权属性变量，统计软件使用 SPSS11.0。

设定回归模型函数为（式1）所示的三次函数形式②，

$$PER = \beta_0 + \beta_1 P + \beta_2 P_2 + \beta_3 P_3 + e \tag{1}$$

式（1）中，PER 代表上市公司的治理绩效变量，用主营业务资产收益率（CROA）表示，β_0 为截距，P 为股权属性变量，分别取国有股比例（PS）、法人

---

① 目前关于国有法人股的属性规定使其具有了双重身份。股份有限公司国有股权管理暂行办法（1994年11月5日国资企发［1994］81号）规定：国家股和国有法人股统称为国有股权；中华人民共和国证券法规定：法人股则包括国有法人股和其他法人股。因此，从概念上看，国有法人股既属于国有股权的范围，又属于法人股的范围。为了将国有法人股进一步区分，本章对其进行了重新归类，归类方法：考虑持股主体之间的关系，将明显带有国家性质的归为国有股，偏向法人股性质的归为法人股（这种区分是根据上海证券交易所、深圳证券交易所、万通证券网公布的数据进行分类汇总而成）。

② 为了求得股权属性与公司绩效之间是什么样的函数关系，我们将公司的相关数据代入，在曲线回归（Curve Regression）中选择一元线性回归（linear）、二次函数（Quadratic）、复合函数（Compound）、对数函数（Logarithmic）、三次函数（Cubic）、指数函数（Exponential）、幂函数（Power）等多种模型对数据进行拟合分析，发现三次函数（Cubic）的形式中自变量对因变量的解释能力与拟合程度最高。

股比例（PL）和流通股比例（PT），e 为残值。

分别将行业竞争环境强和行业竞争环境弱的样本公司数据代入上述模型进行回归分析，回归结果如表 12-2 所示。

表 12-2　　　　不同行业竞争环境下公司治理绩效与股权属性的关系

行业竞争环境	CROA	β_0	β_1	β_2	β_3	(R^2)	(F)	(Sigf)	转折点
强	PS	0.0654	-0.0012	2.3E-05	-1.E-07	0.017	0.38	0.766	—
	PL	0.0582	0.0006	-5.E-05	6.7E-07	0.066	1.59	0.200	6.95；42.77
	PT	-0.0899	0.0152	-0.0005	4.4E-06	0.032	0.75	0.527	—
弱	PS	0.0720	-0.0010	-2.E-05	4.7E-07	0.185	1.97	0.143	-15.99；44.34
	PL	0.0702	-0.0035	7.7E-05	-3.E-07	0.175	1.83	0.166	27；144.11
	PT	0.5021	-0.0311	.0007	-5.E-06	0.041	0.37	0.778	—

注：R^2：R^2 统计量的值；F：F 检验值；Sigf：F 检验值的实际显著性水平即相伴概率值 p；β_0：常数项；β_1、β_2、β_3：回归系数。

由表 12-2 所示，不同的行业竞争环境，股权属性对公司治理绩效的影响不同。

1. 行业竞争环境强的上市公司法人股比例与公司治理绩效呈现出三次函数关系，国有股比例、流通股比例与公司治理绩效的 R_2 及 F 没有通过显著性检验（Sigf），因此它们与公司治理绩效没有显著的相关关系；而行业竞争环境弱的上市公司国有股比例、法人股比例与公司治理绩效呈现出三次函数关系，流通股比例与公司治理绩效的 R_2 及 F 没有通过显著性检验（Sigf），因此它们与公司治理绩效没有显著的相关关系。

2. 行业竞争环境强的上市公司，法人股比例与公司治理绩效呈现三次函数关系，为了更深入的了解法人股比例对公司治理绩效的影响，本章计算了三次函数的转折点，其转折点分别为 6.95% 和 42.77%，也就是说，当法人股比例在 0～6.95% 时，公司治理绩效与法人股比例存在正相关，利益趋同效应占主导地位；当法人股比例在 6.95%～42.77% 时，公司治理绩效与法人股比例存在负相关，利益侵占效应明显；当法人股比例超过 42.77% 时，此时虽然法人股东会追求自身利益，但其自身利益与公司价值以及其他股东利益间的相关性将显著增强，在某种程度上达到伯利和米恩斯所说的"个人所有者控制"的地步，两者关系又转为正相关。

3. 行业竞争环境弱的上市公司，国有股比例与公司治理绩效呈现三次函数关系，其转折点分别为 -15.99% 和 44.34%，国有股比例不可能为负值，因此将

-15.99%舍弃，国有股比例在大于0的范围内只有一个转折点44.34%，即国有股比例在0~44.34%时，公司治理绩效与国有股比例负相关，当国有股比例超过44.34%时，公司治理绩效与国有股比例正相关；法人股比例与公司治理绩效也呈现三次函数关系，其转折点分别为27%和144.11%，法人股比例不可能大于100%，因此将144.11%舍去，法人股比例在0~27%时，公司治理绩效与法人股比例负相关，当法人股比例在27%~100%时，公司治理绩效与法人股比例正相关。

4. 由上述实证检验，行业竞争环境强和行业竞争环境弱的上市公司，公司治理绩效与流通股比例均没有显著的相关关系，都没有通过显著性检验。这说明流通股股东由于极度分散且有"搭便车"的倾向，未起到很好的公司治理作用，因此其持股比例对公司治理绩效无明显影响。

12.3 股权集中度与公司治理绩效的分析

12.3.1 股权集中度的含义与度量

股权集中度指股东所持公司股份的比例及其相互关系，是全部股东因持股比例的不同所表现出来的股权集中还是分散的数量化指标。股权集中度是衡量公司的股权分布状态的主要指标，也是衡量公司稳定性强弱的重要指标。

本章的股权集中度采用五项指标：

1. 第一大股东持股比例（L_1），指第一大股东持股份额在公司总股份中所占的比重。如果 L_1 大于50%，则第一大股东处于绝对控股地位，其他中小股东则处于从属地位；如果 L_1 小于20%，则该股权结构属于分散型的；如果 L_1 居于20%~50%，则该股权结构属于相对控股型，控股大股东一般有一定的积极性监督激励经营者，进而主导公司的经营管理。因此，按照第一大股东持股比例的多少，可以将股权结构类型细分为绝对控股、相对控股、股权分散三类控股模式。

2. 股权控制度（CN），指公司被控制的其他股东的持股比例与控股股东的持股比例的比值。当控股股东的持股比例达到50%的时候，股权控制度CN等于1；当控股股东的持股比例为1/3时，CN等于2。显然，控制度CN值越低，控股股东的控股程度越高，CN值越高，股权的竞争性越强。

3. Z指数，即第一大股东与第二大股东持股份额的比值（L_1/L_2）。Z比率越大，第一大股东的权利越大，主导公司经营管理的控制权也越大；Z比率越小，其他法人股东用手投票的效用越大，参与公司治理的积极性也越高。

4. CR指数，一般用于衡量公司股权分布状态。如 CR_5、CR_{10} 分别代表了公司前 5 大股东和前 10 大股东持股数占公司总股份的比重，CRn 的变化反映了不同的大股东对于公司发展前景的看法，如果 CRn 较上一个报告期有所增加，则说明公司股权有集中的趋势，公司未来的经营业绩有增长的可能；反之若 CRn 减少，说明大股东不看好公司发展，纷纷趋向于抛售股票，因而从公司股权集中率的变化中往往可以得出很多关于公司发展的有价值的信息。

5. 赫芬达尔指数（Herfindahl），指公司前 n 位大股东持股比例的平方和。与 CRn 相比较，赫芬达尔指数的效用在于对持股比例取平方后，比例大的平方和与比例小的平方和之间差距加大，该指标突出了股东持股比例的差异。

12.3.2 股权集中度与公司治理绩效的相关性分析

为了确定公司治理绩效与股权集中度各项指标是否相关，即检验公司治理绩效与股权集中度各项指标的相关性，我们采用 SPSS11.0 进行检验，相关分析如表 12-3 所示。

表 12-3　不同行业竞争环境下公司治理绩效与股权集中度的相关性分析

治理绩效 股权集中度	主营业务资产收益率（CROA）		
	总体样本公司	行业竞争环境强	行业竞争环境弱
L_1	0.154（0.124）	0.082（0.496）	0.309*（0.096）
CR_3	0.147（0.142）	0.124（0.304）	0.204（0.279）
CR_5	0.154（0.125）	0.143（0.235）	0.187（0.323）
CR_{10}	0.187*（0.061）	0.170（0.157）	0.231（0.219）
CN	-0.142（0.157）	-0.113（0.349）	-0.207（0.274）
Z	-0.067（0.506）	-0.090（0.453）	0.083（0.661）
H_{10}	0.158（0.114）	0.087（0.470）	0.320*（0.085）

注：每一个方格内有两个数据，第一个数据表示相关系数，第二个数据（括号内的数据）表示相伴概率。第一个数据右上方的星号（*）表示显著性水平，一个星号表示显著性水平为 0.10，两个星号表示显著性水平为 0.05，三个星号表示显著性水平为 0.01。

由表 12-3 显示，只有行业竞争环境弱的 L_1、H_{10} 通过了 10% 的显著性检验，因此行业竞争环境弱的上市公司绩效与 L_1 和 H_{10} 成正比。其他各项数据均未通过显著性检验。

许多学者研究证明，不同的股权控制类型会对公司治理机制、经营目标及决策准则产生深刻影响，并最终影响到公司盈利能力和市场表现。拉波塔（La Porta，1999）等学者曾将 10% 或 20% 的最终持股比例作为判断是否存在控股股东的标准，但这一方法存在一个显著缺陷，就是没有充分考虑股权的分布状况。为解决这一问题，本章下面的回归分析提出以下原则作为划分标准：如果第一大股东的持股比例大于第二大至第十大股东的持股比例之和，就认为此公司存在控股股东；反之，则认为此公司的股权分布较为分散。此外，本章又根据第一大股东的持股性质，将存在控股股东的公司进一步划分为国有控股公司和法人控股公司。根据上述标准，行业竞争环境强的样本公司可划分为42家国有控股型公司，11家法人控股型公司，18家股权分散型公司。行业竞争环境弱的样本公司可划分为15家国有控股型公司，5家法人控股型公司，10家股权分散型公司。具体如表11-4所示。

表12-4　　　　　　　新标准下股权控制类型划分

控制类型划分标准	行业竞争环境强（71家）			行业竞争环境弱（30家）		
	国有控股	法人控股	股权分散型	国有控股	法人控股	股权分散型
$L_1 > (CR_{10} - L_1)$	42	11	18	15	5	10

为了验证不同的股权控制类型对公司治理绩效影响，设定回归模型（2），并进行回归分析，以了解股权分散型和股权集中型公司的治理绩效差异。

$$PER = \beta_0 + \beta_1 D_1 + \beta_2 (Control\ Variable) + e \qquad (2)$$

式（2）中，PER代表上市公司的治理绩效变量，用主营业务资产收益率（CROA）表示，D_1为虚拟变量，当公司存在控股股东时，D_1值为1，否则D_1值为0；Control Variable指控制变量，用公司规模SIZE表示。β_0为截距，β_1、β_2为系数，e为残值。

分别将行业竞争环境强和行业竞争环境弱的样本公司数据代入上述模型进行回归分析，回归结果如表11-5所示。

表12-5　　　　　　　股权控制类型对公司治理绩效的影响

	CROA（行业竞争环境强）			CROA（行业竞争环境弱）		
截距项	0.057 (2.445)	0.060 (2.353)	0.056 (2.158)	-0.013 (-0.33)	-0.003 (-0.053)	-0.015 (-0.311)
D_1	-0.006 (-0.435)			0.011 (0.694)		
D_2		0.013 (0.951)			-0.002 (-0.084)	
D_3			-0.003 (-0.225)			0.011 (0.574)

续表

	CROA（行业竞争环境强）			CROA（行业竞争环境弱）		
SIZE	0.002 (0.263)	−0.004 (−0.554)	0.002 (0.266)	0.022 (1.607)	0.023 (1.441)	0.023 (1.372)
调整的 R^2	−0.026	−0.017	−0.033	0.045	0.004	0.020
F 统计值	0.111	0.560	0.050	1.69	1.039	1.239

注：前五项每格内有两个数据，第一个数据为各项的回归系数，第二个数据（括号内的数据）为各项方差一致的 t 统计值。

由表 12-5 可以发现，行业竞争环境强的上市公司 D_1 的回归系数为负，表明股权分散型公司的治理绩效要好与股权集中型公司。行业竞争环境弱的上市公司 D_1 的回归系数为正，表明股权集中型公司的治理绩效要好于股权分散型公司。

对于行业竞争环境强的上市公司，如果股权高度集中，则缺乏形成权力制衡的产权基础，从而使第一大股东利用控股地位几乎完全支配了公司董事会和监事会，在公司治理中形成超强控制。另外，我国上市公司大部分以募集设立方式进行改组，大股东与其控股的上市公司之间存在许多生产经营方面的联系和非生产性经济往来，大股东和控股上市公司之间通过关联交易、商标租赁使用、原材料采购和商品销售以及上市公司为第一大股东提供资金或资金担保，形成不对等的资金交易关系，从而使上市公司增加了财务和经营风险。相反，在那些无控股股东、股权相对分散的上市公司中，公司治理结构的分权与制衡作用发挥得比较完善，证券市场的监控功能也能得到充分发挥。

对于行业竞争环境弱的上市公司，大部分是非竞争性或国家垄断性行业，一部分是关系国计民生、稀缺资源行业，一部分是市场准入条件高的行业，规模经济方可产生效益。这部分行业或者是由政府控制产量及市场价格，或者由寡头共谋定价，很大程度上不同于市场竞争行业。这部分企业，国家和政府的支持往往成为公司治理绩效好坏的最重要的因素。因此，这部分企业的业绩一般与控股股东呈正相关。

我们分别再对法人控股和国有控股这两类公司的治理绩效差异进行分析。将式（2）中的 D_1 用 D_2 来代替，并规定当公司属于国有控股时，D_2 值为 1，当公司属于法人控股时，D_2 值为 0。

表 12-5 的回归分析结果表明，行业竞争环境强的上市公司，D_2 的回归系数为正，表明国有控股型公司的治理绩效要优于法人控股型公司；行业竞争环境弱的上市公司，D_2 的回归系数为负，表明法人控股型公司的治理绩效要优于国有控股型公司。因此，根据这一项分析，对于行业竞争环境弱的非竞争性或国家垄断性行业，国家逐步放开，培育法人机构股东是有利的。对于竞争性行业，虽然国有控股型优于法人控股型，但两者的治理绩效都劣于股权分散型公司。因此

对于竞争性行业,应使其股权结构向分散型发展。

为了检验上述结论,对行业竞争环境强的上市公司治理绩效进行股权分散型和国有控股型比较;对行业竞争环境弱的上市公司治理绩效进行股权分散型和国有控股型比较。将式(2)中的 D_1 用 D_3 代替,并规定当公司属于国有控股时,D_3 值为 1,当公司属于股权分散型时,D_3 值为 0。

表 11-5 的回归分析结果表明,行业竞争环境强的上市公司,D_3 的回归系数为负,表明股权分散型公司的治理绩效优于国有控股型公司,因此,对于行业竞争性强的公司,分散型股权结构优于国有控股型,国有控股型优于法人控股型。行业竞争环境弱的上市公司,D_3 的回归系数为正,表明国有控股型公司的治理绩效优于股权分散型,因此,对于行业竞争性弱的公司,法人控股型结构优于国有控股型,国有控股型优于股权分散型。

12.4 主要结论与政策建议

12.4.1 主要结论

我们对前面的分析结果归纳如下:

1. 对于行业竞争环境强的上市公司,公司治理绩效与法人股比例呈三次函数关系,当法人股比例在 0~6.95% 时,公司治理绩效与法人股比例存在正相关,当法人股比例在 6.95%~42.77% 时,公司治理绩效与法人股比例存在负相关,当法人股比例超过 42.77% 时,公司治理绩效与法人股比例存在正相关。行业竞争环境弱的上市公司,国有股比例与公司治理绩效呈现三次函数关系,当国有股比例在 0~44.34% 时,公司治理绩效与国有股比例负相关;当国有股比例超过 44.34% 时,公司治理绩效与国有股比例正相关;法人股比例与公司治理绩效也呈现三次函数关系,当法人股比例在 0~27% 时,公司治理绩效与法人股比例负相关,当法人股比例在 27%~100% 时,公司治理绩效与法人股比例正相关。行业竞争环境强和行业竞争环境弱的上市公司,公司治理绩效与流通股比例均没有显著的相关关系。

2. 行业竞争性强的公司,分散型股权结构优于国有控股型,国有控股型优于法人控股型。行业竞争环境弱的上市公司,法人控股型结构优于国有控股型,国有控股型优于股权分散型。

12.4.2 政策建议

根据前面分析的结果,我们对股权结构的完善提出以下建议:

1. 对于行业竞争环境强的上市公司，应使其股权结构向分散型发展，持股主体首选法人股东。为此，我们要不断降低国有股比例和股权集中度，培育法人股东，建立法人持股的分散型股权结构，单个法人股东的持股比例小于等于 6.95%，整体法人股东持股比例大于 42.77%。对于行业竞争弱的上市公司，应发展控股型股权结构，控股股东首选法人股东。为此，要求国家逐步放开，培育法人机构股东，建立法人控股型股权结构，法人控股股东的持股比例大于 27%。

2. 不论行业竞争环境强弱，流通股比例对公司治理绩效无显著影响，主要是因为我国证券市场的不完善和投资者的短线心理，在股票市场和控制权市场不断完善的过程中，流通股比例不可能永远对公司治理绩效无影响。这就需要我们通过增加流通股比例，以流通股比例的增加推动股票市场和控制权市场的发展，股票市场和控制权市场的完善又反过来影响公司治理绩效，达到提高的目的。

在解析本章研究结果时需要注意：（1）本章用了深、沪两市一部分只发行 A 股、业绩较好、同一时期内上市的公司资料，因而不可避免的有一定的样本选择性（Sample Selection Bias）偏差。因此这些结果只适用于这类上市公司；（2）近年来一些研究认为，股权结构属于内生问题，也就是说机构股东可以选择业绩好的公司股份，而将业绩差的公司股份留给国家。但在我国目前情况下，是由政府决定哪些企业可以上市、上市的股数以及留在手中的股数，国家会将业绩好的公司股份留在手中，这种情况下不存在内生问题。随着市场化的进程，国家政策的放开，国有股的减持和机构法人股东的增加，我国的股权结构会转变为内生问题，本章未对这一问题进行分析。

参 考 文 献

1. 刁伟程：《香港上市中资公司治理结构研究》，广东经济出版社 2003 年版。
2. 苏武康：《中国上市公司股权结构与公司绩效》，经济科学出版社 2003 年版。
3. 胡汝银：《中国上市公司成败实证研究》，复旦大学出版社年 2003 版。
4. 中国上市公司资讯网，http://www.cnlist.com。
5. 深圳证券交易所，http://www.55188.net。
6. 上海证券交易所，http://www.sse.com.cn。
7. 巨潮资讯，http://www.sse.com.cn。
8. 中国证券监督管理委员会，http://www.csrc.gov.cn/c。

第 13 章

股权性质、信息透明度与股权融资成本*

安然、世通等公司丑闻的曝光，美国的公司治理体制不再是毫无瑕疵的标杆。2002 年萨班斯—奥克利法案的推出，越来越多的学者开始关注公司信息披露与透明度问题。由于中国证券市场的建立首要目的在于完成国企改革的历史使命，很难脱离政治干预独立存在，而包含了政治干预的公司治理存在许多内在的缺陷（Liu，2006[①]）。其中，上市公司的融资成本问题值得引起注意。由于中国上市公司 2/3 来自于国企改制而产生，其融资成本并不仅受市场因素影响，而更多地受到非经济因素影响，较为突出的是非理性投资行为的存在，容易导致股票价格的剧烈波动。由此，中国上市公司的融资成本是否受到信息透明度的影响，而股权性质是否对于信息透明度存在替代效应成为需要回答的问题。

13.1 文献回顾

信息披露作为连接证券市场参与方的纽带，成为证券市场良性运转的重要保证。目前，学术界对于信息披露与上市公司股权融资成本的关系进行了比较全面的研究。梅耶斯和梅吉拉夫（Myers and Majluf，1984）[②]、金等（Kim et al.，1994）[③] 进行了理论研究，认为股权融资成本的降低源于信息披露的增加，能够有效地解决信息不对称的问题。同时，国内外学者也对这一问题进行了实证研究。大部分学者的研究支持了信息披露质量与股权融资成本负相关的结论，如巴

---

* 本章内容发表在《东岳论丛》2010 年第 5 期。

① Liu, Q., Corporate governance in China: current practices, economic effects and institutional determinants, CESifo Economic Studies, 2006, 52 (2): 415–453.

② Myers, S. C. and N. S. Majluf, Corporate financing and investment decisions when firms have information that investors do not have, Journal of Financial Economics, 1984, 13: 187–221.

③ Kim, O. and R. Verrecchia, Market liquidity and volume around earnings announcements, Journal of Accounting and Economics, 1994, 17 (1–2): 41–67.

恰塔亚等（Bhattacharya et al., 2003）[①]、弗朗西斯等（Francis et al., 2004）[②]、汪炜与蒋高峰（2004）[③]、曾颖与陆正飞（2006）[④]、晏艳阳等（2008）[⑤]。

然而，有的学者却对上述观点提出了质疑。斯金纳（Skinner, 1994）[⑥]从法律风险角度指出信息披露水平的提高，不利于公司的融资成本下降。布席等（Bushee et al., 1999）[⑦]、布托森等（Botosan et al., 2002）[⑧]认为提高信息披露水平，将吸引频繁的投资，会加剧股票价格的波动性，从而提高股权融资成本。

综合以上，目前学术界对于信息披露与股权融资成本关系问题的研究全面，视角丰富，但观点上存在一定的分歧，显示了对于这一问题进行研究的必要性。同时，在中国特殊的制度背景下，国有企业与民营企业并存于中国证券市场，股权性质的差异可能影响企业的竞争环境，正如郭广昌所言："民营企业需要的不是什么特权，需要的是公平的竞争环境。"但是，对于股权性质、信息透明度与股权融资成本的关系却没有深入研究，本章旨在回答这一问题。

13.2 理论分析与假设提出

由于中国资本市场定价传导机制的缺失，以及中国股票市场非理性投资行为的存在，如投资者不以股票价值而以股票的概念为判断标准，中国股票市场换手率高于世界其他国家或地区的换手率。[⑨]卞江、徐向艺（2004）借助行为金融学思想，提出在投资者非理性、市场定价缺乏效率的情况下，股票价格不能作为代理人能力与业绩的传递信号，因此市场选择权对于代理人的控制效率将会

---

① Bhattacharya, U., H. Daouk and M. Welker, The world price of earnings opacity, The Accounting Review, 2003, 78 (3): 641–678.

② Francis, J., R. Leford, P. M. Olsson and K. Schipper, Cost of equity and earning attributes, The Accounting Review, 2004, 79 (4): 967–1010.

③ 汪炜、蒋高峰：《信息披露、透明度与资本成本》，载《经济研究》2004年第7期，第107~114页。

④ 曾颖、陆正飞：《信息披露质量与股权融资成本》，载《经济研究》2006年第2期，第69~79页。

⑤ 晏艳阳、刘弢、彭敏：《信息披露质量对股权融资成本的影响分析》，载《证券市场导报》2008年第4期，第23~33页。

⑥ Skinner, D. J., Why firms voluntarily disclose bad news? Journal of Accounting Research, 1984, 32 (1): 38–60.

⑦ Bushee, B. and C. F. Noe, Unintended consequences of attracting institutional investors with improved disclosure, Working paper, Harvard University, 1999.

⑧ Botosan, C. A. and M. A. Plumlee, A re-examination of disclosure level and the expected cost of equity capital, Journal of Accounting Research, 2002, 40 (1): 21–40.

⑨ Cheung, Yan-Leung, Ping Jiang, Piman LIMPAPHAYOM, and Tong Lu, Does corporate governance matter in China? China Economic Review, 2008, 19 (3): 460–479.

大打折扣。① 因此，结合中国实际情况，信息披露可能加剧股价的波动，进而难以有效地降低股权融资成本。布席等（Bushee et al.，1999）、布托森等（Botosan et al.，2002）也经过研究论证了信息披露与股权融资成本的正相关关系。基于此，本章提出假设：

假设1：在中国资本市场上，信息披露质量与股权融资成本存在相关关系，即股权融资成本与信息披露质量呈现显著的正相关关系。

中国作为一个"新兴+转轨"的经济体，不能忽视的是上市公司的国有背景影响着证券市场的发展与完善，由于公有制的主体地位，国家以国有资产代表的身份同时扮演着所有者与经营者的角色，但"所有者缺位"导致代理问题的出现，使得具有国有背景的上市公司经营效率并不理想。② 同时，信息披露与监管虽然正逐步完善，但大量不成熟的投资者的存在，使得中国资本市场的非理性投资行为比较普遍，如对于国有股的信任，使得国有上市公司有可能利用财务报表引导投资者。因此，国有上市公司在治理方面，如信息透明度不足的情况下，存在较同等治理水平的非国有上市公司以更低的成本获取资本支持的可能，即股权融资成本更低。国外学者米安等（Mian et al.，2006）③对巴基斯坦的公司银行贷款情况进行了研究，发现有政府背景的企业可以获得超过45%的贷款，但违约率高出50%。

另外，由于非政府背景的出身，非国有控股上市公司在市场竞争中遭遇种种不公平的对待，在资本市场非理性行为普遍的条件下，投资者关注的更多在于其盈利预期与财务状况。基于此，本章提出假设：

假设2：在其他条件相同的情况下，国有控股上市公司的信息透明度水平与股权融资成本存在显著的正相关关系；非国有控股上市公司的信息透明度水平与股权融资成本不存在显著的相关关系。

13.3 研究设计

13.3.1 模型设计

本章采用多元回归的方法研究股权性质、信息透明度与股权融资成本的关

---

① 卞江、徐向艺：《"无效市场"条件下的股东控制权分析——公司治理理论的行为金融学视角》，载《山东社会科学》2004年第8期，第36~39页。
② 杨兴全、张照南：《制度背景、股权性质与公司持有现金价值》，载《经济研究》2008年第12期，第111~123页。
③ Mian, A. and A. I. Khwaja, Tracing the impact of bank liquidity shocks: evidence from an emerging market, Working Paper, 2006.

系，首先通过模型Ⅰ~Ⅲ验证假设1，然后通过模型Ⅳ~Ⅵ验证假设2。因此，构建模型如下：

模型Ⅰ：
$$COST = \alpha_0 + \alpha_1 EA + \alpha_2 \beta + \alpha_3 GROWTH + \alpha_4 LEV + \alpha_5 TAT + \alpha_6 SIZE + \varepsilon$$

模型Ⅱ：
$$COST = \alpha_0 + \alpha_1 ES + \alpha_2 \beta + \alpha_3 GROWTH + \alpha_4 LEV + \alpha_5 TAT + \alpha_6 SIZE + \varepsilon$$

模型Ⅲ：
$$COST = \alpha_0 + \alpha_1 EA + \alpha_2 ES + \alpha_3 \beta + \alpha_4 GROWTH + \alpha_5 LEV + \alpha_6 TAT + \alpha_7 SIZE + \varepsilon$$

模型Ⅳ：
$$COST = \alpha_0 + \alpha_1 EA + \alpha_2 FINAL \times EA + \alpha_3 \beta + \alpha_4 GROWTH + \alpha_5 LEV + \alpha_6 TAT + \alpha_7 SIZE + \varepsilon$$

模型Ⅴ：
$$COST = \alpha 0 + \alpha 1 ES + \alpha 2 FINAL \times ES + \alpha 3 \beta + \alpha 4 GROWTH + \alpha 5 LEV + \alpha 6 TAT + \alpha 7 SIZE + \varepsilon$$

模型Ⅵ：
$$COST = \alpha_0 + \alpha_1 EA + \alpha_2 FINAL \times EA + \alpha_3 ES + \alpha_4 FINAL * ES + \alpha_5 \beta + \alpha_6 GROWTH + \alpha_7 LEV + \alpha_8 TAT + \alpha_9 SIZE + \varepsilon$$

13.3.2 变量定义

1. 被解释变量。本章以股权融资成本作为被解释变量（用 COST）表示。目前，计量股权融资成本的模型很多，但由于假设较为严格，导致可操作性不强，股权融资成本的计量问题也成为理论界的难点。鉴于数据资源的可获得性与计算的合理性，本章采用奥森和于特纳－瑞罗特（Ohlson and Juettner – Nauroth, 2005）[1] 提出经济增长方法（OJN）模型计量股权融资成本，并参考许蕾（2009）[2] 的方法，其计算公式如下：

$$Cost = A + \sqrt{A^2 + \left[\frac{eps_1}{p_0}\right]\left[\frac{eps_2 - eps_1}{eps_1} - (r-1)\right]}$$

$$A = \frac{1}{2}\left[(r-1) + \frac{dps_1}{p_0}\right]$$

其中，COST 表示股权融资成本；（r－1）表示长期盈余增长率，一般取 2%；p_0 表示当前股价，一般采用年末的股价衡量；dps_1 表示当年的每股现金股利；eps_i 表示第 i 年的预期每股收益。

---

[1] Ohlson, J. and B. Juettner – Nauroth, Expected EPS and EPS growth as determinants of value, Review of Accounting Studies, 2005, 10 (9): 349－365.

[2] 许蕾：《上市公司信息披露质量与股权融资成本的相关性研究》，南京理工大学硕士论文，2009 年。

2. 解释变量。本章采用目前适用性较强的，由巴恰塔亚等（Bhattacharya et al.，2003）[①] 提出的收益激进度与收益平滑度两个替代指标反映信息透明度。曾颖、陆正飞（2006）[②]、王克敏等（2009）[③] 均采用这种方法。

收益激进度（EA），根据巴恰塔亚（Bhattacharya）等的界定，核心思想为延迟确认损失但加快确认收入，因此导致应计利润的增加。考虑到目前学术界对于操纵性应计利润的度量方法存在分歧，同时 2007 年中国调整了会计准则，使得累计折旧与待摊费用无法直接获得，为了便于核算，本章参考王克敏等（2009）的方法，对于收益激进度的计算公式如下：

$$EA_{it} = \frac{ACC_{it}}{TA_{it-1}}$$（ACC 表示 i 年 t 公司的应计项目，TA 表示 i − 1 年 t 公司的总资产）

$$ACC = \Delta Liq - \Delta Lia - \Delta Cash + \Delta L - Lia + \Delta Tax$$

（ΔLiq 表示流动资产的变动，ΔLia 表示流动负债的变动，$\Delta Cash$ 表示货币资金的变动，$\Delta L - Lia$ 表示一年内到期的非流动性负债的变动，ΔTax 表示应交税费的变动）

收益平滑度（ES），巴恰塔亚（Bhattacharya）等定义 ES 为应计项目的变动与对应年份的现金流变化的相关关系，并认为若二者变化不一致，相关系数绝对值越大，越可能存在利用差异平滑收益，计算公式如下：

$$ES_{it} = Correl(\Delta ACC_{it}, \Delta CF_{it})$$（本章采用相应年份以及前两年数据计算 ES）

3. 控制变量。本章根据现有文献与相关研究，并参考曾颖、陆正飞（2006）方法，选取控制变量如下：

β 系数。资本资产定价模型指出，企业股权融资成本取决于该企业股票的 β 系数。曾颖、陆正飞（2006）指出以往几乎所有的同类研究都采用了 β 系数作为控制变量，并且实证结果也都显示 β 系数与股权融资成本正相关。[④]因此，本章预期股权融资成本与 β 系数呈正相关关系。本章 β 系数数值直接取自 CCER 数据库。

企业成长性（GROWTH）。本章采用主营业务增长率作为企业成长性的指标。企业的盈利预期越高，财务状况越好，投资者承担的风险越小，企业股权融资成本相应降低，因此，本章预期股权融资成本与主营业务增长率呈负相关关系。

财务杠杆（LEV）。本章采用资产负债率作为财务杠杆的指标。修正的 MM

[①] Bhattacharya, U., H. Daouk and M. Welker, The world price of earning capacity. Accounting Review. 2003, 78 (3): 641 – 678.

[②④] 曾颖、陆正飞：《信息披露质量与股权融资成本》，载《经济研究》2006 年第 2 期，第 69 ~ 79 页。

[③] 王克敏、姬美光、李薇：《公司信息透明度与大股东资金占有研究》，载《南开管理评论》2009 年第 4 期，第 83 ~ 91 页。

理论认为，企业的财务杠杆与股权融资成本呈正相关关系。[1] 因此，本章预期股权融资成本与财务杠杆呈负相关关系。

资产周转率（TAT）。本章采用总资产周转率作为资产周转率的指标。叶康涛等（2004）[2] 认为，企业的资产周转率越低，潜在的代理问题就越严重，导致股权融资成本就越高。因此，本章预期股权融资成本与资产周转率呈负相关关系。

企业规模（SIZE）。本章采用企业总资产的对数作为企业规模的指标。一般来说，规模较大的企业更倾向于完善的运营，以获得良好的知名度，有助于其以更低的成本融到资金。因此，本章预期股权融资成本与企业规模呈负相关关系。

13.3.3 样本与数据

本章以上海与深圳两市交易所 A 股上市公司 2004~2008 年度数据为研究对象，样本公司数据来源于 CCER 数据库与 CSMAR 数据库，部分数据根据公司年度财报手工整理。本章根据以下标准对于数据进行剔除整理：剔除金融类公司；剔除 2004~2008 年被 ST 和 PT 的公司；剔除数据不全或者缺失的公司；剔除极端值公司。最终获取 337 家上市公司，共 1011 个截面观测样本数据，并根据国有控股与否将样本公司分为两组，其中国有控股上市公司 239 家，非国有控股上市公司 98 家。

本章采用 Excel 与 Stata10.0 进行数据计算与多元回归分析。

13.4 实证结果与分析

13.4.1 描述性统计

通过表 13-1 的描述性统计，全样本的股权融资成本均值与标准差分别为 0.1419 与 0.0862，国有与非国有样本的股权融资成本与全样本差异不大，并且极值也基本一致，可见目前资本市场上国有控股上市公司与非国有控股上市公司的股权融资成本差别不大。

---

[1] Modigliani, F. and M. H. Miller, Corporate income taxes and the cost of capital: a correction. American Economic Review, 1963, 53 (3): 433-443.

[2] 叶康涛、陆正飞：《中国上市公司股权融资成本影响因素分析》，载《管理世界》2004 年第 5 期，第 127~134 页。

表13-1　　　　　　　　　主要变量的描述性统计

变量	股权性质	平均值	中位数	标准差	最小值	最大值
股权融资成本	全样本	0.1419	0.1213	0.0862	0.0152	0.6672
	国有	0.1419	0.1239	0.0867	0.0152	0.6672
	非国有	0.142	0.1186	0.085	0.0211	0.6671
收益激进度	全样本	-0.0087	-0.0043	0.1449	-1.2714	1.0490
	国有	0.0119	-0.0019	0.147	-0.4198	0.7682
	非国有	-0.0169	-0.0066	0.1372	-1.2714	1.0490
收益平滑度	全样本	0.2325	0.4347	0.6937	-1.0000	1.0000
	国有	0.2620	0.4667	0.6841	-1.0000	1.0000
	非国有	0.1469	0.3667	0.714	-0.9989	1.0000
财务杠杆		0.4631	0.4728	0.1703	0	0.9158
企业规模		21.9902	21.8924	1.1365	19.0662	26.0217

全样本的收益激进度均值为-0.0087，说明样本公司收益激进度总体较低，信息透明度较好；国有样本收益激进度均值为正，而非国有样本均值为负，说明国有样本公司有更大的采用调整应计项目的方式隐蔽应计利润，降低信息透明度的动机。这一发现也为本章假设的成立提供了可能。

同时，样本公司财务杠杆比率较高，均值为0.4631，显示了样本公司的财务风险较高；企业规模均值为21.9902，相比以往同类研究均值较高，说明经过近几年的发展，中国上市公司总体规模获得了较大的发展。

13.4.2 多元回归分析

基于面板数据的特殊性，本章采用Stata10.0进行数据处理。通过Hausman检验选择固定效应进行多元回归分析，结果如表13-2所示。

表13-2　　　　　　模型Ⅰ~Ⅲ全样本多元回归分析结果

	模型Ⅰ	模型Ⅱ	模型Ⅲ
常数项	-0.9435*** (-2.75)	-0.8925*** (-2.45)	-0.911** (-2.49)
EA	-0.0404* (-1.75)		-0.0599* (-1.78)
ES		0.0001 (0.01)	-0.0001 (-0.02)

续表

	模型 I	模型 II	模型 III
β	-0.0025 (-0.10)	-0.0181 (-0.64)	-0.17 (-0.61)
Growth	-0.0301*** (-2.99)	-0.0376*** (-3.44)	-0.371*** (-3.41)
Lev	-0.0032 (-0.06)	0.0291 (0.49)	-0.003 (-0.05)
Tat	-0.7702*** (-4.33)	-0.8847*** (-5.17)	-0.846*** (-4.99)
Size	0.0546*** (3.49)	0.0528*** (3.19)	0.054*** (3.25)
F	7.61***	9.14***	7.88***
调整 R^2	0.1068	0.1093	0.1175

注：*** 表示在 1% 置信水平下显著，** 表示在 5% 置信水平下显著，* 表示在 10% 置信水平下显著。括号内为 t 值。本章下同。

表 13-2 总结了模型 I ~ III 的回归分析结果。收益激进度（EA）与股权融资成本存在显著的负相关关系，即在 10% 的水平上显著；收益平滑度的系数并不显著。因此，收益激进度越高，上市公司信息透明度越低，上市公司股权融资成本反而更低。也就是说，投资者更多的关注应计项目的变化，并以此作为投资判断的标准，容易受到上市公司灵活的盈余管理的误导，从而加剧股票价格的波动。实证结果基本验证了假设 1，也在一定程度上证明了目前中国资本市场非理性投资行为的存在。

成长性系数为负，且均在 1% 的显著性水平上显著，与预期符号一致，说明企业盈利预期越好，财务状况越好，股权融资成本越低，同时，上市公司可以获得更多可利用的资源进行灵活的盈余管理，优化应计项目，诱导投资者的行为；资产周转率与企业规模符号均与预期一致，且均在 1% 水平上显著，与叶康涛等结论一致；β 系数与财务杠杆系数不显著，说明两因素对于股权融资成本的影响不大，同时支持了投资者容易受到盈余管理误导的结论，证明了非理性投资行为的存在。

表 13-3 总结了模型 VI ~ IV 分样本的回归分析结果。国有样本中，收益激进度与股权融资成本呈负相关关系，且分别在 10% 与 5% 的置信水平下显著；收益平滑度系数并不显著。因此，收益激进度越低，即信息透明度越高，投资者的非理性行为会加剧股票的股价波动，进而导致国有控股上市公司股权融资成本越

高,部分支持了假设2。非国有样本中,收益激进度、收益平滑度与股权融资成本均无显著相关关系,但成长性与股权融资成本显著负相关,分别在10%、5%、5%的置信水平下显著,支持了假设2关于非国有样本的假设。实证结果说明了信息透明度不足的情况下,由于非理性投资行为的存在,国有控股的上市公司可能较非国有控股的上市公司以更低的成本获取资本支持,而对于非国有控股的上市公司,投资者关注的更多在于其成长性,即盈利预期与财务状况。综合以上,假设2得到验证。

表13-3　　　　　　　模型Ⅵ~Ⅳ分样本多元回归分析结果

	模型Ⅵ		模型Ⅴ		模型Ⅳ	
	国有	非国有	国有	非国有	国有	非国有
常数项	-0.642* (-1.70)	-1.805*** (-2.83)	-0.625 (-1.64)	-1.868* (-2.42)	-0.626* (-1.67)	-1.854** (-2.29)
EA	-0.062* (-1.66)	0.0188 (0.31)			-0.080** (-2.08)	0.001 (0.15)
ES			0.0061 (0.85)	-0.017 (-1.30)	0.006 (0.78)	-0.017 (-1.30)
β	-0.052 (-1.78)	0.0968 (2.10)	-0.059 (-1.86)	0.071 (1.26)	-0.056 (-1.82)	0.071 (1.27)
Growth	-0.032*** (-2.57)	-0.027* (-1.71)	-0.037*** (-2.98)	-0.039** -2.24	-0.038*** (-2.94)	-0.039** (-2.22)
Lev	0.0249 (0.33)	0.0425 (0.55)	0.068 (0.94)	0.054 (0.59)	0.028 (0.36)	0.059 (0.61)
Tat	-0.923*** (-4.86)	-0.631* (-1.84)	-1.081*** (-5.61)	-0.598* (-1.87)	-1.039*** (-5.43)	-0.607* (-1.96)
Size	0.043** (2.45)	0.09*** (3.07)	0.042** (2.40)	0.093*** (2.67)	0.043** (2.47)	0.092** 2.50
F	7.16***	3.96***	8.52***	3.66***	7.29***	3.54***
调整R^2	0.1090	0.1450	0.1220	0.1589	0.1377	0.1590

13.4.3　稳健性检验

为了考察研究结论的稳健性,本章采用以融资便利性(采用长期负债+短期负债/总资产)作为股权融资成本替代指标,进行多元回归分析。结论各变量符号与显著性基本一致，表明本章实证研究结果具有较高的稳健性。

13.5 研究结论与政策建议

本章通过实证研究发现中国上市公司信息透明度与上市公司股权融资成本正相关，说明信息透明度会对其股权融资成本产生负面影响。原因在于中国资本市场尚不完善，并且非理性投资行为普遍存在，如羊群行为，导致信息的披露加剧股票价格的波动，增加投资者的风险预期，无法有效地降低股权融资成本。本章进一步研究了股权性质是否对于信息透明度存在替代效应，研究发现国有控股上市公司的信息透明度水平与股权融资成本存在显著的正相关关系，而非国有控股上市公司不存在显著的相关关系。原因在于由于非理性投资行为的存在，投资者对于国有控股上市的股票更多的关注于其"国有股"的概念，针对信息的披露频繁地换手，加剧股票价格的波动，无法有效降低股权融资成本；对于非国有控股上市公司的股票却更多地关注于其盈利预期与财务状况，而对公司的信息披露透明度并不敏感。

基于以上结论，本章提出如下政策建议：

1. 由于非理性投资行为的存在，企业应着手完善其信息披露制度，并提高信息披露的质量，强化信息的透明度与对称性，消除信息栅栏与壁垒，为投资者提供决策所需的信息，提高投资者决策的理性与有效性，规避非理性投资行为。

2. 对于资本市场参与者进行证券知识的普及教育，培育更为专业、理性、成熟的投资者。资本市场的日益完善与投资者基本素质的提高二者相互促进，共同演进。更为专业、理性、成熟的投资者根据市场价值进行投资判断，并能够运用科学的投资方法、工具规避风险，这一群体的壮大能够有效地淡化中国股票市场的投机氛围。

参 考 文 献

1. Bhattacharya, U., H. Daoukand and M. Welker, The world price of earning opacity, The Accounting Review, 2003, 78 (3): 641-678.

2. Botosan, C. A. and M. A. Plumlee, Re-examination of disclosure level and the expected cost of equity capital, Journal of Accounting Research, 2002, 40 (1): 21-40.

3. Bushee, B. and C. F. Noe, Unintended consequences of attracting institutional investors with improved disclosure, Working paper, Harvard University. 1999.

4. Modigliani, F. and M. H. Miller, Corporate income taxes and the cost of capital: a correction, American Economic Review, 1963, 53 (3): 433-443.

5. Francis, J. and R. Leford, P. M. Olsson and K. Schipper, Cost of equity and earning attributes, The Accounting Review, 2004, 79 (4): 967 – 1010.

6. Kim, O. and R. Verrecchia, Market liquidity and volume around earnings announcements, Journal of Accounting and Economics, 1994, 17 (1): 41 – 68.

7. Mian, A. and A. I. Khwaja, Tracing the impact of bank liquidity shocks: evidence from an emerging market, Working Paper. 2006.

8. Myers, S. C. and N. S. Majluf, Corporate financing and investment decisions when firms have information that investors do not have, Journal of Financial Economics, 1984, 13 (2): 187 – 221.

9. Ohlson, J. and B. Juettner – Nauroth, Expected EPS and EPS growth as determinants of value, Review of Accounting Studies, 2005, 10 (9): 349 – 365.

10. Liu, Q., Corporate governance in China: current practices, economic effects and institutional determinants, CESifo Economic Studies, 2006, 52 (2): 415 – 453.

11. Skinner, D. J, Why firms voluntarily disclose bad news? Journal of Accounting Research, 1984, 32 (1): 38 – 60.

12. Cheung, Yan – Leung, Ping Jiang, Piman LIMPAPHAYOM, and Tong Lu, Does corporate governance matter in China? China Economic Review, 2008 19 (3): 460 – 479.

13. 卞江、徐向艺:《"无效市场"条件下的股东控制权分析——公司治理理论的行为金融学视角》,载《山东社会科学》2004 年第 8 期,第 36 ~ 39 页。

14. 王克敏、姬美光、李薇:《公司信息透明度与大股东资金占有研究》,载《南开管理评论》2009 年第 4 期,第 83 ~ 91 页。

15. 汪炜、蒋高峰:《信息披露、透明度与资本成本》,载《经济研究》2004 年第 7 期,第 107 ~ 114 页。

16. 许蕾:《上市公司信息披露质量与股权融资成本的相关性研究》,南京理工大学硕士论文,2009 年。

17. 晏艳阳、刘弢、彭敏:《信息披露质量对股权融资成本的影响分析》,载《证券市场导报》2008 年第 4 期,第 23 ~ 33 页。

18. 杨兴全、张照南:《制度背景、股权性质与公司持有现金价值》,载《经济研究》2008 年第 12 期,第 111 ~ 123 页。

19. 叶康涛、陆正飞:《中国上市公司股权融资成本影响因素分析》,载《管理世界》2004 年第 5 期,第 127 ~ 134 页。

20. 曾颖、陆正飞:《信息披露质量与股权融资成本》,载《经济研究》2006 年第 2 期,第 69 ~ 79 页。

第 14 章

公司自由现金流、负债融资与过度投资[*]

现代企业中自由现金流处于经理人控制之下，经理人有可能将企业资金投入到能够给自己带来私人收益而损害公司价值的非营利项目，从而导致过度投资。目前中国上市公司过度投资倾向比较严重，自由现金流的存在和"预算软约束"则将这种"倾向"催化为实际行动。实证研究发现，第一，上市公司过度投资程度与短期负债水平负相关，与长期负债正相关，即负债期限越长，股东—债权人冲突越严重，负债代理成本越高，由此引起的过度投资程度也越大；第二，短期负债对中国上市公司过度投资只起到微弱的约束作用，长期负债不仅未起到约束作用，而且助长了上市公司的过度投资倾向。这从另一个角度说明在市场经济和资本市场发展的不成熟阶段，由于中国企业的制度背景、股权结构、融资结构、公司治理、市场环境等与西方发达国家相比存在很多不同的特点，其企业行为不能完全套用西方财务理论来解释。

14.1 引　言

由于现代企业所有权与控制权相分离、存在委托代理成本，经理人并不总是按照企业价值最大化的原则进行决策，他们可能利用控制的自由现金流从事一些损害公司价值但使自己受益的非营利项目，从而导致过度投资等机会主义行为。企业自由现金流代理成本的大小取决于两方面的因素：一是企业拥有自由现金流的数量；二是企业代理问题的严重程度。在理论上，负债和现金股利可以通过减少经理人自由支配的现金流的数量，以减少他们进行过度投资的机会，从而降低企业自由现金流代理成本。经理人可以自由支配的现金流越少，他们就越难投资于净现值为负的项目。

在一个产权制度较为完善、法律制度较为健全的市场经济体制下，适度的企业负债能够通过本息的固定支付减少可供经理人支配的现金流，使经理人面临更

---

[*] 本章内容发表在《软科学》2008 年第 7 期。

多的监控和约束，抑制经理人出于个人私利滥用企业资金而进行的过度投资行为。负债融资的相机治理机制与股权融资的直接控制机制，构成了资本结构与公司治理相互耦合的基础。

14.2 文献评述

现代公司金融理论认为，负债融资对企业投资行为的影响具有两面性：一方面负债融资带来的股东—债权人冲突引发了企业的资产替代和投资不足行为，要么投资于减少债券价值和债权人收益的高风险项目，要么放弃对债权人有利的低风险项目的投资，增加了代理成本；另一方面，负债减少了可供经理人支配的现金流，并使经理人面临更多的监控和破产风险，缓解了股东—经理人冲突带来的过度投资行为，降低了经理委托代理成本。约翰和斯波特（John and Senbet）通过实证研究证明了，债务融资可以对股东—经理人冲突所带来的过度投资问题起到约束功效。舒尔茨（Stulz）发现，在不考虑负债代理成本的情况下，最优融资政策能够减少经理过度投资给股东带来的成本，并且这些政策受现金流分布的影响。

西方学者对企业投融资行为及其关系进行的研究，均以成熟的市场经济为背景。虽然我国企业的市场化行为进程在加快，但是由于现行的产权制度安排，政府对企业的非营利性干预作用是不能忽视的；而且上市公司受到股权结构以及政策环境等诸多因素的影响，在融资和投资行为上都表现出了与西方发达国家上市公司不同的特点。在这种背景下，不同债务期限结构的负债代理成本有何差异？负债融资对中国上市公司的过度投资行为是否起到应有的抑制约束功效？这些都是中国企业及资本市场进一步发展亟须回答的问题。

迄今为止，国内学者较少对上述问题做出明确的解答。从现有的文献来看，童盼和陆正飞从考察负债融资及负债来源对企业投资行为的影响，揭示出了我国上市公司中股东—债权人冲突和负债作为治理机制所带来的经济后果。何进日和周艺通过理论模型说明，债务融资虽然不能完全消除企业过度投资的行为，但它能提高企业投资决策点，从而可以在抑制企业过度投资和非效率投资方面发挥作用。油晓峰对我国上市公司的资产负债比率和资本成本的关系作了实证分析，得出了可通过加强负债融资来治理过度投资的结论。兰艳泽通过将投资年度后的净资产利润率与基期的净资产利润率进行比较，将企业划分为过度投资组和非过度投资组，对两个组的负债率指标均值进行统计检验，结果无显著差别，进而认为负债对中国企业过度投资没有明显的约束作用。

可以看出，国内学者对负债的约束作用发挥程度尚未达成共识，已有的研究存在三处明显不足：第一，由于无法准确衡量企业的过度投资程度，要么分成过度投资组与非过度投资组进行比较，要么以投资效率来代替企业的过度投资程度，而无法得到一致的结论；第二，不同期限结构的负债代理成本和债权治理效率是显著不同的，而现实中长期负债和短期负债影响投资行为的机理也是存在显著差异的，而已有的对债务约束效用的研究尚未区分短期负债与长期负债，难以对我国企业的投融资关系做出正确解答；第三，已有研究大多停留于对负债融资约束功效的检验，而未能对出现检验结果的深层次原因进行分析。

本章将首先借鉴国外企业投资行为研究最新进展，结合中国企业实际，构建经济计量模型，对上市公司过度投资程度进行衡量；在此基础上，验证上市公司过度投资程度与自由现金流的敏感性；然后区分短期负债与长期负债，在中国制度背景下分别检验不同期限结构的负债对上市公司过度投资的约束功效；最后分析出现实证结果的深层次原因。

14.3 重要变量的选择与定义

企业的实际投资支出可以分为两部分：适度投资支出（Optimal investment on new projects）和过度投资支出（Over-investment in new projects）。要对企业过度投资的程度进行衡量，关键是要识别企业实际投资支出中哪些是企业成长机会驱动的正常（适度）投资支出。本章在实证过程中利用主成分分析法构造企业成长机会综合函数。根据理查德森（Richardson）在2003年对企业最佳投资水平衡量时采用的方法，本章将上市公司最佳投资水平视为该企业成长机会的增函数。即

$$I^* = a + bV_{go} + \varepsilon \tag{1}$$

自由现金流量（Free cash flow）采用如下计量方法，净利润经过弥补亏损、提取法定公积金、法定公益金后的可分配利润，加上折旧与摊销，扣除向股东发放的现金股利和当期增加的营运资金后剩余的现金流量。采用这一计量方法，可以较真实地反映公司的实际经营状况及决策者可"自由"运用的内部资金，也能更好地表达"自由现金流"这一概念的内涵。

14.4 实证研究结果与分析

本章以中国A股上市公司2001~2004年的数据开展研究。有关数据来自国泰安CSMAR数据库以及证监会网站。笔者根据上市公司年报对CSMAR数据库中缺失的数据及字段进行了补充。为保证结果的准确性、客观性，剔除ST、PT和金融类公司以及控制权发生变更的公司，得到447个有效样本。

14.4.1 上市公司过度投资程度的计量

分别计量样本个体的资产增长率、净利润增长率、主营业务收入增长率以及托宾Q值和市净率，利用主成分分析法构造上市公司成长机会得分函数（见表14-1）。

表14-1　　　　　　　　　　因子分析的因子载荷矩阵

	Component			
	1	2	3	4
G1	0.339	0.755	-0.233	-0.486
G2	0.249	0.338	0.907	-0.018
G3	0.292	0.766	-0.205	0.531
G4	0.809	-0.421	-0.005	0.160
G5	0.872	-0.256	-0.095	-0.132

根据主成分方差百分比数值，进行因子提取，可以得到成长机会综合函数：

$$V_{go} = 0.33538F_1 + 0.30280F_2 + 0.18576F_3 + 0.11220F_4 \tag{2}$$

对样本公司投资支出与成长机会进行回归分析，得到投资需求函数：

$$I^* = 0.105 + 0.09V_{go} \tag{3}$$

其中 I^* 是企业正常的投资需求与期初总资产的比值；V_{go} 是企业的成长机会综合值。由此，可以得到样本公司当期的最佳投资水平及过度投资程度。

14.4.2 上市公司"过度投资"与自由现金流的敏感性

为检验自由现金流是否对中国上市公司过度投资起到推波助澜的"催化"作用，以及这种作用在多大程度上影响了上市公司的过度投资，建立如下模型：

$$I_i^e = \beta_0 + \beta_1 CF_i + \beta_2 \times D_i \times CF_i + \varepsilon_i \tag{4}$$

这里 I_i^e 是公司过度投资额与期初资产账面价值的比值；CF_i 是现金流量与期初资产账面价值的比值；D_i 是虚拟变量，如果 $CF_i > 0$，则 $D_i = 1$，否则 $D_i = 0$。分别对引入自由现金流与其虚拟变量的交叉项前后的上市公司过度投资程度进行回归分析，得到表14-2的结果。可以发现引入虚拟变量后自由现金流量的回归系数发生了显著的正向变化，这证明自由现金流为正的公司确实更容易发生过度投资行为，过度投资程度与自由现金流量水平正相关，从而证实中国上市公司"自由现金流"代理成本确实十分严重。

表 14-2　过度投资程度与自由现金流量的回归分析

	MODEL 1	MODEL 2
(CONSTANT)	-0.015*	-0.019**
CF	0.408**	0.292**
D×CF		0.619**
N	447	447
ADJUSTED R^2	0.196	0.199

注：*、** 分别表示在0.05、0.01的水平下显著。

14.4.3　负债融资对"过度投资"约束功效的检验

为检验负债对中国上市公司滥用自由现金流的过度投资行为是否起到约束作用，考察负债融资与中国上市公司企业投资行为间的关系，建立如下模型：

$$I_i^e = \beta_0 + \beta_1 CF_i + \beta_2 DR_i + \varepsilon_i \tag{5}$$

$$I_i^e = \beta_0 + \beta_1 CF_i + \beta_2 SDR_i + \beta_3 LDR_i + \varepsilon_i \tag{6}$$

这里 DR_i 是样本公司期初的负债率；SDR_i 是样本公司期初的短期负债与总资产的比率即短期负债率；LDR_i 是样本公司期初的长期负债与总资产的比率即长期负债率。

对负债率、短期负债率（短期负债与总资产的比率）、长期负债率（长期负债与总资产的比率）与上市公司过度投资程度进行相关分析，得到表14-3的结果。从中可以发现，在总体上，上市公司过度投资程度与负债率的相关性较低（相关系数为-0.099），显著性水平在0.05附近（Sig.=0.056），而且在添加企业规模、行业因素、成长性等一系列控制变量后，不再显著（Sig.=0.073）。这说明在总体上负债融资与中国上市公司过度投资水平无显著相关性，即在总体上负债对中国上市公司过度投资没有起到显著的约束作用。这与兰艳泽等人的研究结论是一致的。同时可以发现，短期负债率、长期负债率与上市公司过度投资程度都有很强的相关性（相关系数分别为-0.242和0.260），且均在0.01的水平上显著，即上市公司过度投资程度与短期负债负相关，上市公司过度投资程度与长期负债正相关。这说明，短期负债对上市公司的过度投资产生了一定程度的约束作用，而长期负债不仅没有产生约束作用反而助长了企业过度投资倾向。

表 14-3　负债率、短期负债率、长期负债率与过度投资程度的相关分析

负债指标	与过度投资程度的相关性	
负债率	Pearson Correlation	-0.099
	Sig. (2-tailed)	0.056
	N	447

续表

负债指标	与过度投资程度的相关性	
短期负债率	Pearson Correlation	-0.242**
	Sig.（2-tailed）	0.000
	N	447
长期负债率	Pearson Correlation	0.260**
	Sig.（2-tailed）	0.000
	N	447

注：** 表示在 0.01 的水平下显著。

根据构建的研究模型，分别对负债率、短期负债率、长期负债率与上市公司过度投资程度进行回归统计分析，得到表 14-4 的结果。可以发现，在回归模型 1 中，负债率 DR 的系数为负，但不显著（Sig. = 0.899）。这又一次说明在总体上负债并没有对上市公司过度投资起到显著的约束作用。在回归模型 2 中，短期负债率 SDR 的系数为负，显著性水平在 0.05 附近（Sig. = 0.057），这说明短期负债对上市公司过度投资起到一定的约束作用。长期负债率 LDR 的系数为正，且在 0.01 的水平上显著（Sig. = 0.000），这进一步说明长期负债不仅未起到约束作用，而且对上市公司过度投资起到推波助澜的作用。（在回归方程中添加企业规模、成长性等一系列控制变量后，发现对结果影响不大。）

表 14-4　负债比例、负债期限结构对上市公司过度投资程度的影响

	MODEL 1	MODEL 2
(CONSTANT)	-0.012	0.001
CF	0.408** (Sig. = 0.000)	0.357** (Sig = 0.000)
DR	-0.005 (Sig. = 0.899)	
SDR		-0.078 (Sig. = 0.057)
LDR		0.318** (Sig. = 0.000)
N	447	447
ADJUSTED R^2	0.168	0.212

注：** 表示在 0.01 的水平下显著。

通过上述实证研究的结果，至少可以说明两个问题。第一，短期负债与上市公司过度投资程度负相关，长期负债与上市公司过度投资程度正相关。这证明了詹森（Jensen）等人的理论分析，即负债期限越长，股东—债权人冲突越严重，负债代理成本越高，由此引起的过度投资程度也越大。这与帕里诺（Parrino）和威斯伯赫（Weisbach）的实证研究结论是一致的。第二，短期负债对中国上市公司过度投资只起到微弱的约束作用，长期负债不仅未起到约束作用，而且助长了上市公司的过度投资倾向，在总体上，负债融资没有对中国上市公司过度投资起到明显的约束作用。这说明，在西方国家得到理论和实证支持的负债相机治理及其对过度投资的约束效用，在中国并未得到实证支持。这从另一个角度说明在市场经济和资本市场发展的不成熟阶段，由于中国企业的制度背景、股权结构、融资结构、公司治理、市场环境等与西方发达国家相比存在很多不同的特点，比如，中国上市公司的债权人主要是国有商业银行，且贷款利率也相对固定，这同国外上市公司以发行债券为主的负债融资模式存在显著的差别；因此其企业行为不能完全套用西方财务理论来解释。

14.5 结　论

对中国上市公司滥用自由现金流的过度投资行为的实证研究表明，上市公司过度投资程度与短期负债负相关，与长期负债正相关；而在总体上，上市公司过度投资程度与企业负债水平无显著相关关系。也就是说，短期负债水平的增加可以在一定程度上抑制企业的过度投资倾向；而长期负债不仅未对上市公司过度投资起到应有的约束功效，反而加剧了上市公司的过度投资倾向。

在我国当前制度背景下，地方政府、国有商业银行和国有企业之间形成了一个双重预算软约束框架。追求地方经济增长、政绩、晋升或其他目标的各级地方政府有动机干预国有企业做出过度投资决策。当事后投资项目失败时，由于企业与政府间关系紧密以及政府的自身责任问题，政府会对国有企业进行救助，从而形成"预算软约束"。在"预算软约束"条件下，由于无须承担投资项目失败的风险，甚至还有机会获取更多的薪酬和权力，国有企业经营者也乐意做出过度投资的决策。这样，国有商业银行对国有企业的贷款由于不具备硬约束特征，而难以发挥其债权治理功能。

参 考 文 献

1. Jensen, M, Agency costs of free cash flow, corporate finance and takeovers, American Eco-

nomic Review, 1986, 76 (2): 323 - 329.

2. Williamson, The mechanisms of governance, Oxford University Press. 1996.

3. John, K. and L. Senbet, Limited liability, corporate leverage, and public policy, New York University and University of Wisconsin - Madison Mimeo. 1988.

4. Stulz, R. M., Managerial discretion and optimal financing choices, Journal of Financial Economics, 1990, 26 (1): 3 - 27.

5. 童盼、陆正飞:《负债融资、负债来源与企业投资行为——来自中国上市公司的经验证据》,载《经济研究》2005年第5期,第75~84页。

6. 何进日、周艺:《债务融资对企业过度投资约束的分析》,载《湘潭师范学院学报》2004年第5期,第43~45页。

7. 油晓峰:《我国上市公司负债融资与过度投资治理》,载《财贸经济》2006年第10期,第23~25页。

8. 兰艳泽:《对我国上市公司债务约束功效的实证检验和分析》,载《中央财经大学学报》2005年第10期,第76~80页。

9. Richardson, Scott Anthony, Corporate governance and the over-investment of surplus cash, Dissertation of Michigan University. 2003.

10. Parrino, R. and M. S. Weisbach, Measuring investment distortions arising from stakeholder conflicts, Journal of Financial Economics, 1999, 53 (1): 3 - 42.

11. 辛清泉、林斌:《债务杠杆与企业投资:双重预算软约束视角》,载《财经研究》2006年第7期,第73~83页。

第3篇

上市公司控制权安排

第 15 章

企业控制权演进与本质的分析*

企业的控制权是公司治理的一个重要理论与实践问题。企业从最初的基本形态发展为现代的公司制企业是历史的必然，它反映了社会化大生产的本质要求。企业控制权形态的演变是由企业各要素资源的稀缺性和可监督性所决定的。控制权结构随着企业形态的演变而不断发生变化。现代公司控制权在其发展中呈现出不同于以往企业制度的不同特性，即控制权来源的多维性，控制权的可分割性和控制权的动态性。

15.1 引　言

现代企业理论始于20世纪30年代，其奠基之作：一是1932年伯利和米恩斯（Berle and Means）的著作《现代公司和私有财产》；二是1937年科斯（Coase）的论文"企业的性质"，而它们同样是企业控制权研究的真正起点。伯利和米恩斯（Berle and Means）提出了现代企业"所有权与控制权分离"的重要命题，科斯（Coase）则富有创见性地论证了作为市场替代物的以"权威"为特征的企业来配置资源，可以节约市场定价的交易费用。虽然研究的出发点不同，但他们同样触及企业的控制权这一关键问题，具有理论发端的重要价值。

可见，现代企业理论从诞生之日起便强调企业中控制权的重要性，可以说"控制权"是理解企业制度的一个核心变量。随着股份公司的发展、企业股权分散化、企业的实际运营由职业经理人掌握，企业控制权问题逐渐引起人们的关注和研究，企业控制权的配置和流动也日益成为研究公司治理机制的核心和关键，如何合理配置企业控制权并促使控制权的高效率流动，成为提高企业绩效、保护投资者利益的关键问题。

企业制度是指企业劳动者与生产资料结合的社会形式，是调节企业内员工、出资人、管理者之间关系的各种社会规则。企业制度是一个多层次的制度体系，

---

* 本章内容发表在《理论学刊》2007年第2期。

包括产权制度、分配制度和管理制度等。根据企业制度的产生、演变的逻辑顺序，企业制度可分为业主制企业、合伙制企业和公司制企业三种基本形式[①]；业主制、合伙制是早期的古典式企业制度，现代公司制企业是在业主制、合伙制的基础上发展演进而来的。企业从最初的基本形态发展为现代的公司制企业是历史的必然，它反映了社会化大生产的本质要求；在这个发展过程中，公司的控制权结构随着企业形态的变化而表现出不同的特征。

15.2　不同企业制度下的企业控制权模式

15.2.1　业主制企业下的高度集中控制权模式

企业制度无论从历史事实还是从理论逻辑起点上说，最早出现的都是家庭为单位的单一业主制企业（Proprietorship）。按照新制度经济学家思拉恩·艾格特森（Thrainn Eggertsson）的定义，业主制企业是指"在经营单位内，剩余索取者和最终决策者同为一个人的企业体制"。

在企业所有者与经营者合一的古典式业主制企业中，个人财产所有权就等同于企业所有权；这种体制最显著的特点就是所有者不仅出资而且承担经营风险和自主经营管理，企业的运营及收益处置均完全从属于所有者的意志，所有者享有剩余索取权并拥有不可分享的控制权。虽然业主制企业也雇佣一些工人甚至工头，但其内部的产权关系是简单的、明晰的，企业由业主个人投资创办，因此，企业经营决策权与剩余收益权都集中于业主个人；与此相对应，企业的经营风险也全部由业主承担，而且业主对经营风险承担"无限责任"，而不是以投入的资本为限。事实上，业主制企业的所有者是作为第一个完全的责权利统一体而存在的。

但是业主制企业制度的局限性在生产规模扩大时逐渐显现出来：一是当生产规模扩大需要更多资本时，通常会受到业主自有资金的限制，虽然可以借贷，但由于单一业主制企业的资信有限，可能需要提供更多的抵押，因此，融资成本很高；二是随着企业规模的扩大，由业主单独投资，其经营风险也增大了，这种企业的无限债务责任也是单个业主所难以承受的。因此，这种资本与风险的双重限制使得它必然要被新的企业制度所替代。

15.2.2　合伙制企业下的分享制控制权模式

合伙制企业（Partnership），是指两个或两个以上的人共同投资并分享剩余、

---

① 徐向艺：《现代公司组织与管理》，经济科学出版社1999年版，第12页。

共同监督和管理的企业。合伙制企业的财产所有权和控制权归合伙人共同拥有，剩余收益通常是根据合伙人的出资比例分享，与此相应，企业的经营风险也是由合伙人按比例分担，合伙人对企业的债务也负有无限责任。

合伙制企业可以有效地发挥合伙人所拥有的资源优势（如资金、技术、土地等），从而满足更大规模的生产发展的需要；也可以在一定程度上分散经营风险的压力。与单一业主制企业相同，在合伙制企业中，剩余索取权和控制权也是合一的，但这时的"一"是指一个集体，而非个人，因而存在共有产权问题，这就决定了剩余索取权和控制权的分享需要在合作者之间达成协议。如果每个合伙人都尽责并可以毫无代价地被加以观察，那么合伙制企业的产权结构将是增进协作生产力的理想制度安排，从而有利于协作群规模的扩大。

合伙制企业在一定程度上克服了单一业主制企业所面临的资金与风险的压力，但是，由于合伙制企业存在的相互代理、复杂的契约关系，在企业内外容易产生分歧，不利于长期经营。随着企业规模的不断扩大，合伙制企业内部的协调成本即交易费用可能太高，企业在经营中的规模经济必然很快被这种高昂的成本所破坏。从原则上说，合伙制企业的每个合伙人都拥有企业的独立的决策控制权，但决策风险却是由内部所有合伙人共同承担的，这就容易出现所谓的道德风险（Moral Hazard）问题，事实上每个合伙人都会产生偷懒（Shirk）动机而力图充分享受产权收益、充分行使自己的控制权而责任由合伙人共同承担，这种行为造成的结果只能是企业发展缓慢甚至消亡。同时，随着合伙制企业中合伙人人数的增加，这种机会主义动机就会增大，这样就有了相互监督的需要。但是随着合伙人数的增加，监督成本就会增大，合伙人在监督问题上就会出现"搭便车（free rider）"的行为，因为每个合伙人的监督努力给自己带来的报酬份额会越来越小。并且，合伙制企业的这种交易成本会因为"无限责任制"而加大：虽然合伙制企业的经营风险由合伙人共同承担，但如果其他合伙人无力承担本属于他的债务责任时，就必须由能够承担的合伙人全部承担，直至他的全部个人财产赔偿完为止。因此，这种"无限责任制"会加大合伙人的道德风险，因为其行为所带来的收益归自己，而损失与风险却归合伙人。

随着现代社会生产的发展，合伙制企业在资金上限制（合伙规模不能过大）、无限责任制所造成的风险压力以及合伙制企业内部的协调成本使得合伙制企业难以获得稳定发展，现代社会生产呼唤传统企业制度的变革。

15.2.3 公司制企业下的分散式控制权模式

公司制企业（Corporateship）的出现在企业发展史上具有划时代的意义，与传统的业主制企业相比，现代公司制企业一个显著的特征就是个人财产所有权与企业所有权的区别。公司制企业将无数个人的财富集中成为庞大的集合体，并将对这些财富的控制权置于统一的管理之下。伴随着这种集中的力量，投资者放弃了对其财富的控制权，这有效地破坏了既有的财产关系，并提出了重新界定财产关系的问题。企业不是由那些用其财富冒险投资的人来管理，而是由另外的人来管理，这就产生了管理背后的动力问题以及企业经营利润如何有效分配的问题。

随着公司制度的崛起，资本的所有者与资本的管理者发生了分离。正如伯利和米恩斯所说："公司制度不仅仅是演化成了经营企业的常规形态；在公司制度中存在着一种向心引力，将财富吸入规模不断扩大的集合体，与此同时，将控制权归入越来越少的人的手中。"① 个人所有权不断地变得更加分散，而过去和所有权结合在一起的控制权则逐渐集中。对于现代公司制企业而言，公司制企业作为一个独立的法人实体存在，出资人的有限责任制度使个人财产所有权不同于企业所有权。个人财产所有权是公司制企业存在的前提，企业所有权是个人之间产权交易的结果，公司制企业成为不同生产要素所有者之间契约的结合②。正是由于股东产权与法人产权的相互依存和相互矛盾运动，引起了股东产权与法人产权结构形态的演变，而这种结构形态的演变过程，实际上也就是公司制企业控制权的转移过程，如图15-1所示。

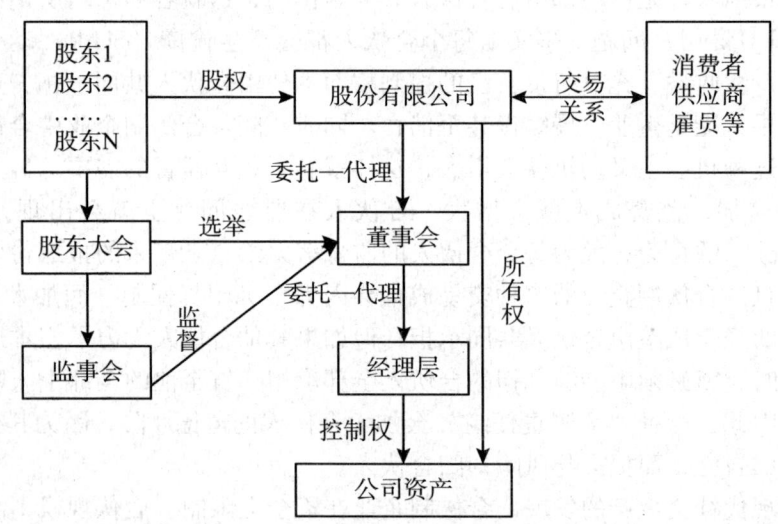

图 15-1 公司制企业制度下的控制模式

现代公司制企业是一种高度复杂的组织机构，组织企业生产经营工作所需要的各种知识越来越多，企业管理越来越专业化，迫使股东不得不逐渐脱离企业经

---

① 阿道夫·A. 伯利、加德纳·C. 米恩斯：《现代公司与私有财产》，商务印书馆2005年版，第3页。
② 严格来说，公司制企业本身是没有所有者的，如詹森和麦克林（Jensen and Meckeling）就将公司制企业称为一种"法律假设"。

营管理工作，而聘任拥有专门知识的经理人员来进行管理。最初尽管一些投资者所具备的管理知识相对来说非常有限，但是由于持有主要股份，仍可直接控制董事会，并通过董事会取得企业经营管理的控制权；同时，经理人员的控制权虽然仅限于企业的日常经营管理范围之内，但是它们作为管理知识的代表开始进入企业控制权的中心。随着企业规模的进一步扩大和股东产权的进一步分散，在股东之间形成了各种不同的股东利益集团，股东利益集团争夺企业控制权的结果是导致了经营管理者与所有者之间的结盟，从而导致法人产权对控制权的彻底渗透。当法人产权对控制权全面渗透之后，经理人员与股东利益集团的关系更为复杂，形成了股东产权与法人产权之间力量对比的均衡状态。随着企业规模的再度扩大和股东产权的再度分散，股东利益集团的持股相对份额则进一步下降，使得法人产权与股东产权的力量发生了根本性的变化，相对来说股东产权越来越弱小，在与股东利益集团的关系中取得主动地位后，经理人员的控制权限越来越大，他们开始选择合意的人进入董事会，或直接向小股东发出要求签署的投票委托书。虽然在"企业法"等有关法律及企业章程上明文规定了股东的许多权利，但在实际中一些权利很难得到具体实施，企业的控制权已经从作为股东代表的董事会的手中转移到实际控制董事会的经营管理者手中，实现了法人产权的控制形式，形成了所有权与控制权两权分离的根本特征。

15.3 现代公司控制权性质的分析

15.3.1 控制权来源的多维性特征

从历史和现实的角度看，控制权的基本来源包括财产所有权、知识、信息、传统习俗和超经济强制。控股可以带来控制权，但不必然带来控制权；控制权可以通过控股来实现，但也可以通过表决权争夺或其他方式（譬如租赁、订约和代理等）来实现[1][2]。股权并非公司控制权结构中唯一的一种权力来源，除股权、债权等物质资本的权力外，还有人力资本的权力及其他种类的权力。当然，在各种"控制权结构"中权力分布并不均匀[3]。

---

[1] 高愈湘：《中国上市公司控制权市场研究》，中国经济出版社 2004 年版。
[2] 施莱弗和威史尼（Shleifer and Vishny, 1989）认识到企业经理不仅可以通过人力资本专用性投资来强化自己在企业中的地位，而且还可以通过对融资结构的选择（Novaes - Zingales, 1995）或者权力机构——董事会结构和运行机制安排来增强对企业的控制（Hermalin and Weisbach, 2001）。曾格尔斯（Zingales, 2001）认为，组织盈余是企业得以存在和发展的基础，技术条件或市场差异决定关键性资源的种类及变化，得出企业控制权取决于各种关键性资源特别是人力资本价值的结论。
[3] 王彬：《公司的控制权结构》，复旦大学出版社 1999 年版。

在信息经济和知识经济发展的前提下，知识资源和人力资本的作用空前提高，新经济和全球竞争要求的不再是简单地以股权控制为纽带形成的股权控制体系，而是以股权控制、长期合同、企业契约、战略联盟等多种形式共同构成的控制网络，控制权已经超出了所有权的边界，得到了拓展。由于企业竞争能力是共同知识和私人知识的积累，企业控制权安排应是资本雇佣劳动和劳动雇佣资本同时并存，有时甚至是劳动雇佣资本占统治地位，拥有专门知识和关键信息的企业参与者应当分享企业的控制权配置。

15.3.2 控制权的可分割性特征

控制权具有可分割的特点，不同的相关利益者具有不同层次和不同权限的控制权，而且不同的控制权可以发生转化。近年来，公司治理理论提出并讨论了公司治理中利益相关者的地位和作用，我们有理由认为，公司控制权的基础和来源在于公司和利益相关者之间的契约关系，由于公司和各利益相关者之间所签订的契约关系不同，从而导致利益相关者对公司的控制权不同，企业控制权的安排应当充分考虑各利益相关者的利益，利益相关者应该拥有企业一定的控制权。

同时，也应该看到，各个利益相关者在公司治理中所拥有的权利不同，所起的作用也不同：股东是公司的发起人，是公司治理的原始动力；公司管理者拥有经营控制权，是公司治理的关键；雇员是公司的劳动力资源；债权人是公司发展的资金提供者；供应商是公司产业链中的供应链；顾客是公司生存和发展的外部依赖者；政府是公司税收政策的制定者。基于利益相关者的共同利益，他们应共同拥有公司共同的权利，但是，各利益相关者在公司治理中所起的作用不同，在公司治理中的参与度也不同，因此他们所拥有的控制权权重也应有所不同。因此，必须对不同性质的利益相关主体加以区分，分别确定其控制权的权重指标，考虑不同利益相关者对公司治理不同方面的影响，避免笼统、空泛；同时，要以尽可能量化的指标来衡量不同的利益相关者的控制权问题，增加其权重指标体系的可操作性。

15.3.3 控制权的动态性特征

公司控制权不仅能在股东之间转移，而且能在股东、债权人、管理者、职工之间流动。在企业正常经营条件下，股东是公司主要所有者，享有公司控制权，有权决定公司控制权安排；当企业经营出现债务危机时，债权人将根据企业契约接管企业，享有公司的实际控制权，有权决定公司控制权安排。债务危机的临界点是公司控制权安排在股东和债权人之间转换的临界点。所以说，公司控制权实际上是一种"状态依从"的控制权。

参 考 文 献

1. Berle, A. A. and G. C. Means, Modern corporation and private property, 1968: 66 – 84.
2. Emerson, R. M., Power—dependence relations, American Sociological Review, 1962, 27 (1): 31 – 32.
3. Fama, E. F. and M. C. Jensen, Separation of ownership and control, Journal of Law and Economics, 1983, 26.
4. Grossman, S. and O. Hart, The costs and benefits of ownership: a theory of vertical and lateral integration, Journal of Political Economy, 1986, 94.
5. Blair, M. M., Ownership and control: rethinking corporate governance for the twenty-first century, 1995: 29 – 35.
6. 费方域:《企业的产权分析》, 上海三联书店、上海人民出版社 1998 年版。
7. 高愈湘:《中国上市公司控制权市场研究》, 中国经济出版社 2004 年版。
8. 刘磊、万迪昉:《企业中的核心控制权与一般控制权》, 载《中国工业经济》2004 年第 2 期。
9. 梅慎实:《现代公司机关权力构造论》, 中国政法大学出版社 1996 年版。
10. 熊道伟:《现代企业控制权研究》, 西南财经大学出版社 2004 年版。
11. 殷召良:《公司控制权法律问题研究》, 法律出版社 2001 年版。
12. 周其仁:《"控制权回报"和企业家控制的企业》, 载《经济研究》1997 年第 5 期。
13. 朱弈锟:《公司控制权配置论——制度与效率分析》, 经济管理出版社 2001 年版。

第 16 章

后股权分置背景下上市公司控制权机制*

中国上市公司的股权分置是特殊国情下的产物，由于上市公司内部存在流通股与非流通股两种不同性质的股票，从而形成同股不同权、同权不同利的市场分割制度，严重影响着资本市场的发展。由此为根源，导致上市公司控制权机制方面一系列的缺陷。作为资本市场一项制度性变革，股权分置改革重在解决非流通股股东对流通权的取得问题，目标在于真正实现同股同权。随着股权分置改革的逐步推进，长期困扰我国资本市场的上市公司股权分置的现象正在逐步减弱，一个全新的后股权分置时代已经来临。如何在新形势下优化设计上市公司控制权机制是上市公司必须要思考的问题之一。本章在对股权分置时代中国上市公司控制权机制存在的缺陷进行分析的基础上，探讨了股权分置改革对中国上市公司控制权机制的影响机理，之后提出了后股权分置背景下优化上市公司控制权机制的几点建议。

16.1 引 言

在竞争的市场环境下，公司治理的有效性与否是决定公司绩效的重要因素；而公司治理的核心则在于公司内外权力的制衡，在于对控制权的合理配置和有效转移。因此，如何使控制权掌握在有能力运用它的人手中，同时设计出一种有效的制度来防止控制权拥有者出于一己私利而造成对控制权的滥用是一个值得深入探讨的问题。

由于我国资本市场和上市公司的出现不是通过一个渐进的市场运作过程来完成，而是由政府采取自上而下的方式实现的，并且从设立之日起就存在股权分置的制度性缺陷，存在流通股和非流通股两种不同性质的股票，这两类股票形成了"不同股、不同价、不同权"的市场制度与结构，从而影响资本市场定价功能的正常发挥，不能有效发挥资本市场的优化资源配置的功能。这既不符合国

---

* 本章内容发表在《财经理论与实践》2008 年第 6 期。

际惯例，不利于入世后我国证券市场与国际市场顺利接轨，也不能很好地体现市场公平的原则。由此为根源，导致我国上市公司的控制权机制呈现出显著的缺陷。

股权分置改革旨在真正实现同股同权，其本质是推动资本市场的机制转换，消除非流通股与流通股的流通制度差异，强化市场对上市公司的约束机制。随着上市公司股权分置改革的不断深入，如何在新形势下设计出符合公司本身和外部市场要求的控制权机制，成为目前我国上市公司必须要思考的问题之一。

16.2　股权分置时代上市公司控制权机制分析

在股权分置时代，中国上市公司股权结构最基本的特征是股权高度集中，并且居于多数地位的国家股和法人股不可流通。由此为根源，引发了公司控制权问题的一系列缺陷。

16.2.1　控制权配置错位

在公司内部，控制权的配置状况决定着公司的资源配置，而资源配置又决定着公司效率，因此控制权的初始配置是公司至关重要的问题。在公司治理的过程中，存在的普遍问题是：如果股东控制权过大，则容易导致经理层不能按市场经济的规律来经营公司；如果经理层控制权过大，则容易出现"内部人控制"现象；如果员工控制权过小或者说没有控制权，则会增加员工专用性人力资本投入的惰性，不利于减少公司的破产风险。因此，在公司治理结构中，控制权的初始配置是最主要的功能，因为这种权利的配置必须把剩余控制权、剩余索取权和资本所有权有机地结合起来。

我国上市公司，由于股权分置的存在，致使其成为既有有限责任公司特征又有股份有限公司特征的一种新形式的混合体公司，或者说是一种内部分裂性公司。[①] 上市公司内部形成了非流通股股东与流通股股东两个不同的利益主体，而"一股独大"的股权结构，削弱了其他股东在公司治理中的权利，并且在公司内部治理机制上容易导致"大股东控制"和"内部人控制"的控制权安排缺陷。在股权分置格局下，大股东与小股东的利益机制截然割裂是导致"大股东控制"问题的根源所在。股东行使控制权主要有两种方式："用手投票"和

---

① 现代公司制企业有股份有限公司和有限责任公司两种组织形式，相对于股份有限公司股权的流通性、股东的公众性、股东之间关系的"资合"型而言，有限责任公司则具有股权的相对固定性、股东的有限性和股东之间关系的"人合—资合"性。

"用脚投票",① 股东有效并且充分地行使这两种控制权是建立有效公司治理的基本要求。但是在股权分置格局下,中小股东控制权的行使存在严重缺陷。② 从理论上讲,流通股股东可以通过参加股东大会选举、更换董事会成员来行使"用手投票"的控制权。然而,由于股权分置时代流通股只占总股本的1/3,因而流通股股东的表决意见难以改变大股东的意图;此外,由于流通股股东大多数为个人股东,而个人股东的有限资金决定了流通股的分布较为分散,小股东履行监督职责需要付出的成本往往超过预期收益,因此中小股东缺乏监督管理层的激励;③ 同时,在利益机制割裂的股权分置时代,流通股股东行使"用脚投票"的控制权行为对非流通股股东的影响也极为有限。"内部人控制"模式的上市公司也具有控股股权高度集中的特点,股东大会成为"大股东会",董事会实际成为"大股东董事会",监事会完全是一种附庸机构,公司法人治理结构的制衡功能出现严重缺陷。就委托代理机制而言,经营者不是从竞争性的经理市场上选出来的,而是直接来源于控股股东,因此其行为必须从总体上符合控股股东的利益取向。④

总之,由于控制权和剩余索取权之间的一一对应关系,使得非股东的人力资本所有者及其他利益相关者掌握控制权会对股东的利益造成一定的损害,这就产生了现代企业控制权配置的悖论:企业价值最大化和个人利益分配之间的矛盾。因此,最有效率的控制权初始配置模式可能并不是被公司所采用的模式。⑤

16.2.2 控制权市场功能失效

公司控制权市场的正常运作,需要一个前提假设和三方面的外部条件。前提假设就是公司的绩效与公司股票的市场价格之间是高度正相关的,这样绩效差的公司的股票价格就会相对于它所在行业或者整个市场的股票价格下跌,从而刺激那些预期自己能够更有效地管理该公司的人接管该公司,获取大量的资本所得。而三方面的外部条件包括产权能够自由交易、股权结构相对分散和股票市场的规

---

① 在股东大会上投票,直接参与公司决策,称为"用手投票";在股票市场上转让,通过影响股价间接影响公司经营,称为"用脚投票"。

② 当然,非流通股股东控制权的行使同样存在缺陷:非流通的国家股、法人股难以借助正常的市场行为来行使"用脚投票"的控制权,不能自主地在股价有利时出售股票以获利,也不能在股价贬值时通过出售股票而减少损失。

③ 夏东林(2000)的调研报告显示,在1997年和1998年被调查的475家中国上市公司中,出席股东大会股东所代表的股份高于非流通股比例的公司不到30%,对小股东而言,股东大会形同虚设。

④ 虽然由于内部的激励约束机制不到位,经营者也会出现在职消费、逆向选择和道德风险,但相对于控股股东的利益而言,经营者更多地体现为控股股东损害中小股东利益的执行者。

⑤ 一个明显的例子就是,大多数上市公司普遍存在着控制性股东。而控制性股东的存在导致了控制权私有收益的出现。可以说,攫取控制权私有收益是导致控制性股东对中小股东进行剥削的主要动因,其攫取私有收益的过程也就是中小股东权益受侵害的过程。

范运作。如果这些条件不具备或者不完善，公司控制权市场的运作就会失效或者变形。

在股权分置条件下，我国上市公司控制权市场上的几大利益集团①的利益目标是不一致的。分割的市场决定了两类不同的股权在流通转让时具有截然不同的定价方式②，从而造成了企业"同股同权同利"基础的丧失，导致不同股东按照不同的利益差别追求各自不同的价值目标。同时，市场分割加大了"噪声"③和信息不对称的影响，造成股票市场判断标准的失效，股价的涨跌不能完全反映公司经营的绩效，并且非流通股的不可流通性以及非流通股股东与流通股股东利益的不一致导致股价的涨跌对于掌握公司控制权的非流通股股东的影响不大，因此控制权市场发挥完善公司治理职能的作用缺乏适当的传递机制或者说传递机制被阻塞了。由于市场分割，公司控制权不能从市场上"敌意"获得，而只能通过与非流通股持有者的大股东"协议收购"④取得，因此，控制权市场变得"有接管而无威胁"，⑤导致其公司外部治理效应失效，降低了控制权市场作为减少"代理成本"的制度设计的作用。此外，由于存在大量行政型干预和交易不公开所造成的"拉郎配"、串谋和权力寻租等情况，导致交易价格难以客观确认，国有股价格难以获得客观的市场参照，难以体现其真正的市场价值，只能以净资产为基础上下浮动⑥而非市场定价。同时具有中国特色的"壳资源"的存在使得我国上市公司成为一种"稀缺资源"，交易的动机更多地倾向于投机和取得上市资格，因此导致控制权市场的资源优化配置作用得不到有效发挥。

总之，控制权市场的存在使得控制权可以在各相关利益主体之间进行重新分配，让绝大部分上市公司都能感受到来自控制权市场的压力。控制权市场最为明显的作用机理在于赋予股东"用脚投票"的自由，使其在日渐远离公司具体经营的客观背景下，得以借助控制权市场退出并由此启动并购市场的连锁效应。可以说，当公司内部的各种控制权机制都不能有效发挥作用时，控制权市场是股东解决代理问题的最后防线。

---

① 主要包括企业、地方政府、中央政府有关部门、中介机构和普通股东。
② 流通股价格由市场决定；非流通股价格由买卖双方协议商定在每股净资产上下浮动。
③ 虚假信息和炒作等。
④ 控制权市场交易方式基本为"协议收购"方式，敌意收购极少出现，标购只能存在于全流通股板块内，并且公司的收购比例多在强制性全面要约（30%）的限制之下，一旦超过该比例，企业或者申请豁免，或实行所谓"分类要约"，充分体现出了"中国特色"。
⑤ 德姆塞茨（Demsetz，1985）和拉波塔（Laporta，1999）等认为，控股股东的利益和外部小股东的利益常常不一致，两者之间存在着严重的利益冲突。在缺乏外部控制威胁，或外部股东类型较为多元化的情况下，控股股东就可能以其他股东的利益为代价来追求自身利益，通过追求自利目标而不是公司价值目标来实现自身福利的最大化。
⑥ 根据韩建军（2002）等人的研究，目标公司非流通股平均转让溢价不仅在每股净资产上下浮动，而且呈逐年递减的趋势。

16.3 股权分置改革对上市公司控制权的影响

16.3.1 股权分置改革对股权结构的影响

表 16-1 反映了中国上市公司 1992~2007 年的股权结构总体状况，从中可以看出，中国上市公司中大量股权不可流通，其中主要是发起人股，可流通的社会公众股只占总股份的很少比重。股权分置改革的推进使上市公司控股股东的持股数量有所下降，一定程度上改变了国有股一股独大的局面，股东之间的持股比例发生了变化，国有股获得了流通权，股票市场向全流通又前进了一步。但是，依据路径依赖理论和制度的互补性，某项制度的变革将受到其所在的历史条件和习惯因素的影响。因此，我国上市公司在经历了一段股权分置时期之后，上市公司的治理机制将在一定时期内维持原有的权力格局，原本形成的股权结构即使不再有效，也将具有一定的持续性。

表 16-1　　　　中国上市公司股权结构状况分析　　　　单位：%

股份构成＼年份	1992	1993	1994	1995	1996	1997	1998	1999
1. 未流通股份	69.25	72.18	66.98	64.47	64.75	65.44	65.89	65.02
（1）国家股	41.38	49.06	43.31	38.74	35.42	31.52	34.25	36.16
（2）发起法人股	13.14	9.02	10.79	15.93	18.42	22.64	20.90	19.13
（3）外资法人股	4.07	1.05	1.10	1.40	1.23	1.34	1.42	1.31
（4）募集法人股	9.42	10.59	10.64	7.30	7.53	6.72	6.03	6.16
（5）内部职工股	1.23	2.40	0.98	0.36	1.20	2.04	2.05	1.19
（6）其他	—	0.05	0.16	0.74	0.95	1.18	1.25	1.08
2. 流通股份	30.75	27.82	33.02	35.53	35.25	34.56	34.11	34.98
（1）A 股	15.87	15.82	21.00	21.21	21.92	22.79	24.06	26.34
（2）B 股	14.88	6.37	6.06	6.66	6.45	6.04	5.30	4.60
（3）H 股		5.63	5.96	7.66	6.88	5.74	4.75	4.03
3. 股份合计	100	100	100	100	100	100	100	100

续表

年份 股份构成	2000	2001	2002	2003	2004	2005	2006	2007
1. 未流通股份	64.28	65.25	65.33	64.63	63.80	61.77	62.16	59.68
（1）国家股	38.90	46.20	59.45	59.39	58.67	53.47	35.05	46.57
（2）发起法人股	16.95	12.71	—	—	—	—	—	—
（3）外资法人股	1.22	0.88	—	—	—	—	—	—
（4）募集法人股	5.65	4.70	5.10	4.83	4.85	—	—	—
（5）内部职工股	0.64	0.46	0.27	0.17	0.12	—	—	—
（6）其他	0.92	0.31	0.51	0.24	0.16	—	—	—
2. 流通股份	35.72	34.75	34.67	35.37	36.20	38.23	37.84	40.32
（1）A股	28.43	25.26	25.69	26.75	27.99	29.91	22.16	23.29
（2）B股	4.00	3.13	2.85	2.73	2.77	2.87	1.54	1.42
（3）H股	3.28	6.36	6.13	5.89	5.44	5.45	14.14	15.61
3. 股份合计	100	100	100	100	100	100	100	100

说明：本表格中1992~2006年度的统计数据的截止日期为每年的年末；2007年度的统计数据的截止日期为6月底。

资料来源：根据中国证监会官方统计数据（http：//www.src.gov.cn）自行整理。

16.3.2 控制权主体的利益重构

在后股权分置时代，非流通股的价值实现不再是账面价值，而是市场价值，公司股价将成为公司股东统一的价值评判的主要标准，非流通股股东和流通股股东的价值取向和利益将趋于一致，形成高效率内部控制机制的利益基础，为股东积极治理和完善公司控制权配置奠定了基础。在后股权分置时代，股价将主要根据公司业绩的优劣而确定，大股东要确保自己的利益势必要通过加强公司治理提高股价；此利益驱动将会产生良好的外部效用，使公司治理效率得到提高，中小股东也将从证券市场获得较好收益而加强信心。

但是，股权分置改革虽然解决了股东之间所持股份定价机制不同所导致的利益不一致的问题，但并不意味着消除了大股东与中小股东及债权人之间的矛盾。从以总股本为基准的角度去分析，股权分置改革后上市公司的股权集中度会有所下降，似乎有利于减轻内部人控制与大股东对中小股东利益的侵害。但是实际上大股东在支付对价后对上市公司的控制权是一样的，他们仍然是上市公司的实际控制人，对上市公司重大事项的决定权并不会因此而改变。在后股权分置时代，我国上市公司的利益冲突在相当长时期内仍将主要体现为大股东与中小股东及债权人之间的利益冲突，并且利益冲突的表现形式将呈现复杂化的趋势。股权分置改革会使大股东的势力从一级市场扩展到二级市场，从而使得上市公司大股东的效用函数发生变化，其最大化自身利益的行为模式也随之发生变化，由股改前的单一从公司内部转移收益，发展为在二级市场获取资本利得和从内部转移收益这两种方式间的权衡。

16.3.3 控制权市场机能的发挥

现代公司两权分离所导致的委托—代理问题，可以通过市场竞争得到有效的解决，公司控制权竞争可以形成对公司经营管理者的外部市场约束，构成公司外部治理机制的重要组成部分。随着股权分置改革的完成，同股同权的股票均在市价流通，股票价格成为真正能够反映公司价值的信号，使兼并收购有了公平统一的财务标准；同时股权流动性增强，所有股票在二级市场流通，使其他投资者通过并购活动进入公司、接管公司更为便利。可以说，股权分置改革重构了价值体系，使控制权价值通过股价充分反映出来，这就促使大股东积极向上市公司注入资产而不是单纯地从上市公司抽出资源。随着上市公司股权分置改革的完成，非流通股获得流通权力，兼并收购机制的功能将得到显著加强，上市公司的控制权争夺将会产生效力，控制权市场的外部治理功能开始生效。这一方面促使大股东和管理层在被收购的预期市场压力下不断加强经营，提升业绩；另一方面又有利于其他公司利用股权的并购来壮大公司，使公司得到较快的发展。股权分置改革不仅极大地解放了我国的控制权市场，而且可以使公司之间的竞争加剧，通过市场的力量实现公司跳跃式发展，政府主导的并购行为将逐渐减少。此外，随着全流通和股权相对分散化，公司运作的主导权将由一元化主体转向包括中小股东在内的各种市场化利益主体来决定，可以预料在未来的中国证券市场上代理权争夺肯定会愈来愈激烈。在代理权争夺中，管理者和挑战者为了获得足够的支持，需要公开征集股东授权委托书，这就必然会加大对中小股东力量的重视，所以代理权争夺实际上也开辟了中小股东参与公司控制权的一条新途径。

16.4 后股权分置时代优化控制权机制的几点思考

16.4.1 构建股权制衡机制

股权分置改革对促进控制权的流动具有重要的影响，但是，股权分置改革本身无法回答关于股东价值和完善公司治理的所有问题，有些方面可能会比股改之前风险更大。从已经结束股权分置改革的上市公司来看，大多数公司都继续保持了大股东的控股地位，表明股权分置现象至少将持续多年。在此期间合理的股权结构可以通过分解原大股东的持股份额，让更多的国有投资主体或其他有实力的投资者成为上市公司的较大股东，从而在股权配置上趋向平衡。而合理分散化的股权结构有利于各股东之间的决策制衡和利益平衡，从而形成上市公司控制权配置在几个较大股东之间的相互制约。

16.4.2 关注利益相关者的利益协调机制

利益相关者因其在企业中投入的专用性资产，相应承担了一定的经营风险，当公司的治理约束无法满足其利益要求时，他们必然会向公司施压或另投其主，从而影响公司的价值。因此后股权分置时代要求上市公司更加关注利益相关者的利益，建立利益相关者的利益协调机制。尽可能通过股权多元化形成控制权结构的多元利益主体相互制衡的格局，让社会公众股东对涉及自身利益的公司重大事项有最终决定权，提高股权民主程度。

16.4.3 积极引进机构投资者

机构投资者参与公司治理的成本要小于"用脚投票"，而股权分置问题的解决则为其创造了制度条件。目前我国机构投资者发展迅速，以公募基金、社保基金、QFII 等为代表的机构投资者在数量和规模上都日渐壮大，各类机构投资者将成为资本市场上的绝对主力，他们关注的是上市公司的质量、红利和资本所得。随着更多的民营企业、外资企业以及机构投资者参与到证券市场，一方面使得价值投资理念占据主导地位，有利于证券市场长期发展；另一方面这些多元化的控制权市场主体通过参与到上市公司管理层中，也有利于上市公司治理结构的完善。

16.4.4 强化上市公司的监管机制

对上市公司的监管不仅是证券监管部门的事情，而是涉及投资人、债权人、中介机构、经营者、政府及其相关部门、新闻媒体等市场各方参与主体利益的共同事务。而我国上市公司现有的监管体系是在股权分置的制度背景下形成的，具有十分浓厚的管制色彩。后股权分置时代我国上市公司的监管面临新的挑战，它既不可能是对现有发达国家上市公司监管的复制，也不会是由市场主导的完全的自发演进过程，而是充分发挥政府行政力量的主导作用，设立并维护合理的市场机制，充分调动市场各方参与主体共同构筑的一个多层次、全方位的综合监管体系。

16.4.5 完善配套法律制度建设

在中国上市公司中，对控制权的滥权现象广泛存在，在违法成本很低的预期意识支配下，有的公司大股东极尽手段套取公司资产、挤压中小股东、危害债权人的利益。股权分置改革后，证券市场对法律法规的要求越来越高，因此对我国上市公司控制权的法制环境建设，不应仅仅局限于违法和处罚这两个极端的两极，而应该在中间地带建立起由制度填充的绿色屏障，加强强制性规范。例如对大股东进行关联交易的控制规范，对董事的忠诚义务的细化要求和注意义务的规定，公司相互持股的限制条件的规定，中小股东请求公司回购股权的规定等。

参 考 文 献

1. Grossman, S. and O. Hart, One share, one vote, and the market for corporate control, Journal of Financial Economics, 1998, 20: 175 - 202.
2. La Porta, R., F. Lopez-de-Silanes, A. Shleifer, and R. Vishny, Law and finance, Journal of Political Economy, 1998, 106 (6): 1113 - 1155.
3. Shleifer, A. and R. Vishny, Large shareholders and corporate control, Journal of Political Economy, 1986, 94 (3): 461 - 488.
4. 吴晓求：《股权分置改革的历史、现状和未来》，载《深圳特区科技》2005 年第 12 期。
5. 刘伟四：《试论股权分置改革对公司治理的影响》，载《当代经济》2006 年第 9 期。
6. 韩建军、韩楚：《非流通股协议转让溢价率的实证研究》，载《并购季刊》2002 年夏季号。
7. 王晶：《后股权分置时期大股东行为研究》，载《海南金融》2007 年第 2 期。
8. 马磊、徐向艺：《中国上市公司控制权私有收益实证研究》，载《中国工业经济》2007 年第 5 期。
9. 巴曙松、陈华良：《后股权分置时代的市场发展新动力：公司治理的改进》，载《杭州金融研究学院学报》2005 年第 12 期。
10. 严整、周庆：《从上市公司的利益冲突看后股权分置时代上市公司的监管》，载《经济体制改革》2007 年第 1 期。
11. 李腊生：《论股权分置改革后的投资者利益保护》，载《商业经济与管理》2007 年第 3 期。
12. 张建民：《后股权分置时代中国股市与上市公司治理的问题与对策》，载《经济学动态》2006 年第 6 期。
13. 陈新宏：《后股权分置时代的现代公司治理效率研究》，载《北方经贸》2007 年第 3 期。
14. 郭银华：《股权分置改革与完善公司治理结构》，载《改革与战略》2006 年第 6 期。
15. 巴曙松：《正在开启的战略并购之门》，载《中国金融》2006 年第 19 期。

第 17 章

"无效市场"条件下股东控制权分析[*]

公司治理理论是围绕由公司资产所有权与控制权分离所引起的代理问题展开的。在股份公司制度中，股东没有对公司资产的控制权，但可以通过股份的自由转让与流通选择代理人，股东因不满管理人员的表现而卖出其股票的决定被形象地称为"华尔街选择权"或者用脚投票，这种自我退出机制与有限责任一起，构成了股份公司制度的灵魂，因为它成为在所有权与控制权分离条件下股东保护自身权益、形成对经理人员潜在约束的最后选择权。但是，由于股份的自由转让与流通是通过股票市场来完成的，股东市场选择权的有效与否自然取决于股票市场的定价效率：如果市场对某公司股票的定价能够准确地反映出经理人员的管理能力，则股票市场能帮助大公司的众多分散的股东加强对自己的财产价值的控制权，并对代理人形成约束机制；反之，则股票市场的竞争对经理人员的约束作用就会大打折扣。可见，股票市场的定价效率与公司治理机制的效率，特别是市场型公司治理模式的效率息息相关。

17.1 市场有效假说与股票市场的作用在传统公司治理理论中的核心地位

美、英等国的公司治理模式是市场主导型，股东对代理人的监控机制建立在高度发达的股票市场基础上，其理论基础是有效市场理论与投资者的理性预期能力。然而近年来行为金融学的发展，却对金融市场的有效性与投资者的理性决策能力提出了强有力的挑战。本章旨在借鉴行为金融学的相关理论重新考察公司治理理论，分析在股票市场定价无效率的情况下，公司股东对代理行为与自身财富的控制机制。在股票市场定价缺乏效率的情况下，股份的转让不能成为对代理人的有效控制机制；公司制度中股权资本直接退出机制的有无及其效率的高低，是市场主导型公司治理模式有效与否的关键。

---

[*] 本章内容发表于《山东社会科学》2004 年第 8 期。

公司治理理论是围绕由公司资产所有权与控制权分离所引起的代理问题展开的。在股份公司制度中，股东没有对公司资产的控制权，但可以通过股份的自由转让与流通选择代理人，股东因不满管理人员的表现而卖出其股票的决定被形象地称为"华尔街选择权"或者用脚投票，这种自我退出机制与有限责任一起，构成了股份公司制度的灵魂，因为它成为在所有权与控制权分离条件下股东保护自身权益、形成对经理人员潜在约束的最后选择权。但是，由于股份的自由转让与流通是通过股票市场来完成的，股东市场选择权的有效与否自然取决于股票市场的定价效率：如果市场对某公司股票的定价能够准确地反映出经理人员的管理能力，则股票市场能帮助大公司的众多分散的股东加强对自己的财产价值的控制权，并对代理人形成约束机制；反之，则股票市场的竞争对经理人员的约束作用就会大打折扣。可见，股票市场的定价效率与公司治理机制的效率，特别是市场型公司治理模式的效率息息相关。

在传统的公司治理与企业理论中，经济学家对股票市场的定价效率持肯定的态度。这是由市场有效性假说（EMH）在金融经济学中的统治地位决定的。

市场有效假说（EMH）是由芝加哥大学的法玛教授创立的，它由三个逐渐弱化的假定组成：第一，假定投资者是理性的，所以投资者能够根据每种证券未来现金流量经风险折合调整后的净现值，对证券价值做出合理评估；第二，假定即使有些投资者不是理性的，但由于交易的随机性，非理性的交易相互抵消，证券的价格不会受到影响；第三，即使非理性的投资者的错误具有相关性，但由于市场中理性投资者套利行为，非理性投资者的财富在交易中将不断减少，其对证券价格的影响将被消除。

EMH的理论推导逻辑性很强，然而却不能解释现实的金融市场中的许多"异象"。但是，由于其"有效市场是理性投资者竞争均衡的结果"的理论观点与主流经济学传统的"经济人"假定相一致，从而能够在理论基础与研究方法上与传统经济学完美地统一，因此在其提出以来一直得到了主流经济学的认可，成为现代金融理论的基石之一。同时，它也被经济学家运用到企业理论与公司制度方面，成为市场主导型公司治理模式重要的理论基础。

公司治理理论是围绕由公司资产所有权与控制权分离所引起的代理问题展开的。对于现代公司代理问题的关注，起源于亚当·斯密，集中体现于伯利与米恩斯（A. A. Berle and G. Means）的名著——《现代公司与私有财产》中。该书通过对大公司的统计分析认为，现代公司的管理权（控制权）从财产所有权中分离，管理人员的行政权远比股东的财产所有权重要。该观点被称为"伯利——米恩斯"命题，它对美国以私人财产权为基础的企业理论提出了挑战，对大公司制度的效率提出了怀疑，从而使以"所有与控制"为主题的公司治理理论成为理论界的热点问题。

西方经济学家对"伯利—米恩斯"命题的回答，是以建立在市场有效性假说

（EMH）基础上的股票市场的作用为中心的。EMH的创始人法玛（Fama）教授在他的旨在说明所有权与控制权分离的大公司为何是一种有效率的经济组织的论文（Fama，1980）中指出，尽管我们还没有搞清楚过程的细节，但既有的经验证据表明，在信息不完全与信息不确定条件下，资本市场能大体上对公司价值进行合理的评估。个人证券持有者在监督既定公司管理者方面可能没有强烈的兴趣，但他对能为公司证券有效定价的资本市场的存在有着强烈的兴趣。又因为管理劳动市场对公司经理人员的评估是与资本市场对公司价值的评估相联系的，所以由有效资本市场提供的关于公司证券价值的信号对公司管理者在经理劳动市场的价值再评估是重要的。

正是基于这种认识，以法玛为首的学者在回答"伯利—米恩斯"命题的挑战时指出，只要有发达的股票市场，所有权与管理权的分离不但不会削弱反而会加强私人财产权对管理的间接控制。虽然股东对企业管理发言权很少，小股东对经理的任用几乎根本没有影响力，但是股东可以通过自由买卖股票来控制自己的财产值。这种自由买卖可以压低或抬高股票价格，形成对经理的强大的间接控制能力，此种压力比股东直接管理企业时要大得多。如果经理经营不善或机会主义行为，企业的股票价格会下跌。一方面，该经理人员在管理劳动市场的声誉下降，从而影响其未来人力资本的价值；另一方面，有能力的企业家或其他公司就能用低价买进足够的股份，从而接管该企业，赶走在任的经理，重新组织经营，获取利润。

从上述关于公司制度与公司治理的经典文献之论述中可以看出，股票市场的作用成为市场主导型公司治理模式的关键环节。同时，投资者的理性预期与有效市场假说成为市场主导型公司治理理论的前提：正是在资本市场能够准确反映公司经营的所有信息的基础上，具有完全理性的投资者才能够通过"用脚投票"转让风险承担的角色，完成在资本市场上的主动退出，保护自己的财产免受代理成本的侵蚀，并且，由于理性投资者对信息变化的预期是相同的，个人的理性选择才能形成叠加的合力而左右着股票价格的变化，从而大浪淘沙式的资本市场的竞争才能与其他市场机制一起形成对代理人的约束作用。公司治理理论从而也才有了一个相对严密的理论体系。

然而，从现实的角度出发，近年来英、美等国一系列的公司丑闻迫使经济学家不得不思考的问题是：首先，市场真的有效吗，资本市场的价格机制果真如法玛所言，能够充分反映公司经营的全部信息，富有效率地进行资源配置吗？其次，投资者的理性问题，即在公司制度中扮演风险承担角色的股东，果真符合预期效用理论中的假定，具有信息处理的无偏主观概率，能凭借其对公司信息的理性的预期，通过股份的转让有效回避与制约代理人的机会主义行为吗？

对于这些问题的回答，近年来异军突起的行为金融学无疑持有否定的态度。

17.2 行为金融学对金融市场有效性的挑战

行为金融学的形成与发展是在其对金融市场中市场有效性的质疑与挑战的基础上展开的。在此过程中，卡尼曼（Kahenmann）与托夫尔斯基（Tvershy）的关于人们在不确定条件下的决策行为的"期望理论"、施莱弗（Shleifer）的"有限套利"理论，以及希勒（Shiller）对于股票市场"非理性繁荣"的研究，从理论与实证的不同方面，对具有完全理性的"经济人"假定、投资者的理性预期理论以及无风险套利理论等支撑有效市场假说的核心环节提出质疑，极大地动摇了市场有效性假说（EMH）这一金融经济学的基石。

17.2.1 期望理论与相关心理分析范式

卡尼曼和托夫尔斯基于1979年提出的关于人们在不确定条件下决策行为的期望理论成为行为金融学的理论基础。这两位集中于对人们的风险心理进行研究的学者指出，人们在现实经济决策过程中表现出来的对于风险的态度与基于完全理性的预期效用理论是相冲突的；在此基础上行为经济学家总结了"心理账户"、"过于自信"等现实决策过程中人们的非理性行为模式：

首先，个人对于风险的态度，并不一定遵循冯·诺依曼－摩根斯坦（Von Neumann – Morgenstern）理性概念的假设。期望理论指出，在对风险进行判断时，人们并不看重其财富的绝对水平，而更关注相对于某一参考点的财富的变化情况。人们对收益的效用函数是凹函数，对亏损的函数是增函数，亏损函数的斜率比盈利函数的斜率要大，表现为投资者在投资账面盈利时，随着收益的增加其满足程度迅速减缓，表现出风险回避（Risk Aversion）的态度，而在投资账面亏损时，为了挽回亏损，投资者更加具有追求风险（Risk Seeking）的赌徒心理倾向与行为特征。因此，现实世界的人对于风险的态度与传统理性概念中经济个体风险中立的假定相矛盾。

其次，人们在面对不确定下的决策问题时，表现出大量的偏离理性决策模式的认知偏差与心理范式：（1）非贝叶斯法则。即人们面对不确定条件的决策与预期经常体现出非贝叶斯法则，夸大小样本的代表性，对小概率事件加权太重，从而会犯小数法则的偏差。（2）代表性特征（Representativeness）推断。即人们在凭以往的经验已经掌握了某些事物的代表性特征后，在判断该事物是否出现时，往往仅凭观察其代表性特征是否出现来判断。（3）框架效应（Framing）。即人们对于效用的预期会受到问题呈现与表达方式的影响而做出前后矛盾的判断。（4）过于自信（Overconfidence），即人们会过于相信自己知识以及对信息的掌握程度，从而会过于相信自己的能力与判断力，这解释了为什么股票市场的散户第一年会频繁交易，但其卖出的股票却往往比买进的股票表现要好。(5) 心理账户 (Mental Accounting)，即投资者会在心理上把自己的投资区分为两个账户，一个"安全"账户为了防止价值损失与风险，一个"风险"账户用来谋求一朝致富的高风险机会，这一心理范式能够解释投资者同时持有绩优股与垃圾股的投资策略。(6) 从众心理，即市场中的投资者会受到其他行为人和整个行为环境的影响，从而产生相互模仿、攀比、情绪传染与追随的行为特征，在特定情况下，这种从众行为会导致严重的价格与"价值"的偏离，使得非理性行为无法相互抵消。(7) 后悔心理。(8) 易得性 (Availability) 偏差，即行为人在进行主观概率判断时，会高估那些容易联想到的事件的概率，低估那些不容易联想到的事件的概率，从而使决策行为受到社会心理的影响。

期望理论与其相关心理分析范式对于否定 EMH 的贡献在于，它说明了行为人并非总是理性的，并且这些非理性行为以认知心理学的规律为基础，具有高度的相关性，不会彼此相互抵消，反而可能相互加强。从而，EMH 的前两个理论假定被推翻。

17.2.2 "有限套利"理论

针对 EMH 的理性投资者的套利行为会消除噪声交易者非理性行为对证券价格的影响，使其回归基本价值的理论假定，行为金融学认为，完美的替代证券可能并不存在，或者即使存在这样的证券，套利行为的执行成本也是高昂的；另外，在噪声交易者众多的情况下，理性交易者承担风险的能力有限，其套利行为无力纠正价格的偏离。因此，套利行为总是受到限制并充满风险的，证券的错误定价不能因套利行为得到完全消除，市场并非是有效的。

17.2.3 非理性繁荣与庞氏骗局

除了上述直接针对 EMH 三个理论假定提出的不同理论外，行为金融还从实证的角度对市场的有效性进行质疑。耶鲁大学的希勒教授通过他对股票市场 130 年的历史分析指出，由于投资者的过于自信与从众心理的影响，繁荣的股票市场往往只是一个投机性泡沫；由于反馈理论周而复始的作用，这种非繁荣往往是一个自发形成庞氏骗局 (Ponzi Scheme)，从而市场定价的重大偏差能够持续几十年。

17.3 "无效市场"条件下公司治理理论的反思

尽管行为金融与数理金融关于市场有效性的争论还没有结束,但行为金融学的研究已表明,情感与心理作用在资产定价中的作用往往要比单纯的数据分析更为直接与重要。由此,行为金融也对传统的市场主导型公司治理理论模式提出了新挑战,因为其关于市场定价无效率的论断,必将导致市场主导型公司治理模式中异议股东控制权结构与效率的变化,从而影响股东对代理人的控制效率。

17.3.1 公司契约中的股东控制权结构

1. 股东控制权的含义。企业的契约理论把公司作为一个包括股东与经理人在内的不同主体的不完全契约的集合,由于契约的不完全性,财产的控制权在所有者与代理人之间呈现一定的分配结构。格罗斯曼和哈特(Grossman and Hart,1986)将财产控制权分为特定控制权与剩余控制权,前者为契约中明确的那部分对财产的控制权利,即经理人员的日常控制权,后者指契约中没有指定的权利,即股东的"所有权"。法玛与詹森(Fama and Jensen,1983)将经理人员的日常控制权称为"决策管理权"(包括对决策方案的提议权与执行权),而将股东(风险承担者)的剩余控制权描述为"决策控制权"(对经理人员的决策建议的批准权以及对其决策执行过程的监督权)。由此可见,股东的剩余控制权,既是对经理人员日常管理活动的控制权,也是对自身财产权利的控制权,它的实质,是财产所有者通过对代理人决策管理活动的批准、监督、评价等控制权,实现保护自身财产权益目的的行为与权利。

2. 股东控制权的结构。在上述定义的基础上进一步梳理,可将现代公司中的股东控制权分解为股东投票权与股东退出权两个组成部分。股东投票权是指具有意思表示意愿与能力的股东个体依法定程序发起或参加股东大会,就公司经营活动特定事项进行表决的权利。股东退出权又由市场选择权(用"脚"投票权)与异议股东股份买取请求权(The Appraisal Rights of Dissenters)两部分组成,前者是指股东通过股票市场转让股份,从而退出公司契约的权利;后者是指对股东大会决议持有异议的股东,具有依法定程序要求公司以公平价格收买其所持有的股份,从而实现退出公司契约之目的的权利。由于股东退出权导致了股东与经理人之间的公司契约的终止,在此意义上,我们把股东退出权(市场选择权与异议股东股份买取请求权)同时定义为股东最终控制权。

3. 市场选择权的重要意义。就股东投票权、异议股东股份买取请求权与市场选择权三种股东控制权方式进行比较,由于(1)股权的高度分散以及股东

"搭便车"问题的存在,导致了小股东行使投票权的激励不足;(2)异议股东股份买取请求权的行使以严格的适用条件、范围与烦琐的法律程序为前提,具有较高的交易成本;(3)因而市场选择权无疑是最为重要的控制权机制,它成为单个小股东行使其控制权的主渠道。正是在此意义上,我们才说英美等国的公司制度是建立在高度发达的股票市场基础上的,股份的自由转让与流通制度及有限责任制度一起,构成了公司制度的灵魂。

17.3.2 市场"无效"的启示:市场选择权的低效率

行为金融学对于公司治理理论的启示在于,在投资者非理性、市场定价缺乏效率的情况下,股票价格不能作为代理人能力与业绩的准确、一致的传递信号,因而,作为最主要的股东控制权机制的市场选择权对于代理人的控制效率将会大打折扣:

1. 代理人的激励与约束缺乏客观标准。行为金融学的研究成果表明,由于投资者的非理性,公司的股票价格受投资者心理、社会文化等众多因素影响并存在过度反应的现象,因而它并非是对代理人管理能力与经营业绩的真实反映。在此基础上:

首先,无表决权优势的股东个体针对代理人的机会主义行为而在市场上卖出股票的理性行为,因为股票市场的非理性行为而无法通过市场作用形成集体的理性选择。传统公司治理理论中的"如果经理人员经营不善,企业股票价值就会下跌"的论断将不会成立,从而以股票价格为信号的公司控制权市场的效率也无从谈起。

其次,由于股票价格的紊乱,经理人员不但不会因其机会主义行为受到市场应有的监督与惩罚,反而可能在市场形成"噪声"并通过股价泡沫与"股票期权炼金术"的作用,获得大量的私人收益。在这方面,美国安然公司高层管理人员制造虚假信息拉抬股价,然后通过行使股票期权牟取暴利的行为,是股东市场选择权低效率的典型案例。

最后,以股票价格作为评判经理人员管理能力与经营业绩的标准,并以此评估其在职业经理市场的价值的方法不一定客观、合理。高层经理人员管理绩效的评估仍是一个管理学并没有有效解决的难点问题。

2. 股东利益保护问题与最终控制权的低效率。如前文所述,根据传统公司治理理论的研究,无表决权优势的股东个体,在获得关于代理人的机会主义行为或欠佳经营能力的信息时,往往会选择行使市场选择权主动退出公司契约,通过股份"变现"使自身的财产权免受代理成本的侵蚀,但行为金融的研究表明,由于股东自身与他人的非理性交易行为的存在,股票价格存在着对"利空"消息的"过度反应",因而选择在市场上卖出股票的投资者可能遭受比相关代理成本更大的损失。

  3. 股东最终控制权的缺失。相对于异议股东股份买取请求权而言，市场选择权是一种所有者的间接退出机制，一份股权资本的退出必然以其他股权资本的进入为前提，这意味着对于掌握公司资产日常控制权的代理人而言，股东市场选择权是一场所有者之间的博弈，单一股东个体在市场上卖出股票的行为，不会像异议股东行使股份买取请求权那样，凭借其财产权与代理人的分离而形成对代理人的惩罚作用，股东个体理性的市场选择行为必须能够汇集为集体的理性选择，才能有效约束代理人的机会主义行为。然而，行为金融关于股票市场定价的无效率研究，阻断了传统公司治理模式中股东个体理性向集体理性的传导机制，从而证明了，作为传统公司治理理论中理性股东行使最终控制权的主要渠道，股东个体的市场选择权对代理人的控制作用由于其过分严格的理论假定而并不一定能够在经济现实中发挥其应有的效率。考虑到股东的另一种最终控制权——异议股东过于严格的适用条件、范围以及其烦琐的行使程序，我们可以得出一个回归到"伯利—米恩斯命题"的结论：公司制度中，所有者（股东）对代理人（职业经理人员）的行为缺乏有效的控制机制。

17.4 小　　结

  本章借鉴行为金融学关于金融市场定价缺乏效率的研究成果，通过放宽传统公司治理理论关于市场定价有效的理论假定，对英美等国的市场主导型公司治理模式进行了重新思考。初步的结论是，在股票市场定价无效率的基础上，资本市场的竞争无法对代理人形成有效的约束；无表决权优势的股东个体在面对代理人机会主义行为时，缺乏对其进行有效控制的机制。这一并不乐观的观点能够较好地解释近年来英美等国不断出现公司丑闻。在此基础上，笔者进一步认为，要想进一步提高公司治理机制的效率，必须进行公司治理理论的创新。一条可能的途径是，在公司契约结构中，借鉴英美法系中异议股东股份买取请求权的法理机制，建立一种股权资本直接退出机制，真正赋予股东有效率地自由进出公司契约的权利。

参 考 文 献

  1. 李震昌：《关于市场有效性假设》，引自汤敏、茅于轼：《现代经济学前沿理论》，商务印书馆1993年版，第168~193页。

  2. Fama, E. F, Agency problem and the theory of firm, Journal of Political Economy, 1980, 88 (2): 288 - 307.

3. 杨小凯:《贸易理论和增长理论的重新思考及产权经济学》,引自汤敏、茅于轼:《现代经济学前沿理论》,商务印书馆1989年版,第132页。

4. 钱颖一:《企业理论》,引自汤敏、茅于轼:《现代经济学前沿理论》,商务印书馆1989年版,第22页。

5. Kahneman, D. and A. Tversky, Prospect theory: an analysis of decision making under risk, Econometrica, 1979, 47 (2): 263-291.

6. Shleifer, Andrei, Inefficient markets: an introduction to behavioral finance, New York: Oxford Press, 2000: 13-16.

7. 罗伯特·J·希勒:《非理性繁荣》,中国人民大学出版社2001年版。

8. Grossman, S. and O. Hart, The cost and benefits of ownership: a theory of vertical integration, Journal of Political Economy, 1986, 94 (2): 692-719.

9. Fama, E. F. and M. C. Jensen, Separation of ownership and control, Journal of Law and Economics, 1983, 26.

10. 蒋大兴:《公司法的展开与评判——方法·判例·制度》,法律出版社2001年版,第777~781页。

第 18 章

大股东所有权、控制权与公司治理绩效的灰色关联分析[*]

以中国"股权分置改革第一股"——三一重工为研究对象，采用案例研究的方法，通过对三一重工的公司治理绩效和控制性大股东的所有权、控制权以及两权分离度进行灰色关联度分析，揭示了集中的所有权和控制权形态对公司治理绩效的影响模式。实证研究结果表明三一重工的最终控制大股东所持有的所有权（现金流量权）在一定程度上抑制了其进行"隧道挖掘"的行为，起到了利益汇聚的激励效应，并且随着其所有权比例的上升，公司治理绩效随之提高。同时，三一重工的最终控制大股东虽然通过采用金字塔控股结构分离所有权与控制权，用较少的所有权掌握了大部分的控制权，但是两权分离并没有降低上市公司的治理绩效，即：两权分离并未产生隧道挖掘的防御效应。但是激励效应和防御效应均不显著。

18.1 引 言

在现代公司制下，从股东的角度看存在两类典型的代理问题：股东与经理人员之间的代理问题和控股大股东与中小股东之间的代理问题。第一类代理问题是在股权高度分散的情况下，由于股东与经理人员之间的信息不对称和效用函数的差异，导致后者存在道德风险问题，包括偷懒行为、增加在职消费、投资过度和规避风险等等。第二类代理问题是在公司存在持股比例较高的大股东情况下，大股东掌握公司的控制权从而产生只能被大股东独享，而不能被其他股东分享的控制权私有收益（Private Benefits of Control）。而且，大股东常常将上市公司的资源从小股东手中转移到自己控制的企业中，导致控股股东掠夺小股东问题的发生。

自伯利和米恩斯（Berle and Means，1932）提出所有权与控制权分离的著名

---

[*] 本章内容发表在《财贸研究》2010 年第 4 期。

论断之后，近半个世纪以来，大量的研究几乎都围绕着 Berle – Means 研究范式下美国式的"强管理者，弱股东"的分散所有权情况下的第一类代理问题进行研究。直到 20 世纪 90 年代末，施莱弗和威史尼（Shleifer and Vishny，1997）、LLSV（2002）、克拉森等（Claessens et al.，2002）的研究结果揭示出世界上大部分国家的企业股权集中现象比较普遍①，大多数公司都存在一个或几个控股股东，这些控股股东在公司治理中发挥着关键性的作用。至此，基于所有权集中和家族（国家）控制的 LLSV 范式动摇了伯利和米恩斯研究范式的主导地位。LLSV 研究范式主要研究在股权集中的情况下，公司的最终控制人如何运用各种控制机制以较少的现金流量权获得控制权，进而攫取控制权私有受益。

中国上市公司由于特殊的历史性制度原因普遍存在着集中的股权结构及控股大股东，第一大股东在中国上市公司治理结构中究竟扮演什么样的角色，一直以来是学术界和金融界广泛关注的焦点；中国股票市场股权分置改革的目标也在于探讨优化公司的股权结构和治理结构的路径安排。基于此，本章以中国上市公司股权分置改革第一股——三一重工为案例，着重考察控股大股东所有权和控制权的激励效应和防御效应，实证分析大股东所有权、控制权以及两权分离度对公司治理绩效的影响，以期为中国上市公司股权结构的改革和大股东治理机制的优化举措提供经验证据。

18.2 理论假设

上市公司的最终控制大股东为了便于谋取控制权私有收益，倾向于采用一些控制型结构（Controlling Structure）②加强对上市公司的控制，这些控制结构将导致最终控制人持有的所有权（现金流量权）与控制权（投票权）产生分离的现象，偏离传统的"一股一票"的假设。上市公司的最终控制大股东通过各种"杠杆工具"使其控制的表决权超过现金流量权，从而引起剩余索取权和剩余控制权产生分离的现象。在这种情况下，通过对公司现金流量权和表决权的终极追溯才能更好地理解现代公司的所有权、控制权以及两权分离与公司治理绩效之间的关系。20 世纪 90 年代末，施莱弗和威史尼（Shleifer and Vishny，1997）、克拉森等（Claessens et al.，2002）阐述了追溯上市公司最终控制大股东及其所有权和

---

① 如西欧 13 个国家的 232 家上市公司中，只有英国和爱尔兰有较多的公众持股公司，其他欧洲国家则以家族持股为主，54% 的欧洲公司是由股权集中的大股东（家族）所控股；在加拿大的 1121 家公司中，2/3 以上是集中式以家族为主控股；德国和日本企业则是典型的银行控股体制；在东亚 9 个国家和地区的 2980 家公司中，2/3 是由股权集中股东所控制。另外，大量的统计数据显示公司股权集中现象在拉美、非洲也普遍存在。

② 例如金字塔控股结构、交叉持股和多重表决权股票等。

控制权的重要性，并且从实证研究的角度说明了公司最终控制人拥有的所有权和控制权将影响公司绩效。虽然中外众多学者对控制性大股东行为的研究结果不尽一致，但大致可以分为两类，即大股东的激励效应和防御效应。

18.2.1　激励效应（Incentive Effect）假说

对于一个拥有众多股东的公共公司而言，分散持股会稀释股东的监督激励（Grossman and Hart, 1980），而大股东则有较强的激励提供"管理监督"这一公共物品，因为他们可以从公司绩效的改善中获得更多的监督收益。股权持有对控制性大股东参与管理监督和控制的激励表现为大股东持股的激励效应。持股份额的增加会激励大股东投入更多的努力去实施对公司经理的监督和管理，并最终提升公司的股票价值。大股东持股的激励效应表现为大股东所有权比例与公司价值的正相关关系。

施莱弗和威史尼（Shleifer and Vishny, 1986）指出，由于大股东的持股比例较高，因此其更愿意支付监督成本，大股东的存在有利于解决中小股东的"搭便车"问题，其持股比例越高，公司价值将越高。这一观点得到默克等（Morck et al., 1988）、柯乃尔和瑟维斯（McConnell and Servaes, 1990）等的实证结果的支持。LLSV（2002）沿袭了爱德华等（Edwards and Weichenrieder, 1999）的研究思路，指出公司的最终控制大股东持有的现金流量权（所有权）越高，攫取控制权私有收益的动机越低，大股东的剥削程度会随着其持股比例的上升而下降，股权集中度提高有助于提高企业的价值，尤其在投资者保护较弱的国家。诸多实证结果都支持了LLSV（2002）的观点（Bebchuk, 1999; Dyck and Zingales, 2003）。陈小悦和徐晓东（2001）发现，在非保护性行业，第一大股东持股比例与企业绩效正相关。徐莉萍、辛宇和陈工孟（2006）的实证结果也显示，经营绩效和股权集中度之间呈显著的正向线性关系，而且这种线性关系在不同股权性质的控股股东中均明显存在。谢军（2006）观察到第一大股东对公司绩效具有显著的积极作用，并且第一大股东性质对第一大股东持股的激励效应也存在显著的影响。谢军（2007）通过实证检验，提出当大股东持股水平较高（36.39%～64.20%）时，随着大股东持股的不断提高，大股东控制权与现金流权利的分离程度开始减少，同时由于大股东"掏空"的私人利益难以补偿其对应现金流权利的损失，大股东攫取个人利益的动力开始弱化，并会有较强的激励去提升公司价值，从而导致大股东持股对公司价值的激励效应（正向影响）。马忠（2007）提出当控制权较高形成绝对控股时（大于50%），终极控股大股东作为上市公司最大的利益相关者有动机提高上市公司价值，产生联盟效应。

18.2.2 防御效应（Entrenchment Effect）假说

当控制性大股东能够通过其高额持股对公司施加控制时，就有动机通过管理参与实施有利自己但损害其他股东的资源转移活动（Morck et al.，1988；LLSV，2002）。大股东的这种"掏空"行为就是大股东持股的防御效应。由于上市公司的绝大部分表决权掌握在最终控制大股东手中，因此即使其侵占了其他股东的利益，其他股东也无法通过"用手投票"来制止最终控制大股东的机会主义行为，只能选择"用脚投票"，最终就导致处于金字塔控股结构底层的上市公司成为垃圾股。控制性大股东持股的防御效应表现为大股东的所有权比例与公司价值的负相关关系。

众多的学者从控制权私有收益（Private Benefits of Control）的角度来考察大股东的防御效应，认为上市公司的最终控制控股东选择金字塔控股结构来分离所有权与控制权是为了便于攫取控制权私有收益（Wolfenzon，1999；Almeida and Wolfenzon，2004）。施莱弗和威史尼（Shleifer and Vishny，1997）从理论上证明了，只要中间控股层次足够多，处于控股结构顶端的最终控制大股东就能够完全控制处于控股结构底层的上市公司，并且其在上市公司所持有的现金流量权可以降至足够低。毕查克等（Bebchuk et al.，1999）提出，由于最终控制人对上市公司拥有超强的控制力，控制权市场对其约束作用也较弱。按照艾尔哈特和诺瓦克（Ehrhardt and Nowak，2003）的观点，只要存在其他股东无法共享的控制权私有收益，最终控制大股东就可能按照自己的意愿谋求控制权私有收益最大化，最终导致公司价值的下降。实际上，这一结论得到许多实证研究结果的支持。苏启林和朱文（2003）通过考察沪、深股市2002年的128家家族上市公司，发现所有权结构层面上控制权与现金流量权分离所导致的代理问题对公司价值具有负面作用。张华（2004）系统地研究了我国民营上市公司的最终控制人拥有的所有权和控制权对绩效的影响，提出，最终控制人持有的现金流量权与公司绩效正相关，即存在"利益汇聚效应"；但是最终控制人的现金流量权和控制权的分离程度与公司绩效负相关，即存在"隧道挖掘"效应。这与克拉森等（Claessens et al.，2002）的研究结论是一致的。谢军（2007）通过实证检验，提出当大股东持股比例较低（0~36.39%）时，较低的现金流权会促使大股东萌发转移公司资源的动机，大股东的控制权和现金流权存在着较显著的分离状态，从而促使大股东利用其控股地位实施利益侵夺，并导致公司价值的减少，而且这种利益侵夺的倾向随着其控股地位的增强表现为持股的增加而强化，从而导致大股东持股对公司价值的防御效应（负向影响）。当第一大股东持股水平过高（在64.20%以上）时，第一大股东由于风险分散化能力的减弱，开始寻求保守的投资和融资政策，并导致公司价值的下降。

此外，还有一些学者考察了大股东所有权比例的激励倾向和防御倾向对公司价值影响的区间特征以及大股东"掏空"与"支持"的双重行为。认为当大股东持股比例达到控股水平但又不太高时，大股东的掏空动机会随着其持股比例的增加而强化；当大股东持股比例很高时，大股东掏空的动机反而会随着其持股比例的增加而弱化。当大股东持股处于防御区间时，公司股票价值会随着大股东持股的增加而下降；当大股东持股处于激励区间时，公司股票价值会随着大股东持股的增加而增加。例如：孙永祥和黄祖辉（1999）的实证研究表明，第一大股东的持股比例与公司的托宾 Q 值呈倒 U 形关系，并且较高的股权集中度和股权制衡有利于公司价值的提高。宋敏等（2004）的研究结论却显示，第一大股东持股比例与公司价值呈 U 形而非倒 U 形关系。弗里德曼等（Friedman, 2003）认为，大股东通过利用金字塔控股结构分离所有权与控制权，既有利于控股大股东掏空上市公司，也便于向上市公司输送利益或支持上市公司，上市公司控股大股东的"掏空和支持"（Tunneling and Propping）行为基本是对称的。而我国学者赖建清（2007）与刘峰和贺建刚（2003）的观点是一致的，提出大股东对上市公司的"支持"行为是短期的，"掏空"行为才是长期的。

通过对上述文献的分析可以发现，当前国内学者对大股东的两权分离问题的研究还很不深入。理论分析主要表现在对上市公司一股独大的焦虑上，忽视了大股东持股的激励效应；而经验研究则更多的是集中在分析股权结构与公司治理绩效的关系上，并未深入探讨所有权与控制权的分离度对公司治理绩效的影响。基于此，提出如下两个研究假设：

假设1：大股东拥有的所有权比例越高，其转移利润行为的动机越低，上市公司治理绩效越高。

假设2：大股东所有权与控制权的分离情况越严重，公司的代理成本越高，公司治理绩效将越低。

18.3 实证研究过程

18.3.1 样本选取

三一重工作为首家股权分置改革成功并实现全流通的企业，被载入中国资本市场史册，其治理结构及改革绩效具有典型意义，因此，本章选取中国股权分置改革第一股——三一重工作为研究对象。股权分置改革在国内和国际上都没有先例可以借鉴，三一重工股改的积极意义在于承认存在流通权价值，并向流通股股东支付对价，其"送股+派现"的"三一模式"为股改的推进提供了一个可以借鉴的成功经验，被誉为"股改风向标"。在三一重工的治理结构中，其最终实际控制性大股东采用了复杂的金字塔控股结构的手段分离所有权与控制权，具有一股独大的典型特征。因此，通过剖析其控制性大股东的支撑行为和隧道挖掘行为对上市公司治理绩效的影响模式对中国上市公司股改和大股东治理机制的优化具有典型的参考价值和借鉴意义。

18.3.2 研究设计

实证研究的变量分为两类，一类是用以表示公司治理绩效的变量指标，另一类是用以反映公司最终控制大股东特征的变量指标。衡量公司治理的效果，不应该仅局限于它所可能带来的公司绩效的改善，还应该系统考虑其在对增加上市公司市场价值、增强上市公司股本扩张能力以及提高上市公司成长能力等方面的贡献。因此，应当从上市公司的市场价值、盈利能力、成长性以及股本扩张能力等4个方面系统考虑公司治理的绩效，各项治理绩效指标的含义及其基本表达式如表 18-1 所示。同时，本项研究定义了如表 18-2 所示的两个反映最终控制人特征的变量，即最终控制大股东拥有的所有权（Cash Flow）和两权分离系数（CO）[①]。

在研究中采用 LLSV 研究范式，利用灰色关联分析法实证检验两类变量之间的关系。通过追溯三一重工上市公司的最终控制大股东，以现金流量权代表所有权，以表决权代表控制权，从最终控制大股东拥有的所有权、控制权以及两权分离度的维度系统考察上市公司最终控制大股东的所有权和两权分离度对公司治理绩效的影响。

表 18-1　　　　　　　　　　公司治理绩效变量及具体定义

变量名	变量指标	变量标识	变量定义
盈利能力指标	主营业务利润率（%）	ROM	（主营业务利润÷主营业务收入）×100%
	净资产收益率（%）	ROA	（每股收益÷每股平均净资产）×100%
	每股收益（元）	ESP	年度净利润÷年度末普通股股份总数
成长性指标	主营业务收入增长率（%）	ISOM	（本期主营业务收入－上期主营业务收入）÷上期主营业务收入

---

① 两权分离度可以通过以下两式进行度量，本章采用第一式，即最终控制大股东的控制权减去所有权。两权分离度实际上反映了大股东的现金流量权与表决权的分离程度。

$$C - a = \min(C_1, C_2, \cdots, C_N) - \prod_{i=1}^{N} C_i, \quad C/a = \min(C_1, C_2, \cdots, C_N) / \prod_{i=1}^{N} C_i。$$

续表

变量名	变量指标	变量标识	变量定义
股本扩张能力	每股资本公积金（元）	FOS	资本公积金÷股本总额
	每股净资产（元）	NAOS	股东权益÷股本总额
市场价值	每股市价	SMP	年底收盘价
	托宾Q值	TQ	（每股股价×总股本+总负债）÷总资产

表 18-2　　　　　　　　　最终控制人特征变量及具体定义

变量名	变量标识	变量定义
所有权	Cash flow	最终控制人拥有的现金流量权
控制权	Voting right	最终控制人拥有的表决权
所有权与控制权分离系数	CO	最终控制人拥有的控制权减去所有权*

注：* 也可以用控制权/所有权。

18.3.3　数据分析过程及结果

笔者经过整理计算分别得出三一重工 2003~2008 年度反映公司治理绩效的变量数据和反映公司最终控制人特征变量数据，如表 18-3 和表 18-4 所示。

表 18-3　　　　　三一重工 2003~2008 年度公司治理绩效数据

分析要素	变量名	变量标识	2003年	2004年	2005年	2006年	2007年	2008年
盈利能力指标	主营业务利润率（%）	ROM	40.64	31.59	34.61	35.54	34.49	29.83
	净资产收益率（%）	ROA	19.10	17.17	10.42	22.00	33.95	21.11
	每股收益（元）	ESP	1.35	1.36	0.45	0.62	1.65	0.83
成长性指标	主营业务收入增长率（%）	ISOM	112.08	27.21	-4.47	105.3	75.52	50.30
股本扩张能力	每股资本公积金（元）	FOS	3.52	3.51	1.26	1.79	1.03	0.48
	每股净资产（元）	NAOS	7.09	7.94	4.32	2.80	4.77	3.92
市场价值	每股市价	SMP	24.74	17.2	6.64	32.23	57.04	14.01
	托宾Q值	TQ	2.58	1.50	1.22	3.15	5.61	2.84

注：计算过程中数据截取日期为每年度的 12 月 31 日。
资料来源：本表数据系作者根据中国上市公司资讯网相关数据整理计算所得。

表 18-4　　三一重工 2003~2008 年度最终控制人特征变量数据

变量名	变量标识	2003 年	2004 年	2005 年	2006 年	2007 年	2008 年
所有权（%）	Cash flow	42.73	42.73	38.88	38.83	35.88	35.37
控制权（%）	Voting right	59	59	58.54	58.54	58.54	58.24
所有权与控制权分离系数（%）	CO	16.27	16.27	19.66	17.71	22.66	22.87

注：计算过程中数据截取日期为每年度的 12 月 31 日。
资料来源：作者根据中国上市公司资讯网相关数据整理计算所得。

如表 18-4 中的数据所示，最终控制人的所有权最小值为 35.37%，最大值为 42.73%，均值和中值都约为 39%，但是大股东所拥有的控制权却近乎相同，都是绝对超强控制，说明三一重工的最终控制大股东所拥有的所有权比例呈逐年下降的趋势，但是其掌握的控制权变化幅度不大，最终控制大股东的控制权大于所有权。两权分离度的最大值为 22.87%，最小值也达到了 16.27%，均值和中值分别为 19.24% 和 18.69%，说明上市公司的两权分离情况较严重，同时两权分离度呈逐年增长的趋势，这表明最终控制大股东用越来越少的所有权比例保持着对上市公司较大的控制权。

在进行变量的灰色关联分析时，首先需要确定参考数据列，记为 $\{x_0(t)\}$，即：$\{x_0(1), x_0(2), \cdots, x_0(n)\}$，$(t=1, 2, \cdots, n)$；与参考数列进行关联程度比较的数列称为比较序列，记为 $\{x_i(t)\}$，即：$\{x_1(t), x_2(t), \cdots, x_m(t)\}$。其中，$m \geq 1$，$\{x_i(t)\} = \{x_i(1), x_i(2), \cdots, x_i(n)\}$。在进行灰色关联分析时，由于系统中各因素的计量单位不同，故数据的量纲也不一致，因此要进行无量纲的数据处理。① 处理后的结果如表 18-5 所示。

表 18-5　　无量纲化结果

变量名	数列	年度					
		2003	2004	2005	2006	2007	2008
主营业务利润率	x_1	1.1797	0.9170	1.0046	1.0316	1.0012	0.8659
净资产收益率	x_2	0.9261	0.8325	0.5052	1.0667	1.6461	1.0235
每股收益	x_3	1.2939	1.3035	0.4313	0.5942	0.5815	0.7955
主营业务收入增长率	x_4	1.7687	0.4917	0.0150	1.6667	1.2186	0.8392
每股资本公积金	x_5	1.8223	1.8171	0.6523	0.9267	0.5332	0.2485
每股净资产	x_6	1.3794	1.5447	0.8405	0.5447	0.9280	0.7626

---

① 即分别求出各原始数列的平均数，再用数列的所有数据除以平均数。

续表

变量名	数列	年度					
		2003	2004	2005	2006	2007	2008
每股市价	x_7	0.9775	0.6796	0.2623	1.2734	2.2537	0.5535
托宾 Q 值	x_8	0.9160	0.5325	0.4331	1.1183	1.9917	1.0083
所有权	r_1	1.0937	1.0937	0.9951	0.9939	0.9184	0.9053
控制权	r_2	1.0061	1.0061	0.9982	0.9982	0.9982	0.9931
所有权与控制权分离系数	r_3	0.8456	0.8456	1.0218	0.9205	1.1778	1.1887

注：2005 年的主营业务收入增长率为 -4.47，故给该行每列均加 5.47。

由于灰色关联分析把曲线间差值的大小作为关联程度的衡量尺度，那么在时刻 t = k 时，参考序列与比较序列的关联系数 $\xi_{0j}(k)$ 为

$$\zeta_{0j}(k) = \frac{\Delta_{\min} + \eta \Delta_{\max}}{\Delta_{0j}(k) + \eta \Delta_{\max}} \tag{1}$$

其中，$\Delta_{0j}(k) = |x_0(k) - x_j(k)|$，$\Delta_{\min} = \min_j \min_k |x_0(k) - x_j(k)|$，$\Delta_{\max} = \max_j \max_k |x_0(k) - x_j(k)|$，$\zeta$ 称为分辨系数，是一个事先取定的常数，常取 $\zeta = 0.5$，以保证 $\zeta_{0j} \in (0, 1]$。计算出各时段的绝对差 Δ，如表 18-6 所示。根据公式（1）计算关联系数 ξ，如表 18-7 所示。

表 18-6　　　　　　　　　　　绝对差 Δ

变量名	绝对差	年度					
		2003	2004	2005	2006	2007	2008
主营业务利润率	Δ_{01}	0.0860	0.1767	0.0095	0.0378	0.0828	0.0394
	Δ_{11}	0.1736	0.0891	0.0064	0.0334	0.0029	0.1272
	Δ_{21}	0.3340	0.0713	0.0172	0.1112	0.1766	0.3228
净资产收益率	Δ_{02}	0.1676	0.2612	0.4899	0.0728	0.7277	0.1182
	Δ_{12}	0.0800	0.1736	0.4930	0.0684	0.6478	0.0304
	Δ_{22}	0.0804	0.0131	0.5166	0.1462	0.4683	0.1652
每股收益	Δ_{03}	0.2003	0.2098	0.5638	0.3996	0.6631	0.1098
	Δ_{13}	0.2878	0.2974	0.5669	0.4040	0.5832	0.1976
	Δ_{23}	0.4483	0.4579	0.5905	0.3262	0.4037	0.3931
主营业务收入增长率	Δ_{04}	0.6751	0.6020	0.9801	0.6729	0.3003	0.0661
	Δ_{14}	0.7627	0.5144	0.9832	0.6685	0.2204	0.1540
	Δ_{24}	0.9231	0.3593	1.0068	0.7462	0.0409	0.3495

续表

变量名	绝对差	年度					
		2003	2004	2005	2006	2007	2008
每股资本公积金	Δ_{05}	0.7286	0.7234	0.3429	0.0672	0.3851	0.6568
	Δ_{15}	0.8162	0.8110	0.3460	0.0716	0.4650	0.7446
	Δ_{25}	0.9766	0.9714	0.3695	0.0062	0.6445	0.9402
每股净资产	Δ_{06}	0.2857	0.4511	0.1547	0.4491	0.0097	0.1427
	Δ_{16}	0.3733	0.5387	0.1578	0.4535	0.0702	0.2305
	Δ_{26}	0.5337	0.6991	0.1814	0.3757	0.2497	0.4260
每股市价	Δ_{07}	0.1162	0.4141	0.7328	0.2796	1.3353	0.3518
	Δ_{17}	0.0286	0.3265	0.7359	0.2752	1.2554	0.4396
	Δ_{27}	0.1318	0.1661	0.7595	0.3529	1.0759	0.6351
托宾Q值	Δ_{08}	0.1777	0.5611	0.5620	0.1245	1.0734	0.1030
	Δ_{18}	0.0901	0.4735	0.5651	0.1201	0.9935	0.0152
	Δ_{28}	0.0703	0.3131	0.5887	0.1979	0.8140	0.1804

表 18-7 关联系数 ξ

变量名	绝对差	年度					
		2003	2004	2005	2006	2007	2008
主营业务利润率	$\xi_{01}(k)$	0.8985	0.8020	1.0000	0.9599	0.9023	0.9577
	$\xi_{11}(k)$	0.7870	0.8798	0.9945	0.9539	1.0000	0.8353
	$\xi_{21}(k)$	0.6240	0.8931	0.9802	0.8383	0.7615	0.6322
净资产收益率	$\xi_{02}(k)$	0.8107	0.7290	0.5850	0.9145	0.4853	0.8617
	$\xi_{12}(k)$	0.8911	0.7870	0.5627	0.9059	0.4944	0.9583
	$\xi_{22}(k)$	0.8799	0.9874	0.5160	0.7954	0.5407	0.7739
每股收益	$\xi_{03}(k)$	0.7802	0.7717	0.5499	0.6345	0.5088	0.8710
	$\xi_{13}(k)$	0.6888	0.6817	0.5279	0.6113	0.5208	0.7641
	$\xi_{23}(k)$	0.5517	0.5464	0.4822	0.6297	0.5778	0.5844
主营业务收入增长率	$\xi_{04}(k)$	0.5043	0.5334	0.4110	0.5051	0.6996	0.9228
	$\xi_{14}(k)$	0.4536	0.5522	0.3915	0.4865	0.7436	0.8068
	$\xi_{24}(k)$	0.3724	0.6101	0.3523	0.4237	0.9401	0.6131
每股资本公积金	$\xi_{05}(k)$	0.4850	0.4868	0.6701	0.9215	0.6432	0.5113
	$\xi_{15}(k)$	0.4368	0.4383	0.6477	0.9018	0.5771	0.4595
	$\xi_{25}(k)$	0.3593	0.3605	0.5996	1.0000	0.4602	0.3681

续表

变量名	绝对差	年度					
		2003	2004	2005	2006	2007	2008
每股净资产	$\xi_{06}(k)$	0.7103	0.6053	0.8235	0.6064	0.9998	0.8357
	$\xi_{16}(k)$	0.6300	0.5407	0.8029	0.5833	0.9036	0.7348
	$\xi_{26}(k)$	0.5077	0.4399	0.7565	0.5955	0.6908	0.5645
每股市价	$\xi_{07}(k)$	0.8639	0.6260	0.4835	0.7149	0.3381	0.6643
	$\xi_{17}(k)$	0.9609	0.6609	0.4625	0.6985	0.3349	0.5909
	$\xi_{27}(k)$	0.8124	0.7729	0.4194	0.6108	0.3372	0.4638
托宾Q值	$\xi_{08}(k)$	0.8010	0.5511	0.5507	0.8549	0.3889	0.8787
	$\xi_{18}(k)$	0.8785	0.5727	0.5287	0.8433	0.3890	0.9810
	$\xi_{28}(k)$	0.8945	0.6394	0.4830	0.7395	0.4025	0.7575

从表18-6中可以看出绝对差最大值 $\Delta_{0max}=1.3353$，最小值 $\Delta_{0min}=0.0095$；$\Delta_{1max}=1.2554$，最小值 $\Delta_{1min}=0.0029$；$\Delta_{2max}=1.0759$，最小值 $\Delta_{2min}=0.0062$。

由于比较序列对参考序列的关联系数有多个，信息过于分散，难以比较，因此我们要对各个时刻的关联系数进行处理，计算相关序列间的关联度。两序列间的关联度的计算方法为

$$r_{0j} = \frac{1}{N} \times \sum_{k=1}^{N} \xi_{0j}(k) \qquad (2)$$

根据公式（2）计算各因素的关联度如表18-8所示。

表18-8　　　　　　　　　　　关联度

关联度	ROM	ROA	ESP	ISOM	FOS	NAOS	SMP	TQ
Cash flow	0.9201	0.7310	0.6860	0.5960	0.6196	0.7635	0.6151	0.6709
Voting right	0.9084	0.7666	0.6324	0.5724	0.5769	0.6992	0.6181	0.6989
CO	0.7882	0.7489	0.5620	0.5520	0.5246	0.5925	0.5694	0.6527

如表18-8所示，根据公式（2）计算出的代表公司治理绩效指标的8个变量与最终控制大股东拥有的所有权（现金流量权）之间的关联度分别为：0.9201、0.7310、0.6860、0.5960、0.6196、0.7635、0.6151、0.6709。关联度系数都为正，这说明三一重工的非国有最终控制大股东拥有的所有权（现金流量权）与公司治理绩效正相关，在一定程度上具有"利益汇聚"的激励效应，能够抑制其侵占公司利益，这验证了詹森和麦克林（Jensen and Meckling, 1976）、默克等（Morck et al., 1988）、毕查克（Bebchuk, 1999）以及LLSV（2002）的

观点，与克拉森等（Claessens et al.，2002）、张华等（2004）的实证结果基本一致。表明非国有最终控制人拥有的所有权（现金流量权）比例越高，越愿意按照股权比例以现金股利的方式获得投资收益，而不愿意转移公司利润，因为它必须"内生化"越多的转移利润。① 当然，与西方的研究成果相比，这种"利益汇聚效应"较为微弱。笔者分析这与上市公司所处的投资者保护环境有关。一个国家的投资者保护机制影响着最终控制大股东攫取控制权私有收益的空间，进而影响到公司绩效。

代表公司治理绩效指标的 8 个变量与最终控制人所拥有的所有权与控制权分离度之间的关联度分别为：0.7882，0.7489，0.5620，0.5520，0.5246，0.5925，0.5694，0.6527。关联度系数都为正，这说明两权分离度与公司治理绩效之间也呈现出正相关关系，表明虽然三一重工的最终实际控制大股东采用了复杂的金字塔控股结构的手段分离所有权与控制权，但是并没有出现大股东进行私有利益挖掘的"隧道行为"。同时，通过分析关联度数据可以发现，两权分离度与公司治理绩效都不存在显著的正相关关系，说明两权分离情况对三一重工公司治理绩效的影响并不显著，或者说影响非常微弱，这个结果与 LLSV（2002）、维瓦塔纳唐（Wiwattanakantang，2001）的结论相同，但与张华（2004）、克拉森等（Claessens et al.，2002）所得出的所有权和控制权的分离程度与公司价值负相关的结论不同。笔者分析其原因在于为了保住上市公司的壳资源或再融资资格，三一重工的最终控制大股东采取了"支持"上市公司的行为，从而弱化了其"隧道行为"。

18.4 研究结论与启示

通过对三一重工 2003～2008 年度公司治理绩效和大股东所有权、控制权以及两权分离度之间的灰色关联度的分析，得出以下两个主要结论：第一，三一重工的最终控制大股东所持有的的所有权（现金流量权）在一定程度上抑制了其进行"隧道挖掘"的行为，起到了"利益汇聚"的激励效应，随着其所有权比例的上升，公司治理绩效随之提高。第二，三一重工的最终控制大股东虽然通过采用金字塔控股结构分离所有权与控制权，用较少的所有权掌握了大部分的控制权，但是两权分离并没有降低上市公司的治理绩效，或者说两权分离度对公司治理绩效的影响非常微弱。谢军（2007）提出当大股东持股水平在 36.39% ~

---

① 如果最终控制人持有 20% 的现金流量权，那么每转移 100 万元公司利润，最终控制人只能获得 80 万元，其中 20 万元本来就属于最终控制人，或者说其中 20 万元被最终控制人"内生化"；如果最终控制人持有 50% 的现金流量权，那么转移 100 万元公司利润，其中 50 万元被最终控制人"内生化"。显然，最终控制人持有的现金流量权越多，转移利润被"内生化"的比例也就越高。

64.20%时，随着大股东持股比例的不断提高，大股东进行掏空行为的私人利益难以补偿其对应现金流的损失，从而导致大股东所有权对公司价值具有正向的激励效应。在上文对三一重工控制性大股东的所有权比例进行分析的过程中，可以发现其所有权比例在35%~63%，并且所有权与公司治理绩效正相关，再次验证了谢军（2007）的研究结论。

关于两权分离对公司治理绩效的影响，主流的研究结论认为上市公司的最终控制大股东通过采用金字塔控股结构等杠杆分离所有权与控制权在一定程度上降低了公司绩效。但是本项研究的结论并不支持这一观点。究其原因有二：其一，为了保住上市公司的壳资源或再融资资格，三一重工的最终控制大股东采取了"支持"上市公司的行为，从而弱化了其利用两权分离攫取控制权私有收益的"隧道行为"；其二，与样本的选取具有一定的关系，三一重工作为中国"股权分置改革第一股"，担负了更多超出经济效应之外的行政责任。

我国上市公司的最终控制大股东主要采用金字塔控股结构分离所有权与控制权，因此通过追溯上市公司的最终控制大股东及其控制机制，进而考察其对公司治理绩效的影响对提高我国上市公司的治理水平具有深刻的意义。① 通过上文实证分析可以发现，在现有的市场和法律环境下，股权分散并不必然带来高的公司治理绩效，一定程度的股权集中也能发挥好的激励效应。对我国上市公司治理绩效的考核和治理结构的完善要充分考虑大股东所有权与控制权的激励效应和防御效应，公司治理结构的安排要尽量发挥大股东对公司治理的积极效应，努力消除大股东对公司治理的消极作用。可以在公司治理结构中构建配套制度建设，比如独立董事制度、控制权市场机制等对大股东的行为进行制衡。在股票市场的股权分置改革过程中，在股权多元化和大股东的培育过程中同样要注意大股东的激励效应和防御效应。

参 考 文 献

1. Almeida H. and D. Wolfenzon, A theory of pyramidal ownership and family business groups, Working Paper, New York University. 2004.

2. Bebchuk, L. A rent-protection theory of corporate ownership and control, Working Paper, John M. Olin Center for Law, Economics and Business, Harvard University. 1999.

3. Berle, A. and G. Means, The modern corporation and private property, New York：Harcourt, BraceandWorld Inc. 1932.

---

① 中国证监会于2004年12月下达了关于修订《公开发行证券的公司信息披露内容与格式准则第2号》的通知，加强了对上市公司披露其实际控制大股东情况的要求，对深入研究上市公司的所有权和控制权提供了很好的数据平台，也表明了监管部门也深刻了解到这方面的问题。

4. Dyck, A. and L. Zingales, Private benefits of control: an international comparison, Working Paper, Harvard Business School and University of Chicago. 2003.

5. Edwards, J. and A. Weichenrieder, Ownership concentration and share valuation: evidence from Germany, Working Paper, CESifo, Munich. 1999.

6. Ehrhardt, Nowak, Private benefit and minority shareholder expropriation or what exactly are private benefits of control? Working Paper, Humboldt University. 2003.

7. Fridman, E., S. Johnson and T. Mitton, Propping and tunneling, Journal of Comparative Economics, 2003, 31 (4): 732–750.

8. Grossman, S. and Hart, O. Takeover bids, the free-ride problem, and the theory of the corporation, Bell Journal of Economics, 1980, 11 (1): 42–64.

9. Jensen, M. and W. Meckling, Theory of the firm: managerial behavior, agency costs and ownership structure, Journal of Financial Economics, 1976, 3 (4): 305–360.

10. La Porta, R, F. Lopez-de-Silanes, A. Shleifer and R. Vishny, Investor protection and corporate valuation, Journal of Finance, 2002, 57 (3): 1147–1170.

11. Morck, Shleifer and Vishny, Management ownership and market valuation: an empirical analysis, Journal of Financial Economics, 1988, 20: 293–316.

12. Shleifer, A. and R. Vishny. Large shareholders and corporate control, Journal of Political Economy, 1986, 94 (3): 461–488.

13. Shleifer, A. and R. Vishny, A survey of corporate governance, Journal of Finance, 1997, 52 (2): 737–783.

14. Claessens, S., S. Djankov, J. Fan and L. Lang, Disentangling the incentive and entrenchment effects of large shareholdings, Journal of Finance, 2002, 57 (6): 2741–2771.

15. Wiattanakantang, Controlling shareholders and corporate value: evidence from Thailand, Pacific–Basin Finance Journal, 2001, 9 (4): 323–362.

16. Wolfenzon, D., A theory of pyramidal ownership Working Paper, New York University. 1999.

17. 陈小悦、徐晓东：《股权结构、企业绩效与投资者利益保护》，载《经济研究》2001年第11期，第3~11页。

18. 赖建清：《所有权、控制权与公司绩效》，北京大学出版社2007年版。

19. 刘峰、贺建刚：《股权结构与大股东利益实现方式的选择》，载《中国第三届实证会计国际研讨会论文集》2003年，第739~752页。

20. 马忠：《金字塔结构下终极所有权与控制权研究》，东北财经大学出版社2007年版。

21. 徐晓东、陈小悦：《第一大股东对公司治理、企业业绩的影响分析》，载《经济研究》2003年第2期，第64~74页。

22. 宋敏、张俊喜、李春涛：《股权结构的陷阱》，载《南开管理评论》2004年第1期，第9~23页。

23. 苏启林、朱文：《上市公司家族控制与企业价值》，载《经济研究》2003年第8期，第36~45页。

24. 孙永祥、黄祖辉：《上市公司的股权结构与绩效》，载《经济研究》1999年第12期，第23~30页。

25. 谢军：《第一大股东、股权集中度与公司绩效》，载《经济评论》2006年第1期，第70~85页。
26. 谢军：《第一大股东持股和公司价值：激励效应和防御效应》，载《南开管理评论》2007年第1期，第21~25页。
27. 徐丽萍、辛宇、张工孟：《股权集中度和股权制衡及其对公司经营绩效的影响》，载《经济研究》2006年第1期，第90~100页。
28. 张华：《所有权和控制权分离对企业价值的影响——我国民营上市企业的实证研究》，载《经济学（季刊）》2004年第3期，第1~14页。

第 19 章

两权分离度与公司治理绩效实证研究*

本章采用灰色关联理论的实证方法，借鉴公司控制权理论关于控制权价值的研究思路，以 2008 年度中国民营上市公司为研究对象，通过追溯终极控制人，基于行业和控制方式两个维度系统考察终极股东所有权、控制权以及两权分离度的状况，同时考察两权分离度与公司治理绩效之间的关系。研究结果表明：中国民营上市公司两权分离状况较为严重，两权偏离度平均达到 9.30；不同的行业特征条件下，终极所有权、控制权、两权分离度以及治理绩效均有较大的差异。金字塔结构是最常见的控制方式，在此种控制方式下，两权分离度最大，达到 11.53；同时，亦有 18.8% 的终极控制人选择直接控制，说明有相当数量的民营上市公司终极股东不愿放弃大股东的身份。两权分离度与公司治理绩效的五个指标均存在显著相关性。

19.1 引　言

自伯利和米恩斯（Berle and Means，1932）提出所有权与控制权分离的著名论断之后，近半个世纪以来，大量的研究几乎都围绕着 Berle - Means 研究范式[①]下美国式的"强管理者，弱股东"的分散所有权情况下的第一类代理问题进行研究。然而，20 世纪 90 年代起，人们发现，集中是大部分国家中公司所有权和控制权结构的主导形态，即使是美国企业也存在一定程度的集中现象。在这种情况下，需要追溯公司的终极产权所有者，通过对公司现金流所有权和投票权（包括直接持有和间接持有）的终极追溯，才能更好地理解现代公司中所有权结构、控制权结构以及两者与公司治理绩效之间的关系。

---

* 本章内容发表在《中国工业经济》2010 年第 12 期。
① 伯利和米恩斯（Berle and Means）研究范式主要研究在股权分散的情况下，如何在不违背"一股一票"的原则下设计合理的所有权结构以减少管理者的机会主义行为。

1999年，LLSV首次阐述了追溯上市公司终极控制人及其所有权和控制权的重要性，并从实证研究的角度说明了公司终极控制人拥有的所有权和控制权都将影响公司绩效。中国证券市场中上市公司的许多不规范问题，很大程度上都是终极控制权效应的反映。[①] 上市公司的终极股东通过各种"杠杆工具"[②] 使其控制的表决权超过现金流量权，从而获得"同股不同权，小股有大权"的效应，偏离传统的"一股一票"的假设。由于终极控制股东对公司的控制具有隐秘性和复杂性，为其关联交易、内幕交易、利润转移、掏空上市公司等不规范运作提供了许多的便利。在这种情况下，只有追溯上市公司的最终控制人才能理解了解终极控制人的特征及其拥有的现金流量权和表决权，进而正确理解上市公司最终控制人及其所有权和控制权与公司治理绩效之间的真正关系。因此，无论在公司治理层面还是在政策监管层面，公司的终极控制人及其所有权、控制权及两权分离度都是一个非常重要的问题。

目前国内对控制权的研究，主要停留在大股东的层面，对于没有终极控制权的上市公司有一定的价值；但是对于有终极控制权的上市公司，其理论解释和应用价值存在一定的缺陷。由于具有终极控制权的这类公司在中国证券市场上所占比例很大，因此现有研究成果在一定程度上难以揭示和解释中国证券市场上因终极控制权而产生的许多问题。虽然有关终极控制权的研究自2004年也开始出现，但是由于起步晚，加之中国证券市场的特殊性，使得现金流权和控制权分离所产生的代理问题尚未形成完整的理论体系。在实证研究方面，大多数学者都是选择自认为比较合理的变量进行实证检验，从而导致研究结论不一致。研究方法比较单一，大多数研究所用的方法基本都是多元回归分析法，缺乏创新。基于此，本章引入灰色关联理论，以民营上市公司为研究对象，系统考察上市公司终极股东所有权、控制权、两权分离度及其与公司治理绩效之间的关系，以期为中国民营上市公司治理效率的优化举措提供经验证据。

---

① 诸如德隆系的崩溃、托普集团的陨落、ST猴王的衰败、格林柯尔事件等大都与终极控制权有着直接联系；包括一度沸沸扬扬的"郎顾之争"，其实质就是对关联交易中终极控制链条的质疑。

② 例如金字塔控股结构、交叉持股和多重表决权股票等。举例如下：如果甲（自然人或法人）直接持有公司乙35%的股份，那么甲对公司乙的现金流量权和控制权都为35%，两者之间没有偏离。如果甲持有公司乙30%的股份，公司乙持有公司丙20%的股份，那么甲对公司丙的控制权为20%[min(30%, 20%)]，现金流权为6%[30%×20%]，即在20%的水平上，虽然甲仅仅拥有5%的现金流量权，但是甲对公司丙具有控制权，这种情况被称为金字塔持股结构。如果甲持有乙公司30%的股份，公司乙持有公司丙20%的股份，同时甲又直接持有公司丙12%的股份，那么甲对公司丙的控制权为32%[min(30%, 20%)+12%]，现金流量权为18%(12%+30%×20%)。如果甲持有公司乙的30%的股份，乙持有公司丙的20%的股份，同时丙又直接或间接持有甲5%的股份，则称为交叉持股。

19.2 变量设计及样本选取

本章采用 LLSV 研究范式,追溯上市公司的终极控制股东,以现金流量权度量所有权,以表决权度量控制权,分别从行业和终极控制方式两个维度系统考察上市公司终极股东的所有权、控制权以及两权分离度的状况。在此基础上,利用灰色关联理论的分析方法,按照不同的行业特征,实证考察终极控制股东的两权分离度与公司治理绩效之间的关系。

实证研究的变量分为两类,一类是用以表示公司治理绩效的变量指标,另一类是用以反映上市公司终极控制股东特征的变量指标。衡量公司治理的效果,不应该仅局限于它所可能带来的公司绩效的改善,还应该系统考虑其在对增加上市公司市场价值、增强上市公司股本扩张能力以及盈利能力等方面的贡献。因此,本项研究选取净利润、净资产收益率、每股收益、每股净资产、市净率5个指标系统考察公司治理绩效。同时,定义了三个反映最终控制人特征的变量,即:终极控制股东拥有的所有权(Ownership)、控制权(Control right)和两权分离度(C-O)[①]。

本章以 2008 年 12 月 31 日沪深两市民营上市公司为样本进行研究。2004 年 12 月 13 日,中国证监会下达了关于修订《公开发行证券的公司信息披露内容与格式准则第 2 号》的通知,要求上市公司披露公司的实际控制人情况,并以方框图的形式披露公司与实际控制人之间的产权和控制关系,从政策层面为追溯上市公司终极控制股东提供了可能。因此,2008 年度民营上市公司的终极控制人的所有权、控制权的信息部分来自上市公司年报全文,部分来自 CSMAR - GTA - PRI 2010V 数据库,部分数据经由笔者计算所得。

根据深圳国泰安中国民营上市公司数据库确定初始样本共计 666 家,出于研究目的的需要,剔除以下样本:(1)实际控制人由民营转化为非民营性质的上市公司,共计 97 家;(2)终极控制人所有权、控制权比例数据不详且难以获取的上市公司,共计 18 家;(3)终极控制人类型不是自然人或家族的上市公司,共计 27 家;(4)涉及被 ST、*ST、S*ST、SST、S 的上市公司,共计 63 家;最终确定有效样本 500 家[②]。

---

① 两权分离度可以通过以下两式进行度量,本章采用第一式,即最终控制大股东的控制权减去所有权。两权分离度实际上反映了大股东的现金流量权与表决权的分离程度。$C-a = \min(C_1, C_2, \cdots, C_N) - \prod_{i=1}^{N} C_i$,$C/a = \min(C_1, C_2, \cdots, C_N) / \prod_{i=1}^{N} C_i$。

② 因部分样本同时满足上述条件中的两个或以上,故最终有效样本数为 500 个。

19.3 终极所有权、控制权及两权分离度特征分析

19.3.1 终极所有权、控制权和两权分离度的描述性统计

为了从实证的角度分析上市公司的终极所有权和控制权与公司治理绩效的关系，首先必须对上市公司终极控制股东的所有权、控制权和两权分离度的特征进行分析。表 19-1 显示了上市公司中拥有 5% 以上控制权的公司终极控制人的现金流量权、控制权及两权分离度。

表 19-1 终极控制权（C），所有权（O）及两权分离度（C-O）

	样本数	最小值	最大值	均值	中值	标准差
C	500	6.90	80.60	35.69	33.28	15.41
O	500	0.24	78.18	26.39	23.21	16.18
C-O	500	0.00	45.75	9.30	7.04	9.24

从表 19-1 可以看出，在 500 家样本公司中，终极控制人拥有的控制权平均为 35.69%，而其投入的现金流平均只有 26.39%。就是说，终极股东投入的现金流显著小于其获得的控制权，有 9.30% 的差异。两权分离度的均值和中值分别为 9.30% 和 7.04%，说明上市公司两权分离情况较严重。两权分离的最小值为 0，说明有些公司并未采取分离所有权与控制权的隐蔽手段，而是选择了直接控制方式；两权分离的最大值为 45.75%，远高于均值，说明有些上市公司采取复杂的隐蔽手段分离控制权与所有权，以便为自己谋取控制权私有收益。

19.3.2 行业与终极所有权、控制权和两权分离度

我国上市公司被证监会划分为 13 个行业大类，上文对终极控制权、所有权及两权分离度的描述性统计仅仅是一个整体分析，没有涉及不同行业的差异对终极所有权、控制权及两权分离度的影响。由于不同行业公司面临的竞争激烈程度各不相同，法律法规的约束程度也不相同，因此，为了更加深入地分析不同行业上市公司终极所有权、控制权及两权分离度的差异，本章进行了如下研究。

表 19-2 按照不同的行业分类对上市公司的终极所有权、控制权和两权分离度进行了统计性描述。从表 19-2 中的数据可以看出，不同行业上市公司之间有较为明显的区别。就终极所有权而言，全体样本均值为 26.39%，房地产业（J）

是最高的，达到34.18%；其次是信息技术业（G），达到29.91%；最低的是采掘业（B），8.26%；居于中间的分别是社会服务（K）、制造业（C）、金融保险业（I）、批发和零售业（H）、传播与文化产业（L）、农林牧渔业（A）、交通运输、仓储业（F）、建筑业（E）、电力、煤气、水的生产和供应业（D）、综合类（M）。在终极控制权方面，全体样本均值为35.69%，高于平均水平的有制造业（C）、建筑业（E）、交通运输、仓储业（F）、房地产业（J）、社会服务业（K）和传播与文化产业（L）六个行业，最高的是传播与文化产业（L），达到47.78%，但是由于涉及该行业的上市公司只有1个样本，从而影响了对该行业的分析。就两权分离情况而言，两权分离度较大的主要有传播与文化产业（L）、建筑业（E）、交通运输、仓储业（F）、综合类（M）、农林牧渔业（A）、金融保险业（I）。采掘业的两权分离度最小，只有3.44%。实证结果表明，在不同的行业特征条件下，终极股东所有权、控制权以及两权分离度有较大的差异。

表19-2　　　　不同行业上市公司的所有权、控制权分布状况

行业代码	样本数量	所有权状况				控制权状况				两权分离度状况			
		最大值	最小值	均值	标准差	最大值	最小值	均值	标准差	最大值	最小值	均值	标准差
A	11	53.17	3.16	23.70	15.57	60.23	10.31	34.13	15.76	36.96	0.00	10.42	11.28
B	2	8.41	8.11	8.26	0.21	15.00	8.41	11.71	4.66	6.89	0.00	3.44	4.87
C	327	72.96	0.24	26.51	15.83	75.00	6.90	35.87	14.58	45.75	0.00	9.37	9.36
D	5	31.38	9.68	20.83	9.38	34.87	18.68	28.00	6.91	16.41	0.00	7.17	6.20
E	10	46.17	5.22	23.27	13.10	70.83	15.99	36.96	19.01	28.82	0.00	13.69	11.27
F	6	55.05	7.51	23.48	18.98	65.53	12.52	36.26	18.44	30.01	0.00	12.78	10.71
G	43	74.01	4.40	29.91	17.16	74.01	12.52	35.38	15.67	44.48	0.00	5.47	8.70
H	25	78.18	6.90	24.65	17.50	80.60	6.99	33.47	17.72	29.16		8.82	7.72
I	4	49.88	5.06	24.90	19.27	49.88	16.30	35.60	14.63	27.90	0.00	10.70	13.30
G	29	72.33	2.71	34.18	16.73	78.36	13.98	43.41	18.89	24.73	0.00	9.23	7.36
K	9	48.93	18.01	29.35	11.61	55.98	18.01	38.70	13.06	24.92	0.00	9.36	8.40
L	1	24.37	24.37	24.37	0	47.78	47.78	47.78	0.00	23.41	23.41	23.41	0.00
M	28	77.89	2.05	17.52	16.37	77.89	8.34	29.82	16.46	37.81	0.00	12.30	9.00

注：表内行业按2001年4月4日中国证监会公布的《上市公司行业分类指引》的分类：A. 农林牧渔业；B. 采掘业；C. 制造业；D. 电力、煤气、水的生产和供应业；E. 建筑业；F. 交通运输、仓储业；G. 信息技术业；H. 批发和零售业；I. 金融保险业；J. 房地产业；K. 社会服务业；L. 传播与文化产业；M. 综合类。

19.3.3 不同控制方式下的两权分离度

终极股东通过少数股权控制上市公司的方式有多种，比如多重投票权安排、金字塔控股与交叉持股等。实际上，世界各国实行的所有权与控制权相分离的工具多达26种之多，但是有些工具在中国并不存在，同时这26种工具并非在每个国家都合法；有些工具适用于股东大会阶段，有些则适用于董事会或监事会阶段[①]。

表19-3对不同控制方式下的两权分离度进行了分析。实证结果显示，金字塔式控制是上市公司的终极股东选择最多的控制方式，有63.4%的终极股东选择金字塔结构分离所有权与控制权，这主要是因为我国民营上市公司缺乏雄厚资金，难以获得借贷资本，导致大多数民营企业通过建立金字塔控制结构形成内部资本市场。同时，在金字塔结构下，两权分离度也最大，达到11.53。说明在金字塔结构下，只要中间层次足够多，处于控股结构顶端的终极控制股东能够完全控制处于控股结构底层的上市公司，并且其在上市公司所持有的现金流量权可以降至足够低。由于终极控制股东的现金流量权相对于其控制权而言明显偏低，因此终极控制者与中小股东之间的利益协同效应被削弱，在金字塔控制结构下，终极控制股东利用杠杆效应侵害外部股东的代理问题较为严重。其次是直接控制方式，有18.8%的中国民营上市公司的终极股东选择直接持有上市公司的股权实施对上市公司的控制，说明有相当数量的民营上市公司终极股东不愿放弃大股东的身份，没有实行终极控制权与所有权的分离。选择多重持股方式控制上市公司的终极控制股东占样本数的17.6%，同时，在这种控制方式下，两权分离度也比较高，达到了11.20。样本公司中选择交叉持股控制方式的终极控制股东只有1家，只占样本公司的0.2%，这种控制方式下终极股东的两权分离度也比较高，达到10.17。

表19-3　　　　　不同控制方式下终极控制人的两权分离状况

控制方式	样本数	最大值	最小值	均值	标准差
1	94	0	0	0	0
2	317	45.75	0	11.53	8.98
3	1	10.17	10.17	10.17	0
4	88	36.96	0	11.20	9.03

注：1为直接控制；2为金字塔式控制；3为交叉持股；4为多重持股。

---

① 如德国的共同参与制就是在监事会层面，而非股东大会层面。

19.4 两权分离与公司治理绩效的灰色关联分析

19.4.1 公司治理绩效的描述性统计

首先，将样本按照终极控制股东的所有权的大小排序，分成三个小样本，所有权比例的划分标准分别是 0~20%，20%~50% 和 50% 以上。表 19-4 是对这三个小样本的公司治理绩效均值的报告，显然随着终极控制股东的所有权比例的上升，代表公司治理绩效的指标呈现逐渐上升的趋势。这说明当终极控制股东在上市公司拥有的现金流量权较高时，转移公司利润的成本将会增加，从而抑制了其侵占小股东利益的动机，即终极控制股东的利益侵占效应会随着现金流量权的提高而降低。同样，将样本按照终极控制股东两权分离度的值的大小排序，分成四个小样本，两权分离度的划分标准分别是 0，0~10%，10%~20% 和 20% 以上。表 19-5 是对这四个小样本的公司治理绩效均值的报告，显然五个治理绩效指标均未呈现显著的单调趋势。

表 19-4   不同所有权的上市公司治理绩效统计情况

所有权	样本量	净利润	净资产收益率	每股收益	每股净资产	市净率
0~20%	206	104945909.3418	0.0319	0.2278	2.8046	2.5673
20%~50%	245	117721429.3350	0.0852	0.3727	3.2373	2.8631
50% 以上	49	121249105.6104	0.1175	0.4316	3.6800	3.2760

表 19-5   不同两权分离度值的上市公司治理绩效统计情况

两权分离度	样本量	净利润	净资产收益率	每股收益	每股净资产	市净率
0	134	56540425.7625	0.0837	0.3460	3.4279	2.7770
0~10%	157	123134809.2573	0.0351	0.2812	2.9250	2.7996
10%~20%	139	142079922.1124	0.0829	0.3406	3.0610	2.6043
20% 以上	70	139201748.6740	0.0715	0.3074	2.9591	3.1032

19.4.2 行业与公司治理绩效

考虑到不同行业特征的影响，本部分进一步对不同行业上市公司终极控制股东的两权分离度与公司治理绩效进行比较分析。表 19-6 显示了不同行业上市公司治理绩效的状况。从表19-6可以看出，不同行业的民营上市公司的治理绩效差异比较显著。就净资产收益率而言，采掘业（B）最高，达到0.26485，原因在于这个行业属于高收益服务产业，同时，该行业也具有平均两权偏离度最小的特征，只有3.4446%。批发和零售业（H）的平均净资产收益率最低，仅有-0.07687。原因在于这个行业属于传统产业并且竞争较为激烈，利润非常低。

表19-6　　　　　　　　　　不同行业上市公司的治理绩效

行业	公司数量	净利润（NP）	净资产收益率	每股收益	每股净资产	市净率（NQ）
A	11	47966879.85	0.0291	0.2379	3.6025	3.2276
B	2	1558023151	0.2649	2.2247	6.3374	1.3458
C	327	106846467.20	0.0727	0.3236	3.2555	2.6684
D	5	112563437.40	0.0671	0.1829	2.4770	2.2628
E	10	34358805.39	-0.0484	0.2416	2.8699	2.0137
F	6	6906056.01	-0.0509	0.0050	2.0837	2.3053
G	43	84966769.92	0.1074	0.4269	3.3413	3.0913
H	25	171697118.50	-0.0769	0.3038	2.9157	3.6196
I	4	210959109.60	0.0528	0.3927	2.0960	13.8699
J	29	189565660.80	0.1558	0.3777	2.4763	2.0354
K	9	33864873.09	0.0395	0.1533	2.6593	2.9101
L	1	4886906.97	0.0258	0.0330	1.2795	4.4862
M	28	81235175.95	0.0480	0.1161	2.0994	2.3652

19.4.3　灰色关联度分析

为进一步分析终极控制股东的两权偏离度（C-O）的均值与公司治理绩效的衡量指标，包括净利润（NP）、净资产收益率（ROA）、每股收益（ESP）、每股净资产（NAOS）和市净率（NQ）的关系，下面利用灰色理论中的灰色关联分析探讨随着两权分离度（C-O）均值的增加，五个公司治理绩效指标的变化情况。

当不考虑各行业中公司数量因素的影响时，以两权分离度（C-O）均值作为参考序列，净利润（NP）、净资产收益率（ROA）、每股收益（ESP）、每股净资产（NAOS）、市净率（NQ）分别作为比较序列，进行灰色关联分析。由于各因素间的量纲和取值范围不同，将各列数据分别作预处理，即以各列数值除以各列数值的均值，则所得关联曲线如图19-1所示。

第 19 章 两权分离度与公司治理绩效实证研究

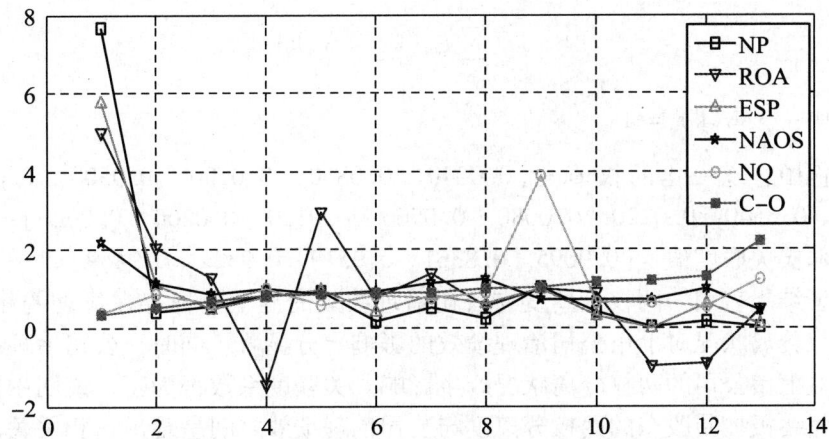

图 19-1 C-O、NP、ROA、ESP、NAOS、NQ 形成的灰色关联序列曲线图

设参考序列 $x_0 = \{x_0(k) \mid k = 1, 2, \cdots, N\}$，比较序列 $x_j = \{x_j(k) \mid k = 1, 2, \cdots, N\}$，则参考序列与比较序列间的关联系数为：

$$\xi_{0j}(k) = \frac{\Delta min + \zeta \Delta max}{\Delta 0j(k) + \zeta \Delta max} \quad (1)$$

其中：$\zeta = 0.5$；$\Delta min = \min_j \min_k |x_0(k) - x_j(k)|$；$\Delta max = \max_j \max_k |x_0(k) - x_j(k)|$；$\Delta 0j(k) = |x_0(k) - x_j(k)|$。

参考序列与各个比较序列间的邓氏均权关联度为：

$$R_{0j} = \frac{\sum_{k=1}^{N} \xi_{0j}(k)}{N} \quad (2)$$

根据公式（2）计算公司治理绩效各指标与两权分离度的邓氏均权关联度，可以得到：邓氏均权关联度 = [0.8306 0.7584 0.8447 0.8911 0.8935]。

考虑到各行业中公司数量的差异性较大，下面以两权分离度（C-O）均值作为参考序列，净利润（NP）、净资产收益率（ROA）、每股收益（ESP）、每股净资产（NAOS）、市净率（NQ）分别作为比较序列，将各行业中的公司数量作为关联权值，计算带权的邓氏关联度。根据以上分析及预处理，带权的邓氏关联度计算方法如下：

设参考序列 $x_0 = \{x_0(k) \mid k = 1, 2, \cdots, N\}$，比较序列 $x_j = \{x_j(k) \mid k = 1, 2, \cdots, N\}$，则参考序列与比较序列间的关联系数为：

$$\xi_{0j}(k) = \frac{\Delta min + \zeta \Delta max}{\Delta 0j(k) + \zeta \Delta max} \quad (3)$$

其中：$\zeta = 0.5$；$\Delta min = \min_j \min_k |x_0(k) - x_j(k)|$；$\Delta max = \max_j \max_k |x_0(k) - x_j(k)|$；$\Delta 0j(k) = |x_0(k) - x_j(k)|$。

参考序列与各个比较序列间的定权关联度为：

$$R_{0j} = \sum_{k=1}^{N} \xi_{0j}(k) \times w(k) \tag{4}$$

其中：$\sum_{k=1}^{N} w(k) = 1$。

本例中，规一化的权值 = [0.0040　0.0860　0.0100　0.0500　0.0580　0.0180　0.6540　0.0220　0.0080　0.0560　0.0120　0.0200　0.0020]；易得，带权的邓氏关联度值 = [0.9095　0.8361　0.9519　0.9322　0.9449]。

实证结果表明，两权分离度与公司治理绩效的五个指标存在显著的相关性，说明两权分离状况对上市公司治理绩效的影响十分显著。同时，公司治理绩效指标也会对上市公司的两权分离状况产生影响。关联度系数都为正，说明中国民营上市公司终极控制股东的两权分离度与公司治理绩效之间呈现出正相关关系，表明虽然中国民营上市公司的终极控制股东采用了复杂的金字塔控股结构、交叉持股等手段分离所有权与控制权，但是并没有出现大股东进行私有利益挖掘的"隧道行为"。笔者分析其原因有二：其一，上市公司的终极控制股东为了保住上市公司的壳资源或再融资资格，而采取了"支持"上市公司的行为，从而弱化了其"隧道行为"。其二，随着股权分置改革的完成，在新的市场环境下，民营控股上市公司大股东及其实际控制人的行为发生了新的变化。全流通后，上市公司股票定价主要依据活跃的二级市场交易价格，股票转让的完全市场化也解决了流动性不足的问题，上市公司股票成为最能反映股东财富价值的金融工具。这不仅会促进大股东在现有基础上通过做优做强上市公司提升股票价格方式来管理自身财富，也会增强大股东把手中优质资产和产业注入上市公司以获取更多股票的意愿。这是终极大股东、上市公司和其他股东利益多赢的模式：一方面，大股东可以将实物资产证券化，通过资本市场这个平台对资产进行有效的估值，获得合理的价值增长；另一方面，上市公司实力增强，盈利能力提升；同时随着上市公司质量的不断提高，其对全体股东的回报也会提高。[①]

19.5　结论与政策建议

19.5.1　主要结论

通过层层追溯控制链辨认中国民营上市公司的终极控制股东，考察终极控制权、所有权和两权偏离度的状况，以及两权分离度与公司治理绩效的关系，得出

[①] 例如新疆辖区民营控股上市公司中就有广汇股份开展定向增发将大股东经营的煤矿资源注入上市公司进行深度产业链加工，大股东承诺认购定向增发中的部分股份。

以下结论：

第一，中国民营上市公司终极股东的控制权与所有权存在着明显偏离，两权偏离度均值为9.30，说明终极控制股东的确采用了隐蔽手段通过较少的所有权掌握较多的控制权。

第二，中国民营上市公司终极股东采用不同的方式进行两权分离，最普遍的方式是金字塔式结构，其次是直接控制方式。63.4%的终极股东选择金字塔结构分离所有权与控制权；并且，在金字塔结构下，两权分离度最大，达到11.53。18.8%的终极股东选择直接持有上市公司的股权实施对上市公司的控制，说明有相当数量的民营上市公司终极股东不愿放弃大股东的身份，没有实行终极控制权与所有权的分离。

第三，在不同的行业特征条件下，终极所有权、控制权以及两权分离度有较大的差异；不同行业的民营上市公司的治理绩效差异也比较显著。

第四，灰色关联分析结果表明两权分离度与公司治理绩效的五个指标均存在显著的相关性，说明两权分离状况对上市公司治理绩效的影响十分显著。同时，公司治理绩效指标也会对上市公司的两权分离状况产生影响。

19.5.2 政策建议

随着民营经济在我国经济发展中的地位越来越高，"国退民进"已经成为经济改革的重点；而所有权和控制权结构是民营公司内部治理问题的重中之重。因此，完善民营上市公司的所有权和控制权结构，对于改善公司治理绩效，促进中国证券市场的健康发展至关重要。结合有关文献研究结果和本章的分析，笔者提出以下政策建议。

第一，促进终极大股东控制和投资者保护机制综合发挥效应。现有研究普遍认为，多元化的股权设置，能够在股东之间形成制衡机制，既可以监督经理层提高经营效率，又可以防止大股东从上市公司转移资源。但是，大量的调查发现，股权分散的民营企业中，多元化的股权设置并未产生股权制衡效果，反而出现了许多围绕控制权展开的斗争。相对于持股比例很高的一股独大，股权分散状况下的单个股东获得的控制权收益更高，通过两权分离，可以以更少的股权动用更多的属于其他股东的经济资源。因此，各个股东在股东大会、董事会等权力机构上展开激烈的斗争，甚至不惜用暴力夺取控制权[1]，以获取巨大的私人利益。

施莱弗和威史尼（Shleifer and Vishny）于1986年提出，相对于股权分散下无人监督经理人的情况，一个大股东的存在可以解决公司内部人控制问题，提高公司经营绩效，并获得自己的利益。但是施莱弗和威史尼于1997年进一步论证，

---

[1] 例如宏智科技股份有限公司的控制权争夺。

大股东发挥良好作用的前提是具有一个良好的保护中小投资者的法律环境，以避免大股东通过手中的控制权损害中小股东的利益。在我国现有的制度背景下，在相当长一段时期内，股权相对集中仍然是民营上市公司的股权结构的主要形式，不可避免地产生终极大股东侵害中小股东利益的问题。因此，在现有的制度框架下，只有终极大股东控制和健全的投资者保护机制综合发挥效应，才能促成良好的公司治理机制。

第二，加强对于金字塔控制层级较长、两权分离度较大的民营上市公司内部资本市场的监管。如表17-3中的数据所示，金字塔结构是终极股东最普遍选择的一种控制方式。一方面，金字塔结构为民营上市公司内部资本市场的建立提供了巨大的便利，能够发挥内部资本市场的融资作用，表现为随着金字塔股权结构复杂性的增加，即内部资本市场规模的扩大，民营上市公司非银行借款率显著提高，银行借款相对下降；另一方面，这种模式加剧了终极所有权和控制权的分离，随着控制链条的延长，分离系数的增大，内部资本市场很可能成为终极控股股东滋生不道德控制的土壤。当多家民营上市公司被收购整合为"系"（如德隆系、鸿仪系、长征系等）时，终极控制人很可能最终违背商业伦理与诚信义务，把上市公司当作提款机，使上市公司债权人和中小股东的利益受到损害。

可见，内部资本市场是一把双刃剑，如果终极股东不顾上市公司的利益，将其作为财务舞弊的平台，必然会毁损上市公司的价值。因此，应当运用各种现代化监管手段建立风险预警系统与监管网络系统，对上市公司的内部资本市场形成有力的监管体系。诸如，要求处在金字塔控股结构中的上市公司在配股、增发或向银行借款后应该定期报告资金去向和用途等详细信息。上市公司为关联企业提供贷款担保时，须在上市公司对关联担保事项进行公开披露之后，关联方才能从银行取得资金等。此外，还可以借鉴股权分置改革中发挥中小股东参事的成功经验，利用好网络、媒体等现代信息载体，建立多种监控机制，鼓励中小股东对上市公司行使监督权。

第三，在制度层面，通过加强强制性信息披露、提高法律的执行力度以及增加违规成本进而改善上市公司的外部治理环境。正如施莱弗和威史尼所说，法律在公司治理中处于基础性地位，投资者保护的强弱在很大程度上与一国的法律体系渊源、法律对投资者权利的规定以及法律的执行力度等法律制度环境有关。目前，有关上市公司实际控制人的披露制度已经初步建立，但是在具体的执行过程中仍然暴露出一定的问题。因此，需要进一步完善终极控制人的信息披露制度。例如完善对终极控制人的认定标准，特别是将采用间接控股方式以及其他私下协议、私下安排等方式控制公司的人也应当纳入披露范围。加强对终极控制人的监控力度，建立终极控制人的档案信息，制定严格的终极控制人股权变动管理及信息披露办法，并将其输入日常监管信息系统，监督其各项交易的合法性和合理性，做到股权变动规范有序，进出主体明确清楚，能够让投资者和监管部门及时掌握终极控制人的变动情况。

在不同的国家，即使是相同的投资者保护规则，执行机制也可能存在差异。我国的《证券法》虽于1998年年底就已颁布，但是投资者仍然难以得到实质性的法律保护。一个典型的表现就是证券民事赔偿制度至今未能得到有效施行。因此，应当提高法律的执行力度，消除法律执行的地区差异。同时，再完善的外部法律制度也不能杜绝违规行为，因而加强事后对违规者的惩罚力度、提高违规成本十分重要。通过建立并完善中小股东利益的民事赔偿制度，使中小投资者的利益受到侵害之后能够得到及时合理的补偿。可以建立"追溯终极控制人"的法律制度，追究终极控股股东对中小股东利益损失的无限连带赔偿责任；与此同时，更要通过追究刑事责任强化处罚力度。

参 考 文 献

1. Almeida. , H. and D. Wolfenzon. A theory of pyramidal ownership and family business groups. Working Paper, New York University. 2004.

2. Berle, Adolf and Gardiner Means. The modern corporation and private property, New York: Macmillan. 1932.

3. Johnson, S. , R. La Porta, F. Lopez-de - Silanes, A. Shleifer, Tunneling, American Economic Review, 2000, 90 (2).

4. La Porta, R. , F. Lopez-de - Silanes and A. Shleifer, Corporate ownership around the world, Journal of Finance, 1999, 54 (2): 471 - 517.

5. La Porta, R. , F. Lopez-de - Silanes, A. Shleifer, and Vishny. Investor protection and corporate valuation, Journal of Finance, 2002, 57 (3): 1147 - 1170.

6. Shleifer, A. and R. Vishny. Large shareholders and corporate control, Journal of Political Economy, 1986, 94 (3): 461 - 488.

7. Shleifer, A. and Vishny, A survey of corporate govenance, The Journal of Finance, 1997, 52 (2): 737 - 783.

8. 谷祺、邓德强、路倩：《现金流权与公司控制权分离的公司价值——基于我国家族上市公司的实证研究》，载《会计研究》2006年第4期。

9. 韩亮亮、李凯：《控制权、现金流权与资本结构——一项基于我国民营上市公司面板数据的实证分析》，载《会计研究》2008年第3期。

10. 刘锦红：《控制权、现金流权与公司绩效——基于中国民营上市公司的分析》，载《财经科学》2009年第5期。

11. 牛建波、李胜楠：《控股股东两权偏离、董事会行为与企业价值——基于中国民营上市公司面板数据的比较研究》，载《南开管理评论》2007年第10期。

12. 马磊、徐向艺：《中国上市公司控制权私有收益实证研究》，载《中国工业经济》2007年第5期。

13. 马磊、徐向艺：《大股东所有权、控制权与公司治理绩效的灰色关联分析》，载《财贸研究》2010年第4期。

14. 马忠：《金字塔结构下终极所有权与控制权研究》，东北财经大学出版社2007年版。

15. 叶勇、刘波、黄雷：《终极控制权、现金流量权与企业价值——基于隐性终极控制论的中国上市公司治理实证研究》，载《管理科学学报》2007年第4期。

16. 朱冬琴、陈文浩：《控制权与现金流权偏离度对并购的影响》，载《财经研究》2010年第2期。

17. 邹平、付莹：《我国上市公司控制权与现金流权分离——理论研究与实证检验》，载《财经研究》2007年第9期。

第 20 章

控制权转移、股权结构与目标公司绩效[*]

基于第二类代理理论中公司控制权的概念,借助控制权转移事件对目标公司股权结构和公司绩效问题进行研究。研究结论表明控制权转移为目标公司带来了明显的财富效应,为目标公司创造了价值。同时发现,控制权转移后第一大股东持股对目标公司绩效的影响呈现倒 U 形关系,股权制衡对目标公司绩效的影响呈现 U 形关系,第一大股东利益侵占效应得到显著抑制,其他股东制衡能力逐步加强。随着控制权转移市场的发展,应大力推进控制权有效转移。在控制权转移过程中,应注重推进控制权部分转移和股权结构的优化,将第一大股东持股比例限定在 50%～60%,第二大至第五大股东持股比例之和限定在 8% 左右,充分发挥大股东持股的利益趋同效应和其他股东的制衡效应,提高目标公司绩效。

20.1 问题提出

现代公司制下,存在两类典型的代理问题:股东与经理人员之间的代理问题(第一类代理问题)和控股大股东与中小股东之间的代理问题(第二类代理问题)。自伯利(Berle)和米恩斯(Means)于 1932 年提出所有权与控制权分离的著名论断之后,大量的研究几乎都围绕着 Berle – Means 研究范式下美国式的"强管理者,弱股东"的分散所有权情况下的第一类代理问题进行展开。直到 20 世纪 90 年代末,施莱弗等(Shleifer et al., 1997)、LLSV(LLSV, 2002)、克拉森等(Claessens et al., 2002)的研究发现世界上大部分国家的企业股权集中现象比较普遍,大多数公司都存在一个或几个控股股东,这些控股股东在公司治理中发挥着关键性的作用。至此,基于所有权集中和家族(国家)控制的 LLSV 范式动摇了伯利—米恩斯(Berle – Means)研究范式的主导地位,公司治理的核心向第二类代理问题转移。

中国上市公司由于特殊的历史性制度原因普遍存在着集中的股权结构及控

---

[*] 本章内容发表在《中国工业经济》2011 年第 8 期。

股大股东，形成了以大股东治理为主的公司治理模式，控股股东利用手中的控制权获取超额私有收益，侵占中小股东利益，第二类代理问题突出。并购是公司控制权市场运作的基本形式，控制权转移从属于公司并购，特指并购行为中目标公司控制权发生转移的情况，即公司控制权在不同的控股股东之间变更，其基本功能在于通过改变目标公司股权结构而将控制权进行转移从而改善目标公司绩效。

基于上述理论，提出本章研究出发点：中国上市公司治理的核心是解决第二类代理问题，两者冲突的焦点是争夺公司控制权，而公司控制权转移是一种有效的治理机制，通过控制权转移可以实现股权结构和控制权的重新配置，那么中国上市公司的控制权转移是否有效？是否能够为目标公司带来财富效应？股权结构与目标公司财富效应是否存在着某种联系？控股股东能否通过并购决策在控制权转移过程中获得控制权收益？其他外部股东能否实现对控股股东的有效制衡？

20.2 研究假设

控制权转移往往会引起股权结构的变化，一般认为，保证公司绩效最大化的一个重要方法是形成合理的股权结构。崔贝尔（Zwiebel，1995）认为最优股权结构不只是大小股东二者的博弈，还存在着多个大股东制衡的形式。近年来许多相关研究表明，在现代公司的股权结构中普遍存在的是股权集中和大股东持股，然而大股东持股会产生一个问题，会对外部分散的少数股东进行侵吞和掠夺。鉴于这些手段的非公开性，詹森等（Johnson et al.，2000）形象地将其称为"隧道行为"（Tunneling）。有没有一种更好的机制能够解决这种冲突呢？此处进行理论分析，并提出相关的研究假设。

20.2.1 控制权转移与公司绩效

衡量控制权转移的财富效应主要有两种方法：一种是考察控制权转移前后目标公司在股票市场上的股价反应（短期效应），常用累积超常收益率（CAR）法。累积超常收益率（CAR）是观察并购公告日附近公司股票价格的累计超额收益（CAR）是否显著，考察的时间窗口短则几天，长则十几个月。该指标具有易观察性，所以常作为大股东控制权私有收益的测量方法。第二种方法是考察控制权转移前后目标公司财务指标的变化（长期效应），即研究目标公司的长期绩效指标改善是否显著，考察的时间窗口短则一年，长则数十年。该方法重在研究控制权转移的长期效应，与第一种方法相互补充。大股东控制权私有收益的攫取常常采用比较隐蔽的方式进行，要从企业正常经营中获取准确的私有收益数据是很困难的，所以财务绩效指标变化的测量方法很难分离控制权共享收益和私有收益，该指标一般用来衡量控制权共享收益，它从侧面反映了一定程度的控制权私有收益。本章采用第二种方法。如果公司控制权有价值，控制权转移必会增加目标公司价值，那么目标公司绩效在控制权转移后将会得到显著改善，控制权转移会为目标公司带来财富效应。据此，提出：

假设1：目标公司绩效在控制权转移后有明显改善。

20.2.2 大股东持股与公司绩效

公司控制权转移可以带来的收益分为控制权共享收益（Public Benefits）和控制权私有收益（Private Benefits）两部分。控制权共享收益主要表现为大股东获得控制权后，通过加强管理，提高产品和服务质量，降低内部交易成本以及产品和服务的成本等方式，改善公司绩效，从而提高公司价值，而公司价值的提高由全部股东获得和分享。控制权私有收益主要表现为大股东获得控制权后，通过为管理层支付过高的报酬和津贴，利用公司内部信息为大股东的关联公司获得超额利润，转移公司资源以及利用大股东声望等方式为大股东获取其他股东无法获得的收益。控制权共享收益和私有收益分别对应大股东的利益趋同和利益侵占效应，这两种效应随着大股东持股比例的变化而变化。在大股东持股比例较低的水平上，随着大股东持股比例的增加，会激励大股东投入更多的努力进行监督和管理，并最终提升公司的股票价值，获取控制权共享收益。此时利益趋同效应占优，结果表现为大股东持股比例与公司价值正相关。当大股东能够通过其高额持股对公司施加控制时，就有动机实施有利于自己但损害其他股东的资源转移活动（LLSV，2002），获取控制权私有收益。由于上市公司的绝大部分表决权掌握在大股东手中，因此即使其侵占了其他股东的利益，其他股东也无法通过"用手投票"来制止大股东的机会主义行为。此时利益侵占效应占优，结果表现为大股东的持股比例与公司价值负相关。据此，提出：

假设2：控制权转移后第一大股东持股比例与公司绩效呈倒U形关系。

20.2.3 股东制衡与公司绩效

股东制衡体现了其他大股东对第一大股东在公司决策方面的制约，其强弱会显著影响到第一大股东的行为，进而影响公司价值。如果其他大股东制衡能力强，则可以有效制约控股股东的"隧道行为"，在公司治理中发挥着向内部大股东（控股股东）和管理层提供监督的职能（Shleifer and Vishny，1986）。布洛赫和黑格尔（Bloch and Hege，2001）认为各外部大股东（除第一大股东之外）为了获得其他股东的支持，会做出更有效地使用公司控制权的承诺，即各外部股东之间的竞争会抑制控股股东的"隧道行为"；戈麦斯和诺瓦伊斯（Gomes and Novaes，2005）通过理论模型证明多个大股东之间的互相约束和监督能够有效地限制控股股东的侵占行为；莱文和立文（Laeven and Levine，2005）研究西欧13个国家的900家制造业上市公司时发现，只有当第二大股东持股比例与第一大股东持股比例相差较小时，企业价值才随着第二大股东持股比例的增加而上升。国内方面，陈信元等（2004）研究发现股权制衡公司的托宾Q值和市净率显著高于联盟公司和一般公司；刘运国等（2007）研究表明，股权制衡对改善上市公司治理结构、提高公司绩效具有积极作用。安灵等（2008）认为，股权制衡度与公司业绩并非线性关系，股权制衡度在适度区间内公司绩效较好，但过度的股权制衡也会带来投资不足的问题（黄渝祥、李军，2003）。据此，提出：

假设3：控制权转移后其他股东制衡能力越强，第一大股东的利益侵占能力越弱，获取私有收益能力越弱，在并购决策中通过转让控制权获取控制权超额收益的能力越弱，目标公司绩效越高。

20.3 控制权转移带来的目标公司财富效应分析

20.3.1 财富效应的衡量指标

本章采用第二种方法来衡量控制权转移的财富效应，即通过观察控制权转移后企业长期财务绩效指标的改善，来度量控制权转移带来的财富效应。

公司财务绩效指标评价方法主要有单一指标法和指标体系法。单一指标法，国外研究一般采用托宾Q值（Lang，1989；Servaes，1991）。由于中国股票市场的分割性，国内研究多采用替代法，选取某个单一财务指标来衡量。但由于指标间差异较大，所以单一指标法的研究结果差异较大。指标体系法是通过选取一定的财务指标考察事件发生前后指标变化来评价事件的影响，研究角度较宽，可以包括对其他公司利益相关者的影响。国外研究经常采用的有经营收入销售比和经营收入资产市价比、税后成本节约现值和收入增加现值、资产收益率和市场回报等。国内研究多是选择多个指标构建指标体系，进行因子分析计算综合指标。

本章采用第二种方法，构建指标体系并使用因子分析计算综合指标。关于财务绩效指标的选取，借鉴财政部"企业绩效评价操作细则"指标体系中所确定的基本财务指标，选取了反映盈利能力、偿债能力、资产管理能力三个方面的五个指标来衡量控制权转移前后公司财务绩效的变动，五个指标分别是净资产收益率、主营业务资产收益率、托宾 Q 值、股东权益比率①、净资产周转率。具体如表 20-1 所示。

表 20-1　　　　　　　　　控制权转移绩效的指标体系

指标类型	指标名称	指标计算公式
盈利能力	净资产收益率	净利润/净资产
	主营业务资产收益率	主营业务利润/总资产
	托宾 Q 值	公司市场价值/资产重置成本 = 股票市值/总资产*
偿债能力	股东权益比率	期末净资产/期末总资产
资产管理能力	净资产周转率	营业利润/期末净资产

注：* 从 2005 年 4 月 29 日，中国证监会发布《关于上市公司股权分置改革试点有关问题的通知》开始，股权分置改革已经进行六年。据 WIND 资讯统计，截至 2011 年 6 月底，未股改的公司仍有 9 家。中国股市何时完成股改，何时进入真正意义的全流通至今仍没有确切的时间表。因此，关于未流通股的市值只能采用替代方法，本章选择每股净资产。存在未流通股的公司托宾 Q 计算如下：（流通股市值 + 非流通股股数 × 每股净资产）/总资产。

20.3.2　样本选择

本章将控制权转移界定为控股股东变化，借鉴拉波塔等（La Porta, et al., 1999）、立茨和立（Leech and Leahy, 1991）的文献，将第一大股东获得控制权所必要的持股比例界定为 20%。以上海和深圳证券交易所的 A 股上市公司 2001～2009 年的年报数据为选样窗口，根据如下标准进行选样：（1）选取在 2004～2006 年第一大股东发生变更的公司；（2）剔除第一大股东不属于控股股东的公司；（3）剔除 2001～2009 年数据缺失的公司；（4）剔出公告转让控股权后终止或未实施的案例；（5）剔除同时发行 B 股或 H 股的 A 股上市公司；（6）剔除金融类、保险类、基金类上市公司。在满足上述条件下，一共得到 2004～2006 年发生控制权转移的有效样本 109 家，其中 2004 年 38 家，2005 年 24 家，2006 年 47 家。

关于并购重组数据主要根据中国上市公司 2001～2009 年年报、《上市公司重组事项总览》和上海与深证证券交易所、证监会的相关公告，其他股权结构和财务数据主要来源于 CSMAR 数据库。

---

① 偿债能力通常选用资产负债率指标，但笔者发现资产负债率与其他 5 个指标存在比较明显的负相关关系，为了便于因子分析，故将资产负债率调整为股东权益比率。

20.3.3 因子分析

对表20-1的5个指标进行因子分析，构造衡量控制权转移绩效的综合指标。先对这五个指标和主成分进行相关性检验，结果显示，五个指标的方向与预期完全一致，且高度相关。进而观察因子的方差贡献率，发现前两个因子的累计贡献率超过99%，因此选用前两个因子将能够很好地衡量公司绩效指标，如表20-2所示。其中第一个因子代表了主营业务资产收益率、托宾Q和股东权益比率，第二个因子代表了净资产收益率和净资产周转率。以每个因子的方差贡献率为权数，构建公司绩效指标的综合得分函数：$ZF = a_1F_1 + a_2F_2 = 0.5987F_1 + 0.3961F_2$。

表20-2　　　　　　　　　　因子特征值及贡献率

因子	特征值	贡献率	累计贡献率
1	2.993	59.864	59.864
2	1.980	39.606	99.470
3	0.018	0.361	99.831
4	0.008	0.169	99.999
5	0.001	0.001	100.000

利用综合指标对控制权转移前3年至控制权转移后3年跨度共7年的公司绩效进行描述性统计，结果如表20-3所示。由表20-3，控制权转移后第一年目标公司绩效有明显改善，这种改善在控制权转移后第二年和第三年一直维持，表明控制权转移为目标公司带来了财富效应。为了验证目标公司绩效改善的显著性和财富效应的稳定性，这里运用跟踪研究法，采用配对样本T检验，检验目标公司绩效各指标在控制权转移之后各年与控制权转移前两年的差异，即$ZF_1 - ZF_{-2}$、$ZF_2 - ZF_{-2}$、$ZF_3 - ZF_{-2}$，以及控制权转移以后各年与其前一年的差异即$ZF_1 - ZF_0$、$ZF_2 - ZF_1$、$ZF_3 - ZF_2$。检验结果如表20-4所示。由表20-4，控制权转移后第一年、第二年、第三年与控制权转移前两年相比目标公司绩效有大大改善，都在0.01的水平上显著，说明控制权转移后目标公司绩效明显提高，控制权转移有利于目标公司价值的提升。控制权转移后第一年与控制权转移当年相比，目标公司绩效显著改善；控制权转移后第二年与控制权转移后第一年相比，目标公司绩效出现显著下滑；控制权转移后第三年与控制权转移后第二年相比，目标公司绩效没有显著变化；这说明控制权转移后公司目标绩效改善的持续性不足。不过可以肯定地说，控制权转移后比控制权转移前目标公司绩效得到显著改

善，控制权转移为目标公司带来了财富效应，控制权转移有利于目标公司价值提高。因此，假设1得到验证。

表 20-3　控制权转移前后目标公司绩效变化的描述性统计

	N	Minimum	Maximum	Mean	Std. Deviation
ZF_{-3}	109	-0.1328	0.1407	0.0142	0.0370
ZF_{-2}	105	-0.2792	0.1598	0.0019	0.0532
ZF_{-1}	107	-0.3782	0.2957	0.0055	0.0821
ZF_0	105	-0.4495	0.1102	0.0053	0.0659
ZF_1	107	-0.4082	0.4990	0.0303	0.0730
ZF_2	105	-0.4091	0.1703	0.0233	0.0566
ZF_3	107	-0.1638	0.3033	0.0256	0.0529

注：ZF-表示公司绩效变量；下标-3、-2、-1、0、1、2、3分别表示控制权转移前三年、前两年、前一年、当年以及控制权转移后第一年、第二年和第三年。

表 20-4　控制权转移对目标公司绩效影响的配对样本T检验

		Mean	Std. D	t	df	Sig.
Pair 1	$ZF_1 - ZF_{-2}$	0.025921	0.0908412	2.896	102	0.005
Pair 2	$ZF_2 - ZF_{-2}$	0.019156	0.0719602	2.675	100	0.009
Pair 3	$ZF_3 - ZF_{-2}$	0.019520	0.0649951	3.048	102	0.003
Pair 7	$ZF_1 - ZF_0$	0.025054	0.1052982	2.438	104	0.016
Pair 8	$ZF_2 - ZF_1$	-0.011246	0.0631465	-1.825	104	0.071
Pair 9	$ZF_3 - ZF_2$	0.001221	0.0602592	0.207	103	0.837

注：ZF-表示公司绩效变量；下标-3、-2、-1、0、1、2、3分别表示控制权转移前三年、前两年、前一年、当年以及控制权转移后第一年、第二年和第三年。

20.4　股权结构对目标公司绩效影响的实证分析

20.4.1　变量选择及模型设计

本章主要依据国外研究，并结合中国股票市场的特点对关键解释变量和控制变量进行选取设定。(1)因变量：使用公司绩效综合指标ZF，使用各年度综合指标的变化代表目标公司价值变化。(2)自变量：股权结构。目标公司股权结构变量主要有第一大股东的控制指数以及其他股东的制衡指数。第一大股东控制指数选取第一大股东持股比例和第一大股东持股比例的平方两个指标,其他股东制衡指数选用两个不同指标,分别是 CR 指数以及 Herfindahl 指数。控制指数的数值越大,第一大股东持股比例越高,控制强度就越大。制衡指数的数值越大,表明股权集中度越高,其他大股东的制衡能力越大,当然不排除会出现合谋。
(3) 控制变量:主要选取三类:目标公司特征变量;交易特征变量;目标公司治理特征变量。各变量的选择及定义如表 20-5 所示。

表 20-5 变量选择及定义

变量性质	变量名称	符号	变量含义
股权结构	第一大股东持股比例	L_1	第一大股东持股数/总股数
	第一大股东持股比例的平方	L_1^2	第一大股东持股比例的平方
	CR 指数	CR_{2-5}	第二位至第五位大股东持股比例之和
	Herfindahl 指数	H_{2-5}	第二位至第五位大股东持股比例的平方和
公司特征	成长性	Growth	(本期资产总计 - 基期资产总计)/基期资产总计
	负债率	Lev	负债总计/资产总计
	公司规模	Lnsize	总资产的自然对数
交易特征	转移方式	Price	1,有偿转让;0,无偿划拨
	转移程度	Hold	1,部分转移;0,全部转移
治理特征	第一大股东性质	DL_1	1,国有股;其他为 0
	大股东利益侵害度	PR	(应收账款 + 其他应收款)/资产总计*
	两职合一	Exe	1,董事长与总经理两职合一;否则为 0

注:*石水平:《控制权转移、控股股东与大股东利益侵占》,载《暨南学报》2009 年第 4 期。

20.4.2　股权结构与目标公司绩效的单因素比较分析

为了考察控制权转移后股权结构对目标公司绩效的影响,此处做了单因素比较分析。结果如表 20-6 所示。

L_1 与目标公司绩效的单因素分析结果。由表 20-6,控制权转移后第一大股东持股比例大部分集中在 [20, 30] 之间,其次是低于 20% 区间。在控制权转移后第一年,目标公司绩效最大值位于大股东持股比例 [40, 50] 的区间,最低

表 20-6　　股权结构与目标公司绩效的单因素比较分析

分类区间 (L_1)	样本数	公司绩效	分类区间 (CR_{2-5})	样本数	公司绩效
Panel A：控制权转移后第一年					
<20	15	0.0227	<5	13	0.0377
[20, 30)	55	0.0275	[5, 10)	15	0.0388
[30, 40)	6	0.0265	[10, 15)	15	0.0299
[40, 50)	11	0.0431	[15, 20)	17	0.0222
[50, 60)	12	0.0382	[20, 25)	19	0.0214
[60, 70)	6	0.0371	[25, 30)	8	0.0091
≥70	2	0.0332	≥30	20	0.0347
Panel B：控制权转移后第二年					
<20	19	0.0203	<5	16	0.0282
[20, 30)	44	0.0264	[5, 10)	16	0.0421
[30, 40)	11	0.0304	[10, 15)	19	0.0327
[40, 50)	14	0.0341	[15, 20)	17	0.0271
[50, 60)	11	0.0512	[20, 25)	15	0.0130
[60, 70)	4	0.0421	[25, 30)	5	-0.070
≥70	2	0.0346	≥30	17	0.0270
Panel C：控制权转移后第三年					
<20	21	0.0136	<5	21	0.0140
[20, 30)	44	0.0220	[5, 10)	23	0.0424
[30, 40)	11	0.0297	[10, 15)	13	0.0320
[40, 50)	15	0.0430	[15, 20)	21	0.0315
[50, 60)	11	0.0554	[20, 25)	16	0.0175
[60, 70)	4	0.0358	[25, 30)	5	0.0024
≥70	1	0.0202	≥30	8	0.0319

值位于大股东持股比例小于20%的区间。在控制权转移后第二年，目标公司绩效最大值位于大股东持股比例［50，60］的区间，最低值位于大股东持股比例小于20%的区间。在控制权转移后第三年，目标公司绩效最大值位于大股东持股比例［50，60］的区间，最低值位于大股东持股比例小于20%的区间。因此，单因素分析结果显示第一大股东持股比例与目标公司绩效呈现非线性关系。

CR_{2-5}与目标公司绩效的单因素分析结果。由表20-6，控制权转移后CR_{2-5}位于[25,30]的样本公司数最少。在控制权转移后第一年，CR_{2-5}集中在大于30%和[5,25]的区间，在控制权转移后第二年，CR_{2-5}集中在大于30%和小于25%的区间，在控制权转移后第三年，CR_{2-5}集中在小于25%的区间。控制权转移后第一年、第二年和第三年，目标公司绩效最大值均位于CR_{2-5}的[5,10]区间，最小值均位于CR_{2-5}的[25,30]区间。因此，单因素分析结果显示CR_{2-5}与目标公司绩效呈现非线性关系。

20.4.3 股权结构与目标公司绩效的多因素回归分析

为了进一步确定控制权转移后股权结构对目标公司绩效的影响，此处采用了多因素回归分析。其中，多因素回归分析基本模型（1）和模型（2）如下：

$$ZF = \beta_0 + \beta_1 L_1 + \beta_2 L_1^2 + \beta_3 CR_{2-5} + \varepsilon \tag{1}$$

$$ZF = \beta_0 + \beta_1 L_1 + \beta_2 CR_{2-5} + \beta_3 CR_{2-5}^2 + \varepsilon \tag{2}$$

其中，ZF为公司绩效综合指标，β为系数，ε为残值，其他变量含义同表20-5，模型（1）的回归结果如表20-7所示。

由表20-7，模型（1）的结果显示：控制权转移后第一年，大股东持股对目标公司绩效有显著影响，L_1及其平方项系数显著，两者系数相反表明第一大股东持股比例对目标公司绩效的影响呈倒U形。L_1系数为正体现了利益趋同效应，L_1^2系数为负体现了利益侵占效应，两种效应作用的结果使目标公司绩效随着第一大股东持股比例的增加而呈现先升后降的倒U形，临界点为59%。[①] 模型（2）的结果显示：股东制衡变量对目标公司绩效有显著影响，CR_{2-5}及其平方项系数显著，且与L_1及其平方项系数方向相反，表明CR_{2-5}对目标公司绩效的影响呈U形，临界点为8.8%。控制权转移后第二年和第三年的回归结果与控制权转移后第一年的结果完全一致，只是L_1和CR_{2-5}的临界点略有不同，L_1的临界点分别为54%和55.3%，CR_{2-5}的临界点分别为8.1%和8.3%。鉴于控制权转移后第二年和第三年的控制变量回归系数方向与控制权转移后第一年完全一致，只是显著性存在一定差异，因此表20-7未对控制权转移后第二年和第三年的控制变量进行列示，表20-7对模型（3）、模型（4）、模型（5）和模型（6）的列示情况做相同处理。

---

① 考虑到截距的影响，临界点根据非标准化系数计算取得，文中没有列出。

表 20-7　股权结构与公司绩效的多因素回归分析

变量	Model 1 β (Sig)	Model 2 β (Sig)	Model 3 β (Sig)	Model 4 β (Sig)	Model 5 β (Sig)	Model 6 β (Sig)
Pannel A：控制权转移后第一年						
L_1	0.258 (*)	0.088 (**)	0.599 (*)	0.091 (**)	0.143 (*)	0.121 (*)
L_1^2	-0.170 (**)		-0.496 (*)			
CR_{2-5}	0.043 (**)	-0.018 (*)	0.019 (**)	-0.174 (*)	0.101 (*)	0.049 (**)
CR_{2-5}^2		0.071 (*)		0.212 (*)		
$L_1 * CR_{2-5}$					-0.051 (*)	
$L_1^2 * CR_{2-5}^2$						-0.001 (**)
Growth			-0.048	-0.039	-0.048	-0.049
Lev			0.066	0.058	0.061	0.068
Lnsize			0.146 (*)	0.146 (*)	0.146 (*)	0.144 (*)
Price			-0.027	-0.033	-0.028	-0.028
Hold			0.164 (**)	0.166 (**)	0.162 (***)	0.0164 (**)
DL_1			0.064	0.075	0.068	0.059
PR			0.034	0.046	0.037	0.032
Exe			0.002	-0.003	0.002	0.001
Sig.	0.010	0.019	0.068	0.067	0.067	0.061
R^2	0.798	0.784	0.727	0.735	0.728	0.721

续表

变量	Model 1 β (Sig)	Model 2 β (Sig)	Model 3 β (Sig)	Model 4 β (Sig)	Model 5 β (Sig)	Model 6 β (Sig)
Pannel B: 控制权转移后第二年						
L_1	-0.063(**)	0.237(*)	-0.031(*)	0.168(*)	0.177(*)	0.153(*)
L_1^2	0.305(**)		0.206(*)			
CR_{2-5}	-0.013(*)	0.039(**)	-0.040(**)	-0.063(*)	-0.031(*)	-0.079(*)
CR_{2-5}^2		-0.065(*)		0.017(*)		
$L_1 * CR_{2-5}$					-0.015(*)	
$L_1^2 * CR_{2-5}^2$						0.034(**)
Pannel B: 控制权转移后第三年						
L_1	0.321(*)	0.194(**)	0.400(*)	0.158(*)	0.154(*)	0.148(**)
L_1^2	-0.109(**)		-0.215(*)			
CR_{2-5}	0.246(*)	-0.073(**)	0.142(**)	-0.293(*)	0.074(**)	0.069(*)
CR_{2-5}^2		0.332(*)		0.449(*)		
$L_1 * CR_{2-5}$					0.081(*)	
$L_1^2 * CR_{2-5}^2$						0.097(**)

注: β 为标准化回归系数, 括号中的星号 (*) 表示显著性水平, 一个星号表示显著性水平为 0.10, 两个星号表示显著性水平为 0.05, 三个星号表示显著性水平为 0.01。

在模型（1）和模型（2）中分别加入相关控制变量，扩展为模型（3）和模型（4），

$$ZF = \beta_0 + \beta_1 L_1 + \beta_2 L_1^2 + \beta_3 CR_{2-5} + Control(Variables) + \varepsilon \quad (3)$$

$$ZF = \beta_0 + \beta_1 L_1 + \beta_2 CR_{2-5} + \beta_3 CR_{2-5}^2 + Control(Variables) + \varepsilon \quad (4)$$

回归结果见表20-7。由表20-7，模型（3）和模型（4）的结果显示大股东持股与股东制衡变量CR_{2-5}对目标公司绩效的影响与模型（1）和模型（2）的结果完全一致。控制权转移后第一年、第二年和第三年L_1的临界点分别为44.5%、57%和61%，CR_{2-5}的临界点分别为7.9%、8.2%和8.9%。

模型（1）、模型（2）、模型（3）和模型（4）都显示了L_1和CR_{2-5}对目标公司绩效的显著影响，但影响方向相反，那么L_1和CR_{2-5}对目标公司绩效的相互影响结果是怎样的呢？将模型（3）中的L_1平方项换为大股东持股与股东制衡的交互项$L_1 \times CR_{2-5}$，扩展为模型（5）。将模型（4）中的CR_{2-5}平方项换为大股东持股与股东制衡的交互项的平方$L_1^2 \times CR_{2-5}^2$，扩展为模型（6），

$$ZF = \beta_0 + \beta_1 L_1 + \beta_2 CR_{2-5} + \beta_3 L_1 \times CR_{2-5} + Control(Variables) + \varepsilon \quad (5)$$

$$ZF = \beta_0 + \beta_1 L_1 + \beta_2 CR_{2-5} + \beta_3 L_1^2 \times CR_{2-5}^2 + Control(Variables) + \varepsilon \quad (6)$$

回归结果见表20-7。由表20-7，模型（5）和模型（6）的结果显示：控制权转移后第一年，第一大股东持股与股东制衡的交互项$L_1 \times CR_{2-5}$对目标公司绩效的影响为负，系数为0.031，交互项的平方$L_1^2 \times CR_{2-5}^2$对目标公司绩效的影响为负，系数为0.001，表明股权制衡与大股东持股的作用相反，且大股东利益侵占效应明显强于股东制衡效应；控制权转移第二年，第一大股东持股与股东制衡的交互项$L_1 \times CR_{2-5}$对目标公司绩效的影响为负，系数为0.015，交互项的平方$L_1^2 \times CR_{2-5}^2$对目标公司绩效的影响为正，系数为0.034，表明大股东侵占效应有所降低，股东制衡效应有所改善；控制权转移后第三年，第一大股东持股与股东制衡的交互项$L_1 \times CR_{2-5}$对目标公司绩效的影响为正，系数为0.081，交互项的平方$L_1^2 \times CR_{2-5}^2$对目标公司绩效的影响为正，系数为0.097，表明股东制衡与大股东持股的不再相反，且股东制衡效应明显强于大股东利益侵占效应。因此，控制权转移后，股东制衡能力逐步加强，大股东利益侵占效应得到显著抑制。控制权转移有利于公司股权结构的改善，有利于股权治理效应的发挥。

为了验证股权制衡变量对目标公司绩效影响的稳定性，将模型（1）~（6）中的CR_{2-5}替换为H_{2-5}，股权结构变量的回归结果与CR_{2-5}完全一致，只是部分控制变量略有不同，此处不再列示。另外，结合表20-6中单因素分析结果，CR_{2-5}与目标公司绩效可能并不是简单的二次函数关系，因为目标公司绩效随着的提高，出现先上升到最高点（出现在的CR_{2-5}[5,10]区间），继而下降到最低点（出现在的CR_{2-5}[25,30]区间）。因此，本章又对CR_{2-5}与目标公司绩效做了三次函数关系的尝试，临界点为7.6%和26.1%，但回归结果并不显著，此处没有列出。

模型（3）~（6）都显示了控制权转移程度对目标公司绩效影响的正向作用，表明控制权部分转移优于控制权全部转移。模型（3）~（6）还显示了目标公司规模对公司绩效的正向作用，表明规模越大的目标公司在控制权转移后绩效改善越明显。

综上，第一大股东持股比例对目标公司绩效的影响呈倒 U 形关系，临界点在 50~60 之间（不同的模型得出的临界点不同，但差异不大，此处取区间值），利益侵占和利益趋同效应显现。股权制衡对目标公司绩效的影响呈 U 形关系，CR_{2-5} 的临界点在 8% 左右，但股权制衡与大股东持股的交互作用对目标公司绩效的影响在控制权转移后逐步改善，控制权转移后第三年股权制衡与大股东持股的交互作用对公司影响显著为正，表明股权制衡的作用得到了有效发挥，大股东利益侵占得到了有效抑制。假设 2 得到验证，假设 3 得到部分验证。

20.5 结论及政策建议

20.5.1 主要结论

1. 控制权转移为目标公司带来明显的财富效应，控制权转移后目标公司绩效显著改善，但这种改善的持续性不足。因此，控制权转移有利于目标公司价值提高。

2. 控制权转移后第一大股东持股对目标公司绩效的影响呈现倒 U 形关系，临界点在 50%~60% 之间（不同的模型得出的临界点不同，但差异不大，此处取区间值）。当第一大股东持股比例小于该临界点时，目标公司绩效随着大股东持股比例的上升而上升，当第一大股东持股比例越过该临界点时，目标公司绩效随着大股东持股比例的上升而下降。大股东利益侵占和利益趋同效应显现。

3. 控制权转移后股权制衡对目标公司绩效的影响呈现 U 形关系，CR_{2-5} 的临界点在 8% 左右（不同的模型得出的临界点不同，但差异不大，此处取约数）。

4. 控制权转移后股权制衡与大股东持股的交互作用对目标公司绩效的影响逐步改善。股东制衡能力逐步加强，大股东利益侵占效应得到显著抑制。控制权转移有利于公司股权结构的改善，有利于股权治理效应的发挥。

20.5.2 政策建议

1. 积极推进控制权有效转移，增加目标公司财富效应。股权分置改革完成后，上市公司控制权转移规模进一步扩大。因此要积极推进有效地控制权转移的发生，防止无效控制权转移的发生。要注重主并公司和目标公司的资源整合，充分发挥双方的优势，实现优势互补，协同增效，加快提升上市公司的主营业务能力，实现控制权转移的治理功能。

2. 控制权转移的过程要注重目标公司股权结构的优化，积极推进控制权部分转移，形成合理的股权结构。第一大股东持股比例限定在50%~60%之间，但不能超过这个区间，积极发挥大股东持股的利益趋同效应。第二大至第五大股东持股比例之和要限定在8%左右，充分发挥对第一大股东的制衡效应。①

本章的政策含义在于说明了控制权转移为目标公司带来了财富效应，为目标公司创造了价值，肯定了控制权市场的价值创造功能。同时，本章研究显示控制权转移有利于目标公司股权结构优化，这对中国上市公司的大股东治理模式有一定的借鉴意义。但本章的研究仍有一定的局限性，没有深度挖掘目标公司绩效改善的根本原因。李善民等（2004）在这方面已有探索。

参 考 文 献

1. Ravenscraft, D. J. and F. M. Scherer, Life after takeovers, Journal of Industrial Economics, 1987, 36 (2): 147 – 156.

2. Healy, P. M., K. G. Palepu and R. S. Ruback, Does corporate performance improve after mergers? Journal of Financial Economics, 1992, 31 (2): 135 – 175.

3. Linn, S. and J. Switzer, The market for corporate control and the agency paradigm, European Finance Review, 2001, 3.

4. Bruner, R. F., Does M&A pay? A survey of evidence for the decision-maker, Journal of Applied Finance, 2002, 12 (1): 48 – 68.

5. Martynova, M., S. Oosting and L. Renneboog, The long-term operating performance of European mergers and acquisitions, ECGI – Finance Working Paper No. 137/2006; TILEC Discussion Paper No. 2006 – 030.

6. Fan, J. P. H. et al., Corporate finance and governance in emerging markets: a selective review and an agenda for future research, Journal of Corporate Finance, Elsevier, 2011, 17 (2): 207 – 214.

7. Zhu, P. C. et al., Partial acquisitions in emerging markets: a test of the strategic market entry and corporate control hypotheses, Journal of Corporate Finance, 2011, 17 (2): 288 – 305.

8. Martynova, M., S. Oosting and L. Renneboog, The performance of the European market for corporate control: evidence from the fifth takeover wave, European Financial Management, 2011, 17

---

① 由于第二大至第五大股东持股比例之和在25%以上的样本较少，因此CR_{2-5}与目标公司绩效的三次函数并不显著。理论上讲应该有更高的临界点，在此点之上，股权制衡更能充分发挥作用。该问题有待继续研究。

(2): 208-259.

9. 李善民、曾昭灶等:《收购公司与目标公司配对组合绩效的实证分析》, 载《经济研究》2004年第6期。

10. 谭劲松、刘炳奇、谭燕:《企业合并: 政府主导下的多方利益博弈——来自10起换股合并案例的检验》, 载《管理世界》2005年第2期。

11. 陈昆玉、王跃堂:《国有控股上市公司控制权转移对经营绩效的影响——来自中国A股市场的经验证据》, 载《经济与管理研究》2006年第2期。

12. 白云霞、吴联生:《国有控制权转移、终极控制人变更与公司业绩》, 载《金融研究》2008年第6期。

13. 宋建波等:《上市公司控制权转移绩效及其影响因素研究》, 载《财经问题研究》2008年第6期。

14. 石水平:《控制权转移、控股股东与大股东利益侵占》, 载《暨南学报》2009年第4期。

15. 余菁:《美国公司治理: 公司控制权转移的历史分析》, 载《中国工业经济》2009年第10期。

16. 彭中文、何静雅:《控制权转移、股权制衡与公司绩效——基于中国上市公司数据分析》, 载《湘潭大学学报》2010年第3期。

17. 侯宇、王玉涛:《控制权转移、投资者保护和股权集中度——基于控制权转移的新证据》, 载《金融研究》2010年第11期。

18. 张佳等:《基于控制权转移视角的股权结构与公司价值——来自并购中上市目标公司的证据》, 载《系统工程》2011年第4期。

第 21 章

上市公司控制权私有收益计量方法的比较及其改进[*]

攫取控制权私有收益是导致大股东对小股东进行侵害的主要动因。目前理论界对我国控制权私有收益的研究较为贫乏，而且现有的文献中所使用的测量私有收益的方法也存在一定缺陷。本章首先概括了国内外现有关于度量控制权私有收益的不同方法；其次对现存方法进行比较分析及评价；最后在对现有计量方法进行改进的基础上提出适用于我国上市公司控制权私有收益的计量方法并对其应用进行理论上的探讨。

21.1 上市公司控制权私有收益计量方法

现代代理理论证明，在所有权与控制权分离的情况下，控股股东与小股东之间的利益不一致性是导致两者之间产生代理冲突的最根本原因。格罗斯曼和哈特（Grossman and Hart，1980）对所有股东的利益与控股股东的私有收益之间的关系进行了分析，并将控制权收益分为两种：一种是所有股东都能够获得的证券投资收益（security benefits）；另一种是仅属于控制性股东或管理者的私有收益（private benefits）。当存在控制权私有收益且可以获取时，控制方就会倾向于通过各种手段攫取私利，此时代理冲突就产生了（Fama and Jensen，1983；Grossman and Hart，1988）。因此，获取控制权私有收益是导致大股东对小股东进行侵权的主要动因，对控制权私有收益的研究也成为现代公司治理研究的核心内容之一。

---

[*] 本章内容发表在《山东大学学报》（哲学社会版）2007 年第 1 期。

香港学者白重恩等（Bai，Liu and Song，2002）指出，大股东从中小股东那里获取财富的一系列活动都是通过挖隧道（Tunneling）的形式来进行的，即是一种在地下进行的、企图不予人知的行为，其数量和程度都无文字记载，更无法量化。这正如迪克和曾格尔斯（Dyck and Zingales，2001）所言，控制性股东一般在获取公司资源为自己的利益服务这一行为不易被证实时才这么做。换句话说，如果这些收益很容易被量化，那么这些收益就不是控制权私有收益，因为外部股东会在法庭上对这些收益提出要求权。因此，要直接计量控制权私有收益是很难的，于是许多学者采用了间接的方法对其进行测量。目前主要通过以下四种方法来测量控制权收益。

第一种方法由利斯、迈克康奈尔和麦克森（Lease，McConnell and Mikelson，1983）提出，适用于测算发行具有差别投票权股票的公司控制权收益。因为基于传统财务理论的看法，具有相同剩余索取权的股票价格应该相同，如果具有相同剩余索取权，但具有不同投票权的股票价格有所不同，那么其价格差额就反映了控制权价值。他们建立了一个包括30家美国上市公司数据的数据库，这些公司在1940～1978年的某些时候至少拥有两类公开交易的普通股股票，这两类股票只在投票权上有区别而对公司现金流的权利完全相同。他们把这些公司分为三类：第一类是拥有两种普通股的公司（没有优先股），其中一种有完全的投票权来选择公司董事会成员；第二类是拥有两种普通股的公司（没有优先股），两种均有选择公司董事会成员的投票权，但是一种权利大于另外一种；第三类是拥有两种普通股和一种优先股的公司，两种均有选择公司董事会成员的投票权。然后计算了三类公司中与投票权较小的普通股相比有优先投票权的普通股的溢价（以检验期内每家公司每月最后一个交易日内的股价为计算依据），计算结果为没有优先股的两类公司的平均溢价是5.44%，因为不同股票有相同的现金流权利，所以有投票权股票所具有的高溢价就证明了在美国公众公司中控制权的价值，即控制权收益的水平。

第二种方法是巴克利和洪德内斯（Barclay and Holderness，1989）首先提出，经迪克和曾格尔斯（Dyck and Zingales，2001）改进后的测算控制权收益的模型：$PBC = w(P - Yb)/Yb$。其中，PBC表示控制权私有收益的价值，Yb表示宣布控制性股权转移后第二天的股票收盘价；P表示为获取控制权而支付的股票价格；w表示控制性股权所占比例。此方法适用于测算发生大宗股权转让公司的控制权溢价水平。巴克利和洪德内斯（Barclay and Holderness，1989）认为，当控制权发生转移时，受让方为获取控制权所支付的每股价格与宣布控制权转移后的第一个交易日的收盘价之差是控制权收益的良好估计值。他们分析了1978～1982年纽约证券交易所和美国证券交易所发生的63项私下协议的大宗股权交易价格，发现该交易价格要明显地高于消息被宣布后的市场价格，研究表明，美、英两国股票市场的控制权溢价平均值达到20%，并且与公司规模和业绩成正比。

第三种方法由赫诺纳、瑟瑞和沙佩若（Hanouna，Sarin and Shapiro，2002）提出，以控制性股权交易价格和小额股权交易价格的差额来衡量控制权价值。他们对西方七国在1986~2000年发生的9566宗收购案例进行分析，根据产业类别和交易时间将控制性股权交易和小额股票交易进行配对发现，控制性股权交易价格平均比小额股权交易价格高出18%左右。该方法适用于测算同时发生控制性股权交易和小额股权交易公司的控制权收益的价值。

第四种方法是由香港学者白重恩等（Bai，Liu and Song，2002）研究中国公司时提出的，适用于测算ST公司的控制权收益。他们发现对于中国股票市场中的ST公司而言，在某一个公司被宣布ST前后的累积超常收益率（CAR_t）就是控制权收益的良好的测量指标，并认为这种方法与巴克利和洪德内斯（Barclay，Holderness，1989）和内拿华（Nenova，1999）的方法是一致的。他们认为在一家上市公司被宣布为ST之后，上市公司的控制性股东为了保住壳资源往往会频繁运作，企图改善上市公司的财务状况，这些努力自然就会反映到上扬的股价当中。为此他们考察了1998~1999年被宣布为ST的50只股票的价格变动情况，发现ST公司22个月的平均累积非正常收益高达29%，并且控制权的价值与第一大股东的持股比例及其他大股东的持股集中度成正比。刘睿智、王向阳（2003）采用此方法用ST公告日后1~24个月的平均累计超额收益率，测算出我国控制权私有收益的规模高达56.73%，显示我国拥有控制权的大股东对其他股东的侵害非常严重。同时指出降低我国控制权私有收益的措施，除了要进一步建立健全我国的法律制度、完善上市公司信息披露机制之外，还需要进一步完善公司治理结构、改革一级市场发行制度。

21.2 上市公司控制权私有收益计量方法的比较及评价

国内外学者从各个角度对控制权私有收益加以实证研究，试图找到测量其大小的方法，并取得了相当的进展。但国外学者的研究主要集中在资本市场发达的国家和地区，在这些国家和地区中并不存在国有股和国有法人股的情况，因此，他们对控制权私有收益的度量只是根据全流通的前提进行研究，而较少考虑中国资本市场的具体情况。而国内学者的研究主要是在国外学者测算方法的基础上进行的，所选用测量指标的恰当与否，测算方法的适用性如何都有待于进一步的验证。

第一种测算具有投票权差异股票的控制权收益方法计算得出的是当出现投票权差异时每一股股票的控制权价值。第二种测算大宗股权转移价格差异的控制权收益方法计算得出的是当出现大宗股权转移时交易价格的价差。这两种方法是针对不同的对象计算出不同的控制权收益,是两种不能互相替代的方法。但这两种方法似乎都低估了控制权的大小。同时,第一种方法运用的前提是上市公司要发行具有二元股权结构(dual-class)的股票。但是由于我国上市公司尚未有在投票权上有差异而在其他方面没有差异的股票,所以通过测算投票权溢价的第一种方法不能用来测算我国上市公司控制权私有收益。

目前我国上市公司的股权结构的特点是流通股与非流通股并存,非流通股的股东由于所持的股份比例大,往往具有公司的实际控制权,因此涉及控制权转让的股票交易大多为非流通股的转让交易。但是由于非流通股不能上市公开交易,因此与流通股之间存在巨大的非流动性折价,这样就无法通过比较非流通股的转让价格与目标公司股票的市场价格来测度控制权私有收益。也就是说,我国大宗股权交易主要是针对国家股和法人股,由于国家股和法人股的非流通性,其价格远远低于流通股的价格,如果转让价格和流通股市价相比,大部分转让只能是折价转让。因此在我国也无法直接运用巴克利和洪德内斯(1989)提出的大宗股权转让溢价法来测算控制权私有收益。

白重恩等(2002)的研究在分析方法和变量选取上都存在一定的不足。他们的研究认为,ST公司股价的超常收益反映了大股东为保住上市资格,在改进业绩方面所作的努力,从而反映了上市资格对大股东的价值,而这种价值就是公司控制权的隐性收益。然而,有关公司上市行为的研究文献表明,上市资格对大股东的价值,不仅体现在可借此获取隐性收益上,也包括其他同样重要的收益,如分散风险、满足企业发展资金需要、降低资本成本、提高资产流动性、获取外部监督以及品牌效应等(Zingales,1995)。因此,简单地将上市资格的价值归结为公司控制权的隐性收益,很有可能高估控制权隐性收益的水平。

对上述控制权收益计算方法比较分析结果如表 21-1 所示。

表 21-1　国内外各种控制权私有收益的计量方法比较

计量方法	文献	测算公式及相关解释	不足之处
投票权溢价法（voting premium）	曾格尔斯（1994）	$VP_t = (P_{vt} - P_{nvt})/P_{nvt}$ VP_t：投票权的溢价； P_{vt}：有投票权的股票的价值； P_{nv}：没有投票权的股票的价值。	中国上市公司目前不发行具有二元股权结构的股票，因此不适合用来测算中国上市公司的控制权私有收益。
	内拿华（2003）	$VP = [P_M(t) - P_L(t)]/(1-k) \times \{[N_M + N_L \times k)/2]/[N_M \times P_M(t) + N_L \times P_L(t)]\}$ VP：投票权价值。 t：一周（从 0~52 周） $P_M(t)$ 和 $P_L(t)$：高投票权股份和低投票权股份每周的市场价格； N_M 和 N_L：高投票权股份和低投票权股份的数额； K：低投票权股份的投票权比上高投票权股份的投票权；	
	多伊奇（2004）	$VP = (P_H - P_L)/(P_L - rv \times P_H)$ VP：投票权价值。 P_H 和 P_L：高投票权股份和低投票权股份的市场价格； rv：低投票权股份的投票权比上高投票权股份的投票权比例。	
大宗股权转让溢价法（block premium）	巴克利和洪德内斯（1989）	$BP = (P_b - P_e)N_b/P_eN_t$ P_b：大宗股权转让价格； P_e：大宗股权转让公告后当天股票的市场价格； N_b：大宗股权转让的股份数额； N_t：公司发行在外的股份数额。	对控制权私有收益的度量是根据全流通的前提进行研究，但中国存在严重的股权分置现象，因此其方法不适合直接用于测算中国上市公司的控制权私有收益。
	迪克和曾格尔斯（2001）	$BP = rB_b + (1-r)B_s - a(1-r)(Y_b - Y_s)$ B_s 和 B_b：出让方和受让方的私有收益； Y_s 和 Y_b：出让方和受让方的每股现金流权； r：出让方的讨价还价能力； a：转让方的股权比例。	

续表

计量方法	文献	测算公式及相关解释	不足之处
大宗股权转让溢价法（block premium）	唐宗明和蒋位（2002）	$CP = (P_A - P_B)/P_B$ CP：控制权的私有收益； P_A：大宗股权转让价格的每股交易价格； P_B：被转让股份的每股净资产。	未对涉及控制权转让的股权交易进行定义；用被转让股份的每股净资产来替代公司股票的市场价值忽略了交易带来的双方对股权带来的正常现金流的预期。
	姚先国和汪炜（2003）	$CP = (TP - NA)/NA - EP$ CP：控制权的私有收益； TP：存在控制权转移的大宗股权转让价格； NA：被转让股份的每股净资产； EP：投资者对目标企业增长率的合理预期。	未对资本持有期间所得的现金流入（主要是股利的形式）加以考虑。
	赫诺纳、泽瑞和沙佩若（2002）	$V = \{[(P/B)_c - (P/B)_m]/(P/B)_m\} \times 100\%$ V：市场总体的控制权价值； $(P/B)_c$：单宗控制权交易每股价格与标的公司每股净资产的比率； $(P/B)_m$：单宗小额股权交易每股价格与标的公司每股净资产的比率。	没有对控制权交易与小额股权交易进行配对，且只能从控制权层面上研究而不能从个体层面上研究整体公司的控制权价值。
控股股份与非控股股份的转让价差异法	施东辉（2003）	$V = [(P/B)_c - (P/B)_m]/(P/B)_m$ V：控制权价值； $(P/B)_c$：控制权交易每股价格与标的公司每股净资产的比率； $(P/B)_m$：小额股权交易每股价格与标的公司每股净资产的比率。	一年内同时发生小额股权交易和控制权交易的公司比较少，导致样本的容量不足。
	叶康涛（2003）	$C/P_L = P_C/P_L - P_0/P_L$ C：控制权私有收益； P_C：控制性非流通股的转让价格； P_0：非控制性非流通股的转让价格； P_L：流通股价格。	未对控制权交易股份和小额股权交易进行一一配对导致控制权交易与小额股权交易价格易受到其他因素的影响。

续表

计量方法	文献	测算公式及相关解释	不足之处
上市公司被特殊监管（ST）后的超额累计收益率法	白重恩（2002）	$PER_j = \sum(r_{j,t} - m_t)$ PER_j：上市公司的超额累计收益率； $r_{j,t}$：j公司被特殊监管后第t个月的股票回报率； m_t：第t个月的市场回报率。	把上市资格对大股东的价值等同于控制权私有收益导致高估了控制权私有收益的水平。
	刘睿智和王向阳（2003）	$CAR(a, b) = \sum_{f=a}^{b}\left[\sum_{i=1}^{m}(R_{if} - M_{if}/N)\right]$ R_{if}：ST公司的月收益率； M_{if}：市场的月收益率； (a, b)：事件的时间窗口； N：样本量。	

21.3 我国上市公司控制权收益计量方法的改进及其应用

中国作为一个典型的公司股权集中型的国家，上市公司"一股独大"、大股东通过攫取控制权私有收益侵占少数股东的利益等问题一直受到政府监管部门、投资者、研究人员的高度关注。通过以上对国内外关于控制权私有收益的相关研究的总结可以发现，国内学者对我国控制权私有收益的水平进行了测度，但研究成果较少，且计量方法与计量指标的选取上仍存在一定的缺陷，因此本章将在上述第二种方法的基础上试图提出一种改进交易溢价模型来计量我国的控制权私有收益的水平。

巴克利和洪德内斯（1989）以及迪克和曾格尔斯（2004）指出控制权转让溢价之所以能够反映出控制权私有收益是因为，当控制权转让双方进行谈判决定大宗股权转让价格时，受让方会考虑两个方面的收益：一部分是根据持股比例可以获得预期的现金流（如股利、资本利得等），这部分预期的现金流能从目标公司股票的市场价格反映出来；另一部分是控股股东通过拥有控制权可以取得的利益，这部分利益是小股东无法享有的，因此这部分利益只在控制权转让交易价格中体现，而无法从目标公司的市场价格反映出来。所以，控制权转让交易的价格相对于股票市场价格的溢价可以反映出控制权受让方对控制权私有收益的预期。班诺斯和威斯伯赫（Benos and Weisbach，2003）指出在控制权转让过程中，对于股权的受让方来说，股权转让的价值包括了两部分——对未来现金流的预期和控制权的收益。对未来现金流的预期有包括了三部分：购买时资产的剩余价值；购买至下次出售时资产的增值部分以及持有资产期间所得的现金流入（主要以股利的形式流入）。因此每股净资产不能完全反映出对未来现金流的预期，而只反映了转让时资产的剩余价值。如此一来，对于预期经营业绩较好的公司，可能会高估其控制权私有收益；而对于预期经营业绩较差的公司，则可能会低估其控制权私有收益。

笔者认为，可以在其基础上，用被交易股份的每股净资产值调整预期的净资产增值部分和股利来代表被交易股份的价值，通过比较股权转让的价格与被交易股份的价值之间的溢价来测量控制权私有收益的水平。同时，属于所有股东的预期正常现金流应为公司的净资产的增值部分和发放的现金股利，这部分现金流是控股股东和小股东均可以获得的，不属于控股股东的控制权私有收益，因此要从交易溢价中剔除出去。至此我们可以得到经改进的计量控制权私有收益的公式：

$$PBC = \frac{(P - NP - CF)}{NP} \times SP$$

其中，PBC 表示控制权私有收益；P 表示交易价格；NP 表示被转让股权的每股净资产；CF 表示股份持有者根据所持股份比例可以获得的预期的正常现金流；SP 表示交易的股份数占公司普通股总数的比率。

目前我国国有股减持的各种消息和方案一直是证券市场极为敏感的问题，国有股减持的大方针是通过向非国有主体转让非流通股权，实现股权结构调整，最终实现国有股权全部流通。受这些方针政策的影响，购买上市公司的非流通股权，并通过全流通获得一定的资本增值必然成为企业兼并的一个重要动机。全流通资本增值的根本原因是非流通股和流通股之间存在巨大价差，如果收购方购买的非流通股在可预期的将来进行全流通，必将带来较大的升值空间。我国企业控制权交易的溢价水平从 2001 年开始大幅上升，这其中重要的原因之一就是全流通预期下的资本增值。笔者认为，只有在我国证券市场的制度背景下，从中国股市特殊性和股权结构特点来分析，才能深刻理解公司控制权收益的含义，正确揭示控制权收益的来源及本质进而对其进行价值计量。因此，现阶段我们必须认识到，从理论层面而言，控制权价值的存在意味着在评估国有股和法人股等非流通股的价值时，必须考虑公司的所有权结构和控制权分配，这一点对传统的基于剩余索取权的定价理论提出了挑战。同时，从实践层面来看，应通过强化对投资者利益的法律保护，改革股票发行制度以及加强证券监管力度等途径，有效约束大股东通过控制公司来攫取私有收益，鼓励和引导创造公司价值和提高资本效率的控制权交易，以此促进公司治理水平和资本市场效率的提升。

参 考 文 献

1. Bai, C., Q. Liu and F. M. Song, The value of corporate control—evidence from China's distressed firms, Working Paper Series, University of Hong Kong. 2002.

2. Bai, C., Q. Liu and F. M. Song. The value of private benefits：Evidence from an emerging market for corporate control, Working paper, University of Hong Kong. 2003.

3. Barclay, M. and C. G. Holderness, Private benefits from control of public corporations, Journal of Financial Economics, 1989, 25 (2)：371 - 395.

4. Chung, K. H. and J. K. Kim, Corporate ownership and the value of a vote in an emerging market, Journal of Corporate Finance, 1999, 5 (1)：35 - 54.

5. Dyack, A. and L. Zingales, Private benefits of control：an international comparison, NBER working paper Series. 2001.

6. Dyack, A., and L. Zingales, Private benefits of control：an international comparison, Journal of Finance, 2004, 59 (2)：537 - 600.

7. Fama, E. F. and M. C. Jensen, Separation of ownership and control, Journal of Law and Economics, 1983, 26.

8. Grossman, S. and O. Hart, Takeover bids, the free rider problem, and the theory of the cor-

poration, Bell Journal of Economics, 1980, 11 (1): 42 – 64.

9. Grossman, S. and O. Hart, One share—one vote and the market for corporate control. Journal of Financial Economics, 1988, 20: 175 – 202.

10. Hanouna, P., A. Sarin and A. Shapiro, Value of corporate control: some International evidence, Working Paper of Marshall School, No. 02 – 4. 2002.

11. Levy, H., Economic evaluation of voting power of common stock, Journal of Finance, 1982, 38 (1): 79 – 93.

12. Zingales, L., The value of voting right: a study of the milan stock experience, The Review of Financial Studies, 1994, 7 (1): 125 – 148.

13. 刘睿智、王向阳:《我国上市公司控制权私有收益的规模研究》,载《华中科技大学学报·社会科学版》2003年第3期。

14. 施东辉:《上市公司控制权价值的实证研究》,载《经济科学》2003年第6期。

15. 唐宗明、蒋位:《我国上市公司大股东侵害度实证分析》,载《经济研究》2002年第4期。

16. 叶康涛:《公司控制权的隐性收益——来自中国非流通股转让市场的研究》,载《经济科学》2003年第5期。

第22章

上市公司控制权私有收益实证研究*

控股股东侵害中小股东利益已成为公司治理的核心问题和突出矛盾，攫取控制权私有收益是导致控股股东对中小股东进行剥削的主要动因，因此控制权私有收益的规模就成为衡量控股股东对中小股东利益侵害程度的重要指标。本章的主要目的是通过对中国上市公司控股股东的私有收益规模的测度并对其影响因素进行多变量线性回归分析，以期对制约我国上市公司控股股东对中小股东的侵害行为提出建设性意见。

22.1 引 言

格罗斯曼和哈特（Grossman and Hart，1988）开创了对控制权收益的研究，并将控制权的收益分为两种：一种是全体股东都可以获得的证券投资收益（Security Benefits）；另一种是仅属于控制性股东的私有收益（Private Benefits），非控制性股东不能获得。当不存在控制权私有收益或者控制权私有收益是不可获得的时候，公司的控股股东与所有股东之间的利益是一致的；但是当控制权私有收益存在并可以被取得时，控股股东就会倾向于通过各种手段侵害小股东的利益从而攫取私有收益，此时控股股东与小股东之间的代理冲突就产生了（Fama and Jensen，1983；Grossman and Hart，1988）。随着公司治理研究主题的演变，对控制权私有收益的研究日益成为现代公司治理研究的核心问题。丹尼斯和迈克康奈尔（Denis and McConnell，2003）以及默克、乌夫森和允（Morck，Wolfenzon and Yeung，2004）在总结了现代关于研究控股股东对公司治理的作用的文献后指出：通过侵害小股东的利益进而攫取控制权私有收益是控股股东掌握控制权的主要目的之一。

中国上市公司具有典型的集中型所有权结构，法律机制对少数股东的保护非常不完善，控股股东与少数股东之间存在着严重的代理问题（Lin，2000）。大多

---

* 本章内容发表在《中国工业经济》2007年第5期。

数上市公司国有股"一股独大"的局面造成了控股股东在上市公司具有超强的绝对控股地位；同时，我国上市公司的控股股东普遍倾向于通过向上市公司进行人事委派或者控股股东直接兼任上市公司高级管理人员等途径来实施其对上市公司的控制权。控股股东的绝对控股地位以及这种特殊的人事安排很容易产生控股股东侵害小股东利益的现象。因此，在中国上市公司控股股东通过侵害中小股东进而攫取控制权私有收益的行为比资本市场较为发达的国家更值得关注[①]。

22.2 模型设计

在国外文献中，对控制权私有收益的测度方法有三种：股权转让溢价法（Block Premium）、投票权溢价法（Voting Premium）[②] 和价差溢价法（Price Difference Premium）[③]。巴克利和洪德内斯（Barclay and Holderness）（1989）以及迪克和曾格尔斯（Dyack and Zingales，2004）采用了测度大宗股权转让时，股权转让价格相对于转让后股票市场价格之间的溢价来测度控制权私有收益，并且证实了这一溢价反映了控股股东对控制权私有收益的预期。但是，由于目前我国证券市场股权分置的现状——流通股与非流通股并存，非流通股不能上市公开交易，与流通股之间存在巨大的非流动性折价，因此在中国无法直接运用巴克利和洪德内斯（1989）提出的大宗股权转让溢价法通过直接比较非流通股的转让价格与目标公司的市场价格之间的溢价来测度控制权私有收益。

针对这一问题，我国学者唐宗明和蒋位（2002）用每股净资产替代股票的市场价格来代表非流通股的未来现金流，用交易价格相对于每股净资产的溢价代表控制权私有收益的规模。但是，将股权转让溢价基于每股净资产考虑，这与国外基于流通股市价溢价的含义具有本质的不同。每股净资产并不能完全反映出对未来现金流的预期，而只反映了转让时资产的剩余价值。如此一来，对于预期经营业绩较好的公司，可能会高估其控制权私有收益；而对于预期经营业绩较差的公司，则可能会低估其控制权私有收益。因此，唐宗明和蒋位（2002）的测度结果

---

① 内拿华（2003）以及迪克和曾格尔斯（2004）通过对法律保护程度不同的国家的控股股东的私有收益规模进行研究后发现，所有权集中程度越高，法律保护越不完善的国家，控制权私有收益规模越大。

② 曾格尔斯（1994）、内拿华（2003）以及道伊奇（2004）运用此方法来测度控制权私有收益，通过比较具有较高投票权比例的股票的市场价格相对于较低投票权比例的股票的市场价格的溢价来测度投票权的价值，并且证实了投票权的价值反映了控制权的私有收益。但这一方法运用的前提是上市公司要发行具有二元股权结构（dual-class）的股票，因此无法运用于中国上市公司的研究。

③ 赫诺纳、瑟瑞和沙佩若（2002）提出以控制性股权交易价格和小额股权交易价格的差额来衡量控制权价值，该方法适用于测度同时发生控制性股权交易和小额股权交易的上市公司的控制权收益的价值。但这一方法测度的控制权私有收益水平有可能被高估，因为这一价差有可能是由于不同交易的特征和不同公司的资产质量等差异造成的。

存在一定的偏差，属于所有股东的预期正常现金流应是控股股东和小股东均可以获得的，不属于控股股东的控制权私有收益，因此应该从交易溢价中剔除出去。①

鉴于此，本章在唐宗明和蒋位（2002）测度模型的基础上，扣除股份增持方对目标企业增长率的合理预期，从而测度除控制权私有收益的溢价率。考虑到中国上市公司存续经营的时间较短，投资者对目标企业增长率的合理预期定义为上市公司控制权转移前三年②的平均净资产收益率（包括当年），若平均净资产收益率为负值，则取零③。改进之后的测度控制权私有收益的模型为：

$$PBC = \frac{(P - NP - CF)}{NP} \times SP \tag{1}$$

其中，PBC 表示控制权私有收益；NP 表示被转让股权的每股净资产；CF 表示股份持有者根据所持股份比例可以获得的预期的正常现金流；SP 表示交易的股份数占公司普通股总数的比率。

22.3 样本选取及测度结果

本章以 2003~2004 年发生的国有股协议转让的股权交易为样本进行研究，并且所选样本必须满足以下标准：（1）样本中所涉及的股权转让都已完成或已得到财政部门或其他政府管理部门的批准；（2）股权交易必须有公开的可以获得的股权交易价格和股权转让比例，数据缺失的样本予以剔除；（3）股权交易必须涉及控制权的转移，仅属于股份转让的样本予以剔除；（4）将交易前两年股权出让方股权的每股净资产数据缺失或为负值④的样本予以剔除；（5）仅包括深沪两地 A 股市场上市公司的股权转让，同时在 B 股市场和境外市场发行股票的上市公司不作为样本。利用中国上市公司股东研究数据库（CLFSR2005）、中国上市公司财务年报数据库（CSMAR2005）最终确定了涉及控制权转移的国有股权交易的有效样本共有 64 个（其中 2003 年样本 34 个；2004 年样本 30 个）。表 22-1 对样本数据进行了统计描述并利用模型（1）对样本数据进行测算得到我国上市公司国有股协议转让的控制权私有收益的计量结果。

---

① 每股净资产是一个即期财务指标，并不包含对公司未来收益的预期，在模型中如果对这种合理的收益预期不加以扣除，就有可能高估私有收益的水平。
② 如果部分公司由于上市时间较晚，没有三年的数据可供参考，则只取前两年或一年的数据替代。
③ 市场价格可以直接反映公司的全体股东对这部分正常现金流的预期，但每股净资产指标无法反映这一点；在非流通股缺乏市场定价的情况下，只能用该公司历史的数据大致地预测这部分未来的属于全体股东的现金流。
④ 因为在测算私有收益时需要用交易溢价除以公司的净资产，以此来表示标准化每个公司私有收益的规模，如果净资产值为负就会使得原本正的溢价在标准化过程中变成负值，影响私有收益的测度结果。

表 22-1　　　　　　统计描述（Descriptive Statistics）及计量结果

	最小值	最大值	均值	标准差
转让股份比例（%）	0.630	67.030	22.52550	13.960575
每股转让价格（元）	1.01	10.00	3.0349	1.85558
转让前每股净资产（元）	0.15	7.79	2.6005	1.72406
转让前净资产收益率	-9.12	0.45	-0.1341	1.15117
交易时总股本（股）	80000000.00	785970517.00	234151313.5781	134196739.39502
交易时流通股（股）	24000000.00	264630326.00	92660533.8750	55774085.82475
交易时总资产（元）	220053428.74	6247433921.90	1449513652.8482	1244682019.56766
控制权私有收益（%）	-22	95	7.49	18.959
2003 年私有收益（%）	-18	95	8.53	19.068
2004 年私有收益（%）	-22	68	6.31	19.090

从表 22-1 可以看出，中国上市公司发生控制权转移的股权转让比例是比较高的，平均达到 22.5%，最高比例达到 67%；而国外一般认为，超过 5%（或更严格的 10%）的股权转让就意味着控制权的转移。这从一方面反映了我国上市公司的股权比较集中，另一方面也表明，为了获得目标上市公司的控制权需要付出较大的代价。表 20-1 显示中国上市公司控制权私有收益率的平均值达到 7.49%，这一均值远远高于发达国家。[1] 这说明中国上市公司中控制性股东对中小股东的侵害程度仍然十分严重；而这一点恰恰是与投资者权益保护程度相联系的。在投资者权益保护较好和信息披露制度严格的美国、英国等资本市场发达的国家，控制权私有收益水平就远远低于其他国家[2]，因为法律限制了控制性股东攫取私有受益的能力。从时间上考察，2004 年的私有收益水平比 2003 年有所下降，这与我国 2004 年颁布的一系列有关上市公司非流通股转让的法规有关，也说明中国的投资环境及对投资者的权益保护有了进一步的改善，但仍需在市场化程度和市场公开等方面加大改革力度。

22.4　私有收益影响因素分析

控制权私有收益与股票市场的效率及金融市场的发展有着密切联系，因此影

---

[1] 根据迪克和曾格尔斯（2001）对 39 个国家的大宗股权交易几家情况所进行的比较研究结果，在 16 个发达国家中，平均控制权私有收益仅为 3.8%；根据迪克和曾格尔斯（2003）的计算结果，中国上市公司控制权私有收益水平与有些新兴市场国家较为相似，例如，波兰、葡萄牙、泰国和韩国。

[2] 根据迪克和曾格尔斯（2001）的计算结果，英国和美国的控制权私有受益率仅为 0.02%。

响控制权收益规模的因素就成了许多学者关注的焦点。影响控制权私有收益规模的因素很多也很复杂,在宏观制度层面讲,公司所在国的法律环境是影响私有收益规模的重要因素之一。在小股东的利益得到较好保护的国家,控制性股东侵害小股东利益的难度较大,控制权私有收益的规模相对就较小。在中观产业层面讲,产品市场的竞争程度、公共意见的压力和征税水平等都会对控制权私有收益产生影响(Dyck and Zingales,2003;Nenova,2002)。本章则试图从微观公司层面对影响私有收益规模的因素进行深入分析,剖析中国上市公司在控制权转移过程中的现象,并提出可行的解决方法。

22.4.1 回归模型的建立及研究假设

根据表 22 - 1 对控制权私有收益率的计算结果,建立如下多元线性回归模型:

$$PBC = a + \beta_1 \times Share + \beta_2 \times Size + \beta_3 \times Roe + \beta_4 \times Stock + \beta_5 \times FAsset + \beta_6 \times Debt + \varepsilon \tag{2}$$

相关解释变量及其定义如表 22 - 2 所示。

表 22 - 2　　　　　控制权私有收益影响因素解释变量定义

解释变量	符号	定义描述
转让股份比例	Share	转让股份占总股本的比例
公司规模	Size	总资产的自然对数
财务状况	Roe	股份转让当年的净资产收益率
流通股规模	Stock	转让时的流通股数占总股本的比例
流动性资产规模	FAsset	转让时流动资产占总资产的比例
资产负债率	Debt	总负债与总资产的比值

为考察主要变量间的关系,首先对各变量进行了 Pearson 相关性分析,结果如表 22 - 3 所示。

表 22 - 3　　　　　各变量的 Pearson 相关系数矩阵

项目		PBC	Share	Size	Roe	Stock	FAsset	Debt
PBC	Corr.	1	0.215	-0.407 (**)	-0.332 (**)	-0.204	-0.279 (*)	0.162
	Sig.	0.	0.088	0.001	0.007	0.105	0.026	0.202
	N	64	64	64	64	64	64	64

续表

项目		PBC	Share	Size	Roe	Stock	FAsset	Debt
Share	Corr.	0.215	1	0.065	0.185	-0.054	0.207	-0.181
	Sig.	0.088		0.613	0.144	0.673	0.101	0.153
	N	64	64	64	64	64	64	64
Size	Corr.	-0.407(**)	0.065	1	0.146	0.652(**)	0.778(**)	-0.142
	Sig.	0.001	0.613		0.248	0.000	0.000	0.262
	N	64	64	64	64	64	64	64
Roe	Corr.	-0.332(**)	0.185	0.146	1	-0.082	0.121	-0.296(*)
	Sig.	0.007	0.144	0.248		0.522	0.340	0.017
	N	64	64	64	64	64	64	64
Stock	Corr.	-0.240	-0.054	0.652(**)	-0.082	1	0.502(*)	0.076
	Sig.	0.105	0.673	0.000	0.522		0.000	0.552
	N	64	64	64	64	64	64	64
FAsset	Corr.	-0.279(*)	0.207	0.778(**)	0.121	0.502(**)	1	0.192
	Sig.	0.026	0.026	0.000	0.340	0.000		0.129
	N	64	64	64	64	64	64	64
Debt	Corr.	0.162	-0.181	-0.142	-0.296(*)	0.076	0.192	1
	Sig.	0.202	0.153	0.262	0.017	0.552	0.129	
	N	64	64	64	64	64	64	64

注：* 表示相关系数在5%水平上（2-tailed）是显著的；** 表示相关系数在1%水平上（2-tailed）是显著的；Corr是相关系数；Sig是显著性水平。

依据Pearson相关性分析结果，可以得出初步结论：私有收益与企业规模及企业的财务状况显著相关，并且私有收益与企业规模呈负相关关系，这说明企业规模越大，控股股东侵害小股东的行为就越受到监督，所获得的私有收益规模就会小。此外，可以看出企业规模（Size）与流通股规模（Stock）及流动资产规模（FAsset）之间存在较强的相关性，因此，这三个指标不易同时进入回归方程。因此，调整后的回归模型为：

$$PBC = a + \beta_1 \times Share + \beta_2 \times Size + \beta_3 \times Roe + \beta_4 \times Debt + \varepsilon \quad (3)$$

假设 1：控制权私有收益的规模与被转让股权比例呈正相关关系。转让股权占上市公司总股本的比例越高，它所代表的对公司决策的投票权或控制权就越多，因此，溢价水平应与转让股权比例呈正向变动关系。巴克利和洪德内斯（Barclay and Holderness, 1989）发现控制权私有收益随着大宗股权交易规模的增加而增加。布卡特、葛罗姆和帕努茨（Burkart, Gromb and Panunzi, 2000）也提出，购买者以股权协议转让的方式获得企业控制权，股权转让规模越大，买方获得的控制权就越大，也就意味着购买者所能攫取的私有收益规模越大。

假设 2：控制权私有收益的规模与目标公司规模的关系不确定。从理论上来说，公司规模对控制权私有收益的影响是模棱两可的。因为公司规模会对控制性股东侵害的成本和收益产生重要影响：一方面，公司的规模越大，控股股东所能控制的资源就越多，则从侵害公司资源和其他股东利益中能够获取的私有收益也会随之增加（Barclay and Holderness, 1989）；但另一方面，随着公司规模的扩大，控股股东的监督成本也会随之上升，并且公司越大，其受到来自政府部门、机构投资者、证券分析师等各方面的监管和关注就越多，公司运作相对比较规范，信息也比较透明，这将加大控股股东攫取私有收益的难度。

假设 3：控制权私有收益的规模与上市公司财务状况正相关。企业的财务状况用股份转让当年企业的净资产收益率（ROE）来表示。企业的净资产收益率越高，预期的收益就越高。同时，如果企业的财务状况不佳，控股股东要付出更多的时间和精力监督管理人员和参与公司决策，并且可供其侵害的资源会相应减少。

假设 4：控制权私有收益的规模与公司的资产负债率负相关。一般来说，债务还本付息的强制性约束会导致企业持续的现金流出，这会减少企业持有的自由现金流，使控制性股东无法把更多的现金投向有利于他获取私有收益的项目上，从而在一定程度上限制控制性股东对中小股东的侵害程度。

22.4.2 回归结果及分析

利用 SPSS13.0 统计软件，回归结果如表 22-4 所示。方程的 F-统计和变量的 t-统计都非常显著，VIF 值只有 2.12，不存在多重共线性问题，D.W. 检验通过。R^2 的值达到了 0.413，说明这些变量有足够的能力来解释控制权私有收益水平的变化。

从模型的回归分析结果可以看出，随着股份转让比例的增加控股股东从控制权中所能获得的私有收益规模就越大，转让股份比例与控制权私有收益之间呈现出显著的正相关关系，假设 1 成立。上市公司的规模与控制权私有收益之间呈现

表 22-4　　控制权私有收益的影响因素回归分析结果

解释变量	非标准化系数		标准化系数	t	Sig.
	回归系数	标准误差			
Share	0.005	0.002	0.684	3.451	0.001
Size	-0.005	0.004	-0.553	-1.416	0.162
Roe	-0.049	0.019	-0.276	-2.596	0.013
Debt	0.238	0.125	0.652	1.903	0.062
R^2			0.413		
F			8.303		
Sig. F			0.000		

出显著的负相关关系，这表明控股股东利用控制权而获得的私有收益随着上市公司规模的扩大而减少，因此假设 2 通过实证验证为上市公司规模与控制权私有收益之间是负相关关系。其原因在于规模越大的公司受到来自各方面的监督越多，信息相对透明，控股股东对上市公司和小股东进行侵害所要支付的成本比较高，因此制约了控股股东通过侵害行为而攫取私有收益的规模。实证结果还表明，控制权转以前，上市公司的财务状况与控制权私有收益呈显著负相关，与假设 3 相反。这表明，一方面，越是财务状况不佳的上市公司，被攫取的私有收益规模越大，原因是财务状况不佳的上市公司在公司治理和经营管理等方面往往存在不足，控制性股东可以利用该上市公司不佳的财务状况作为掩饰，更方便地获取私有收益；另一方面表明，收购财务状况不佳的上市公司尽管从表面上看是得不偿失，但考虑到中国目前的上市途径和方式，如果直接上市支付的成本可能更高，因此，收购方通过溢价购买股份，可以获得上司公司的壳资源，并由此进入尚未完全规范的资本市场，通过资产置换和二级市场的操作可以获取超额回报。回归结果对假设 4 不支持，没有发现资产负债率的高低与私有收益水平之间有显著的统计上的关系，这表明在我国债务约束还没有起到限制控股股东对上市公司和小股东进行剥削的作用。

22.5　结论与政策建议

本章以上市公司涉及控制权转移的股权交易数据为样本，对中国上市公司控制性股东利用控制权侵害中小股东进而攫取私有收益的行为进行了实证分析。结果表明，股权转让比例与控制性股东从控制权中攫取的私有收益水平呈正相关关系，平均私有收益达到 7.5%。并且上市公司的规模及财务状况均与私有收益呈显著负相关；资产负债率与私有收益呈正相关，但结论均不显著。这说明上市公司的规模越小，透明度越低，控制性股东的侵害就越严重。而比较特殊的一点是，当上市公司的财务状况不佳时，控制权私有收益水平反而较高，这是与我国特殊的制度背景相关的，由于我国"壳"资源的紧缺，造成绝大多数公司需要借助"买壳上市"而导致的。2004年控制权私有收益与上年相比呈下降趋势，表明我国证券市场在发展中逐步走向规范，控制性股东利用各种方式从上市公司及中小股东手中攫取私有收益的机会在减少。

高额的控制权私有收益阻碍了我国证券市场的健康发展，集中体现在处于弱势地位的广大中小投资者的利益缺乏保护，相关的法制建设严重滞后。因此，如何限制控制性股东利用公司控制权攫取私有收益规模，保护外部投资者的合法权益，对于我国证券市场的健康发展至关重要。结合有关文献研究结果和本章的分析结论，笔者提出以下政策建议：

1. 由于控制性股东持股，在一定程度上可以降低所有者与经营者之间的委托代理成本，因此，一味通过降低控制性股东持股比例来解决控制权私有收益过高的问题未必可取。可以通过引进战略投资者、独立监事等制度安排，在公司治理结构中形成对控制性股东掠夺行为的制衡。

2. 法律对投资者的保护欠缺是中小股东权益受到侵害的主要原因，对中小投资者的利益保护程度越好，控制性股东侵害中小股东的激励也就越小，不同法系下的控制权私有收益水平存在显著差别。因此可以通过法律手段保护处于弱势地位的中小投资者的利益，建立完善的强制性信息披露制度，完善外部股东保护法，加紧对我国现行相关法律的预防性和预见性的修改，提高控制性股东掠夺行为的法律风险。

3. 尽早解决股权分置问题，实现全流通。这样，当控制性股东侵害小股东利益时，小股东可以通过"用脚投票"来制约其侵害行为；此外，控制性股东所持股票可以随时通过二级市场转让出去，其持股比例将显著低于目前水平，因此，一旦控制性股东侵害小股东利益，小股东就可以通过征集代理权等方式获得控制权，接管威胁的存在将迫使控制性股东考虑小股东的利益。

参 考 文 献

1. Barclay, M. and C. G. Holderness, Private benefits from control of public corporations, Journal of Financial Economics, 1989, 25 (2): 371 – 395.

2. Dyack, A. and Zingales, Private benefits of control: an international comparison, NBER working paper Series. 2001.

3. Dyack, A. and Zingales, Private benefits of control: an international comparison, Journal of Finance, 2004, 59 (2): 537 – 600.

4. Grossman, S. and O. Hart, Takeover bids, the free rider problem, and the theory of the corporation, Bell Journal of Economics 1980, 11 (1): 42–64.

5. Grossman, S. and O. Hart, One share—one vote and the market for corporate control, Journal of Financial Economics, 1988, 20: 175–202.

6. 徐晓东、陈小悦:《第一大股东对公司治理、企业绩效的影响分析》,载《经济研究》2003年第3期。

7. 唐宗明、蒋位:《我国上市公司大股东侵害度实证分析》,《经济研究》2002年第4期。

8. 余明桂、夏新平、潘红波:《控制权私有收益的实证分析》,载《管理科学》2006年第6期。

9. 赵昌文、庄道军:《中国上市公司的有效控制权及实证研究》,载《管理世界》2004年第11期。

第 23 章

金字塔结构、股权制衡与上市公司股价信息质量[*]

本章根据委托代理理论，研究了在母子公司金字塔结构下，上市公司的信息披露是否能够保持独立性，以及股权制衡机制是否能够有效地强化其独立性这一问题，还引入社会资本理论和社会资本控制链的思想，将股权制衡进行细分，分别研究其制衡效果。研究结论显示：（1）上市公司在金字塔结构所处的位置显著影响其股价信息质量；（2）股权制衡能够有效提升上市公司股价信息质量；（3）实质型股权制衡的治理效应显著优于形式型股权制衡。

23.1 引 言

委托代理理论认为基于利益最优化，委托人与代理人将进行控制权的重新配置。正如奈特（Knight，1921）指出，没有人愿意替他人承担风险而不要求控制权，也没有人能不替他人承担风险就能取得控制权。所以在母子公司治理实践中，母公司为了自身利益以及母子公司的整体利益，通过资本控制链对子公司进行直接或者间接的控制。同时，基于有效市场假说，由于作为公司内外部沟通桥梁的信息披露在获得合理的市场评价方面发挥重要的作用，母公司存在较强的动机对于子公司信息披露施加必要的控制。因此，在金字塔结构下，上市公司的信息披露是否能够保持独立是一个需要研究的问题。进一步分析，根据传统的委托代理理论，有效地内部治理机制能够优化公司治理结构，有效地提升公司决策水平。股权制衡作为重要的内部治理机制是否能够有效地优化子公司的治理结构，实现对于子公司独立法人人格的保护也将被纳入本章的研究框架。另外，通过引入社会资本理论和社会资本控制链的思想，将股权制衡进行细分，分别研究其制衡效果，发现两类股权制衡的治理效应存在显著差异，为后续研究进行了有益的探索。

---

[*] 本章内容发表在《经济管理》2013 年第 3 期。

23.2 文献综述

如何合理的识别上市公司信息披露的有效性就成为目前学者们较为关注的问题。王美今、林建浩（2012）指出现代经济生活极大的复杂性，使得发现并建立真实模型往往成为奢望，这是一个探索的过程，也就允许研究者多方尝试，从而模型的设定呈现多样性。基于消除宏观因素的影响以及最大限度强化公司层面信息的权重的考虑，股价信息质量作为解释上市公司业绩指标与市场评价关联程度的指标被应用于信息披露有效性的识别研究中。袁知柱、鞠晓峰（2009）指出股价能否反映上市公司的内在价值信息，即股价信息含量，决定了股价信息是否能够发挥引导资源优化配置的作用。由于计量的是上市公司股价信息中涉及公司层面信息的权重，不仅包括了及时性、重要性，而且还涵盖了可靠性等特征，股价信息质量较股价信息含量更能体现该变量的实际内涵。

在母子公司框架下，子公司的股价信息质量是否受到其在资本控制链中位置的影响？针对这一问题，学术界的研究相对于其他金字塔结构的研究还不成熟，国内学者的研究则还处于起步阶段，主要原因在于中国资本市场监管机构在2003年之前并没有要求上市公司向公众披露有关金字塔结构的信息（李增泉等，2008）。默克等（Morck et al.，2000）、柯汉纳等（Khanna et al.，2009）。通过研究指出，尤其是在发展中国家，如果上市公司隶属于企业集团，则其股价信息质量普遍低于其他没有隶属关系的上市公司。国内学者李增泉等（2011）较早的关注处于企业集团资本控制链下的上市公司信息披露问题，研究选取中国上市公司作为样本，结论显示上市公司与其隶属的企业集团关联度越强，其股价同步性越高，股票的大涨、大跌风险越大。但是，部分学者注意到了控制权与现金流权的分离会导致信息披露质量下降的问题。范等（Fan et al.，2002）研究指出上市公司控制权与现金流权的两权分离和会计盈余信息含量呈现显著负相关关系，即随着两权分离度的增大，上市公司会计盈余信息含量相应降低。王俊秋、张奇峰（2007）选择中国家族控制的上市公司作为样本，研究发现上市公司实际控制人控制权和现金流权的偏离能够加剧控制性股东与小股东之间的代理冲突，从而产生"隧道效应"，降低盈余信息含量。

通过梳理相关文献，学术界关于金字塔结构与股价信息质量的研究还存在以下不足：首先，关于金字塔结构与股价信息质量的研究尚不成熟，还没有学者基于母子公司研究框架对子公司的信息披露是否受到其在资本控制链中位置的影响展开研究，即缺乏对于金字塔结构下的控制强度差异性的关注；其次，现有的关于两权分离度与信息披露质量的研究主要采用盈余信息含量作为信息披露质量的替代变量，这一思路在信息含量的度量问题上存在一定的不足，即赋予了会计信息相对较高的权重，而对于年报中关于治理结构的信息缺乏关注。最后，现有研究忽略了母子公司参与主体间的互动关系，仅仅假定母子公司间的契约为单向契约，即子公司只是被动接受方，这也导致了目前的研究结论存在分歧。基于以上不足，关于金字塔结构下的股价信息质量研究呈现出了必要性。另外，中国上市公司被强制要求披露金字塔持股结构，也为本研究的数据收集提供了可能性。

23.3 理论分析与假设提出

在竞争日益加剧、可预测性降低的不确定性市场条件下，公司通过走向联合以寻求分散风险、增强稳定性的有效路径。由于资本纽带的稳定性，母子公司成为较为普遍的企业集团形式，而其金字塔结构的资本控制链也作为股东治理的重要组成部分成为公司治理研究的热点。考虑到金字塔结构能够实现控制权与现金流权的两权分离，母公司或者处于资本控制链上端的公司可以实现"以小博大"，既降低了经营风险，又能够以较低的交易成本实现最大限度的资源整合（游家兴等，2007；陈晓红等，2007）。根据委托代理理论并结合金字塔结构的特点，即通过现金流权与控制权的两权分离实现控制权对于所有权的弱化，而且可以借助延伸的资本控制链条增强实际控制权的隐蔽性，获得超额的控制权收益（Peng et al.，2011；Azofra et al.，2011）。为了获得控制权收益，母公司存在借助其在母子公司中的核心地位控制子公司的决策与经营的动机，使得子公司在决策与经营中丧失自主权（Lo et al.，2011），这在一定程度上弱化子公司的独立法人人格。

由于信息披露机制作为消除信息壁垒的有效途径，在满足外部投资者需求方面发挥了积极的作用，母公司也就有较强的动机控制上市公司的信息披露，以获取市场溢价与控制权收益。弗朗西斯等（Francis et al.，2005）考虑到美国拥有发达资本市场以及较高程度的投资者保护水平，选取美国上市公司作为研究样本，指出实际控制人存在通过控制上市公司信息披露实现控制权私利最大化的动机。马忠、吴翔宇（2007）以中国家族控股上市公司为样本，研究结论显示上市公司实际控制人两权分离度越高，上市公司自愿性信息披露程度越低，即上市公司实际控制人为地获取控制权私利，倾向于抑制对外披露私人信息。但是，基于传统财务风险观与控制权理论，部分学者虽然没有直接研究金字塔结构与信息披露机制的关系，但也为该领域研究提供了有益的理论与实践探索，如王雪梅（2012）采用更为全面反映企业治理效果的EVA，研究了金字塔控制层级与EVA的关系，结论指出二者呈现显著负相关关系，即控制层级越高，子公司受到的母公司控制越强。综合以上，研究结论分歧主要源于委托代理理论的缺陷，即假定委托人与代理人的契约属于单向固定的，而忽视了委托人与代理人的互动性。冯根福、赵珏航（2012）也通过研究证实了委托人与代理人契约互动性的存在。因此，母子公司治理机制框架下，直接研究母公司对于子公司的控制效果而忽视了母子公司的互动性存在一定的逻辑跳跃性。

在金字塔结构下，随着资本控制链的延伸，两权分离度呈现加大的趋势，即控制权与现金流权分离程度加大。在将母子公司的互动性纳入分析框架后，处于资本控制链末端的子公司由于两权分离度的加大，即母公司现金流权的稀释，母公司承担的风险也相应地降低，其对于子公司信息披露的控制也相应减弱，子公司由于能够相对自主的进行信息披露，其内部人就能基于自身利益提升信息披露的有效性，从而有助于股价信息质量的提升；相反，如果一个子公司处于资本控制链的顶端，由于其两权分离度较小，即母公司现金流权相对较高，也就需要承担相对较高的风险，其对于子公司信息披露的控制动机也就越强，由于子公司不能自主的进行信息披露，需要服从母子公司整体利益，也就不利于股价信息质量的提升。基于以上分析，提出假设如下：

假设1：金字塔结构下，子公司处于资本控制链的位置与股价信息质量呈现负相关关系，即子公司两权分离度与股价信息质量呈现正相关关系。

根据传统的委托代理理论，有效的内部治理机制能够优化公司治理结构。股权制衡作为基于股权结构的内部治理机制，其在母子公司治理，尤其是子公司中小股东保护方面发挥了重要作用，是子公司自我保护以及独立法人地位得到保障的有效途径。关于股权制衡的实践效果，学者倾向于认为股权制衡作为一种内部治理机制能够通过股东层面的治理达到抑制控股股东侵害中小股东的行为，并进而改善公司绩效（Shleifer et al.，1986；La Porta et al.，1999；陈德萍等，2011）。另外，学者还研究指出了股权制衡其他的积极作用，如吴红军、吴世农（2009）研究结论指出随着其他股东对于第一大股东制衡能力的增强，第一大股东的掏空程度呈现先升后降的倒"U"形关系，企业价值呈现先降后升的"U"形关系；徐向艺、王俊韡（2011）也通过研究得出了股权制衡对公司绩效的影响呈现"U"形关系的结论；洪剑峭、薛皓（2008），吕怀立、李婉丽（2010）指出股权制衡能够有效遏制控股股东的关联交易；李琳、刘凤委和卢文彬（2009）指出股权制衡能够有效地降低公司业绩波动性和离散程度，保证公司运营的稳健性。基于此，并结合委托代理理论，提出假设如下：

假设2：金字塔结构下，股权制衡能够调节两权分离度与股价信息质量的关系，提高上市公司股价信息质量。

但是，部分学者也对股权制衡的效果提出了质疑，如利文（Laeven，2008）认为多个大股东共存，存在合谋的可能，并侵害公司利益；毛世平（2009）研究指出股权制衡的作用存在权变性，既存在激励效应，也存在合谋倾向。针对以上研究分歧，学者们开始关注可能存在的遗漏变量，如股权性质的作用（Maury et al.，2005；刘星等，2007；涂国前等，2010）、所有权状态（朱滔，2007），分析指出股权制衡需要发挥正面治理效应是需要条件的（毛世平，2009）。

莫里等（Maury et al.，2005），刘星、刘伟（2007），涂国前、刘峰（2010）都通过自己的研究指出股权制衡与股权性质的内在联系，即由于股权性质的差异，股权制衡的治理效应存在差异。进一步分析，基于社会资本理论，高闯、关鑫（2008），关鑫、高闯、吴维库（2010）开创性地提出了终极股东社会资本控制链问题，认为仅凭借股权控制链无法完全揭示终极股东的隐蔽性，应该将股权控制链及其相关的社会资本控制链结合起来分析实际控制权。结合以上研究，股权制衡不仅受到股权性质的影响，还可能受到上市公司实际控制人社会资本的影响，所以研究应该将不同特点的股权制衡进行区分，即实质型股权制衡与形式型股权制衡，以更加合理、准确地评价股权制衡的作用。基于此，根据社会资本理论以及社会资本控制链的思想，提出以下假设

假设3：金字塔结构下，实质型股权制衡治理效应显著优于形式型股权制衡。

23.4 研究设计

23.4.1 变量定义

1. 被解释变量：股价信息质量（SPI）。本章选用股价波动非同步性指标进行股价信息质量计量，这一方法也得到了较多的学者的认可（Morck et al.，2000；Jeffrey，2000；Durnev et al.，2004；Brockman et al.，2009；李增泉等，2011）。该指标通过以下公式进行度量：

$$R_{i,t} = \alpha_i + \beta_i R_{m,t} + \varphi_i R_{n,t} + \varepsilon_{i,t}$$

其中，$R_{i,t}$表示i公司在t期的股票收益率，$R_{m,t}$表示t期的资本市场股票收益率，$R_{n,t}$表示t期的行业股票收益率。通过上述方程回归的样本可决系数R^2作为股价信息质量的替代变量。这一方法的优点在于将市场、行业收益率均纳入分析框架，能够全面地反映股票价格信息。系数R^2越大，说明上市公司的股票收益率受到资本市场股票收益率、行业股票收益率的影响越大，即股票收益率中包含的公司层面信息越少，股价信息质量越低。另外，考虑到R^2取值服从 [0, 1] 区间，所以进行对数转换：

$$SPI = \ln \frac{1 - R^2}{R^2}$$

2. 解释变量：两权分离度（Div）。由于子公司位于母子公司资本控制链的层级与两权分离度关系较为密切，即随着资本控制链层级的延伸，母公司两权分离度将呈现增大的趋势，因此，采用两权分离度作为子公司位于金字塔结构层级的替代变量。具体计算方式如下式：

$$Div_1 = CR - CFR \quad 与 \quad Div_2 = \frac{CR}{CFR}$$

其中，CR 表示控制权，CFR 表示现金流权。

3. 调节变量：股权制衡度（Bal），采用第二至第五大股东持股比例之和与第一大股东持股比例的比值度量，并进行排序，若高于中位数，则赋值为 2；反之，赋值为 1。学者们倾向于认为股权制衡度较高的上市公司，相对于一股独大的上市公司具有较好的治理效果，也能较好地服从资本民主原则，能够遏制控股股东对于其他股东的侵占行为。

根据社会资本理论以及社会资本控制链的思想，直接根据股东持股比例进行股权制衡的度量并不能真实反映股权分布状况，而需要进一步考虑股权控制链背后的相关社会资本控制链状况。因此，本章将股权制衡分为实质型股权制衡与形式型股权制衡两类，期望更加真实、合理地探讨股权制衡治理效应。考虑到中国上市公司大多脱胎于国有企业，且股权集中度依旧较高，并结合社会资本控制链，具体度量方法如下：形式型股权制衡满足任一条件：（1）前两大股东同为国有背景、国有控股背景；（2）前两大股东的公司来自于同一城市；（3）前两大股东隶属于同一集团公司；（4）前两大股东有一方为公司创始人；（5）前两大股东为自然人，且二人为亲属关系。反之，则定义为实质型股权制衡。如果股权制衡属于实质型，则取值为 2，以期增大该类股权制衡的权重；形式型股权制衡，则取值为 1。

4. 控制变量。为了保证研究的稳健性，将其他可能对研究产生影响的因素一起纳入研究模型，选取控制变量如表 23-1 所示。

表 23-1   变量汇总表

	变量名称	变量符号	测度方法
被解释变量	股价信息质量	SPI	股价波动非同步性指标，方法如上
解释变量	两权分离度	Div_i	控制权与现金流权的差值和比值
调节变量	股权制衡度	Bal	第二至第五大股东持股比例之和与第一大股东持股比例的比值，并进行排序赋值
	实质型股权制衡	Bal-Type	具体条件如前文所述
	形式型股权制衡		实质型股权制衡的其他情况
控制变量	独立董事自主性	Ind	董事会独立董事占比减去规定的 1/3
	β 系数	Beta	
	资本结构	Lev	资产负债率
	公司规模	Size	上市公司总资产对数
	成长性	Growth	主营业务增长率

独立董事自主性（Ind），借鉴曹廷求、王营和张蕾（2012）的概念和方法，采用董事会独立董事占比度量减去法规规定的独立董事比例1/3。委托代理理论认为，独立董事作为"外部人"，能够保证董事会的独立性和制衡大股东，进而保证上市公司信息披露的真实性。但是，在梅斯（Mace，1986）指出独立董事投票权属于"橡皮图章"后，独立董事的有效性开始受到质疑。因此，为了有效衡量独立董事的作用，有必要引入独立董事自主性概念。

β系数（Beta）。资本资产定价模型将β系数视为公司层面唯一影响定价的因素，也是测度上市公司对于资本市场风险的敏感性指标。如果上市公司潜在的经营风险较大，母公司为了保住子公司的"壳资源"而具有强烈的保壳动机，存在施加"支持行为"的可能。

资本结构（Lev），采用资产负债率度量。如果上市公司具有较高的财务杠杆，其对上市公司利润的影响也被相应放大，这就意味着上市公司背负着较大的债务压力，可能弱化母公司的剥夺动机。

公司规模（Size），采用上市公司总资产对数度量。由于规模较大的公司可能受到社会的关注，外部监督机制相对完善，一定程度上可以弱化母公司对于控制权私利的追逐动机。

成长性（Growth），采用主营业务增长率度量。根据现金流假说，富余的现金流能够满足企业投资的需求，导致过度投资，所以母公司有动机占有上市公司的富裕现金流，侵害上市公司股东利益。

23.4.2 模型设计

本章采用多元回归分析进行假设检验，构建模型如下：

模型Ⅰ：
$$SPI = \alpha_0 + \alpha_1 Div_i + \alpha_2 Ind + \alpha_3 Beta + \alpha_4 Lev + \alpha_5 Size + \alpha_6 Growth + \varepsilon$$

模型Ⅱ：
$$SPI = \alpha_0 + \alpha_1 Bal + \alpha_2 Ind + \alpha_3 Beta + \alpha_4 Lev + \alpha_5 Size + \alpha_6 Growth + \varepsilon$$

模型Ⅲ：（检验调节效应）
$$SPI = \alpha_0 + \alpha_1 Div_i + \alpha_2 Bal + \alpha_3 Div_i * Bal + \alpha_i Control + \varepsilon$$

23.4.3 样本选择与数据处理

本章选取上海、深圳两个证券交易所2007~2011年度A股上市公司为研究对象，相关变量数据取自国泰安CSMAR数据库，部分缺失数据根据公司年度报告手工整理。另外，对于数据进行预处理，剔除相关样本数据，具体标准如下：剔除金融类公司；剔除2007~2011年被ST和PT的公司；剔除极端值公司；剔除整体上市的公司及母公司资料不清晰的上市公司。按照以上标准,最终获取1022家上市公司数据作为研究样本。

本章分别采用 Excel、SPSS17.0、Stata10.0 进行数据收集与整理、数据前期处理和多元回归分析。

23.5 实证研究及结果分析

23.5.1 描述性统计

通过表 23-2 描述性统计,样本公司的股价信息质量均值与方差分别为 0.141 与 0.080,表明目前上市公司的股价信息质量相对较低,并且不存在显著的差异;两权分离度均值分别为 6.249 与 1.541,方差分别为 9.686 与 2.331,这显示了样本公司的两权分离度相对较大,并且存在显著的差异,这在一定程度上说明了所选取的样本公司具有较强的普遍性,能够较为客观地揭示资本链复杂性;股权制衡度、资产负债率、独立董事自主性等指标方差较小,基本排除了异常值对于实证结果的干扰。另外,独立董事自主性指标均值为 0.030,而最小值为 -0.333,也就是说尽管公司治理准则要求上市公司董事会至少需要配置 1/3 的独立董事,但是严重缺乏主动性,并且还有部分上市公司没有严格落实相关比例要求,这说明中国上市公司聘用独立董事的内在动机不足,导致了独立董事是增强董事会独立性还是"橡皮图章"的分歧。

表 23-2　　　　　　　　　主要变量描述性统计

	Mean	Median	Variance	Min	Max
SPI	0.141	0.035	0.080	0.000	2.625
Div_1	6.249	0.232	9.686	0.000	39.253
Div_2	1.541	1.012	2.331	1.000	48.266
Bal	0.489	0.319	0.238	0.010	3.695
Ind	0.030	0.000	0.004	-0.333	0.381
Lev	0.566	0.537	0.166	0.002	6.740
Size	21.853	21.746	1.979	16.520	30.370

23.5.2 母子公司金字塔结构与子公司股价信息质量分析

根据回归分析的基本要求，在进行多元回归分析之前，首先排除了异常值、自相关与异方差等潜在扰动影响因素后，采用 Stata10.0 对面板数据进行了 Hausman 检验后选用固定效应对模型 I 进行回归分析。具体结果如表 23-3 所示。

表 23-3　　金字塔结构与子公司股价信息质量分析结果

	模型 I	
	股价信息质量（SPI）	
Constant	2.243*** (3.51)	2.291*** (3.53)
Div_1	0.003** (1.94)	
Div_2		0.004** (1.96)
Ind	-0.025 (-0.22)	-0.037 (-0.32)
Beta	-0.038 (-0.81)	-0.047 (-0.97)
Lev	0.009 (0.36)	0.009 (0.36)
Growth	0.008*** (3.22)	0.009*** (3.04)
Size	-0.096*** (-3.34)	-0.097*** (-3.31)
F 值	2.63***	2.08**
Adjust R^2	0.270	0.230

注：*** 表示显著性水平为 1%，** 表示显著性水平为 5%，括号内数字为 T 或 Z 值。

表 23-3 结果显示控制权与现金流权两权分离度与股价信息质量呈现显著正相关关系，且显著性水平均为 5%，说明随着母子公司资本控制链的延伸，

位于资本控制链末端的子公司，随着其两权分离度的增大，股价信息质量也就相应地增加。具体来说，母公司由于在资本控制链末端的现金流权相对较低，一方面其风险程度较控制链前端相对较低，另一方面其控制方式也由直接控制变为间接控制，所以其对于上市子公司信息披露的控制动机也就相应得到了弱化，证实了假设1。另外，应该注意到，独立董事自主性与股价信息质量并不存在相关关系，这说明独立董事制度虽然已经作为重要的公司治理机制运用于公司治理实践中，但是其应用在更多情况下充当传递信息的"信号"，却不能有效改善董事会的独立性，为独立董事"橡皮图章"的论断提供了来自中国上市公司支持。

23.5.3 股权制衡的调节效应分析

通过加入股权制衡调节虚拟变量，并借助模型Ⅱ与模型Ⅲ进行调节作用分析。采用STATA10.0对数据进行了Hausman检验后仍然选用随机效应进行回归分析。具体结果如表23-4所示。

表23-4　　　　　　　　股权制衡调节作用分析结果

	模型Ⅱ		模型Ⅲ
	股价信息质量（SPI）		
Constant	0.349*** (3.38)	0.089*** (2.93)	0.097*** (2.88)
Div_i		−0.001 (−0.17)	0.019** (2.31)
Bal	0.027* (1.89)	0.012 (0.65)	0.006 (0.33)
Div_i × Bal		0.003* (1.78)	0.017** (2.18)
Ind	0.119 (1.53)	0.039 (0.58)	0.023 (0.34)
Beta	−0.001 (−0.04)	0.006 (0.23)	−0.001 (−0.21)
Lev	−0.021 (−1.60)	0.003 (0.23)	0.003 (0.24)

续表

	模型Ⅱ	模型Ⅲ	
	股价信息质量（SPI）		
Growth	0.009 (1.36)	0.004** (2.17)	0.003*** (3.12)
Size	-0.010** (-2.47)	-0.001** (-2.29)	-0.001*** (-2.74)
Wald	14.21**	25.63***	23.32***
Adjust R^2	0.162	0.249	0.253

注：*** 表示显著性水平为1%，** 表示显著性水平为5%，* 表示显著性水平为10%，括号内数字为 T 或 Z 值。

模型Ⅱ结果显示股价信息质量与股权制衡存在显著正相关关系，且显著性水平为10%，即股权制衡作为调节变量，对于股价信息质量存在主效应影响；其他变量结果与模型Ⅰ基本一致。模型Ⅲ结果部分证明了两权分离度与股价信息质量仍然呈现显著正相关关系，且显著性水平为5%，与模型Ⅰ检验结果基本一致。为了验证调节作用，将股权制衡引入方程后，两权分离度与股价信息质量呈现显著正相关关系，且显著性水平分别为10%与5%，说明随着股权制衡度的提高，能够调节两权分离度与股价信息质量的关系，即提升上市公司股价信息质量，证实了假设2。其他变量的结果基本与模型Ⅰ一致，一定程度上证明了结论的稳健性。

23.5.4 股权制衡效应具体化分析

基于前文分析，继续深化股权制衡效应分析，将股权制衡细分为形式型股权制衡与实质型股权制衡，并借助模型Ⅱ与模型Ⅲ进行相关调节作用分析。具体结果如表23-5所示。

表23-5　　　　　　　　股权制衡调节作用分析结果

	模型Ⅱ	模型Ⅲ	
	股价信息质量（SPI）		
Constant	0.128*** (2.96)	0.131*** (2.79)	0.127** (2.43)
Div_i		-0.002 (-1.25)	0.013* (1.75)

续表

	模型 Ⅱ	模型 Ⅲ	
	股价信息质量（SPI）		
Bal – Type	0.018** (1.97)	0.013 (1.32)	0.011 (0.97)
Div_i * Bal – Type		0.003** (1.96)	0.012* (1.76)
Ind	0.025 (0.36)	0.028 (0.41)	0.015 (0.22)
Beta	-0.007 (-0.26)	-0.005 (-0.19)	-0.008 (-0.32)
Lev	0.036 (1.53)	0.035 (1.56)	0.036 (1.62)
Growth	-0.004 (-1.01)	0.004** (2.05)	0.004** (2.21)
Size	-0.001** (-2.18)	-0.001** (-2.30)	-0.002** (-2.19)
Wald	21.74***	23.33***	23.79***
Adjust R^2	0.259	0.291	0.282

注：*** 表示显著性水平为1%，** 表示显著性水平为5%，* 表示显著性水平为10%，括号内数字为 T 或 Z 值。

模型Ⅱ结果显示股价信息质量与股权制衡类型存在显著正相关关系，且显著性水平为5%，一方面说明股权制衡类型作为调节变量，对于股价信息质量存在主效应影响；另一方面说明实质型股权制衡的治理效应较形式型股权制衡更为显著。为了进一步验证不同类型股权制衡的调节作用，将股权制衡类型引入模型Ⅲ，结果显示两权分离度与股价信息质量呈现显著正相关关系，且显著性水平分别为5%与10%，实质型股权制衡比形式型股权制衡具有更加显著的治理效应，能够在金字塔结构下显著提升上市公司股价信息质量，证实了假设3。

23.6 研究结论与政策建议

本章选取上海、深圳证券交易所2007~2011年度1022家A股上市公司作为研究样本，研究了金字塔结构与股价信息质量的关系，以及股权制衡的调节作用，以验证在两权分离情况下，是否存在母公司对于子公司的信息披露控制问题，以及股权制衡是否能够约束母公司的控制行为。研究主要结论如下：

1. 基于母子公司资本控制链形成的金字塔结构，母公司两权分离度与上市子公司股价信息质量呈现显著正相关关系。结论证明在金字塔结构下，处于控制链顶端的子公司一方面由于两权分离程度较小，母公司需要承担相对较大的风险和责任，另一方面母公司对于子公司的控制方式还属于直接控制的范畴，因此母公司具有控制子公司信息披露的动机，导致上市子公司股价信息质量偏低；同时，处于控制链底端的上市公司由于两权分离程度较大，母公司的现金流权相对较低，其风险与责任得以分散，而且控制方式也由直接控制转为间接控制，所以其控制动机也相应降低，股价信息质量也伴随着子公司自主性的提高而得到提升。

2. 金字塔结构下，股权制衡能够调节两权分离度与股价信息质量的关系，提高上市公司股价信息质量。结论证明股权制衡作为重要的内部治理机制，在母子公司金字塔结构下，股权制衡的治理效应能够有效提升子公司股价信息质量，切实保护失去实际"独立法人人格"的子公司的独立性，尤其是中小股东的权益。

3. 金字塔结构下，实质型股权制衡治理效应显著优于形式型股权制衡，即实质型股权制衡较之于形式型股权制衡能够更加有效地提升股价信息质量。学者们已有的关于股权制衡的研究结论存在分歧，除了指标选取方式、变量度量方法以及研究模型的差异外，对于股权制衡的机械使用是主要原因。本章通过引入社会资本理论和社会资本控制链的思想，将股权制衡进行细分，分别研究其制衡效果，发现两类股权制衡的治理效应存在显著差异，为后续研究进行了有益的探索。

针对研究结论，提出相应政策建议如下：

1. 鼓励机构投资者积极参与公司治理，并欢迎上市公司引入境外战略机构投资者，简化外国投资者投资中国非战略行业上市公司的审批程序，实现股权制衡为导向的股权结构优化。通过简化审批程序，境外机构投资者能够更加便捷地参股中国非战略行业的上市公司，一方面实现股权结构的分散化，另一方面有利于增进资本市场的活跃程度。境外战略投资者不仅具有先进的投资理念与治理经验，而且其外部人的身份能够完善公司治理结构，形成实质型股权制衡，增强上市公司，尤其是子公司的独立性，保护中小股东的合法权益。

2. 强化上市公司年报股东情况信息披露，进一步细化有关股东间是否存在社会关系等信息披露，如自然人或者法人股东是否存在社会联系、自然人与法人股东间是否存在社会联系等，从而实现关联关系或一致行动人的形式与实质区别。为了有效发挥股权制衡机制的治理作用，对股权制衡的性质进行区分显得十分必要。通过强化股东情况披露的信息含量，投资者能够直接、清晰地了解股东的关联关系,以便更准确地把握上市公司股东构成情况,切实保护中小股东的知情权与收益权。

参 考 文 献

1. Azofra, V. and M. Santamaria, Ownership, control, and pyramids in Spanish commercial banks, Journal of Banking and Finance, 2011, 35 (6): 1464 – 1476.

2. Brockman, P. and X. Yan, Block ownership and firm specific information, Journal of Banking and Finance, 2009, 33 (2): 308 – 316.

3. Durnev, A., R. Morck and B. Yeung, Value enhancing capital budgeting and firm-specific stock returns variation, Journal of Finance, 2004, 59 (1): 65 – 105.

4. Francis, J., K. Schipper and L. Vincent, Earnings and dividend informativeness when cash flows rights are separated from voting rights, Journal of Accounting and Economics, 2005, 39 (2): 329 – 360.

5. Jeffrey, W., Financial markets and the allocation of capital, Journal of Financial Economics, 2000, 58 (1): 187 – 214.

6. Fan, J. and T. Wong, Corporate ownership structure and the informativeness of accounting earnings in East Asia, Journal of Accounting and Economics, 2002, 33 (3): 401 – 425.

7. Khanna, T. and C. Thomas, Synchronicity and firm interlocks in an emerging market, Journal of Financial Economics, 2009, 92 (2): 182 – 204.

8. Knight, F., Risk, uncertainty and profits, Boston: Houghton. 1921.

9. Laeven, L., Complex ownership structures and corporate valuations, Review of Financial Studies, 2008, 21 (2): 579 – 604.

10. La porta, R., F. Lopez-de-silanes and A. Shleifer, Corporate ownership around the world, Journal of Finance, 1999, 54 (2): 471 – 517.

11. Lo, A. and R. Wong, An empirical study of voluntary transfer pricing disclosures in China, Journal of Accounting and Public Policy, 2011, 30 (6): 607 – 628.

12. Mace, M., Directors: myth and reality, Boston: Harvard Business School Press. 1986.

13. Maury, B. and A. Pajuste, Multiple large shareholders and firm value, Journal of Banking and Finance, 2005, 29 (7): 1813 – 1834.

14. Morck, R., B. Yeung and W. Yu, The information content of stock markets: why do emerging markets have synchronous stock price movements, Journal of Financial Economics, 2000, 58 (1): 215 – 260.

15. Peng, W., K. Wei and Z. Yang, Tunneling or propping: evidence from connected transactions in China, Journal of Corporate Finance, 2011, 17 (2): 306 – 325.

16. Shleifer, A. and R. Vishny, Large shareholders and corporate control, Journal of Political Economy, 1986, 94 (3): 461 – 488.

17. 曹廷求、王营、张蕾:《董事市场供给会影响董事会独立性吗?——基于中国上市公司的实证分析》，载《中国工业经济》2012年第5期。

18. 陈德萍、陈永圣：《股权集中度、股权制衡度与公司绩效关系研究——2007~2009年中小企业板块的实证检验》，载《会计研究》2011年第1期。

19. 陈晓红、尹哲、吴旭雷：《金字塔结构、家族控制与企业价值——基于沪深股市的实证分析》，载《南开管理评论》2007年第5期。

20. 冯根福、赵珏航：《管理者薪酬、在职消费与公司绩效——基于合作博弈的分析视角》，载《中国工业经济》2012年第6期。

21. 高闯、关鑫：《社会资本、网络连带与上市公司终极股东控制权——基于社会资本理论的分析框架》，载《中国工业经济》2008年第9期。

22. 关鑫、高闯、吴维库：《终极股东社会资本控制链的存在与动用——来自中国60家上市公司的证据》，载《南开管理评论》2010年第6期。

23. 洪剑峭、薛皓：《股权制衡对关联交易和关联销售的持续性影响》，载《南开管理评论》2008年第1期。

24. 李琳、刘凤委、卢文彬：《基于公司业绩波动性的股权制衡治理效应研究》，载《管理世界》2009年第5期。

25. 李增泉、辛显刚、于旭辉：《金融发展、债务融资约束与金字塔结构——来自民营企业集团的证据》，载《管理世界》2008年第1期。

26. 李增泉、叶青、贺舟：《企业关联、信息透明度与股价特征》，载《会计研究》2011年第1期。

27. 刘星、刘伟：《监督，抑或共谋？——我国上市公司股权结构与公司价值的关系研究》，载《会计研究》2007年第6期。

28. 吕怀立、李婉丽：《股权制衡与控股股东关联交易型"掏空"——基于股权结构内生性视角的经验证据》，载《山西财经大学学报》2010年第6期。

29. 马忠、吴翔宇：《金字塔结构对自愿性信息披露程度的影响：来自家族控股上市公司的经验验证》，载《会计研究》2007年第1期。

30. 毛世平：《金字塔控制结构与股权制衡效应——基于中国上市公司的实证研究》，载《管理世界》2009年第1期。

31. 涂国前、刘峰：《制衡股东性质与制衡效果——来自中国民营化上市公司的经验证据》，载《管理世界》2010年第11期。

32. 王俊秋、张奇峰：《终极控制权、现金流量权与盈余信息含量——来自家族上市公司的经验证据》，载《经济与管理研究》2007年第12期。

33. 王美今、林建浩：《计量经济学应用研究的可信性革命》，载《经济研究》2012年第2期。

34. 王雪梅：《终极控股权、控制层级与经济增加值——基于北京上市公司数据》，载《软科学》2012年第2期。

35. 吴红军、吴世农：《股权制衡、大股东掏空与企业价值》，载《经济管理》2009年第3期。

36. 徐向艺、王俊韡：《控制权转移、股权结构与目标公司绩效——来自深、沪上市公司2001~2009的经验证据》，载《中国工业经济》2011年第8期。

37. 游家兴、罗胜强：《金字塔股权结构、地方政府税收努力与控股股东资金占用》，载

《管理科学》2007年第1期。

38. 袁知柱、鞠晓峰：《股价信息含量测度方法、决定因素及经济后果研究综述》，载《管理评论》2009年第4期。

39. 朱滔：《大股东控制、股权制衡与公司绩效》，载《黑龙江：管理科学》2007年第5期。

第4篇

董事会治理与高管激励

第 24 章

经理人代理行为与管家行为的选择[*]

代理理论认为经理人是个人主义、机会主义、自利、与所有者利益冲突的"经济人",其行为是代理行为;管家理论认为经理人是集体主义、组织至上、值得信赖、与所有者利益一致的"社会人",其行为是管家行为。由于对经理人的认知假设不同,对经理人行为的判断也不同。本章从基于代理理论和管家理论的博弈模型出发,通过具体分析,指出经理人与所有者的关系是建立在博弈基础之上的,在不同的心理因素和情景因素下,经理人的行为既可能是代理行为,也可能是管家行为。

24.1 代理理论与管家理论对经理人行为的判断

代理理论是当前公司治理理论的主流理论。它主要从经济学的角度分析,建立在"经济人"的人性假设基础之上,即经理人是个人主义、机会主义和自利的。在这一人性假设下,一般认为,其追求的目标是实现个人效用的最大化[①]。具体表现在不够尽职、投资的短期行为(如研发投资少)、盲目扩大规模(如多元化经营)、过高的在职消费等行为[②]。因此,作为所有者的公司股东主要通过设置完备的监督和约束机制来制止经理人这种自利行为的发生,通过薪酬计划等激励机制诱使经理人为实现公司利益最大化而行动。

与代理理论不同的是,管家理论则渗透了社会学和心理学的内容。它主要从"社会人"的人性假设出发,认为经理人是恪尽职守、可以信赖的"管家",他们受社会动机和成就动机的驱动,追求所有者的利益最大化,其行为具有集体主

---

[*] 本章内容发表在《东岳论丛》2008年第6期。
[①] 徐全军:《管家理论与代理理论的比较研究》,载《环渤海经济瞭望》2007年第7期,第40~42页。
[②] 黄鹏、张裕龙:《公司经理人行为和代理成本控制》,载《财务通讯》1999年第12期,第24~26页。

义倾向①。因此,管家理论重视合作而不是监督,重视授权而不是控制,在组织结构和治理机制上要对经理人充分授权,实施内在激励,充分调动经理人的积极性和潜力。而当所有者对经理人实施过度监督、控制和不合理的约束时,经理人会感到沮丧、受挫甚至产生背叛行为,因此努力程度下降②。

代理行为和管家行为的主要区别表现在行为的目的、人性特点和治理机制等方面,具体表现如表24-1所示。

表24-1　　　　　　　　代理行为和管家行为的区别

比较维度	行为	代理行为	管家行为
具体表现	行为目的	个人利益最大化	组织利益最大化
	努力程度	偷懒、不尽职	努力、尽职
	风险偏好	风险厌恶型	适中
	职务消费	过度消费	适度
	对外投资	短期目标	长期目标
	多元化目的	扩大个人权利	提高组织业绩
	会计方法	有利于个人	有利于组织
	人性特点	个人主义、机会主义、自利	集体主义、组织至上、利他
	治理的指导思想	控制、监督、薪酬激励	信任、合作、内在激励

24.2　基于代理理论的博弈分析

24.2.1　假设前提

1. 经理人选择代理行为、追求个人利益最大化时,公司业绩低于经理人选择管家行为、追求公司利益最大化时的公司业绩;
2. 所有者发现经理人谋求个人利益、损害公司利益时的处罚高于经理人谋求个人利益的额外收益,也高于所有者监督经理人的成本;
3. 经理人谋求个人利益、损害公司利益所得的额外收益,大于按合约应得

---

① Davis, J. H., D. Schoorman and L. Donaldson, Toward a stewardship theory of management, Academy of Management Review, 1997, 22 (1): 20-47.
② 张辉华、凌文辁、方俐洛:《代理理论和乘务员理论的整合:论公司治理实践》,载《南开管理评论》2005年第6期,第41~47页。

收益的增加量。这一假设表示，经理人选择管家行为时公司业绩好，按合约应得的收益也高，但这种方式增加的收益仍低于经理人谋取私利时所能得到的额外收益。

24.2.2 所有者与经理人的博弈分析

根据代理理论，由于信息不对称，现代企业的所有者和经理人都从各自的利益出发选择策略，以期使自己的利益最大化[①]。所有者为使经理人的行为更好地为实现自己的目标服务，主要采取两种策略：监督和不监督；而经理人也有两种策略：选择代理行为、追求个人利益最大化和选择管家行为、追求公司利益最大化，因此可建立基于代理理论的所有者和经理人之间的博弈模型（见表24-2）。

表24-2　　　　　　　　　所有者与经理人的博弈模型

经理人 \ 所有者	监督 γ	不监督 $1-\gamma$
选择代理行为 θ	$F(R_A)+V-\beta$, $R_A-F(R_A)-\alpha+\beta-V$	$F(R_A)+V$, $R_A-F(R_A)-V$
选择管家行为 $1-\theta$	$F(R_S)$, $R_S-F(R_S)-\alpha$	$F(R_S)$, $R_S-F(R_S)$

其中，R_A 是经理人选择代理行为、追求公司利益最大化时为公司创造的总收益；

R_S 是经理人选择管家行为、追求个人利益最大化时为公司创造的总收益；

$F(R)$ 是经理人按照合约应得的收益，它是 R 的函数，且 $\frac{\partial F(R)}{\partial R}>0$；

α 是所有者监督经理人所需的成本；

β 是所有者监督经理人时，发现经理人谋求个人利益、损害公司利益的处罚；

V 是经理人谋求个人利益、损害公司利益所得的额外收益，即代理成本。

显然，根据假设前提，$R_S>R_A$，$\beta>V$，$\beta>\alpha$，$V>F(R_S)-F(R_A)$；

因为 $R_S>R_A$，$\frac{\partial F(R)}{\partial R}>0$，则 $F(R_S)>F(R_A)$。

如果经理人选择管家行为，由于 $R_S-F(R_S)-\alpha<R_S-F(R_S)$，所有者会选择不监督；当所有者选择不监督时，由于 $V>F(R_S)-F(R_A)$，即 $F(R_S)<F$

[①] 张维迎：《博弈论与信息经济学》，上海三联书店、上海人民出版社1996年版，第8页。

$(R_A) + V$，经理人会选择代理行为；当经理人选择代理行为时，由于 $\beta > \alpha$，所以 $R_A - F(R_A) - \alpha + \beta - V > R_A - F(R_A) - V$，所有者会选择监督；而当所有者选择监督时，由于 $\beta > V$，$F(R_A) < F(R_S)$，所以 $F(R_A) + V - \beta < F(R_S)$，则经理人又会选择管家行为。因此，该博弈矩阵不存在纯策略纳什均衡。

但是，由于经理人和所有者会随机选择不同策略的概率分布，则该博弈可以存在一个混合策略的纳什均衡。

假设所有者分别以 γ，$1 - \gamma$ 的概率选择监督和不监督，经理人分别以 θ，$1 - \theta$ 的概率选择代理行为和管家行为。根据博弈论，所有者选择监督的概率一定要使经理人在选择代理行为和选择管家行为时的期望收益相等，即：

$$\gamma \cdot F(R_S) + (1 - \gamma) F(R_S) = \gamma \cdot [F(R_A) + V - \beta] + (1 - \gamma)[F(R_A) + V] \quad (1)$$

同理，经理人选择代理行为的概率一定要使所有者在选择监督和选择不监督时的期望收益相等，即：

$$\theta \cdot [R_A - F(R_A) - \alpha + \beta - V] + (1 - \theta)[R_S - F(R_S) - \alpha]$$
$$= \theta \cdot [R_A - F(R_A) - V] + (1 - \theta)[R_S - F(R_S)] \quad (2)$$

整理公式（1）和公式（2），可以得出纳什均衡点 (γ^*, θ^*)，其中：

$$\gamma^* = \frac{F(R_S) - F(R_A) + V}{\beta}$$

$$\theta^* = \frac{\alpha}{\beta}$$

结论1：(γ^*, θ^*) 为所有者和经理人收益最大值点。由上述分析可知，所有者以 $\gamma^* = \frac{F(R_S) - F(R_A) + V}{\beta}$ 的概率选择监督，经理人以 $\theta^* = \frac{\alpha}{\beta}$ 的概率选择代理行为，是二者行为选择的混合策略纳什均衡点，对应着双方的最佳行为选择，如果一方行为不变，另一方作为理性选择没有积极性去打破这种均衡。

当所有者监督的概率小于 γ^* 时，经理人的最佳选择是代理行为；当所有者监督的概率大于 γ^* 时，经理人的最佳选择是管家行为。因此称所有者监督的概率 $S_1 = \{\gamma | \gamma \in (0, \gamma^*)\}$ 为经理人代理行为的选择空间；$S_2 = \{\gamma | \gamma \in (\gamma^*, 1)\}$ 为经理人管家行为的选择空间。

当经理人选择代理行为的概率小于 θ^* 时，所有者的最佳选择是不监督；当经理人选择代理行为的概率大于 θ^* 时，所有者的最佳选择是监督；因此称经理人选择代理行为的概率 $S_3 = \{\theta | \theta \in (0, \theta^*)\}$ 为所有者的不监督空间；$S_4 = \{\theta | \theta \in (\theta^*, 1)\}$ 为所有者的监督空间。

结论2：所有者选择监管或不监管的概率受 β、V 的影响。

β 越小、V 越大，即所有者对经理人谋求个人利益行为的处罚越轻，经理人谋求个人利益的收益越大，经理人越有可能侵犯所有者的利益，所有者选择监督的可能性越大。

反之，β越大、V越小，即所有者对经理人谋求个人利益行为的处罚越重，经理人谋求个人利益的收益越小，经理人侵犯所有者利益的可能性越小，所有者选择不监督的可能性越大。

结论3：经理人选择代理行为或管家行为的概率受β、α的影响。

β越小、α越大，即所有者对经理人谋求个人利益行为的处罚越轻，所有者监督经理人的成本越高，经理人越有可能侵犯所有者的利益，经理人选择代理行为、以自身利益最大化为目标的可能性越大。

反之，β越大、α越小，即所有者对经理人谋求个人利益行为的处罚越重，所有者监督经理人所需的成本越低，经理人侵犯所有者利益的可能性越小，经理人选择管家行为、以公司利益最大化为目标的可能性越大。

24.3 基于管家理论和代理理论的博弈模型分析

24.3.1 假设前提

根据管家理论，所有者与经理人应发展一种相互合作、完全信任的关系，否则单纯的监督、控制和约束将挫伤经理人的积极性，降低其管家行为，因此，相关的假设前提如下：

1. 经理人选择代理行为、追求个人利益最大化时，公司业绩低于经理人选择管家行为、追求公司利益最大化时的公司业绩；
2. 所有者发现经理人谋求个人利益、损害公司利益时的处罚高于经理人谋求个人利益的额外收益，也高于所有者监督经理人的成本；
3. 当经理人选择代理行为时，无论所有者选择监督或信任，都不影响经理人的努力程度和公司业绩；
4. 当经理人选择管家行为时，如果所有者予以监督和控制，他们会产生受挫感，因此努力程度下降、公司业绩下降；如果所有者视经理人为管家而给予信任时，他们会激发内在的动机，努力程度上升、公司业绩上升。

24.3.2 所有者与经理人的博弈分析

基于管家理论和代理理论的所有者和经理人之间博弈模型，如表24-3所示。

表 24-3　　　　　　　　　　　　所有者与经理人的博弈模型

所有者 经理人	监督 γ	信任 $1-\gamma$
选择代理行为 θ	$F(R_A)+P(R_A)+V-\beta-T,$ $R_A-F(R_A)-\alpha+\beta-V$	$F(R_A)+P(R_A)+V-T,$ $R_A-F(R_A)-V$
选择管家行为 $1-\theta$	$F(R_S-R_M)+P(R_S-R_M),$ $R_S-R_M-F(R_S-R_M)-\alpha$	$F(R_S+R_T)+P(R_S+R_T),$ $R_S+R_T-F(R_S+R_T)$

其中，R_M 是经理人选择管家行为时，在被严格监督和控制情况下为公司少创造的收益；

R_T 是经理人选择管家行为时，在被充分信任和授权情况下为公司多创造的收益；

$P(R)$ 是经理人因工作成就而取得的心理满足感，它是 R 的函数，$\frac{\partial P(R)}{\partial R} > 0$；T 是经理人谋求个人利益、损害公司利益的成本，包括其额外付出的努力、心理上受到的谴责、由于担心可能被发现而产生的恐惧等，我们称之为额外成本。

显然，$R_S > R_A$，$F(R_S) > F(R_A)$，$\beta > V$，$\beta > \alpha$；

而且，因为 $R_S > R_A$，$\frac{\partial P(R)}{\partial R} > 0$，所以 $P(R_S) > P(R_A)$。

可以发现，基于管家理论和代理理论的分析，在两种情形下，所有者和经理人之间存在着纯策略的纳什均衡。

情形一：如果经理人选择管家行为，由于 $R_S-R_M < R_S+R_T$，所以 $R_S-R_M-F(R_S-R_M)-\alpha < R_S+R_T-F(R_S+R_T)$，所有者会选择信任；当所有者选择信任时，如果 $F(R_S+R_T)+P(R_S+R_T) > F(R_A)+P(R_A)+V-T$，经理人会继续选择管家行为，此时该博弈矩阵存在纯策略纳什均衡。

对 $F(R_S+R_T)+P(R_S+R_T) > F(R_A)+P(R_A)+V-T$ 进行变换得到：
$[F(R_S+R_T)-F(R_A)]+[P(R_S+R_T)-P(R_A)] > V-T$

即股东、董事会、监事会对经理人的信任足以使经理人实现更高的业绩 R_S+R_T，并取得按合约约定的更高收益 $F(R_S+R_T)$，而且经理人内心得到更大程度的满足 $P(R_S+R_T)$。当经理人在内心满足感的提高 $P(R_S+R_T)-P(R_A)$ 和约定收益的提高 $F(R_S+R_T)-F(R_A)$ 足以超过自己谋取私利、损害公司利益时的额外收益 V 减去额外成本 T 的差额时，经理人会继续选择管家行为，此时该博弈矩阵存在纯策略的纳什均衡。

只有当经理人认为自己谋取的额外收益 V 远远高于业绩提升取得的约定收益 $F(R_S+R_T)$，也足以补偿因谋取私利要额外付出的努力、心理上受到的谴责、由于担心可能被发现而产生的恐惧等额外成本 T 时，经理人才会转而选择代理行为。

情形二：如果经理人选择代理行为、追求个人利益最大化，由于 $\beta > \alpha$，所以 $R_A - F(R_A) - \alpha + \beta - V > R_A - F(R_A) - V$，所有者会选择监督；而当所有者会选择监督时，如果 $F(R_A) + P(R_A) + V - \beta - T > F(R_S - R_M) + P(R_S - R_M)$，则经理人会继续选择代理行为，此时该博弈矩阵也存在纯策略纳什均衡。

对 $F(R_A) + P(R_A) + V - \beta - T > F(R_S - R_M) + P(R_S - R_M)$ 进行变换得到：

$R_A \leq R_S - R_M$ 时，$V > [F(R_S - R_M) - F(R_A)] + [P(R_S - R_M) - P(R_A)] + \beta + T$

$R_A \leq R_S - R_M$ 表示经理人选择代理行为时，公司业绩仍然低于或等于经理人在所有者的监督控制下选择管家行为创造的公司业绩。此时如果经理人为自己谋取的私利 V 足够高，超过了一旦被发现所受到的处罚 β、为谋取私利所付出的额外成本 T、因公司业绩下降导致约定收益的减少 $F(R_S - R_M) - F(R_A)$、因业绩下降导致的内心满足感的下降 $P(R_S - R_M) - P(R_A)$ 之总和，此时经理人会选择代理行为。

$R_A > R_S - R_M$ 时，$V + [F(R_A) - F(R_S - R_M)] + [P(R_A) - P(R_S - R_M)] > \beta + T$

$R_A > R_S - R_M$ 表示经理人选择代理行为时，公司业绩仍然超过经理人在所有者的监督控制下选择管家行为创造的公司业绩。此时经理人为自己谋取的私利 V、因公司业绩上升多得到的约定收益 $F(R_A) - F(R_S - R_M)$、因业绩上升导致的内心满足感的上升 $P(R_A) - P(R_S - R_M)$ 之总和高于一旦被发现所受到的处罚 β、为谋取私利所付出的额外成本 T 之和，此时经理人会选择代理行为。

除以上两种情形外，该博弈不存在其他情形的混合策略的纳什均衡，即所有者选择信任、经理人选择代理行为，或者所有者选择监督、经理人选择管家行为的情形是两种不稳定的状态。

24.4 结　　语

在所有者和经理人之间的复杂关系中，二者作为两个独立的主体，都面临着市场的不确定性和行为的可选择性，所有者不能直接观察到经理人的具体行为选择，经理人也不能完全控制选择行为后的最终结果。二者之间的关系是典型的博弈关系，双方最终的行为选择是双向互动的结果。代理理论认为双方都以各自效用最大化为目标，管家理论又增加了对经理人心理因素的考虑，最终博弈双方在信息不对称条件下选择不同对策和不同行为达成了均衡。博弈分析的方法，能够将双方选择不同行为的因素纳入统一平台之中，比较全面地分析不同情景下、不同经理人如何做出不同的行为选择，不失为一种有效的研究方法。

通过博弈分析可以看到，经理人选择代理行为或管家行为受两方面因素的影响。一方面是经理人的心理因素，包括经理人内心满足感函数 P(R)、经理人谋取私利在心理上受到的谴责、由于担心可能被发现而产生的恐惧程度等，属于经理人内在的心理因素。不同的经理人具有不同的心理特点，进而影响其行为选择；另一方面是外部的情景因素，包括所有者对经理人制订的薪酬激励计划 F(R)、经理人谋取私利的额外收益和需要付出的额外努力等，这些因素因所有者和公司的不同而有所不同，属于经理人的外部情景因素。这从博弈分析的角度支持了戴维斯、斯库尔曼和唐纳森（Davis, Schoorman and Donaldson, 1997）关于管家理论和代理理论的主要区别体现在经理人的心理因素和组织的情景因素的观点。

经理人一方面作为自利的代理人出现；另一方面也会作为管家出现，这两个角色同处于经理人的行为选择过程中。经理人的选择不同，公司的收益也是不同的，即经理人谋取私利将损害公司的利益。在公司治理机制的设计上，一方面要促使经理人更多、更主动地选择管家行为，因此要重视经理人的心理因素。在经理人选聘方面，要选择那些具有高成就需要、重视自我实现、追求长远目标、更有可能选择管家行为的人；在组织结构设计和制度设计方面，要给予经理人充分的信任和高度的授权，激发其内在的工作成就感；另一方面要有效地抑制经理人的代理行为，要重视组织的情景因素，要制定有效的薪酬激励政策，加重对经理人谋取私利、损害公司利益的惩罚力度。在实践中，应根据具体的情况，具体分析经理人的具体特点和外部的具体情景，才能建立起相匹配的制度。

参 考 文 献

1. Davis, J. H., D. Schoorman and L. Donaldson, Toward a stewardship theory of management, Academy of Management Review, 1997, 22 (1): 20 – 47.

2. Donaldson, L. and J. H. Davis, Stewardship theory or agency theory: CEO governance and shareholder returns, Australian Journal of Management, 1991, 16 (1): 49 – 64.

3. Sundaramurthy, C. and M. Lewis, Control and collaboration: paradoxes of governance, Academy of Management Review, 2003, 28 (3): 397 – 415.

4. Tosi, H. L., A. L. Brownlee, P. Silva and J. P. Katz, An empirical exploration of decision-making under agency controls and stewardship structure, Journal of Management Studies, 2003, 40 (8): 2053 – 2071.

5. 张维迎：《博弈论与信息经济学》，上海三联书店、上海人民出版社1996年版，第8页。

6. 张辉华、凌文辁、方俐洛：《代理理论和乘务员理论的整合：论公司治理实践》，载

《南开管理评论》2005年第6期,第41~47页。

  7. 李绪红:《代理人还是管家?——基于国别文化差异的中国国有企业经营者的角色定位》,载《复旦学报》2004年第6期,第443~449页。

  8. 黄鹏、张裕龙:《公司经理人行为和代理成本控制》,载《财务通讯》1999年第12期,第24~26页。

  9. 徐全军:《管家理论与代理理论的比较研究》,载《环渤海经济瞭望》2007年第7期,第40~42页。

第 25 章

高管人员报酬激励与公司治理绩效[*]

本章选取深、沪 A 股上市公司 1107 家，分别从报酬形式、总经理来源形式、公司规模、行业竞争环境、地区分布、股权结构、代理成本等方面来对高管人员报酬（高管薪酬和高管持股）激励与公司治理绩效之间的相关关系进行分析，主要结论是：在目前的报酬激励体系下，非年薪制激励形式优于年薪制和股权性报酬激励形式；总经理为董事长或董事的公司治理绩效和激励机制优于其他类型；公司规模、行业竞争环境和地区分布影响公司治理绩效水平；股权结构的外生性扭曲了股票市场的有效性理论；高管薪酬、公司治理绩效与代理成本显著负相关。最后根据实证分析的结果，提出相关的政策建议。

25.1 引 言

现代企业所有权和控制权的分离，使得古典意义的企业家职能发生了分解，产生了职业化的管理人员，本章称为高管人员。而高管人员和企业所有者的目标和利益不一致，以及他们之间的信息不对称，导致了委托代理问题和高管人员激励约束问题的产生。从激励约束问题的本义看，高管人员的报酬无疑是最直接的影响因素，因为他们的货币报酬和非货币报酬可以认为是其努力和贡献的回报。同时，报酬机制激励的有效性取决于高管人员的报酬和他们贡献的正相关程度。

众多学者对高管人员报酬激励和公司业绩关系的问题进行了研究。詹森和墨菲（Jensen and Murphy, 1990）研究了现金报酬、内部持股方案和解雇威胁所产生的激励作用，考察了这几种报酬形式对业绩的敏感性，发现股东财富每变化 1000 美元，CEO 的财富就变化 3.25 美元。墨菲（Murphy, 1985）的实证研究结果表明，经营者报酬与公司业绩之间存在正相关性。另外，墨菲（Murphy, 1986）、吉本斯和墨菲（Gibbons and Murphy, 1990）等还考察了公司规模、业绩因素以及经理人的年龄、任职期间、是否是创始人和是否外聘等经理个人特征因

---

[*] 本章内容发表在《中国工业经济》2007 年第 2 期。

素对经理报酬的影响。魏刚(2000)、李增泉(2000)、杨瑞龙和刘江(2002)等考察了中国上市公司高级管理人员激励与公司业绩之间的敏感性以及经理报酬与企业规模、国有股股权比例之间的相关关系,结果表明,经理报酬与公司业绩不存在显著的正相关关系,与高级管理人员持股比例不存在显著的负相关关系,而与企业规模显著正相关。湛新民和刘善敏(2003)通过对上市公司经营者的任职状况、报酬结构与公司绩效之间的关系进行研究,发现经营者的持股比例与企业绩效有显著性弱相关关系,实行年薪制的经营者与公司绩效呈显著弱相关性,并且公司资产规模、行业特性、区域范围和股权结构对经营者年薪、持股比例和公司绩效有深刻影响。张俊瑞等(2003)的研究表明,高级管理人员年度薪金报酬与每股收益和公司规模显著正相关,与高管持股比例显著正相关,与国有股比例存在较弱的负相关关系。

本章选取中国境内 A 股上市公司为样本,对高管人员报酬激励与公司治理绩效的关系进行研究,并对公司治理中较为棘手的代理成本衡量指标进行探索。本章的高管人员界定为董事长和总经理,公司治理绩效指标选取主营业务资产收益率(主营业务资产收益率=主营业务利润/总资产)。同时,考虑到数据收集的难度和研究的可行性,高管人员报酬形式仅选取了货币性报酬(本章定义为高管薪酬,即年报公布的年度货币性报酬)和股权性报酬(本章定义为高管持股,即高管所持股票占上市公司股票总数的比例)两个易观察的可量化因素,对于其他的激励形式,如职位升迁、社会地位、荣誉、个人成就感等不易观察的非量化因素,将不纳入考察范围。

25.2 研究样本与假设

25.2.1 研究样本

根据分析的需要,我们以 2005 年 4 月 30 日公布年报的 1348 家 A 股上市公司为选样窗口,采用截面回归的统计研究方法。考虑到新上市公司的不稳定性和极端值对统计结果的不利影响,剔除了 2003 年以后上市的公司 167 家和 PT、ST 公司 41 家,再剔除相关数据缺失的公司 33 家,剩余 1107 家公司作为样本。论文数据主要来源于 CSMAR 数据库,其他部分数据来源于深、沪证券交易所和万通证券网。数据处理使用社会科学统计软件包(SPSS 11.0)完成。

25.2.2 研究假设

对于高管人员报酬与公司治理绩效的影响因素,分别从报酬形式、总经理来源形式、公司规模、行业竞争环境、地区分布、股权结构、代理成本[①]等方面来分析高管薪酬（Ps）[②]、高管持股（Ms）[③]与公司治理绩效（Per）之间的相关关系。在此基础上建立回归模型并提出如下假设：

$$Ps(Ms) = a + bPer + \varepsilon \tag{1}$$

（Ps 为高管薪酬，Ms 为高管持股，Per 为公司治理绩效，a、b 为系数，ε 为残值，下同）

假设1：不同报酬激励形式（Di）和总经理来源形式（Gi）的公司，Ps（Ms）与 Per 之间的相关性有显著差异。

假设2：高管人员报酬与公司规模（选取公司总资产指标，用 Si 表示）具有显著正相关关系，且规模不同的公司，Ps(Ms) 与 Per 之间的相关性有显著差异。

$$Ps(Ms) = c + dSi + \eta \tag{2}$$

假设3：不同行业竞争环境（IDi）[④]和不同地区（Zi）[⑤]的公司，Ps（Ms）与 Per 之间的相关性有显著差异。

假设4：股权结构（选取第一大股东持股性质、第一大股东为国有股的持股比例两个指标，分别用 Ei、Ri 表示）不同的公司，Ps（Ms）与 Per 之间的相关性有显著差异。

假设5：高管人员的报酬、公司治理绩效与代理成本（用 C_i 表示，C_i =（管理费用＋营业外支出）/主营业务收入）具有显著负相关关系。

[①] 一般而言，代理成本包含三方面的内容：（1）委托人的监督支出；（2）代理人的保证支出；（3）剩余损失。显然，这三方面的成本难以量化，本章选取的代理成本衡量指标是参照曹廷求等人（《南开管理评论》2005年第4期）的研究，并加以改进而得。

[②] 由于2004年以前上市公司年报不披露董事长和总经理的一般年度薪酬数据，只披露年薪制的薪酬和持股情况，因此，本章高管薪酬数据做了如下处理：（1）董事长与总经理均实行年薪制的情况下，取二者年薪的均值。（2）只有董事长（或总经理）实行年薪制，且二者均从上市公司领薪，则取［董事长（或总经理）年薪＋前三高管（或董事）年度薪酬/3］/2。（3）二者均不实行年薪制，且都从上市公司领薪，则取［前三董事薪酬＋前三高管薪酬］/6。（4）二者均不实行年薪制，且董事长（或总经理）不从上市公司领薪，则取［前三高管薪酬（或前三董事薪酬）］/3。（5）二者皆不从上市公司领薪，则取0。（6）董事长（或总经理）只领取津贴，则取其津贴值与总经理（或董事长）的薪酬取值加权平均。若二者均只领取津贴，取二者津贴值的均值。

[③] 高管持股数据作了如下处理：只有董事长（或总经理）一人持股的，取董事长（或总经理）的持股比例，董事长与总经理均持有上市公司股份的，取二者持股比例的均值。

[④] 参照徐向艺和王俊韡《股权结构与公司治理绩效实证分析》（《中国工业经济》2005年第6期）的划分，将样本公司分为行业竞争环境强和行业竞争环境弱两类公司，将具有全国垄断性、寡头垄断、纯粹的公用事业和具有特殊专营权的公司列入行业竞争环境弱的类别，将在全国范围内不具有垄断性和有专营权但不是主营业务的列入行业竞争环境强的类别。经过划分，处于行业竞争较强环境的有1042家公司，处于行业竞争较弱环境的共有65家公司。

[⑤] 分东部、中部、西部。东部省份：广东、海南、福建、上海、浙江、江苏、山东、北京、辽宁、天津；中部省份：湖南、湖北、河北、吉林、黑龙江、河南、山西、安徽、江西；西部省份：新疆、内蒙古、西藏、甘肃、宁夏、陕西、贵州、四川、重庆、云南、广西、青海。

$$Ps(Ms) = e + fC_i + \delta \tag{3}$$
$$Per = g + hC_i + \sigma \tag{4}$$

25.3 实证分析结果

25.3.1 总体样本描述

如表 25 – 1 所示，1107 家上市公司的平均治理绩效水平为 11.55%，最大值为 67.01%，最低值为 – 17.67，整体治理绩效水平偏低，但没有出现明显的极端值。高管薪酬（有效样本 1085 家，有 22 家公司没有披露董事长和总经理的年度薪酬）平均值为 19.56 万元，最大值为 321 万元，最低值为 0 元（许多上市公司的董事长和总经理并不从公司领取薪酬），总体水平较低。1107 家公司中仅有 7 家公司实行董事长年薪制，14 家公司实行总经理年薪制，而且年薪水平较低，平均在 20 万元左右。高管持股平均值为 0.9259%，董事长的持股比例明显高于总经理的持股比例，但也仅占 0.10% 左右，可见，我国上市公司高管持股水平极低，股权性报酬激励的作用难以得到有效发挥。

表 25 – 1　　　　　　　　1107 家样本公司总体数据分析

	N	Minimum	Maximum	Mean	Std. Deviation
公司治理绩效 Per（%）	1107	– 17.67	67.01	11.5464	8.23178
高管薪酬 Ps（元）	1085	0.00	3210000.00	195609.6608	220877.9970
董事长年薪（元）	7	60000	360000	183418.78	102378.983
总经理年薪（元）	14	56100	676000	215952.81	163412.672
高管持股 Ms（%）	1107	0.000000	22.706005	0.09258673	1.039572366
董事长持股比例（%）	1107	0.000000	23.685427	0.10045358	1.193126411
总经理持股比例（%）	1107	0.000000	22.706005	0.06811828	0.892712630

25.3.2 分类检验

假设 1 ~ 假设 5 的分析结果如表 25 – 2 和表 25 – 3 所示。

1. 由表 25 – 2，实行年薪制公司的治理绩效（均值，下同）明显低于非年薪制的公司，同时实行年薪制公司的货币报酬与公司治理绩效存在一定的负相关，但没有通过显著性检验。而非年薪制公司的货币报酬与公司治理绩效存在正相关,通过了0.01的显著性检验,与李增泉(2000)的结论有差异。表明在目前的报酬体系下,非年薪制比年薪制的货币性激励更加有效,这与我国的年薪制刚刚起步,还没有成熟完善有关。同时,本章将非年薪制作了更为具体的分类,分为领薪持股、领薪不持股、持股不领薪三类,得出的结论与非年薪制总体样本一致,即非年薪制高管薪酬与公司治理绩效显著正相关,支持了非年薪制货币激励的有效性。在年薪制与非年薪制下,高管持股与公司治理绩效均没有通过显著性检验,未证明股权激励的有效性。

由表25-2,总经理与董事长两职兼任的公司共有128家,占总样本的11.57%,总经理为非董事会成员的公司共有157家,占总样本的14.19%。数据显示总经理兼任董事长、副董事长和董事的公司治理绩效并不存在显著差异,且明显高于总经理为非董事会成员的公司。同时,总经理为董事长、董事和非董事会成员时的高管薪酬与公司治理绩效显著正相关,相关系数分别为0.350、0.326和0.300,不存在显著性差异。而总经理为副董事长时的高管报酬与公司治理绩效的相关系数较低,且未通过显著性检验。这与谌新民等(2003)的研究结果不同,并不支持董事长与总经理两职分离的观点。而高管持股在四种情况下与公司治理绩效均没有通过显著性检验。部分支持假设1。

2. 由表25-3,在高管报酬与公司规模的相关性分析中,高管薪酬与公司规模存在正相关,通过了0.10的显著性检验,而高管持股与公司规模并不存在显著相关关系。同时,我们将公司规模进行划分(见表25-2),发现公司治理绩效随着公司规模的增大而逐步上升,这可能与规模经济有关。在高管报酬与公司治理绩效的相关分析中,公司规模在5亿~15亿元、15亿~30亿元和50亿元以上的公司高管薪酬与公司治理绩效存在显著正相关关系,而高管持股在五种情况下与公司治理绩效均没有显著相关关系。部分支持假设2。

3. 由表25-2,行业竞争环境强的公司治理绩效稍好于行业竞争环境弱的公司,且行业竞争环境强的公司高管薪酬与公司治理绩效存在显著正相关关系,而行业竞争环境弱的公司高管薪酬与公司治理绩效不存在显著相关。东部、中部和西部的公司治理绩效中,东部稍好,且东部、中部、西部的公司高管薪酬均与公司治理绩效存在显著正相关关系,高管持股与公司治理绩效不存在显著相关关系。部分支持假设3。

4. 由表25-2,第一大股东为流通股的公司治理绩效明显好于第一大股东为国有股和法人股的公司,但在相关性分析中,第一大股东为流通股的公司高管薪酬与公司治理绩效没有通过显著性检验,而第一大股东为国有股和法人股的公司高管薪酬与公司治理绩效存在正相关,均通过了0.01的显著性检验。在高管持股与公司治理绩效的相关分析中,仅有第一大股东为法人股的公司通过了0.10的显著性检验。第一大股东为国有股绝对控股的公司治理绩效明显好于第一大股东为国有股相对控股或不控股的公司,且公司治理绩效随国家持股比例的下降而

表 25-2　不同样本分类下公司治理绩效的描述性统计和高管报酬、高管持股与公司治理绩效的相关性分析

Samples of different sorts		Descriptive Statistics of CROA					Coefficients (or Correlations) of Ps (Ms) and CROA			
		N	Mini	Maxi	Mean	Std. Deviation	N (Ps)	Beta (Ps)	N (Ms)	Beta (Ms)
Di	D_1	15	−4.43	27.68	10.8231	8.67033	15	−0.188 (0.503)	15	0.004 (0.988)
	D_2 D_3	432	−1.30	60.92	12.2753	7.88872	432	0.307*** (0.000)	432	0.054 (0.263)
	D_4	593	−17.67	67.01	11.0855	8.38856	593	0.237*** (0.000)	—	—
	D_5	15	−4.22	33.43	12.3793	11.03234	—	—	15	−0.332 (0.226)
	D_6	1040	−17.67	67.01	11.5984	8.24007	1038	0.264*** (0.000)	1038	0.041 (0.191)
Gi	G_1	128	−1.75	60.92	12.0765	9.76260	124	0.350*** (0.000)	128	0.014 (0.875)
	G_2	203	−7.34	41.56	12.0465	7.80831	199	0.070 (0.325)	203	0.030 (0.674)
	G_3	619	−17.67	67.01	11.7709	8.40194	607	0.326*** (0.000)	619	0.059 (0.144)
	G_4	157	−2.66	30.62	9.5825	6.29170	154	0.300*** (0.000)	156	−0.024 (0.762)

Samples of different sorts		N	Descriptive Statistics of CROA				Coefficients (or Correlations) of Ps (Ms) and CROA			
			Mini	Maxi	Mean	Std. Deviation	N (Ps)	Beta (Ps)	N (Ms)	Beta (Ms)
Si	S_1	84	−17.67	32.77	8.0115	8.89795	83	0.169 (0.128)	84	0.117 (0.290)
	S_2	426	−7.34	67.01	10.9953	8.33127	419	0.333*** (0.000)	426	0.072 (0.135)
	S_3	302	−0.79	35.57	11.4656	6.77795	295	0.388*** (0.000)	302	0.019 (0.737)
	S_4	152	2.25	60.92	12.7772	9.20094	148	0.068 (0.412)	152	0.064 (0.433)
	S_5	143	1.92	40.13	14.1269	8.34954	140	0.181** (0.033)	143	−0.086 (0.306)
IDi	ID_1	1042	−17.67	67.01	11.5747	8.23102	1021	0.267*** (0.000)	1042	0.041 (0.187)
	ID_2	65	−0.27	43.82	11.0932	8.29482	64	0.186 (0.140)	65	−0.062 (0.626)

续表

Samples of different sorts		Descriptive Statistics of CROA					Coefficients (or Correlations) of Ps (Ms) and CROA			
		N	Mini	Maxi	Mean	Std. Deviation	N (Ps)	Beta (Ps)	N (Ms)	Beta (Ms)
Zi	Z_1	606	−17.67	67.01	11.9981	8.61520	595	0.235 *** (0.000)	606	0.059 (0.146)
	Z_2	264	−16.35	41.33	10.9149	7.62100	259	0.391 *** (0.000)	264	0.022 (0.719)
	Z_3	237	−6.45	52.72	11.0947	7.83536	231	0.257 *** (0.000)	237	0.073 (0.262)
Ei	E_1	508	−6.45	43.15	11.9409	7.54015	492	0.177 *** (0.000)	508	0.053 (0.230)
	E_2	575	−16.35	67.01	11.0987	8.49188	569	0.331 *** (0.000)	575	0.070 * (0.096)
	E_3	24	−17.67	60.92	13.9228	13.82811	24	0.107 (0.620)	24	−0.008 (0.971)
Ri	R_1	240	−1.75	43.15	12.4319	7.90255	231	0.236 *** (0.000)	240	0.067 (0.302)
	R_2	247	−6.45	38.76	11.4879	7.14090	240	0.147 ** (0.023)	247	0.083 (0.196)
	R_3	21	−1.42	29.98	11.6573	7.88960	21	0.344 (0.127)	21	0.165 (0.474)

续表

Samples of different sorts		Descriptive Statistics of CROA				Coefficients (or Correlations) of Ps (Ms) and CROA			
		N	Mini	Maxi	Mean	Std. Deviation	N (Ps)	Beta (Ps)	N (Ms)	Beta (Ms)
Gi	C_1	34	-16.35	15.63	2.9000	5.89054	34	0.452*** (0.007)	34	-0.092 (0.604)
	C_2	444	-17.67	67.01	11.5149	8.67477	434	0.275*** (0.000)	445	0.049 (0.304)
	C_3	620	-7.34	60.92	12.1448	7.72478	609	0.216*** (0.000)	618	0.027 (0.669)

注：Beta 为标准化系数或相关系数，Beta 系数右上方的星号（*）表示显著性水平，一个星号表示显著性水平为 0.10，两个星号表示显著性水平为 0.05，三个星号表示显著性水平为 0.01，Beta 后括号内数据为 sig-F 检验。N-有效样本数。Di-报酬形式，D1-年薪制，D2-非年薪制，D3-领薪持股，D4-领薪不持股，D5-持股不领薪，D6-非年薪制总样本。Gi-总经理来源形式，G1-董事长，G2-副董事长，G3=董事，G4=非董事会成员，Si-公司规模（总资产），S1-5 亿元以下，S2-5~15 亿元，S3-15~30 亿元，S4-30~50 亿元，S5-50 亿元以上。IDi-行业竞争环境，ID1-行业竞争环强，ID2-地区分布，Z1-东部，Z2-中部，Z3-西部，Ei-第一大股东性质，E1-国有股，E2-法人股，E3-流通股。Ri①-第一大股东为国家的持股比例，R1-国有股绝对控股，R2-国有股相对控股，R3-国有股不控股。Gi-代理成本，C1-Gi>1，C2-0.1<Gi<1，C3-0<Gi<0.1，Gi<0 的情况舍去（不符合代理成本大于 0 的假定）。

① 第一大股东为国家，按第一大股东持股比例进行划分，大于 50% 为绝对控股，大于 20% 小于 50% 为相对控股，小于 20% 为不控股。

逐渐降低。究其原因主要在于我国股权结构的非内生性，国家一般先选取绩效较好的公司进行持股，剩余的公司由其他性质的股东持有。同时，在高管报酬与公司治理绩效的相关性分析中，仅有国家绝对控股和相对控股的公司高管薪酬与公司治理绩效存在显著正相关关系。部分支持假设4。

5. 由表25-3，高管薪酬与代理成本显著负相关，高管持股与代理成本存在一定的负相关，但没有通过显著性检验，公司治理绩效与代理成本显著负相关。这说明高管薪酬越低，高管人员在职消费等为私人牟利的代理成本越高，公司治理绩效越低。这从一定程度上验证了代理成本理论，显示了本章代理成本衡量指标具有一定的科学性。同时表25-2显示，代理成本在0~1的公司治理绩效明显优于代理成本大于1的情况，且随着代理成本的下降，公司治理绩效逐步上升，说明降低代理成本提高公司治理绩效的合理性。三种情况下，高管薪酬与公司治理绩效均通过了显著性检验，而高管持股与公司治理绩效均未通过显著检验。部分支持假设5。

表25-3　高管报酬与公司规模、代理成本的相关分析及公司治理绩效与代理成本的相关分析

Model		N	Beta	t	Sig.
(1)	Ps 与 Si	1085	0.058*	1.924	0.055
	Ms 与 Si	1107	-0.014	-0.459	0.646
(2)	Ps 与 C_i	1076	-0.052*	-1.723	0.085
	Ms 与 C_i	1098	-0.007	-0.228	0.820
(3)	Per 与 C_i	1098	-0.107***	-3.563	0.000

注：Beta-标准化系数或相关系数。N-有效样本数。t-T检验，Sig-F检验。Beta系数右上方的星号（*）表示显著性水平，一个星号表示显著性水平为0.10，两个星号表示显著性水平为0.05，三个星号表示显著性水平为0.01。

25.4　主要结论与政策建议

25.4.1　主要结论

通过以上分析，可以得出以下基本结论：
1. 上市公司总体治理绩效水平偏低，货币性报酬激励和股权性报酬激励的水平都比较低。
2. 实行非年薪制公司的治理绩效明显好于年薪制的公司，非年薪制货币报

酬与公司治理绩效显著相关，年薪制货币报酬与公司治理绩效不存在显著相关，且实施比例过低。高管持股水平极低，整体上与公司治理绩效不存在显著相关。因此，我国的年薪制和股权性激励尚未与公司治理绩效有效挂钩，未发挥其应有的激励作用。

3. 总经理为董事长、副董事长和董事的公司治理绩效明显好于总经理为非董事会成员的公司，但总经理为副董事长的公司高管薪酬与公司治理绩效没有通过显著性检验。因此，总经理为董事长或董事的公司治理绩效和激励机制优于其他类型的公司，并不支持总经理与董事长两职分离的观点。

4. 高管薪酬与公司规模显著正相关，公司治理绩效随着规模的增大逐步上升，中型和特大型公司高管薪酬与公司治理绩效存在显著正相关关系。行业竞争环境强的公司治理绩效好于行业竞争环境弱的公司，且行业竞争环境强的公司高管薪酬与公司治理绩效显著正相关。东部公司治理绩效优于中部和西部公司。

5. 虽然第一大股东为流通股的公司治理绩效明显优于其他类型的公司，但仅有第一大股东为国有股和法人股的公司高管薪酬与公司治理绩效通过了显著性检验，国有股绝对控股或相对控股地位的公司高管薪酬与公司治理绩效显著正相关，且公司治理绩效与国有股比例显著正相关。这些结论与理论研究不一致，主要是因为我国的股权结构是外生的"畸形"。

6. 高管薪酬、公司治理绩效与代理成本显著负相关，即高管薪酬越低，代理成本越高，公司治理绩效越低。高管持股与代理成本不存在显著相关关系。

25.4.2 政策建议

针对实证分析的结果，提出以下建议：

1. 加大上市公司高管人员的报酬激励，尤其是设计与公司治理绩效有效挂钩的年薪制货币报酬和股权性报酬，提高非年薪制货币报酬的数额，实现对高管人员努力和贡献的回报。

2. 总经理最好为董事会成员（但不是副董事长），不能硬性要求总经理与董事长两职分离，需要视公司实际情况而定。

3. 确定高管报酬时要结合公司规模、地区分布和行业特点，不能统一划定标准，需要加入上述影响因素，综合确定报酬水平。

4. 由于我国股权结构的外生性，影响了股权治理的效率，我们应逐步降低国有股的比例，实现股票全流通，由市场形成"内生的"股权结构，实现资本市场和股票市场的有效性。

5. 降低代理成本，主要是降低管理费用和营业外支出，提高公司治理效率。

参 考 文 献

1. Berle, A. and G. Means, The modern corporation and private property, Chicago: Commerce Clearing House. 1932.

2. Murphy, K J., Corporate performance and managerial remuneration: an empirical analysis, Journal of Accounting and Economics, 1985, 7 (1-3).

3. Murphy, K J., Incentives, learning, and compensation: a theoretical and empirical investigation of managerial labor contracts, Rand Journal of Economics, 1986, 17 (1): 59-76.

4. Bebchuk, L. and J. Fried, Executive compensation: as an agency problem, Journal of Economic Perspectives, 2003, 17 (3): 71-92.

5. Morck, R., A. Shleifer and R. W. Vishny, Management ownership and market valuation: an empirical analysis, Journal of Financial Economics, 1988, 20: 293-315.

6. Shieifer, A. and R. W. Vishny, A survey of corporate governance, Journal of Finance, 1997, 52 (2): 737-783.

7. Jensen, M. and W. Meckling, Theory of the firm: managerial behavior, agency costs and ownership structure, Journal of Financial Economics, 1976, 3 (4): 305-360.

8. Bebchuk, L., J. Fried, and D. Walker, Managerial power and rent extraction in the design of executive compensation, University of Chicago Law Review, 2002, 69 (3).

9. 李维安、张俊喜:《公司治理前沿(经典篇)》,中国财政经济出版社 2003 年版。

10. 李增泉:《激励机制与企业绩效——一项基于上市公司的实证研究》,载《会计研究》2000 年第 1 期,第 24~30 页。

11. 魏刚:《高级管理层激励与上市公司经营绩效》,载《经济研究》2000 年第 3 期,第 32~64 页。

12. 谌新民、刘善敏:《上市公司经营者报酬结构性差异的实证研究》,载《经济研究》2003 年第 8 期,第 55~63 页。

13. 张俊瑞、赵进文、张建:《高级管理层激励与上市公司经营绩效相关性的实证分析》,载《会计研究》2003 年第 9 期,第 29~34 页。

14. 徐向艺、王俊韡:《股权结构与公司治理绩效实证分析》,载《中国工业经济》2005 年第 6 期,第 112~118 页。

15. 曹廷求等:《治理机制、高管特征与农村信用社经营绩效——以山东省为例的实证分析》,载《南开管理评论》2005 年第 4 期,第 97~102 页。

第 26 章

股权结构和董事会结构对 CEO 薪酬的影响*

合理制定首席执行官（Chief Executive Officer，CEO）的薪酬问题，有利于保护股东利益。本章的实证研究表明我国引进独立董事制度以来，尤其是在设立薪酬委员会的上市公司中，CEO 薪酬水平以及薪酬与业绩之间的关联性得到了显著的改善。而第一大股东的国有股属性严重影响了 CEO 的薪酬水平以及薪酬与业绩之间的关联性。因此，独立董事对公司治理机制的完善需要同时进行产权改革，以及通过设立次级委员会的方式，加强独立董事对公司治理的影响程度。

26.1 问题的提出

CEO 的薪酬问题是研究委托代理理论一个不可回避的话题。根据委托代理理论和不完全合约理论，为了减少管理者和股东之间的利益冲突，需要为 CEO 制定一个不完全的激励性合约，使得 CEO 的薪酬与公司的收益联系起来。引进独立董事并设立薪酬委员会的目的之一就是为公司的 CEO 制定一个合理的薪酬方案，既能够最大化股东利益，也要留得住有才能的经理人员。目前上市公司中聘请独立董事是一个强制性制度变更，而设立薪酬委员会则是上市公司的一个主动选择的过程，因此，薪酬委员会对 CEO 薪酬的影响更具有研究意义。

国外正式的研究 CEO 薪酬的现代文献开始于 20 世纪 80 年代，与委托代理理论得到主流经济学家的认同几乎平行。委托代理理论始于伯利和米恩斯（Berle and Means，1932），成型于詹森和麦克林（Jensen and Meckling，1976），职业经理人的薪酬就成为检验代理理论的试验对象。早期的一些文献主要集中于研究 CEO 薪酬与公司业绩之间的关系，如库格林和施米特（Coughlan and Schmidt，

---

* 本章内容发表在《东岳论丛》2006 年第 5 期。

1985)，墨菲（Murphy，1985，1986），詹森和墨菲（Jensen and Murphy，1990）。另外一些人研究当公司业绩变化尤其是公司陷入经营困境之后，是否导致 CEO 被解聘，威斯伯赫（Weisbach，1988），沃纳、沃茨和鲁克（Warner, Watts, and Wruck，1988）主要侧重于这一方面的研究。最近的一些文献主要是一些多学科的综合研究，横跨会计学、经济学、金融学、产业关系，法律、组织行为学和战略管理。例如，研究基于会计利润的奖励计划会不会导致管理层的会计操纵和盈余管理，由此导致了公司业绩应该是基于会计指标还是股价指标之间的争论。金融经济学家则从企业的层面研究了 CEO 薪酬与公司业绩、投资决策、公司的资本结构、股利政策、公司实行并购和分立行为之间的关系。工业组织经济学家研究了政府规制与管理层反规制之间博弈对 CEO 薪酬的影响，研究了薪酬制定政策上的博弈行为及均衡结果，国内研究绝大部分的研究成果还是集中于研究对代理理论及其应用的检验。本章主要目的是通过实证分析，探讨中国上市公司独立董事对 CEO 薪酬的影响，从而得出相应的政策结论。

26.2　研究背景和研究假设

CEO 薪酬的设计因素主要有两个方面，一是薪酬的整体水平，二是薪酬与业绩之间的关联性。薪酬的整体水平本研究中采用 CEO 薪酬与公司总资产之间的比例来计量，薪酬与业绩之间的关联性，则采用薪酬与公司主营业务利润之间的比例来计量。影响 CEO 薪酬的因素很多，主要包括：

26.2.1　第一大股东的股权属性对 CEO 薪酬的影响

我国上市公司第一大股东的股份属性主要分为国有股、国有法人股、一般法人股和少量的外资、中外合资股份，流通股成为第一大股东获得控制权的公司还比较少。从产权性质来看，国有股终极所有权应该是属于全体人民，产权是明晰的，但国有资产在运作过程中，是直接由国家的政府部门来运作，或者是国家授权经营的机构或组织来运作，它们都只是国有资产的代理人，而不是其终极所有人，由此形成一个相当长的委托代理链条。当真正的所有者因为没有直接收益，没有积极性实行监督时，国有股最终接受委托的代理人很有可能因为委托人的监督不力而产生内部人控制。国有股主导的企业经营目标多元化，造成企业的经营目标更多的是基于政治目标（如较高的雇佣率，实现社会公平，减小收入差距）的考虑，从而导致了企业经营低效，CEO 薪酬更主要是兼顾公平，所以国有股东主导的企业 CEO 薪酬整体水平偏低。

国有法人股与国有股从终极所有者的身份看没有本质区别，都是全体人民。但是国有法人是国有企业进行再投资形成的，具有明确的利润导向，在企业的经营目标上与国有企业具有显著的差异，国有法人更有积极性对所投资企业的经理人进行监督和激励，制定更合适的激励方案留住有才能的职业经理人，实现投资回报。因此，与国有股东相比，国有法人股东具有相对明确的投资目的，企业的经营目标相对单一，因此对 CEO 薪酬的制定具有强烈的市场化导向。所以国有法人股东控制的企业 CEO 薪酬水平比国有股东要高，薪酬与业绩之间的关联性也比较强。

一般法人股是指其他企业进行再投资形成的法人股东。与国有法人股相比，这类法人股东的经济导向更为明确，更有积极性对经理层进行监管和激励。因此，这类上市公司 CEO 的薪酬与业绩的关联性会更强一些。而整体薪酬水平则难以做出准确的评估。

外资法人股是指由于合资或者进行 B 股投资而形成的法人股东。由于资本项目下人民币的不可兑换性以及信息的严重不对称性，我们可以预期外资股股东在行使股东权利方面存在着障碍：B 股市场的长期低迷而导致的 B 股的流通性差，使得外资股东"用脚投票"的能力受滞，靠投机活动获得利润的风险过高，因此外资股股东参与公司治理主要需要采用用手投票的方式，因此制定 CEO 的薪酬方面会采取相对较高的薪酬方案，留住有才能的职业经理人，并且薪酬与业绩之间的关联性会比较大。

我国证券市场上的流通股股东成为第一大股东的机会相对较少，由于可流通股份的总份额在上市公司总份额中的比重仅占 1/3 左右，流通股股东无论有无财力，均不可能通过二级市场的收购机制，达到控制上市公司的目的。这样，流通股股东基本没有谋求对上市公司的控制权的动机。根据上述分析，我们提出第一个假设：

假设 1：第一大股东的股权属性影响 CEO 薪酬水平和薪酬与业绩的关联性，并且 CEO 的薪酬水平有外资法人 > 普通法人 > 国有法人 > 国有股，而薪酬与业绩的关联性普通法人 > 国有法人 > 外资法人 > 国有股。

26.2.2 公司股东之间的制衡状况对 CEO 薪酬的影响

第一大股东的持股比例越大，就越有积极性对 CEO 进行直接的监督，绝对控股股东和相对控股股东掌握了聘请和解聘 CEO 所需要的投票权比例和董事席位，因此对 CEO 的影响是比较直接的，因此，我们认为第一大股东持股比例越高，CEO 薪酬水平就越低，CEO 薪酬与业绩之间的关联性越强。不存在显著的控股或者相对控股的大股东的企业对 CEO 薪酬的制定则主要依赖于市场定价，因此，股权分散的上市公司的 CEO 整体薪酬水平要高于股权集中的企业的 CEO

的整体薪酬水平,其薪酬与业绩的关联性也较强,我们推测可能股权比例和薪酬与业绩的关联性呈二次曲线关系。因此,我们提出第二个假设:

假设2:第一大股东持股比例与CEO薪酬水平呈负相关,与CEO薪酬与公司业绩之间的关联性成二次曲线关系。

26.2.3 董事会结构对CEO薪酬的影响

董事会的独立性较高,CEO的薪酬业绩关联性会更强一些,可认为独立董事比例能够作为董事会独立性的代理变量。因此本章提出的第三个假设:

假设3:独立董事比例越高,公司CEO的薪酬与业绩关联性越强。

26.2.4 薪酬委员会对CEO薪酬的影响

薪酬委员会的设置在目前的上市公司中并非一个必须设立的机关,薪酬委员会的设置与独立董事的设置相比,前者更具有企业自主性行为的特点,我们认为设立薪酬委员会的公司,CEO的薪酬业绩关联性会更强一些,而且在我国上市公司中,CEO薪酬的整体水平偏低,因此,设立薪酬委员会之后,整体薪酬水平会有一个上升。因此,提出第四个假设:

假设4:设立薪酬委员会的上市公司,CEO薪酬与业绩的关联性较强,CEO薪酬的整体水平也会较高。

26.2.5 两职分离对CEO薪酬的影响

董事长和CEO两职分离有利于增强董事会的独立性,因此有利于对CEO进行监督和控制。两职分离对CEO薪酬的整体水平具有负影响,而对于薪酬与业绩之间的关联性则有正面影响。因此,本章提出第五个假设:

假设5:两职分离与CEO薪酬水平负相关,与薪酬和业绩的关联性正相关。

26.3 样本选取、变量说明及研究设计

26.3.1 样本选择

本章选择了在上海证券交易所上市的制造业板块中的上市公司作为研究样本。样本选择的标准:一是考虑到样本稳定性的需要,要求能够在上市公司持续

了一段较长的时间（2000~2004 年）；二是财务报告质量要合格，能够保证研究的需要。审计报告的审计意见合格包括标准无保留意见，标准无保留意见加事项段和说明段，而剔除审计意见不合格的公司（保留意见、无法发表意见、拒绝发表意见、保留意见加说明段、保留意见加事项段）。因此，笔者选择具有 2000~2004 年的公司年报数据和 2003 年和 2004 年董事会构成数据、CEO 薪酬数据的公司；经过筛选，拥有 5 个会计年度数据的公司共有 288 家，剔除审计意见不合格的公司 34 家，最后的样本共有 254 家。分析中用到的数据来源为国泰安公司发行的 CSMAR 数据库。为保证数据的准确性，笔者还对部分上市公司的年报与中国证监会网站（http：//www.csrc.gov.cn）及《中国证券报》上刊登的相应年报资料进行了校验。本章的数据处理选用的是目前较为流行的社会科学用统计软件 SPSS11.5 for windows。

26.3.2 变量说明

CEO 薪酬的披露并不充分，在上市公司年报中只有前三高管薪酬总和，我们采用取平均值的方法，代表 CEO 的薪酬（payceo）。

公司业绩的衡量指标。既往的研究成果中，衡量公司业绩的指标很多，包括营利性指标、成长性指标和经营性指标。在这里，主要研究营利性指标，并且主要研究财务指标，财务指标较为常见的是资产收益率（ROA），净资产收益率（ROE）和主营业务资产收益率（CROA）。主营业务资产收益率相对来说比较不容易受到操纵和控制，对公司业绩的评价相对更为客观和公正，因此，本研究主要采用 CROA 作为公司业绩的评价指标。

董事会独立性的衡量指标。我们采用独立董事比例，RoIND 作为董事会独立性的衡量指标，ROIND = 独立董事人数 ÷ 董事会规模。其他变量的定义和计算方式如表 26-1 所示。

26.3.3 回归模型设计

薪酬水平的回归分析模型：
$$lnpayceo = \beta_0 + \beta_1 CROA + \beta_2 Roind + \beta_3 Compen + \beta_4 Rf + \beta_5 lnast + \beta_6 State + \beta_7 Foreign + \beta_8 Stacor + \beta_9 Fenshe + \varepsilon$$

薪酬与业绩关联性的回归分析模型：
$$lnpayper = \beta_0 + \beta_1 CROA + \beta_2 CROA^2 + \beta_3 lnast + \beta_4 Rf + \beta_5 Rf^2 + \beta_6 Compen + \beta_7 Fenshe + \beta_8 State + \beta_9 Stacor + \beta_{10} Foreign + \beta_{11} Roind + \varepsilon$$

表 26-1　　　　　　　　　变量名称和计算方式

序号	变量简称	变量名	计算方式
1	CROA	主营资产收益率	主营业务利润÷总资产
2	CROA2	主营资产收益率的平方	
3	State	第一大股东是否国有股东	哑变量，是取1，否取0
4	Stacor	第一大股东是否国有法人	哑变量，是取1，否取0
5	Norcor	第一大股东是否普通法人	哑变量，是取1，否取0
6	Foreign	第一大股东是否有外资股份	哑变量，是取1，否取0
7	lnAST	资产规模的对数	总资产取对数
8	Rf	第一大股东持股比例	
9	Rf^2	第一大股东持股比例的平方	
10	lnPayceo	高管报酬的自然对数	前三高管报酬均值的对数
11	Fenshe	董事长和总经理两职是否分设	哑变量，是取1，否取0
12	Compen	是否设置了薪酬委员会	哑变量，是取1，否取0
13	lnPayper	薪酬与业绩的关联性	（薪酬÷主营业务利润）取对数

26.4　研究结果分析

26.4.1　CEO薪酬影响因素的相关分析

利用得到统计数据，我们进行薪酬水平与各自变量间的相关分析，结果如表26-2所示。

从表26-2可以看出，CEO薪酬水平与国有股呈显著负相关，部分验证了假设1，第一大股东属性为国有股，CEO薪酬水平与其呈显著负相关。与第一大股东持股比例相关性不显著，假设2没有得到验证。与独立董事比例没有显著的相关性，假设3没有得到验证。与薪酬委员会的设立具有显著的正相关性，假设4得到验证。与两职分离的相关性并不显著，假设5没有得到验证。

我们进行薪酬与业绩之间的关联性与各自变量间的相关分析，结果见表26-3。

从表26-3可以看出，影响CEO薪酬与业绩关联性的因素，第一大股东为国有股与关联性呈显著负相关，验证了假设1，与第一大股东持股比例呈二次曲线关系，验证了假设2。其他没有得到验证。

表 26-2 影响 CEO 薪酬水平因素的相关分析

Correlations		CROA	ROIND	COMPEN	RF	LNAST	STATE	FOREIGN	STACOR	FENSHE	LNPAYCEO
CROA	Pearson	1	0.065	0.134	0.102	0.160	0.070	-0.035	-0.053	0.071	0.357
	Sig.		0.301	0.033	0.103	0.011	0.268	0.574	0.403	0.258	0.000
ROIND	Pearson		1	0.156	0.030	0.155	-0.063	-0.047	0.147	-0.009	0.079
	Sig.			0.014	0.638	0.014	0.324	0.459	0.020	0.891	0.223
COMPEN	Pearson			1	0.002	0.116	0.093	-0.038	0.061	-0.026	0.149
	Sig.				0.975	0.064	0.138	0.546	0.335	0.676	0.020
RF	Pearson				1	0.238	0.297	-0.087	0.019	0.088	-0.072
	Sig.					0.000	0.000	0.165	0.761	0.164	0.265
LNAST	Pearson					1	0.065	0.044	0.055	0.021	0.291
	Sig.						0.302	0.485	0.383	0.734	0.000
STATE	Pearson						1	-0.175	-0.406	0.070	-0.173
	Sig.							0.005	0.000	0.264	0.007
FOREIGN	Pearson							1	-0.076	0.048	0.099
	Sig.								0.230	0.443	0.122
STACOR	Pearson								1	0.024	0.099
	Sig.									0.703	0.123
FENSHE	Pearson									1	-0.029
	Sig.										0.649
LNPAYCEO	Pearson										1
	Sig.										

表 26-3　薪酬与业绩的关联性与其他因变量的相关分析

Correlations		CROA	ROIND	COMPEN	RF	RF²	LNAST	STATE	FOREIGN	STACOR	FENSHE	LNPAYPER
CROA	Pearson	1	0.065	0.134	0.102	0.134	0.160	0.070	-0.035	-0.053	0.071	-0.342
	Sig.		0.301	0.033	0.103	0.033	0.011	0.268	0.574	0.403	0.258	0.000
ROIND	Pearson		1	0.156	0.030	0.022	0.155	-0.063	-0.047	0.147	-0.009	-0.085
	Sig.			0.014	0.638	0.732	0.014	0.324	0.459	0.020	0.891	0.190
COMPEN	Pearson			1	0.002	0.019	0.116	0.093	-0.038	0.061	-0.026	-0.062
	Sig.				0.975	0.764	0.064	0.138	0.546	0.335	0.676	0.341
RF	Pearson				1	0.983	0.238	0.297	-0.087	0.019	0.088	-0.306
	Sig.					0.000	0.000	0.000	0.165	0.761	0.164	0.000
RF²	Pearson					1	0.260	0.287	-0.071	0.009	0.094	-0.316
	Sig.						0.000	0.000	0.258	0.884	0.136	0.000
LNAST	Pearson						1	0.065	0.044	0.055	0.021	-0.672
	Sig.							0.302	0.485	0.383	0.734	0.000
STATE	Pearson							1	-0.175	-0.406	0.070	-0.257
	Sig.								0.005	0.000	0.264	0.000
FOREIGN	Pearson								1	-0.076	0.048	0.036
	Sig.									0.230	0.443	0.582
STACOR	Pearson									1	0.024	0.072
	Sig.										0.703	0.267
FENSHE	Pearson										1	-0.101
	Sig.											0.119

为进一步研究影响 CEO 薪酬水平和与业绩关联性之间的联系，我们进行回归分析。

26.4.2 CEO 薪酬影响因素的回归分析

影响 CEO 薪酬水平因素的回归分析的结果如表 26-4 所示。

表 26-4　　　　　　　　　CEO 薪酬影响因素的回归分析

	B	Sig.
（Constant）	6.682	0.000
CROA	3.230	0.000
ROIND	-0.033	0.972
COMPEN	0.155	0.117
RF	-0.887	0.595
RF^2	0.439	0.805
LNAST	0.231	0.000
STATE	-0.256	0.026
STACOR	0.095	0.530
FOREIGN	0.324	0.241
FENSHE	-0.092	0.647
R Square	0.253	
Adjusted R Square	0.221	
F Change	7.821	
Sig. F Change	0.000	

从表 26-4 中我们可以看出，薪酬水平与第一大股东是国有股具有显著的负相关性，与其他属性大股东不具有统计显著性。影响 CEO 薪酬水平的第一大股东持股比例显著性消失。董事会中的独立董事比例对 CEO 薪酬水平的影响也不具有显著性。两职分设和薪酬委员会对 CEO 薪酬水平的影响也不具有统计显著性。

影响 CEO 薪酬与业绩关联性的回归分析结果如表 26-5 所示。

表 26-5　　业绩薪酬关联性的回归分析结果

	B	Sig.
(Constant)	12.457	0.000
CROA	-7.274	0.000
CROA^2	8.074	0.005
ROIND	-0.685	0.485
COMPEN	0.170	0.097
RF	-1.225	0.471
RF^2	0.670	0.711
LNAST	-0.812	0.000
FENSHE	-0.102	0.615
STATE	-0.319	0.007
STACOR	0.151	0.330
FOREIGN	0.187	0.504
R Square	0.598	
Adjusted R Square	0.578	
F Change	30.479	
Sig. F Change	0.000	

从表 26-5 的回归分析结果看，股权属性中，国有股与 CEO 薪酬与业绩的关联性呈显著负相关，验证了假设 1。第一大股东持股比例与薪酬业绩的关联性不具有显著的统计关系，假设 2 没有得到验证。董事会结构特征与薪酬业绩的关联性也不具有显著的统计关系，假设 3 也没有得到验证。薪酬委员会的设立与薪酬业绩之间的关联性具有显著的正向关系，验证了假设 4。两职分离没有显著的统计关系，假设 5 没有得到验证。

26.5　结论和政策建议

综合以上结果，我们可以看出股东属性对于 CEO 薪酬水平和薪酬与业绩的关联性具有显著影响，国有股作为第一大股东，CEO 的薪酬水平、薪酬与业绩的关联性，都显著低于一般法人股作为第一大股东时的数值。但是国有法人、外资股东区别并不具有统计显著性。我们分析原因可能是国有法人和一般法人在投资的目的上具有类似的单一性目标，此时股权最终属性的差异对经营行为没有实质性的影响，都具有足够的动力对经理人进行激励和监督，因此，两者并没有显著区别。外资股东没有达到一个统计性显著水平可能的原因,一是公司数目较少,随机性因素干扰了正常的结果,另外一个原因可能是外资股东在目前的环境下,无法实现公司治理机制的完全移植,受中国公司的影响太大,治理优势并没有显现出来。

第一大股东比例对 CEO 薪酬水平的影响在相关分析中具有统计显著性,但是在回归分析中却消失了。可能的原因在于公司规模越大的公司第一大股东持股比例就越高,而公司规模越大,CEO 薪酬水平就会越高,因此,两个变量之间的相关性太大,造成的虚假相关。同样道理,第一大股东比例与薪酬业绩之间的关联性也没有显著的相关性。

董事会结构尤其是独立董事比例对两者都没有统计显著性的影响。可能的原因在于,董事会的构成主要受政策影响,独立董事的作用并没有很快地发挥出来,更多公司的董事会只是进行了形式上的改变,独立董事的实质功效还没有发挥出来。

薪酬委员会的设立对企业来说具有自主性。因此与独立董事的设立具有不同的效果,这在实证检验中,我们也能够得到这样的结论:设立薪酬委员会的公司,薪酬业绩之间的关联性具有统计显著性,薪酬水平也在接近 10% 的显著性水平。薪酬委员会能够提高 CEO 的薪酬水平和薪酬业绩之间的关联性。

两职分设没有相关的具有显著性的统计关系。两职分设也主要是政策主导型变更,因此,其作用的发挥还需要一段时间。

根据以上实证结论,我们认为第一大股东的国有股属性对 CEO 薪酬的影响具有负面作用,不仅薪酬水平整体较低,而且薪酬与业绩之间的关联性也不密切。国有股实行国退民进具有积极意义。第一大股东持股比例对 CEO 薪酬的影响还不具有统计显著性,可能的原因还在于内部人控制造成 CEO 薪酬的制定具有随意性,因此引进相互制衡的股东,有利于促进 CEO 薪酬的市场化水平,提高薪酬与业绩的关联性。我国独立董事制度改革具有显著的政策主导性,因此独立董事功能的发挥还需要一个更长的时间去实践。上市公司对独立董事的需求只有进行自主性选择,才可能从实质上对公司治理起到完善作用。那些设立了薪酬委员会等次级委员会的上市公司,可能对独立董事的作用具有更深层次的认识,因此建议上市公司建立次级委员会,以便独立董事更好地履行其义务,促进公司治理机制的完善。

参 考 文 献

1. Berle, A. A. and G. C. Means, The Modern Corporation and Private Property, New York. 1932.

2. Jensen, M. and W. Meckling, Theory of the firm: managerial behavior, agency costs and ownership structure, Journal of Financial Economics, 1976, 3 (4): 305 – 360.

3. Coughlan, A. and R. Schmidt, Executive compensation, management turnover, and firm performance: an empirical investigation, Journal of Accounting and Economics, 1985, 7 (1 – 3): 43 – 66.

4. Murphy, K. J., Corporate performance and managerial remuneration: an empirical analysis, Journal of Accounting and Economics, 1985, 7 (1 – 3): 11 – 42.

5. Murphy, K. J., Incentives, learning, and compensation: a theoretical and empirical investigation of managerial labor contracts, Rand Journal of Economics, 1986, 17 (1): 59 – 76.

6. Jensen, M. C. and K. J. Murphy, CEO incentives: it's not how much you pay, but how, Harvard Business Review, 1990, 68 (3): 138 – 153.

7. Weisbach, M., Outside directors and CEO turnover, Journal of Financial Economics, 1988, 20 (1 – 2): 461 – 60.

8. Warner, J., R. Watts and K. Wruck, Stock prices and top management changes, Journal of Financial Economics, 1988, 20: 461 – 492.

第 27 章

上市公司主要高管变更后的高管团队稳定性研究*

本章以 2001~2005 年发生主要高管（董事长和总经理）变更的上市公司为研究样本，实证检验了主要高管变更与随后高管团队任职稳定性之间的关系。结果显示，与主要高管变更后高管团队稳定性显著相关的变量有持股高管比、离任高管的任期以及继任高管的年龄与来源等。本章在对这一结果进行原因分析的基础上提出了相关政策建议。

27.1 引　　言

近年来国内外学者关于高管变更的研究，大多是以企业中的主要高管（即董事长或总经理）为研究对象，如古亚与帕克（Goyal and Park, 2002）、朱红军（2004）、陈健等（2006）等。但是，一般高管人员在公司日常经营管理中也发挥着不可忽视的作用。事实上在知识和信息迅速膨胀并瞬息万变的当今社会，公司正确战略决策的做出已经不仅仅是公司董事长和总经理两个人的事情，而是需要依靠整个高管团队①的智慧和知识，至于企业的日常运营管理更需要团队成员间的密切合作（Dooley and Fryxell, 1999）。

高管团队成员在任职稳定性方面存在一种整体依赖性，即主要高管的变动能够引起一般高管人员的变动（Virany et al., 1992）。其中可能的解释有两个：一是因为主要高管对一般高管人员具有选择提议权，即主要高管会提议那些信得过的人担任一般高管的相应职务。在主要高管被更换后，继任者会对原有的一般高管进行清理并重新选择自己的"内阁"成员。这种现象在我国上市公司中非常普

---

* 本章内容发表在《经济管理》2008 年第 13 期。
① 依据证监会于 2006 年制定的《上市公司章程指引》中第 10、11 条的规定，上市公司的高管团队包括所有的董事、监事、正副经理、董事会秘书以及财务总监。

遍。二是根据专用化人力资本理论①，在经过一段时期的磨合后，高管团队成员相互间会产生一种特殊的生产力，如果其中的一些成员尤其是主要成员被更换，这种生产力就会遭到破坏，甚至会失去其存在的价值。这样会迫使某些高管成员在主要高管离任后主动离开企业。所以公司主要高管的变更能够影响整个高管团队的任职稳定性，而这种变化必然影响到公司经营管理的连续性，继而最终影响到公司绩效。

到目前为止中外学者对整个高管团队任职稳定性的研究，尤其是对主要高管变更后高管团队稳定性的研究还极其缺乏。海尼等（Heaney，2006）对2001年52个国家中9817个公司高管团队的稳定性与公司绩效的关系进行了实证研究，但并不是针对主要高管变更后团队稳定性问题的研究，而且样本并没有包括中国上市公司的数据资料。我国学者于东智、池国华（2004）只对董事会的稳定性与公司绩效的关系进行了研究，并没有涉及其他高管成员的稳定性。张必武，石金涛（2006）对总经理更换后高管团队稳定性与公司绩效的关系进行了研究，但是并没有对总经理的变更进行分类，而且也没有涉及董事长变更后的高管团队稳定性。所以有必要运用我国上市公司的最新数据资料来实证检验主要高管变更与高管团队任职稳定性之间的相关性。

27.2 研究假设

27.2.1 公司绩效

到目前为止已经有大量文献证明了企业主要高管变更与公司绩效之间具有负相关性，但是极少研究是关于公司绩效对整个高管团队任职稳定性影响的（Hermalin and Weisbach，2003）。实际上对企业业绩负责任的应该是整个高管团队而不仅仅是董事长和总经理二人，公司绩效也应该是考核一般高管人员的主要指标。如果公司治理机制能够正常运转，那么当公司绩效逐渐低劣时，整个团队都是被调整的对象（Heaney et al.，2006），即此时不但主要高管会被更换，其他一般高管人员也将承担连带责任而随之发生变动（Hermalin and Weisbach，2003）。而良好的公司绩效表明整个高管团队是能够胜任公司的经营管理的，此时团队成员维持不变的概率将增大，即团队成员任职稳定性较强。据此提出本章的第一个假设：

---

① ［美］布莱尔著，张荣刚译：《所有权与控制：面向21世纪的公司治理探索》，中国社会科学出版社1999年版，第212~253页。

H1：公司以前年度的绩效与主要高管变更后的高管团队稳定性正相关，即公司前年度的绩效越好，高管团队的稳定性越好，相反以前年度的绩效越差，则团队任职稳定性就越差。

27.2.2 主要高管的继任者来源

主要高管继任者来源是影响高管团队稳定性的一个关键变量。通常在企业绩效良好条件下或者企业为了维持战略连续性，主要高管的变更会采用内部继任的方式，而在公司绩效低劣并且需要进行组织变革以对企业注入活力时会采用外部继任的方式进行主要高管的变更（Parino，1997）。当公司从组织外部聘用主要高管时，内部成员可能对组织的人事变动决定感到不满，因为他们也希望晋升为主要高管，他们认为这种决定是对他们人力资本的全面否定，就会挫伤他们的工作积极性，结果他们就可能选择主动离开企业而另谋就业机会（Vancil，1987）。

从另外一个角度来看，因为内部继任者在继任前已经在高管团队内部积累了较为雄厚的社会网络与同盟关系，并依靠这种社会资本成功地晋升为主要高管（Kesner and Sebora，1994）。所以在其继任后不会对其同盟高管成员进行大幅度调整。而外部继任者在公司内部缺乏这种人际关系资本，更不具有坚固的同盟关系。而且原高管团队成员可能担心外部继任者所带来的组织变革会危及他们自身利益，就可能会对其持有对立态度（Boeker and Goodstein，1993）。所以新任高管为了尽快树立管理权威，在其上任后必然对原有团队成员进行大面积调整更换，而使那些自己熟识的人来担任高管职务。综上所述，本章提出第二个假设：

H2：主要高管的外部继任比内部继任后的高管团队稳定性差。

27.2.3 主要高管离任前的任期

有研究表明主要高管的任期与一般高管对组织的忠诚度直接相关，因为大部分的高管成员是主要高管（如 CEO）选择培养的对象（Hambrick et al.，1993），所以离任主要高管的任期越长，对其抱有忠诚感的团队成员就越多，团队内部对原有的组织战略忠诚度将越强（Hambrick and Fukutomi，1991）。这样原主要高管变更时，一部分高管或者自动辞职或者被继任者清理调整出企业，因为组织内部存在大量忠诚于前任的团队成员将不利于新任主要高管推行新的经营管理政策。相反当离任高管的任期较短时，尤其是在强制性高管变更的情况下，离任高管由于缺乏经营管理才能而未能在团队内部形成团队凝聚力，此时团队内部也就不存在针对离任高管的忠诚问题（Kesner and Sebora，1994）。所以这种情况下并不存在一般高管主动离职的情况，而继任主要高管也就没必要为推行新管理政策而大幅度调整高管团队，所以有：

H3：离任主要高管的任期与其离任后的团队稳定性成反比。

27.2.4 主要高管的继任者年龄

当主要高管的继任者较为年轻时，团队内部的其他高管成员，尤其是年轻的高管成员将遭受晋升希望方面的严重打击。因为按照 3 年为一届任期计算，他们至少需要再等待 3 年才能获得晋升机会，而如果继任者届时能够连任，那么这种晋升机会的等待期将更长。这样对那些希望在短期内得到晋升的一般高管成员来讲，这种等待的时间成本是不可估量的。所以他们可能主动离开企业而去寻求具有更快晋升机会的工作岗位（Cannella et al.，1995）。所以有以下假设：

H4：主要高管继任者的年龄与继任后的高管团队稳定性成正比。

27.2.5 高管持股

作为一种高管权力来源，股权对高管任职稳定性具有重大影响。高管持股比例越高，其作为公司股东在董事会中甚至是股东大会中的话语权就越重要，继而会削弱相应控制权对他的监督约束力度。在企业主要高管变更后，一般高管的这种话语权就能够降低其被更换的概率，即高管持股能够形成一种"壕沟防御"效应。法雷尔和维彼（Farrell and Whidbee，2000）的研究结果表明在 CEO 因公司业绩低劣而被强制更换后，持股量较少的高管被更换的可能性也随之增加，而持股量相对较大的高管在 CEO 更换后仍有较大机会保持公司的职位。为了检验我国上市公司高管持股在主要高管变更后是否具有防御效应，提出假设：

H5a：高管持股比例与团队稳定性成正比；

H5b：团队中持股高管比例与团队稳定性成正比。

27.2.6 继任高管职务独立性

所谓继任高管的职务独立性是指其是否在控股股东单位兼职。由于我国上市公司股权结构中的"一股独大"现象比较严重，控股股东对上市公司拥有绝对的控制权，包括对上市公司的人事安排权。很多上市公司的主要高管都是由控股股东单位派出的代表，他们同时在股东单位和上市公司身兼二职，这种情况下，由于继任高管在控股股东单位会拥有较为雄厚的社会关系资本，他在调整企业人事关系时所遇到的困难或阻力将减少,而那些被认为不合格的一般高管被更换的可能性将增加。相反如果新任高管不在控股股东单位兼职,而只是一般的职业经理人,那么他就缺乏来自股东方面强有力的权力支持,对原高管成员进行战略调整时遇到的阻力就比较大,这时一般高管被更换的概率将降低。

H6:与职务独立的主要高管相比,在控股股东单位兼职的新任高管上任后的高管团队稳定性要差。

27.2.7 股权集中度

上市公司的股权集中度越高,控股股东的持股比例越高,它就越有监控上市公司高管的动力和权力。当上市公司业绩持续低劣时,持股比例高的股东便能够对高管团队成员能力进行任真仔细的评估,并及时清理掉不合格的低能高管。而在股权集中度低的上市公司中,控股股东在处理不合格高管团队成员时还需要平衡照顾各大股东之间的利益关系,效率就低于股权集中度高的上市公司。所以有假设:

H7:主要高管变更后的高管团队稳定性与股权集中度成反比。

27.3 研究设计

27.3.1 样本选择与资料来源

本章以1998年12月31日以前在深、沪两交易所上市的A股公司为基本研究样本,研究这些公司在2001~2005年主要高管变更后高管团队的稳定性状况。为了消除来自外部控制权市场的影响,剔除在此5年间发生重大控股权转移的公司,另外还剔除了金融类上市公司、同时发行B股和H股公司、相关研究资料缺失公司以及ST、PT类公司。最后得到2001~2005年的样本公司数分别为:75、81、98、87、106家。分别收集这些上市公司在主要高管变更前二、前一年度的公司绩效指标数值以及其他变量数据。所有上市公司的资料来源于国泰安(CSMAR)数据库以及新浪财经网的个股资料库。

27.3.2 研究变量说明

1. 高管团队稳定性。本章中主要高管变更后的团队稳定性是指上市公司的主要高管(董事长和总经理)由于各种原因离职后,整个高管团队成员的变动情况，包括团队成员数量的变化和具体成员的变化。主要高管的变更又可以分为常规变更和强制变更两类。本章将强制变更定义为符合以下条件的董事长或总经理变更：年龄未到60岁、截至离职当年任期未满3年、不是由于完善公司治理结构而引起的职务分离类变更。而高管常规变更是指由于以下原因引起的：本届任期已到3年、已经达到正常退休年龄或超过退休年龄60岁以及由于身体健康状况不佳、出国留学等原因引起的高管变动。

为准确捕捉上市公司主要高管变更后对一般高管任职稳定性的影响，本章用主要高管变动后第二年与高管变更前一年度中高管团队的变化来衡量其稳定性，因为一些公司主要高管在继任当年并不立即对一般高管进行调整，而是在其充分掌握管理权并且熟悉企业运营管理情况后进行，所以将团队稳定性的衡量时间跨度延长为两个年度。本章通过观察比较主要高管变更前一年度与变更后第二年度的上市公司年报中披露的高管名单差异来判断高管团队成员的变动情况。

本章将利用克拉奇利等（Crutchley et al.，2002）[①] 提出的平稳性指数，来计量高管团队在年度间的稳定性。其计算方法为：

$$SI_{t-1,t+1} = \frac{M_{t-1} - \#(S_{t-1}/S_{t+1})}{M_{t-1}} \times \frac{M_{t+1}}{M_{t-1} + M_{t+1}} + \frac{M_{t+1} - \#(S_{t+1}/S_{t-1})}{M_{t+1}} \times \frac{M_{t-1}}{M_{t-1} + M_{t+1}}$$

在公式中，本章用 t 表示发生主要高管（董事长或总经理）变更的年份，t-1 表示高管变更前一年，t+1 表示高管变更后一年；$SI_{t-1,t+1}$ 表示某公司从高管变更当年到变更后一年内高管团队的稳定性；M_{t-1} 表示在 t-1 年度末高管成员的个数，M_{t+1} 表示某公司在 t+1 年度末高管成员的个数；$\#(S_{t-1}/S_{t+1})$ 表示在 t-1 年度任职而不在 t+1 年度任职的高管成员数目，$\#(S_{t+1}/S_{t-1})$ 表示在 t+1 年度任职但不在 t-1 年度任职的高管成员数目。由此公司计算出来的稳定指数 $SI \in (0, 1)$，越接近于1表示高管团队的稳定性越大。

2. 其他变量。本章将以资产利润率（ROA）指标为公司绩效的衡量指标。具体形式采用主要高管变更前两个年度间的绩效变化幅度值（Dif_ROA）与变更前一年度中经过行业平均水平调整的相对绩效（Adj_ROA）。除公司绩效与高管特征变量指标外，本章还引入了公司规模、公司杠杆比（负债率）以及行业竞争度作为控制变量。本章中主要相关变量及其定义如表27-1所示。

[①] 参见 Crutchley，E. Claire et al.，An examination of board stability and the long-term performance of initial public offering，Financial Management，Autumn，2002：63-90；我国学者于东智和池国华曾经用该计算方法研究过董事会的稳定性与公司绩效之间的关系，参见于东智、池国华：《董事会规模、稳定性与公司绩效：理论与经验分析》，载《经济研究》2004年第4期，第70~79页。

表 27-1　　　　　　　　　　　　变量释义表

变量类型	变量名称	变量符号	变量定义
因变量	高管团队稳定值	SI	主要高管变更后团队稳定性表现值
自变量	公司绩效	Dif_ROA	ROA 在主要高管变更前两个年度间的变化幅度（前一年减去前二年值）
自变量	公司绩效	Adj_ROA	主要高管变更前一年度经过行业调整的 ROA（公司绩效减去行业平均水平）
自变量	主要高管继任者来源	Source	继任者为外部者时赋值为 1，否则为 0
自变量	离任主要高管任期	Tenure	离任主要高管的任职期限（年数）
自变量	主要高管继任者年龄	Age	主要高管继任者的年龄数值
自变量	高管持股比	Holdrat	所有高管持股额与公司总股数之比
自变量	持股高管比	Holdren	持股高管人数与高管总人数之比
自变量	继任高管职务独立性	Indepen	在控股股东单位兼职取 1，否则为 0
自变量	股权集中度	First	主要高管变更前一年度第一大股东持股之比
自变量	股权集中度	Hold1/2	高管变更前一年度前二大股东持股比的比值
控制变量	公司规模	Size	高管变更前一年度公司总资产的自然对数
控制变量	公司负债比	Debt	高管变更前一年度公司负债与总资产之比
控制变量	行业竞争度	Compet	高管变更前一年度中公司营业费用与主营业务收入比

27.4　数据分析与实证检验

根据上文所述逻辑关系，本章以主要高管变更后的高管团队稳定性数值为因变量，其他变量为自变量和控制变量，建立以下多元一次回归方程进行实证检验：

$$SI_{t-1,t+1} = \alpha + \beta_1 ROA + \beta_2 Source + \beta_3 Tenure + \beta_4 Age + \beta_5 Holdrat + \beta_6 Holdren + \beta_7 Indepen + \beta_8 First + \beta_9 Hold1/2 + \beta_{10} Size + \beta_{11} Debt + \beta_{12} Compet + \varepsilon$$

其中 α 为方程截距项，β_n 为各变量的回归检验系数，ε 为方程的随机误差项。

按照主要高管的职位及其变更类型，本章将高管团队的稳定性分为四种类型，即分别为董事长和总经理的常规变更和强制变更条件下的高管团队稳定性。分别将不同类型高管变更后的高管团队稳定性数值及其相应的自变量、控制变量值代入以上回归方程进行实证分析，这样就产生了 4 个回归方程。

借助于 SPSS11.5 社会统计分析软件包，在显著性水平 $\alpha = 0.05$ 水平下，本章采用逐步回归分析法（Stepwize）对相关变量间的关系进行了回归分析。在回归分析时，为了避免奇异值对方程拟合产生严重影响，通过设定 Casewise Diagnostic 功能，剔除掉标准化残差绝对值大于等于 3 的样本。4 个方程的回归结果如表 27 - 2 所示。

表 27 - 2　　　　　　　　　　　多元回归分析结果

方程	变量	B 值	t 值	p 值	容忍度	VIF 值	Ad_R2	F 值	D.W
1	Constant	0.257	2.951	0.011			0.374	13.623***	1.377
	Holdren	1.063	3.692	0.003	0.923	1.065			
2	Constant	0.114	0.592	0.560			0.268	4.567**	1.352
	Tenure	0.039	2.557	0.018	0.996	1.004			
	Age	0.008	2.137	0.045	0.996	1.004			
3	Constant	0.248	1.655	0.120			0.315	6.723**	1.516
	Holdren	0.442	3.744	0.002	0.990	1.010			
	Age	0.009	2.593	0.021	0.990	1.010			
4	Constant	0.678	21.838	0.000			0.375	7.828**	1.661
	Source	-0.398	-2.798	0.011	0.948	1.065			

注：(1) 方程中的 1、2、3、4 分别表示董事长强制变更、董事长常规变更、总经理强制变更、总经理常规变更；(2) F 检验中的 ***、**、* 分别代表 F 检验值在 1%、5% 以及 10% 水平下显著。

27.4.1　回归方程的整体检验

从表 27 - 2 所列四个方程的判定系数来看，模型的拟合优度均较好，说明所有方程中被解释变量可以被模型解释的部分较多，未被解释的部分较少。回归方程的显著性检验结果表明，所有方程中的被解释变量与解释变量之间具有较强的线性关系。而所有方程的 D.W. 统计检验值也表明方程的残差序列相互独立性较强，不存在自相关的现象。从四个方程中变量间的共线性诊断情况来看，容许度和膨胀因子指标值都非常接近于 1，表明方程中解释变量间不存在多重共线性问题。

对方程的残差分析（篇幅限制，结果略去）中，标准化残差直方图表明回归模型的残差都近似地服从均值为 0、方差为 0.993 的正态分布。而学生化残差散点图也表明绝大部分观察量随机地散落在围绕垂直的 ±2 的范围内，表明预测值与学生化残差值之间不存在明显的关系，因此本章所列的回归模型不存在异方差问题。

综上所述，本章所列的四个方程均通过了各种统计检验。

27.4.2 回归系数的检验

1. 董事长强制变更。如表27-2中方程1的回归结果所示，在该方程中除了截距项外只有持股高管比例变量（Holdren）与因变量之间呈现显著相关性，回归系数为正且在1%水平下显著（p值为0.003），表明持股高管比例与董事长强制变更后的团队稳定性成正相关关系，即持股高管的比例越高，高管团队的稳定性就越强，该结果支持假设5，即董事长被强制更换后，一般高管持股会产生"壕沟防御"效应，降低高管被更换的概率。

2. 董事长常规变更。如表27-2中方程2的回归结果所示，该方程中有两个因变量与自变量显著相关，一是离任主要高管的任期（Tenure）；二是主要高管继任者的年龄（Age）。它们都与董事长常规变更后的团队稳定性显著正相关，且显著水平都为5%。这表明在董事长常规变更条件下，离任董事长的任期越长，继任董事长的年龄越大，则变更后的团队稳定性就越强，结果支持假设4，而不支持假设3。可能的解释是，由于董事长常规离职并不是因为公司绩效引起的，所以以董事长为首的高管团队的经营管理能力还是受到肯定的。董事长的任期越长，整个高管团队成员间的协调程度可能越高，这样为了保持经营管理的连续性与稳定性，在董事长常规离职后整个高管团队队伍不会被大幅度调整。而在这种背景下，继任董事长的年龄越大，其维持当前高管团队稳定性的倾向就越强，一是因为目前高管团队的整体能力已得到检验，二是因为建立一个更优秀的高管团队的代价会很大。所以在其上任后倾向于保持队伍的稳定性。

3. 总经理强制变更。从表27-2中方程3的回归结果可以看出持股高管比、继任者年龄都与因变量成正相关关系，且分别在1%和5%水平下显著。这说明持股高管的比例越高，则总经理强制更换后的团队稳定性就越好，也支持假设5。就如董事长强制更换一样，在总经理被强制更换时高管持股也能够降低其随之被清理调整的可能。总经理继任者年龄与高管团队稳定性正相关，说明继任总经理的年龄越高，高管团队的稳定性就越高，也支持假设4。可能的解释是，由于总经理不是上市公司的最主要的高管，总经理缺乏对一般高管的选择推荐权，即不具备调整高管团队成员的权力，加之年龄的增大使其对调整改革呈现出较强的保守倾向，即不再热衷于对高管团队进行大幅度的调整，这样就导致了年龄越大的总经理上任后高管团队稳定性就会越高。

4. 总经理常规变更。表27-2中回归方程4的检验结果显示，该方程中只有一个自变量的回归系数呈现显著性，即总经理常规变更后继任总经理的来源，其系数显著为负（显著水平在5%），表明在总经理常规变更后，外部继任总经理比内部继任者所带来的高管团队稳定性要差，即高管成员离职的比例会增多，规模变化也大，分析结果支持假设2，即在总经理常规变更条件下，来自企业外部的继任者可能会引发大量的原高管团队成员离开企业。

27.5 主要结论

通过对我国上市公司中主要高管变更后的团队稳定性的实证检验,本章所得出的主要结论及提出的相关政策建议为:

1. 高管持股对主要高管被强制变更后的高管团队稳定性有着重要影响。在董事长和总经理被强制更换后,持股高管成员比例越高,则高管团队任职的稳定性就越高,即高管团队成员变动幅度就越小。众所周知,主要高管的强制性变更一般是由于低劣的业绩造成的,在这种背景下,持股的高管团队成员却能够凭借其持股权而保持任职的稳定性,表明在我国上市公司中主要高管被强制更换条件下,一般高管持股确实能够产生较强的"壕沟防御"效应。这与我国实行员工持股的初衷直接相违背,员工持股的目的是调动其工作积极性,而不是巩固其任职地位,所以这种现象应该引起上市公司相关监管部门及股东单位的注意。在组建和调整公司高管团队时应该以成员的经营管理能力和个人业绩作为决定依据,而不是看其是否持有公司股权。

2. 董事长常规变更和总经理强制变更后的继任者年龄与随后的高管团队稳定性成正比。由于董事长常规变更不是上市公司的业绩因素引起的,继任董事长的年龄越大其维持高管团队现状的倾向就越强烈,可能担心变革高管团队会引起不必要的混乱而影响公司经营。而在总经理强制变更时,由于在我国上市公司总经理通常不是传统意义上的"一把手"①,并不具有一般高管任命或推荐权,这样继任总经理的年龄越大就越不可能为追求团队变革而向董事长或股东单位施加压力,所以只能倾向于维持团队现状,这样就导致了高管团队的强稳定性。这给予我们的启示是,需要改革上市公司中的管理控制权权分配机制,赋予主要高管一定的团队人事安排权,逐步改变高管只承担业绩责任而没有人事安排权的现状,继而做到主要高管权责相统一,这样才能充分调动其任职积极性。

3. 董事长常规变更中离任者的任期与高管团队稳定性成正比。这表明董事长的任期越长其对上市公司的影响力就越大,这种影响力来自于董事长对高管成员的人事选择安排,即高管团队成员大部分是由董事长选择任命的。董事长的常规变更不是由低劣的公司业绩引起的,所以大股东或董事长的继任者会充分尊重离任高管的成员安排,即尽量保持团队原有状态,而不是对它进行调整变革,因为在正常状态下进行高管团队调整会引起团队混乱继而影响公司的经营管理。

---

① 宋德舜:《国有控股、最高决策者激励与公司绩效》,载《中国工业经济》2004年第3期,第91~98页。

4. 总经理常规变更条件下继任者的来源与高管团队稳定性显著相关。来源于公司外部的继任者会引起高管团队的动荡。这表明在公司业绩正常状态下，如果从上市公司外部单位聘任主要高管会引起一般高管成员的不满情绪，因为这种决定表明股东对当前管理团队的不信任，而这种不信任势必影响到高管成员的工作积极性。所以这种现象需要引起股东单位的重视，即在调整高管团队成员时还需要考虑一般高管成员的晋升需求，在企业正常运营条件下尽量从原高管团队内部提拔高管成员以保持高管们的工作积极性与上进心。不能一味地从公司外部选任主要高管，因为这样会打破高管团队内部正常的竞争秩序继而不利于团队的稳定并最终影响公司正常的经营管理。

5. 我国上市公司的主要高管变更后的高管团队稳定性与公司的前期绩效之间不存在相关性。这表明公司绩效因素在主要高管变更后一般高管成员的去留决定过程中并不是重要的参照指标，而非公司绩效因素，如人际关系或情感因素等在其中扮演着重要角色。这给予我们重要启示，那就是今后在关于高管团队稳定性的研究中，应该注意非公司绩效因素在其中所产生的作用。

参 考 文 献

1. Goyal, V. and C. Park, Baord leadership structure and CEO turnover. Journal of Corporate Finance, 2002, 8 (1): 49 – 66.

2. Dooley, R. S. and G. E. Fryxell, Attaining decision quality and commitment from dissent: the moderation effects of loyalty and competence in strategic decision making teams. Academy of Management Journal, 1999, 42 (4): 389 – 402.

3. Virany, B., M. Tushman, and E. Romanelli, Executive succession and organization outcomes in turbulent environments: an organizational learning approach, Organization Science, 1992, 3 (1): 72 – 91.

4. Heaney, R., T. Naughton, T. Truong, et al., The link between performance and changes in the size and stability of a firm's officers and directors. Journal of Multinational Financial Management, 2006: 1 – 14.

5. Hermalin, B. E. and M. S. Weisbach, Boards of directors as an endogenously determined institution: a survery of the economic literature, Economic Policy Review, 2003, 9: 7 – 26.

6. Parrino, R., CEO turnover and outside succession: a cross – sectional analysis, Journal of Financial Economics, 1997, 46 (2): 165 – 197.

7. Vancil, R. F., Passing the baton: managing the process of CEO succession, Harvard Business School Press, Boston, MA. 1987.

8. Kesner, I. F. and T. C. Sebora, Executive succession: past, present and future, Journal of Management, 1994, 20 (2): 327 – 372.

9. Boeker, W. and J. Goodstein, Performance and succession choice: the moderating effects of

governance and ownership. Academy of Management Journal, 1993, 36 (1): 172 – 186.

10. Hambrick, D. C. , M. A. Geletkanycz, and J. W. Fredrickson, Top executive commitment to the status quo: Some tests of its determinants, Strategic Management Journal, 1993, 14 (6): 401 – 418.

11. Hambrick, D. C. and G. S. Rukutomi, The reason of a CEO's tenure, Academy of Management Review, 1991, 16 (4): 719 – 742.

12. Cannella Jr, A. A. , D. R. Fraser and D. S. Lee, Firm failure and managerial labor markets: evidence from Texas banking, Journal of Financial Economics, 1995, 38 (2): 185 – 210.

13. Farrell, K. A. and D. Whidbee, The consequences of forced CEO succession for outside directors, Journal of Business, 2000, 73 (4), 597 – 627.

14. 朱红军：《高级管理人员更换与经营业绩》，载《经济科学》2004 年第 4 期，第 82 ~ 92 页。

15. 陈健、席西民、贾隽：《并购高管变更的绩效影响：基于中国上市公司的实证分析》，载《南开管理评论》2006 年第 9 期，第 33 ~ 37 页。

16. 于东智、池国华：《董事会规模、稳定性与公司绩效：理论与经验分析》，载《经济研究》2004 年第 4 期，第 70 ~ 79 页。

17. 张比武、石金涛：《总经理更换与高管团队的稳定性研究》，载《财经研究》2006 年第 1 期，第 123 页。

第 28 章

上市公司股权激励效应研究脉络梳理与不同视角比较[*]

股权激励是解决委托代理问题的重要工具。一直以来，股权激励效应都是一个充满争议的论题。本章从理论基础、研究思路与研究方法等角度出发，把股权激励效应的相关研究归纳为外生视角、内生视角、超外生视角与超内生视角四种研究视角，并以研究视角的演进路径为主线系统阐释了股权激励效应的研究脉络与趋势，然后通过比较这四种研究视角，深入剖析了研究视角演进的合理性和发展的内在逻辑，最后对未来研究进行了简要展望，以期为后续研究奠定扎实的基础。

28.1 引　言

建立有效的激励约束机制是解决现代公司委托代理问题的重要一环。作为一种重要的长期激励机制，股权激励也成为完善上市公司治理的重要内容。国外的股权激励机制探索始于 20 世纪 50 年代，时至今日仍备受关注。特别是 2002 年爆发安然丑闻事件以后，上市公司经营者的过高薪酬，尤其是股票期权的滥用引发了广泛的质疑和争议，人们对于股权激励的崇拜逐渐趋于理性。2003 年美国微软公司和花旗集团宣布放弃股票期权，将对股权激励效应的质疑推向高潮，理论研究者、实践者与政策制定者等开始反思和重新审视股权激励效应及其相关配套制度。别布丘克、弗里德和沃克（Bebchuk, Fried and Walker, 2003）在实务界质疑股权激励的浪潮中提出经营者寻租论，认为由于公司经营者寻租的存在，股权激励并不能有效解决委托代理问题，降低委托代理成本，反而成为委托代理问题的一部分。究竟股权激励是解决委托代理问题的手段还是导致委托代理问题的来源？学者们各执己见，尚未达成共识。

过去的几十年里，学者们对股权激励效应进行了大量的研究。综观股权激励

---

[*] 本章内容发表在《外国经济与管理》2010 年第 7 期。

效应研究历史，我们发现相关研究经历了四种研究视角的演进变化。最初的主流观点基于外生视角把股权激励作为一个独立的外生变量来检验其对公司价值的影响，但是忽视了股权激励本身受各种宏观、微观因素影响的事实。继而产生的内生视角则认为股权激励及其与公司价值的关系是各种因素共同作用的均衡结果，引入影响因素调节变量，对外生视角进行修正。但是外生视角和内生视角均把股权激励作为一个整体来研究，从而导致得出诸多不同甚至截然相反的结论。而基于契约结构的超外生视角（ultra-exogenous perspective）与超内生视角（ultra-endogenous perspective）则引入微观层面的契约要素变量，从而打破传统研究将股权激励作为整体的桎梏。超外生视角和超内生视角都认为，在既定的规则约束下，契约的合理设计是实现股权激励预期效果的关键。具体来讲，超外生视角主要研究股权激励各种契约要素与公司价值之间的关系，而超内生视角既从微观层面深入剖析股权激励契约结构的动态内生性问题，又引入中间调节变量构建起股权激励契约要素与公司价值之间的桥梁。该视角研究的终极目标是制订合理的股权激励契约，并完善与之相匹配的公司内、外部因素。由此可见，超内生视角具有前瞻性与综合性，从而把股权激励效应研究推向一个新阶段。

本章以上述股权激励效应研究视角的演进路径为主线，系统阐释了股权激励效应的研究脉络与发展趋势，然后从理论基础、研究思路与研究方法等方面对这四种研究视角进行全面比较，深入剖析了研究视角演进的合理性，梳理出股权激励效应研究发展的内在逻辑。

28.2 股权激励效应研究脉络梳理

28.2.1 基于外生视角的股权激励效应研究的理论假说与实证证据

基于外生视角的股权激励效应研究存在两种对立的理论假说，即利益趋同假说（convergence of interests hypothesis）和壕沟效应假说（entrenchment hypothesis）。利益趋同假说认为经营者持股比例的增加会降低股东与经营者之间的代理成本，因此设计科学的激励机制尤其是股权激励机制是解决委托代理问题的有效手段。而壕沟效应假说则认为，经营者持有公司大量股份会扩大其投票权与影响力，有可能出现即使经营者的行为背离公司目标其职位或报酬也不会受到任何负面影响的情形，股权激励会增强经营者抵制外部压力的能力。

基于上述理论假说，学者们纷纷展开研究，从而涌现出丰富的实证研究成果，形成了多派观点各持己见的局面。其中，开展最早、成果也最丰富的是有关股权激励对公司价值直接影响（直接效应）的研究，而另一类有关股权激励对公司投资决策等行为的影响（间接效应）的研究也取得了丰硕的成果。关于股权激励的直接效应主要有三种主流观点：一是基于利益趋同假说的正向相关论。考尔和格威（Core and Guay，1999）以及詹森和墨菲（Jensen and Murphy，2004）的研究均表明经营者股权激励与公司的资本市场价值存在正相关性。二是基于壕沟效应假说的无关论或负相关论，德姆塞茨和莱恩（Demsetz and Lehn，1985）认为经营者持股与公司价值之间不存在显著的相关性，而别布丘克等（Bebchuk et al.，2003）提出的经营者寻租论认为，由于经营者寻租的存在股权激励并不能有效解决委托代理问题，反而成为委托代理问题的一部分。三是建立在利益趋同假说和壕沟效应假说相结合的基础上的非线性相关论，该论点认为经营者持股对公司价值存在区间效应。其中默克（Morck，1988）的研究最具代表性。他采用托宾 Q 值来衡量公司价值，结果表明，董事持股比例在 0~5% 的区间内，托宾 Q 值与董事持股比例正相关；董事持股比例在 5%~25% 的区间内，托宾 Q 值与董事持股比例负相关；董事持股比例大于 25%，两者又呈正相关性，但托宾 Q 值与董事持股比例的关联程度有所减弱。此后，萧特和基西（Short and Keasey，1999）、柯汉纳（Khanna，2005）等相继发现公司价值与经营者持股水平之间存在非线性关系。

在激烈争论股权激励直接效应的同时，学者们又开始关注股权激励间接效应，即股权激励如何通过影响公司的其他行为（主要集中在投资决策、股利政策、创新行为等方面）来影响公司价值。德芙库、约翰逊和佐恩（Defusco，Johnson and Zorn，1990）以 1978~1982 年美国的 26 个采用股票期权计划的公司为样本，运用事件研究法验证了公司在执行股权激励计划之后，经营者更倾向于投资高风险、高收益的项目。考勒等（Coles et al.，2006）利用 1992~2002 年标准普尔（SandP）500 家公司、中型股（SandP Midcap）400 家以及小型股（SandP Smallcap）600 家公司的共计 10687 个经理人薪酬数据，经检验发现当经理人的薪酬结构与股票期权报酬的变化程度呈高敏感时，公司具有较高的 RandD 支出与财务杠杆。巴特（Bartoy，1998）以 1985~1995 年的美国上市公司为样本，通过研究发现当经理人持有大量不受股利保护的股票期权以及机构投资者持股比例较大时，经理人更倾向于选择股票回购而非支付股利。随后，芬和梁（Fenn and Liang，2001）也运用分组实验方法证实了股票期权与公司股利发放之间呈现强烈的负相关关系。玛丽安娜等（Marianna et al.，2006）采用美国 12 个技术密集型产业的 206 家公司 1992~1995 年的面板数据，运用多元回归方法验证了经营者股权激励与可预期的创新行为之间具有显著相关性。

28.2.2 基于内生视角的股权激励效应研究的理论假说与实证证据

有别于外生视角，内生视角认为经营者股权激励本身是一个非独立存在的内生变量，公司规模、公司战略、治理结构及所处环境等诸多因素影响股权激励解决委托代理问题的作用，股权激励效应是各种因素共同作用的均衡结果。内生视角下的股权激励效应研究主要存在两种理论假说：一是单向关系假说，主要是逆向因果关系（Reverse-causation），即公司价值决定经营者的持股水平（Kole，1996；Agrawal and Knoeber，1996）；二是双向关系假说，即经营者持股水平与公司价值相互影响（Coles，2004）。

基于上述理论假说，内生视角下的股权激励效应研究思路是以委托代理理论为基础研究经营者股权激励效应的影响因素，研究重点集中在上市公司基本特征、股权结构与治理机制等方面。

上市公司基本特征一般包括公司规模、公司风险、成长性、公司所处生命周期阶段等因素。黑幕博格、哈伯德和帕利（Himmelberg，Hubbard and Palia，1999）随机选取 compustat 数据库中 1982～1984 年 600 家公司的面板数据，以委托代理模型为基础，采用 OLS 分析方法考察了经营者持股水平的决定因素，结果表明，经营者持股水平与公司规模、固定资产投资、研发投入以及公司特质性风险负相关，而与营业收入正相关。米勒等（Miller et al.，2002）以 1994～1998 年标准普尔 500 家公司的 423 例经理人薪酬资料为样本，经实证检验发现经理人股权激励在薪酬契约中的比例随着公司面临风险的程度不同而变化。吴和图（Wu and Tu，2007）从行为代理角度研究并发现了影响股权激励效应的两个重要因素——富余资源与企业绩效，即当公司存在较多的富余资源或者公司绩效较好时，股票期权对研发支出具有积极的正面效应。

股权结构是指公司总股本中，不同性质的股份所占的比例及其相互关系，是公司组织形式的核心。本茨、库切尔和斯大策（Benz，Kucher and Stutzer，2001）选取 1992～1997 年标准普尔 500 家公司的面板数据，利用 OLS 模型检验发现，较高的股权集中度将导致经理人股票期权数量的显著减少。美克和李（Mak and Li，2001）采用新加坡上市公司 1995 年的截面数据，引入大股东持股比例和股东性质变量，构建联立方程模型，通过运用 2SLS 方法检验表明，经营者股权激励与大股东持股比例和国有性质负相关。

治理结构是指公司利益相关者之间的制度安排，治理机制是为减少委托代理成本而设计的一套激励和约束机制。班哈特和罗森斯坦（Barnhart and Rosenstein，1998）以 1990 年标准普尔 500 家公司的截面数据为样本，通过构建联立方程，采用 OLS 和 3SLS 方法分析了董事会组成、经营者股权和企业价值之间的关系，结果表明经营者股权水平与外部董事比例、机构投资者股权相互影响且呈负向关系。考尔、霍尔索森和拉尔克（Core，Holthausen and Larcker，1999）运用 1982～1984 年 205 家美国不同产业上市公司的 495 例经理人薪酬数据，经实证检验发现当董事会规模较大，外部董事多数由公司管理层任命以及外部董事同时在三个以上董事会担任职务时，经营者持股水平较高。别布丘克和弗里德

(Bebchuk and Fried, 2004) 认为在公司董事会权力弱化或无效以及公司缺少外部大股东与机构投资者的情形下，经营者大量持股会使其拥有更大的权力，可能导致其肆意运用权力而影响董事会决策，增强其寻租的动机与能力，从而增加代理成本，降低公司价值。

28.2.3 基于超外生视角的股权激励效应研究的理论假说与实证证据

詹森和墨菲（Jensen and Murphy, 1990）提出经营者激励的真正核心问题不在于给予多少，而在于如何给予，从而产生了经营者激励契约观。在詹森和墨菲（Jensen and Murphy, 1990）的研究基础上，学者们从微观层面延伸出对股权激励契约要素的相关研究，继承和超越了传统的外生视角与内生视角，即摒弃将股权激励作为一个整体来研究的思路，而选择股权激励契约要素（包括激励方式、激励力度、激励对象、行权价格或授予价格、行权时间、股票来源、资金来源等）作为研究对象。在既定规则的约束下，如何选择这些契约要素，从而使股权激励达到原始初衷，是上市公司股权激励方案设计的核心。超外生视角下的股权激励效应研究将这些契约要素作为外生变量来考察股权激励对公司价值的影响。

在超外生视角的实证研究中，有关激励方式的研究成果最为丰富。佛萨姆和吴（Feltham and Wu, 2001）基于期望效用函数为经理人努力程度构造了一个最优模型，对股票期权与限制性股票进行对比分析，方法是直接对努力程度求导，以寻求最优努力程度，结果表明，当经营者行为只对产出均值有影响时，限制性股票对经理人努力程度的作用优于股票期权；当经营者行为不仅影响产出的均值，而且会影响产出的方差时，股票期权的作用则优于限制性股票。理查德和戴维德（Richard and David, 2004）对该模型进行了修订，在假设模型中不仅分别含有限制性股票和股票期权，还加入两者的组合，结果表明，以不同的激励形式作用于同一既定的努力程度时，激励成本是执行价格的减函数，而限制性股票方式是执行价格为零的股票期权的特殊形式，因此股票方式是成本最高的激励方式，从而得出股票期权优于限制性股票的结论。

股票期权行权价格的制定与操纵问题也是超外生视角下的股权激励效应研究焦点。别布丘克、弗里德和沃克（Bebchuk, Fried and Walker, 2002）发现在剔除市场增长因素之后，上市公司普遍采用平价期权。因此，在授予日降低股票市价可以最大化激励对象的期权收益，从而导致经营者普遍采用信息操作或者盈余管理来操纵行权价格使自己的期权收益最大化。俄博迪和卡兹尼克（Abody and Kasznik, 2000）对美国572家公司的2039个经营者股票期权计划的实施过程进行观察与研究，发现经营者在股票期权授予日更有可能推迟公布利好消息而提前发布不利消息，以通过选择性信息披露来最大化其期权收益。程和沃费得

(Cheng and Warfield, 2005) 以美国 1993~2000 年的股权激励计划为样本, 基于传统的应计利润分离法, 把利润分离为操纵性应计利润 (Discretionary Accruals) 和非操纵性应计利润 (Non-Discretionary Accruals), 并采用修正后的 Jones 模型计量操纵性应计利润, 发现股权激励对于经营者盈余管理行为具有促进作用。张等 (Zhang et al., 2008) 选取 1996~2001 年 Compustat 数据库中 2532 家公司的经营者薪酬数据, 利用 Logit 回归模型进行检验, 结果表明, 当经营者被赋予程度较高的股票期权时, 更容易通过盈余管理来操纵行权价格。

此外, 激励对象及其分布特征对股权激励效应产生的影响也被有些学者所关注。扎特尼和米尼崔利 (Zattoni and Minichilli, 2009) 以 1999~2005 年的意大利上市公司为样本, 运用 Logit 模型分析方法考察了激励对象对股权激励实施效果的影响, 研究结果表明, 激励对象 (如高层经营者、技术人员或其他人员) 的不同并没有使股权激励效应研究发生本质变化, 但股权激励效应会随激励人数的不同而迥异: 激励对象少于 10 人的公司, 股权激励对公司价值的作用更为显著。

28.2.4 基于超内生视角的股权激励效应研究的理论假说与实证证据

制度经济学认为, 契约结构对经济交易结果会产生一定的影响, 而契约结构所在的制度环境又会对契约结构产生制约作用, 影响契约的设计与执行。公司处在不同的内、外部环境中, 拥有不同的资源禀赋与能力条件, 因此, 股权激励的契约结构也应因其环境与自身条件的变化而不同。微绕和阿尔伯特 (Viral and Alberto, 2009) 通过理论模型的构建证明了经营者最优激励契约的设计与公司的现金流聚合风险与公司价值等因素呈现相关性, 阐释了契约结构的适应性原理, 检验了股权激励契约结构的内生性。在此基础上, 超内生视角既从微观层面深入分析股权激励契约结构, 又构建起股权激励契约要素与公司价值之间的桥梁, 充分考虑股权激励契约的环境适用性。

如前文所述, 超外生性视角下的股权激励效应研究单纯就股票期权激励和限制性股票激励的优劣进行的对比分析并无定论, 主要原因在于忽略了选择时机与环境差异。而超内生视角下的股权激励效应研究则从公司特征出发, 体现出股权激励方式的适用性。布赖恩、王和利连 (Bryan, Hwang and Lilien, 2000) 以 1992~1997 年标准普尔 500 家公司、中型股 400 家以及小型股 600 家公司为样本, 利用 T 检验与 Tobit 回归等方法进行检验, 结果表明, 股票期权在促使风险规避型 CEO 投资于高风险、高收益项目方面比限制性股票更加有效, 具有较高边际所得税率的公司大多倾向于选择除股票期权之外的其他股权激励方式。墨菲 (Murphy, 2002) 以 1992~2000 年标准普尔 500 家公司为样本, 通过分组对比发现, 股票期权能够发挥最大激励作用的前提是相对于现有的薪酬组合股权激励是一个额外支付。随后，墨菲（Murphy，2003）通过进一步研究发现在成长性较高的行业，采用股票期权作为股权激励方式的比例较高。卡特等（Carter et al.，2006）的研究表明，为了实现预期盈利并获得外部融资，公司会更多地采用股票期权而不是限制性股票来激励经营者。会计处理方式同样会影响股权激励契约方式的选择，在强制性期权费用化（Option Expensing）政策实施之前，股票期权因其费用未被确认而具有美化报表优势，如马特纳葛（Matsunaga，1995）通过实证研究证明当公司盈利能力较差时，更倾向于使用股票期权，以期减少费用。但当2002年萨班斯法案（The Sarbanes Oxley Act）颁布之后，尤其是强制性期权费用化政策实施之后，股票期权的优势逐渐消失，封和田（Feng and Tian，2009）运用1993~2005年的美国上市公司数据进行实证检验，发现期权费用化导致了股票期权在2002年的巨大转折，2002之前股票期权均值以25%的速度上升，但在2002年之后却以17%的速度下降。

除激励方式选择之外，行权价格的内生性问题与行权时间决定权的配置问题也逐渐成为超内生视角研究的重点。本杰明、温迪和约翰（Benjamin，Wendy and John，2010）对2000年美国11968位高级经理人进行问卷调查，共有1586位进行了反馈，他们运用OLS方法对调查结果进行分析发现，经营者对其影响股票价格的能力预期受到公司规模、是否受聘于公司总部以及权力层级的影响，从而影响其价格操纵行为。多数研究关注经营者掌握行权时间决定权的负面影响，认为经营者通常利用内部信息来安排行权时间，因此，对经营者来说，掌握较好的时机窗口，是收益最大化的最为便捷、成本最低的方式（如Carpenter and Remmers，2001；Huddart and Lang，2003）。而沃克（Volker，2010）通过最优契约模型的构建，证明了给予经营者行权时间酌处权在一定情况下能够提高经营者决策行为的正确性，从而对公司价值产生正向影响，这种正向影响的存在与否是由公司特征决定的，如采用风险型竞争战略的公司对于行权时间的限制较少。

28.3 不同研究视角的本质比较及其演进路径

28.3.1 四种研究视角的本质比较

如前文所述，外生视角、内生视角以及基于契约结构发展起来的超外生与超内生视角具有不同的理论假说，并有众多的实证研究成果对其进行支持。我们认为，上述理论假说与实证证据的不同，来源于在理论基础、研究思路与研究方法上具有的显著差异（见表28-1）。

表 28-1　　　　　　　　　股权激励效应不同研究视角的本质比较

研究视角	外生视角	内生视角	超外生视角	超内生视角
理论基础	委托代理理论	委托代理理论 治理捆绑理论	委托代理理论 不完全契约理论	委托代理理论 不完全契约理论 治理捆绑理论 制度变迁理论
研究思路	视股权激励为外生变量，检验其对公司价值的影响	视股权激励为内生变量，检验其与股权激励影响因素之间的交互作用及其对公司价值的影响	视股权激励契约要素为外生变量，检验其对公司价值的影响	视股权激励契约要素为内生变量，检验其与股权激励影响因素之间的交互作用及其对公司价值的影响
研究方法	将股权激励作为整体，并大多采用经营者持股水平为操作变量	将股权激励作为整体，并大多采用经营者持股水平为操作变量	分解股权激励契约要素，分别选择相应的操作变量	分解股权激励契约要素，分别选择相应的操作变量

资料来源：根据相关文献整理。

1. 理论基础。委托代理理论是股权激励缘起的基本理论，也就是说股权激励的产生源自股东与代理人的目标函数不同导致的委托代理问题。委托人通过适当激励代理人，使其利益与公司利益趋于一致（Jenson and Meckling，1976）。治理捆绑理论（Theory of Governance Bundles）可以说是内生视角得以产生的重要理论基础。该理论认为，单个治理机制边际效用递减，甚至会产生因过度使用而导致的负面作用，其实际达到的经济效率总是次优的，不同治理机制的组合才是最优机制。因此，作为一种治理机制，股权激励并非是独立存在的，需要与其他治理机制相配合，从而实现最优的治理结构。超外生视角在外生视角的基础上，引入不完全契约理论作为其理论基础。不完全契约理论认为，由于存在努力水平这种只能被一方观察到的变量，加之有限理性、信息不完全性及交易不确定性等因素，不完全契约是必然存在的，而经济交易结果在很大程度上会受契约结构的影响，因此，不断完善契约结构是超外生视角下的股权激励效应研究的永恒主题。而超内生视角的理论基础在前三种视角整合的基础上引入制度变迁理论。制度变迁是指制度的替代、转换与交易过程。制度均衡是暂时的，而非均衡是制度创新的必要条件，制度总是在互相博弈中变动。股权激励契约结构同样受到其所在制度环境的制约，忽视其内生性与动态变迁的思路具有局限性，超内生视角克服了上述弊端，并且有深厚的理论基础支撑，因此必将是未来股权激励效应研究的新阶段。

2. 研究思路。基于外生视角的研究主要是以股权激励的直接效应与间接效应为研究对象,即股权激励对公司财务绩效的效应或者股权激励与投资决策、股利决策、创新投入等公司行为之间的关系。而从内生视角出发的研究思路则是将股权激励作为内生变量,研究股权激励与其影响因素(包括上市公司基本特征、股权结构、治理结构与机制等微观因素以及法律、社会、文化等宏观因素)之间的交互作用及其对公司价值的影响。超外生视角主要关注股权激励契约要素与公司价值的关系,而超内生视角则将股权激励契约要素作为内生变量,将研究重点聚焦在契约要素与其影响因素之间的交互作用及其对公司价值的影响(见图28-1)。

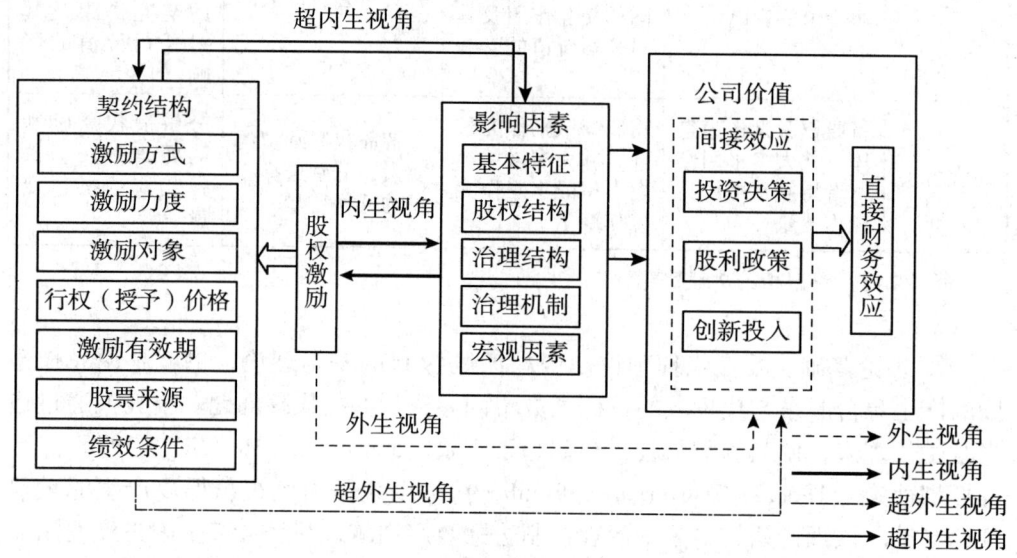

图28-1 基于不同研究视角的股权激励效应研究

3. 研究方法。外生视角与内生视角将股权激励作为一个整体来研究,并一般采用经营者持股作为操作变量。在应用的研究模型方面,外生视角主要采用线性与非线性回归模型等数理模型,而内生视角则大多采用联立方程模型等更为复杂的模型。而基于超外生视角与超内生视角的研究则分解股权激励契约要素,分别选择相应的操作变量,因此,能够处理多变量间关系的结构方程模型成为这两种视角下的股权激励效应研究的重要工具。

28.3.2 从外生视角到内生视角的演进及其共同局限

1. 外生视角的本质缺陷:理论假说的同一性与调节变量的缺失。从外生视角出发,股权激励效应研究存在两种理论假说(利益趋同假说和壕沟效应假说)的争论,两种理论假说都有各自的实证论据。我们认为,这两种假说并不是真正的对立关系，而是同一问题的两个方面，利益趋同假说体现了股权激励的原始初衷，而壕沟效应假说则从另一方面阐释了如果没有配套的约束机制（如完善的股权结构、有效的董事会、信息披露体系等因素），股权激励便会背离其初衷，甚至出现相反结果的观点。从某种意义上说，这两种假说具有同一性，因此，将两者相对立的思维方式与研究思路有待改变。此外，股权激励存在于复杂的公司系统中，并不是独立存在的变量，股权激励和公司价值的关系需要某些桥梁的联结，因此研究股权激励和公司价值关系时应加入适当的调节变量，探究股权激励效应的作用机理，从而完善股权激励方案制定与实施过程中的配套措施与制度，切实保证股权激励实现其解决委托代理问题的原始初衷。

2. 内生视角对外生视角缺陷的修正及其自身局限性。公司内、外部环境中的一些因素，尤其是公司治理机制，对经营者股权激励与公司价值之间的关系存在重要影响，而这些因素本身也会受到股权激励的作用，因而两者具有互动内生性（Barnhart, 1998）。以良好的公司治理结构作为基础与前提，股权激励才能发挥其作用。基于治理捆绑理论研究公司治理机制的相互关系及其对公司价值的影响也逐渐成为检验各种公司治理机制有效性的重要研究领域（Ghosh and Simans, 2003）。外生视角下的股权激励效应研究认为经营者持股水平是个先验变量，本身不受其他因素的影响，只会影响公司价值。由此可见，外生视角忽略了诸多微观因素（如公司特征、治理结构）和宏观因素（如文化环境、法律环境）的影响。内生视角下的股权激励效应研究正式引入公司基本特征（如公司规模、成长性）、股权结构、董事会构成等公司治理因素等内部因素，深入探析股权激励与公司价值之间的联结方式，是对外生视角本质缺陷的修正，具有可信度高等优势。但目前内生视角下的股权激励效应研究还存在以下局限性：首先研究大多倾向于列举影响因素，忽视了各种因素之间的相互关系，因此不足以对股权激励方案的设计与实施提供有力的理论支撑；其次，目前研究仅涉及微观层面，缺少对宏观因素的影响的系统深入研究。

3. 外生视角与内生视角的共同局限：股权激励整体性的禁锢。在研究股权激励效应时，由于数据可得性、简单易操作性等原因，基于外生视角和内生视角的相关实证研究大多采用经营者持股水平作为股权激励的操作变量。这种方法具有局限性，主要体现在以下几个方面：首先，经营者持股与股权激励并不能等同。虽然股权激励的最终结果包括经营者持股，但是并非全部，如有些股权激励方案中也包括授予股份于核心业务人员或技术人员，即对经营者以外的核心人力资本的激励与挽留。其次，经营者持股也并非都是由股权激励产生的，也包括经营者与原有股东的交易，即激励对象从股东手中以一定价格购买股权，而股权激励仅是激励对象与公司的交易——从公司获得股权、以一定价格购买股权的权力以及以股权价格衡量的现金等，两者虽有密切联系，但是不能等同。最后，经营者持股是一个独立变量，而股权激励却是一个复合变量，受到激励对象、激励方式、激励力度、行权价格、绩效条件等多种契约结构要素的影响。同时，看似规范的股权激励契约也可能在多个环节受到激励对象的操纵，将股权激励作为一个整体来研究必忽视了股权激励的细节因素及其对公司价值的作用过程。因此，采用经营者持股作为股权激励的操作性指标是一个简单易行，但经不起深入推敲的方法。内生视角的相关研究克服了外生视角研究将股权激励作为一个的独立外生变量的缺点，但仍然具有将股权激励作为一个整体来研究的固有缺陷。

28.3.3 超外生视角与超内生视角产生的必然性与合理性

1. 股权激励的实践发展历程与经验使基于契约结构的研究成为必然。在西方兴起与发展的几十年历程中，股权激励的作用有目共睹，但也并非处处应验的普济良方。股价和经营者报酬之间的关联性会使人的逐利心态膨胀，经营者在制定激励计划时损害股东及其他利益相关者的情况也屡有发生。在美国，一些公司的股票期权计划明显不合理：低得离谱的行权价格，高得惊人的行权比例，通过盈余管理以及并购等更为激进的手段以提高公司短期业绩。股权激励作为原本能够对经营者进行激励与约束双重作用的"金手铐"，被赋予了"镀金手铐"，"金手表"等多种称谓。因此，如何制定合理的股权激励方案并在其实施过程中进行有效规制，使其既能对经营者提供足够的激励，又能保证投资者及其他利益相关者的利益不受侵害，是西方学术界与实务界普遍关注的焦点。

2. 将股权激励作为复合变量克服了外生视角与内生视角的共同局限，是理论与实践相结合的重要途径。外生视角与内生视角均从数据可得性角度，从大样本出发，以经营者持股等作为衡量研究股权激励的操作变量，得出了许多不同甚至相反的结论，不仅在理论上经不起深入推敲，也在某种程度上脱离了实践——单纯将股权激励作为一个整体来研究很难深入其具体的实践运作过程。股权激励契约关键要素的合理设计是股权激励方案成功实施的重要保证，基于契约结构的研究是理论与实践相结合的典型示范，是真正用理论指导实践的重要尝试。

3. 股权激励效应研究的演进趋势：基于契约结构的超内生视角。随着股权激励理论研究和实践活动的发展，超内生视角成为股权激励效应研究的最新阶段。超内生视角的终极目标是在既定规则之下，根据不同的内、外部条件制定合理的股票期权契约，并匹配完善的公司治理机制等因素，因此，从某种意义上说超内生视角是对前三种视角的整合与超越。

28.4 总结与研究展望

自股权激励最初作为解决委托代理问题的重要工具出现之后，其激励效应一直是充满争议的论题，也是理论界与实践界关注的焦点。根据理论基础、研究思路与研究方法，股权激励效应研究可以归纳为外生视角、内生视角、超外生视角与超内生视角四种研究视角，这四种研究视角分别具有不同的理论假说与实证证据。基于契约结构的超外生视角与超内生视角认为设计与选择契约要素是股权激励实现预期效果的关键，从而引入契约要素变量。超外生视角将股权激励作为外生变量来研究其与公司价值之间的关系，而超内生视角既从微观层面深入分析股权激励契约结构的动态内生性，又构建起股权激励契约要素与公司价值之间的桥梁，具有前瞻性与综合性，成为股权激励效应研究的最新趋势。在超内生视角趋势的引领下，我们提出以下亟待深入研究的方向。

第一，进一步构建股权激励契约要素与公司价值之间联系的桥梁，即寻找两者之间的中介变量或调节变量。股权激励契约要素具有情境依赖性，即依赖关键的调节变量的作用，但目前研究大多集中在对激励方式的中介或调节变量的探究。除激励方式之外，其他契约要素同样受到诸多中间变量的影响，如激励对象分布受到行业特征的调节作用等。因此，未来研究应该致力于对中介变量或调节变量的研究，进一步探析股权激励的作用机理，以丰富现有的研究结论。

第二，研究对象向股权激励契约要素的更深层次拓展，并加强对限制性股票契约要素的关注。在对某个契约要素的研究中，有时会涉及更为深入的层次。以契约方式为例，股票期权与限制性股票在基本权利义务、价值估值方式、限制环节等存在差异。股票期权的关键环节是赠与、授予、行权与出售，而相对于前三个环节而言，出售环节的控制较为宽松，其关键时点为授予日、可行权日与行权日。在授予日对行权价制定的控制，在可行权日对盈余管理的控制，行权日后到股票出售日之间对股价操纵的控制等都是保证其有效实施的关键。而限制性股票则侧重于在出售环节进行严格的限制，通过设定锁定期与绩效条件等对激励对象的最终收益进行控制。目前有研究涉及股票期权行权价格、行权时间等关键要素，对于限制性股票及其关键要素应给予更多的重视。

第三，研究层面由微观和中观层面向宏观层面延伸，即考虑社会层面因素的影响。各国之间股权结构、治理结构等存在差异的深层原因在于宏观层面因素的影响，这些宏观层面因素包括法律因素、政治因素、文化因素、历史因素、政治行为等（拉波塔等，La Porta et al.，2000）。研究层面向宏观层面拓展是近几年来公司治理领域出现的新趋势之一。同样，作为公司治理重要机制之一的股权激励也需结合各国的制度环境和资本市场情况，针对各国公司的实际情况进行研究。尤其是考虑到源自西方的股权激励制度在我国的移植与应用，更需要对西方制度环境下所形成的契约结构进行适应我国环境的改善与创新。对于国内学者而言，应在回顾和总结西方股权激励研究成果的基础上，借鉴西方公司股权激励实践，结合我国制度背景与公司实际，即在超内生视角趋势的引领下，对适合我国上市公司的股权激励契约结构与制度体系进行探索与研究。

参考文献

1. Jensen, M. C. and W. H. Meckling, Theory of the firm: managerial behavior, agency costs and ownership structure, Journal of Financial Economics, 1976, 3 (4): 305 – 360.

2. Fama, E. F. and M. C. Jensen, Agency problems and residual claims, Journal of Law and Economics, 1983, 26 (2): 327 – 349.

3. Bebchuk, L. A. and J. M. Fried, Executive compensation as an agency problem, Journal of Economic Perspectives, 2003, 17 (3): 71 – 92.

4. Morck, R., A. Shlefier and R. W. Vishney, Management ownership and market valuation: an empirical analysis, Journal of Financial Economics, 1988, 20 (1 – 2): 293 – 315.

5. Makri, M., P. J. Lane, and L. R. Gomez – Mejia, CEO incentives, innovation, and performance in technology-intensive firms: a reconciliation outcome and behavior-based incentive schemes, Strategic Management Journal, 2006, 27 (11): 1057 – 1080.

6. Wu, J. and R. Tu, CEO stock option pay and RandD spending: a behavioral agency explanation, Journal of Business Research, 2007, 60 (5): 482 – 492.

7. Mak, Y. T. and Y. Li, Determinants of corporate ownership and board structure: evidence from Singapore, Journal of Corporate Finance, 2001, 7 (3): 235 – 255.

8. Core, J. E., R. W. Holthausen and D. F. Lareker, Corporate governance, chief executive officer compensation and firm performance, Journal of Financial Economics, 1999, 51 (3): 371 – 406.

9. Jensen, M. C. and K. J. Murphy, CEO incentives—it's not how much you pay, but how. Harvard Business Review, 1990, 68 (3): 138 – 153.

10. Zattoni, A. and A. Minichilli, The diffusion of equity incentive plans in Italian listed companies: what is the trigger? Corporate Governance: An International Review, 2009, 17 (2): 224 – 237.

11. Acharya, V. V. and A. Bisin, Managerial hedging, equity ownership, and firm value, Journal of Economics, 2009, 40 (1): 47 – 77.

12. Bryan, S., L. Hwang, and S. Lilien, CEO stock – based compensation: an empirical analysis of incentive-intensity, relative mix, and economic determinants, The Journal of Business, 2000, 73 (4): 134 – 146.

13. Murphy, K. J., Explaining executive compensation: managerial power vs. the perceived cost of stock options, University of Chicago Law Review, 2002, 69 (3): 847 – 869.

14. Feng, Y. and Y. S. Tian, Option expensing and managerial equity incentives, Financial Markets, Institutions and Instruments, 2009, 18 (3): 195 – 241.

15. Dunford, B. B., W. R. Boswell and J. W. Boudreau, When do high-level managers believe they can influence the stock price? Antecedents of stock price expectancy cognitions, Human Resource Management, 2010, 49 (1): 23 – 43.

16. Volker, L., On the benefits of allowing CEOs to time their stock option exercises, Journal

of Economics, 2010, 41 (1): 118-138.

17. Ward, A. J., J. A. Brown and D. Rodriguez. Governance bundles, firm performance, and the substitutability and complementarity of governance mechanisms, Corporate Governance: An International Review, 2009, 17 (5): 646-660.

18. La Porta, R., F. Loperz-de-Silanes, A. Shleifer and R. Vishny, Investor protection and corporate governance, Journal of Financial Economics, 2000, 58 (1-2): 3-27.

第 29 章

股票期权激励契约合理性及其约束性因素[*]

股权激励是完善上市公司治理的重要环节。设计适合中国上市公司特征的股权激励方案并规避其所带来的风险是使其发挥作用的关键。本章以 2006~2008 年公布与实施股票期权激励方式的中国上市公司为样本,对股票期权激励契约的合理性及其内生约束性因素进行了理论探讨与实证检验,研究表明,较长的激励期限与严格的绩效条件是体现股票期权契约合理性的关键特征,而债务融资、独立董事与大股东治理等内生性因素对两者具有显著的约束作用,进一步证实了公司内部治理机制的互补效应假说,为上市公司股票期权契约的设计与实施以及公司治理制度的完善提供有益参考。

29.1 问题提出

现代企业制度下,建立激励约束机制是解决委托代理问题的核心。股权激励作为一种重要的长期激励机制是完善上市公司治理的重要环节。股票期权(Stock Option)是上市公司最常用的股权激励方式之一,其作用有目共睹,但股票期权中股价与收益的挂钩,使激励对象对激励契约的制定与实施过程进行操纵的动机大大增强。契约设计的不合理与约束条件的缺失使股票期权作为具有激励与约束双重作用的"金手铐"已然成为拱手相送的"金手表"。因此,制订合理的股票期权契约,使其既对经营者提供足够激励,又能保证投资者及其他利益相关者的利益不受侵害,成为学术界与实践界普遍关注的问题。

股权激励效应的研究领域存在两种假说:利益一致假说(Convergence of Interests Hypothesis)与壕沟效应假说(Entrenchment Hypothesis)。但两种假说均从外生性视角将股权激励作为一个整体进行研究。近年来,少数学者从微观层面对股票期权的契约要素进行关注,主要包括授予数量、行权价格、激励对象、激励期限及绩效条件等,这些要素的设计对股票期权方案的可行性与有效性具有较大

---

[*] 本章内容发表在《中国工业经济》2010 年第 2 期。

影响（Zattoni，2009）、（刘浩，孙铮，2009；何凡，2009）。昌长江（2009）以2005~2008年公布股权激励草案的公司为样本，通过考察窗口期CAR的情况发现，上市公司可通过激励条件和激励有效期的改善增加股权激励方案的激励效果，且方案存在差异的原因在于公司治理结构安排，但未对其作进一步的实证检验。因此，对股票期权契约特征及其约束因素的研究虽已得到重视，但尚处在初级阶段，缺乏系统性研究，更需要以实证方法来对该命题进行验证与拓展。

本章以后股份分置时代为背景，对中国上市公司股票期权激励契约的合理性特征及内生约束性因素进行理论探讨与实证检验。首先，以2006~2008年沪深两市中已实施股票期权激励方案的上市公司为样本，运用独立样本T检验法对股票期权契约的合理性特征进行实证检验；其次，以同一时期内公布股票期权激励方案的上市公司为样本，运用回归分析方法对除外部法规及市场监督约束功能之外，上市公司本身所具有的能够促进股票期权契约合理性的约束性因素进行检验，以期为上市公司及政策制定者提供参考。

29.2 理论分析

利益一致假说认为，代理成本源于经营者不能获得企业剩余收益，通过经营者持股使代理人拥有剩余索取权，能够促进股东与经理层利益的一致性。壕沟效应假说认为，当经营者持有公司大量股份时，其权力会得以扩大，使其即使有背离企业目标的行为也不会对其职位或待遇产生影响，且随着经营者持股水平的提高而增加的壕沟效应是造成董事会不能有效监督的重要原因之一（Fama and Jensen，1983）。国内外学者在此基础上取得了诸多经验证据。但该类研究多从外生性视角出发，忽视了企业特征与治理结构等内生因素的影响，又因数据易得性，多数学者采用经营层持股作为操作变量进行实证研究，未考虑股权激励的契约结构因素及其对企业的作用过程，从而得到有偏差的结果。制度经济学认为，经济交易的结果在很大程度上会受到契约结构的影响，而契约结构又受到其所在制度环境的制约，影响到契约的设计与执行，需要对西方制度环境下的契约进行适应中国环境的改善与创新。在股票期权激励方案中，关键契约要素包括行权价格、授予数量、激励对象、激励期限与绩效条件等，即定价、定量、定人、定时与定标。在既定规则约束下，如何选择这些契约要素，从而使股票期权实现其预期效果，是企业股票期权方案设计的核心。

29.2.1 决定股票期权契约合理性的关键要素

合理的股票期权契约不仅能够对激励对象起到长期激励效果，而且能够使企业业绩得到有效提升。相对于其他激励机制而言，长期性与激励性是股票期权激励方式的优势所在，也是其契约合理性的体现，主要通过激励期限与绩效条件的设置而具体体现。在既定的法律约束下，相对于其他契约要素而言，上市公司对激励期限与绩效条件设置的自主性较大。因此，本章认为，两者是决定股票期权契约合理性的关键要素。

1. 激励期限。长期性是股权激励有别于其他激励方式的特征之一。薪资、福利、短期奖金、股权激励等激励方式，均具有较高的针对性。薪资保障员工基本生活，福利解决员工后顾之忧，短期奖金是对员工当前绩效的直接回报，只有股权激励能够将员工利益与企业长远利益结合在一起，起到长期激励的作用。激励期限是激励计划所涉及的有效时间长度，是其长期性的重要体现，可由公司在规则之内自主设置。扎特尼（Zattoni，2009）利用上市公司数据，对股票期权方案的特点及其效果进行分析，结果表明：激励期限对其实施效果具有显著影响。较长的激励期限激励会提高激励对象的门槛，行权业绩目标在短期内可能易于被操纵，但长期看，这些指标被操纵的迹象终会暴露，使其操纵行权指标的能力被显著地削弱。而在较长期限内的分期行权方式使每期行权的数量大幅度降低，使高管通过操纵股价来集中获得高额收益的机会与能力显著减少。香港主板上市的102个H股与红筹股股票期权方案中激励期限平均值为9.34年，其中73.5%的方案期限为10年，而目前沪深两市中采用的股票期权契约的激励期限平均为5.64年，相比而言，存在较严重的激励短期化倾向。

2. 绩效条件。激励性是股票期权方案合理性的另一重要表现，而绩效条件是其激励性得以体现的关键要素。激励机制设计理论要求，一个合理的激励合约应满足，与经理人行为正相关的业绩衡量必须是可证实的，或可观察的。股票期权注重股价与收益的直接挂钩，虽然满足了"可证实或可观察"的要求，但其是否与经理人行为正相关仍值得商榷。倘若激励对象的收益完全由股价来决定，则其操纵股价获得超额收益的动力就会大大加强。但在行权之前设置行权的门槛性标准，增加激励对象行权的难度，可以加强激励效果，避免股权激励成为高管的福利（吕长江等，2009）。因此，激励条件的设置旨在克服股票期权股价与收益挂钩的缺陷，对经营者为私利操纵股价的动机与能力加以控制。绩效条件越严格，则激励对象的行权难度越大，股权激励的激励作用也就越强，反之，绩效条件设置的越宽松，那么，股权激励的激励性逐渐变成福利性，背离了其初衷。目前，多数上市公司仅采用净利润增长率和净资产收益率等财务指标作为考核标准，简单易行，但却形同虚设，不能真正起到门槛性作用，从而加重了管理层盈余管理问题。

29.2.2 影响股票期权激励契约合理性的约束性因素

本章认为，股权激励效应的两种假说并不是对立的关系，而是同一问题的两个方面。利益一致假说体现了股权激励的原始初衷，而壕沟效应假说却从另一方面阐释了如果没有配套的约束机制，如完善的股权结构与有效的董事会等因素，股权激励契约的制定与实施便易被操纵，从而背离其初衷。因此，股权激励效应的体现必须在一定的环境与约束之下，需要有相应的约束才能达到制衡的作用。而股权结构、债务融资与治理结构是上市公司内部约束的集中体现，是除外部法律与监管约束之外，降低高管恶意操纵而获得高额利益的动机与能力、规制股权激励契约设计与实施的内生力量。

1. 股权结构因素。股权结构是指公司各投资主体所持公司股票的数量及股权投资对象的分布结构，是区别不同公司治理体系的重要标志。股权结构因素不仅对企业的行为与最终价值产生影响，也是影响股票期权契约合理性的重要因素。分散的中小股东由于监督管理层成本的存在而经常出现"搭便车"行为，而大股东对管理层能够发挥监督作用。这种监督作用在股权分置改革开始后逐渐加强，在全流通市场平台上，越发公平的资产价值市场评估机制使股东利益最大化只能通过上市公司价值的最大化实现，从而使股东利益与公司的整体利益结合在一起。大股东利益实现机制从股东之间的利益博弈转向了公司之间的市场博弈，对大股东行为产生约束与抑制作用，大股东对管理层的约束作用也将更加有效。因此，股权集中度高的公司控股股东有可能保持对经理层的有效控制（Ghosh Chinmoy and C. F. Simans，2003）。此外，一个存在多重利益主体的市场是一个具有自我澄清机制的市场，大股东股权竞争与经营者股权激励之间存在互补效应（周建等，2008）。因此，股权制衡度高的公司在降低控制权私有收益的同时，也通过股东的多元化可对经理层形成有效监督（Pagano M. and A Roll，1998）。再者，机构投资者在自身利益机制的驱使下，也在客观上具备了行使管理层监管的条件。别布丘克和弗里德（Bebchuk and Fried，2003）的研究表明如果缺乏机构投资者，管理者大量持股会使管理者拥有更大的权力。上市公司不同层次的监管主体在效率与成本之间具有一定差异，而机构投资者是市场参与者中的重要一员，其监管成本远远小于行政监管和诉讼，是除董事会监督外，收益最明显、成本最低的监管方式。机构投资者能够有效约束管理层的行为，缓解管理层与股东之间的矛盾（赵冬青等，2008）。由此可知，股权结构因素，尤其是大股东、股权制衡与机构投资者对于股票期权激励契约的合理性具有约束作用。

2. 债权融资因素。詹森（Jensen，1986）认为由于债务融资将迫使经理人遵守承诺来支付现金流量，通过减少企业内部人可自由支配的现金流，而作为降低企业代理成本的一种机制。在股东极度分散的公司中，在严重信息不对称情形下，融资结构可以限制经理人随心所欲谋求自己的目标。金融契约理论认为，控制权的相机机制为最优，而债权融资最能体现其特点，因此，债权人对代理人的约束作用得到诸多认同，甚至德瓦彭特和逊椤（Dewatripont and Tirole，1994）通过研究证实，只有债权人是积极的"强硬委托人"，而股东是消极的"软弱委托人"。从对经营者约束的角度来看，负债的增加将会增加企业破产的风险，而且债权人也会和企业签订契约来约束经营者的行为；另一方面，债务融资也会在经营者挥霍现金方面形成一定的限制（李斌、孙月静，2009）。中国上市公司，尤其是国有控股公司的融资具有"内源"性质，更为严重的是遗留的以国家为唯一中介的融资体制。但近年来，随着中国企业金融改革的不断深入，破产机制和退市机制的不断完善，债务融资对上市公司的治理作用得到显著加强。因此，债权融资因素对于股票期权激励契约的合理性具有约束作用。

3. 治理结构因素。治理结构通过股东会、董事会、监事会的机构设置与权责分配，达到三者间互相制约与权力制衡的目的。董事会是治理结构的核心机构之一，是防止管理层侵犯股东利益行为的最直接屏障，也是治理结构中影响股权激励制定与实施的最关键因素，该影响作用已得到多数学者证实，尤其是非执行董事比例与独立董事比例（王华、黄之骏，2006；周建，2008）、两职合一（周建波、孙菊生，2003）等因素。在实践中，董事会的作用主要是通过对经理层提供建议和激励参与战略方针的制定过程来实现，而对于经理层的约束则主要是通过对重大经营决策的审查与批准，决定经理人的奖励与替换等方式来体现。更为直接的是，拟订的股权激励计划草案应当提交董事会审议，且需独立董事发表独立意见。由此可见，董事会是对股票期权激励契约是否合理的直接决断者，而有效的董事会是对股票期权契约合理性的关键制约因素。因此，治理结构因素，尤其是有效的董事会对股票期权激励契约的合理性具有约束作用。

29.3 研究设计

29.3.1 样本选取与数据来源

本章选取《上市公司股权激励管理办法（试行）》实施以来，即 2006 年 1 月 1 日，到 2008 年 12 月 31 日中国沪、深两市中公告股票期权激励方案的上市公司以及已通过并实施股票期权方案的上市公司为研究对象。在这一时期内，公告股票期权激励方案的公司总数为 94 家（该公告为首次公告的计划草案，而并非股东大会通过、计划生效后的公告），剔除信息披露不全的 8 家，共 86 家，其中，通过并实施股票期权方案的上市公司为 32 家。相关数据来源于国泰安数据库，并查阅巨潮资讯网公司信息公告予以确认。数据处理由 SPSS16.0 来完成。

29.3.2 变量设计

1. 股权激励实施效果（ROE）。采用实施股权激励年份（T 年）比前一年

(T-1年)的扣除非经常性损益后的加权平均净资产收益率（魏刚，2000；黄洁、蔡根女，2009）的增长率作为实施效果变量。

2. 激励期限（TH）。激励期限为股权激励方案中激励有效期限的年数，在T检验中以5年为界限分组，在回归分析中，以年数表示。

3. 绩效条件（PC）。本章选取指标维度与指标难度两个维度对目前已公布的上市公司股权激励方案中设置的行权条件进行分类：如果指标维度不少于3个或者指标难度之一大于30%的，称为严格型，如果指标维度少于3个且指标难度均低于30%，称为宽松型。设置绩效条件哑变量（PC），严格型设为1，宽松型为0。

其他变量的具体解释及衡量方法如表29-1所示。

表29-1　　　　　　　　约束性因素变量设计与控制变量选取

约束性因素变量			
变量名称		符号	变量定义
股权结构	股权集中度	SC	公司实施股权激励前一年（以下简称T-1年）第一大股东持股比例
	股权制衡度	Z	公司第一大股东与第二大股东持股比例的比值
	机构投资者持股	II	公司机构投资者持股比例之和
债权融资	债务融资约束	LEL	公司年度披露的资产负债表中的负债总额与资产总额的比值
治理结构	董事会规模	BS	公司董事会全部董事人数
	非执行董事比例	NB	公司董事会非执行董事人数与全部董事人数的比例
	独立董事比例	ID	公司独立董事人数占董事会的比例
	经营者兼任情况	PLU	公司总经理与董事长或副董事长兼任，设为1，否则为0
控制变量			
变量名称		符号	变量定义
基本特征	成长性	Gr	公司主营业务收入增长率
	公司规模	Siz	公司总资产的自然对数
	所处行业	Ind	哑变量。公司处于高科技行业为1，其他行业为0

29.3.3　研究方法

首先，以已实施股权激励方案的上市公司为样本，运用独立样本T检验法，以激励期限与绩效条件为分组变量对股票期权实施效果是否存在显著差异进行检验；

其次，以同一时期内公布股票期权激励方案的上市公司为样本，运用多元回归分析方法研究决定股票期权方案中激励期限的约束性因素，模型构建如下：
TH = β_0 + β_1 · SC + β_2 · Z + β_3 · II + β_4 · LEL + β_5 · BS + β_6 · NB + β_7 · ID + β_8 · PLU + β_9 · Gr + β_{10} · Siz + β_{11} Ind + ε_i。采用多元回归分析中的向后筛选（Backward）策略，将不显著变量依次剔除回归方程；

最后，运用 Binary Logistic 回归分析方法研究了决定股票期权方案中绩效条件的约束因素，模型构建如下 PC = β_0 + β_1 · SC + β_2 · Z + β_3 · II + β_4 · LEL + β_5 · BS + β_6 · NB + β_7 · ID + β_8 · PLU + β_9 · Gr + β_{10} · Siz + β_{11} Ind + ε_i，写成 Logistic 形式为：Logit(p) = ln(p/1 – p) = β_0 + β_1 · SC + β_2 · Z + β_3 · II + β_4 · LEL + β_5 · BS + β_6 · NB + β_7 · ID + β_8 · PLU + β_9 · Gr + β_{10} · Siz + β_{11} Ind + ε_i。采用 Logistic 回归分析中的 Backward（Wald）策略，即向后筛选，且变量剔除出方程的依据是 Wald 统计量。

29.4 实证结果分析与讨论

29.4.1 实证结果分析

1. 分组统计量与均值 T 检验结果。表 29 – 2 是激励期限与绩效条件的分组统计量与均值 T 检验，可以看出，在已实施股权激励方案的 32 家上市公司中，激励期限大于 5 年的共有 10 家，其实施效果变量的均值是 0.8683，而小于等于 5 年的共有 22 家，其实施效果变量的均值却只有 0.2455。设置宽松绩效条件的上市公司有 20 家，其实施效果变量的均值只有 0.2508，而设置严格绩效条件的上市公司有 12 家，其实施效果变量的均值达到 0.7556。表 29 – 2 是对激励期限与

表 29 – 2　　激励期限与绩效条件分组统计量与均值 T 检验结果

	激励期限	N	Mean	Std. Deviation	Std. Error Mean	t	Sig. (2 – tailed)
实施效果	大于 5	10	0.8683	1.54461	0.48845	1.248	0.091
	小于等于 5	22	0.2455	0.47920	0.10217		
	绩效条件	N	Mean	Std. Deviation	Std. Error Mean	t	Sig. (2 – tailed)
	宽松	20	0.2508	0.45693	0.10217	-1.172	0.056
	严格	12	0.7556	1.44863	0.41818		

绩效条件均值差异显著性的检验。由于两者是方差非齐性，则激励期限的显著性为 0.091，绩效条件的显著性是 0.056，均小于 0.1，即两者均值的差异具有显著性。从描述性统计与 T 检验结果来看，激励期限大于 5 年或具有严格绩效条件较之激励期限小于等于 5 年或具有宽松绩效条件的激励方案给上市公司带来更明显的实施效果。由此可知，激励期限的长期性与绩效条件的严格性是决定股票期权激励契约有效性的关键特征。

2. 回归分析结果。表 29 – 3 是激励期限约束性因素多元回归分析结果。该分析采用的是向后筛选策略，经多步筛选后的最终回归方程中有 4 个显著性变量，独立董事比例（ID）、债权融资水平（LEL）、企业规模（Siz）、企业成长性（GR），且 F 值从 2.673 增长到 6.188，回归方程的显著性水平从 0.006 到 0.000，说明方程具有显著性。从上述结果可以得出结论：一是上市公司独立董事比例越高，股票期权激励契约中激励期限越长；二是上市公司债权融资水平越高，激励期限越长，即独立董事与债权融资水平对激励期限的设置具有约束作用。此外，公司规模与成长性对于激励期限也有显著性影响，即规模较大的上市公司更倾向于选择较长的激励期限，而成长性较高的上市公司则更倾向于选择较短的激励期限。公司规模越大，其各方面制约因素较多，稳定性需求更强，其激励期限也较长，而对于成长性较高的公司，因其所处的外部环境与内部条件并不是十分稳定，其成长的迫切性较强，多倾向于体现股票期权的短期激励性特征，其激励期限相对较短。

表 29 – 3 激励期限约束性因素多元回归分析结果

	Model	B	Std. Error	t	Sig.	F	Sig
Step1	（Constant）	-8.873	4.963	-1.788	0.078	2.673	0.006
	股权集中度	0.003	0.015	0.232	0.817		
	股权制衡度	0.023	0.023	1.023	0.310		
	机构投资者持股	0.018	0.021	0.867	0.389		
	董事会规模	-0.024	0.099	-0.240	0.811		
	非执行董事比例	0.671	0.829	0.809	0.421		
	独立董事比例	6.268	2.949	2.126	0.037		
	经营者兼任情况	-0.698	0.483	-1.444	0.153		
	债权融资水平	2.852	1.249	2.283	0.025		
	公司规模	0.634	0.223	2.836	0.006		
	行业特征	-0.169	0.421	-0.401	0.690		
	成长性	-0.219	0.119	-1.850	0.068		

续表

	Model	B	Std. Error	t	Sig.	F	Sig
Step8	(Constant)	-12.652	4.303	-2.940	0.004	6.188	0.000
	独立董事比例	7.428	2.608	2.848	0.006		
	债权融资水平	2.618	1.203	2.177	0.032		
	公司规模	0.792	0.197	4.011	0.000		
	成长性	-0.208	0.112	-1.862	0.066		

表 29-4 是绩效条件约束性因素 Logistic 回归分析结果。该分析采用的是以 Wald 统计量为标准的向后筛选（Backward：Wald）策略，经十步筛选后，最终

表 29-4　绩效条件约束性因素 Logistic 回归分析结果

	Model	B	S. E.	Wald	Sig.	Chi-square	Sig.
Step 1	股权集中度	0.031	0.020	2.306	0.129	15.604	0.156
	股权制衡度	-0.011	0.034	0.099	0.753		
	机构投资者持股	0.018	0.028	0.423	0.515		
	董事会规模	0.075	0.135	0.309	0.578		
	非执行董事比例	1.063	1.161	0.837	0.360		
	独立董事比例	5.825	4.307	1.829	0.176		
	经营者兼任情况	0.299	0.641	0.217	0.641		
	债权融资水平	4.572	1.862	6.026	0.014		
	企业规模	-0.644	0.342	3.560	0.059		
	行业特性	0.624	0.552	1.278	0.258		
	企业成长性	-0.122	0.173	0.498	0.481		
	Constant	7.172	7.058	1.032	0.310		
Step 8	企业规模	-0.595	0.283	4.406	0.036	11.452	0.022
	股权集中度	0.022	0.015	1.994	0.108		
	独立董事比例	4.874	3.775	1.667	0.197		
	债权融资水平	3.918	1.687	5.396	0.020		
	Constant	8.240	5.903	1.949	0.163		
Step 10	企业规模	-0.586	0.267	4.830	0.028	6.882	0.032
	债权融资水平	3.372	1.595	4.469	0.035		
	Constant	10.840	5.332	4.132	1		

方程中显著性变量为企业规模（Siz）与债权融资水平（LEL），两者的显著性水平分别为 0.028 与 0.035，均小于 0.05，且方程的显著性水平为 0.032，说明该方程也具有显著性。第八步筛选后的方程剩余四个变量，企业规模（Siz）、股权集中度（SZ）、独立董事比例（ID）、债权融资水平（LEL），其中，股权集中度（SZ）与独立董事比例（ID）的显著性水平接近 0.1，但符号与预期相同，且其方程的显著性水平为 0.022，因此，本章认为两者对绩效条件也具有一定的约束作用。从上述实证结果可以得出结论：一是债权融资水平越高，股票期权契约中绩效条件越严格；二是股权集中度越高，绩效条件越严格；三是独立董事比例越高，绩效条件越严格，即债务融资、大股东与独立董事对股票期权契约合理性有约束作用。另外，公司规模是控制变量中具有显著性的影响因素，其系数为负值，则可以推断，公司规模越小，其绩效条件越严格。公司规模较小意味着其成长的空间更大，其制定的绩效条件也较高，从而使其能够加速发展。

29.4.2　基于实证结果的讨论

股票期权激励的初衷是对经营者进行长期性激励，但为何仍有上市公司制定出福利性质的股票期权激励方案？在巨大利益驱使下，福利性股权激励使经理层将其作为其谋取私利的手段，严重侵犯了公司股东及其他利益相关者的利益，采取该种股票期权激励的公司使管理层财富激增，却因管理层操纵股价与会计信息等不良行为对上市公司产生了负面影响。这与资本市场的不完善与法律制度体系的缺失等外部因素密不可分，但上述实证结果表明，上市公司本身的公司治理具有更为直接的影响，其中债券融资、独立董事与大股东对上市公司股票期权激励契约具有显著的约束作用，基于此，本章对该三种因素的约束作用产生机理进行分析，并进一步对其优化趋势进行探索。

1. 债务融资的约束作用机理与优化。债务融资对经理人行为的约束一般体现在两个方面：一是通过本息的固定支付减少经理人可支配现金流；二是通过使经理人面临更多的监督与破产风险而使其不当行为而引发控制权的转移有所防备。而其作为治理机制的另一条实现途径是，银行等债权人可以发挥股票融资中大股东同样的作用。传统"股东至上"的单边治理模式已经逐步将以"利益相关者理论"为基础的共同治理模式转变。在关系契约网络逻辑影响下，公司共同治理模式是不同利益相关者关于公司所有权结构最优配置的显性契约（Explicit Contract）和隐性契约（Tacit Contract）组成的关系网络。在此网络中，债权人与股东同样与公司签订了显性契约，并投入了一定的专用性资产，承担了部分风险，债权人应有平等的机会与权力参与企业所有权的分配与企业的公司治理。债权人的相机治理作用随着破产与控制权市场等机制的完善与债权人自身的发展而愈发重要。而相对于其他约束因素，债权人在经理人企图通过股权激励来谋求私利时发挥的约束作用多数隐性的。因此，若在股权激励方案制定与审批的过程中将债权人的作用显性化，则股票期权激励契约的合理性应该会大大加强。

2. 独立董事的约束作用机理与优化。企业契约的不完全与为此而建立的法人治理结构存在缺陷，是独立董事产生的基本原因。独立董事在股权激励方案的制定与审批中具有举足轻重的地位，当拟订的股权激励计划草案提交董事会审议后，需要独立董事发表独立意见，而证监会审核无异议，公司发出股东大会通知后，仍需要独立董事征集投票权。由实证结果可知，独立董事的确发挥了其约束作用，打破了普遍对其"独立性"的质疑，证实了我国独立董事在管理层薪酬决定过程中并未产生与管理层的合谋倾向，同时证明了外部声誉机制和法律制度对独立董事行为约束的有效性。因此，随着独立董事的话语权与作用的加强，其激励机制还应当进一步完善，使其利益与公司利益也能实现相容，从而强化其对股票期权激励契约的约束力度。

3. 大股东的约束作用机理与优化。股东投入企业的专用性资本与之分离，其资产具有可抵押性，在企业濒临危机的情况下，股东是企业的主要风险承担者，具有更大的激励监督公司做出最优的决策。在股权相对集中的上市公司中，大股东起主导作用。大股东控制虽然容易带来其与中小股东的第二类代理问题，但对于股东与管理层之间的第一类代理问题却有积极作用。相对于中小投资者而言，大股东具有更强的动力与能力去对规范经营者行为与对经营者的激励契约，因而有助于促进股票期权契约的合理性，避免经营者通过福利性股票期权激励方案的制定来谋求巨额私利，上述实证结果对此也进行了证实。在公司内部治理机制中，大股东可以通过"用手投票"与直接参与等方式向管理层表达意见，其在股票期权方案的制订与审批中同样可以通过上述方式来对其进行约束，如股权激励方案的股东大会表决中"用手投票"，由其向董事会委派的董事参与制定，或直接参与董事会决议等方式。但由于大股东治理的负面作用，避免其与管理者合谋而侵犯中小股东利益，大股东对股票期权激励方案的制约作用可以作为其他约束因素的补充，而不能成为主导，即其约束作用的发挥需要与其他因素相结合，从而克服其防御效应，强化其激励效应。

4. 股权激励与其他公司内部治理机制的整合及其途径。以良好的公司治理作为基础与前提，股票期权激励才能发挥出其长期激励作用。为协调各利益主体之间的利益冲突，公司治理集激励与约束作用于一身，而两者通过公司外部与内部治理机制来实现。根据次优理论（The Theory of Second-best），单个治理机制边际效用递减，甚至会产生因过度使用而导致的负面作用，其实际达到的经济效率总是次优的，因此，不同治理机制的组合才是最优的治理机制（Agrawal and Knoeber，1996）。考察不同公司治理机制的整合途径和模式是公司治理理论和实践发展的重要方向（郑志刚，2007）。上述实证结果表明，股权激励、独立董事、大股东治理与债务融资之间的确存在互补关系，即股权激励通过与不同公司治理机制的整合所实现的效率更为有效。其整合的途径是通过各种治理机制对股权激励契约的合理性进行约束，避免其在执行之前便成为经营者谋求私利的福利性工具，而在其执行过程中，尤其是在各个关键时点，同样需要各种治理机制的监督与制约，从而实现其最佳激励效果。

29.5 结论与政策建议

股票期权激励制度作为一种解决委托代理问题的工具，其激励效应一直是充满争议的论题，而其难以替代的作用与逐渐暴露的缺陷成为理论界与实践界亟须解决的矛盾。但无论争论激烈与否，对于股票期权激励方式本身都尚未加以否定。制定合理的股票期权契约，并完善与之相匹配的公司治理机制等约束因素，是真正解决上述问题并实现股票期权激励初衷的关键。本章以2006~2008年已实施股票期权激励与已公布股票期权激励方案的中国上市公司为样本，运用独立样本T检验与多元回归分析等方法，对股票期权契约的合理性特征及能够促进其合理性的内生性因素进行了实证研究，并得出以下结论：（1）激励期限与绩效条件是决定股票期权激励契约合理性的关键要素，即较长的激励期限与更为严格的绩效条件是保证股票期权契约真正起到长期激励效果的必要条件；（2）除法律与制度等外部因素制约之外，债务融资、独立董事与大股东等是对激励期限与绩效条件具有显著约束作用的内生性因素，能够促进上市公司股票期权激励契约合理性的提升，即股权激励通过与不同公司治理机制的整合所实现的效率为最优。本章的局限性在于样本较少，可能会影响本章结论的典型性，随着股权激励的发展及其在上市公司中的日益推行，将会通过更为丰富的样本对该领域进行更加深入的研究。本章的研究结论对于中国上市公司股权激励制度设计与实施及公司治理改革提供了以下政策建议。

1. 上市公司应通过激励期限与绩效条件等要素的改善，避免股票期权短期化与福利化，真正实现激励相容。对于上市公司而言，制订股票期权激励方案时，应在既定规则之下选择较长的激励期限与较严格的绩效条件，使股权激励方案更加合理有效。激励期限一般应为5年以上，从而克服激励对象行为短期化倾向。合理的绩效条件应具有以下特点：一是使用多维指标，包括选取一定的行业指标，甚至引入非财务指标；二是行权指标的设置要严格，根据企业情况，制定挑战性与可行性兼具的目标，即既以目前的资源能力水平能够达到，但又必须付出诸多努力才能达到的目标，真正体现股票期权契约的激励性。对于监管部门而言，为了真正发挥外部监管的约束作用，其规定应更加严格：一是对激励期限应有更严格的控制，避免3年等短期福利性方案的出现；二是对于单一指标或者设置较低的绩效条件应加以控制，对于行业指标与非财务性指标应添加引导性规定,并要求其指标设置不能低于其近三年每年度及平均水平,并严格把关审核过程。除激励期限与绩效条件之外,行权价格、激励对象与授予数量等契约要素也应该得到相应改善。行权价格的确定应尽量反映公司现阶段的真实价值,以使股权激励的收益真正能反映经营者付出的努力,由于在资本市场不完善下股价的易于操纵与短期波动性特点,在制定行权价格时,应要求上市公司根据更长时间的平均收盘价作为制定依据。同时,有效的股权激励应做到分布合理、分批授权、数量适当。激励对象分布的合理性应进一步受到重视,对授予高管及留存股票的数量加以限制与监管,而对授予数量也应当做进一步的探讨与规定。

2. 通过债权人监督与参与途径的拓展,扩大其对股票期权契约的影响范围,使其约束作用显性化。债权人参与公司治理的途径一般包括直接与间接两类方式,为使其对股权激励的约束作用显性化,应采用直接方式:一是主债权人董事制度,即直接让主债权人的代表进入董事会,共同监督管理层,设计出能使整体利益最大化的激励契约;二是主债权人监事制度,即主债权人派代表进入监事会,并列席董事会会议。平时行使监事职权,对公司财务进行跟踪监督,当公司财务状况异常时,以董事身份参加董事会会议,参与公司决策,将当时的债权额按一定标准折算成股份享有投票权。后者目前看来更为可行,债权人监事将通过有效行使职权获取充分而及时的信息,对股票期权契约进行事前评估与审查,从而抑制经营者的机会主义和败德行为,提高股权激励契约的合理性,并通过对经营者行为的事中监督,将有助于引导和约束其行为,提高股权激励契约的履行度。

3. 通过强化与重构独立董事的激励约束机制,增强其对股票期权契约的约束力度。为避免独立性悖论的出现,目前促进独立董事发挥作用的机制仍停留在约束层面,如外部声誉机制与法律制度的约束,导致激励性略有不足。为更加充分地发挥独立董事的作用,与业绩挂钩的激励性薪酬也应该作为其报酬的一部分,即固定薪酬与可变薪酬相结合,使其真正与公司共同分享利润,分担风险,而这里的业绩应为中长期业绩,且尽量滞后于高管业绩考核周期,以避免其报酬上的"不独立"而产生合谋动机。此外,其报酬也应由证监会等第三方作出硬性规定并拥有审批权,从而促进其行为上的"独立",真正起到监督作用。

4. 合理利用大股东对股票期权契约合理性的约束作用,并通过多种引导性措施加强机构投资者对企业长期利益的关注。在大多数情况下,机构投资者较之分散的中小投资者更有可能进行长期投资,且更多地考虑到公司长期价值与发展潜力,而非利用短期价格波动进行投机获利。而大股东治理"激励"与"防御"两种效应并存,为降低大股东与经理人合谋共同侵害中小股东利益的动机,应适当发挥机构投资者的监督作用。已有研究表明:机构投资者高度关注公司的股权激励行为,且更倾向于持有那些治理水平较高的公司(谭松涛、傅勇,2009)。对机构投资者的羊群效应等非理性行为质疑的同时,必须考虑到其行为背后的制度性原因。因此，除严厉惩处股票市场内幕交易行为之外，应加强市场对机构投资者的监管而非行政控制。鼓励机构投资者间接委托或直接参与公司股权激励契约的制定与审核过程，并积极促进机构投资者参与市场的信息制造过程，识别与减少由企业内部人肆意操纵与制造的虚假信息，使股权激励真正能够通过股价变动传递真实的市场信号，真正起到促进公司长期价值提升的作用，并以此改善与优化资本市场资金配置效率与企业资源配置效率。

参考文献

1. Algrawal, A. and C. Knoeber, Firm preformance and mechanisms to control agency problems between managers and shareholders, Journal of Financial and Quantitative Analysis, 1996, 31 (3): 377 – 397.

2. Zattoni, A. and A. Minichilli, The diffusion of equity incentive plans in Italian listed companies: what is the trigger? Corporate Governance: An International Review, 2009, 17 (2): 224 – 237.

3. Bebchuk, L. A. and J. M. Fried, Executive compensation as an agency problem, Journal of Economic Perspectives, 2003, 17 (3): 71 – 92.

4. Dewatripont, M. and J. Tirole, A theory of debt and equity: diversity of securities and manager-shareholder congruence, Quarterly Journal of Economics, 1994, 109 (4): 1027 – 1054.

5. Fama, E. F. and M. C. Jensen, Separation of ownership and control, Journal of Law and Economics, 1983, 26.

6. Ghosh, C. and C. F. Sirmans, Board independence, ownership structure and performance: evidence from real estate investment trusts, Journal of Real Estate Finance Economics, 2003, 26 (2): 287 – 318.

7. Holmstrom, B., Moral hazard and observability, Bell Journal of Economics, 1979, 10 (1): 74 – 91.

8. Murphy, K. J., Explaining executive compensation: managerial power vs. the perceived cost of stock options, University of Chicago Law Review, 2002, 69 (3): 847 – 869.

9. Pagano, M. and A. Roell, The choice of stock ownership structure: agency costs, monitoring, and the decision to go public, The Quarterly Journal of Economics, 1998, 113 (1): 187 – 225.

10. Stulz, R., Managerial discretion and optimal financial policies, Journal of Financial Economic, 1990, 26 (1): 3 – 27.

11. Acharya, V. V. and A. Bisin, Managerial hedging, equity ownership, and firm value, Journal of Economics, 2009, 40 (1): 47 – 77.

12. 何凡：《激励股权分布结构对股权激励绩效的影响——基于中国上市公司的实证研究》，载《南京农业大学学报（社会科学版）》2009 年第 3 期，第 44~49 页。

13. 黄洁、蔡根女：《股权激励效果和影响因素经验分析——基于两〈办法〉出台后实施股权激励的上市公司数据》,载《华东经济管理》2009年第3期,第111~116页。

14. 李斌、孙月静:《经营者股权激励、约束水平与公司业绩——基于民营上市公司的实证分析》,载《中国软科学》2009年第8期,第119~131页。

15. 刘浩、孙铮:《西方股权激励契约结构研究综述》,载《经济管理》2009年第4期,第166~168页。

16. 吕长江、郑慧莲、严明珠、许静静:《上市公司股权激励制度设计:是激励还是福利?》,载《管理世界》2009年第9期,第133~147页。

17. 谭松涛、傅勇:《管理层激励与机构投资者持股偏好》,载《中国软科学》2009年第7期,第109~114页。

18. 魏刚:《高级管理层激励与上市公司经营绩效》,载《经济研究》2000年第3期,第32~39页。

19. 王华、黄之骏:《经营者股权激励、董事会组成与企业价值——基于内生性视角的经验分析》,载《管理世界》2006年第9期,第101~106页。

20. 杨华、陈晓升:《上市公司股权激励理论、法规和实务》,中国经济出版社2009年版,第279页。

21. 赵冬青、冯俊新、张海燕、李稻葵:《最新金融学理论前沿》,载《经济学动态》2008年第11期,第95~100页。

22. 郑志刚:《投资者之间的利益冲突和公司治理机制的整合》,中国金融出版社2007年版,第59页。

23. 周建、刘小元、于伟:《公司治理机制互动的实证研究》,载《管理科学》2008年第1期,第3~13页。

24. 周建波、孙菊生:《经营者股权激励的治理效应研究——来自中国上市公司的经验证据》,载《经济研究》2003年第5期,第74~82页。

第 30 章

金字塔结构下股权激励的双重效应[*]

在金字塔结构下,股东与经营者之间以及控股股东与中小股东之间的两类治理关系普遍存在,对于上市公司治理问题的研究也从单一治理关系分析框架向两者权衡分析转变。在双重治理关系视阈下,股权激励成为利益主体之间博弈的重要工具。本章在提出双重治理关系分析框架的基础上,运用 2006~2009 年中国上市公司面板数据对股权激励的双重效应及其与控股股东之间的关系进行实证检验,研究发现:股权激励对于第一类代理问题具有显著的治理效应,但对第二类代理问题的治理效应并未显现,这与控股股东对其存在显著的抑制作用有关;股权性质能够对股权激励与控股股东不同效应的体现以及两者关系产生影响。

30.1 引　言

传统的"贝利—米恩斯命题"认为,现代公司的主要矛盾是股东与经营者之间的利益冲突,形成了第一类委托代理问题(Jensen and Meckling,1976)。但在金字塔结构下,投票权与现金流权的严重分离使控股股东产生了掠夺公司财富的强烈动机和能力,导致其与中小股东之间的矛盾更为凸显,构成了第二类委托代理问题(Shleifer and Vishny,1997;La Port,1998)。这两类互相联系的治理关系普遍存在于中国上市公司中,因此,对于上市公司治理问题的研究也从单一治理关系框架向两者权衡分析转变(邓健,2009)。股权激励作为解决公司第一类代理问题的重要方式已被广泛认知,但对于第二类代理问题,是否能够发挥相应的治理作用?是否能够成为控股股东、中小股东与经营者三个利益主体之间博弈的重要工具?该类研究以公司治理研究的新趋势为导向,成为股权激励效应研究的最新领域。

股权分置改革为中国上市公司股权激励制度的推行扫清了部分制度性障碍,2006 年《上市公司股权激励管理办法(试行)》的颁布标志着股权激励制度正式

---

[*] 本章内容发表在《经济管理》2010 年第 9 期。

引入中国，但其激励效应一直是充满争议的论题，存在利益一致假说（Convergence of Interests Hypothesis）与壕沟效应假说（Entrenchment Hypothesis）的对峙。控股股东作为重要的治理力量也存在激励效应（Incentive Effect）与侵占效应（Entrenchment Effect）的制衡。同时，两者在两类治理问题中具有不可忽视但又难以掌控的内在联系。对于第一类代理问题而言，股权激励是构建科学合理的激励约束机制的重要手段之一，而控股股东作为"内部人"拥有足够的信息监督管理层，可能对其产生约束效应，与股权激励互相补充，激励与约束并举，但也有可能扮演侵占中小股东利益的角色从而与股权激励之间产生冲突；对于第二类委托代理问题，股权激励通过将代理人目标与公司目标趋于一致，增强代理人对正确决策的支持力度，对控股股东的利益侵占具有一定的抑制作用，但也有可能会因为壕沟效应的产生而与控股股东产生合谋。因此，两者效应的体现对于上市公司治理的成败有着举足轻重的作用，两者关系亦成为双重治理分析框架中的焦点问题。

鉴于此，本章首先提出金字塔结构下的双重治理关系分析框架，并运用2006～2009年中国上市公司的面板数据对股权激励的双重效应及其与控股股东之间的关系进行实证检验，主要贡献在于：（1）运用后股权分置时代股权激励制度正式引入我国以来的上市公司数据为样本进行经验分析，在新的历史背景下对该问题进行全面阐释；（2）对股权激励的双重治理效应进行验证，并加入股权激励与两权分离系数的交互项，以进一步探究股权激励效应发挥的机理及其影响因素；（3）验证并推断出股权性质对股权激励与控股股东不同效应体现的影响。本章拓展了股权激励效应的研究思路，构建了公司治理研究的新框架，并为中国上市公司治理的完善提供有益参考。

30.2 理论分析与假设提出

30.2.1 金字塔结构下的双重治理关系

现代公司所有权结构的主流状态并非传统的"股权分散"，多数呈现出以大股东控制为主的特征。金字塔结构与交叉持股等都是集中型股权结构的重要形式，而经验数据表明，金字塔结构更为普遍（Khanna and Rjvkin, 2000）。在金字塔结构下，存在三方面的利益主体：控股股东、中小股东与经营者，并存在两种相互联系的治理关系，即股东与经营者之间监督与被监督的关系，以及控股股东与中小股东之间的侵占与被侵占的关系，由此产生了两类委托代理链条。控股股东在其中扮演双重角色，在第一类代理链条中，承担着对管理层进行监督的角色，即激励效应，而在第二类代理链条中，控股股东掌握中小股东难以知晓的内部信息，并能够以较小的现金流权实现对所有权关系链上企业的控制，使得控股股东既有能力（较高的投票权）又有动机（两权分离）对公司财富进行侵占来获取控制权私有收益，即侵占效应。为协调各利益主体之间的利益冲突，公司治理集激励与约束作用于一身，并通过公司治理机制来实现，但在双重治理关系分析框架之下，公司治理体系中的各种治理机制除在第一类代理问题中发挥重要作用之外，亟须拓展其对第二类代理问题的治理作用。更为重要的是，各类具体的治理机制在其治理效应发挥的过程中存在相互替代或补充的关系，同时与具有双重角色的控股股东之间也存在一定的交互作用，如图30-1所示。

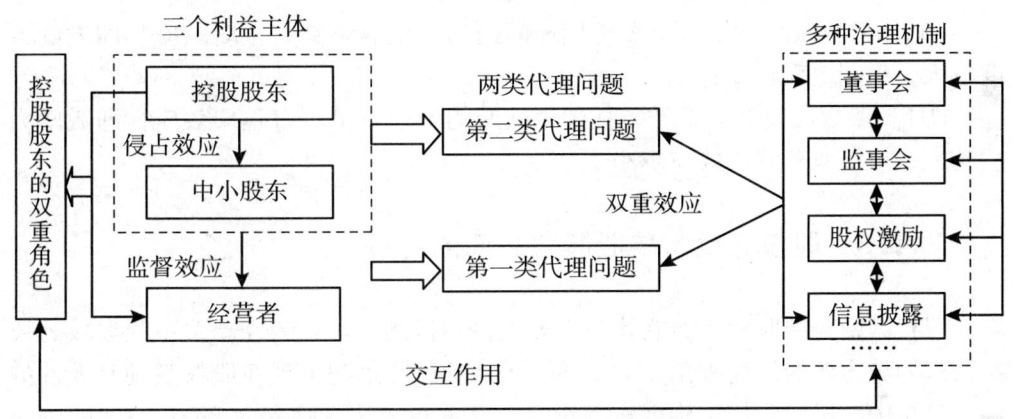

图30-1　金字塔结构下的双重治理关系分析框架

30.2.2　股权激励的双重效应

股东与经营者之间的冲突反映为经营者利用职权侵占公司利益，解决该类问题的关键是通过建立适当的机制来对其进行激励与监督。股权激励作为一种重要的长期激励机制，其效应存在两种对立的假说：利益一致假说认为经营者持股会降低股东与经营者之间的代理成本（Jensen，1986；Bank and Dater，1989）；壕沟效应假说则认为经营者持有大量股份会扩大其投票权与影响力，从而增强其抵制外部压力的能力（Stulz，1988）。国外多数学者研究表明股权激励与公司的总体市场价值具有较强的正相关关系（Core and Guay，1999；Hall and Murphy，2003；Jensen and Murphy，2004）。在股权分置改革之前，由于我国股权激励推行较缓慢，股权激励效果并不明显（魏刚，2000；李增泉，2000）。但自股权分置改革之后，尤其随着资本市场的发展与股权激励相关制度的颁布与实施，股权激励作为一种解决第一类代理问题的重要工具被广泛采用，股权激励正向效应逐步显现（黄洁、蔡根女，2009）。

近几年，有学者研究证实股权激励使代理人利益与组织目标相结合的效果同样可以作用于第二类代理问题，即股权激励安排能够抑制大股东对上市公司的侵占（丑建忠等，2008）。范登斯蒂恩（Van den Steen，2005）通过模型证实赋予代理人的激励越强，代理人越关心决策的正确性，而代理人越坚持自己的观点，拒绝委托人命令的可能性也就越高，而且即使代理人选择服从，其努力水平也会下降。因此，股权激励力度的增加使经营者支持正确决策的动力与能力均得以加强，对控股股东的决策进行判断与选择性拒绝的可能性增大，对于控股股东侵占行为等非正确决策的抵触效应也随之增大，从而导致控股股东侵占的动机可能会相对削弱，其能力也可能受到相应威胁。由此推断，股权激励对控股股东侵占效应具有一定的约束作用。因此，提出以下假设：

H1a：股权激励对第一类委托代理问题的治理效果具有正向效应，即激励力度越大，代理效率越高；

H1b：股权激励对第二类委托代理问题的治理效果具有正向效应，即激励力度越大，控股股东侵占效应越小。

30.2.3 股权激励与控股股东之间的关系

股权激励与控股股东控制均为重要的治理机制，两者的互动关系问题成为公司治理领域内新的研究视角。对于两者关系的研究最初体现在股权激励有效性的经验分析中考虑了股权结构因素的影响，并取得了诸多成果（Benz, Kucher and Stutzer, 2001；Mak and Li, 2001），如中小股东对大股东制衡力越强，股权激励实施的效果越明显（潘颖、刘广生，2009）。对于两者关系的直接研究源自于克耐斯和安句（Kenneth and Anju, 1995），他们通过实证检验发现大股东监督与股权激励之间有较强的替代效应。周建（2008）以中国上市公司2002～2005年的平衡面板数据样本，证实大股东股权竞争与股权激励存在互补效应。范登斯蒂恩（2005）认为当委托人与代理人对正确行动的先验判断存在冲突时，委托人的控制权与代理人激励之间就可能产生冲突。夏纪军、张晏（2008）在此基础上，基于中国上市公司2001～2005年面板数据的经验研究发现，大股东控制权与股权激励之间存在显著的冲突，且这种冲突与股权性质、公司成长速度有关。

通过对上述研究成果进行分析得出，若控股股东多表现为监督效应，其与股权激励之间即存在互补效应，而若控股股东多表现为侵占效应，其与股权激励之间的关系则转变为冲突。因此，笔者认为，在中国上市公司中，虽然集中的股权结构使得控股股东有较强的积极性去监督管理者，使搭便车问题得以有效解决，有利于缓解管理者与股东之间的代理冲突，从而提升公司价值，能够产生一定的激励效应（Ghosh Chinmoy and C. F. Simans, 2003），但在缺乏法律与制度保护的情况下，控股股东往往谋求尽可能大的私人收益，而且当控股股东通过多层级组织结构方式，如金字塔结构来控制上市公司时，由于控制权与现金流权的严重分离，降低了公司的信息透明度，扩大了控股股东的财富效应，导致这种利益侵占行为将更加严重（LaPorta et al.，1999；Claessens et al.，2002）。因此，提出以下假设：

H2a：在解决第一类代理问题的过程中，股权激励与控股股东超额控制存在冲突，即股权激励的边际效应随着两权分离系数的增加而递减。

H2b：在解决第二类代理问题的过程中，股权激励与控股股东超额控制存在冲突，即股权激励的边际效应随着两权分离系数的增加而递减。

30.3 研究设计

30.3.1 样本选取与数据来源

本章选择2006～2009年为研究区间，以中国沪深两市中具有金字塔结构的非金融类上市公司作为研究对象。在剔除了ST类公司、被停止上市的公司以及数据缺失的样本之后，最终每年度分别得到528个上市公司，共计2112个有效观测样本的平衡面板数据。本章使用的上市公司数据来自深圳国泰安公司开发的CSMAR数据库。

30.3.2 变量设计

1. 被解释变量的选取。（1）选取总资产周转率（AT）作为衡量第一类代理问题治理效果的计量指标。管理费用率与总资产周转率是衡量第一类代理成本的主要指标（James，2000；李寿喜，2007），管理费用率一般是反映管理者由于在职消费所引起的浪费，而总资产周转率则反映了管理者运用股东资产创造收入的能力和动力，因此，后者更能反映股东与管理层之间代理成本的高低（陈建林，2010）。因此，本章选取总资产周转率（主营业务收入/总资产）作为衡量第一类代理问题治理效果的变量，即总资产周转率越高，治理效果越好，同时，采用管理费用率进行稳健性检验。（2）选取控股股东资金侵占（TU）作为衡量第二类代理问题治理效果的计量指标。控股股东对上市公司资金侵占一般有两类主要渠道，在财务报告中体现为"应收账款"和"其他应收款"，应收账款是控股股东与上市公司信用交易形成的款项，反映了上市公司向其提供的商业信用支持，而其他应收款是其通过借贷等手段直接占用上市公司资金，是直接的侵占行为，且大多来自金字塔大股东或其交叉持股关联方的拖欠（李亚等，2009），因此，

"其他应收款"更能反映在金字塔结构下上市公司资金被占用的情况。本章选取"其他应收款/总资产"作为衡量控股股东资金侵占的变量,同时,采用"应收账款/总资产"进行稳健性检验。

2. 解释变量的选取。(1) 选取高级管理人员持股数(EI)作为股权激励的计量指标,高级管理人员包括总经理、总裁、CEO、副总经理、副总裁、董秘和年报上公布的其他管理人员。(2) 选取两权分离系数(VC),即投票权(VR)与现金流权(CR)的比值,作为控股股东超额控制的计量指标。一般而言,对于控制权的界定有两种方式:一是依据股权集中度来考察公司是否存在大股东(Claessens and Djankov,1999),其前提是用现金流权来界定控制权;二是依据控制权链条来考察公司是否存在终极控制人,即控股股东,其前提是依据投票权来界定控制权。本章认为,在金字塔结构下,投票权与现金流权的严重分离是使控股股东既有能力又有动机对上市公司以及中小股东利益进行侵害的前提。因此,结合上述两种方式,采用两权分离系数来界定控股股东超额控制。

其他变量设计如表 30 – 1 所示。

表 30 – 1　　　　　　　　　　　变量设计

变量名称	符号	变量定义
被解释变量		
总资产周转率	AT	主营业务收入/总资产
控股股东资金侵占	TU	其他应收款/总资产
解释变量		
股权激励	EI	公司高级管理层持股比例
两权分离系数	VC	投票权除以现金流权,即 VR/CR
投票权	VR	等于控制链上最小的持股比例
现金流权	CR	等于最终控制人控制链上各个控制环节持股比例的乘积
控制变量		
股权制衡度	Z	公司第一大股东与第二大股东持股比例的比值
财务杠杆	LEL	年度披露的资产负债表中的负债总额与资产总额的比值
公司规模	Siz	总资产的自然对数
所处行业	Ind	根据上证指数分类法,设置12个行业虚拟变量*

注:*分别为农、林、牧、渔业;采掘业;制造业;电力、煤气及水的生产和供应业;建筑业;交通运输、仓储业;信息技术业;批发和零售贸易;房地产业;社会服务业;传播与文化产业;综合类。

30.3.3 研究方法与模型设计

横截面数据或混合数据分析中较易出现误差项的序列相关性与异方差性等问题,为克服上述问题,本章采用面板数据分析方法来估计参数,该方法能够解决由不随时间变化的遗漏变量所产生的内生性问题,具有一定优势。为了检验股权激励与控股股东超额控制之间的关系,本章引入股权激励力度与两权分离系数的交互项,若交互项回归系数为正,则一个变量的边际效应随着另一变量的增加而递增,即两者之间存在一种互补关系;反之,若交互项回归系数为负,则一个变量的边际效应随着另一变量的增加而递减,即两者之间存在一种互替(冲突)关系。模型设计如下:

1. 第一类代理问题分析模型:

$$AT_{i,t} = \alpha + u_i + b_1 EI_{i,t} + b_2 CR_{i,t} + b_3 VR_{i,t} + b_4 VC_{i,t} + b_5 Z_{i,t} + b_6 LEL_{i,t} + b_7 Size_{i,t} + b_j \sum_{J=9}^{21} IND_{i,j} + e_{i,t} \quad (1)$$

加入股权激励与两权分离系数的交互项之后:

$$AT_{i,t} = \alpha + u_i + b_1 EI_{i,t} + b_2 EI_{i,t} \cdot VC_{i,t} + b_3 CR_{i,t} + b_4 VR_{i,t} + b_5 VC_{i,t} + b_6 Z_{i,t} + b_7 LEL_{i,t} + b_8 Size_{i,t} + b_j \sum_{J=9}^{21} IND_{i,j} + e_{i,t} \quad (2)$$

2. 第二类代理问题分析模型:

$$TU_{i,t} = \alpha + u_i + b_1 EI_{i,t} + b_2 CR_{i,t} + b_3 VR_{i,t} + b_4 VC_{i,t} + b_5 Z_{i,t} + b_6 LEL_{i,t} + b_7 Size_{i,t} + b_j \sum_{J=9}^{21} IND_{i,j} + e_{i,t} \quad (3)$$

加入股权激励与两权分离系数的交互项之后:

$$TU_{i,t} = \alpha + u_i + b_1 EI_{i,t} + b_2 EI_{i,t} \cdot VC_{i,t} + b_3 CR_{i,t} + b_4 VR_{i,t} + b_5 VC_{i,t} + b_6 Z_{i,t} + b_7 LEL_{i,t} + b_8 Size_{i,t} + b_j \sum_{J=9}^{21} IND_{i,j} + e_{i,t} \quad (4)$$

数据基本分析使用的是 SPSS16.0,面板数据分析采用的是 Stata10.0。

30.4 实证结果分析

30.4.1 描述性统计分析

如表 30-2 所示,样本公司控股股东的投票权(VR)均值均在 37% 以上,且现金流权与投票权的分离系数(VR/CR)均值在 1.46 倍,最大值达到 20.88

倍，说明其存在严重的两权分离，呈现出明显的金字塔结构。但自2006年以来，两权分离系数均值呈下降趋势，其最大值也从20.88下降到了9.04，表明中国上市公司股权结构正在趋于优化。股权激励力度并没有显现出明显的攀升趋势，这与2006年之后推出股权激励的上市公司多数未被获批或推迟行权有关。

表30-2 主要变量的描述性统计

变量 年度	股权激励（EI,%）			投票权（VR,%）			现金流权（CR,%）			两权分离（VR/CR）		
	Min	Max	Mean	Min	Max	Mean	Min	Max	Mean	Min	Max	Mean
2006	0.00	27.86	0.43	7.07	84.5	38.80	0.54	84.5	32.92	1	20.88	1.50
2007	0.00	31.11	0.78	8.02	83.83	37.52	1.46	83.83	31.18	1	11.44	1.49
2008	0.00	28.33	0.55	9.23	82.16	38.78	1.86	82.16	32.55	1	10.12	1.41
2009	0.00	27.12	0.47	4.55	78.94	38.70	1.14	78.94	32.40	1	9.04	1.44
总体	0.00	31.11	0.56	4.55	84.5	38.45	0.54	84.5	32.26	1	20.88	1.46

30.4.2 面板数据分析

表30-3是第一类代理问题分析模型的回归结果。其中第Ⅰ列是对上市公司总体进行回归，第Ⅱ列与第Ⅲ列是分别对国有控股以及非国有控制上市公司[①]进行回归分析，每一列分别对模型①与模型②进行检验。在第一列模型①的分析结果中，股权激励的系数显著为正，说明其对于第一类代理问题具有明显的治理效应，H1a得到证实。在对模型②的检验中，股权激励与两权分离系数的交互项系数为负，但不显著，说明两者不存在显著的冲突，拒绝H2a。在对国有控股上市公司的回归分析结果中，股权激励效应并不显著，但当加入股权激励与两权分离系数的交互项之后，股权激励系数由正转负，表明在国有控股上市公司中股权激励效应之所以未能显现，除与国有控股上市股权激励力度普遍较低有关之外，在某种程度上也可以归结为股权激励与金字塔结构之间的冲突，即控股股东超额控制对股权激励效应发挥的抑制作用。在现实中，我国国有上市公司中普遍存在公司高管完全独立于控股股东的混合型治理模式（陈仕华、郑文全，2010），加之其严重的治理缺陷与僵化的管理机制以及政府在企业发展战略和投资决策中的影响力，导致了控股股东对股权激励的冲突更为明显。在非国有控股上市公司中，股权激励效应得到显现，但股权激励与两权分离系数的交互系数并不显著。更值得关注的是，投票权与代理效率呈显著的正相关关系，表明在非国有控股上市公

---

① 根据上市公司实际控制人的股权性质来确定，国有控股上市公司主要为中央直属、国资委控股、地方政府控股的公司，非国有控股上市公司包括民营法人控股与个人控股。

司中，控股股东具有较强的激励性来监督管理层，体现出一定的监督效应，作为约束机制的重要组成部分与股权激励在某种程度上能够形成互补关系，这对股权激励与两权分离的冲突效应不显著也是一种验证。

表30-3　　　　　　　股权激励在解决第一类代理问题中的效应检验

总资产周转率	I ①	I ②	II ①	II ②	III ①	III ②
股权激励	6.473* (5.055)	2.120* (6.877)	11.071 (11.041)	-2.690 (11.372)	2.909* (5.499)	4.591* (9.480)
股权激励*两权分离系数		-3.108 (4.383)		-9.510 (10.035)		-1.215 (3.529)
两权分离·系数	-0.105 (0.091)	-0.109 (0.093)	0.055 (0.397)	-0.048 (0.441)	-0.031 (0.066)	-0.029 (0.066)
投票权	-2.496 (2.270)	-2.271 (2.541)	-8.968* (5.279)	-9.194* (5.357)	2.369* (1.498)	2.328* (1.519)
现金流权	3.411** (2.135)	3.447** (2.137)	-5.708 (5.197)	-5.897 (5.276)	2.451* (1.611)	2.408* (1.640)
股权制衡度	0.003 (0.003)	0.003 (0.003)	0.003* (0.002)	0.003* (0.002)	0.003 (0.004)	0.003 (0.004)
财务杠杆	-0.151 (0.329)	-0.141 (0.330)	-1.663 (1.357)	-1.647 (1.352)	0.569 (0.391)	0.566 (0.391)
公司规模	-0.443*** (0.159)	-0.445*** 0.159	0.950*** (0.271)	0.955*** (0.273)	0.791*** (0.145)	0.790*** (0.145)
F/Wald检验	F=2.61 P=0.01	F=2.28 P=0.02	chi2=14.76 P=0.03	chi2=14.90 P=0.06	chi2=44.45 P=0.00	chi2=44.58 p=0.00
Hausman检验	P=0.00 <0.05 (FE)	P=0.00 <0.05 (FE)	P=0.43 >0.05 (RE)	P=0.77 >0.05 (RE)	chi2(7) <0 (RE)	P=0.36 >0.05 (RE)
样本数量	2112		606		1506	

注：***、**、*分别表示1%、5%、10%的显著性水平，括号内为标准差（se）；Hausman检验：P大于0.05则接受原假设，意味着模型为RE模型；否则拒绝原假设，采用FE模型；对Hausman设定检验无法判别的模型，采用RE模型；本表未报告常数项与行业虚拟变量的回归系数。

表30-4报告了第二类代理问题分析模型的回归结果。其中第Ⅰ列是对上市公司总体进行回归，第Ⅱ列与第Ⅲ列是对国有控股以及非国有控制上市公司进行回归分析，每一列分别对模型③与模型④进行检验。由第Ⅰ列可知，股权激励的系数为负，表明了其对控股股东资源侵占呈负向关系，但不显著，H1b 未得到证实，但股权激励与两权分离系数的交互项系数显著为负，说明两者存在明显的冲突，即股权激励的边际效应随着两权分离系数的增加而递减，H2b 得到证实。此外，由实证结果可知，投票权与两权分离是产生控股股东侵占的最主要原因，而现金流权却与之呈显著的负相关关系，这与现实基本一致——现金流权代表了控股股东从上市公司中所获得的利益，而投票权则代表了其对企业决策的影响程度（La Porta et al., 1999），因此，投票权越大，现金流权越小，控股股东越有可能损害公司利益。该结论进一步解释了股权激励效应在第二类代理问题中不明显的可能原因，即受到控股股东超额控制的严重制约。在非国有控股上市公司中，两权分离与股权激励存在明显冲突，同时投票权对于控股股东侵占存在显著的促进作用，说明控股股东的侵占效应也较为明显，与表30-3结果相结合，可以得出，控股股东在非国有控股上市公司中的确扮演双重角色。

表30-4　　　　　股权激励在解决第二代理问题中的效应检验

控股股东资金侵占	Ⅰ		Ⅱ		Ⅲ	
	③	④	③	④	③	④
股权激励	-0.018 (0.085)	-0.061 (0.151)	0.092 (0.143)	-0.0843 (0.14857)	0.005 (0.110)	0.039 (0.213)
股权激励*两权分离系数		-0.031* (0.052)		-0.021 (0.045)		-0.024* (0.079)
两权分离系数	0.007* (0.004)	0.007* (0.004)	0.001 (0.003)	0.001 (0.003)	0.007* (0.005)	0.007* (0.005)
投票权	0.087*** (0.031)	0.086*** (0.031)	-0.028 (0.023)	-0.029 (0.023)	0.095** (0.037)	0.094** (0.037)
现金流权	-0.067** (0.033)	-0.066** (0.033)	0.032 (0.037)	0.033 (0.037)	-0.065* (0.038)	-0.064* (0.038)
股权制衡度	-3.03e-06 (0.000)	-3.13e-06 (0.000)	0.000 (0.000)	0.000 (0.000)	-5.76e-06 (0.0000)	-5.96e-06 (0.0000)
财务杠杆	0.066** (0.027)	0.066** (0.027)	0.013*** (0.005)	0.013*** (0.005)	0.089** (0.036)	0.089** (0.036)

续表

控股股东资金侵占	I		II		III	
	③	④	③	④	③	④
公司规模	-0.012** (0.002)	-0.0129** (0.002)	-0.003** (0.002)	-0.003** (0.002)	-0.014*** (0.003)	-0.014*** (0.003)
F/Wald 检验	chi2 = 566.71 P = 0.00	chi2 = 574.53 P = 0.00	chi2 = 15.32 P = 0.03	chi2 = 15.33 P = 0.03	chi2 = 47.32 P = 0.00	chi2 = 47.69 P = 0.00
Hausman 检验	P = 0.49 > 0.05 (RE)	P = 0.59 > 0.05 (RE)	P = 0.84 > 0.05 (RE)	P = 0.93 > 0.05 (RE)	P = 0.85 > 0.05 (RE)	P = 0.90 > 0.05 (RE)
样本数量	2112		606		1506	

30.4.3 稳健性检验

为保证研究结论的可靠性，分别采用"管理费用/营业收入"与"应收账款/总资产"作为第一类代理问题与第二类代理问题治理效果的替代变量进行稳健性检验，所得结果与结论基本一致。

30.5 结论与政策建议

本章在双重治理关系分析框架下，运用2006～2009年中国上市公司平衡面板数据对股权激励的双重效应以及股权激励与控股股东的关系进行了实证检验，主要结论如下：股权激励对于第一类委托代理问题具有显著的正向效应，股权激励与控股股东超额控制之间存在冲突，但并不明显；股权激励对第二类代理问题的治理效应并未显现，但股权激励与控股股东超额控制存在显著冲突，即在解决代理问题的过程中，股权激励的边际效应随着两权分离系数的增加而递减，这也可作为对其效应未显现的解释；股权性质能够影响股权激励与控股股东不同效应的体现以及两者的关系，在国有控股上市公司中普遍存在集代理问题与剥夺问题于一体的混合型治理难题，而在非国有控股上市公司中，控股股东的监督效应与侵占效应并存。本章的局限性在于对两类代理问题治理效果的计量指标仍需继续完善，如非公允关联交易等行为也是第二类代理问题的表现，在今后的研究中应加以考虑。根据本章的研究结论，对于中国上市公司完善公司治理提供以下政策建议。

1. 在投资者保护程度较低的背景下，通过股权激励实现利益主体之间的权力制衡，重构控制权配置方式，从而抑制控股股东侵占行为。

2. 通过多种内生途径提高金字塔结构下控股股东的掠夺成本,降低其侵占效应并强化其监督效应,使股权激励效应得到真正体现。

3. 为了应对混合型治理难题,国有控股上市公司应积极推行股权激励,并进一步营造股权激励机制发挥效用的良好环境。国有控股上市公司的多重代理链条使得其监督力度和效率逐次降低,给代理人留下了谋求个人目标多元化的空间。国企高管的薪酬激励制度一直是关注的焦点,而在探索过程中采用的如年金等中长期激励均具有福利性质,只有股权激励才是集激励与约束为一体,为其代理链责任衰减与成本增加等问题提供有效应对的有效措施。但国有股权激励改革进展一直较为缓慢,且面临着诸多如董事会的约束不足,内部人控制等具体障碍,应采取相应对策:一是选择合适的激励模式。如限制性股票适合在竞争力强、业绩稳定的企业中应用,而国有控股上市公司大多具备该模式的适用条件;二是由注册会计师等专业机构做出专项审计,按照专项审计的结果决定国有控股上市公司股权激励计划的制订与实施;三是建立业绩考核体系,确定科学的业绩考核指标体系和恰当的业绩考核标准,并聘请专业人士协助;四是对国企经理人选聘实行优胜劣汰的市场机制,在外部的竞争压力下,股权激励才能实现其真正成效。

参 考 文 献

1. Berle, A. and G. Means, The modern corporation and private property, New York: MacMillan. 1932.

2. Claessens, S., S. Djankov, J. P. Fan and L. H. Lang, Disentangling the incentive and entrenchment effects of large shareholdings, Journal of Finance, 2002, 57 (6): 2741 - 2771.

3. Core, J. and W. Guay, The use of equity grants to manage optimal equity incentive levels, Journal of Accounting and Economics, 1999, 28 (2): 151 - 184.

4. Khanna T, Rivkin J W. Estimating the performance effects of business groups in emerging markets. Strategic management journal, 2001, 22 (1): 45 - 74.

5. Jensen, M. C. and W. H. Meckling, Theory of the firm: managerial behavior, agency costs and ownership structure, Journal of Financial Economics, 1976, 3 (4): 305 - 360.

6. La porta, R., F. Lopez-de-silanes and A. Shleifer, Corporate ownership around the world, Journal of Finance, 1999, 54 (2): 471 - 517.

7. La Porta, R., F. Lopez-de - Silanes, A. Shleifer and R. Vishny, Law and finance, Journal of Political Economy, 1998, 106 (6): 1113 - 1155.

8. La Porta, R., F. Lopez-de - Silanes, A. Shleifer and R. Vishny, Investor protection and corporate governance, Journal of Financial Economics, 2000, 58 (1 - 2): 3 - 27.

9. Lemmon, M. L. and K. V. Lins, Ownership structure, corporate governance, and firm value: evidence from the East Asian financial crisis, Journal of Finance, 2003, 58 (4): 1445 - 1468.

10. Shleifer, A. and T. W. Vishny, A survey of corporate governance, Journal of Finance, 1997, 52（2）: 737 – 783.

11. 陈仕华、郑文全：《公司治理理论的最新进展：一个新的分析框架》，载《管理世界》2010 年第 2 期。

12. 陈建林：《家族企业高官薪酬机制对代理成本影响的实证分析》，载《经济管理》2010 年第 4 期。

13. 丑建忠、黄志忠、谢军：《股权激励能够抑制大股东掏空吗?》，载《经济管理》2008 年第 17 期。

14. 邓健：《双重治理关系的权衡分析》，载《管理世界》2009 年第 2 期。

15. 郝臣：《中国上市公司治理案例》，中国发展出版社 2009 年版。

16. 李亚：《民营企业公司治理实务与案例》，中国发展出版社 2009 年版。

17. 李寿喜：《产权、代理成本和代理效率》，载《经济研究》2007 年第 1 期。

18. 李增泉、辛显刚、于旭辉：《金融发展、债务融资约束与金字塔结构——来自民营企业集团的证据》，载《管理世界》2008 年第 1 期。

19. 夏纪军、张晏：《控股权与激励的冲突——兼对股权激励有效性的实证分析》，载《经济研究》2008 年第 3 期。

20. 王季：《控制权配置与公司治理效率——基于我国民营上市公司的实证分析》，载《经济管理》2009 年第 8 期。

21. 周建、刘小元、于伟：《公司治理机制互动的实证研究》，载《管理科学》2008 年第 1 期。

22. 周建波、孙菊生：《经营者股权激励的治理效应研究——来自中国上市公司的经验证据》，载《经济研究》2003 年第 5 期。

第 31 章

监事股权激励、合谋倾向与公司治理约束*

授予监事股权激励究竟能够提高其监督积极性，还是导致其独立性削弱从而增加合谋风险？本章从公司治理整合视角出发，运用 2006~2009 年中国上市公司的面板数据对监事股权激励效应进行了实证检验。经研究发现，由监事股权激励所引致的双向合谋风险在实践中并未显现；相反，却在债权融资约束与独立董事监督的调节作用下，监事股权激励与第一类代理成本呈显著的负相关关系，抑制了监事与代理人之间的合谋倾向；并且在股权制衡度的调节作用下，对第二类代理问题也具有显著的治理效应，抑制了监事与委托人之间的合谋倾向。由此可知，监事股权激励并非引致合谋的真正缘由，公司治理约束机制的完善才是实现监事股权激励效应并有效规避合谋风险的前提与保障。

31.1 引　言

以股权分置改革为契机，中国上市公司开始了对股权激励的探索与推进。而在制度环境尚待成熟的背景下，激励对象的合理甄选是股权激励效应得以实现的前提。为确保监事独立性，2008 年公布的《股权激励有关事项备忘录 2 号》明确将监事排除在激励对象范围之外①。该项政策中止了多家公司的股权激励计划，也随之引起诸多上市公司监事的调整②。而该制度变革及其影响背后所映射的理论问题，即"股权激励在提高监事积极性与削弱其独立性两种效应之间的冲突"，

---

* 本章内容发表在《经济管理》2012 年第 1 期。
　① 2006 年《上市公司股权激励管理办法（试行）》规定，股权激励对象原则上限于上市公司董事、监事、高级管理人员、核心技术（业务）人员，以及公司认为应当激励的其他员工，但不应当包括独立董事。2008 年《股权激励有关事项备忘录 2 号》规定，为确保上市公司监事独立性，充分发挥其监督作用，上市公司监事不得成为股权激励对象。
　② 目前上市公司监事会部分成员属于核心技术人员和管理骨干，但由于身兼公司监事之职，则无法列入股权激励对象。鉴于此，部分拟推行或已推出股权激励草案的公司出现监事辞职现象，如金智科技（002090）一名监事提出辞职，而在董事会通过的股权激励草案中，已辞职监事以人力资源部经理身份出现在股权激励对象名单中。

成为国内外学者关注的焦点。

在以英国、美国为代表的"一元模式"公司治理体系中,独立董事或者审计委员会成员等在公司经营运作中具有独立性特征并且承担监督与约束职能,那么此类主体是否应该成为股权激励惠及的对象?有关该问题的争论一直不绝于耳。2008年蔓延全球的金融危机再次凸显了对上述主体进行股权激励而引起的合谋风险。多数学者也通过实证分析证实了该类风险的存在,如被授予股权激励的审计委员会成员将更多地偏向于管理层(Persellin, 2009),授予审计委员会成员股权激励的公司较其他公司更有可能会出现财务报表失真与内部控制问题(Archambeault et al., 2008; Cullinan et al., 2010)。中国公司治理体系设计在模式上更接近于大陆法系的"二元模式",即采用独立董事与监事会并存的双重监督模式。基于监事的特殊性质,学术界对于其激励机制的探索正逐步推进。监事股权激励的积极作用已被多数学者所认同,南开大学公司治理评价系统采用监事持股状况作为监事胜任能力的子因素(王世权,李维安,2009)。然而,也有学者发现,监事股权激励并不能显著提高其监督动机,反而可能会引致合谋风险。

本章认为,已有研究单纯就监事股权激励与公司绩效或价值的关系进行的实证检验具有外生局限性,应从公司治理整合视角出发,加入适当的调节变量以探究监事股权激励的作用机理。鉴于此,运用2006~2009年中国上市公司的平衡面板数据对监事股权激励与两类代理成本的关联性进行实证检验,并加入监事股权激励与其他治理机制的交互项,以考察在公司治理约束条件下,监事股权激励究竟是能够提高监事积极性而成为解决代理问题的手段,还是由于引致合谋而成为代理问题的来源?本研究突破了从单一角度来研究监事股权激励效应的局限,对公司治理两大手段——激励与约束之间的关系进行重新诠释,以期为中国上市公司股权激励制度的推行与监事制度的完善提供有益参考。

31.2 文献回顾与研究假设

31.2.1 相关文献回顾

同其他治理机制一样,监事会制度也是权力制衡的产物,其治理功能可体现在对两类代理成本的控制上——既包括降低经营者道德风险、防止单层制董事会结构中董事会决策功能和监督功能的冲突,也包括减少大股东对经营者的过度干预和对小股东的剥夺(卿石松,2009)。但从上市公司的运行实践来看,由于缺乏进行监督活动的动机,监事会监督功能薄弱也已成为共识(李维安、王世权,2005;刘善敏,2008)。

有学者提出，要使监事勤勉尽责，必须通过建立有效的激励手段。卡夫曼和拉维（Kofman and Lawarree, 1993）的研究表明，在监督人和代理人处于平行关系这种体制下的合谋难以防范，根据等价原理，委托人可以通过授权（分权）将监督人变成一个独立的剩余索取者或者部分的剩余索取者以防范这种平行合谋。以此为基础，拉芳特和盖森（Laffont and N'Guessan, 2003）提出，监督人监督职能的有效发挥与激励水平密切相关，提高对监督者的激励是避免监督者与管理层合谋牟取公司利益的方法之一。国内学者也提出，授予监事剩余索取权会在一定程度上激发公司监事积极行使监督权的动机，如引进股票期权制度（吴启忠，2008），增加监事持股比例等（卿石松，2009）。然而，也有学者经实证检验发现，监事股权激励并不能起到预期效应，如监事持股比例与公司经营绩效不存在显著的正相关关系（石水平、林斌，2007），持有股份的监事比例、监事会主席是否持股等与代理成本无显著关系（高雷、宋顺林，2007），监事会成员持股状况与财务监督水平等监事会治理效应之间不存在显著关系（高菲等，2009）。更为严重的是，监事作为理性经济人，其利益并非总是与委托人利益相一致，有可能被代理人收买，与经营者合谋损害委托人利益（Tirole, 1986），或者与大股东合谋侵害中小股东利益（Vafai, 2005），即产生双向的合谋倾向。由于这种双向合谋倾向的存在，有些学者们认为，授予监事股权激励会降低其独立性从而引致合谋。考虑到该类风险，政策制定者也通过政策的调整将监事排除在激励对象范围之外。

31.2.2 公司治理整合视角与假设提出

然而，在公司治理体系中存在多种的治理机制，它们不仅在作用权重程度上有所不同，也存在替代或者互补的关系。乐迪科和赛斯（Rediker and Seth, 1995）通过运用传统的成本效益分析方法，引入了"治理机制约束"的概念，认为治理绩效取决于多个公司治理机制的组合而不是任何单一的公司治理机制。在此基础上，国内学者郑志刚（2004）提出治理整合理论，指出由于现代公司中委托代理链条信息分布的非对称性，单一治理机制的边际效用呈递减趋势，甚至会产生因滥用或失控等导致的负面效应，因此，单个机制所达到的实际效率总是次优的。援引该理论的要义，股权激励作为一种重要的治理机制存在于复杂的公司系统中，并不是孤立存在而单独发挥作用的；徐宁、徐向艺（2010）经实证研究指出，债务融资约束、独立董事监督与大股东治理等内生性因素对股权激励契约合理性的实现具有显著的影响，为公司治理机制整合理论提供了新的经验证据。同样，考察监事股权激励效应，也应从公司治理整合视角出发，加入适当的治理机制调节变量，综合分析多种因素的互动对其效应产生的影响。本章认为，在公司治理机制体系中，经营层激励、独立董事监督、股权制衡度与债权融资约束等因素由于其各自的特殊功能，对于监事股权激励所引致的双向合谋倾向可能会具有显著的抑制作用，使监事股权激励的积极效应得以体现。

1. 监事股权激励与经营层激励。随着资本市场的发展，经营层激励作为一种解决代理问题的重要工具被广泛采用，正向效应逐步显现（徐向艺、徐宁，2010）。根据利益趋同假说，经营层激励力度的增加可以使代理人利益与公司利益趋于一致，从而使其对决策进行判断与选择性拒绝的可能性增大，即支持正确决策的动力与能力得以加强，而对于非正确决策的抵触效应也随之增大。有学者认为，经营层激励的上述正向效应同样可以作用于第二类代理问题，即减弱对大股东侵占公司利益行为的支持力度，从而抑制大股东壕沟效应（Van den Steen，2005）。由此推断，经营层激励能够在一定程度上降低监事与代理人之间、监事与委托人之间的双向合谋。因此，提出以下假设：

H1：经营层激励对监事股权激励可能引致的双向合谋倾向具有抑制作用，即在经营层激励的调节作用下，监事股权激励与两类代理成本负相关。

2. 监事股权激励与独立董事监督。委托人随机雇佣第二个监督人，或者将监督任务在两个监督者之间进行分割，同样可以阻止监督者与代理人之间的合谋（Kofman and Lawarree，1993；Laffont and Martimort，1999）。我国公司治理采用的便是独立董事与监事会并存的双重监督模式。国内学者对于监事会与独立董事两者职能冲突的深层次原因、现实表现上的认知差异等问题，尚未达成共识，存在着"互补说"和"冲突说"的争论。王世权、李维安（2009）认为，两者之间的相互补充体现在，监事会侧重于股份公司内部监控，独立董事更侧重于上市公司的外部监控，而相互竞争关系体现在，股东可以利用独立董事提供的信息加强对经营者监督的同时，也可以用来验证监事会所提供信息的准确性。因此，不论何种关系占主导地位，独立董事的有效监督均会使监事会合谋的交易成本随之增加，从而提出以下假设：

H2：独立董事监督对监事股权激励可能引致的双向合谋倾向具有抑制作用，即在独立董事监督的调节作用下，监事股权激励与两类代理成本负相关。

3. 监事股权激励与股权制衡度。由于大股东掌握中小股东难以知晓的内部信息，并能以较小的现金流权实现对所有权关系链上企业的控制，使其具有侵占公司财富而获取控制权私有收益的动机与能力，也可能对股权激励效应以及监事会治理效应的体现产生抑制作用，因此，形成前几大股东相互制衡的股权结构是监事股权激励得以有效实施的前提。李维安、王世权（2005）依据所设计的监事会治理绩效评价指标体系，通过实证检验指出，上市公司若想从根本上解决监事会虚置问题，必须要以优化股权结构为突破口。在此基础上，李维安等（2006）以931家上市公司为样本进行实证分析，发现股权竞争度与监事会治理水平成正比，再次提出上市公司构建相互制衡的垄断竞争型股权结构更有利于监事会治理绩效的改善。由此可知，股权制衡度对监事合谋具有制约作用。因此，提出以下假设：

H3：股权制衡度对监事股权激励可能引致的双向合谋倾向具有抑制作用，即在股权制衡度的调节作用下，监事股权激励与两类代理成本负相关。

4. 监事股权激励与债权融资约束。债权具有能使控制权从经理人转移到债权人的特征，从而成为解决代理问题的重要机制之一（郑志刚，2007）。相对于股权融资，债权融资是一种硬性约束，因为债权人的收益权受到法律契约的保护，本金和利息必须按期返还。近年来，随着中国资本市场中破产机制和退市机制的不断完善，债权融资对上市公司的治理作用显著加强。债权人对上市公司的监督作用成为监事会治理的重要补充。因而在债权人的监督作用下，监事因获得股权而产生的合谋倾向会大大削弱，而监事股权激励所带来的正向作用将得以加强，因此，提出以下假设：

H4：债权融资约束对监事股权激励可能引致的双向合谋倾向具有抑制作用，即在债权融资约束的调节作用下，监事股权激励与两类代理成本负相关。

31.3 研究设计

31.3.1 样本选取与数据来源

股权分置改革为中国资本市场的稳定发展奠定了良好的基础，也为股权激励的推行扫清了制度层面的障碍，证监会于2005年12月31日颁布的《上市公司股权激励管理办法（试行）》标志着股权激励制度正式引入中国。因此，本章以中国沪深两市中的上市公司作为研究对象，并选择2006～2009年作为研究区间。在研究样本中，分别剔除了金融类公司，同时发行B股或H股、被停止上市的公司、ST/*ST类公司以及数据缺失的公司，每年度最终分别得到505家上市公司的截面数据，4年共计2020个有效观测样本的平衡面板数据。上述上市公司数据均来自于深圳国泰安公司开发的CSMAR数据库。

31.3.2 变量设计

本章选取两类代理成本作为衡量双向合谋倾向的因变量。对于第一类代理成本，总资产周转率是被广泛认同的主要操作变量（James，2000；李寿喜，2007），它反映了管理者运用股东资产创造收入的能力和动力，更能反映股东与管理层之间代理成本的高低（陈建林，2010）。因此，本章选用总资产周转率（主营业务收入/总资产）衡量第一类代理成本，总资产周转率越低，代理成本越高；控股股东资金侵占则是普遍采用的衡量第二类代理成本的计量指标，一般有"应收账款"和"其他应收款"两类主要渠道，而其他应收款是控股股东通过借贷等手段直接占用上市公司资金，更能反映上市公司资金被占用的情况（李亚等，2009）。本章选取"其他应收款/总资产"作为衡量第二类代理成本的操作变量，该比例越高，代理成本越高。

本章所涉及的所有变量定义及计算方式如表31-1所示。

表31-1 变量设计

变量名称	符号	变量定义与计算方式
因变量		
代理成本Ⅰ	ACⅠ	总资产周转率，即年报中披露的主营业务收入/总资产
代理成本Ⅱ	ACⅡ	年报中披露的其他应收款/主营业务收入
自变量		
监事股权激励	SI	公司年末监事会成员持股总数与总股份的比值
经营层激励	EI	公司年末经营者持股数与总股份的比值，经营者包括总经理、总裁、CEO、副总经理、副总裁、董秘和年报上公布的其他管理人员
独立董事监督	ID	公司年末独立董事人数占董事会总人数的比例
股权制衡度	Z	公司第2、3、4、5位股东股权之和与第一大股东股权比例的比值
债权融资约束	LEV	年度披露的资产负债表中的负债总额与资产总额的比值
控制变量		
股权属性	OW	哑变量。实际控制人为国有，取值为1，非国有取值为0
两权分离度	CV	控制权与现金流量权的偏离，衡量控制性股东的侵占效应程度
公司规模	Size	总资产的自然对数
所处行业	IND	根据上证指数分类法*，设置11个行业虚拟变量

注：*除金融业之外，分别为农、林、牧、渔业，采掘业，制造业，电力、煤气及水的生产和供应业，建筑业，交通运输、仓储业，信息技术业，批发和零售贸易，房地产业，社会服务业，传播与文化产业，综合类。

31.3.3 研究方法

为解决由不随时间变化的遗漏变量所产生的内生性问题，本章采用面板数据分析方法来估计参数。同时引入监事股权激励与其他治理机制之间的交互项来验证调节变量的有效性。以被解释变量为第一类代理成本（ACI）为例，模型设计如下：

1. 未加入交互项的模型：

$$ACI_{i,t} = \alpha + u_i + b_1 SI_{i,t} + b_2 EI_{i,t} + b_3 ID_{i,t} + b_4 Z_{i,t} + b_5 LEV_{i,t} + b_6 CV_{i,t}$$
$$+ b_7 OW_{i,t} + b_8 Size_{i,t} + b_j \sum_{J=9}^{19} IND_{i,t} + e_{i,t}$$

2. 依次加入交互项的模型：

$$ACI_{i,t} = \alpha + u_i + b_1 SI_{i,t} + b_2 SI_{i,t} \times EI_{i,t} + b_3 EI_{i,t} + b_4 ID_{i,t} + b_5 Z_{i,t} + b_6 LEV_{i,t}$$
$$+ b_7 CV_{i,t} + b_8 OW_{i,t} + b_9 Size_{i,t} + b_j \sum_{J=10}^{20} IND_{i,t} + e_{i,t}$$

$$ACI_{i,t} = \alpha + u_i + b_1 SI_{i,t} + b_2 SI_{i,t} \times ID_{i,t} + b_3 EI_{i,t} + b_4 ID_{i,t} + b_5 Z_{i,t}$$
$$+ b_6 LEV_{i,t} + b_7 CV_{i,t} + b_8 OW_{i,t} + b_9 Size_{i,t} + b_j \sum_{J=10}^{20} IND_{i,t} + e_{i,t}$$

$$ACI_{i,t} = \alpha + u_i + b_1 SI_{i,t} + b_2 SI_{i,t} \times Z_{i,t} + b_3 EI_{i,t} + b_4 ID_{i,t} + b_5 Z_{i,t}$$
$$+ b_6 LEV_{i,t} + b_7 CV_{i,t} + b_8 OW_{i,t} + b_9 Size_{i,t} + b_j \sum_{J=10}^{20} IND_{i,t} + e_{i,t}$$

$$ACI_{i,t} = \alpha + u_i + b_1 SI_{i,t} + b_2 SI_{i,t} \times LEV_{i,t} + b_3 EI_{i,t} + b_4 ID_{i,t} + b_5 Z_{i,t}$$
$$+ b_6 LEV_{i,t} + b_7 CV_{i,t} + b_8 OW_{i,t} + b_9 Size_{i,t} + b_j \sum_{J=10}^{20} IND_{i,t} + e_{i,t}$$

3. 加入全部交互项：

$$ACI_{i,t} = \alpha + u_i + b_1 SI_{i,t} + b_2 SI_{i,t} \times EI_{i,t} + b_3 SI_{i,t} \times ID_{i,t} + b_4 SI_{i,t} \times Z_{i,t}$$
$$+ b_5 SI_{i,t} \times LEV_{i,t} + b_6 EI_{i,t} + b_7 BI_{i,t} + b_8 Z_{i,t} + b_9 LEV_{i,t}$$
$$+ b_{10} CV_{i,t} + b_{11} OW_{i,t} + b_{12} Size_{i,t} + b_j \sum_{J=13}^{23} IND_{i,t} + e_{i,t} b_i e_{i,t}$$

在各模型中，i 表示横截面的个体；t 表示时间；α 表示截距项；表示随机干扰项，（$i=1,2,\cdots,n$）为模型回归系数。上述各模型编号依次为 I-1，I-2，…，I-6，被解释变量为第二类代理成本（ACII）时，编号依次为 II-1，II-2，…，II-6，在此省略。数据基本分析使用的是 Excel 与 SPSS16.0，面板数据分析采用的是 Stata10.0。

31.4 实证结果分析

31.4.1 描述性统计

表 31-2 是对主要变量进行的描述性统计。监事股权激励的平均值与最大值

均逐渐递减,从2006年的0.001与0.315变成2009年的0.0002与0.022,而股权激励对象范围的政策性调整是该趋势得以产生的重要外部原因之一,即2006年之前执行的管理层持股等激励计划均未将监事排除在外,而2008年股权激励新规导致的包含监事会成员的方案均被驳回且重新修改。经营层激励的变化未呈现出明显的攀升趋势,这与2006年之后推出股权激励的上市公司多数未被获批或推迟行权有关。两者相对比,可以看出,上市公司普遍对于监事的激励力度较小。独立董事比例的均值呈稳定增长的态势,新《公司法》对独立董事设置的要求以及理论界与实践界对独立董事作用的广泛认知是主要促进因素。同时,股权制衡程度在2007~2009年呈递增状态,股权结构进一步优化,从股权结构方面彰显了2007年证监会开展加强上市公司公式治理专项活动的作用。债权融资比例的均值在0.5左右,体现了中国上市公司资本结构的整体合理性。

表 31-2　　主要变量的描述性统计

变量\项目	2006年			2007年			2008年			2009年		
	Min	Max	Mean	Min	Max	Mean	Min	Max	Mean	Min	Max	Mean
监事股权激励	0.000	0.315	0.001	0.000	0.197	0.0008	0.000	0.031	0.0004	0.000	0.022	0.0002
经营层激励	0.000	0.279	0.004	0.000	0.311	0.008	0.000	0.283	0.0053	0.000	0.271	0.005
独立董事监督	0.111	0.600	0.352	0.167	0.600	0.360	0.140	0.570	0.360	0.147	0.571	0.364
股权制衡度	0.008	3.181	0.762	0.010	2.891	0.682	0.010	2.891	0.690	0.011	2.883	0.696
债权融资约束	0.040	3.360	0.510	0.05	2.400	0.510	0.05	1.88	0.510	0.037	6.547	0.570

31.4.2　面板数据分析结果

表31-3报告了监事股权激励与第一类代理成本关联性的检验结果,从而反映出监事股权激励对于监事与代理人(经理层)之间的合谋倾向是否具有促进作用。由其可知,在未加入任何交互项之前,监事股权激励与第一类代理成本之间并未呈现出显著的相关关系,但从符号判断,监事与代理人可能存在潜在合谋。当逐步加入经营层激励、独立董事监督、股权制衡度等调节变量后,该结果并未发生变化,但当加入债权融资约束调节变量后,监事股权激励的系数变为正值,且在0.05的显著性水平上显著,这说明监事股权激励越高,总资产周转率越高,

第一类代理成本越低,即在债权融资约束的调节作用下,监事股权激励与第一类代理成本之间呈显著的负相关关系。由此推断,在解决第一类代理问题的过程中,债权融资约束对监事合谋倾向有抑制作用。当加入所有交互项之后,独立董事监督的调节作用也得到显现。由此可知,在独立董事监督与债权融资约束的共同作用下,监事股权激励并未增加监事与代理人之间的合谋风险,相反,却对第一类代理问题产生了明显的治理效应。

表31-3　　监事股权激励与第一类代理成本关联性的检验结果

因变量：代理成本I	(I-1)	(I-2)	(I-3)	(I-4)	(I-5)	(I-6)
监事股权激励	-0.03 (0.09)	-0.02 (0.08)	-0.34 (0.41)	-0.08 (0.44)	1.14** (0.47)	0.54* (0.71)
监事股权激励*经营层激励		-4.61 (5.92)				1.79 (6.47)
监事股权激励*独立董事监督			0.86 (1.00)			2.50* (1.54)
监事股权激励*股权制衡度				0.15 (1.49)		-0.39 (1.65)
监事股权激励*债权融资约束					-13.54** (5.72)	-15.62*** (5.52)
经营层激励	0.06 (0.09)	0.07 (0.10)	0.06 (0.09)	0.06 (0.09)	0.07 (0.09)	0.07 (0.10)
独立董事监督	0.01 (0.04)	0.01 (0.04)	0.01 (0.04)	0.01 (0.04)	0.01 (0.04)	0.01 (0.04)
股权制衡度	-0.002 (0.015)	-0.002 (0.015)	-0.003 (0.015)	-0.003 (0.015)	-0.004 (0.015)	-0.004 (0.015)
债权融资约束	-0.001 (0.013)	-0.001 (0.013)	-0.001 (0.013)	-0.001 (0.013)	-0.000 (0.013)	-0.000 (0.013)
两权分离度	-4.44e-06 (0.002)	-0.000 (0.002)	-3.90e-06 (0.002)	-5.65e-06 (0.002)	-0.000 (0.002)	-0.000 (0.002)

续表

因变量：代理成本 I	(I-1)	(I-2)	(I-3)	(I-4)	(I-5)	(I-6)
股权属性	-0.002 (0.005)	-0.002 (0.005)	-0.002 (0.005)	-0.002 (0.005)	-0.002 (0.005)	-0.002 (0.005)
公司规模	-0.004 (0.005)	-0.004 (0.005)	-0.004 (0.005)	-0.004 (0.005)	-0.004 (0.005)	-0.004 (0.005)
所处行业	控制	控制	控制	控制	控制	控制
F/Wald 检验	Wald=2596 P=0.000	Wald=2622 P=0.000	Wald=2620 P=0.000	Wald=2596 P=0.000	Wald=2670 P=0.000	Wald=2670 P=0.000
Hausman 检验	chi2=7.35 P>0.05 (RE)	chi2=8.75 P>0.05 (RE)	chi2=3.94 P>0.05 (RE)	chi2=7.85 P>0.05 (RE)	chi2=7.32 P>0.05 (RE)	chi2=5.78 P>0.05 (RE)

注：***、**、* 分别表示 1%、5%、10% 的显著性水平，括号内为标准差（se）；Hausman 检验：P 大于 0.05 则接受原假设，意味着模型为随机效应模型（RE）；否则拒绝原假设，采用固定效应模型（FE）；对 Hausman 设定检验无法判别的模型，采用随机效应模型（RE）；本表未报告常数项与行业虚拟变量的回归系数。

监事股权激励与第二类代理成本的面板数据检验结果如表 31-4 所示。同在第一类代理问题中一样，在未加入任何交互项之前，监事股权激励与第二类代理成本之间并不存在显著的相关关系，但与之不同的是，两者之间的符号为负，这说明监事与委托人（股东）之间的合谋倾向较弱。在模型中，依次加入经营层激励、独立董事监督、股权制衡度、债权融资约束等调节变量。当加入股权制衡度调节变量后，监事股权激励与第二类代理成本之间呈现出显著的负相关关系（$p=0.01$），且两者的交互项显著为正（$p=0.01$），说明股权制衡度与监事股权激励在解决第二类代理问题的过程中存在互补关系，即监事股权激励的边际效应随着股权制衡度的增加而递增。由此可知，在股权制衡度的调节作用下，随着监事股权激励的提高，第二类代理成本呈下降趋势。当加入所有交互项之后，仍然是股权制衡度的调节作用明显。该结果表明，在股权制衡度等约束性因素的影响下，监事股权激励并没有引致监事与委托人之间的合谋，反而对第二类代理成本的提高具有显著的抑制作用。为保证研究结论的可靠性，本章进行了稳健性检验，所得结果与结论基本一致。由实证检验结果可知，在实践中，监事股权激励并未导致监事独立性的缺失及其双向合谋倾向的凸显，反而在诸多公司治理机制的约束之下，对两类代理问题具有良好的治理作用。

表 31-4　监事股权激励与第二类代理成本关联性的检验结果

因变量：代理成本 II	(II-1)	(II-2)	(II-3)	(II-4)	(II-5)	(II-6)
监事股权激励	-0.05 (0.07)	-0.04 (0.08)	-0.54 (0.45)	-1.45*** (0.39)	-0.04 (0.35)	-1.97*** (0.49)
监事股权激励*经营层激励		-1.58 (2.81)				-2.89 (3.36)
监事股权激励*独立董事监督			1.39 (1.34)			0.87 (0.98)
监事股权激励*股权制衡度				4.57*** (1.30)		4.64*** (1.23)
监事股权激励*债权融资约束					-0.05 (4.04)	2.24 (5.04)
经营层激励	0.05 (0.04)	0.05 (0.04)	0.05 (0.04)	0.05 (0.04)	0.05 (0.04)	0.05 (0.04)
独立董事监督	-0.02 (0.02)	-0.02 (0.02)	-0.02 (0.02)	-0.02 (0.02)	-0.02 (0.02)	-0.02 (0.02)
股权制衡度	-0.01 (0.01)	-0.01 (0.01)	-0.01 (0.01)	-0.02 (0.01)	-0.02 (0.01)	-0.02 (0.01)
债权融资约束	0.04** (0.02)	0.04** (0.02)	0.04** (0.02)	0.04** (0.02)	0.04** (0.02)	0.04** (0.02)
两权分离度	0.003* (0.002)	0.003* (0.002)	0.003* (0.002)	0.003* (0.002)	0.003* (0.002)	0.003* (0.002)
股权属性	0.001 (0.003)	0.001 (0.003)	0.001 (0.003)	0.001 (0.003)	0.001 (0.003)	0.001 (0.003)
公司规模	-0.018*** (0.002)	-0.018*** (0.002)	-0.018*** (0.002)	-0.018*** (0.002)	-0.018*** (0.002)	-0.018*** (0.002)
所处行业	控制	控制	控制	控制	控制	控制
F/Wald 检验	Wald=1630 P=0.000	Wald=1638 P=0.000	Wald=1640 P=0.000	Wald=1718 P=0.000	Wald=1634 P=0.000	Wald=1787 P=0.000

续表

因变量：代理成本 II	(II-1)	(II-2)	(II-3)	(II-4)	(II-5)	(II-6)
Hausman 检验	chi2 = 1.98 P > 0.05 (RE)	chi2 = 1.68 P > 0.05 (RE)	chi2 = 1.83 P > 0.05 (RE)	chi2 = 12.24 P > 0.05 (RE)	chi2 < 0 (RE)	chi2 < 0 (RE)

注：***、**、* 分别表示 1%、5%、10% 的显著性水平，括号内为标准差（se）；Hausman 检验：P 大于 0.05 则接受原假设，意味着模型为随机效应模型（RE）；否则拒绝原假设，采用固定效应模型（FE）；对 Hausman 设定检验无法判别的模型，采用随机效应模型（RE）；本表未报告常数项与行业虚拟变量的回归系数。

31.5 研究结论与政策建议

31.5.1 主要结论

本章从公司治理整合视角出发，以 2006~2009 年中国上市公司的平衡面板数据为样本，经实证检验发现，让部分学者与政策制定者所担忧的由股权激励所带来的监事独立性缺失与双向合谋倾向并未在实践中显现。相反，却在多种公司治理机制的调节作用下，监事股权激励对两类代理问题均具有显著的治理效应。具体而言，在债权融资约束与独立董事监督等因素的调节作用下，监事股权激励与第一类代理成本呈显著的负相关关系，抑制了监事与代理人之间的合谋倾向；而在股权制衡度的调节作用下，监事股权激励与第二类代理成本呈显著的负相关关系，抑制了监事与委托人之间的合谋倾向。由此可知，对于监事合谋风险的担忧无可非议，但单纯将监事排除在股权激励对象范围之外的消极规避仅是权宜之计。解决监事积极性与独立性冲突的关键在于，既对监事股权激励契约进行合理设计，同时加强公司治理配套约束机制的构建。通过两者的整合与协同，不仅可以提高监事的监督积极性，而且能够有效地避免合谋风险，是将股权激励制度与监事会治理有效结合，从而提高公司治理水平的理性选择。

31.5.2 政策建议

1. 上市公司在推行股权激励的同时，应进一步完善公司治理约束机制，以创造股权激励有效实施的条件。激励和约束是公司治理的两种手段，两者相互配合才是完善公司治理的关键。股权激励引入中国后产生扭曲的症结在于公司治理中的约束机制并没有及时完善与补充，从而形成制度漏洞。上市公司应设立一套相对独立的内部监控系统,并改善其结构、强化其职能。例如,作为激励契约设计与实施过程的参与主体,薪酬委员会应由独立董事组成,董事长和总裁不得参与[①],以减弱其对股权激励计划与实施的干预力度,并以此作为实施股权激励计划的制度性门槛。

2. 适当引入监事股权激励,并合理设计监事股权激励契约结构。将权变思想贯注到股权激励对象的选择与范围确定中,通过动态调整而达到利益平衡是合理设计股权激励契约的关键,如当内外部环境条件具备之时,应适当引入监事股权激励。上市公司应理性权衡其公司治理约束水平,合理设置监事获取股权激励资格的门槛,科学设计监事股权激励的契约要素,包括确定绩效条件与行权期等关键指标,并由专业性的第三方,如独立财务顾问提供相应支持。

3. 积极推行独立监事制度,以确保股权激励实施过程中的程序正义[②]。独立监事制度作为一种重要的制衡手段,可以更好地保障监事会独立性。独立监事的选任和罢免权应归于流通股东,而非控股股东,以保证中小股东的利益,其薪酬也应由独立于上市公司之外的基金等第三方支付。在股权激励实施过程中赋予监事会的监督职能可以主要委任于独立监事,以保持授薪者与受薪者的距离[③]。由独立监事负责监督股权激励计划的实施,包括监督薪酬委员会的组织管理工作、公司及员工绩效考核的公正性、激励计划执行的程序性与合规性,定期向股东大会汇报激励计划监督过程中的问题等。并通过法律等手段来确保监督程序的合法性与完备性,以取得服众的公信力。

参考文献

1. Archambeault, S. D., F. T. Dezoort and D. R. Hermanson, Audit committee incentive compensation and accounting restatements, Contemporary Accounting Research, 2008, 25 (4): 965 – 992.

2. Cullinan C P, Du H, Jiang W. Is compensating audit committee members with stock options associated with the likelihood of internal control weaknesses? International Journal of Auditing, 2010, 14 (3): 256 – 273.

---

① 在进行股权激励的上市公司中,若干上市公司的董事长或总裁参与了薪酬委员会,如亿阳信通(600289)总裁参加了薪酬委员会,大众公用(600635)公司董事长参加了薪酬委员会,伊利股份(600887)的董事长同时参加薪酬委员会和提名委员会。

② 关于程序正义,最早的理论属英国古典的自然正义论,其主要要求是,任何人不得做自己案件的法官。在公司治理中,就衍生为不得自定薪酬,而要保持授薪者与受薪者的距离,这是内部治理的原则(秦子甲,2009)。

③ 为确保独立监事与公司之间在商业利益上之独立性,独立监事与独立董事一样,暂不纳入激励对象范围。

3. Kofman, F. and J. Lawarree, Collusion in hierarchical agency, Econometrica, 1993, 61 (3): 629–656.

4. Jensen, M. C. and K. J. Murphy, CEO incentives—it's not how much you pay, but how, Harvard Business Review, 1990, 68 (3): 138–153.

5. Laffont J J, Martimort D. Separation of regulators against collusive behavior. The Rand journal of economics, 1999: 232–262.

6. Laffont J J. Collusion and group lending with adverse selection. Journal of Development Economics, 2003, 70 (2): 329–348.

7. Persellin, J., The impact of form of compensation and likelihood of PCAOB inspection on audit committee member resolution of management/auditor disputes, Working paper, Texas State University. 2009.

8. Rediker K J, Seth A. Boards of directors and substitution effects of alternative governance mechanisms. Strategic Management Journal, 1995, 16 (2): 85–99.

9. Tirole, J., Hierarchies and bureaucracies: on the role of collusion in organizations, Journal of Law, Economics and Organization, 1986, 2 (2): 181–214.

10. Vafaï K. Collusion and organization design. Economica, 2005, 72 (285): 17–37.

11. 曹裕、陈晓红、万光羽:《控制权、现金流权与公司价值——基于契约生命周期的视角》,载《中国管理科学》2010年第3期。

12. 陈宏辉、贾生华:《企业利益相关者的利益:协调与公司治理的平衡原理》,载《中国工业经济》2005年第8期。

13. 高菲、李凯、王世权:《监事会治理影响要因的灰色关联分析》,载《东北大学学报(自然科学版)》2009年第8期。

14. 李维安、王世权:《中国上市公司监事会治理绩效评价与实证研究》,载《南开管理评论》2005年第1期。

15. 李维安、王守志、王世权:《大股东股权竞争与监事会治理——基于中国上市公司的实证分析》,载《经济社会体制比较》2006年第3期。

16. 刘善敏:《监事会独立性与监督功能的实证研究》,载《宏观经济管理》2008年第8期。

17. 卿石松:《监事会防合谋激励机制研究》,载《商业经济与管理》2009年第2期。

18. 王世权、李维安:《监事会治理理论的研究脉络及进展》,载《产业经济评论》2009年第1期。

19. 吴启忠:《我国股份公司监事会制度重构的法律思考》,载《华东经济管理》2008年第1期。

20. 徐向艺、徐宁:《金字塔结构下股权激励的双重效应研究——来自我国上市公司的经验证据》,载《经济管理》2009年第9期。

21. 徐宁、徐向艺:《股票期权激励契约合理性及其约束性因素——基于中国上市公司的实证分析》,载《中国工业经济》2010年第2期。

22. 郑志刚:《投资者之间的利益冲突和公司治理机制的整合》,载《经济研究》2004年第2期。

第 32 章

家族控股公司独立董事比例与企业成长关系研究*

随着我国经济快速发展,家族控股公司的规模逐渐扩张,关于家族控股公司成长性的研究逐渐增多。我国全面实行独立董事制度后,独立董事在公司治理中的积极作用逐渐显现,但在股权高度集中的家族控股公司中独立董事的治理作用能否得到充分发挥值得进一步探讨。本章基于我国 310 家家族控股的上市公司 2007~2012 年的经验数据,对其独立董事比例、创新行为和企业成长性之间的关系进行实证研究,得出如下结论:第一,独立董事比例的升高有利于促进家族控股公司的创新行为;第二,独立董事比例的升高对家族控股公司的成长性有正向推动作用;第三,创新行为有利于推动家族控股公司成长;第四,家族控股公司的创新行为在独立董事比例与企业成长之间存在部分中介作用。

32.1 引 言

近年来,我国家族控股公司发展迅速,从企业规模和企业数量上均大幅增加,已经成为国民经济的重要组成部分。但是全球经济一体化进程的加快使得家族控股公司面临的市场环境愈加复杂和充满不确定性,家族控股公司正面临转型的节点,如何在动荡和竞争激烈的市场环境中保持持续的成长能力成为家族控股公司治理的重点和无法回避的共性难题。

于是,学术界对家族控股公司治理机制与成长性之间关系进行的研究逐渐增多,如对家族控股公司中家族信任、企业家特质与能力、家族控股公司高管团队特征等与家族控股公司成长质量之间的关系进行探讨。事实上,董事会作为联结股东与经理层的纽带,是公司治理的重要组成部分,其治理效率直接关系到公司绩效和股东利益。随着家族控股公司治理机制研究的深入,董事会结构及其治理行为在公司发展中的重要角色逐渐得到重视,相关的研究也逐渐开展,2001 年

---

* 本章内容发表在《经济与管理研究》2014 年第 5 期。

我国出台的《关于在上市公司建立独立董事制度的指导意见》对我国上市公司的董事会结构和治理机制的进一步完善提出了具体要求，学术界关于独立董事在董事会中所占比例对上市公司治理绩效影响的研究日趋增多。

在以往的研究中，关于独立董事比例与公司绩效关系的研究路径大多集中在独立董事具有降低代理成本的积极作用，代理成本的降低在一定程度上会提升公司绩效。家族控股的上市公司普遍具有股权较为集中的特点，独立董事的治理作用在这种体制下能否得到充分发挥，独立董事比例的提高是否可以推动家族控股公司的成长是亟须研究的课题。同时，随着市场环境变化速度的加快，创新对企业成长的积极意义与日俱升。本章对我国家族控股公司独立董事比例与企业成长之间关系进行实证分析，与以往研究相比，主要贡献是基于创新行为在家族控股公司独立董事比例与公司成长关系中的传导作用进行更加全面的探索，揭示独立董事比例对企业成长的作用机理，弥补过去研究的不足。

32.2 理论基础与研究假设

32.2.1 家族控股公司独立董事比例与创新行为

代理理论强调董事会的职能是代表股东利益对经营者的决策管理进行控制，而已有研究证明董事会中独立董事比例越高，董事会治理的积极作用就越明显。所谓独立董事（Independent Director），是指独立于公司股东且不在公司内部任职，并与公司或公司经营管理者没有重要的业务联系和专业联系，可以对公司事务做出独立判断的董事。董事会中独立董事发挥治理作用的主要途径来自独立董事的战略参谋职能，即独立董事在战略决策过程中引入的独立判断，拥有不同知识背景和技能经验的独立董事可以扩大董事会的视野，有利于发现前景良好的创新机会，促进企业的创新行为。同时，家族控股公司董事会中的独立董事对于公司来讲是相对独立而又特殊的社会个体，在参与公司决策时社会责任感更强，面对公司创新决策和创新投入时可以基于社会责任感以更加客观的角色和态度参与，避免公司管理层对巨额的创新投入采取规避风险的短视行为。基于此，我们提出如下假设：

H1：家族控股公司中独立董事比例越高，公司创新行为越积极。

32.2.2 家族控股公司独立董事比例与企业成长

企业成长理论（Firm Growing Theory）认为企业内部所具有的资源是促进企

业成长的主要力量，独立董事作为企业的独特资源，与没有独立董事或者独立董事比例较低的企业相比更加有利于提升股东正回报。董事会中独立董事比例对于企业成长的积极作用主要通过以下途径实现：首先，独立董事比例的升高使得董事会具有更强的监督和决策能力。独立董事与家族控股公司没有股权和经营权上的关联，被授权去选择、监督、考核、奖惩公司的管理层，通过更加客观的立场与经验减轻管理层和股东之间的利益冲突，继而降低代理成本来维护公司的效益；其次，董事会中独立董事比例越高，使得董事会具有更加丰富的外部资源。独立董事比例的升高使得企业与竞争对手相比具有更多的异质性资源，可以为企业提供之前并不具有的技能和经验，提升公司治理质量，推动家族控股公司成长。另外，家族控股公司董事会中独立董事比例所带来的异质性资源和能力对于降低企业外部交易成本和增加公司经济效益也具有重要意义。基于此，我们提出如下假设：

H2：家族控股公司独立董事比例的升高有利于促进企业成长。

32.2.3 家族控股公司创新行为与企业成长

熊彼特创新理论认为企业的创新行为是生产要素的重新组合，是经济增长的发动机，对企业的持续成长起到决定性作用。首先，家族控股公司保持积极的创新行为有利于提高公司的自主创新能力，开发新的技术并在生产过程中加以运用，提升公司设备的先进性、工人的技术等级以及工艺设计水平，提高生产效率，降低生产成本，并且形成与市场上其他竞争对手相比具有差异化的产品，增加产品销售额，提升企业经营绩效；其次，如果家族控股公司保持积极的创新态度，有利于增加企业的知识存量，最终形成无形资产，增加企业的市场竞争能力，获得区别于其他竞争者的优势，促进企业成长。基于此，我们提出如下假设：

H3：家族控股公司的创新行为对企业成长存在正向推动作用。

32.2.4 家族控股公司创新行为的中介作用

从以上假设中我们可以得出家族控股公司独立董事通过战略参谋职能和社会责任感知推动企业保持积极的创新行为；通过董事会的监督职能以及所形成的异质性资源提升企业治理效率，推动企业成长；而家族控股公司的创新行为所带来的自主创新能力和无形资产存量会提升企业的市场竞争能力，促进企业成长。基于这些理论基础，我们可以在家族控股公司的独立董事比例、创新行为与企业成长三个变量之间形成如图32-1的逻辑关系，并基于此逻辑关系，我们做出如下假设：

H4：家族控股公司创新行为在独立董事比例与企业成长性之间存在中介作用。

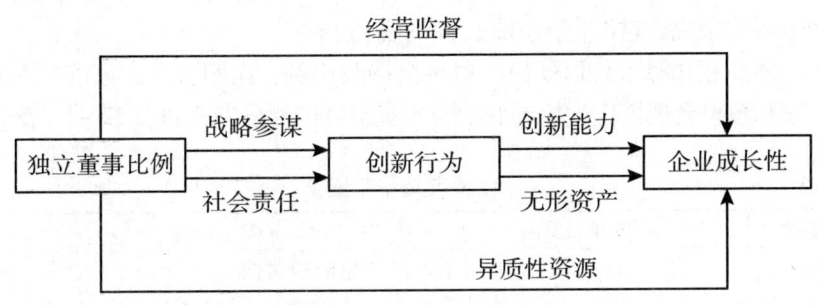

图32-1 变量间逻辑关系

32.3 研究设计

32.3.1 样本选择与数据来源

本章选取在2007~2012年持续经营的中国家族控股的上市公司作为研究样本，考虑到创新行为对成长性产生影响的滞后性，在数据搜集中解释变量数据取自2007~2011年，被解释变量数据取自"t+1"期即2008~2012年。对于样本企业的选取参考贺小刚（2011）等人的研究，选择最终控制人为自然人或家族的上市公司作为样本企业。并在此基础上按照以下标准进一步剔除和选取：（1）剔除2007~2012年六年期间发生资产重组的公司；（2）剔除样本研究期间内被ST及*ST的公司；（3）剔除数据严重缺失的公司。最终，共获得310家上市家族控股公司作为研究样本，连续5年共1550组平衡面板数据。本研究所使用原始数据均来自国泰安CSMAR数据库，对于缺少个别数据的企业通过查询上市公司官方网站、搜集年报和使用一定的统计方法进行补充，本章采用统计软件Stata10.0以及SPSS17.0对数据进行处理分析。

32.3.2 变量及其度量

1. 独立董事比例（INDEP）：参考郑志刚、吕秀华（2009）和周翼翔（2011）的研究，以公司年报中披露的独立董事人数在董事会总人数中所占比例进行衡量。

2. 企业创新行为（R&D）：在以往的研究文献中，企业研发投入的强度往往作为衡量企业创新行为的基础指标,参考前人的研究,本章以公司年末公布的开发支出占公司总资产的比例衡量其创新行为。

3. 企业成长性(Growth):参考徐鹏(2013)的研究,以公司年报中公布的总资产增长率作为家族控股公司成长性的衡量指标。

另外,本章还选择了公司规模、董事会持股比例、两职合一、家族所有权比例、两权分离度和董事会规模作为控制变量。各变量具体测量方式如表32-1所示。

表32-1　　　　　　　　　　变量定义与衡量

变量名称	变量代码	衡量指标
公司规模	Size	公司年末资产总额的对数
董事会持股比例	BDS	公司董事会成员所持股数量与公司总股本之比
两职合一	PLU	董事长总经理两职一人兼任,记为"1";否则记为"0"
家族所有权比例	FO	家族持有上市公司的现金流权
两权分离度	RSD	家族控制权与所有权差值
董事会规模	BS	公司董事会人数
独立董事比例	INDEP	独立董事人数在董事会中所占比例
创新行为	R&D	公司年末开发支出占资产总额比例
成长性	Growth	总资产增长率

32.3.3　模型设计

为了验证本章提出的研究假设,设计以下多元回归模型:

模型1:$R\&D_{j,t} = c + \sum_{i=1}^{7} b_i Control_{i,jt} + a_1 INDEP_{j,t} + e_{j,t}$

模型2:$Growth_{j,t} = c + \sum_{i=1}^{7} b_i Control_{i,jt} + a_1 INDEP_{j,t} + e_{j,t}$

模型3:$Growth_{j,t} = c + \sum_{i=1}^{7} b_i Control_{i,jt} + a_1 R\&D_{j,t} + e_{j,t}$

模型4:$Growth_{j,t} = c + \sum_{i=1}^{7} b_i Control_{i,jt} + a_1 INDEP_{j,t} + a_2 R\&D_{j,t} + e_{j,t}$

其中,c为截距项,b_i代表了回归模型中各控制变量的系数,j为横截面个体,t代表时间,Control为控制变量组,ε代表随机扰动项。通过以上模型可以对本章所提出的假设进行验证:模型1为独立董事比例对家族控股公司创新行为的回归模型,可以验证假设H1;模型2为独立董事比例对公司成长性的回归模型,可以验证假设H2;模型3为家族控股公司创新行为对公司成长性的回归模型,可以验证假设H3;模型4在模型3的基础上添加了变量独立董事比例,可以检验假设H4,即家族控股公司创新行为在独立董事比例与公司成长性关系中的中介效应。

32.4 数据分析

32.4.1 描述性统计

对未标准化前的主要变量进行分年度描述性统计,得到其均值、标准差和极大极小值。结果如表32-2所示。

表32-2　　　　　　　　　　主要变量描述性统计

年度	变量	极小值	极大值	均值	标准差
2007	独立董事比例（INDEP）	0.333	0.600	0.366	0.046
	创新行为（R&D）	0.000	0.047	0.001	0.004
2008	独立董事比例（INDEP）	0.333	0.600	0.365	0.047
	创新行为（R&D）	0.000	0.047	0.001	0.004
	成长性（Growth）	-0.510	4.451	0.090	0.324
2009	独立董事比例（INDEP）	0.333	0.571	0.369	0.049
	创新行为（R&D）	0.000	0.035	0.001	0.003
	成长性（Growth）	-0.420	1.828	0.159	0.237
2010	独立董事比例（INDEP）	0.333	0.571	0.369	0.050
	创新行为（R&D）	0.000	0.034	0.001	0.004
	成长性（Growth）	-0.456	1.433	0.202	0.259
2011	独立董事比例（INDEP）	0.333	0.600	0.371	0.051
	创新行为（R&D）	0.000	0.042	0.001	0.004
	成长性（Growth）	-0.447	2.607	0.175	0.306
2012	成长性（Growth）	-0.345	1.906	0.113	0.202

32.4.2 面板数据分析

按照上文所设计的模型,运用Stata10.0进行面板数据回归,具体运算结果如表32-3所示。

表32-3 回归分析结果

变量	创新行为（R&D）	成长性（Growth）		
	M1	M2	M3	M4
常数项	-0.0030 (-0.91)	1.4501** (2.56)	1.6123*** (2.94)	1.4659*** (2.58)
控制变量				
公司规模（Size）	0.0001 (0.65)	-0.0737*** (-3.04)	-0.0732*** (-3.00)	-0.0746*** (-3.07)
董事会持股比例（BDS）	-0.0014 (-1.29)	-0.0620 (-0.50)	-0.0596 (-0.48)	-0.0543 (-0.44)
两职合一（PLU）	-0.0000 (-0.25)	0.0017 (0.06)	0.0021 (0.08)	0.0003 (0.01)
家族所有权比例（FO）	-0.0024* (-1.89)	0.5493*** (4.46)	0.5499*** (4.45)	0.5576*** (4.52)
两权分离度（RSD）	-0.0023 (-1.15)	0.2342 (1.31)	0.2498 (1.39)	0.2513 (1.41)
董事会规模（BS）	0.0001 (1.39)	-0.0006 (-0.06)	-0.0054 (-0.59)	-0.0010 (-0.09)
自变量				
独立董事比例（INDEP）	0.0044* (1.77)	0.3731* (1.55)		0.3679* (1.52)
中介变量				
创新行为（R&D）			4.2406** (2.03)	4.1768** (1.99)
R^2	0.0117	0.0315	0.0314	0.0331
F/Wald 检验	12.05*	4.14***	3.97***	4.00***
Hausman 检验	随机效应 P=0.2640	固定效应 P=0.0016	固定效应 P=0.0067	固定效应 P=0.0026

注：***、**、* 分别表示1%、5%、10%的显著性水平，括号内为Z值；Hausman检验：P大于0.05则接受原假设，意味着模型为随机效应模型（RE）；否则拒绝原假设，采用固定效应模型（FE）。

通过模型1的结果可知：豪斯曼检验P值为0.2640，大于0.05，说明应当采用随机效应模型，随机效应模型 Wald = 12.05，且通过显著性检验，R^2 = 0.0117，自变量独立董事比例回归系数为 0.0044，且 $P<0.1$，说明董事会中独立董事比例对家族控股公司的创新行为有显著的正向影响，即家族控股公司独立董事比例越高，其创新行为就越积极。假设 H1 得证。

模型 2 的豪斯曼检验 P 值为 0.0016，小于 0.05，说明应当采用固定效应模型。固定效应模型 F = 4.14，且通过显著性检验，R^2 = 0.0315，自变量独立董事比例系数为 0.3731，且 $P<0.1$，说明董事会中独立董事比例对家族控股公司成长性有显著正向影响，即家族控股公司独立董事比例的升高有利于推动企业成长。假设 H2 得证。

模型 3 的豪斯曼检验 P 值为 0.0067，小于 0.05，说明应当采用固定效应模型。固定效应模型 F = 3.97，且通过显著性检验，R^2 = 0.0314，变量创新行为回归系数为 4.2406，且 $P<0.05$，说明家族控股公司创新行为对其成长性有显著正向影响。假设 H3 得证。

模型 4 的豪斯曼检验 P 值为 0.0026，小于 0.05，说明应当采用固定效应模型。固定效应模型 F = 4.00，且通过显著性检验，自变量独立董事比例回归系数为 0.3679，且 $P<0.1$，中介变量创新行为回归系数为 4.1768，且 $P<0.05$。与模型 2 的回归结果比较发现，当模型中加入变量创新行为后，独立董事比例的回归系数降低。参考方杰、张敏强和邱皓政（2012）对中介效应的检验方法，当模型中引入中介变量后，如果自变量回归系数依然显著，但是却变小，则说明中介变量存在部分中介作用。由此可以判定，家族控股公司的创新行为在独立董事比例与公司成长性之间的关系中起到了部分中介作用，假设 H4 得证。

32.5 主要结论与政策建议

32.5.1 主要结论

本章以我国家族控股公司为研究对象，从企业技术创新视角考察了董事会中独立董事比例对公司成长的积极作用，通过实证分析得到以下结论：

第一，家族控股公司董事会中独立董事比例越高，企业创新行为越积极。董事会独立董事比例对企业创新行为的作用机理主要是因为独立董事独特的知识和经验提高了企业发现前景良好创新机会的可能性，以及其在家族控股公司战略决策行为中的强烈社会责任感会积极规避企业短视行为，继而推动家族控股公司的创新行为。

第二，独立董事比例对家族控股公司成长有正向推动作用。家族控股公司董事会中独立董事比例越高，独立董事在公司治理中的监督作用发挥得也就越好，而且独立董事所带来的独特资源和能力也有利于企业降低外部交易成本，提升治理质量，促进企业成长。

第三，创新行为对家族控股公司成长有正向推动作用。主要体现在创新行为有利于提升家族控股公司的自主创新能力，而且积极的创新行为所产生的知识存量也会增加企业的无形资产。

第四，本章还基于家族控股公司独立董事比例、创新行为与企业成长之间的逻辑关系，验证了创新行为在独立董事比例与企业成长之间存在部分中介作用，即家族控股公司独立董事比例对企业成长的积极作用有一部分是通过推动企业创新行为实现的。

32.5.2 政策建议

基于本章的研究设计和研究结论，为我国家族控股上市公司治理提出以下政策建议：

第一，通过提高独立董事比例进一步完善家族控股公司董事会结构，构建独立董事培育与供给机制，强化独立董事参与公司治理的积极性。本研究证实了董事会中的独立董事的战略参谋和社会责任感知会对家族控股公司的创新行为产生正向影响，并且独立董事带来的异质性资源和监督职能也会提升家族控股公司的决策质量和推动企业成长。所以，首先我国家族控股上市公司应当在满足相关法律规定的基础上进一步提升董事会中独立董事比例，丰富企业异质性资源和能力，提升公司治理质量；其次，加大独立董事的素质培养，使独立董事充分明晰其权利责任，并且充分行使和履行其在企业战略决策中的监督权力和参谋职能，充分发挥独立董事治理效应；最后，加大独立董事供给市场建设力度，制定独立董事声誉评价体系，提高独立董事参与公司治理并且尽职尽责的积极性。

第二，塑造创新型企业文化，丰富管理层激励手段，成立创新项目评定委员会，大力提升家族控股公司创新行为的积极性，提高企业创新决策的合理性和规范性。本章的研究结论证实了家族控股公司的创新行为会通过提升企业自主创新能力和增加企业无形资产存量对企业成长产生正向推动作用，说明了家族控股公司创新行为的积极意义。所以应当大力鼓励家族控股公司进行创新：首先，在企业内部建设和塑造容忍失败、积极宽松的创新型企业文化，提升企业管理层和普通员工参与创新的积极性；其次，进一步完善家族控股公司管理层激励政策，将企业创新能力指标纳入高管人员考评体系，避免高管人员基于明哲保身的态度而畏惧创新的短视行为；最后，在企业内部成立创新项目评定委员会，由家族控股公司高管及关键技术岗位人员组成，对研发投入金额较大的创新项目的可行性进行合理和客观评价，提高家族控股公司创新成功率，保障企业持续健康成长。

参考文献

1. 陈凌、王萌、朱建安：《中国家族企业的现代转型——第六届"创业与家族企业成长"国际研讨会侧记》，载《管理世界》2011 年第 4 期，第 163~166 页。
2. 储小平、李怀祖：《信任与家族企业的成长》，载《管理世界》2003 年第 6 期，第 98~104 页。
3. 邬爱其、贾生华、陈宏辉：《企业成长过程中的企业家能力转换与家族企业组织演替》，载《外国经济与管理》2003 年第 6 期，第 21~23 页。
4. 熊毅：《家族企业成长中的企业家特质变动与企业治理》，载《中南财经政法大学学报》2004 年第 6 期，第 117~121 页。
5. 许静静、吕长江：《家族企业高管性质与盈余质量——来自中国上市公司的证据》，载《管理世界》2011 年第 1 期，第 12~20 页。
6. 郝云宏、周翼翔：《董事会结构、公司治理与绩效——基于动态内生性视角的经验证据》，载《中国工业经济》2010 年第 5 期，第 110~120 页。
7. 李胜楠、牛建波：《家族企业董事会规模价值再研究——基于绩效波动与绩效水平的整合分析》，载《经济管理》2009 年第 2 期，第 120~125 页。
8. 唐建新、李永华、卢剑龙：《股权结构，董事会特征与大股东掏空——来自民营上市公司的经验证据》，载《经济评论》2013 年第 1 期，第 86~95 页。
9. 周建、袁德利：《公司治理机制与公司绩效：代理成本的中介效应》，载《预测》2013 年第 2 期，第 18~25 页。
10. 冯根福、温军：《中国上市公司治理与企业技术创新关系的实证分析》，载《中国工业经济》2008 年第 7 期，第 91~101 页。
11. 徐向艺、汤业国：《董事会结构与技术创新绩效的关联性研究——来自中国中小上市公司的经验证据》，载《经济与管理研究》2013 年第 2 期，第 35~41 页。
12. 魏成龙、郑军：《中国独立董事制度与公司绩效的关系》，载《经济管理》2009 年第 9 期，第 49~54 页。
13. Brickley, J. A., J. L. Coles and R. L. Terry, Outside directors and the adoption of poison pills, Journal of Financial Economics, 1994, 35 (3): 371 – 390.
14. Peng, M. W., Outside directors and firm performance during institutional transitions, Strategic Management Journal, 2004, 25 (5): 453 – 471.
15. Klein, B., Contracting costs and residual claims: the separation of ownership and control, Journal of Law and Economics, 1983, 26 (2): 367 – 374.
16. 王跃堂、赵子夜、魏晓雁：《董事会的独立性是否影响公司绩效?》，载《经济研究》2006 年第 5 期，第 62~73 页。
17. Zahra, S. A. and J. A. Pearce, Boards of directors and corporate financial performance: a review and integrative model, Journal of Management, 1989, 15 (2): 291 – 334.
18. Bazerman, M. H. and F. D. Schoorman, A limited rationality model of interlocking directorates, Academy of Management Review, 1983, 8 (2): 206 – 217.

19. 陈丹、张慧丽：《中小企业技术创新能力与成长性关系的实证研究》，载《财贸研究》2011年第1期，第104~109页。

20. 徐英吉、徐向艺：《技术创新和制度创新的组合对企业持续成长的影响——基于熵理论和耗散结构理论的视角》，载《财经科学》2007年第9期，第82~89页。

21. 何强、陈松：《董事会运作、研发投入与公司绩效——基于中国制造业上市公司的经验分析》，载《山西财经大学学报》2012年第5期，第87~95页。

22. 孙维峰、黄祖辉：《广告支出、研发支出与企业绩效》，载《科研管理》2013年第2期，第44~51页。

23. Chan, S. H., J. D. Martin and J. W. Kensinger, Corporate research and development expenditures and share value, Journal of Financial Economics, 1990, 26 (2): 255 – 276.

24. Johnson, L. D. and B. Pazderka, Firm value and investment in R&D, Managerial and Decision Economics, 1993, 14 (1): 15 – 24.

25. 贺小刚、李新春、连燕玲：《家族成员的权力集中度与企业绩效——对家族上市公司的研究》，载《管理科学学报》2011年第5期，第86~96页。

26. 郑志刚、吕秀华：《董事会独立性的交互效应和中国资本市场独立董事制度政策效果的评估》，载《管理世界》2009年第7期，第133~144页。

27. 周翼翔：《董事会结构与公司绩效关系的再探索——基于动态内生性视角的实证》，载《科学学与科学技术管理》2011年第9期，第131~137页。

28. 李玲、陶厚永：《纵容之手、引导之手与企业自主创新——基于股权性质分组的经验证据》，载《南开管理评论》2013年第3期，第69~79页。

29. 赵洪江、夏晖：《机构投资者持股与上市公司创新行为关系实证研究》，载《中国软科学》2009年第5期，第33~39页。

30. 徐鹏：《高管关联、母公司股权参与度与子公司成长性——基于中小企业板上市公司经验数据》，载《山东大学学报（哲学社会科学版）》2013年第6期，第95~105页。

31. 方杰、张敏强、邱皓政：《中介效应的检验方法和效果量测量：回顾与展望》，载《心理发展与教育》2012年第1期，第105~111页。

第 5 篇

企业集团与母子公司治理

第 33 章

协调与合作视角下的企业集团治理框架研究*

传统企业集团分析有企业与市场的二分法分析框架,即企业集团呈现出层级中间组织结构特征;也有企业、市场与网络三分法分析框架,企业集团呈现出网络结构特征。本章指出,企业集团的运行、风险和战略决策不仅依赖于层级关系,而且还依赖于网络关系来完成,因此,企业集团的本质是"嵌入"一定社会关系中的协调与合作网络。通过对企业集团治理目标、治理边界和治理内容的分析,提出了基于协调与合作的企业集团治理新框架。

33.1 企业集团的架构:对二分法与三分法的再认识

33.1.1 企业与市场的二分法分析框架:企业集团呈现层级中间组织结构特征

将企业集团视为中间组织的分析传统源于科斯开创的交易成本经济学。科斯认为,通过形成一个组织并让某种权威(企业家)来指挥完成资源配置,可以节约交易成本。按照科斯的逻辑,企业的显著特征在于对价格机制的替代。因此,价格机制和企业家的管理就成为资源配置的两种可以替代的方法。企业究竟选择哪种资源配置方式,关键就在于市场交易成本和内部组织成本孰高孰低:当通过组织实现某项交易的成本过高时,人们就会离开一体化组织,通过市场来达到目的;反之亦然,当市场交易成本过高时,人们会离开市场,把这种交易活动内部化。企业规模的界限在于市场的边际成本等于企业组织的边际成本的交叉点上,科斯这种将组织划分为市场和企业的二分法为后来的经济学家提供了开创性的分析思路。

---

* 本章内容发表在《文史哲》2008年第1期。

在科斯发表《企业的性质》一文的年代，企业集团已经兴起，但尚未成为主流性经济组织。尽管科斯已经意识到中间组织的存在，但他所言的中间组织并不是企业集团，更多的只是企业组织关系的某种变形。日本学者后藤（1975）应用科斯企业理论对企业集团的形成与本质作了论述。他认为，"调整生产活动的组织，没有必要限于企业组织和市场机制两个，企业不止于孤立的存在，通过企业间结成特殊的关系，在这些企业间进行反复、连续的交易。这样，与一般利用市场机制相比较，能够大幅度降低合同成本及信息搜集成本，此外，企业间结成这样柔软关系的成本，与将自己的企业组织通过垂直统合扩张比较，其成本可能会更低。所以，在这样的情况下，作为继企业组织和市场组织后的第三个组织，便生成企业集团。"

在企业与市场的二分法分析框架下，母子公司间的组织关系可以概括为委托—代理制的层级关系（见图33-1）。在这种关系结构中，维系母公司与子公司的主要纽带是产权关系，母公司是战略规划、资本运营等重大经营活动的决策中心，子公司是在集团公司统一管理下的独立核算的利润中心、成本中心。母公司通过激励机制和监督机制，实现公司利益最大化。这种结构代表了母公司作为委托人与多个代理人之间的关系。在这种关系中，一个子公司只不过是众多代理人中的一个，子公司彼此之间很少有联系，只是各自服从母公司的指令。通常，母子公司层级关系结构表现为母子公司间的命令——服从关系，子公司之间缺乏联系。这样的制度安排与单个企业中企业家借助行政权威调节配置资源的方式并无多大区别，只是前者的代理链条更长一些。

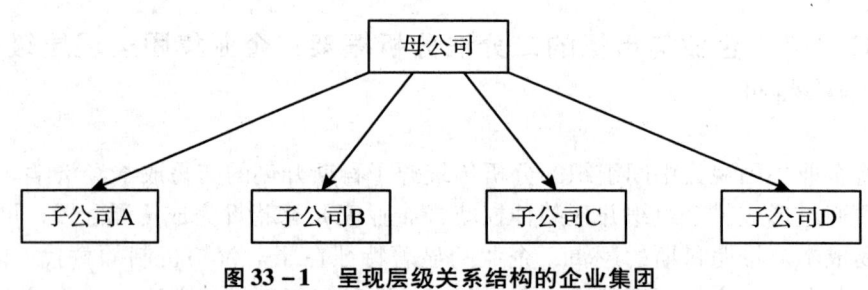

图33-1　呈现层级关系结构的企业集团

33.1.2　企业、市场与网络的三分法分析框架：企业集团网络结构特征

新经济社会学家从社会网络的视角对交易成本经济学关于企业集团的解释提出了批评，从而突破了传统的企业—市场二分法分析框架。在三分法分析框架下，存在一组关键因素可以将网络与层级、市场区分开来。企业集团不仅是层级关系结构，还呈现一种网络结构。这种网络结构使得企业集团既不同于纯粹的市

场组织，也不同于层级制的单个企业组织，同时也不是简单传统的中间组织。企业集团发展的实践也证明了这一点。

20世纪90年代以来，随着信息技术的迅猛发展，消费者需求的多元化、多变化，以及竞争环境的日益激烈，企业为创造出更有效的、顺应环境的资源整合模式，企业集团的组织结构已经出现由金字塔式的层级制组织向企业网络演变的趋势，并在全球掀起组织再造、业务重组的热潮。在这样的背景下，企业集团内母子公司间的关系也在不断发生变化，层级关系结构已经受到现实严峻的挑战。面对日益复杂和不稳定的外界环境，母公司已很难代替子公司做出决策和反应。而且，公司之间的竞争，更多地表现为信息、知识等资源层次上的竞争。为了赢得竞争优势，母公司必须重新审视母子公司的地位和相互之间的关系，注重集团公司内各公司之间的联结，加强母子公司内部的资源整合，以便更好发挥企业集团的整体优势。另外，子公司的角色和地位也出现了变化，子公司不再是依附于母公司的一个经营单位，子公司的主动性增强，并逐渐形成自身的竞争优势，成为集团公司获得竞争优势的重要源泉。

因此，企业集团普遍存在的内外关系是各种利益相关者之间（母子公司之间、子公司之间、企业集团与外部利益主体之间）的相互联系、相互依存关系。这种关系既可以是显性的，也可以是隐性的。由外部环境、信息结构和信息技术的变化所导致的企业集团网络化结构及其网络关系，是一种外在的显性关系，建立在与此相适应的社会网络结构的平台上。社会网络可以定义成带有一定资源的行动者和一系列社会关系构成的集合。在企业集团中，母子公司之间的关系不仅是纯粹的经济关系存量，而且还有诸多由先赋因素和后天诸多因素的综合所积淀下来的社会关系存量。如果没有一定的社会关系存量，需要依托社会关系来保障日后实施过程的专用资产投资决策是难以做出的。先形成专用资产再等日后关系的发育，将有很大的风险，并会使自己在缔约过程中处于不利地位。如上游企业为下游企业作专用性投资前，必定要评价双方在过去交易中所积淀下来的人际关系存量，如在信息方面的相互了解，在道德方面的相互责任，在规范方面的相互认同，在影响力方面的相互认可，等等。所有这些最终都可以归纳为经济行为的社会嵌入性，通过关系网络，企业集团的利益相关者可以获得他们所需要的信息和资源。

33.2 企业集团的本质："嵌入"一定社会关系中的协调与合作网络

33.2.1 基于资源整合的"嵌入"式网络组织

根据前面的分析，企业集团的运行、风险和战略决策不仅仅依赖于层级关系，而且还依赖于网络关系来完成。由此，笔者将企业集团的本质界定为"嵌入"于一定社会关系中的协调与合作网络。在这个网络中，母公司作为主节点，子公司作为分节点，协作企业等也作为分节点。各节点相互连接、相互作用，各节点具有信息处理、加工、传递以及根据信息进行相应决策的能力。在企业集团的网络架构中，每个网络成员都是资源的投资者、创造者和分享者，可以按照一定的规则获得市场信息、技术知识等网络内积累的资源。通过这种方式，网络成员可以比从外部市场更低的代价获得企业集团的网络资源。同时，网络成员在共同的价值观和集团准则的影响下，相互合作，相互交流，促进网络资源的合理流动与高效利用，最终达到整个网络组织内资源的整合，形成竞争优势。

企业集团作为多法人的联合体，虽然在本质上区别于单个企业，但也承袭了单个企业的某些合约特征。企业合约是由具有合作意愿的利益相关者缔结而成的，但是，企业合约在具备合作性的同时，又具有"冲突性"或"非均衡性"。企业合约的冲突性一方面来自合约主体的利己心理和机会主义动机，由于个人理性会驱使合约主体去追逐对自己最有利的结果，因此就有可能产生利益冲突；另一方面，由于各利益相关者在企业集团网络结构中的地位并不呈现对称关系，因此各利益主体讨价还价的能力就会有所差异。尽管互益是网络关系得以维系的基石，但互益本身并不意味着各利益相关者的利益等值关系。因此，企业集团作为一种网络，是一种合作性与冲突性的结合体。一般情形下，母公司在整个企业集团网络结构中总是居于最有优势的地位，也就具备了最强的控制和协调能力。但是，各子公司为了自身的利益，也有可能做出偏离母公司和整个企业集团利益的行为，这就需要通过集团治理使集团内部的利益冲突最小化，最大限度地实现协调与合作。

基于这种认识，企业集团可以用图33-2加以描述。该图大致描述了企业集团的内部结构及其与外部利益相关者之间的关系网络。

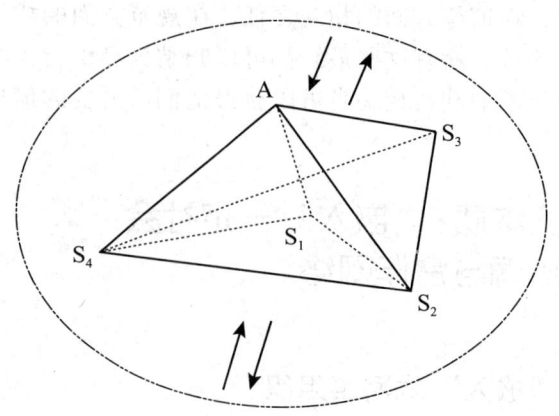

图33-2 作为利益相关者协调与合作网络的企业集团

一个完整的社会网络由四种要素构成：结构要素、资源要素、规则要素和动态要素。这也同样适用于企业集团网络的分析。结构要素是各网络节点在网络中联系的形式与强度。在企业集团的内部网络结构中，母公司居于主节点，在一般情形下居于强势地位；子公司是分节点，受主节点的影响或控制。各节点之间相互联系，但并不一定是直接的联系。资源要素，是指各种特性，如能力、知识、财产等各种可见和不可见资源在利益相关者之间的分布。就企业集团来说，各成员企业总是带着一定的资源进入集团。它们的资源可能各有特色，在集团这个网络内部可以实现优势互补。规则要素则是影响各利益相关者行为的各种正式和非正式规则。在企业集团中，也必然存在约束母公司和各子公司的各种规则，只有遵守这些规则，才能保证集团的网络优势得以充分发挥。动态要素指的是网络形成与变化的各种机会和限制，网络结构并不是一成不变的。在企业集团中，各网络成员的地位并不是一成不变的，而是随着社会关系存量（资源和条件）的变化而发生变化。

33.2.2 协调与合作：企业集团治理的新视角

传统公司治理的研究往往基于相互制衡的分析视角。笔者认为，如何建立稳定的信任和合作关系并保障这种关系的持续发展要比如何对利益相关者进行制衡更重要、更有价值。基于这种认识，协调与合作是企业集团治理的一个新视角，其中协调是基于利益相关者利益的冲突性而言，协调本身不是目的，建立协调机制是为了促进更好的合作。

1. 企业集团的网络特征：协调与合作治理视角的内在规定性。企业集团网络的合作性决定了治理的视角应当着眼于如何通过建立一系列治理机制维持各企业及其与利益相关者之间稳定的信任和合作关系。基于企业集团网络结构的网络式资源配置和交易，是一种其成员参与互惠、符合意愿和相互支持的行动。根据社会网络理论的观点，网络结构给企业集团带来了区别于物质等传统资源的网络资源。网络资源与传统资源相结合，共同为企业集团的发展和新价值的创造提供不可或缺的来源。企业集团中的网络资源可以体现为以下几个方面的特征：（1）企业集团合作网络的结构特征。任何一个企业集团网络关系的结构特征都具有独特性、不可模仿性，而恰恰是这种独特性可以给企业集团的各成员带来一种竞争对手无法获得的竞争优势。（2）企业集团合作网络的成员特征。显然，由于每个企业集团网络中的成员都具有特质性，企业集团一旦建立起成员结构的优势，就有可能获得持续的竞争优势。（3）企业集团合作网络的联系特征。网络的联系特征不仅对于集团及各成员企业是有价值的，对于竞争对手来说，也是难以模仿的。日本丰田汽车公司与供应商之间的联系有着很强的相互信任的特征，而且丰田公司还为供应商提供了一整套的激励方案来维持这种关系。结果是丰田公司和其供应商的利润率都得到了持续的提高。

关于网络关系治理的基本设想是，一个成员依赖于另一成员所控制的资源，将资源汇集在一起，就产生了效益。在网络发展过程中，参与比退出更符合经济考虑，换言之，互补和配合是网络成功的基石。在企业集团中，网络化成了母公司和子公司之间及其与其他利益相关者之间的联系纽带，也是集团成员能够获取增值收益的前提。埃克斯罗德（Axelrod，1984）在《合作的演进》一书中指出，网络化包含相互信任和具有长期远景的合作以及得到遵守的行为规范；网络化的演进要求各方共同依存于互相控制的资源，这意味着把有关资源集中起来利用，就可能获得收益。这也从另一个角度解释了20世纪90年代以来西方大公司或企业集团的网络化动因，即建立、维持和稳定企业之间的信任与合作关系，为企业集团的发展提供持续的网络资源支持。在企业集团网络中，各利益相关者所处的位置并不对称，资源并非均匀或随机地在其中流动。因此，成员必须运用协作或者补充联系去获取资源。

然而，由于企业网络中利益冲突的客观存在，利益相关者合作状态下产生的合作盈余有时也会遭受机会主义的侵蚀。因此，还需要建立一系列协调机制以有效避免利益相关者之间的利益矛盾。市场是一种自然协调机制，它将合理性和一贯性赋予个人和公司追求自我利益的行动之中。典型的竞争性市场是个人自我利益、非合作以及无限制社会互动的天堂。企业集团的合作性是组建企业集团的参与主体加盟企业集团的基本前提和首要条件，因此促进信任与合作的机制是企业集团治理最根本的着眼点，协调机制则是为了有效避免信任与合作关系受到破坏，其最终目的还是为了维护企业集团的合作性。

2. 治理理念的变化：从单个企业对抗性竞争到企业集团内部的合作竞争。作为一种全新的竞争理念，合作竞争是一种高层次的竞争。合作竞争可以抛弃传统竞争方式中所存在的缺陷，从而使合作竞争方式更加理性和经济，合作竞争不仅有利于企业之间的进步和发展，而且能使竞争向更广阔的领域拓展，能为企业带来更多的消费群体，能形成单个企业孤军奋战所起不到的规模效益。从宏观上来看，整个社会的经济增长，推动了人类竞争行为的方式由对抗性竞争转为合作竞争，同时从对抗性竞争到合作竞争的转变也促进了人类社会的经济增长。另外，随着社会分工和专业化水平的提高，交易费用的上升，市场的不确定性和资产专用性的增强，以及技术的联合开发都推动着竞争行为由对抗性竞争向合作竞争的转变。从微观上来看，企业从合作中得到的合作回报越大，不合作所造成的损失越大时，企业越容易认识到在当前的制度环境（对抗性竞争环境）下，无法获取最大的潜在利润。当前企业之间由对抗性竞争到合作竞争，通过这种制度变迁和创新，才能增加"合作剩余"，实现帕累托改进。从战略管理的角度出发，企业集团治理模式的选择从根本上说是一种确定提高集团战略决策效率从而推动竞争优势形成的行为，集团治理有效性的最终评价标准就在于企业集团的可持续发展。因此,当企业集团的可持续发展所依赖的竞争优势发生变化时,集团治理目标和有效机制也就应当随之改变。在合作竞争的治理环境中,治理的立足点就应当是如何建立、维护企业集团发展所依赖的信任与合作关系。

33.3 协调与合作视角下企业集团治理的整体框架

企业集团治理需要着重解决的不仅仅是各利益相关者的利益冲突如何协调的问题,更重要的在于如何维护企业集团网络结构中的合作与信任关系。从长远的角度看,对企业集团合作性的关注更有价值,而且建立利益协调机制的目的也在于促进更好的合作。基于此,本章从协调与合作的视角对企业集团治理进行重新审视,并试图提出相应的分析框架。

33.3.1 企业集团治理目标

资源基础论(RBV)是企业战略研究中日渐具有说服力的理论,主要用于分析企业资源和价值的创造。自从巴内(Barney)于1991首次从资源的角度系统地阐述了企业可持续竞争优势来源的问题以来,RBV正在对企业管理的各个领域产生深刻的影响。许多实证研究也表明公司治理与企业绩效之间具有正相关性。因此,从公司治理与企业绩效(竞争优势)、企业绩效(竞争优势)与资源之间的相关性可以推导出,公司治理目标与企业资源之间具有一定的相关性。根据RBV的分析,公司治理旨在消除资源或能力的不对称分布。将社会网络理论引入企业集团的分析框架后,在新经济社会学视野下拓展出区别于传统资源的新类型——网络资源。企业集团作为利益相关者协调与合作的网络,存在其中的网络资源是利益相关者之间长期互动的结果,是企业内外社会关系网络相互嵌入的最终体现,代表了一种对社会资源的获取机会和能力。这里,通过引入"网络资源"的概念,揭示出一个更加全面、以企业网络及其关系资本为背景的新的资源分析框架,即企业集团的资源=传统资源+网络资源。企业集团的资源既可能是人力资本、物质资本等处于组织边界内的传统资源,也可能是一种网络资源。在这种新的资源观下,公司治理目标也要发生变化。企业集团治理目标应当立足于对各类资源的持续获取能力。具体地说,企业集团治理应当达成以下两大目标:

1. 在利益相关者的利益冲突中建立起整体的、动态的协调机制。企业集团治理是将集团内的若干企业纳入统一的治理框架之下,这势必要打破单一企业体制下的利益平衡机制,从而在整个集团内部构建新的利益平衡机制。也就是说,需要考虑来自统一战略目标下产生的整合优势,也要看到这种来自外部的力量可能给受到其支配的子公司所带来的不利影响,从而影响到子公司的少数股东甚至子公司债权人的利益。母公司应该对此承担责任,这一责任是它获得子公司控制地位所应付出的代价。对于子公司而言,它作为控股公司或母公司资产经营权的接受方,对其行为的正当性负有说明的责任和义务。由于企业集团的复杂性使企业集团的治理活动超越了企业的法人边界,所以作为集团母公司的诸利益相关者,不仅包括母公司的股东、债权人、供应商,而且包括子公司、关联公司的股东、债权人等。因此,在企业集团的治理当中,母公司作为其股东利益的代表者,依其支配的地位来对子公司进行治理,子公司的行为要体现母公司的意志。而作为子公司的其他利益相关者,同样也享有对子公司的治理权。概言之,企业集团治理结构与机制的构建,既要能够保证母公司对子公司实现有效治理,又要能够充分保护集团各利益相关主体的利益,从而建立起对利益相关者的动态协调机制。

2. 推动母公司与子公司之间、子公司与子公司之间以及企业集团与外部利益相关者之间建立起稳定的信任与合作关系,从而为企业集团的可持续发展提供持续的资源支持。根据社会网络理论,网络资源源于各利益相关者之间长期互动的结果,而信任与合作关系对于企业集团创造与培育网络资源是至关重要的,这种关系为网络资源提供重要的源泉,并构成企业集团内部关系网络的基石。一方面,通过促进母公司与各子公司之间的相互信任和具有长期远景的合作,有助于企业集团的组织稳定性以及集团整体战略的有效实施。企业集团形成动因的相关文献同时表明,母子公司间合作关系的存在是企业集团形成的首要条件,这也是各子公司建立起对未来合作盈余预期的基础;另一方面,企业集团与供应商、顾客、债权人、政府、社区等外部各利益相关者之间的信任与合作关系都可以增加企业集团内部的利益相关者获得未来发展的机会。

33.3.2 企业集团治理边界

企业集团治理边界涉及的是企业集团治理的对象和范围,是对企业集团治理客体的界定,即企业集团(母公司)权力、责任以及治理活动的范围及程度。企业集团的复杂性使得企业集团治理具备了双重特征:一方面,单个公司实体(母公司、子公司以及关联企业等)分别有自己的治理运行机制;另一方面,企业集团作为一个整体,又构成了一个统一的治理机制运作系统。这样就使得企业集团的权力、责任配置以及监督、指导、决策等治理活动超越了企业的法人边界,从而引出企业集团治理边界问题。在企业集团中,母公司与子公司体现的是控制关系,母公司的决策能够充分地体现在子公司的行为中,也就是说母公司决策延伸的范围构成了母公司对子公司外延的界限,这个界限构成了企业集团治理的内边界,它是基于垂直控制权的边界,体现了母公司决策权的范围。可以看出,集团治理内边界（见图33-3）超越了企业法人的边界，这样就揭开了企业"法人的面纱"：虽然在公司法意义上，母公司和子公司都有独立的法人治理边界，但在实际的经济意义上，子公司要受到母公司的治理，它的行为体现了母公司的决策意志，对母公司负有说明责任。因而，集团治理内边界体现了说明责任的范围。母子公司与各关联公司间形成的关联关系所构成的外延的界限形成集团治理外边界，它确定了母公司在企业集团治理中发言权的范围。

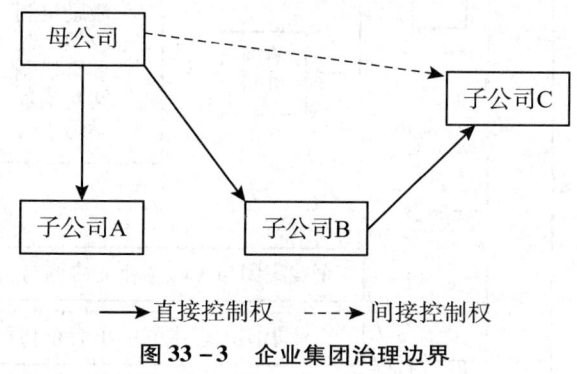

图33-3　企业集团治理边界

33.3.3　企业集团治理新框架：一个概括性描述

企业集团治理是一种在母公司主导下，为了协调各利益相关者利益并建立和维护信任与合作关系的制度安排。企业集团治理是内部治理和外部治理的统一。由此，协调与合作视角下的企业集团治理框架如图33-4所示。

内部治理的边界在于母公司所能实施的控制权的外延界限。由此，内部治理参与主体是母公司和子公司。内部治理旨在解决企业集团内部网络运行过程中面临着子公司的机会主义行为和母子公司、子公司之间的知识流动难题以及由此导致的内部治理困境，以期为企业集团内部网络的有序运作提供一个保障平台。内部治理分为两个层次的内容，即内部治理结构和治理机制。外部治理是指处于集团治理内边界之外的治理活动，参股企业和集团外部利益相关者都成为外部治理的参与主体。外部治理的目标在于为企业集团与外部利益相关者之间建立利益协调机制，并建立起相互间的信任与合作关系。由于内部治理处于母公司的控制权范围之内，内部治理是一种产权主导，并综合文化治理和学习治理等机制的安排。外部治理则更多地建立利益相关者之间的社会关系基础上，通过利益相关者共同参与治理的安排，建立彼此的协调与合作关系。

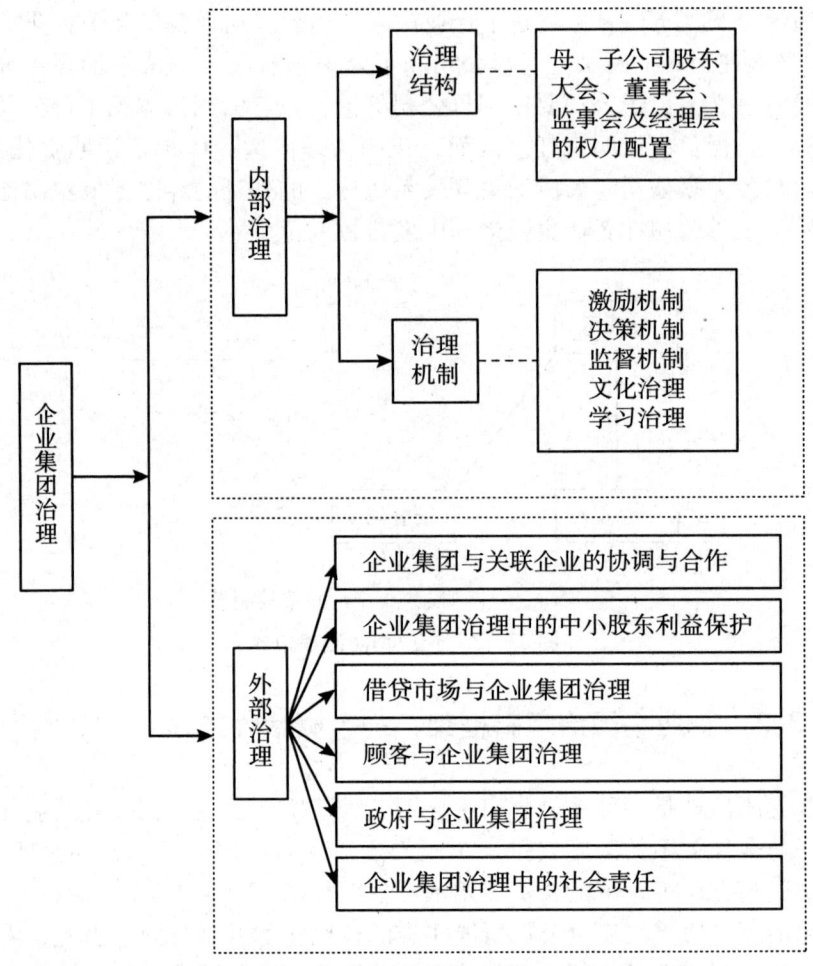

图 33-4 协调与合作视角下企业集团治理的整体框架

参 考 文 献

1. Axelrod, R., The evolution of cooperation, New York: Basic Books. 1984: 236.
2. Barney, J., M. Wright, D. J. Ketchen. The resource—based view of the firm: Ten year after 1991, Journal of of Management, 2001, 27 (6): 625 - 641.
3. 郭晓利:《企业集团的国际比较》,中国财政经济出版社 2002 年版。
4. 许强、陈劲:《基于网络结构的母子公司组织关系》,载《外国经济与管理》2001 年第 3 期。
5. 范黎波:《企业间网络关系对战略的影响:一个理论框架》,载《财贸经济》2004 年第 5 期。

第 34 章

母子公司关联度与子公司审计师选择*

基于委托代理理论和社会资本理论,本章研究了母子公司关联度与子公司审计师选择的关系,以及股权制衡的调节作用。研究发现:(1) 由于其处于较为重要的地位,与母公司关联度较高的子公司选择审计师时,更加倾向于选择本地事务所,即审计师选择更具地域敏感性;(2) 当子公司具有较高水平的股权制衡时,与母公司关联度较高的子公司倾向于选择具有较高声誉的事务所,即在股权制衡的调节作用下,审计师选择更具声誉敏感性;(3) 子公司实质型股权制衡对于审计师选择声誉敏感性的调节效应显著优于形式型股权制衡。

34.1 引 言

拉波塔等(La Porta et al., 1999)、克拉森等(Claessens et al., 2000)较早地关注到企业发展呈现集团化的趋势,即为了抵御市场风险和不确定性,相当数量的上市公司倾向于建立隶属于企业集团的内部市场替代机制,而母子公司作为企业集团较为常见的组织形式之一,得到了越来越多学者的关注。但是,随着学者们对于母子公司研究的深入,考虑到风险—收益的匹配性,子公司在获得来自于母公司支持行为的同时,还需要接受来自于母公司的控制,这就导致了子公司独立性的弱化。其中,尤其是母子公司内地位相对重要的子公司,其受到来自母公司的控制强度可能较其他关联公司更强,如默克(Morck, 2007)指出日本财团通过重组金字塔结构的方式将重要的子公司向金字塔顶端转移,以期通过直接控制的方式提升整体绩效。

由于受到母公司的实际控制,子公司独立性的弱化使得其内部治理机制的治理效应受到约束,董事会、经理层等内部治理机制的运作容易受到母公司意志的影响,而外部治理机制作为内部治理机制的重要补充,在制衡与约束母公司,尤其是实际控制人方面能够发挥重要作用。基于内部控制等相关法规约束的外部审

---

* 本章内容发表在《审计与经济研究》2014 年第 2 期。

计师，由于其外部人身份以及较强的独立性已经成为来自外部的、监督与制衡内部人的有效治理机制。具有较强独立性的外部审计师作为外部治理机制发挥作用，能够弱化母公司或者实际控制人对于子公司经营行为的干预，这就使得母公司或者实际控制人必须兼顾子公司尤其是中小股东的利益，一定程度上约束了其干预行为。基于控制权利益，母公司或者实际控制人就存在通过弱化子公司外部审计师的制衡作用来强化自身控制的可能，那么母公司会不会干预子公司的审计师选择，以及干预的强度是否与子公司的地位存在相关关系？另外，如果这种干预现象存在，是否存在一种内部治理机制能够弱化这种干预行为？其中，作为子公司制衡母公司或者实际控制人的股权制衡机制是否能够增强审计师选择的合理性？本章借助母子公司关联度这一替代指标考察子公司的地位是否影响其审计师选择的自主性，期望对上述问题进行研究，理清母子公司关联度与子公司审计师选择的关系，以及股权制衡的调节效应，为后续研究提供经验证据。

34.2 文献综述

外部审计师作为重要的外部治理机制之一，其积极作用已经得到了国内外学者的认可，主要体现在提高财务信息质量、向外部市场传递有关于治理结构的积极信号等。但是，如果高质量的外部审计师仅仅是影响公司治理绩效的外生变量，那么所有上市公司都会倾向于选择高质量的外部审计师，这样不仅可以提升公司治理绩效，而且能够向外部市场传递积极的信号，有助于实现市场"溢价"，然而这与上市公司对于外部审计师的选择呈现差异化是不相符的，即国际四大、国内十大以及其他事务所都能够在激烈的竞争中寻找到生存空间。因此，审计师的选择内生于上市公司治理实践，受到公司治理机制的显著影响。林等（Lin et al., 2010）研究指出，不同的公司治理水平显著影响着外部审计师的选聘，原因就在于其内部治理机制的完备程度需要外部审计师的协同以实现其治理效果。

基于审计师选择内生于公司治理机制的视角，国内外学者也取得了丰富的成果。范等（Fan et al., 2005）通过研究东亚地区的上市公司，发现代理问题较为突出的上市公司倾向于雇用声誉水平较高的事务所，而声誉水平较高的事务所出具非标准审计意见的可能性也越大，即外部审计师能够较好的发挥治理效应。陈等（Chen et al., 2010）采用案例研究方法研究了中国上市公司的审计师选择问题，结论显示为了进行"自利"的信息披露，样本公司在审计师选择过程中呈现由"四大"向本地事务所转移的趋势，其目的在于获取更加宽容的审计意见。张敏等（2011）研究指出机构投资者持股比例越高，公司越可能聘请规模较大的事务所进行审计，也有助于审计质量的提升。更多的学者则着眼于政治关联、市场环境的视角，研究发现政治关联较强、市场环境较差的上市公司倾向于选择规模较小、声誉一般的事务所进行审计，而不是选择国际四大或者国内十大等声誉较好的事务所。还有部分学者注意到了来自实际控制人的控制与外部审计师选择的关系问题，王烨（2009）指出随着资本控制链的延伸，子公司与母公司或者实际控制人的代理冲突趋于严重，为了降低控制性股东的资金侵占程度、减缓公司的代理冲突，子公司倾向于聘请审计质量较高的"四大"审计。唐跃军（2011）也通过研究支持了上述观点。

综览现有研究，学者们不仅对审计师的治理效应进行了研究，还关注到了审计师选择的影响因素问题，并且部分学者还将实际控制人的控制纳入分析框架，为本章研究提供了充分的文献支持。但是已有研究还存在以下不足：首先，尽管学者认识到了实际控制人可能对于外部审计师选择施加影响，但是仅通过两权分离度或者金字塔链条层级观察了子公司所在资本控制链位置的影响，而没有具体研究控制强度的差异性及其作用机理，如在整个母子公司体系内，地位相对重要的子公司是不是受到来自母公司或者实际控制人的更强控制？这一思路能够更加完善金字塔结构现有研究，即通过将子公司地位纳入到资本链条分析中，使得资本链条分析更加合理，内容也更加丰富；其次，虽然杜兴强等（2011）立足于政治关联，关注到了事务所选择的"地缘偏好性"，但是现有研究忽视了母子公司治理行为间的互动过程，仅仅关注了治理特征与治理结果间的相关关系，而没有探讨这一过程中关于治理行为的作用机理，即母公司或者实际控制人控制，以及母子公司治理过程中存在的互动性而导致的审计师地域敏感性与声誉敏感性的权衡问题。基于以上不足，本章将深入分析母子公司关联度与子公司审计师选择的关系，以及股权制衡对于二者关系的调节效应，为审计师选择相关研究提供文献支持。

34.3 理论分析与研究假设

基于交易费用理论的主要观点，学者们认为母子公司的产生动机在于以内部交易取代外部市场，降低外部交易导致的福利损失，并期望最大化整体福利水平。但是，随着委托代理理论和不完全契约理论引入母子公司治理分析框架，母子公司治理相较于单体公司治理出现了基于法人层面的治理问题——源于内部人控制的子公司治理风险，即存在子公司作为代理人的机会主义行为。为了避免子公司机会主义行为导致的整体效率损失，母公司倾向于通过施加控制的方式约束子公司内部人行为，尤其是母子公司内关联度较高的子公司，由于其业绩或者市场价值的波动对于母子公司整体影响较大，所以可能受到来自母公司更直接的控制。默克（Morck，2007）基于日本财团的金字塔结构构成方式，分析指出日本财团为了借助直接控制的方式提升整体绩效，地位相对重要的子公司呈现向金字塔顶端转移的趋势。

继拉波塔等（La Porta et al.，1999）率先将外部治理机制引入公司治理研究后，外部治理机制作为内部治理机制必要的补充开始得到学者们的关注。在母子公司实践中下，由于母公司的核心地位导致母子公司间权利与义务的不对称性，其内部治理机制发挥作用的空间较为有限，而外部治理机制作为相对独立的力量，能够较为充分地发挥监督与约束作用。其中，外部审计师作为上市公司外部治理机制，在母子公司框架内对于有效约束与制衡母公司或者实际控制人发挥了重要的作用，并在《萨班斯—奥克斯利法案》以及中国相关内控法规颁布后得到了强化。如前所述，为了保证母子公司整体绩效水平，母公司存在强化控制关联度较高子公司的动机，那么作为能够有效制衡母公司的外部治理机制，关联度较高子公司的外部审计师选择可能受到来自母公司更强的控制。

国内学者杜兴强等（2011）研究指出上市公司倾向于选择"本地小所"，而国有上市公司的这一倾向更加明显，即审计师选择存在显著的"地缘偏好性"。借鉴权衡理论的主要观点，子公司审计师选择也存在基于权衡的权变问题，即仅关注"地缘偏好性"可能不利于合理市场评价的获得，而需要将审计师事务所的声誉也纳入考虑范围进行综合权衡，也就是在审计师地域敏感性与声誉敏感性中进行权衡。而基于母子公司框架，地位相对重要（关联度较高）子公司在审计师选择方面的权衡可能会以母公司意志为出发点，优先选择本地事务所而不是声誉较高的"国际四大"或者"国内十大"。因此，提出假设如下：

H1a：与母公司关联度较高的子公司，审计师选择倾向于选择本地事务所，即母子公司中处于相对重要地位的子公司，其审计师选择更有可能受到来自母公司的控制，从而呈现地域敏感性的特征。

H1b：与母公司关联度较低的子公司，审计师选择倾向于选择具有较高声誉的大所，如"国际四大"或者"国内十大"，即母子公司中其他子公司，其审计师选择受到来自于母公司的控制相对较弱，从而呈现声誉敏感性的特征。

委托代理理论认为有效的内部治理机制能够优化公司治理结构，提升公司绩效水平。然而，在母子公司框架下，内部治理机制往往体现了母公司的意志，即缺乏独立性。考虑到董事会、监事会以及经理层容易受到母公司意志的影响，股权制衡作为基于股权结构的内部治理机制，能够较好地保障子公司独立性，尤其是子公司中小股东的利益。现有关于股权制衡治理效应的文献更多地集中于单体公司治理研究，结论较为一致地认为股权制衡是基于股权结构的治理机制，能够发挥积极的治理效应，尤其是能够制衡与约束控股股东的行为，从而提升决策的科学性与有效性。基于以上分析，母子公司治理实践中，股权制衡不仅能够发挥其保护子公司独立性的积极治理效应，而且可以提升其决策，包括子公司审计师选择的合理性，即能够调节母公司关联度与子公司审计师选择的关系，更加注重外部审计师的声誉。因此，提出假设如下：

H2：当子公司具有较高水平的股权制衡时，与母公司关联度较高的子公司倾向于选择具有较好声誉的审计师事务所，即在子公司股权制衡的调节作用下，审计师选择更具有声誉敏感性。

第二类代理成本理论认为，股权制衡也可能难以取得预期的治理效应，即存在股东合谋而引起"剥夺"行为的可能。所以，对于股权制衡的治理效应不能机械、教条地停留在股权结构上，而应该将更多有价值的信息纳入分析框架内。针对这一问题，国内学者高闯等（2008）、关鑫等（2010）较早地认识到了单纯利用股权控制链分析股权结构的弊端，并基于社会资本理论开创性地提出了终极股东社会资本控制链问题，认为由于终极控股股东的隐蔽性，仅仅分析股权控制链是不够的，还需要将与股权控制链相关的社会资本控制链综合考虑。也就是说，在母子公司框架下，子公司的股权制衡可能受到其实际控制人社会资本的影响，即实际控制人可以通过社会资本控制链强化其控制强度，形成股权制衡的表象，却无实际治理效果。基于以上分析，股权制衡需要将社会资本理论以及社会资本控制链纳入考虑范围，并进行区分，即实质型股权制衡与形式型股权制衡，以增强研究的合理性与稳健性。因此，综合考虑第二类代理成本理论、社会资本理论以及社会资本控制链，提出假设如下：

H3：实质型股权制衡对于审计师选择声誉敏感性的调节效应显著优于形式型股权制衡。

34.4 研究设计

34.4.1 变量定义

1. 被解释变量：审计师选择（Aud_i）。采用虚拟变量赋值法度量子公司审计师选择变量。其中，审计师选择–地域（Aud_1），当所聘用审计师事务所所在地与母公司所在地一致时，取值为1，反之为0；审计师选择–声誉（Aud_2），当所聘用审计师事务所为"国际四大"或者"国内十大"时，取值为1，反之为0。

2. 解释变量：子公司关联度（Con）。考虑到我国上市公司年报要求披露子公司归属于母公司的权益以及净利润规模，本章采用子公司归属于母公司所有者的净利润比率（Con_1）与子公司归属于母公司所有者的权益比率（Con_2）两个指标表示母子公司关联度。采用这种方法进行度量较之于以往相关研究具有以下优点：首先，由于中国资本市场的不完善，大部分集团公司选择其优质资产上市，以满足苛刻的上市或者"保壳"需求，所以上市子公司对于母公司的业绩影响显著强于非上市子公司；其次，子公司归属于母公司的权益规模较大或者利润贡献率较高，能够较为准确地揭示子公司与母公司的关联度以及子公司的地位；再次，对于关联度较高的子公司，母公司也倾向于施加控制强度，目的不仅在于规避资本控制链延伸而导致的机会主义效率损失问题,还可能在资源配置过程中给予必要的倾斜,反过来进一步强化子公司的地位。

3. 调节变量:股权制衡度(Bal),采用第二至第五大股东持股比例之和与第一大股东持股比例的比值度量。若高于中位数,说明股权制衡度较高,则赋值为2;反之,赋值为1。

股权制衡类型(Bal-Type)。基于社会资本理论以及社会资本控制链的思想,将股权控制链背后的相关社会资本控制链与股权控制链综合起来度量股权制衡更加合理(方政等,2013),所以本章将股权制衡分为实质型股权制衡与形式型股权制衡两类,以增强股权制衡治理效应的合理性与稳健性。具体说来,形式型股权制衡(Bal-E)只需满足任一条件:(1)前两大股东同为国有背景、国有控股背景;(2)前两大股东隶属于同一集团公司;(3)前两大股东有一方为公司创始人,而另一方为创始人创办的公司;(4)前两大股东为自然人,且二人为亲属关系。而实质型股权制衡(Bal-I)则不满足以上任一条件。赋值方式为实质型股权制衡取值为2,而形式型股权制衡取值为1。

4. 控制变量。为了保证研究的稳健性,本章借鉴现有相关文献以及基于本研究的需求,选取董事长与总经理两职合一性(Plu)、独立董事自主性(Ind)(曹廷求等,2012)、资本结构(Lev)、公司规模(Size)、成长性(Growth)、盈利能力(ROA)作为控制变量(见表34-1)。

表34-1　　　　　　　　　　　变量汇总表

	变量名称	变量符号	测度方法
被解释变量	审计师选择	Aud_i	地域、声誉均采用虚拟变量赋值
解释变量	子公司关联度	Con_1	子公司归属于母公司的净利润比率
		Con_2	子公司归属于母公司的权益比率
调节变量	股权制衡度	Bal	第二至第五大股东持股比例之和与第一大股东持股比例的比值
	实质型股权制衡	Bal-E	如前文所述
	形式型股权制衡	Bal-I	如前文所述
控制变量	两职合一性	Plu	董事长与总经理为同一人,则取1
	独立董事自主性	Ind	独立董事比例减去法规规定的1/3
	资本结构	Lev	资产负债率
	公司规模	Size	上市公司总资产对数
	成长性	Growth	主营业务增长率
	盈利能力	ROA	总资产收益率

34.4.2 模型设计

为了检验股权制衡的调节效应，构建模型Ⅰ与模型Ⅱ。模型Ⅰ用于检验假设1a和1b，即母子公司关联度与子公司审计师选择是否存在地域敏感性或者声誉敏感性；模型Ⅱ则用于检验假设2和假设3，通过加入子公司股权制衡度与母子公司关联度的交叉项，意在检验股权制衡的调节效应，以及不同类型股权制衡的调节效应是否存在区别。模型如下：

模型Ⅰ：
$$Aud_i = \alpha_0 + \alpha_1 Con_i + \alpha_2 Plu + \alpha_3 Ind + \alpha_4 Lev + \alpha_5 Size + \alpha_6 Growth + \alpha_7 ROA + \varepsilon$$

模型Ⅱ：
$$Aud_i = \alpha_0 + \alpha_1 Con_i + \alpha_2 Con_i * Bal + \alpha_3 Plu + \alpha_4 Ind + \alpha_5 Lev + \alpha_6 Size + \alpha_7 Growth + \alpha_8 ROA + \varepsilon$$

34.4.3 样本选择与数据处理

本章选取沪深两个证券交易所2009~2011年度A股上市公司作为研究样本，相关变量数据全部取自国泰安CSMAR数据库。另外，为了提高研究结果的稳健性，进行数据分析之前首先对于数据进行预处理，剔除相关数据，具体标准如下：剔除同时在海外上市的上市公司（考虑到海外上市公司对于审计师选择有较为具体、严格的要求）；剔除金融类公司；剔除2009~2011年被ST和PT的公司；剔除极端值公司。按照以上标准，最终获取1001家上市公司数据作为研究样本。

34.5 实证研究及结果分析

34.5.1 描述性统计

表34-2列示了主要变量的描述性统计结果，样本公司的审计师选择地域变量与声誉变量均值分别为0.278与0.614，且离散程度较小，表明目前上市公司外部审计师选择权衡问题上赋予了审计师事务所声誉较高的权重，但也确实存在优先考虑审计师地域性的情况；母子公司关联度变量均值分别为0.921与0.922，且较为集中，这显示了目前我国母子公司关联度较高的现实情况，即母公司通常选择优质资产公开上市，旨在获得资本市场的"壳资源"以及更加宽广的投融资渠

道；股权制衡度类型变量方面，其均值与方差分别为 1.528 与 0.249，说明上市公司的股权制衡更多的还是属于实质型股权制衡，但是也存在着形式型股权制衡的影响，显示了对于股权制衡进行具体细分的必要性；独立董事自主性变量的均值与方差分别为 0.033 与 0.003，从数据层面揭示了上市公司聘用独立董事内在动机不足的现状，即独立董事聘用更多停留在"消极合规"的层面，而不是"积极守规"，一定程度上限制了独立董事治理效应的发挥；其他控制变量方差较小，基本可以排除异常值的扰动影响。

表 34-2　　　　　　　　　主要变量描述性统计

	Mean	Variance	Min	Max
Aud_1	0.278	0.201	0.000	1.000
Aud_2	0.614	0.237	0.000	1.000
Con_1	0.921	0.071	-1.766	3.000
Con_2	0.922	0.017	-0.362	2.585
Bal-Type	1.528	0.249	1.000	2.000
Ind	0.033	0.003	-0.243	0.381
Lev	0.547	0.072	0.002	3.419
ROA	0.042	0.015	-1.451	2.811
Growth	0.177	0.163	-1.000	2.905
Size	21.859	1.995	16.520	30.370

34.5.2　母子公司关联度与子公司审计师选择分析

考虑到子公司审计师选择采用虚拟变量赋值，采用 SPSS17.0 对数据进行 Logistic 回归分析。具体结果如表 34-3 所示。

表 34-3　　　　母子公司关联度与子公司审计师选择分析结果

	模型 I			
	Aud_1	Aud_2	Aud_1	Aud_2
Constant	1.478*** (8.39)	-0.879*** (-4.66)	1.585*** (7.99)	-1.052*** (-4.88)
Con_1	0.005* (1.91)	-0.008* (-1.74)		

续表

	模型 I			
	Aud_1	Aud_2	Aud_1	Aud_2
Con_2			0.068** (2.23)	-0.105* (-1.77)
Plu	0.021 (1.12)	-0.007 (-0.35)	0.021 (1.10)	-0.007 (-0.32)
Ind	0.076 (0.85)	-0.196* (-1.84)	0.077 (0.86)	-0.195* (-1.83)
Size	-0.056*** (-7.07)	0.071*** (8.25)	-0.058*** (-7.09)	0.074*** (8.39)
Lev	0.026* (1.78)	-0.069* (-1.69)	0.026* (1.79)	-0.067 (-1.67)
Growth	-0.011** (-2.27)	0.007** (1.96)	-0.010** (-2.22)	0.006** (1.97)
ROA	-0.031 (-0.68)	0.045 (0.94)	-0.031 (-0.66)	0.039 (0.84)
Wald	56.32***	76.68***	56.38***	78.08**
R^2	0.145	0.160	0.143	0.158

注：*** 表示显著性水平为1%，** 表示显著性水平为5%，* 表示显著性水平为10%，括号内数字为 Z 值。

表34-3整理了母子公司关联度与子公司审计师选择的实证结果，结果显示母子公司关联度与审计师选择在地域性上均呈现显著正相关关系，而在声誉上则呈现显著负相关关系，即与母公司关联度较高、地位相对重要的子公司，其外部审计师选择更具地域敏感性的特征；而与母公司关联度较低的其他子公司，则更具有声誉敏感性的特征，证实了假设1a和1b。其他变量方面，独立董事自主性与审计师声誉呈现显著负相关关系，说明样本公司独立董事的数量并不能保证审计师选择的合理性，即应该重视独立董事质量的要求而不是仅仅关注数量，这也为独立董事"橡皮图章"的论断提供了来自中国上市公司支持；而规模变量、成长性变量则与审计师地域性选择显著负相关，而与声誉显著正相关，这与现有研究结论基本一致。

34.5.3 股权制衡的调节效应分析

借助模型Ⅱ进行股权制衡调节效应分析，采用SPSS17.0对数据进行了Logistic 回归分析。具体结果如表 34-4 所示。

表 34-4　　股权制衡调节作用分析结果

	模型 II			
	Aud_1	Aud_2	Aud_1	Aud_2
Constant	1.475*** (8.38)	-0.875*** (-4.62)	1.587*** (8.01)	-1.054*** (-4.90)
Con_1	-0.021 (-0.95)	-0.024 (-1.04)		
Con_2			-0.101 (-1.64)	0.143** (1.97)
Con_1 * Bal	0.018 (1.36)	0.022** (2.29)		
Con_2 * Bal			0.018 (1.17)	0.021** (2.33)
Plu	0.021 (1.11)	-0.007 (-0.34)	0.020 (1.08)	-0.006 (-0.30)
Ind	0.078 (0.88)	-0.198* (-1.87)	0.079 (0.89)	-0.198* (-1.87)
Size	-0.056*** (-7.06)	0.071*** (8.22)	-0.058*** (-7.08)	0.074*** (8.35)
Lev	0.025* (1.77)	-0.069* (-1.68)	0.025* (1.78)	-0.067 (-1.64)
Growth	-0.010** (-2.23)	0.006** (1.97)	-0.010** (-2.18)	0.006** (1.96)
ROA	-0.032 (-0.69)	0.045 (0.96)	-0.032 (-0.68)	0.040 (0.87)
Wald	59.57***	82.40***	59.23***	82.80**
R^2	0.152	0.163	0.155	0.161

表 34-4 关于股权制衡调节效应的检验结果显示母子公司关联度与股权制衡交叉项与审计师声誉存在显著正相关关系，且显著性水平均为 5%，而与审计师地域不存在相关关系，说明股权制衡对于母子公司关联度和审计师选择存在调节效应，即在股权制衡的调节下，地位相对重要的子公司对于审计师选择的声誉敏

感性显著强于地域敏感性，证实了假设 2。其他变量方面，检验结果与模型 I 基本一致，一定程度上证明了结果的稳健性。

34.5.4 股权制衡效应分类分析

为了进一步检验股权制衡效应的权变性影响，将股权制衡细分为形式型股权制衡与实质型股权制衡，并借助模型 II 进行相关调节作用分析。具体结果如表 34-5 所示。

表 34-5　　股权制衡分类调节作用分析结果

	模型 II			
	Aud_1	Aud_2	Aud_1	Aud_2
Constant	1.478 *** (8.38)	-0.879 *** (-4.65)	1.583 *** (7.97)	-1.048 *** (-4.86)
Con_1	0.014 (0.87)	-0.022 (-1.34)		
Con_2			-0.058 (-1.02)	0.084 * (1.75)
Con_1 * Bal-type	-0.006 (-0.96)	0.009 * (1.71)		
Con_2 * Bal-type			-0.006 (-0.88)	0.012 * (1.69)
Plu	0.021 (1.13)	-0.008 (-0.36)	0.021 (1.11)	-0.007 (-0.34)
Ind	0.074 (0.83)	-0.193 * (-1.82)	0.075 (0.84)	-0.191 * (-1.80)
Size	-0.056 *** (-7.06)	0.071 *** (8.23)	-0.058 *** (-7.08)	0.074 *** (8.36)
Lev	0.026 * (1.78)	-0.069 * (-1.69)	0.026 * (1.78)	-0.067 (-1.63)
Growth	-0.011 ** (-2.24)	0.007 ** (1.95)	-0.010 ** (-2.23)	0.006 ** (1.97)
ROA	-0.032 (-0.69)	0.045 (0.96)	-0.031 (-0.67)	0.040 (0.87)

续表

	模型 II			
	Aud$_1$	Aud$_2$	Aud$_1$	Aud$_2$
Wald	57.91***	79.26***	57.71***	81.83**
R^2	0.150	0.166	0.148	0.158

表34-5整理了两种类型股权制衡调节效应的比较结果，结果显示股权制衡类型与母子公司关联度的交叉项和审计师声誉存在显著正相关关系，且显著性水平均为10%，而和审计师地域不存在相关关系，说明实质型股权制衡相较于形式型股权制衡更能够促进子公司选择声誉较好的外部审计师，强化了审计师选择的声誉敏感性，证实了假设3。

34.6 研究结论与政策建议

本章选取沪深两市2009~2011年度1001家A股上市公司作为研究样本，研究了母子公司关联度与子公司审计师选择的关系，以及股权制衡的调节作用，希望验证在存在母公司强化控制地位相对重要子公司的倾向下，是否存在母公司对于子公司的审计师选择施加控制的现象，以及股权制衡尤其是实质型股权制衡是否能够监督和约束母公司的控制行为。研究主要结论如下：（1）母子公司中与母公司关联度较高的子公司（关联度较高）选择审计师时，受到来自母公司的控制越强，则子公司对于审计师选择的地域敏感性显著强于声誉敏感性，倾向于选择本地事务所；（2）当子公司股权制衡较高时，能够一定程度上监督和约束母公司的控制行为，与母公司关联度较高的子公司对于审计师选择的声誉敏感性显著强于地域敏感性，即在股权制衡的调节作用下，子公司倾向于选择具有较好声誉的审计师事务所；（3）通过引入社会资本链概念，本章将股权制衡进行了分类，发现子公司实质型股权制衡对于审计师选择合理性的调节效应显著优于形式型股权制衡，即实质型股权制衡相较于形式型股权制衡更能够促进子公司选择声誉较好的外部审计师，强化了审计师选择的声誉敏感性。

针对研究结论，提出相应政策建议如下：（1）通过简化外国投资者投资中国非战略行业上市公司的审批程序，鼓励境外机构投资者积极参与公司治理，优化机构投资者市场，使其能够作为境内机构投资者必要的补充优化上市公司治理结构，从而实现实质型的股权结构，增强上市公司的独立性。（2）规范外部审计师市场，建立严格监管体制下的审计师声誉激励长效机制，对于存在舞弊行为的上市公司实行审计师连带责任，并健全审计师市场的准入和退出机制，实现审计师市场的良性竞争和优胜劣汰。

参 考 文 献

1. La porta, R., F. Lopez-de-silanes and A. Shleifer, Corporate ownership around the world, Journal of Finance, 1999, 54 (2): 471 – 517.
2. Claessens, S., S. Djankov and L. Lang, The separation of ownership and control in East Asian corporations, Journal of Financial Economics, 2000, 58: 81 – 112.
3. Haas, R. and I. Lelyveld, Internal capital markets and lending by multinational bank subsidiaries, Journal of Financial Intermediation, 2010, 19 (1): 1 – 25.
4. Lin, C., Y. Ma, P. Malatesta and Y. Xuan, Corporate ownership structure and bank loan syndicate structure, Journal of Financial Economics, 2012, 104 (1): 1 – 22.
5. Jian, M. and T. Wong, Propping through related party transactions, Review of Accounting Studies, 2010, 15 (1): 70 – 105.
6. Cheong, K., K. Choo and K. Lee, Understanding the behavior of business groups: a dynamic model and empirical analysis, Journal of Economic Behavior and Organization, 2010, 76 (2): 141 – 152.
7. Peng, W., K. Wei and Z. Yang, Tunneling or propping: evidence from connected transactions in China, Journal of Corporate Finance, 2011, 17 (2): 306 – 325.
8. Azofra, V. and M. Santamaria, Ownership, control, and pyramids in Spanish commercial banks, Journal of Banking and Finance, 2011, 35 (6): 1464 – 1476.
9. Morck, R., A history of corporate governance around the world: family business groups to professional managers, Chicago: University of Chicago Press. 2007.
10. 唐跃军:《审计质量 VS. 信号显示——终极控制权、大股东治理战略与审计师选择》,载《金融研究》2011 年第 5 期, 第 139 ~ 155 页。
11. 洪金明、徐玉德、李亚茹:《信息披露质量、控股股东资金占用与审计师选择——来自深市 A 股上市公司的经验证据》,载《审计研究》2011 年第 2 期, 第 107 ~ 112 页。
12. 张奇峰、张鸣:《公司控制权安排、审计师选择与市场价值——来自中国上市公司的证据》,载《山西财经大学学报》2009 年第 6 期, 第 108 ~ 115 页。
13. 张娟、李虎、王兵:《审计师选择、信号传递和资本结构优化调整——基于中国上市公司的实证分析》,载《审计与经济研究》2010 年第 9 期, 第 33 ~ 39 页。
14. 梁莱歆、冯延超、杨继伟:《实际控制人的政治身份与审计师选择——来自我国民营上市公司的经验证据》,载《审计与经济研究》2011 年第 3 期, 第 39 ~ 46 页。
15. Lin, Z. and M. Liu, The determinants of auditor switching from the perspective of corporate governance in China, Advances in Accounting, incorporating Advances in International Accounting, 2010, 26 (1): 117 – 127.
16. Fan, J. and T. Wong, Do external auditors perform a corporate governance role in emerging markets? Evidence from East Asia, Journal of Accounting Research, 2005, 43 (1): 35 – 72.
17. Chen, C., X. Su, X. Wu, Auditor changes following a big 4 merger with a local Chinese firm: a case study, Auditing: A Journal of Practice and Theory, 2010, 29 (1): 41 – 72.

18. 张敏、冯虹茜、张雯：《机构持股、审计师选择与审计意见》，载《审计研究》2011年第6期，第82~88页。

19. 雷光勇、李书锋、王秀娟：《政治关联、审计师选择与公司价值》，载《管理世界》2009年第7期，第145~155页。

20. 杜兴强、周泽将：《政治联系与审计师选择》，载《审计研究》2010年第2期，第47~53页。

21. 黄新建、张会：《地区环境、政治关联与审计师选择——来自中国民营上市公司的经验证据》，载《审计与经济研究》2011年第5期，第44~52页。

22. 杜兴强、周泽将、杜颖洁：《政治联系、审计师选择的"地缘"偏好与审计意见——基于国有上市公司的经验证据》，载《审计研究》2011年第2期，第77~86页。

23. 王烨：《股权控制链、代理冲突与审计师选择》，载《会计研究》2009年第6期，第65~72页。

24. 钟海燕、冉茂盛、文守逊：《政府干预、内部人控制与公司投资》，载《管理世界》2010年第7期，第98~108页。

25. Fan, J. and T. Wong, Corporate ownership structure and the informativeness of accounting earnings in East Asia, Journal of Accounting and Economics, 2002, 33 (3): 401 – 425.

26. 王俊秋、张奇峰：《终极控制权、现金流量权与盈余信息含量——来自家族上市公司的经验证据》，载《经济与管理研究》2007年第12期，第10~16页。

27. 陆正飞、张会丽：《所有权安排、寻租空间与现金分布——来自中国A股市场的经验证据》，载《管理世界》2010年第5期，第150~171页。

28. Shleifer, A. and R. Vishny, Large shareholders and corporate control, Journal of Political Economy, 1986, 94 (3): 461 – 488.

29. 陈德萍、陈永圣：《股权集中度、股权制衡度与公司绩效关系研究——2007~2009年中小企业板块的实证检验》，载《会计研究》2011年第1期，第38~43页。

30. Laeven, L., Complex ownership structures and corporate valuations, Review of Financial Studies, 2008, 21 (2): 579 – 604.

31. 毛世平：《金字塔控制结构与股权制衡效应——基于中国上市公司的实证研究》，载《管理世界》2009年第1期，第40~52页。

32. 高闯、关鑫：《社会资本、网络连带与上市公司终极股东控制权——基于社会资本理论的分析框架》，载《中国工业经济》2008年第9期，第88~97页。

33. 关鑫、高闯、吴维库：《终极股东社会资本控制链的存在与动用——来自中国60家上市公司的证据》，载《南开管理评论》2010年第6期，第97~105页。

34. 方政、徐向艺：《金字塔结构、股权制衡与上市公司股价信息含量》，载《经济管理》2013年第3期，第45~53页。

35. 曹廷求、王营、张蕾：《董事市场供给会影响董事会独立性吗？——基于中国上市公司的实证分析》，载《中国工业经济》2012年第5期，第83~95页。

第 35 章

母公司持股、子公司管理层权力与创新行为关系研究*

本章以我国高科技上市公司作为研究样本,对母公司持股、子公司管理层权力与创新行为之间的关系进行实证分析,得出以下结论:母公司持股比例越高,子公司管理层权力越弱;母公司持股比例越高,子公司创新行为越少;子公司管理层权力对子公司创新行为存在正向推动作用;子公司管理层权力在母公司持股与子公司创新行为之间存在部分中介作用。同时探讨了产品市场竞争在母公司持股比例与子公司管理层权力之间的调节效应,结果表明:产品市场竞争程度越高,母公司持股比例与子公司管理层权力的负向相关性越强,产品市场竞争程度的降低会弱化母公司持股比例与子公司管理层的负向相关关系。

35.1 引 言

企业集团是介于市场与企业之间的一种混合组织形式,在新兴市场经济中扮演着重要角色(Khanna and Yafeh,2007;徐鹏、徐向艺,2013),母子公司制是社会化大生产发展到一定程度后所出现的一种重要且复杂的现代企业制度,是我国大多数企业集团采取的组织形式(徐鹏,2013)。在这种组织形式中,集团公司治理的一个重要内容即是母子公司的权力配置,母子公司权力划分的合理性极大程度上影响了子公司的决策行为和发展趋势。所以,针对子公司管理层权力配置与安排的影响因素及其效果进行研究,对于提升集团公司治理水平和集团绩效具有重要意义。

芬克尔斯坦(Finkelstein,1992)将管理层权力定义为管理层执行自身意愿的能力,以往的研究一般以管理层持股比例、董事长与总经理两职合一情况、总经理任期等指标作为管理层权力的代理指标进行相关问题的探讨(Hu and Ku-

---

* 本章内容发表在《经济管理》2014 年第 4 期。

mar，2004；Pathan，2009；王清刚、胡亚君，2011）。管理层权力理论认为权力使得管理层有能力和动机去影响自己的薪酬（卢锐、魏明海，2008），所以之前关于管理层权力的研究大多是探讨管理层权力配置对其寻租行为的影响，如管理层权力与管理层薪酬待遇（徐静，2013；权小锋等，2010；卢锐、魏明海、黎文靖，2008）、信息披露质量（权小锋、吴世农，2010）之间的关系，并且多数实证研究得出了管理层权力对管理层利己和寻租行为有一定促进作用的结论（权小锋等，2010；徐静，2013）。

进一步分析和归纳管理层权力的相关研究可以发现大多文献是对管理层权力为公司治理带来的消极效应进行分析，但从管理实践中看管理层权力的增强并非只为公司治理带来了负面作用，尤其是在具有特殊委托代理关系的母子公司体制中，母公司与子公司管理层之间存在的代理成本更加显著，子公司管理层获取较多的权力配置有利于提升其自主决策能力去应对不确定事件，有利于子公司针对环境变化及时做出正确决策，促进子公司成长（徐鹏，2013）。所以，与以往研究相比，本章的主要贡献在于：第一，从正向作用视角考察在母子公司组织形式中子公司管理层权力对子公司创新行为的积极影响；第二，正视母公司与子公司管理层之间存在的代理成本和决策冲突，考察母公司的持股比例与子公司管理层权力之间的悖向关系；第三，探索产品市场竞争程度在母公司持股比例与子公司管理层权力关系中的调节作用，分析随着产品市场竞争程度的变化，母公司对子公司管理层权力的约束与控制程度是否存在差异。

35.2 理论基础与研究假设

35.2.1 母公司持股与子公司管理层权力

在子公司的内部治理结构中董事会拥有聘用管理层和制定管理层报酬的权力，是子公司治理的核心以及管理层与母公司沟通的桥梁（祝继高、王春飞，2012）。而母公司作为子公司的控股股东直接控制着董事会，并间接控制着管理层。股权关联是母公司对子公司治理行为进行监管和干涉的前提（徐鹏，2013），母公司持股比例的差异使得其对董事会和管理层的控制能力和控制欲望也存在差别，这种差别势必会影响母公司对子公司的管控方式（Hsieh et al.，2010），即母公司持股比例的高低会对子公司管理层的权力配置产生影响，母公司持股与子公司管理层权力存在相关关系。

理论上讲，随着母公司持股比例的上升，其在子公司中的利益也越重要，与子公司的关联程度也就越高，这就促使母公司有更强的积极性参与到子公司内部加强对管理层的监督，逐渐从外部人过渡为内部人，有更强的动机去削弱子公司管理层权力。另外，持有子公司股权越多的母公司在子公司经营决策中具有越多的投票权，母公司持股比例的上升除了增加母公司约束子公司管理层权力的欲望和动机，也提高了其干涉和监督子公司管理层的能力（徐鹏，2013）。总之，母公司持股越多，其监管动机和监管能力更加强烈，监管行为更加积极，在母子公司管理中更加倾向于控制和制约子公司管理层权力（乐琦、蓝海林，2009），将自身的决策意识施加到子公司管理层的日常管理之中。基于此，我们提出假设：

H1：母公司持股比例越高，子公司管理层权力越弱。

35.2.2 产品市场竞争程度的调节作用

产品市场作为子公司竞争的重要场所与信息平台，是子公司较为有效的外部治理机制，在母子公司治理中发挥着其他治理机制不可替代的作用。上文述及，母公司作为子公司的控股股东与子公司管理层之间存在权力博弈（Jensen and Meckling，1976），而产品市场竞争作为外部治理机制会对母公司与子公司管理层之间的权力博弈产生影响。其影响路径具体体现在：产品市场竞争程度较高时，子公司在复杂的市场环境中所面临被其他竞争者掠夺市场份额的风险增大（韩忠雪，周婷婷，2011；Froot et al.，1993），企业生存威胁的增加会促进子公司管理层在经营决策中选择财务激进行为，已有研究也证实了产品市场竞争程度与公司财务杠杆之间存在正向相关性（Lyandres，2006），这使得母公司在子公司中的股权收益受到威胁与挑战。在此种情况下，母公司持股所带来的监管欲望和监管动机更加强烈，母公司基于风险防御的态度更加倾向于约束和控制子公司管理层权力，规避子公司管理层在不确定的市场环境中的机会主义行为，降低收益风险。但是随着产品市场竞争程度的降低，母公司持股所带来的监管效应逐渐减弱，母公司持股对子公司管理层权力的负向作用也受到抑制。基于此，我们提出如下假设：

H2：产品市场竞争对母公司持股与子公司管理层权力之间的关系具有调节作用。具体表现是产品市场竞争程度越高，母公司持股与子公司管理层权力的负向相关性越强，产品市场竞争程度的降低会弱化母公司持股与子公司管理层的负向相关关系。

35.2.3 母公司持股与子公司创新行为

创新行为会为企业带来迎合市场需求的新产品和技术工艺，是公司塑造并保持长期竞争优势的主要来源（Ettlie，1998）。但创新行为对于企业来讲同时也是一种投入大、周期长、不确定性高的经营活动（Holmstrom，1989；Lippman and

Rumelt，1982）。所以，在集团公司治理中子公司的创新行为是一项牵涉多方利益的特殊风险决策（赵洪江、夏晖，2009），要求其所有者具有较强的失败容忍性。母公司作为其控股股东具有影响和干涉子公司重要决策的动机和权力，所以母公司持股比例与子公司创新行为之间存在一定的内在联系。

母公司作为子公司的所有者与实际控制人对子公司财务决策的干扰与约束均基于对控制权收益的追逐，并影响其参与子公司治理的财务决策态度与行为（郝颖等，2009）。在母公司持股比例较低的情况下，子公司创新行为为母公司收益带来的风险损害相对较小，母公司风险规避倾向较低，更加倾向于推动子公司创新行为，增强企业竞争优势，获取更多收益；但是随着母公司持股比例的升高，母公司股权收益的侵占效应逐渐形成并扩大，使其更加倾向于通过关联交易等方式从子公司中侵占利益而非培育子公司长期发展（徐鹏，2013）。这种情况下，当面对子公司风险较高的创新行为时母公司会偏于保守，更多地采取规避态度（康华等，2011），并且有足够的控制能力去约束子公司的创新行为。总之，子公司创新行为随着母公司持股比例的增加逐步减少（Yafeh and Yosha，2003）。基于此，我们提出如下假设：

H3：母公司持股比例越高，子公司创新行为越少。

35.2.4 子公司管理层权力与创新行为

子公司管理层是子公司经营行为的直接参与者和执行者，子公司管理层的权力泛指在母子公司管理体系中子公司管理层对子公司治理体系的影响能力（卢锐等，2008）。子公司管理层权力对企业创新行为的影响路径主要体现在：第一，子公司管理层权力越大，其对环境变化的应对更加及时（Tihanyi et al.，2000），可以有效地进行组织决策，推动企业创新（Rechner and Dalton，1991）；第二，子公司管理层权力越大，子公司管理层也越有义务提升企业水平，有利于增强子公司管理层的创新欲望，提升其对创新机会的感知能力（Zahra et al.，2000）；第三，创新行为虽然对子公司的创新能力和竞争能力有积极作用，但是由于其不确定性所带来的风险会使母公司与子公司管理层之间存在分歧（康华等，2011）。但是随着子公司管理层权力的提高使得子公司管理层在与母公司权力博弈中具有更强的谈判能力，促进子公司管理层与母公司风险态度趋同，有利于子公司对存在的创新机会进行大胆和积极尝试；最后，在创新决策的执行层面，子公司管理层权力越大，其对企业的经营活动的影响能力越强（Bebchuk and Fried，2003），其就越有能力在创新决策实施过程中进行更多控制，保障创新决策的顺利执行。基于此，我们提出如下假设：

H4：子公司管理层权力越大，公司创新行为越多。

综上所述，由于权力博弈和侵占效应的存在，母公司持股对子公司管理层权力和子公司创新行为存在负向影响，而子公司管理层权力的增强会推动子公司创新行为，基于以上假设逻辑，我们提出如下假设：

H5：子公司管理层权力在母公司持股比例与子公司创新行为的关系中具有中介效应。

35.3 研究设计

35.3.1 样本选择与数据来源

首先，本章以我国 2009~2012 年持续经营的高科技上市公司的企业为初始样本，高科技行业的选取参考贺勇、刘冬荣（2011）等人的研究，选择医药制造业、专用设备制造业、生物制品业和通信及相关设备制造业等行业为高科技行业。然后对初始样本按照如下标准进一步选择：（1）控股股东为公司制企业；（2）2009~2012 年持续经营且未发生更换控股股东等重组事项；（3）剔除样本选择期间被 ST 和 *ST 的公司。

通过以上步骤，本章最终选取 414 家我国高科技上市公司作为研究样本，共获得 1516 组有效观测样本的平衡面板数据。本章实证分析中所使用到的相关数据均来自于国泰安数据库（CSMAR 数据库），对于部分未披露的数据，通过企业年报、上市公司官方网站和其他公开披露的信息进行补充。

35.3.2 变量及其度量

（1）解释变量：母公司持股，借鉴徐鹏（2013）对母公司持股比例衡量的方法，以国泰安数据库统计的年末母公司对子公司持有的股权占子公司总股数的比例进行衡量。

（2）中介变量：子公司管理层权力，参考卢锐、魏明海、黎文靖（2008）和王清刚、胡亚君（2011）等人的研究，从子公司管理层持股比例、CEO 是否兼职和公司所设置高管个数三方面进行衡量。其中管理层持股比例为管理层持股数占公司总股本的比例；子公司 CEO 若无兼职，记为"1"，若兼职子公司董事长记为"2"，若在母公司中有兼职记为"3"，子公司 CEO 兼职级别越高，取值越高，管理层权力越大；高管个数即为子公司中高管人数。然后借鉴权小锋等（2010）的方法采用主成分分析法将三个指标合成为子公司管理层权力指标。

（3）被解释变量：创新行为，上市公司创新行为可以通过企业在当期开发支出情况进行反映（赵洪江、夏晖，2009），为了衡量高科技上市公司对创新行为的重视程度，本研究以年末公布的开发支出在上市公司利润总额中的比例衡量其创新行为，比例越高，说明创新行为越多。

（4）调节变量：产品市场竞争，参考韩忠雪、周婷婷（2011）和吴昊旻等（2012）的研究，以赫芬达尔—赫希曼指数衡量样本上市公司产品市场竞争情况，其计算公式为当年行业中所有公司所占市场份额的平方和，赫芬达尔—赫希曼指数越大，说明该行业产品市场竞争程度越低，赫芬达尔—赫希曼指数越小，产品市场竞争程度越高。

（5）控制变量：梳理前人研究，选取控制变量及其衡量方式如下：①子公司规模，子公司年末资产总额取自然对数；②子公司成长性，子公司年末净资产收益率和总资产增长率；③子公司独立董事比例，子公司独立董事人数在董事会中所占比例；④子公司财务杠杆，子公司年末资产负债率；⑤母公司业务属性，母公司有实际生产业务记"1"，无实际生产业务记为"0"；⑥母公司持有股权性质，国有股权记为1，其他记为"0"。各变量代码及衡量方式具体见表35-1。

表35-1　　　　　　　　　变量定义与衡量

变量名称	变量代码	衡量指标
母公司持股	MER	母公司对子公司的持股数占总股本的比例
子公司管理层权力	Power	管理层持股：管理层持股数占总股本的比例
		CEO兼职：不兼职记"1"，兼职董事长记"2"，在母公司中兼职高管记"3"
		高管数量
创新行为	Innovation	年末开发支出占利润总额比例
产品市场竞争	PMC	赫芬达尔—赫希曼指数：当年行业中所有公司所占市场份额的平方和
公司规模	Size	年末总资产取自然对数
成长性	ROE	净资产收益率：净利润/股东权益余额
	AGR	总资产增长率：（期末总资产-期初总资产）/期初总资产
独立董事比例	IDB	独立董事人数在董事会中所占比例
财务杠杆	LEV	公司年末资产负债率：负债总额/资产总额
母公司业务属性	BA	有实际生产经营业务记"1"，单纯控股公司记为"0"
母公司股权性质	EQ	国有股权记为1，其他记为"0"

35.3.3 模型设计

为了验证本章假设,设计如下模型

$$M1: Power_{j,t} = c + \sum_{i=1}^{7} b_i Control_{i,jt} + a_1 MER_{j,t} + e_{j,t}$$

$$M2: Power_{j,t} = c + \sum_{i=1}^{7} b_i Control_{i,jt} + a_1 MER_{j,t} + a_2 PMC_{j,t} + a_3 MER_{j,t} \times PMC_{j,t} + e_{j,t}$$

$$M3: Innovation_{j,t} = c + \sum_{i=1}^{7} b_i Control_{i,jt} + a_1 MER_{j,t} + e_{j,t}$$

$$M4: Innovation_{j,t} = c + \sum_{i=1}^{7} b_i Control_{i,jt} + a_2 Power_{j,t} + e_{j,t}$$

$$M5: Innovation_{j,t} = c + \sum_{i=1}^{7} b_i Control_{i,jt} + a_1 MER_{j,t} + a_2 Power_{j,t} + e_{j,t}$$

其中,c 为截距项,b_i 代表了回归模型中各控制变量的系数,j 为横截面个体,t 代表时间,Control 为控制变量组,ε 代表随机扰动项。通过以上模型可以对本章所提出的假设进行验证:M1 是母公司持股对子公司管理层权力的回归模型,可以检验假设 H1;M2 是母公司持股、产品市场竞争及其乘积项对子公司管理层权力的回归,可以检验假设 H2,即产品市场竞争对母公司持股与子公司管理层权力关系的调节作用;M3 是母公司持股对子公司创新行为的回归,可以检验假设 H3;模型 4 为子公司管理层权力对创新行为的回归,用来检验假设 H4;模型 5 为母公司持股、子公司管理层权力对子公司创新行为的回归,可以检验假设 H5。

35.4 数据分析

35.4.1 描述性统计

首先对各主要变量分年度进行描述性统计,得到各变量的极大值、极小值、均值和标准差,结果如表 35-2 所示。从母公司持股比例的均值可以看出 2009~2012 年我国高科技上市子公司的母公司持股比例呈现逐步降低的趋势;产品市场竞争方面,四年间均值变化不大,历年极小值和极大值差异明显,说明高科技行业中不同细分行业的企业所面临的市场竞争程度也不尽相同;子公司管理层权力方面,历年的极大值和极小值均存在明显差异,说明在不同的上市子公司中,管理层的权力各不相同;通过创新行为的描述性统计数据可以看出不同的公司创新投入存在很大的差异,有的公司连续四年创新投入为 0,与高科技行业十分不匹配,这样的企业应当在企业管理中重视创新,增加创新投入,提高创新能力。

表35-2　主要变量描述性统计

年度	变量	极小值	极大值	均值	标准差
2009	母公司持股（MER）	0.0514	0.8523	0.3573	0.1376
	产品市场竞争（PMC）	0.0221	1.0000	0.1252	0.1640
	子公司管理层权力（Power）	0.4497	6.8368	2.3108	0.7463
	创新行为（Innovation）	0.0000	4.6885	0.0392	0.3973
2010	母公司持股（MER）	0.0514	0.8523	0.3475	0.1386
	产品市场竞争（PMC）	0.0297	1.0000	0.1369	0.1719
	子公司管理层权力（Power）	0.2248	7.4231	2.3035	0.7855
	创新行为（Innovation）	0.0000	27.1187	0.1462	1.5793
2010	母公司持股（MER）	0.0514	0.8523	0.3415	0.1375
	产品市场竞争（PMC）	0.0314	1.0000	0.1414	0.1652
	子公司管理层权力（Power）	0.5226	5.7305	2.3443	0.7511
	创新行为（Innovation）	0.0000	4.6472	0.0835	0.5005
2012	母公司持股（MER）	0.0514	0.8523	0.3411	0.1406
	产品市场竞争（PMC）	0.0315	1.0000	0.1450	0.1600
	子公司管理层权力（Power）	0.7430	6.3172	2.4014	0.8199
	创新行为（Innovation）	0.0000	7.8134	0.0906	0.5052

35.4.2　面板数据分析

按照上文所设计的模型，运用 Stata10.0 进行面板数据回归，具体运算结果如表35-3所示。

通过模型1的结果可知：Hausman 检验 P 值为 0.0844，大于 0.05，说明应当采用随机效应模型，随机效应模型 Wald = 117.07，且通过显著性检验，R^2 = 0.0467，自变量母公司持股回归系数为 -0.2921，且 $P<0.05$，说明母公司控股与子公司管理层权力存在显著负向相关关系，即母公司持股比例越高，子公司管理层权力越弱。假设 H1 得证。

模型2的 Hausman 检验 P 值为 0.4443，大于 0.05，说明应当采用随机效应模型。随机效应模型 Wald = 131.85，且通过显著性检验，R^2 = 0.0551，自变量母公司控股与调节变量产品市场竞争乘积项的回归系数为 2.6620，且 $P<0.05$，通过显著性检验。这说明产品市场竞争对母公司持股与子公司管理层权力之间的关系有显著调节作用，另外因为交互项回归系数为正，主效应为负，说明随着赫芬达尔—赫希曼指数的升高，母公司持股比例对子公司管理层权力的负向作用被减弱。考虑到赫芬达尔—赫希曼指数与产品市场竞争程度反向关系，即产品市场

程度越高，母公司持股比例与子公司管理层权力的负向相关性越强，产品市场竞争程度的降低会弱化母公司持股与子公司管理层权力的负向相关关系。假设 H2 得证。

模型 3 的 Hausman 检验 chi2 值小于 0，故采用随机效应模型。随机效应模型 Wald = 17.87，且通过显著性检验，$R^2 = 0.0112$，自变量母公司持股回归系数为 -0.0714，且 $P < 0.01$，说明母公司持股对子公司创新行为存在显著负向影响。假设 H3 得证。

模型 4 的 Hausman 检验 P 值为 0.3819，大于 0.05，说明应当采用随机效应模型。随机效应模型 Wald = 15.52，且通过显著性检验，$R^2 = 0.0068$，变量子公司管理层权力回归系数为 0.0077，且 $P < 0.1$。说明子公司管理层权力对创新行为具有正向影响。假设 H4 得证。

模型 5 中将母公司持股和子公司管理层权力同时引入模型，以检验子公司管理层的中介作用。Hausman 检验 chi2 小于 0，采用随机效应模型。随机效应模型 Wald = 19.81，且通过显著性检验，$R^2 = 0.0114$，变量子公司管理层权力回归系数为 0.0069，且 $P < 0.1$，自变量母公司持股回归系数为 -0.0687 且通过显著性检验。与模型 3 的回归结果比较发现，当模型中加入变量子公司管理层权力后，母公司控股对子公司创新行为的回归系数的绝对值降低，说明其对子公司创新行为的影响力度减弱。按照中介作用的检验标准，当加入中介变量后，自变量回归系数变得不显著，则说明中介变量具有完全中介效应；若自变量回归系数仍然显著，但是却变小，则说明存在部分中介作用（方杰等，2012）。所以，从模型 5 回归数据可知，子公司管理层权力在母公司持股与子公司创新行为的关系中起到了部分中介作用，假设 H5 得证。

表 35 - 3 回归分析结果

变量	子公司管理层权力（Power）		创新行为（Innovation）		
	M1	M2	M3	M4	M5
常数项	-1.6273*** (-3.70)	-1.5438*** (-3.46)	-0.1850*** (-2.63)	-0.1618** (-2.32)	-0.1734** (-2.47)
控制变量					
Size	0.2014*** (9.94)	0.2036*** (9.95)	0.0110*** (3.31)	0.0079** (2.415)	0.0096*** (2.82)
ROE	-0.0861 (-0.81)	-0.0307 (-0.29)	0.0125 (0.76)	0.0083 (0.51)	0.0129 (0.78)

续表

变量	子公司管理层权力（Power）		创新行为（Innovation）		
	M1	M2	M3	M4	M5
AGR	-0.0778 (-1.41)	-0.0856 (-1.49)	-0.0151* (-1.75)	-0.0133 (-1.55)	-0.0147* (-1.70)
IDB	-0.8858** (-2.5)	-0.9519*** (-2.66)	-0.0084 (-0.16)	-0.0036 (-0.07)	-0.0020 (-0.04)
LEV	0.0635 (0.67)	0.1101 (1.13)	0.0054 (0.42)	0.0049 (0.38)	0.0051 (-0.40)
BA	-0.0166 (-0.40)	-0.0193 (-0.47)	0.0113 (1.44)	0.0127 (1.62)	0.0115 (1.45)
EQ	0.0303 (1.01)	0.0333 (1.06)	0.0032 (0.69)	0.0022 (0.47)	0.0029 (0.63)
自变量					
MER	-0.2921** (-1.78)	-0.6706*** (-3.13)	-0.0714*** (-2.89)		-0.0687*** (-2.79)
中介变量					
Power				0.0077* (1.85)	0.0069* (1.67)
调节变量					
PMC		-0.9305** (-2.17)			
交互项					
MER*PMC		2.6620** (2.15)			
R^2	0.0467	0.0551	0.0112	0.0068	0.0114
F/Wald 检验	117.07***	131.85***	17.87**	15.52**	19.81**
Hausman 检验	随机效应 P=0.0844	随机效应 P=0.4443	随机效应 (chi2<0)	随机效应 P=0.3819	随机效应 (chi2<0)

注：***、**、*分别表示1%、5%、10%的显著性水平，括号内为Z值；Hausman检验：P大于0.05则接受原假设，意味着模型为随机效应模型，否则拒绝原假设，采用固定效应模型；对Hausman设定检验无法判别的模型，采用随机效应模型。

35.5　研究结论与政策建议

35.5.1　研究结论

本章选取我国高科技上市公司作为样本，对母公司持股、子公司管理层权力与创新行为之间的关系进行检验，并分析了产品市场竞争的调节作用，主要得出以下结论：

第一，母公司持股比例与子公司管理层权力之间存在负向相关关系。主要是因为母公司持股比例越高，母公司对子公司的监管动机和监管能力越加强烈，监管行为越加积极，在母子公司管理中更加倾向于控制和制约子公司管理层权力，对子公司管理层进行较少的权力配置。第二，产品市场竞争程度对母公司持股与子公司管理层权力之间关系具有调节效应。具体表现是产品市场竞争程度越高，母公司持股比例与子公司管理层权力的负向相关关系越强，产品市场竞争程度的降低会弱化母公司持股对子公司管理层的负向相关关系。其主要原因是随着子公司产品市场竞争程度的增加，子公司经营面临更大的不确定性，母公司持股所带来的监管效应更加强烈，促使母公司更加倾向于约束和控制子公司管理层，减少子公司管理层权力配置。第三，母公司持股与子公司创新行为存在负向相关关系。主要是因为母公司持股比例越高，其越倾向于规避子公司投资风险较大的创新项目，同时其对子公司经营收益的侵占欲望增强，更加倾向于将子公司经营收益进行现金分红，而不是留存在子公司鼓励其技术创新。第四，子公司管理层权力对创新行为存在正向影响。主要是因为权力越大，子公司管理层面对环境变化可以更加及时地进行组织决策，有利于增强子公司管理层的创新动机并对存在的创新机会进行大胆和积极尝试，以及在创新决策执行过程中加大控制力度，确保创新决策顺利实施。第五，子公司管理层权力在母公司持股比例与子公司创新行为间具有一定中介效应。即母公司持股比例对子公司创新行为的负向影响有一部分是通过其对子公司管理层权力的抑制和约束发挥作用的。

35.5.2　政策建议

基于以上研究结论，提出如下政策建议：

（1）降低集团框架内母公司持股比例，推动子公司股权分散化。本章通过实证分析得到母公司持股与子公司创新行为负向相关的结论，这说明过分集中的股权结构并不利于企业进行积极创新。尤其是在母子公司组织形式的企业集团中，母公司与子公司管理层之间的代理成本和其他形式控股股东与管理层之间代理成本的大小和形成方式均存在差异,本章的研究结论证实了母公司持股对子公司创新行为具有消极效应,不利于子公司培育和保持长期竞争优势。所以,我国集团公司在治理过程中应逐步降低母公司对子公司的持股比例,推动子公司股权分散化,降低母公司对子公司经营收益的侵占欲望,规避母公司由于持股过多带来的掏空行为,促进子公司的创新行为。

(2) 建立集团框架内母子公司权力配置标准和母子公司高管关联机制,降低母公司与子公司管理层之间的代理成本。本章的研究证实了子公司管理层权力在促进企业创新方面具有积极作用。但是母公司作为子公司的控股股东,存在为了保障自身股权收益而过度控制和约束子公司管理层的情况。由于母公司针对子公司所处经营环境并不甚了解,过多地干涉会影响子公司管理层的自主判断能力,不利于子公司根据其所处市场环境的变化及时反应。所以在集团内部应当完善母子公司权力配置的标准,明晰母公司、子公司董事会、子公司管理层三者之间的权责安排,充分尊重子公司管理层自主决策权力。同时建立母子公司高管关联机制,高管关联是指子公司管理层部分职位由母公司高管兼职的状态。陈等(Chen et al., 2012)和徐鹏(2013)的研究均证实了高管关联是缓解母子公司之间冲突和权力博弈的有效手段。所以在集团公司治理中应当建立母子公司高管关联机制,根据子公司面临的产品市场竞争情况,权变选择母子公司高管关联度,增加母公司对子公司管理层的信任,防止母公司因为规避子公司管理层的失控风险而过度约束和控制子公司管理层的必要权力,保障子公司管理层在复杂环境中的决策权力,增强子公司在动态竞争环境中的反应能力,促进子公司健康成长。

(3) 构建子公司创新项目风险评价体系,完善子公司创新项目决策机制。本章验证了母公司持股比例与子公司创新行为存在负向相关关系,其主要原因来自母公司因重视股权收益而规避创新风险的态度。但是随着经济一体化进程的加速,企业面临的市场环境越来越复杂、受到的市场竞争也更加激烈,创新行为成为企业提升动态竞争能力和塑造动态竞争优势的重要前提,所以应当大力推动子公司积极创新。为此建议在子公司内部成立创新项目评价与决策委员会,委员会成员由子公司专业人员、经理层、母公司以及其他大股东代表构成,对于子公司投入较大的创新项目由子公司专业负责人员充分说明项目情况,交由委员会充分论证,客观评价项目风险及收益预期,并由委员会决策创新项目是否实施。通过组建创新项目评价与决策委员会提高母公司在子公司创新项目中的参与程度,母公司对创新项目风险和收益的充分了解可以避免母公司对子公司创新行为盲目干涉和过度控制,提高母公司对子公司创新行为的支持力度。

本章的研究局限主要体现在:首先,在集团公司治理框架中,母公司层面影响子公司决策行为的因素除了持股比例之外,还有高管关联、行业特征等其他因素,本章的模型构建过程未充分考虑这些因素对子公司权力配置和创新行为的影响;其次,本章以我国高科技上市公司作为研究样本验证了上述假设,但是对于本章所构建的理论模型在普通上市公司中的适用性没有探讨,本章研究结论在高科技上市公司与非高科技上市公司中是否存在差异以及差异主要体现在哪些方面是值得我们进一步研究和考察的课题。

参 考 文 献

1. Bebchuk, L. A. and J. M. Fried, Executive compensation as an agency problem, The Journal of Economic Perspectives, 2003, 17 (3): 71 – 92.

2. Ettlie, J. E., R&D and global manufacturing performance, Management Science, 1998, 44 (1): 1 – 11.

3. Finkelstein, S., Power in top management teams: dimensions, measurement, and validation, Academy of Management Journal, 1992, 35 (3): 505 – 538.

4. Froot, K. A., D. S. Scharfstein and J. C. Stein, Risk managements coordinating corporate investment and financing policies, The Journal of Finance, 1993, 48 (5): 1629 – 1658.

5. Holmstrom, B., Agency costs and innovation, Journal of Economic Behavior and Organization, 1989, 12 (3): 305 – 327.

6. Hsieh, T. J., R. S. Yeh and Y. J. Chen, Business group characteristics and affiliated firm innovation: the case of Taiwan, Industrial Marketing Management, 2010, 39 (4): 560 – 570.

7. Hu, A. and P. Kumar, Managerial entrenchment and payout policy, Journal of Financial and Quantitative Analysis, 2004, 39 (4): 759 – 790.

8. Jensen, M. C. and W. H. Meckling, Theory of the firm: managerial behavior, agency costs and ownership structure, Journal of Financial Economics, 1976, 3 (4): 305 – 360.

9. Khanna, T. and Y. Yafeh, Business groups in emerging market: paragons or parasites, Journal of Economic Literatrue, 2007, 45 (2): 331 – 372.

10. Lippman, S. A., R. P. Rumelt, Uncertain imitability: an analysis of interfirm differences in efficiency under competition, Bell Journal of Economics, 1982, 13 (2): 418 – 438.

11. Lyandres, E., Capital structure and interaction among firms in output markets: theory and evidence, The Journal of Business, 2006, 79 (5): 2381 – 2421.

12. Pathan, S., Strong boards, CEO power and bank risk – taking, Journal of Banking and Finance, 2009, 33 (7): 1340 – 1350.

13. Rechner, P. L. and D. R. Dalton, CEO duality and organizational performance: a longitudinal analysis, Strategic Management Journal, 1991, 12 (2): 155 – 160.

14. Tihanyi, L., A. E. Ellstrand, C. M. Daily, et al., Composition of the top management team and firm international diversification, Journal of Management, 2000, 26 (6): 1157 – 1177.

15. Yafeh, Y. and O. Yosha, Large shareholders and banks: who monitors and how? Economic Journal, 2003, 113 (484): 128 – 146.

16. Zahra, S. A., D. O. Neubaum and M. Huse, Entrepreneurship in medium-size companies:

exploring the effects of ownership and governance systems, Journal of Management, 2000, 26 (5): 947-976.

17. 方杰、张敏强、邱皓政：《中介效应的检验方法和效果量测量：回顾与展望》，载《心理发展与教育》2012 年第 1 期。

18. 韩忠雪、周婷婷：《产品市场竞争，融资约束与公司现金持有：基于中国制造业上市公司的实证分析》，载《南开管理评论》2011 年第 4 期。

19. 郝颖、刘星、林朝南：《大股东控制下的资本投资与利益攫取研究》，载《南开管理评论》2009 年第 2 期。

20. 贺勇、刘冬荣：《融资约束、企业集团内部资金支持与 R&D 投入——来自民营高科技上市公司的经验证据》，载《科学学研究》2011 年第 11 期。

21. 康华、王鲁平、王娜：《股权集中度、CEO 激励与企业研发战略——来自我国上市公司的证据》，载《软科学》2011 年第 10 期。

22. 乐琦、蓝海林：《股权结构与 CEO 薪酬影响因素：基于中国上市公司的实证研究》，载《软科学》2009 年第 9 期。

23. 卢锐、魏明海、黎文靖：《管理层权力，在职消费与产权效率——来自中国上市公司的证据》，载《南开管理评论》2008 年第 5 期。

24. 卢锐、魏明海：《薪酬制定的管理层权力理论进展》，载《经济管理》2008 年第 1 期。

25. 权小锋、吴世农、文芳：《管理层权力、私有收益与薪酬操纵——来自中国国有上市企业的实证证据》，载《经济研究》2010 年第 11 期。

26. 权小锋、吴世农：《CEO 权力强度、信息披露质量与公司业绩的波动性——基于深交所上市公司的实证研究》，载《南开管理评论》2010 年第 4 期。

27. 王清刚、胡亚君：《管理层权力与异常高管薪酬行为研究》，载《中国软科学》2011 年第 10 期。

28. 吴昊旻、杨兴全、魏卉：《产品市场竞争与公司股票特质性风险——基于我国上市公司的经验证据》，载《经济研究》2012 年第 6 期。

29. 徐静：《高管层权力强度、其他大股东制衡和在职消费——以中国房地产上市公司为例》，载《软科学》2013 年第 4 期。

30. 徐鹏、徐向艺：《子公司动态竞争能力维度建构与培育机制——基于集团内部资本配置的视角》，载《中国工业经济》2013 年第 5 期。

31. 徐鹏：《高管关联、母公司股权参与度与子公司成长性——基于中小企业板上市公司经验数据》，载《山东大学学报（哲学社会科学版）》2013 年第 6 期。

32. 赵洪江、夏晖：《机构投资者持股与上市公司创新行为关系实证研究》，载《中国软科学》2009 年第 5 期。

33. 祝继高、王春飞：《大股东能有效控制管理层吗？——基于国美电器控制权争夺的案例研究》，载《管理世界》2012 年第 4 期。

第 36 章

基于集团内部资本配置视角的子公司动态竞争能力维度建构[*]

经济全球化趋势增加了市场环境的开放性和复杂性,塑造企业的动态竞争能力成为战略管理的主要任务。对子公司动态竞争能力的构成维度与演化机理进行探究,并在此基础上构建子公司动态竞争能力的培育机制是提升企业集团竞争优势并实现协同效应的基础。本章首先基于资源基础观和企业能力理论,以中国集团属性的 626 家上市公司为样本,运用 2007～2011 年相关经营数据组成的 2504 组面板数据,对动态竞争能力的构成维度进行实证检验,证实了子公司的动态竞争能力是由管理整合能力、市场驱动能力和知识创造能力三个维度构成。然后,基于集团内部资本配置的视角,对子公司动态竞争能力的演化规律及机理进行了理论探究与实证分析。实证结果表明:由于影响路径的变化,子公司动态竞争能力随着集团内部资本配置的变化呈现非线性的演化趋势。以此趋势为基础,企业集团应构建基于内部资本配置的子公司动态竞争能力培育机制,从而为子公司动态竞争能力的塑造与提升贡献不竭的内生动力。

36.1 引　言

关于企业竞争优势来源的研究经历了由外生论到内生论的演变过程,外生论从行业和市场的外部视角考察了决定企业竞争优势的因素,认为竞争优势来自行业结构和企业定位(Porter,1990),但外生论观点并不能很好地解释同一行业中企业盈利状况存在差异的原因;内生论观点主要基于企业内部的异质性资源和能力对企业竞争能力的形成进行探讨,重点考察企业组织运营中快速反应能力、产出加快能力和资源效果能力对企业竞争优势的作用(Barney,1991)。内生论观点重视企业创造性的整合和运用企业战略资源的能力,从竞争能力塑造对企业竞争优势的内部来源进行了解释。在经济一体化进程加快的背景下,开放性环境决

---

[*] 本章内容发表在《中国工业经济》2013 年第 5 期。

定了企业竞争能力形成的复杂性,如何在动荡环境中提升企业的竞争能力成为当今企业战略管理中亟须解决的课题。所以,应当以动态的观点对企业竞争能力的构成维度进行深入分析。目前关于企业竞争能力的研究主要集中在其要素与架构(刘洪伟等,2005)、影响因素及其对企业绩效的作用机理与形成机制等方面(董保宝等,2011),但已有文献缺乏可靠的实证研究和测量手段,且大多数研究是运用小样本企业某一年度的横截面数据对企业竞争能力进行分析和评价,这种静态的分析缺乏动态性,难以准确反映企业竞争能力的动态演变。

企业集团被认为是介于市场与企业之间的一种混合组织形式,在新兴市场经济中扮演着重要角色(Khanna and Yafeh, 2007)。现有文献对企业集团的研究主要集中在企业集团构建、集团管控模式对绩效和经济增长的影响等方面(Bertrand et al., 2002; Almeida and Wolfenzon, 2006; 陈志军, 2010),已形成一定的研究成果。对子公司动态竞争能力的构成维度与演化机理进行深入探究,并在此基础上对子公司动态竞争能力的培育机制进行构建是提升企业集团竞争优势并实现协同效应的基础,也是理论研究应该拓展的重要方向。基于集团管控的相关理论与观点,我们认为这种培育机制应该首先建立在企业集团内部资本配置的基础上。然而,目前关于企业集团内部资本市场的研究主要是对集团内的关联交易、融资约束和投资效率进行的探讨(邵毅平、虞凤凤, 2012; 邵军、刘志远, 2007; 辛清泉、郑国坚, 2007)。有关集团内部资本配置对子公司能力影响的研究刚刚起步,并且大多是探讨集团内部资本配置对子公司研发投入和研发行为的影响(黄俊、陈信元, 2011; 贺勇、刘冬荣, 2011),尚缺乏关于集团内部资本配置与子公司整体竞争能力关系的研究。

鉴于此,本章运用具有企业集团属性的626家中国上市公司组成的面板数据,探究在动态环境中企业竞争能力的维度划分,克服以往研究的不足,构建企业动态竞争能力的计量方法。在此基础上,从集团内部资本配置的视角对子公司动态竞争能力的演化规律及机理进行理论分析与实证检验,并据此构建子公司动态竞争能力的培育机制,以期为企业集团的内部资本配置机制和子公司动态竞争能力的提升路径提出可供参考的理论依据。

36.2 理论分析与研究假设

36.2.1 企业动态竞争能力内涵解析及维度建构

企业的竞争能力是指在竞争性的市场环境中,一个企业所具有的能够持续比其他企业更有效地向市场提供产品或服务,并获得盈利且取得自身发展的综合能力（金碚、李钢，2007）。关于企业竞争能力造就竞争优势的研究，波特（Porter，1990）从"结构—行为—绩效（SCP）"研究范式，通过对产业层面的发展前景和企业层面的五种竞争力所形成的竞争状态进行综合分析，认为对产业的有效选择和在产业中的恰当定位是企业获得竞争优势的关键（刘洪伟等，2005）。企业能力理论与资源基础观认为企业处于复杂的市场环境中时，可通过创造性地整合和运用企业战略资源塑造企业的竞争能力。也就是说，在动态的竞争环境中，企业所表现出的对资源的掌控和整合、对市场的驱动和把握等能力是企业动态竞争能力的体现，是企业保持竞争优势的重要来源。

企业竞争能力的维度建构是分析企业竞争优势来源、保持企业可持续竞争优势的基础，也是指导企业提高其竞争能力的前提。普拉哈拉德和哈默尔（Prahalad and Hamel，1990）比较看重企业在产品竞争上所具有的能力，指出企业的竞争能力包含企业研发与技术能力、整合能力以及核心产品与最终产品的市场占有率等层次。而多西和蒂斯（Dosi and Teece，1993）则更加注重企业内部管理能力在保持竞争优势中的重要作用，从资源分配能力、交易能力、行政管理能力和技术能力四个维度对企业竞争能力进行研究。而随着市场竞争激烈程度的加剧，技术和知识在推动企业保持竞争优势中的重要作用得到学者的重视，成为对企业竞争能力构成要素中比较重要的一个维度（Barton，1992；Meyer，Utterback，1993；刘洪伟等，2005）。

综合前人的研究，我们认为在不确定的市场环境中，企业的动态竞争能力除了关注与产品和销售相关的市场活动能力外，还应重视生产与销售背后的隐性源泉，即企业所具备的知识资源与整合能力以及这些能力在一定经营阶段的动态演化情况，所以本章提出企业动态竞争能力应当包含知识创造能力、市场驱动能力和管理整合能力。随着市场复杂性增加和竞争程度加剧，知识学习成为企业保持竞争优势的重要途径，因此我们认为知识创造能力是构成企业动态竞争能力的维度之一，其不仅包括企业在技术研发上所具备的成果，还包含企业在品牌塑造上具备的能力。市场驱动能力是指企业在参与市场竞争中面对竞争对手所表现出的获利优势，并在一定程度上反映企业在面对外部市场这一重要环节所具有的基本能力。管理整合能力体现了企业整合、配置、协调企业资源进行生产经营的能力，反映了企业与竞争对手相比在内部管理上所具备的竞争优势。总之，管理整合能力、市场驱动能力和知识创造能力可以充分体现企业在内部管理、外部销售和知识储存方面与竞争对手相比所具有的竞争优势，并且可以积极推动企业长期竞争优势的形成。基于此，我们提出：

假设1：企业动态竞争能力由管理整合能力、市场驱动能力和知识创造能力三个维度构成。

36.2.2 基于集团内部资本配置视角的子公司动态竞争能力演化机理

企业集团内部的资本市场发挥着配置内部资源的作用，尤其是在新兴市场经济国家，外部资本市场的不完善使内部资本市场显得十分有吸引力，企业集团普遍通过内部资本市场在各成员企业之间进行组织资源分配（Walker，2005）。威廉姆森（Williamson，1975）把企业内部围绕资金展开的竞争性活动称为内部资本配置，集团内部对成员企业进行资本配置的资源大致包括集团内部的借贷、委托投资、票据贴现融资、资产租赁以及代垫款项等。集团内部资本市场相对于外部资本市场来说具有信息优势，有利于在竞争性的战略投资机会中选择最优机会分配资源，通过资本配置获取超额价值，但是"德隆系"、"格林柯尔系"、"鸿仪系"等企业集团由于内部资本配置失效而使相关成员企业陷入经营困境的事件，引发了人们对集团内部资本配置双重效应的思考。正是基于这种双重效应，集团内部资本配置会对子公司动态竞争能力形成不同的影响路径，也就形成了随着内部资本配置变化而产生的子公司动态竞争能力的演化规律。

1. 集团内部资本配置的双重效应。一是集团内部资本配置的有效论。科斯（Coase，1937）提出的交易费用理论认为企业内部交易费用小于外部市场交易费用是企业存在的基本原因，事实上，内部资本配置有效论的基础即为内部资本市场与外部资本市场相对比所具有的优越性：（1）集团内部资本市场上的资本配置可以减少代理成本与成员企业的融资成本（Williamson，1975）；（2）由于集团内部资本配置的资本分配者与资本接受者具有从属关系，这就使得内部资本市场比外部资本市场在信息传递和监督方面具有优势（斯坦、Stein，1997）；（3）集团内部资本市场控制整个集团的资本配置，可以提高集团整体的财务协同效应，降低公司陷入财务困境的可能性；（4）集团内部资本配置的择优效应会促进成员企业的良性经营。二是集团内部资本配置的无效论。企业集团中存在的双重代理问题是导致集团内部资本配置无效的主要原因。从集团公司层面看：在规模较大、成员企业较多且多元化程度较高的企业集团中，集团总部对不同子公司的投资前景无法明确判断，进行资本配置时容易受到机会主义的影响，造成内部资本配置的低效率（邵军、刘志远，2007；左和平、龚志文，2011）。另外，集团成员企业之间对内部资本的竞争需求使集团总部 CEO 存在私利动机，内部资本配置成为集团公司高管寻求私利的工具（Rajan et al.，2000）和利益输送的渠道，造成内部资本市场失效甚至对成员企业带来负效用。从子公司层面看：面对从集团获取的大量资本配置，子公司 CEO 容易出现盲目投资扩张或者惰性依赖行为，前者容易使企业经营走向失败；后者则容易促使子公司 CEO 为了获得更多的内部资本配置，而采取各种方式与集团总部疏通关系，却不专心经营。因此，集团内部资本配置会恶化整个集团的经营环境,导致资源配置的扭曲,以致不能实现有效配置。

2. 集团内部资本配置对子公司动态竞争能力的影响路径。前文提到,集团内部资本市场可以降低成员企业的融资约束,集团内部资本配置也可以为企业提供更多的现金流,但从管理实践来看,集团内部资本的配置却存在双重效应。所以,本章依据相关管理理论和前人的研究文献,结合管理实践给出以下假定:

路径一:集团内部资本配置为子公司提供丰富的财务资源,有利于子公司动态竞争能力的提升。资源基础观指出企业所拥有的有价值的、稀缺的、不可模仿的资源是企业获得持续竞争优势的前提(Barney,1991)。集团内部资本配置从子公司外部为企业带来了较为宽裕的财务资源,相对于未得到资本配置的企业和非集团属性企业来讲,财务资源属于异质性优势资源,现金流的增加有利于提高子公司研发投资的积极性(黄俊、陈信元,2011),对企业进一步培育其技术优势也至关重要,有利于企业创造具有市场竞争力的产品,提高企业市场驱动能力。同时,内部资本配置对外部市场融资的替代使子公司一定程度上降低了融资成本,有利于企业管理水平的提高,内部资本配置产生的现金流成为企业提高其竞争能力的基础(董保宝等,2011)。因此,在此层面分析可以得出:集团内部资本配置有利于子公司动态竞争能力的培育。

路径二:集团内部资本配置过度造成子公司非理性投资或养成惰性依赖,抑制子公司动态竞争能力的发展。集团内部资本配置在一定程度上可以有效放大子公司融资能力,缓解融资约束。但是集团内部资金配置在放大子公司融资能力的同时会导致企业财务杠杆上升、财务风险加大,尤其是当集团内部资本过度配置使子公司内部拥有较多的现金流时,极易诱发子公司过度投资和非理性扩张行为,为企业经营带来风险,资源浪费也会对公司的竞争能力带来损害(Stein,2001;李焰等,2007)。另外,如果集团内部资本配置过度使子公司拥有过多的现金流,会抑制子公司的进取行为,诱发子公司产生惰性,过分依赖集团内部资本市场的资本配置而不努力经营,伤害企业动态竞争能力的培育。总之,内部资本市场配置过度会导致子公司产生惰性依赖不专心经营,或者导致子公司过度投资使经营风险增加(Matsusaka,Nanda,2002),均不利于提高子公司动态竞争能力。因此,通过此层面的分析可以得出:集团内部资本配置过度会抑制子公司动态竞争能力的培育。

路径三:因子公司具有重要战略地位发生的集团内部资本充分配置,集团总部通过强化经营监管可以促进子公司动态竞争能力的提升。从管理实践中可以看到,在企业集团中由于各成员企业经营业务和盈利能力的差异,其在集团内所处的地位是不同的。总有部分成员企业因其经营业务在集团内属于核心产业或者因其面对的市场具有较大规模而备受集团总部的重视,在企业集团发展中处于重要战略地位,集团总部也会进行更多的资源分配(Chen et al.,2012)。而集团总部是资金使用部门的资产直接所有者,并拥有剩余控制权,所以集团总部会对集团内部资本配置和子公司管理者实施有效地监督(Gertner et al.,1994),尤其是对于集团内处于战略地位的成员企业,集团内部资本充分配置后,总部具有更强的监管意识,来推动子公司动态竞争能力的提升,发挥内部资本配置的更优货币效应(杨棉之,2006)。因此,基于此层面的分析可以得出:对于具有重要战略地位的子公司进行充分的集团内部资本配置,有利于其动态竞争能力的提升。

3. 基于不同影响路径的子公司动态竞争能力演化规律。总结集团内部资本配置对子公司动态竞争能力的影响机制与路径,可以推测:随着集团内部资本配置程度的增加,其影响过程也会发生两次动态变化。如图36-1所示,当适量的内部资本配置到子公司时,会对子公司动态竞争能力产生促进作用,此时,资本配置主要通过"路径一"起作用,即"集团内部资本配置为子公司提供丰富的财务资源和降低融资成本,有利于子公司动态竞争能力的提升"。但是当集团内部资本配置过度时,会对子公司的动态竞争能力带来负向作用,此时,资本配置主要通过"路径二"起作用,即"集团内部资本配置过度造成子公司非理性投资或养成惰性依赖,抑制子公司动态竞争能力的发展";可是当内部资本配置继续增加超过某一程度时,其对子公司动态竞争能力的提升又会产生正向影响,此时,资本配置主要通过"路径三"起作用,即"因子公司具有重要战略地位发生的集团内部资本充分配置,集团总部通过强化经营监管可以促进子公司动态竞争能力的提升"。因此,我们提出:

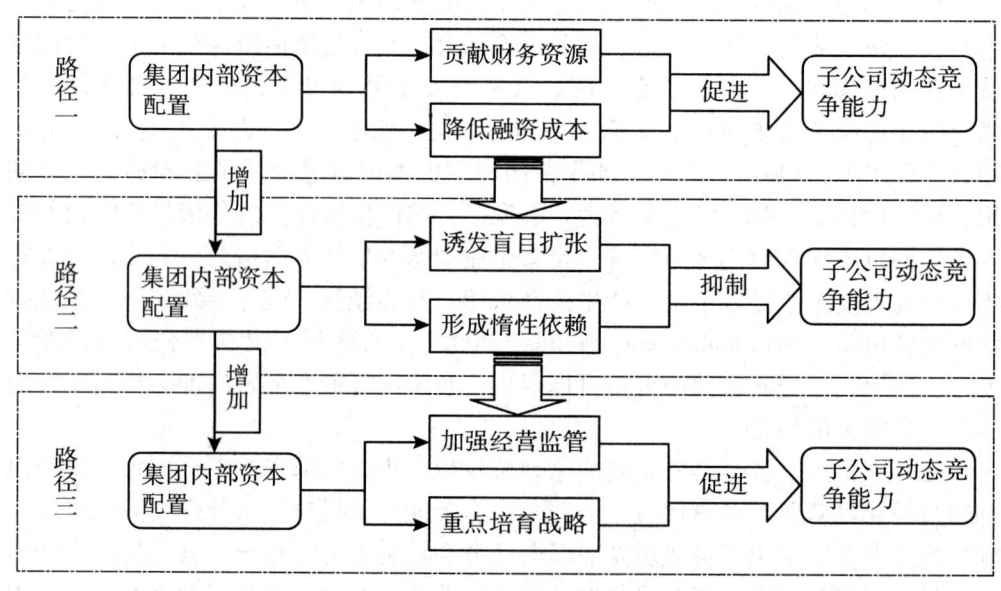

图36-1 基于集团内部资本配置的子公司动态竞争能力演化规律

假设2：随着集团内部资本配置对子公司动态竞争能力影响路径的变化，子公司动态竞争能力会随着集团内部资本配置程度的增加呈现"N"形的复杂非线型演化规律。

36.3 研究设计

36.3.1 企业样本选取与数据来源

本章参考汉纳和帕利普（Khanna and Palepu，2000）、卡尼等（Carney et al.，2009）、辛清泉和郑国坚（2007）、贺勇和刘冬荣（2011）等人对企业集团属性公司的划分依据，对中国沪深股票市场所有 A 股上市公司进行样本的初步选取，选取企业集团属性的上市公司作为初始样本，具体标准为公司的控股股东为集团公司或者实际上充当集团公司职能的公司，并在此基础上对金融行业的公司、ST 类公司、被停止上市的公司进行剔除。另外，考虑到企业竞争能力形成的滞后性，解释变量数据取自 2007~2010 年，被解释变量数据取自"t+1"期即 2008~2011 年，故剔除 2007~2011 年未持续经营或者进行重组以及大股东更换的上市公司和部分数据缺失的公司。最终选取 626 家上市公司作为研究样本，共获得 2504 组有效观测样本的平衡面板数据。本章实证分析中所使用到的相关数据均来自国泰安数据库（CSMAR 数据库），对于部分未披露的数据，通过企业年报、上市公司官方网站和公开披露的信息进行补充。

36.3.2 企业变量定义与测量

分析前人针对企业动态能力和竞争能力的实证研究，大多是通过调查问卷获取一手数据的方式（贺小刚等，2006；曹红军、赵剑波，2008）。调查问卷的优势在于题项可以根据研究需要进行设计，但是调查问卷大多是截面数据且样本数量会受到客观条件的限制，以及在调查过程中易受到主观因素的影响。基于此，本章挖掘上市公司所披露的相关信息中可以衡量各变量的指标，组成二手面板数据，尽可能客观地衡量所需要测量的指标并进行实证研究。具体为：

1. 被解释变量。本章选取动态竞争能力作为被解释变量，在以往的研究中，企业控制资产和掌握知识的状况常常作为衡量企业竞争能力和动态能力的指标（刘洪伟等，2005），本章主要以企业的经营质量和反应速度为基础，结合知识创造能力、市场驱动能力和管理整合能力三个关键点，选取企业无形资产比率、营业毛利率、销售净利率、流动资产周转率、长期资产周转率、总资产周转率和股东权益周转率等多个指标衡量动态竞争能力变量,并对这些指标进行因子分析,获得动态竞争能力各构成维度的衡量指标。各个变量的定义与计算方式如表36-1所示。

表36-1　　　　　　　　　　动态竞争能力指标设计

变量	变量定义与计算公式
无形资产比率(IR)	公司年末披露的无形资产/总资产
营业毛利率(OM)	(营业收入-营业成本)/营业收入
销售净利率(NPM)	净利润/营业收入
流动资产周转率(CAT)	营业收入/流动资产平均占用额;流动资产平均占用额=(流动资产期末余额+流动资产上年期末余额)/2
长期资产周转率(LAT)	营业收入/长期资产平均余额;长期资产平均余额=[(资产合计期末余额-流动资产期末余额)+(资产合计期初余额-流动资产期初余额)]/2
总资产周转率(TAT)	营业收入/平均资产总额;平均资产总额=(资产合计期末余额+资产合计上年期末余额)/2
股东权益周转率(SET)	营业收入/平均股东权益;平均股东权益=(股东权益期末余额+股东权益上年期末余额)/2

2. 解释变量和控制变量。参考前人关于集团内部资本市场的研究,有的将企业的应收账款作为衡量集团内部资本市场上关联交易的指标(邵毅平、虞凤凤,2012),有的以其他应付款作为衡量集团内部资金支持的指标(贺勇、刘冬荣,2011)。本章选取集团内部资本配置作为解释变量,参考周晓苏等(2008)的研究,上市公司对控股股东集团的暂借款可以理解为控股股东集团对上市公司的支持行为,所以用企业除应付票据、应付账款、预收账款、应付职工薪酬、应付利息、应付股利、应交税费、长期应付款等以外的其他各项应付的款项作为子公司获取的集团内部资本,其与子公司资产总额的比值作为集团内部资本配置程度的衡量指标。同时,选择股权集中度、独立董事比例、董事长与总经理两职合一情况、高管持股比例、成长性和财务杠杆作为控制变量。解释变量与控制变量的定义与计算方式如表36-2所示。

表36-2　　　　　　　　　　解释变量与控制变量定义

变量	变量定义与计算公式
内部资本配置(ICA)	公司年末其他应付款与资产总额比值
股权集中度(CR)	集团公司控股比例

续表

变量	变量定义与计算公式
独立董事比例（IB）	公司的独立董事占董事人数的比重
两职合一情况（PLU）	董事长与总经理两职一人兼任，记为"1"；否则记为"0"
高管持股比例（ESR）	公司高管年末持股数量与公司总股数之比
成长性（Growth）	总资产净利润率：净利润/总资产余额
财务杠杆（LEV）	公司年末资产负债率：负债总额/资产总额

36.3.3 研究思路与模型构建

1. 运用因子分析法对所选取的衡量企业动态竞争能力的指标进行汇聚，运用主成分分析、方差最大化旋转等方法提取最终因子，并根据指标所代表的意义和汇聚情况探析企业动态竞争能力的构成维度。

2. 运用面板数据通过回归分析的方法对集团内部资本配置与子公司动态竞争能力的关系进行检验。另外，考虑到企业动态竞争能力形成的滞后性，在模型设定时解释变量与控制变量采取 2007～2010 年的数据，被解释变量相对应的采取滞后一年即 2008～2011 年的数据。采用跨期面板数据进行分析的好处在于其研究结果不仅仅反映变量之间的关系，还能在一定程度上解释变量之间的因果效应，且可以规避共线性和异方差性等问题（徐宁、徐向艺，2012）。根据本章的研究需要，为了检验集团内部资本配置与子公司动态竞争能力之间的非线性关系，设计如下模型：

$$\text{Dynamic-Competitiveness}_{i,t+1} = \alpha + \sum_{j=1}^{6} b_j \text{Control}_{j,it} + \varepsilon_{i,t}$$

$$\text{Dynamic-Competitiveness}_{i,t+1} = \alpha + \sum_{j=1}^{6} b_j \text{Control}_{j,it} + a_1 \text{ICA}_{i,t} + e_{i,t}$$

$$\text{Dynamic-Competitiveness}_{i,t+1} = \alpha + \sum_{j=1}^{6} b_j \text{Control}_{j,it} + a_1 \text{ICA}_{i,t} + a_2 \text{ICA}_{it}^2 + e_{i,t}$$

$$\text{Dynamic-Competitiveness}_{i,t+1} = \alpha + \sum_{j=1}^{6} b_j \text{Control}_{j,it} + a_1 \text{ICA}_{i,t} + a_2 \text{ICA}_{it}^2 + a_3 \text{ICA}_{it}^3 + e_{i,t}$$

其中，右下标 i 代表的是横截面个体，t 表示时间，α 表示截距项，b_j 代表了各控制变量的系数，Control 是控制变量集，a_1、a_2、a_3 是解释变量系数，ε 代表随机扰动项。在实证研究过程中，因子分析与主要变量的描述性统计使用的是 SPSS17.0，面板数据回归分析采用的是 Stata10.0。模型 1 为动态竞争能力与各控制变量的回归模型；模型 2 为动态竞争能力与控制变量和集团内部资本配置的回归模型；模型 3 中添加了集团内部资本配置的二次方项；模型 4 添加了集团内部资本配置的三次方项。据此可检验集团内部资本配置与企业动态竞争能力之间的非线性关系。

36.4 数据分析与结果讨论

36.4.1 主要变量的描述性分析

由表36-3对主要变量的统计描述可以看出：解释变量集团内部资本配置的平均值在2007年最大，达到0.1304，之后2008~2010年变化不大，位于0.0437~0.0497。但是，所报告的集团内部资本配置历年的极大值和极小值差距很大，这说明中国企业集团对子公司的资本支持程度存在较明显的差异化。同样，2008~2011年，衡量被解释变量企业动态竞争能力的各指标均值都无大变化，但是在不同的企业中，还是存在较大的差别，有的公司连续四年企业无形资产比率为0，部分企业总资产周转率与样本均值差别巨大，这样的企业应当加强学习型组织建设和管理层培训，提高企业的创新能力和管理能力。

表36-3 主要变量描述性统计

年度	变量	极小值	极大值	均值	标准差
2007	集团内部资本配置（ICA）	0.0000	42.5003	0.1304	1.7364
2008	集团内部资本配置（ICA）	0.0000	0.5003	0.0497	0.0614
	无形资产比率（IR）	0.0000	0.6292	0.0487	0.0650
	营业毛利率（OM）	-0.6347	0.8630	0.2235	0.1614
	销售净利率（NPM）	-1.6592	1.4693	0.0509	0.1933
	流动资产周转率（CAT）	0.0000	22.5471	1.9327	1.7262
	长期资产周转率（LAT）	0.0000	107.8343	2.8020	5.8934
	总资产周转率（TAT）	0.0000	7.9126	0.8657	0.7294
	股东权益周转率（SET）	0.0609	47.4686	2.1975	2.9886
2009	集团内部资本配置（ICA）	0.0001	0.6067	0.0454	0.0579
	无形资产比率（IR）	0.0000	0.6249	0.0488	0.0639
	营业毛利率（OM）	-0.5023	0.8283	0.2279	0.1570
	销售净利率（NPM）	-4.6427	8.8316	0.0931	0.5310
	流动资产周转率（CAT）	0.0016	31.4007	1.7827	1.8775
	长期资产周转率（LAT）	0.0410	90.5075	2.6713	5.6544
	总资产周转率（TAT）	0.0016	8.9154	0.7832	0.6744
	股东权益周转率（SET）	0.0029	37.2573	2.0644	2.7388

续表

年度	变量	极小值	极大值	均值	标准差
2010	集团内部资本配置（ICA）	0.0001	0.6232	0.0437	0.0547
	无形资产比率（IR）	0.0000	0.6827	0.0483	0.0694
	营业毛利率（OM）	-0.1191	0.8451	0.2337	0.1512
	销售净利率（NPM）	-0.5129	2.0439	0.0864	0.1449
	流动资产周转率（CAT）	0.0428	34.1195	1.8877	1.9696
	长期资产周转率（LAT）	0.0707	123.1083	2.8760	6.1668
	总资产周转率（TAT）	0.0405	8.2457	0.8480	0.6859
	股东权益周转率（SET）	0.0730	39.7576	2.3090	2.9765
2011	无形资产比率（IR）	0.0000	0.6725	0.0480	0.0677
	营业毛利率（OM）	-0.5151	0.8759	0.2297	0.1623
	销售净利率（NPM）	-9.3403	2.6745	0.0598	0.4157
	流动资产周转率（CAT）	0.0056	25.6274	1.8552	1.7671
	长期资产周转率（LAT）	0.0573	127.3275	2.9223	6.4108
	总资产周转率（TAT）	0.0056	9.3799	0.8670	0.7304
	股东权益周转率（SET）	0.0102	46.2060	2.3921	3.5669

36.4.2 动态竞争能力因子分析

对衡量动态竞争能力的指标进行主成分分析，结果得出 KMO 值为 0.7013，Bartlett 的球形度检验为 5946.7800，且相应概率 $P = 0.0000$，说明适合进行因子分析。最终因子对变量的累积解释达到 72.6542%（见表 36-4），相应得到三个最终因子（F1、F2、F3）。

表 36-4　　　　因子解释的总方差

成分	初始特征值			提取平方和载入			旋转平方和载入		
	合计	方差的%	累积%	合计	方差的%	累积%	合计	方差的%	累积%
1	2.8185	40.2637	40.2637	2.8185	40.2637	40.2637	2.6631	38.0447	38.0447
2	1.1945	17.0650	57.3287	1.1945	17.0650	57.3287	1.3405	19.1506	57.1952
3	1.0728	15.3255	72.6542	1.0728	15.3255	72.6542	1.0821	15.4590	72.6542
4	0.8250	11.7862	84.4404						
5	0.6309	9.0134	93.4538						

续表

成分	初始特征值			提取平方和载入			旋转平方和载入		
	合计	方差的%	累积%	合计	方差的%	累积%	合计	方差的%	累积%
6	0.2906	4.1509	97.6047						
7	0.1677	2.3953	100.0000						

注：提取方法：主成分分析；KMO 样本充分性检验：0.7013；Bartlett 的球形度检验：5946.7800；Sig：0.0000。

如表 36-5 汇报的因子得分矩阵所示，三个因子均具有命名解释性。因子 F1 主要由股东权益周转率、总资产周转率、长期资产周转率、流动资产周转率构成，因子得分分别为 0.9057、0.8974、0.8151 和 0.5402。资产周转率是衡量企业营运效率的重要指标（金碚、李钢，2007），而股东权益周转率反映公司运用所有制资产的效率，该比率越高，表明所有者资产的运用效率越高。总之，这些指标可以很好地衡量企业的管理水平，构成了企业管理整合能力；因子 F2 主要由销售净利率和营业毛利率构成，其因子得分分别为 0.7916 和 0.7464。销售净利率代表了企业在销售过程中的获利能力，营业毛利率代表企业在市场中的活动能力，两指标很好地衡量了企业应对市场的能力，构成企业的市场驱动能力；因子 F3 主要由无形资产比率构成，企业的无形资产包含了企业在创新活动中形成的知识产权等资产（徐宁、徐向艺，2012），无形资产在总资产中所占比例代表企业知识创造的结果。因此，本章将 F3 设定为反映企业知识创造能力的指标。

表 36-5　　　　　　　　　　　　　因子得分矩阵

初始因子	最终因子		
	F1：管理整合能力	F2：市场驱动能力	F3：知识创造能力
股东权益周转率（SET）	0.9057	-0.1221	-0.0147
总资产周转率（TAT）	0.8974	-0.1850	0.1360
长期资产周转率（LAT）	0.8151	0.1159	-0.2268
流动资产周转率（CAT）	0.5402	-0.2712	0.4858
销售净利率（NPM）	0.0758	0.7916	0.0251
营业毛利率（OM）	-0.2535	0.7464	0.0485
无形资产比率（IR）	-0.1063	0.1436	0.8792

注：提取方法：主成分分析法；旋转法：具有 Kaiser 标准化的正交旋转法；旋转在 5 次迭代后收敛。

综上所述，分别将三个因子命名为管理整合能力（MIA）、市场驱动能力（MDA）和知识创造能力（KCA）。每个因子的计算方式为：

MIA = 0.9057SET + 0.8974TAT + 0.8151LAT + 0.5402CAT + 0.0758NPM − 0.2535OM − 0.1063IR

MDA = − 0.1221SET − 0.1850TAT + 0.1159LAT − 0.2712CAT + 0.7916NPM + 0.7464OM + 0.1436IR

KCA = − 0.0147SET + 0.1360TAT − 0.2268LAT + 0.4858CAT + 0.0251NPM + 0.0485OM + 0.8792IR

管理整合能力、市场驱动能力和知识创造能力共同组成了企业的动态竞争能力，采用计算因子加权总分的方法，对动态竞争能力进行综合评价。以三个因子的方差贡献率作为权重，得到动态竞争能力的计算公式为：

Dynamic − Competitiveness = 0.3804 × MIA + 0.1915 × MDA + 0.1546 × KCA

通过因子分析的结果可以说明：企业的动态竞争能力由管理整合能力、市场驱动能力和知识创造能力三个维度构成，假设1得证。

36.4.3 动态竞争能力与集团内部资本配置的非线性关系分析

利用所构建的模型对面板数据进行回归分析，结果如表36−6所示。在进行豪斯曼检验之后，模型1和模型2选择了随机效应模型。模型1中Wald值为11.2935、P值为0.0797，模型2的Wald值为20.8488、P值为0.0040，说明两个模型整体都是有效的，但是在模型2中解释变量集团内部资本配置的回归结果并不显著，即集团内部资本配置与子公司动态竞争能力之间并不存在简单的线性关系。为了继续检验两者之间的非线性关系，观测模型3和模型4的回归结果，在模型3中豪斯曼检验结果选择固定效应模型，F值191.4118，P值为0.0000，说明模型有效，但是解释变量未能通过显著性检验。模型4豪斯曼检验结果选择随机效应模型，Wald值为120.3982，P值为0.0000，集团内部资本配置的回归系数为2.1238，且在0.05的水平上显著，内部资本配置二次方项的回归系数为− 0.6364，在0.01的水平上显著，内部资本配置三次方项在0.01水平上显著为正，回归系数为0.0098。模型4的回归结果说明在集团内部资本配置与子公司动态竞争能力存在先上升、后下降、再上升的波浪形关系。综上所述，集团内部资本配置与子公司动态竞争能力之间呈现"N"形的复杂非线性关系，假设2得证。

表36−6　　　　　　　　　面板数据回归分析

模型 变量	动态竞争能力			
	M1	M2	M3	M4
常数项	2.0442*** (5.0658)	2.2033*** (5.0603)	1.5869*** (2.54)	0.7686* (1.7740)

续表

模型 变量	动态竞争能力			
	M1	M2	M3	M4
控制变量				
股权集中度 （CR）	-0.6518 (-1.0266)	-0.4642 (-0.7754)	-1.2942 (-1.4531)	-0.8255 (-1.4099)
独立董事比例 （IB）	0.6807 (0.8744)	0.7954 (1.0353)	1.3737 (1.4370)	1.2047 (1.5818)
两职合一情况 （PLU）	0.0004 (0.0038)	-0.0135 (-0.1363)	0.0285 (0.2419)	0.0077 (0.0816)
高管持股比例 （ESR）	-1.7422 (-1.0334)	-1.7652 (-1.0385)	-1.4689 (-0.8878)	-0.3415 (-0.2592)
成长性 （Growth）	-1.2209 (-1.3295)	-1.1406* (1.8578)	2.5695*** (2.8196)	3.3471*** (4.7603)
财务杠杆 （LEV）	0.5767 (1.4079)	-0.0545 (-0.1555)	1.2085*** (2.5908)	2.2322*** (5.6199)
解释变量				
内部资本配置 （ICA）		1.1427 (1.3018)	-0.4957 (-0.6543)	2.1238** (1.8228)
内部资本配置 二次方（ICA^2）			-0.0933*** (-3.6403)	-0.6364*** (-3.8276)
内部资本配置 三次方（ICA^3）				0.0098*** (3.0778)
R^2	0.0149	0.0272	0.0633	0.0732
F/Wald 检验	Wald = 11.2935 P = 0.0797	Wald = 20.8488 P = 0.0040	F = 191.4118 P = 0.0000	Wald = 120.3982 P = 0.0000
Hausman 检验	随机效应 P = 0.3953	随机效应 P = 0.6677	固定效应 P = 0.0077	随机效应 P = 0.0950

注：***、**、* 分别表示 1%、5%、10% 的显著性水平，括号内为 t（z）检验值；Hausman 检验：P 大于 0.05 则接受原假设，意味着模型为随机效应模型，否则拒绝原假设，采用固定效应模型。

36.5　主要结论与政策建议

36.5.1　主要结论

本章通过理论分析与实证检验，主要得出了以下研究结论：

1. 企业动态竞争能力衡量企业在动态环境中所保持的竞争能力，由管理整合能力、市场驱动能力和知识创造能力构成。管理整合能力体现了企业在生产运营中对其内部资源的调动和整合的能力，市场驱动能力反映了企业在参与市场竞争中具有的销售和创收能力，知识创造能力代表了企业在知识学习、知识转化与储存上所具有的能力。本章通过对平衡面板数据进行因子分析证实了以上三个方面构成了企业的动态竞争能力，并构建了企业动态竞争能力的评价指标和计算公式。

2. 子公司动态竞争能力随着集团内部资本配置的增加呈现出非线性的演化趋势。随着集团内部资本配置的逐步增加，其对子公司动态竞争能力的影响路径会有所改变，从而造成其与子公司动态竞争能力的关系存在两次动态变化：集团内部资本配置为子公司提供宽裕的现金流和降低子公司融资成本，会促进子公司动态竞争能力的提升；可是若继续增加内部资本配置，过度配置会催发子公司层面的非理性投资扩张和惰性依赖行为，继而抑制子公司动态竞争能力的培育。但是集团内部资本配置如果继续扩大，集团总部往往将这样的子公司作为集团重点发展的对象，并会因对子公司进行了大量内部资本配置而实施较为严格的经营监管，这会促进子公司动态竞争能力的提升。

36.5.2　政策建议

根据以上实证结论，在集团内部资本配置的影响下，子公司动态竞争能力具有其特殊的演化规律，可以说，集团内部资本配置是影响子公司动态竞争能力的重要因素。因此，以塑造与提升子公司的动态竞争能力为导向，应在企业集团中构建基于内部资本配置的子公司动态竞争能力培育机制。该机制应由四个子机制构成，以集团内部资本动态配置的决策与实施子机制为核心，由子公司动态竞争能力评价与考核子机制、子公司资本配置需求的传递与评估子机制、子公司资本运作及投资的监督与引导子机制为主要构成，每个子机制都有着各自的功能，共同构成了以子公司动态竞争能力培育为目标的完整系统。如图 36-2 所示。

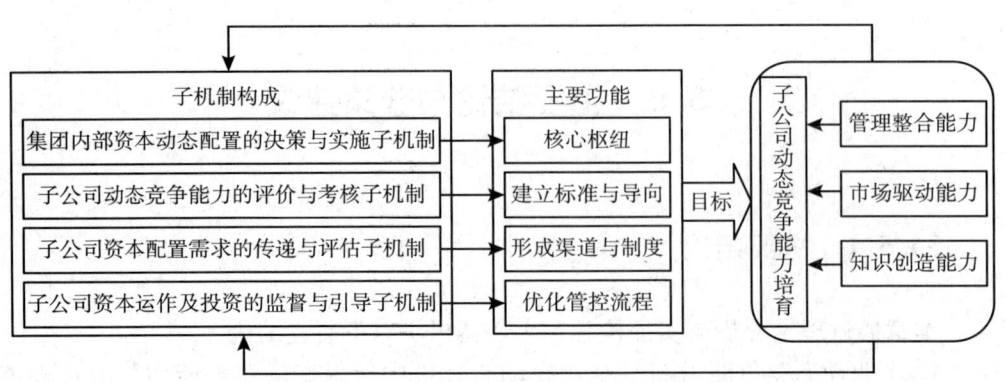

图 36-2 基于集团内部资本配置的子公司动态竞争能力培育机制

1. 建立集团内部资本动态配置的决策与实施子机制，构成子公司动态竞争能力培育机制运行的核心枢纽。集团公司控制着整个集团的资本配置，集团公司决策层掌握着资本配置程度与方向的决策权，对内部资本配置的效率影响重大。对于子公司而言，获取集团内部资本配置比去外部市场寻求资本支持更具有成本优势。但由于集团内部资本对于子公司的稀缺性，造成了子公司为了获取资本支持而开展各种竞争性活动，容易造成非理性竞争从而导致集团的非理性决策。所以，应当在充分考虑集团特征的基础上，完善内部资本配置的决策与实施机制：一是企业集团内部资本动态配置的决策权归属于集团董事会，但决策的实施过程由集团资金管理中心等平台性机构来进行具体运作；二是在集团董事会战略决策委员会中增加与强化资本配置决策监督职能，或者设立集团董事会资本配置决策委员会，负责决策制定与实施过程的监督，以及对内部资本配置进行专业性研究并提出建议，从而提高对资本配置科学性的重视程度，规避集团公司决策层的机会主义；三是完善集团内部资本配置情况信息披露制度，将决策与实施过程置于各利益相关者的共同监督之中，确保集团内部资本配置决策行为的客观性和公正性。

2. 建立子公司动态竞争能力的评价与考核子机制，突破传统业绩考核体系的框架，形成子公司动态竞争能力培育的标准与导向。本章通过实证研究验证了企业动态竞争能力由管理整合能力、市场驱动能力和知识创造能力三个维度构成。其中，管理整合能力可以提高企业在不断变化环境中的风险防御能力，市场驱动能力代表了企业在动荡环境中的把握市场的能力，知识创造能力则体现了企业在复杂环境中的风险抵抗能力，这三种能力构成了企业获取持续竞争优势的源泉。与传统的子公司业绩评价体系不同，子公司动态竞争能力评价体系的构建应当综合考虑管理整合能力、市场驱动能力和知识创造能力三个维度，结合本章提出的动态竞争能力评价指标和计算公式，对子公司动态竞争能力进行客观评价。另外，为了对子公司动态竞争能力培育状况做出客观评价，由集团公司战略发展部和薪酬考核委员会结合集团发展战略和子公司发展阶段定期对子公司动态竞争能力进行考核,并且将考核结果与子公司管理层的绩效薪酬、股权激励、晋升等激励机制进行关联,以促进子公司管理层培育企业动态竞争能力的积极性,确保企业动态竞争能力的全面发展。

3. 建立子公司资本配置需求的传递与评估子机制,形成子公司动态竞争能力培育导向的信息沟通渠道与合理需求评估制度。本章的研究证实了集团内部资本配置与子公司动态竞争能力的关系随着资本配置的增加产生的复杂性变化,所以,集团总部应当在正确理解集团内部资本配置的双重特性的基础上,确定对子公司进行集团内部资本配置的合理边界:一是各个子公司对于资本配置的需求应该能够通过一定的信息沟通渠道传递到集团公司,并尽量保证渠道的透明与畅通;二是面对众多的需求,集团公司要通过科学评估筛选出合理需求。因此,应由集团公司战略发展部负责从各子公司生命周期、经营状况、行业特征、经济环境以及在集团内的战略地位等方面综合考虑,建立子公司内部资本配置需求的评价体系,并由此决定内部资本配置力度,避免配置不当造成内部资本配置不足或者配置过度现象,确保集团内部资本配置的科学性与合理性。

4. 建立子公司资本运作及投资的监督与引导子机制,优化子公司动态竞争能力培育导向的管控流程。鉴于集团内部资本配置的低成本特点,子公司管理层对于获取资本的使用方式和使用能力极大程度上影响了资本配置效率。所以,集团公司战略发展部与内部资产管理部应当对接受内部资本配置的各子公司加大管控力度,优化管控流程,主要通过预算控制、财务制度控制、审计控制等财务控制手段,提升子公司对获取配置资本的使用效率,确保内部资本配置有效。另外,还可以应用文化控制手段,即集团公司企业文化部门进一步加强对子公司管理层的观念引导,避免各子公司因获取内部资本配置产生惰性依赖行为和恶意"竞争"行为扰乱企业集团内部的正常秩序,保证集团内部资本配置的积极意义。

总之,随着市场不确定性的增加,从管理整合能力、市场驱动能力和知识创造能力三个维度全面提升并保持企业动态竞争能力对于企业的生存发展至关重要。中国企业集团应当从集团公司和子公司两个层面对管理层的行为进行监管和规范,并正确认识集团内部资本配置的双重效应与合理边界,实现集团内部资本科学合理配置,提升集团内部资本市场的协同效应。

参 考 文 献

1. Porter, M. E., The competitive advantage of nations, Harvard Business Review, 1990, 68 (2): 73-93.

2. Barney, J., Firm resources and sustained competitive advantage, Journal of Management, 1991, 17 (1).

3. Khanna, T. and Y. Yafeh, Business groups in emerging markets: paragons or parasites? Journal of Economic Literature, 2007, 45 (2): 331-372.

4. Bertrand, M., P. Mehta, and S. Mullainathan, Ferreting out tunneling: an application to Indian business groups, The Quarterly Journal of Economics, 2002, 117 (1).

5. Almeida, H. V. and D. A. Wolfenzon, Theory of pyramidal ownership and family business groups, The Journal of Finance, 2006, 61 (6).

6. Prahalad, C. K. and G. Hamel, The core competence of the corporation, Harvard Business Review, 1990, 68 (3).

7. Dosi, G. and D. J. Teece, Organizational competencies and the boundaries of the firm, Working Paper, University of California at Berkeley, 1993.

8. Barton, D. L., Core capability and core rigidity: a paradox in managing new product development, Strategic Management Journal, 1992, 13 (8).

9. Meyer, M. H. and J. M. Utterback, The product family and the dynamics of core capability, Sloan Management Review, 1993, 34 (3).

10. Walker, M. D., Industrial groups and investment efficiency, The Journal of Business, 2005, 78 (5).

11. Williamson, O. E., Markets and hierarchies: analysis and antitrust implications, New York: Collier Macmillan Publishers. 1975.

12. Coase, R. H., The nature of firm, Economica, 1937, 4 (16).

13. Stein, J. C., Internal capital markets and the competition for corporate resources, The Journal of Finance, 1997, 52 (1).

14. Rajan, R., H. Servaes and L. Zingales, The cost of diversity: the diversification discount and inefficient investment, The Journal of Finance, 2000, 55 (1).

15. Stein, J. C., Agency, information and corporate investment, Working Paper, National Bureau of Economic Research, 2001.

16. Matsusaka, J. G. and V. Nanda, Internal capital markets and corporate refocusing. Journal of Financial Intermediation, 2002, 11 (2).

17. Chen, T., H. Chen, and Y. Ku, Resource dependency and parent—subsidiary capability transfers, Journal of World Business, 2012, 47 (2).

18. Gertner, R. H., D. S. Scharfstein and J. C. Stein, Internal versus external capital markets, The Quarterly Journal of Economics, 1994, 109 (4).

19. Khanna, T. and K. Palepu, Is group affiliation profitable in emerging Markets? An analysis of diversified Indian business groups, The Journal of Finance, 2000, 55 (2).

20. Carney, M., D. Shapiro and Y. Tang, Business group performance in China: ownership and temporal considerations, Management and Organization Review, 2009, 5 (2).

21. 刘洪伟、金生、孙冠南、郑恩泮：《企业竞争能力的层次结构及其经济学分析》，载《南开管理评论》2005 年第 3 期。

22. 董保宝、葛宝山、王侃：《资源整合过程、动态能力与竞争优势：机理与路径》，载《管理世界》2011 年第 3 期。

23. 陈志军：《集团公司管理——基于三种管控模式》，经济科学出版社 2010 年版。

24. 邵毅平、虞凤凤：《内部资本市场、关联交易与公司价值研究——基于我国上市公司的实证分析》，载《中国工业经济》2012 年第 4 期。

25. 邵军、刘志远：《"系族企业"内部资本市场有效率吗？——基于鸿仪系的案例研究》，载《管理世界》2007 年第 6 期。

26. 辛清泉、郑国坚：《企业集团、政府控制与投资效率》，载《金融研究》2007 年第 10 期。

27. 黄俊、陈信元：《集团化经营与企业研发投资——基于知识溢出与内部资本市场视角的分析》，载《经济研究》2011 年第 6 期。

28. 贺勇、刘冬荣：《融资约束、企业集团内部资金支持与 R&D 投入》，载《科学学研究》2011 年第 11 期。

29. 金碚、李钢：《中国企业盈利能力与竞争力》，载《中国工业经济》2007 年第 11 期。

30. 左和平、龚志文：《内部资本市场：治理结构、机制与有效性》，载《会计研究》2011 年第 3 期。

31. 李焰、陈才东、黄磊：《集团化运作、融资约束与财务风险——基于上海复星集团案例研究》，载《管理世界》2007 年第 12 期。

32. 杨棉之：《内部资本市场公司绩效与控制权私有收益——以华通天香集团为例分析》，载《会计研究》2006 年第 12 期。

33. 贺小刚、李新春、方海鹰：《动态能力的测量与功效：基于中国经验的实证研究》，载《管理世界》2006 年第 3 期。

34. 曹红军、赵剑波：《动态能力如何影响企业绩效——基于中国企业的实证研究》，载《南开管理评论》2008 年第 6 期。

35. 周晓苏、张继袖、唐洋：《控股股东所有权、双向资金占用与盈余质》，载《财经研究》2008 年第 2 期。

36. 徐宁、徐向艺：《控制权激励双重性与技术创新动态能力——基于高科技上市公司面板数据的实证分析》，载《中国工业经济》2012 年第 10 期。

第 37 章

跨国公司行为及其治理结构的影响因素分析[*]

公司治理研究的思维焦点不应该仅停滞在对治理结构的泛泛考察，或者对结构变量的静态分析上，而应该将不同的企业主体作为再认识的对象，对其进行有针对性的考察和比较。在跨国公司日益成为"世界经济增长的引擎"[①] 的今天，当我们把公司治理的研究视角置换到一个跨国经营的背景中时，却发现除去治理模式的比较与总结之外，可资参考的成果并不多。对于跨国公司[②]的治理问题，我们甚至还缺乏一个基本的研究框架。例如，不同的跨国公司行为怎样影响其治理结构？有哪些因素影响了跨国公司的治理结构安排？有鉴于此，本章基于以下思路展开：第一部分从跨国公司治理的独特性出发，对其治理结构的选择进行一个宏观的把握，并考证现有研究的局限；第二部分遵循跨国企业行为理论的主流框架，结合跨国公司的不同发展阶段来分析其对治理结构的要求；第三部分作为研究的深化，构建一个"8S 模型"来具体阐释哪些因素影响以及怎样影响了跨国公司治理结构的选择；第四部分是一个简单的结论与研究展望。

37.1 跨国公司治理的独特性

把跨国公司治理纳入研究视野的时间并不如想象中的长。翻开以往的研究，主要集中在：国际治理模式趋同或是趋异的研究（Gilson，2000；Kogan，2001）；跨国公司治理中的责任承担机制（陈东，2001）；天津开发区三资企业治理问题的研究（李维安等，2002）；国有企业跨国经营中的公司治理结构问题（李俊江，2004）；从合约安排与约束机制分析跨国公司及其子公司的治理结构（杨忠，2004）；治理模式的比较与选择（周新军，2005）等。然而，在不同研究视角的

---

[*] 本章的内容发表在《中州学刊》2008年第1期。
[①] 联合国经济社会理事会，1994年世界投资报告。
[②] 对于跨国公司，不同的文献有不尽相同的定义。这里所指的跨国公司，是最为宽泛意义上的定义，指经营业务跨越国界的公司。

背后，我们却无法提炼出一个对跨国公司治理结构分析的共有研究框架。也就是说，学者们在从各自的角度进行阐述，却一直没有系统的回答这样一个基本的问题：哪些因素在影响着跨国公司治理结构的选择？要回答这个问题，我们首先分析跨国公司治理的独特性。

37.1.1 更复杂的委托代理关系

与委托代理理论的一般分析不同，在跨国公司的框架内，所要解决的委托代理问题是多重且更为复杂的：母公司内部、子公司内部、母子公司之间等，它们是跨越国界的。例如，集团的总经理们（委托人）与不同国度的战略事业单位（SUB）的经理们（代理人）之间的委托代理关系。而且，这些SUB的经理们的利益不但可能与集团的利益不一致，甚至可能与其他的SUB的利益也存在冲突：每个SUB的经理都试图使自己所在的单位获得整个组织的关键资源。同样的，委托代理问题也存在于跨国公司总公司的经理们（委托人）和子公司的经理们（代理人）之间。由于在跨国公司中企业的边界超越了国界，委托代理关系变得更为交叉和复杂。

37.1.2 不同国别带来治理结构的差异[①]

毕查克（Bebchuk）和罗欧（Roe）曾指出，一国经济中任意时点的公司结构都依赖于该国早期形成的结构，在公司治理上是存在路径依赖的。而跨国公司必然涉及两个以上的治理体系：第一，跨国公司的总公司（宗主国的治理体系）；第二，跨国公司的分支机构（东道国的治理体系）。与普通意义上的公司治理相同，在跨国公司的治理中也有些因素是外部的，比如说资本市场、外部经理人市场、产品市场等；有些因素是公司内部的，如董事会、大的外部股东等，他们在这个公司治理机制中共同起作用。然而在跨国经营的条件下，从路径依赖的观点来看，由于不同国家的社会经济文化状况、外部竞争市场的成熟程度、法律法规、会计政策等不尽相同，跨国公司所面临的就是一个更为复杂和多变甚至互相排斥环境系统，它所采取的治理机制必然有所差异，对跨国公司治理的研究我们就必须采用一种动态的均衡观点。

由此可见，与一般意义上的公司治理相比，跨国公司治理有其更为复杂的特殊性。因此，如果不能构建一个跨国公司治理结构研究的整体框架，那么从各自角度的阐发就只能是零散的和不系统的。事实上，是可以从庞杂的现象背后抽象

[①] 国别的不同会造成的政治、经济、文化等方面差异，进而影响治理结构的选择，这是从宏观层面上而言。在文章的第三部分及本章的重点，是在跨国公司内部，重点从微观层面上剖析内部因素对治理结构的影响。

出一个基本框架来的。

37.2 跨国公司行为所对应的治理结构

主流的跨国公司行为理论是从微观层面上研究企业为何要进行对外投资、应当具备的条件及投资区位的选择。从相关研究的演进逻辑中，主要的理论有垄断优势理论、边际产业理论、内部化理论、产品生命周期理论、折中理论、威胁交换理论、投资发展周期理论、局部技术变动理论等，其中邓宁（Dunning, 1977）的国际生产折中论最具影响力。

约翰·邓宁在1977年撰写的《经济活动的贸易区位与多国企业：一种折中理论的探索》中提出了国际生产折中理论（The Eclectic Theory of International Production）。他认为，过去的各种对外直接投资理论都只是从某个角度进行片面的解释，未能综合、全面地分析，因此需要用一种折中理论将有关理论综合起来解释企业对外直接投资的动机。进而从所有权特定优势（Ownership Specific Advantages）、内部化优势（Internalization Advantages）和区位特定优势（Location Specific Advantages）三方面分析了跨国公司的行为，即OLI模型。该理论的核心是，企业跨国经营是该企业具有的所有权特定优势、内部化优势和区位特定优势三者综合作用的结果。邓宁的折中理论在理论渊源上融合了以往各种学说的精华，并加以归纳与总结，使理论更加丰富，较以往的各种理论更全面地解释了企业国际经营的动因，从而形成了一个具有普遍性的理论体系。但是，该理论的不足之处在于，它过于注重对企业内部要素的研究，忽略了企业所处的特定社会政治、经济条件对企业经营决策的影响，事实上许多企业也并非等到三个优势完全具备之后才进行跨国经营。① 因此，我们以该理论为基础，可以把跨国公司的发展分为初期、成长与成熟三个阶段，首先把研究视角置于公司治理中的股权安排上来，讨论三种源于跨国公司行为理论的、与不同发展阶段所对应的股权安排。

37.2.1 非股权参与下的公司治理

当企业仅仅具有所有权特定优势②，而不具备其他两个优势时，如对区位、

---

① 在邓宁的分析框架里，只有当企业同时具备了三个优势才必然导致跨国经营的产生，但这并不与只具备部分条件的跨国公司的产生相矛盾。因此，我们将三种优势与跨国公司的发展阶段结合起来进行分析。

② 所有权特定优势具体包括：(1) 资产性所有权优势，指在有形资产与无形资产上的优势，前者指对生产设备、厂房、资金、能源及原材料等的垄断优势，后者指在专利、专有技术、商标与商誉、技术开发创新能力、管理以及营销技术等方面的优势；(2) 交易性所有权优势，指企业在全球范围内跨国经营、合理调配各种资源、规避各种风险，从而全面降低企业的交易成本所获得的优势。

环境并不十分熟知但又有拓展市场的需求，此时企业可以利用其特定的所有权优势（如技术），进行技术转让、许可经营或与东道国企业签订合同的方式，部分的参与当地的生产或经营。此时，跨国公司治理中控制权的实现并非采用股权参与的形式，而是通过技术等优势，或合同的限制来间接实现。根据邓宁的理论，所有权优势是跨国公司对外直接投资的必要而非充分条件。在只具有所有权优势的前提下，在公司治理的所有权结构安排上采取一种非股权控制的方式就是一个可行的选择。同时，采用该种所有权安排的跨国公司一般仅处于跨国经营的初级阶段。这种非股权参与下的公司治理结构安排，有效地规避了风险的同时，也就决定了跨国公司无法深入的介入东道国企业的公司治理，缺乏足够的"话语权"，此时东道国的企业的公司治理更多的是带有东道国的色彩。

37.2.2 股权参与下的公司治理

根据邓宁的理论，内部化优势是指拥有所有权特定优势的企业，为了避免外部市场不完全对企业利益的影响而将企业优势保持在企业内部的能力。内部交易比非股权交易更节省交易成本，尤其是对于那些价值难以确定的技术和知识产品。而且内部化将交易活动的所有环节都纳入企业统一管理，使企业的生产销售和资源配置趋于稳定，企业的所有权特定优势得以更充分发挥。事实上，随着跨国公司步入发展阶段，对东道国政策、文化、经济等状况越来越熟悉，对自身与环境的掌控能力就越来越强，此时对企业的股权参与要求相应的增强。同时，由于内部化有利于节约交易成本，因此，在同时拥有所有权优势和内部化优势条件下的跨国公司，其所有权安排一般是按照股权参与的形式。当然，股权参与的比例还要受到其他因素的影响，如东道国的政策等方面：跨国公司的股权配置本来就是母国公司、东道国公司、政府等多方博弈的一个均衡结果。处于发展阶段下的跨国公司，开始通过股权参与的形式在董事会决策、高管任命、财务控制等方面发挥越来越重要作用，跨国公司在东道国企业的治理当中扮演着日益关键的角色。东道国企业被深深地打上了有跨国公司自身治理特色的烙印。

37.2.3 控股条件下的公司治理

通过对大多数成熟跨国公司的研究发现，它们基本都具备在折中理论的体系内的三种优势。根据邓宁的解释，一个显而易见的结论是，如果企业具备了所有权特定优势、内部化优势、区位特定优势之后，对外直接投资就是最佳选择。而当跨国公司日趋成熟之后，基于利益的考虑，他们没有理由不进行从参股到控股，甚至完全独资的转变。在这种条件下，跨国公司的母国在公司治理中发挥了绝对的控制优势，治理结构的安排就会充分的反映母国的意志。从技术的角度，外方要实现这一转变相当容易：凭借资金优势要求东道国企业增加投资，而东道国企业资金相对而言是非常匮乏的，这样跨国公司就可以通过追加投资的方式实现股权控制的目的。根据李维安的研究发现，在天津开发区的合资公司发展过程中，外方有明显的控股及独资化趋势[①]。

通过以上分析可以看到，在不同的跨国公司的发展阶段，不同的跨国公司的行为会影响到跨国公司的股权安排，而不同的股权安排又直接体现了各利益相关者在公司治理中的要求。

37.3　跨国公司治理结构分析的"8S"框架

我们已经知道，跨国公司的行为及其发展阶段会对具体的治理结构产生影响，但这个分析只是从股权安排层面上所进行的一般性研究，要建立一个更为细致的关于跨国公司治理的研究框架，我们还需要更为深入细致的探讨。为此，作为上一部分研究的深化，我们把视角从股权安排中置换出来，把跨国公司看作一个系统来构建一个影响跨国公司治理结构的"8S"模型，这些影响跨国公司治理结构选择的8个关键因素是在跨国公司治理结构的分析框架中必须加以考虑的。我们对"8S"模型的各项内容及意义分述如图37-1所示。

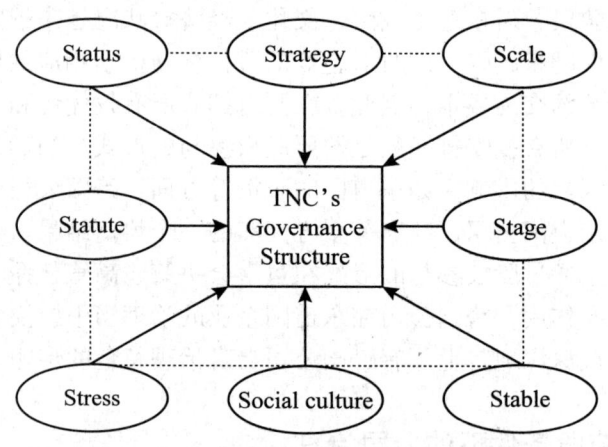

图37-1　跨国公司治理结构的"8S"模型

37.3.1　跨国公司的经营战略（Strategy）

任何公司在进行跨国经营的时候，都会有一系列的公司战略来指导其国际业

---

① 李维安：《三资企业公司治理的四大特征》，载《中国企业家》2002年第7期，第88页。

务的开展。特定的公司战略将会对跨国公司产生多维的影响，从跨国公司的治理结构、组织形式到利益联盟的选择等等。一般而言，跨国公司的经营战略分为四种：即国际战略、多国战略、全球战略和跨国战略（international, multinational, global and transnational strategies. Bartlett and Ghoshal, 1994），每种战略母子公司之间的关系不同，从而对应的治理结构也不相同。在国际战略中，跨国公司通过向国外市场转让有价值的技能和产品来创造价值，而当地的竞争者又缺少那些技能和产品。采用国际战略的跨国公司在通过向海外市场转移母国开发的差异化产品创造价值的时候，往往把产品的研发职能（R&D）集中于国内，而把制造与销售职能置于每一个有业务的主要国家，虽然也有可能采取一定的本地化策略，但往往是有限的一部分，跨国公司的总部保持着对子公司及其营销和产品战略的严密控制，如麦当劳。在多国战略中，跨国公司寻求地区调适的最大化，广泛地改造其产品和营销策略以适应不同的国别下不同条件的需要，在其从事业务的各主要国家都建立一整套价值创造体系，各子公司基本都是自我控制的实体，如汽车行业。而对于实行全球战略的跨国公司，强调的是增加盈利能力，其生产、营销及产品开发等活动都集中于若干有利地区，通常不随地区条件的改变而改变其产品和营销策略，一般在全球范围内推广标准化产品，子公司的自主经营能力较弱，如Intel等。对于实行跨国战略的跨国公司而言，它们认为核心能力并不独存于母公司之内，在其他的国家和地区同样存在，技能和产品在母子公司之间双向流动，强调全球学习，即在成本经济、区位经济和转移核心能力的同时关注地区调适的压力，子公司的自主能力较强。可见，采取不同的跨国战略对母子公司之间关系紧密程度的要求是不同的，不同的紧密程度就对应了不同的治理结构。

37.3.2 子公司在跨国公司中的战略地位（Status）

资源依赖理论的观点把组织看作"利益个体的集合体，个体都有自己的偏好和目标并通过交互作用获得资源"，同时"资源的分配是准市场的，影响力和控制力是可以谈判的，而资源的分配则是按照个体对组织生存和获取成功的重要程度来进行（Pfeffer and Salancik, 1978）。"[①] 显然，这种资源的依赖观点在跨国公司中仍然是成立的。而且，由于跨国公司的组织内部可能存在利益不一致的情况，那些掌握了重要资源的子公司对母公司的影响力就会更大，母公司也相应地有更牢固的控制这类子公司的激励。子公司的战略重要性是母公司对其关注和控制程度的一个重要因素（这往往可以从一个子公司在整个跨国公司中的财务状况、相对规模、市场的重要程度等方面体现出来）：子公司在整个跨国公司中的

---

① Pfeffer, J. and G. Salancik, The case of a university budget, Administrative Science Quarterly, 1978, 19: 135–151.

战略地位越重要，母公司对它的控制就要越要牢固；反过来，这种更牢固的控制势必影响到母子公司之间治理结构的选择。

37.3.3 东道国的法律法规（Statute）

用动态的均衡治理观点[①]来看，治理结构是一个多方因素综合影响的均衡结果。在企业跨国经营的过程中，东道国的法律法规约束是影响跨国公司治理结构选择的重要因素，对于不同东道国的法律法规必然在跨国公司治理结构中予以体现，如三资企业在我国的执政党的党组织问题。另外，跨国公司按东道国的法律法规约束设定的治理结构会与东道国当地公司治理结构会有相当程度的融合，产生一定的"协同效应"，这在一定程度上会降低交易成本。

37.3.4 子公司面临环境的确定程度（Stable of Environment）

另一个对母子公司间的治理结构产生影响的因素是子公司所面临的环境的确定性程度。德姆赛兹和莱恩把价格、技术和市场份额等经常变化的环境定义为"有噪声的环境"（noisy environments, Demsetz and Lehn, 1985），他们证明在一个有噪声的环境中，环境的确定性程度直接影响到母子公司之间的所有权控制程度。环境的确定性程度越高，母公司就越倾向于松散的控制；反之，环境不确定性程度越高，母公司就越倾向于牢固的控制，从而更严密地控制子公司的生产经营活动，跨国公司只有通过设计不同的治理结构来实现对不同控制程度要求的需要。因此，环境的确定性程度影响了跨国公司的治理结构。

37.3.5 子公司所面临的市场的竞争压力（Stress of Competence）

对子公司所面临的市场，我们可以分为经理人市场、产品市场与资本市场三类。对于经理人市场在公司治理中的作用，珐玛与霍姆斯托姆（Fama, 1980; Holmstrom, 1982）证明了一个较完善的经理人竞争市场会对在职经理产生有力的约束，迫使其努力工作来降低代理成本。而子公司所在东道国的产品市场的竞争压力同样影响到跨国公司母子公司之间的治理结构，原因之一是东道国产品市场的竞争压力越大，子公司经理可用于偷懒的空间就越小，经理和股东间的利益就越趋向于一致（Hart, 1983）。举例来说，如果子公司所在东道国的产品市场竞争非常激烈，迫于生存的压力经营者不得不努力的经营，这时产品市场的竞争

[①] 朱欣民、张晓峰：《动态均衡治理——对公司治理理论的尝试性补充》，载《经济体制改革》2005年第6期，第59~62页。

在公司治理机制中是有效的，这样的条件下就可以相对降低母公司为对子公司实行控制而设定的其他制度成本。反之，如果竞争的压力较小，母公司必然需要复杂的制度体系来激励和约束经理人的行为，促使其努力工作。资本市场对治理结构的影响同样是显而易见的，因存在的被接管、收购的可能性，完善的资本市场更有利于代理成本的降低。

37.3.6 子公司的规模（Scale）

子公司的规模会改变各种公司治理机制运行的效率和效力从而影响到跨国公司的治理机制。我们用图37-2说明该问题。把治理成本（GC）分为治理的组织成本（GOC）和治理的控制成本（GCC），治理的组织成本是为了维持公司治理机制有效运作所产生的成本，主要包括治理机制本身的组织成本以及治理活动所产生的协调成本等；把治理机制中为保证对企业足够的控制所产生的成本记为治理控制成本（GCC）。显然，二者都是企业规模的函数且具有如图37-2所示的特性。

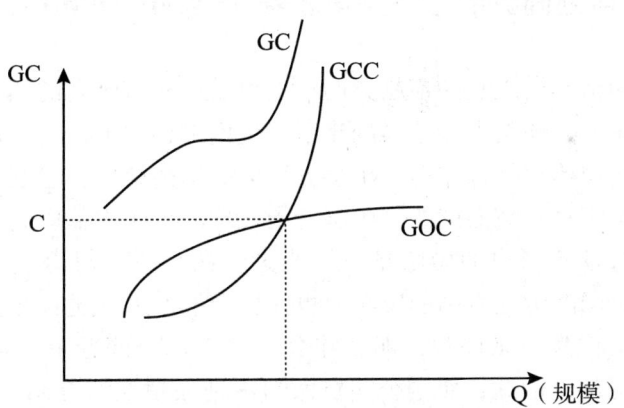

图37-2 公司规模与治理成本的关系

当子公司规模发生变化时，需要比较治理的组织成本与治理的控制成本的大小。在Q^*以左，GOC > GCC，此时倾向于集中控制的治理结构安排就比分散决策更有效率；而在Q^*以右，GOC < GCC，此时设计比较完善的治理制度安排就比权威控制更有效率。这一点通过经验也可以得到比较直观的认识，如企业成立最初多为U形组织，而随着规模的扩大产生不同的组织演变。一个显而易见的问题是，当一个子公司的规模扩大时，母公司对子公司以及子公司对其分部的控制成本将会增加，或者给定控制成本不变的情况下控制力减弱。为保持足够的控制力，母公司（或者子公司）可能要付出更多的控制成本，而且控制的效果未必尽如人意。因此，当子公司规模较小的时候，管理决策的复杂程度肯定比规模较大

的时候小得多，这时"权威的集中决策"对小规模公司而言就可能比大规模公司更有效率（Rediker and Seth，1995）。① 可见，随着子公司规模的变化，母子公司间的治理结构也会发生相应的变化。

37.3.7 子公司的年龄阶段（Stage）

一般而言，子公司的年龄阶段越小，由于对东道国环境、与当地供应商及分销渠道等都不熟悉，它所面临的决策的复杂程度就越高。决策的复杂程度越高，年轻的子公司相对于成熟的子公司而言，其权威集中决策的效率就低。因此，对年轻的子公司而言，高层经理们互相监督的集体决策就更有效率。另外，决策的复杂程度越高，董事会就越不容易对经理层的决策做出有效合适的判断，进而董事会监督经营者们的难度就越大。因此，子公司年龄的不同在决策效率、监管控制体系等方面都有很大的不同，这些不同就会在跨国公司的治理结构中予以表现。

37.3.8 所处国家的社会文化因素（Social Culture）

对全球公司治理模式趋同与趋异的讨论也是近些年研究的热点问题，然而不管是趋同主义论者，还是支持趋异的旗手，他们都承认了社会文化因素在公司治理中的影响。公司治理结构作为一个多方博弈的均衡结果，它既不是存在于一个真空的状态，也不是一蹴而就的。中国三十几年的企业改革史充分地说明了在公司治理的建设中割断历史的做法是不恰当的。在跨国公司治理结构的选择过程中，既会受到母国的治理机制的影响，也同样会打上东道国社会文化的烙印。既然文化难以用"优劣"来评判，那么在公司治理这个问题上"经济的达尔文主义"就是行不通的。因此，跨国公司要做的不是强制性的复制自己的治理结构，而是必须根据东道国的社会文化影响来权变的选择恰当制度安排。

37.4 结论与展望

至此，我们由跨国公司治理的特点出发，以主流的跨国公司行为理论为基点，结合跨国公司的发展阶段，从股权结构安排的角度论证了对公司治理结构的影响。作为研究的深入，我们把视角扩展到整个跨国公司的行为系统，分别从跨

---

① Rediker, K. J., and A. Seth, Boards of directors and substitution effects of alternative governance mechanisms, Strategic Management Journal, 1995, 16: 85–99.

国公司的经营战略、子公司在跨国公司中的战略地位、东道国的法律法规、子公司面临环境的确定程度、子公司所面临的市场的竞争压力、子公司的规模、子公司的年龄阶段、所处国家社会文化因素八个方面构建了一个"8S"模型作为对跨国公司治理结构分析的一般框架,并对这些影响因素及其作用机理进行了初步的论述。从"8S"模型出发,对于跨国公司治理结构选择的影响因素我们有了一个整体而形象的把握,是一个有用的分析框架。但是,文章所进行的分析只是一个整体性的初步分析,还有待于进一步的研究和深化,特别是在影响和作用机理方面只是提出了问题,如何解决问题还需要具体和可行的措施。

参 考 文 献

1. Bebchuk, L. A. and M. J. Roe, A theory of path dependence in corporate governance and ownership, The Center for Law and Economic Studies Columbia University School of Law, Working Paper No. 131.

2. Dunning, J. H., The determinants of international production, Oxford Economics Papers, 1973, 25.

3. Ghoshal S, Nohria N. Internal differentiation within multinational corporations. Strategic management journal, 1989, 10 (4): 323 – 337.

4. Hart, An analysis of the principal – agent problem, Econometrica, 1983, 51: 7 – 45

5. 朱欣民、张晓峰:《动态均衡治理——公司治理理论的一个尝试性补充》,载《经济体制改革》2005 年第 6 期,第 59~62 页。

6. 席酉民:《跨国企业集团管理》,机械工业出版社 2002 年版,第 10 页。

7. 周新军:《跨国企业的公司治理研究——中外跨国公司治理模式的比较与选择》,高等教育出版社 2005 年版,第 42~46 页。

第 6 篇

公司关联交易与信息披露治理

第 38 章

公司关联交易的经济学分析[*]

由于结果可能具有不公平性，关联交易备受关注。本章依据成本效益的经济学分析方法，利用经济模型对关联交易的各种形式进行了系统的分析，所得结论是，只要关联企业间存在控制与从属关系，且控制公司能从交易中获益，则关联交易就会发生。

38.1 引 言

关联交易是关联方之间转移资源或义务的交易，其主要特征是，尽管交易是在市场行为方式下进行，但由于交易一方往往对另一方具有控制或重大影响能力，交易结果并不一定是公平的，通常会造成交易的一方对另一方利益的侵害，并由此影响到投资者的信心和资本市场的稳定。因此，加强对关联交易的规范与治理以减少不公允关联交易的产生，就成为各方的共识，而深入分析关联交易产生的内在动因，则是科学规范与治理关联交易的基础和前提。

目前，国内外对关联交易产生原因的系统分析并不多。在国外，早期的研究主要集中于关联交易对税收的影响和治理方面（Avi - Yonah，1995；Durst and Culbertson，2003），目的是防止企业利用关联交易进行税收规避，以确保国家的税收收入。近年来的研究则主要集中于实证分析方面（Gordon and Henry，2003；Berkman，Cole and Fu，2003；Gordon，Henry and Palia，2004；Kohlbeck and Mayhew，2004；Jian and Wong，2003），目的是分析关联交易与经理报酬、盈余操纵和公司价值等方面的关联性。而国内对关联交易的探讨则始于上市公司关联交易的出现，并随着上市公司不公允关联交易的泛滥而日渐增多，但研究的重点是如何加强关联交易的规范与治理（乔彦军，1997；原红旗，1998；汤伟洋，1999；肖虹，2000；李明辉，2002），而对于关联交易产生原因的分析则较少，且不系统（周阳敏、余廉，2000；王洋、宗晔，2003）。

---

[*] 本章内容发表在《东岳论丛》2005 年第 6 期。

可以看出，目前国内外对关联交易的研究主要集中于其影响与治理方面，而缺乏对关联交易产生原因的深层次分析，其结果是容易导致治标不治本的问题。因此，为有效规制关联交易，有必要对关联交易产生的经济动因进行深入分析，以便进行针对性规范，降低治理成本。

38.2　一般产品或服务的关联交易分析

依据经济学基本假设，在市场经济条件下，企业是追求自身利益最大化的理性经济人，其经营决策的基本方法是成本收益分析法。一般而言，如果某项交易的收益大于其成本，则企业将进行该项交易，否则，将拒绝该项交易。但如果企业的经营决策受到外部力量的干涉，其决策就可能偏离上述基本原则，甚至会进行有损自身利益的交易，而关联交易就是该种交易方式之一。

设 A 和 B 为两个具有关联关系的公司，其中 A 为控股公司，B 为从属公司。现假设 A 公司将价值 V_A 的产品或服务以 $V_A + R$ 的价格卖给 B 公司，而 B 公司对该产品或服务不进行任何再加工，而以市场价 V_A 将其卖给第三者。设 A、B 间交易的费用为 $2C$，且由两公司平均分享，而不考虑 B 公司与第三者交易的成本，经过该项交易后，A 公司的净收益为 π_A，B 公司的净收益为 π_B，在不考虑税收节约的情况下[1]，有：

$$\pi_A = (V_A + R) - V_A - C = R - C$$
$$\pi_B = V_A - (V_A + R) - C = -R - C$$

对 A、B 两公司整体（即企业集团）而言，净收益 π_{AB} 为：

$$\pi_{AB} = \pi_A + \pi_B = R - C + (-R - C) = -2C$$

可以看出，如果不考虑该项交易的税收节约，则对企业集团而言，该交易的净收益为 $\pi_{AB} < 0$，它只是将利润由 B 公司转移至 A 公司，不但没有产生新的收益，反而徒增交易成本。因此，从整个企业集团利益的角度，该项交易不会发生。

对 B 公司而言，该项交易的发生将使其净收益减少，即 $\pi_B < 0$。作为理性经济人，它将不同意该项交易的进行。

对 A 公司而言，由于利润转移，可能会有净收益产生。如果 $\pi_A > 0$，即 $C < R$，则从 A 公司自身的角度出发，它会有动力进行该项交易。此时，如果 B 公司为 A 公司的全资子公司，则 B 公司的损失将完全由 A 公司承担，从追求利益最大化的角度而言，该交易不会发生。但如果 B 公司为 A 公司的非全资从属公司时，则 B 公司的损失并非全部由 A 公司承担，设 B 公司的股本由 m 和 n 组成，

---

[1]　在存在税率差异的情况下，关联企业可能会利用关联交易进行税收规避，以实现整体税负最小化。

其中 m 由 A 公司持有，n 由其他股东持有①，此时，A 公司由于在 B 公司中的投资而应分担 B 公司的部分亏损，设为 π'_B，则有：

$$\pi'_B = \frac{m}{m+n}\pi_B = (-R-C) \cdot \frac{m}{m+n}$$

这样，经过该交易后 A 公司实际净收益为 π'_A，则：

$$\pi'_A = \pi_A + \pi'_B = R - C + (-R-C) \cdot \frac{m}{m+n}$$（B 公司亏损，π'_B 为负，故本处用 + 号）

对 A 公司而言，如果 $\pi'_A > 0$，即 $C < \frac{n}{2m+n}R$，则 A 公司在该项交易后将产生净收益 π'_A，因此 A 公司有动力促使 B 公司进行该项交易，此时 B 公司中其他股东的利益将受到损害。上述分析可用图 38 – 1 来表示，在 M 点上有 $C = \frac{n}{2m+n}R$ 成立，OMR 围成的区域（图中 M 点左侧部分）为 B 公司是 A 公司的非全资从属公司时，A 公司有动力进行交易的区域。

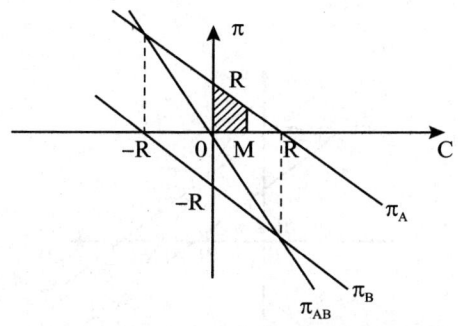

图 38 – 1　一般产品或服务交易的收益分析

38.3　资产交易型关联交易分析

1. 无利润转移的资产交易。现假设 A、B 两公司间交易的不是产品或服务，而是某种资产，该资产价值为 V_A，并以 V_A 的价格卖给 B 公司，B 公司将该项资产投入本公司经营，不再转卖。并假设 A、B 公司由于该项交易使资产结构得到调整，而产生经济效率的提高或规模经济收益②，设该收益为 2E，交易成本为 2C，上述成本和收益由 A、B 两公司分享，则有：

---

① 可能由一人持有，也可能由多人持有。
② 如果不产生相应的收益，则对该资产交易分析就与上述一般产品交易分析相同。

A公司收益，$\pi_A = V_A + E - V_A - C = E - C$
B公司收益，$\pi_B = V_A + E - V_A - C = E - C$
集团收益，$\pi_{AB} = \pi_A + \pi_B = 2E - 2C$

可以看出，对A、B公司及企业集团而言，如果$C < E$，则该项交易将使各方受益，此时π_A、π_B、$\pi_{AB} > 0$，该项交易将会发生；如果$C \geq E$，则该项交易将不会产生。这种情况下，A、B公司间的交易行为与独立企业间的交易相同，B公司的股份构成状况对交易结果无影响，这也说明，公允的交易对关联企业各方不会产生不良影响。

2. 伴随利润转移的资产交易。如果上述交易在进行资产转移的同时，伴有利润转移，设有R的利润由B公司转移至A公司，其他条件同上，则有：

A公司收益，$\pi_A = (V_A + R) + E - V_A - C = E + R - C$
B公司收益，$\pi_B = V_A + E - (V_A + R) - C = E - R - C$
集团收益，$\pi_{AB} = \pi_A + \pi_B = 2E - 2C$

此时，交易能否进行，仍然取决于交易成本及其收益的比较（见图38-2），讨论如下：

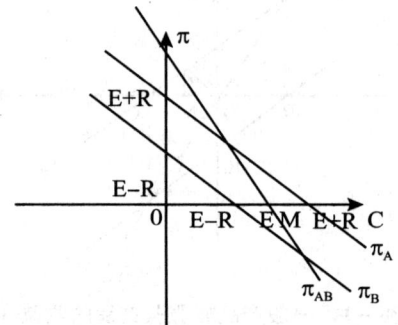

图38-2 有利润转移的资产交易收益分析

当$C \leq E - R$时，对A公司而言，$\pi_A = E + R - C > 0$，对B公司而言，$\pi_B = E - R - C \geq 0$，对集团而言，$\pi_{AB} = 2E - 2C > 0$，可以看出，对理性经济人而言，上述交易对各方是有利的，交易将可能发生。产生这种情况的可能原因是，所交易的资产对于A公司而言是非业务必需或不能充分利用，因而未能充分发挥其作用并影响到公司的运营效率，但对于B公司而言，该资产是其经营中所必需的或能与其核心能力相匹配的，该资产的购得将有利于其经济效益的提升，因此，付出高于资产价值的价格$V_A + R$购买该资产或许是有利的。当然，由于B公司多付出了R的价格，致使公司中其他股东的应得收益减少。从公司集团的角度而言，这是为优化资产配置而进行的关联交易。

当$E - R < C < E$时，A公司的收益为：$\pi_A = E + R - C > 0$，B公司的收益：

$\pi_B = E - R - C < 0$，企业集团的收益：$\pi_{AB} = 2E - 2C > 0$。可以看出，如果从公司自身利益出发，B 公司会反对该交易的进行，但 A 公司会倾向于该交易的实施。从企业集团整体利润最大化的角度而言，由于 $\pi_{AB} > 0$，集团公司会促使该交易的发生，此时，B 公司中其他股东的利益将因此而受损，当然，从公平的角度而言，可以由 A 公司对 B 公司所受损害进行补偿，从而使整个企业集团的收益增加。

当 $E \leq C < E + R$ 时，A 公司的收益：$\pi_A = E + R - C > 0$，B 公司的收益：$\pi_B = E - R - C < 0$，企业集团的收益：$\pi_{AB} = 2E - 2C \leq 0$。此时，B 公司的收益为负，而整个企业集团的收益也为负，因此，作为理性经济人，公司 B 和集团公司都将反对该项交易的发生，但对 A 公司而言，由于 $\pi_A > 0$，故 A 公司有动力进行该项交易。如上分析，如果 B 公司为 A 公司的全资子公司，则 A 公司将不会迫使 B 公司进行该项交易，以避免不必要的费用消耗。如果 B 公司为 A 公司的非全资从属公司，则 B 公司损失的一部分，将最终由 A 公司分担。假设 B 公司的股份构成为 m 和 n，其中 A 公司持有 m，则 B 公司的亏损额中应由 A 公司分担的部分为 $\pi'_B = \pi_B \cdot \frac{m}{m+n} = (E - R - C)\frac{m}{m+n}$，则 A 公司的净收益 $\pi'_A = \pi_A + \pi'_B = E + R - C + (E - R - C) \cdot \frac{m}{m+n}$（$\pi'_B$ 为负），如果 $\pi'_A > 0$ 即 $E \leq C < E + \frac{n}{2m+n}R$，该项交易对 A 公司而言仍是有利可图的，出于自身利润最大化的目的，A 公司将极力促使该项交易的进行。在图 32 - 2 中，M 点表示该项交易的临界点，在 M 点 $C = E + \frac{n}{2m+n}R$。进一步，如果 A 公司处于控制地位，则在 A 公司的操纵之下，该项交易将不可避免地发生。此时，A 公司将从该项交易中获取净收益 π'_A，而 B 公司则出现负的净收益，由此导致 B 公司中其他股东的利益受损，这就是关联交易对中小股东利益侵害的来源。

当 $C \geq E + R$ 时，$\pi_A < 0$，$\pi_B < 0$，$\pi_{AB} < 0$，此时，由于交易费用太高，交易对任何一方都没有益处，作为理性经济人，各方都没有意向进行交易，该项交易将不会发生。

38.4 从属公司为上市公司的关联交易分析

前面我们讨论的都是常见的利润自从属公司输出到控股公司的关联交易，但现实中，当从属公司为上市公司时，也会发生利润反向输出现象，即利润由控股公司输入从属上市公司。该种关联交易一般发生在上市公司业绩不佳的情况下，是为了避免上市公司被特别处理或摘牌，或为了保住上市公司的配股资格。当然，控股公司对上市公司输入利润只是手段，其最终目的则是使上市公司"保持再融资能力，通过配股、增发等途径进一步融资，以便将来能够更多地从上市公司抽取利益"。①

现实中，控股公司向上市公司输入利润的方式多种多样，例如，可以利用原材料、产品或服务的交易，也可以利用资产交易或赠与等方式，目的都是为了实现预定利润的输入。但关联交易的具体方式并不影响对其经济本质的分析，此处我们以实现配股融资为目的的关联交易为例进行分析。

假设 A 公司为控股非上市公司，B 为从属上市公司，B 公司欲争取配股融资，但由于经营业绩不佳，单靠自身正常盈利将达不到中国证监会对配股融资的基本盈利要求②，为实现配股融资的目的，A 公司决定以关联交易的方式对 B 公司进行利润输入。设输入利润 R 后，B 公司达到了配股融资的相关要求，并获准进行配股融资，配股比例为 x。假定配股前，B 公司的股权结构由 m 和 n 两部分构成，其中 m 为 A 公司持有，n 为其他股东持有。另假设配股融资时各方都没有放弃配股权③，配股完成后 B 公司的权益构成及相应比例不变。这样，B 公司通过配股融资将从其他股东处获得资金为 $F = V_B \cdot x \cdot \frac{n}{m+n} - C_i$，其中，$V_B$ 为 B 公司进行配股的股本，C_i 为融资成本。通常，虽然该部分资金为 B 公司的权益资本，但由于 A 公司对 B 公司的控制能力，该部分资金在事实上可能是部分或全部由 A 公司占有并使用。

如果 B 公司所融资金全部由 A 公司占有和使用，则在不考虑资金的时间价值情况下，A 公司的实际收益为：$\pi_A = V_B \cdot x \cdot \frac{n}{m+n} - C_i - R - C_T$ 其中，C_T 为 A、B 公司间进行利润转移的成本。

由于现实中 C_i 和 C_T 都较小，故只要 $V_B \cdot x \cdot \frac{n}{m+n}$ 大于 R，转移利润的交易对 A 公司就是有利的，此时，利润转移的关联交易将发生。

如果 B 公司所融资金由 B 公司自身使用，则对 A 公司而言，其收益是由于 B 公司使用该部分资金而获取的收益中 A 公司所应分享的部分。此时，B 公司的收益为：

$\pi_B = V_B \cdot x \cdot (1+s)^t$ 其中，S 为 B 公司的收益率，t 为资金使用时间。

而 A 公司的收益为：$R_A = \pi_B \cdot \frac{m}{m+n}$，其成本为：$C = (R + C_T)(1+r)^t$ 其中，r 为 A 公司自身使用该部分资金时的收益率与同期银行利率中较高者。此

---

① 李明辉：《论关联交易的〈公司法〉规范》，载《中国工业经济》2002 年第 4 期。
② 中国证监会对上市公司的配股和增发有较严格的规定，2001 年后，对拟配股企业应达到的效益指标做出了适当调整，降低了净资产收益率的指标要求，但许多企业仍难以达到该标准。
③ 现实中，A 公司投入 B 公司的现金可能在事实上仍由 A 公司占有或支配，本章中不考虑这些情况。

时，A 公司在进行利润转移后的净收益为①：$\pi_A = R_A - C_A = V_B \cdot x \cdot (1+s)^t \cdot \frac{m}{m+n} - (R + C_T)(1+r)^t$。

则当 $\pi_A > 0$ 时，对 A 公司而言利润输出就是有利的，关联交易将会发生。

38.5 结　　论

市场经济中，追求利润最大化是企业的本性，但对具有控制与从属关系的关联企业而言，这种行为方式又有其独特之处。由于现代企业制度实行的是资本多数决定和股东有限责任的原则，在非全资从属公司遭受损失时，控股公司应承担的损失额就仅占其中的一部分，因此控股公司很可能利用自身的控制地位，通过与从属公司进行关联交易的方式，来转移从属公司的利益而追求自身利益的最大化。通过上文分析可以看出，只要控股公司通过关联交易所得到的收益大于其应承担的从属公司亏损份额，这种交易对控股公司来说就是有利的，交易的发生便是可能的，而这正是从属公司的中小股东利益受损的经济原因。

总之，关联企业间是否发生关联交易取决于两个因素：其一，关联企业间是否存在控制与从属关系，或者共同受第三方的控制或影响，这是关联交易的决策及贯彻执行得以进行的保证；其二，关联交易的双方或一方将在预期时期内从交易中获得净收益，这是关联交易得以进行的前提。在这两种因素的作用下，即使是明显不公允的关联交易，仍将实际发生（如果不进行相应的监管）。

参 考 文 献

1. Michael, C. D. and R. E. Culbertson, Clearing away the sand: retrospective methods and prospective documentation in transfer pricing today, New York University Tax Review, 2003, Fall.

2. Avi-Yonah, R. S., The rise and fall of arm's length: a study in the evolution of U. S. international taxation, Virginia Tax Review, 1995, Summer.

3. Gordon, E. A. and E. Henry, Related party transaction and earnings management, Working paper, May, 2003.

4. Gordon, E. A., E. Henry and D. Palia, Related party transactions: association with corporate governance and firm value, Working paper, August, 2004.

5. Berkman, H. and A. Rebel, Cole and Jiang Fu, Expropriation, regulation, and firm value: evidence from events in China, Working Paper, June, 2003.

---

① 当然，A 公司还会因 B 公司经营良好而享有其他间接收益，如知名度、信誉等方面的提高。

6. Kohlbeck, M. and B. Mayhew, Agency costs, contracting, and related party transactions, Working paper, December, 2004.

7. Jian, M. and T. J. Wong, Earnings management and tunneling through related party transactions: evidence from Chinese corporate groups, Working Paper, June, 2003.

8. 李明辉:《论关联交易的〈公司法〉规范》,载《中国工业经济》2002年第4期。

9. 周阳敏、佘廉:《关联交易的经济学分析及政策建议》,载《科技进步与对策》2000年第10期。

10. [美] H·范里安:《微观经济学:现代观点》,上海三联书店1995年版。

第 39 章

公司关联交易治理制度及其构建[*]

本章在对关联交易成因分析基础上,提出了以保护投资者利益为指导思想的关联交易政府规制模型。主要包括对控股股东课以诚信义务,并要求提供关联交易担保,这将有效降低不公允关联交易的发生;强化信息披露应成为公司关联交易监管的重点,通过细化关联交易的信息披露内容、加大对违规企业和责任人的处罚力度以及迫使企业重新编制财务报表;加强对投资者(包括债权人)的法律救济,实行股东派生诉讼制度和揭开公司面纱原则,也是进行关联交易治理的有效途径。

39.1 关联交易的成因及政府规制模型

由控股股东与上市公司所实施的不公允关联交易主要存在两个问题:其一,信息不对称。一方面,控股股东与上市公司之间存在信息不对称。由于控股股东一般会直接或间接参与上市公司治理,因而能获取关于上市公司的全部或大部分信息,而上市公司则很难了解控股股东的所有信息,这就出现了交易双方的信息不对称问题,控股股东具有信息优势,而且具有控制权优势,因此可以诱导或迫使上市公司从事不公允的关联交易。另一方面,控股股东及上市公司与中小股东(包括公司债权人)之间存在信息不对称。作为交易双方的控股股东及上市公司掌握着交易的信息,了解关联交易对上市公司运营及收益的影响,对交易信息具有优势,而中小股东则很难了解交易的全部信息,因此,在对关联交易进行表决时就可能会被误导,从而做出不当决策。其二,收益不对称。控股股东通过关联交易转移上市公司的利润或财产,可以实现自身利益最大化,但会导致上市公司利润减少或盈利能力降低,甚至会影响其偿债能力。这样,中小股东及债权人的利益就会受到不公平的侵害。

上述两个问题单靠企业自身很难解决,一方面,控股股东的信息优势可以满

---

[*] 本章内容发表在徐向艺等著《公司制度安排与组织设计》,经济科学出版社 2006 年版。

足其利益追求，而一旦失去则会损害其自身收益，作为理性经济人，控股股东不会主动消除这种信息不对称；另一方面，中小股东出于成本收益的考虑和搭便车的心理，不会主动收集上述信息而减轻信息不对称状况。这是因为，信息具有公共产品的性质，个别中小股东花费成本收集到的信息，可能会被其他股东无偿使用，因而会挫伤其收集信息的积极性。而如果中小股东都去进行信息的搜集，则会造成信息成本的重复支出，造成经济效率的降低（曹国利，1998）。于是，市场失灵问题的出现不可避免。此时，对关联交易实施政府规制将有利于解决市场失灵，保护投资者（特别是中小投资者）利益。依据政府规制理论，市场是脆弱的，如果放任自流，就会导致不公正或低效率，而政府规制是对社会的公正和效率需求所做出的相应反应，它可以提高资源配置效率，增进社会福利。具体到关联交易，通过政府规制，使控股股东及上市公司承担一定的责任与义务，并使其在没有履行这些责任时受到一定的惩罚，就会大大减少不公允关联交易的发生。例如，赋予控股股东对上市公司和中小股东的诚信义务，可以利用法律责任的形式促使其自觉减少不公允的交易。而要求控股股东及上市公司对相关信息进行详细披露，则可以减轻信息的不对称状况等（见图39-1）。

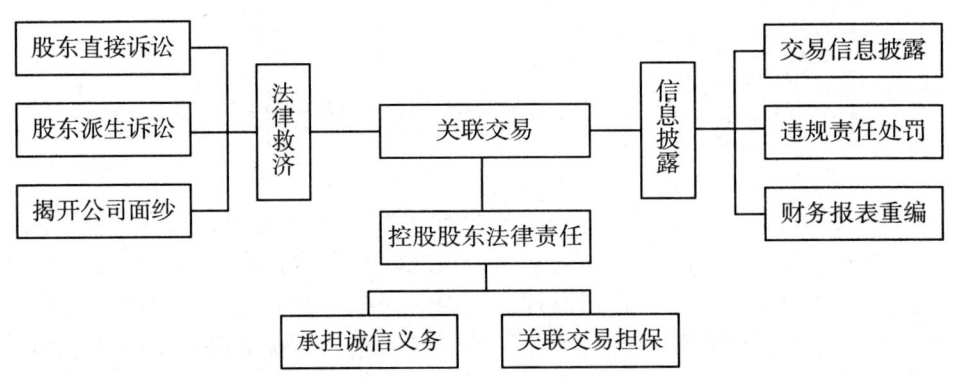

图39-1　我国上市公司关联交易的政府规制模型

39.2　控股股东的诚信义务及担保责任

39.2.1　控股股东在关联交易中的诚信义务

股东个人通常对公司和中小股东并不负特别的诚信义务，他可以为追求自身利益而自由行使表决权，这并不造成对其他股东利益的侵害。当母公司或其控制下的关联企业与上市公司进行关联交易时，由于交易的最终受益者往往是控股股东。因此，应以法律、法规的形式规定控股股东对上市公司及中小股东负有诚信义务。

此时，控股股东在进行关联交易时应保证符合既定的程序：程序公平和实质公平。程序公平要求，控股股东要主动聘请财务顾问对关联交易进行评估并就交易的公平和合理性发表意见；关联交易要得到独立董事的多数同意；在董事会对此进行表决时，关联董事进行了必要回避；在股东大会对此进行表决时，控股股东进行了必要回避或表决权限制等。经过上述程序，表明关联交易经过了非关联人士的合理判断和决策，应予以维持，除非存在严重的欺诈。实质公平则要考虑，在交易的动议、安排、谈判和披露方面对上市公司的中小股东是否公平，交易价格是否考虑了相关因素，并与相似的市场交易价格一致。另外，还要考虑，交易对公司是否有利，能否有利于提高公司的盈利能力、市场竞争力；该交易是否必须与控股股东进行，可否由独立第三方提供相似交易；在没有独立第三方的情况下，如何保证交易价格是公平的；如果该项交易不实施，将会对公司造成怎样的影响等。这样，当控股股东实施了不公允关联交易后，中小股东就可以其违反了诚信义务为由，请求法院撤销不公允的关联交易，并对因该关联交易而给上市公司和中小股东造成的损害进行赔偿。

目前，我国已在《上市公司章程指引》和《关于加强社会公众股股东权益保护的若干规定》中引入了控股股东的诚信义务，但其法律效力有限，而且规定也不具体。在2005年10月修订的《公司法》中，尽管规定了"控股股东不得利用其关联关系损害公司利益"的内容，但没有对控股股东的诚信义务做出明确规定，因此，政府在制定《公司法》实施细则的相关法规中，应明确控股股东的诚信义务，并对违反该义务的法律责任作出相应处罚规定。

39.2.2 控股股东关联交易中的担保责任

通常，上市公司的关联交易是由控股股东所操纵，从关联交易中受益的也是控股股东，而批准该交易的上市公司管理层往往是由控股股东所选派，因此会有意袒护控股股东，任由关联交易的进行。于是，公司的利益就会受到损害，中小股东的应有权益无法得到保障。在现实中，正确判断关联交易的公允性和合理性，需要有充足的信息，但中小股东并不参与公司的日常运营和决策，因而存在信息不对称问题。对于拟进行的关联交易对公司的合理性、必要性以及交易对公司当前及未来运营的影响，中小股东就不能做出准确判断。此时，为保证关联交易的公允性，维护上市公司及其他股东的利益，引入控股股东的关联交易担保制度就具有必然的合理性。

实行关联交易担保制度，就是对那些较为复杂、交易的后果很难立即做出判断的交易，例如，有关资产、企业、在研项目以及无形资产方面的交易等，要求控股股东对"交易后果对上市公司是有利的"这一事实做出承诺并提供担保。如果在担保有效期内该交易的结果没有达到最初的承诺，则控股股东应对存在的差额负相应的补偿责任，或者撤销该交易，由控股股东按最初的交易条件购回交易标的。实行关联交易担保制度，一方面，可以有效降低由于信息不对称所导致的交易成本，促使中小股东相信控股股东及公司管理层所提供的交易信息的可靠性，在基本合理的情况下放心地同意该交易的实施，从而提高交易效率；另一方面，要求控股股东对关联交易后果承担一定的责任，可以增加控股股东实施关联交易的成本，这样，在预期到难以从关联交易中获得额外收益后，上市公司的控股股东就会自觉减少同上市公司的关联交易。当然，该制度不宜长久实行（因为交易自由是公司的权力），也不宜在公司法中规定，但对于目前不公允关联交易屡禁不止的现状，可以由中国证监会作出相应的规定，迫使上市公司在近一段时期内执行这一制度。

39.3 关联交易的信息披露及财务报表重编制度

39.3.1 强化关联交易的信息披露制度

要求对关联交易信息进行完全、及时和准确的披露，可以有效减轻信息不对称程度，使投资者能够据此做出合理的判断和决策，避免不必要的损失。更为重要的是，它可以有效控制不公允关联交易的发生，因此，强化信息披露，对保护投资者利益是必要的。

上市公司关联交易信息披露涉及事前、事中、事后以及违反披露规范的法律责任，针对上述各个层面，我国证券监管当局已经颁布了一系列信息披露制度，而且取得了一定效果，但由于制度自身存在着某些不足以及实践中的执法力度不够，不公允关联交易尚时有发生。目前，我国对关联交易信息披露的规定主要体现在中国证监会、财政部和证券交易所的不同规定中。但这些规定的目的、内容并不完全一致，而且都存在对披露内容的要求不够细化的问题。在现实中，对投资者的投资决策影响较大的主要是上市公司所发布的各种信息，特别是年度报告和半年度报告中所披露的公司财务信息。为使投资者能够准确了解关联交易对上市公司经营状况的潜在影响，上述各部门都要求上市公司在财务报告中披露关联交易的情况，而其依据则是财政部所发布的《企业会计准则》中的相关规定。然而，这些规定大多较为原则，需要做出进一步细化。

具体而言，在信息披露内容方面，可以增加如下要求：其一，关联交易原因的披露。上市公司应该披露实施关联交易的原因，并说明该交易是否可以与第三方进行，如果可以，应说明为什么选择与控股股东进行交易。其二，关联交易定价的披露。上市公司应该披露具体的关联交易定价方法，而不仅仅是含糊的说明。在进行定价披露时，应说明是否有独立第三方价格可参考，如果有，应列示；如果没有，说明具体的定价依据。目前，可以借鉴我国税法以及美国税法中对关联交易定价的相关规定，详细规定企业在各种情况下应该采用的定价方式，并要求上市公司在财务报告中做出披露。其三，关联交易支付方式的披露。即使是公允的关联交易，如果支付方式不同，也会导致交易风险的不同。因此，应要求上市公司披露交易的支付方式，说明结算的形式、结算日期、违约责任等。其四，关联交易对业绩和财务状况影响的披露。对投资者而言，关联交易对上市公司业绩及其财务状况的影响是最重要的，因此，应要求上市公司对该方面的内容进行相应的披露。在披露方式上，应该规范关联交易的披露格式，要求上市公司按照统一的格式进行交易信息披露，以增加披露的清晰度。例如，可以设计如下类型的表格，供上市公司关联交易信息披露时使用（见表39-1）。

表39-1　　　　　上市公司关联交易信息披露格式（示范）

交易对方	交易内容	定价方式	交易数量	交易金额	支付方式	交易额占总交易额的比例	交易产生的利润额	交易利润占利润总额的比例	交易对企业运营影响

另外，还应增强关联交易信息披露的法律效力，规定没有经过信息披露的交易不能成立的法律要求，以迫使上市公司主动披露相应的交易，减少信息不对称。同时，对违规企业及其责任人应加大处罚力度。良好的披露制度是以严格的执行为基础的，否则，约束将是无力的。我国上市公司之所以屡屡进行不公允关联交易，就是因为相应的制裁力度不够，违法收益大于成本支出，违法行为有利可图。目前，监管当局对上市公司违法的惩罚大多是行政处分和罚款，这显然是不够的。如果违法行为实施者本人得不到应有的惩罚，他就不会担心违法行为的后果，违法行为的实施就会屡禁不止。因此，在加大对实施不公允关联交易企业的惩罚力度的同时，还应该加大对交易责任人的制裁力度。在现实中，各种制裁方式对犯规者的惩戒力度并不同，通常是刑事处罚力度最高，民事次之，而行政处罚力度最小。因此，对后果较为严重的不公允关联交易的责任人，在实施经济处罚的同时，对其课以严厉的刑事处罚，则制度的威慑效果就会明显增强。当然，还应增加对关联交易受害人实行经济补偿的规定，这样既可以调动投资者参与对关联交易治理的积极性，又可以实现社会公平，降低投资者因不公允关联交易而遭受的损害。

39.3.2 基于关联交易的财务报表重编制度

上市公司的财务报表是投资者（包括债权人）判断企业经营状况、盈利能力和发展前景的依据，对投资者的投资决策具有重要作用。一般而言，企业的财务报表应该满足真实性、相关性、可比性和可理解性等要求，能够为投资者和债权人提供关于企业的真实可靠信息，据此判断企业的质量并作出相应的决策。如果财务报表不能正确反映企业的财务状况和经营状况，就会使投资者无法区分企业的优劣，从而可能做出错误决策，导致资源的错误配置，进而会影响到社会经济的发展。因此，确保上市公司财务报表的准确披露至关重要，而当上市公司发生关联交易时，在报表中对相关信息进行准确披露就很有必要。如前所述，与一般的市场交易不同，上市公司的关联交易通常是由控股股东所操纵，其交易条件与交易价格可能与正常的市场交易相差较大，交易结果甚至会影响到企业的运营能力和长远发展，因而更需要进行准确披露。现实中，上市公司的关联交易往往是控股股东操纵上市公司利润、进行利益转移的工具，因此，为掩饰真正的交易目的及交易结果，上市公司通常会对财务报表进行故意歪曲和人为调整，致使所披露的财务报表存在不实、偏颇或欺诈现象。很明显，这种财务报表容易对投资者和债权人造成误导，导致其错误决策，并带来不应有的损失。然而，如果上市公司不对错误的财务报表进行纠正和重新编报，投资者往往难以了解上市公司的舞弊伎俩、报表中的会计差错及其影响，也难以据此要求损害赔偿。这种情况下，为有效保护投资者的利益，提高上市公司财务报表的准确性，就应该在上市公司中引入财务报表重新编报制度。

简言之，实行财务报表重编制度就是要求，当上市公司在财务报表中歪曲了不公允关联交易的相关信息而被发现后，必须在规定的时间内对错误的报表进行纠正和重新编报，并在重新编报的报表中详细披露舞弊的各种手法或重大差错对公司财务状况、经营业绩和现金流量的影响等。这样，就可以使投资者掌握更多的证据，提高对造假者指控的胜诉概率。同时，还会让社会公众认清造假者的丑恶嘴脸，从而加大造假者的社会成本，有效减少不公允关联交易的发生。目前，在我国上市公司中针对关联交易的披露实行财务报表重编制度，可以从如下方面进行：

其一，财务报表重编的条件。财务报表重编一般发生在虚假信息披露被发现之后，但由于虚假信息及其影响的不同，对重新编报的要求也应有所差别。上市公司发生的关联交易并非都有害于公司及其中小股东的利益，但由于顾及企业信誉和形象，即使是有益于上市公司的关联交易，上市公司也可能不愿意在财务报表中进行充分披露。这样，财务报表中对关联交易的不实披露就包括两类，即有利的交易信息不全面披露和有害的交易信息歪曲披露。前者可能不会对投资者造成损害，但会影响投资者对企业的正确评价；后者很可能会造成对投资者的误导，导致其利益的受损。因此，对这两类虚假披露的编报要求应该加以区别对待。对于出现前者的情况，应该要求上市公司在指定媒体上进行声明，并在下次报表披露时一并改正。而对于出现后者的情况，则应该根据其虚假的程度进行处理。如果歪曲披露的数据低于某一标准时（如净资产的 0.5% 以下），则要求该公司在指定媒体上进行更正声明，并在下次报表披露时改正。如果超过该标准，则必须在限定时间内对财务报表进行重新编报。

其二，财务报表重编的内容。重编的财务报表应该包括两个部分，即矫正后的内容和矫正前的内容，并对照列出，以便于投资者了解原先的报表所歪曲的事项及其影响情况。在重编报表中的主体部分，必须将歪曲或遗漏的交易数据进行更正，并按照会计准则的要求调整受其影响的其他数据，使财务报表恢复到正常状况。而且，报表的调整必须自虚假报表所报告的时期开始，一直进行到报表重编之日为止。同时，还必须在报表附注中对舞弊情况进行详细说明。详细列举每一项不公允关联交易的情况，相应的歪曲目的和歪曲手法，对应报表主体中的项目，对本年度企业盈利状况、现金流量等方面的影响，调整到正常情况后的数据，在附注的最后，还应该说明对该财务报表造假负责的人员及其相应职务。这样，就可以使投资者掌握上市公司虚假披露的详细证据，为其日后的索赔奠定基础。

其三，财务报表重编的责任人。虚假的财务报表不仅因报表重编而造成社会资源的浪费，还会误导投资者的决策，给其带来损失，进而影响到资本市场的稳定和发展。因此，应该对造成财务报表重编的责任人进行必要的曝光和惩罚。例如，规定在重编后的报表中披露造假的负责人，并由监管当局根据造假的后果对其实施经济处罚或提起相应的刑事诉讼。另外，虚假信息披露被揭露后，上市公司还应该就财务报表重编指定负责人，并保证重编报表的真实性。

其四，重编财务报表的披露。出现财务报表重编时，将会影响投资者对上市公司评价，因此，报表重编及其披露不能无限期地拖延，以免给投资者带来更大的损害。实践中，应该按照报表的虚假情况分别规定更正期限。对需要进行更正声明的上市公司，应该要求其在较短的时间内（如两个星期内）进行披露；对需要重新编报财务报表的上市公司，应要求其在一定时期内（如两个月内）进行重新披露。当然，还应该规定上市公司必须在发布原虚假报表的媒体上进行重新披露，以便于投资者查阅。

另外，对于出现财务报表重编的上市公司，应该被列为监管当局今后监管的重点对象。同时，还应该要求重编财务报表的上市公司做出相应的承诺，保证以后所披露的财务报表的真实性。

39.4 投资者的法律救济制度及其构建

法律的价值目标就是追求社会的公平与正义，在不公允关联交易中，控股股东所获取的收益是以牺牲其他中小股东的利益为代价的。为此，为维护社会公平与市场信心，对投资者（包括债权投资者）施以相应的法律救济就是必要的。

39.4.1 股东派生诉讼制度

对中小股东而言，控股股东与上市公司进行的不公允关联交易可能会出现两种结果：直接侵害中小股东的利益或直接侵害上市公司的利益。对前一种结果，受损的中小股东可以直接对损害实施方——控股股东提起诉讼，请求相应的赔偿，以维护自身利益。对于后一种情况，由于受损的上市公司是投资者投资收益的来源，因此，如果上市公司的损失不能追回，则中小股东的利益将间接受损。此时，中小股东应该敦促上市公司的管理层对该损失进行追偿，如果上市公司的管理层无理拒绝，法律就应该提供相应的救济措施，赋予中小股东提起派生诉讼的权利。目前，最新修订的《公司法》中已引入了该制度，但没有对该制度的实施条件与程序作出规定。因此，为防止中小股东滥用派生诉讼权利，影响上市公司的运营效率，应借鉴美国的治理经验，对我国上市公司的股东派生诉讼制度设立一定的限制条件。

其一，诉讼主体的资格。能够提起派生诉讼的必须是公司股东，而且其持有公司的股份必须达到一定的比例，持有的时间也必须满足一定的要求。

其二，诉讼的程序性要件。股东在提起派生诉讼之前，必须先向公司提出正式请求，要求公司管理层采取适当措施追偿损失。目前，我国应规定将该请求呈交独立董事或监事会决议。在上述请求遭到拒绝后的一段时间期满，才可以提起派生诉讼。当然，如果非公允的关联交易正在进行，而且如不及时制止将造成无法挽回的损失时，股东可以直接提起诉讼。另外，股东在提起诉讼时，法庭可以根据其持有的股份比例及其价值，要求股东提交一定的诉讼费用担保，以防止滥诉行为。当然，为鼓励小股东监控关联交易的积极性，也可以不规定诉讼费用担保。

其三，诉讼的实质性要件。原告股东的行为必须是善意的，提起诉讼的目的是为了公司的利益而非自身的私利。在损害发生时该股东就持有公司股份，在诉讼进行过程中仍持有股份。而且，在不法行为发生时，该股东对这些不法行为没有批准同意或默认。另外，股东持有公司股份的数量或比例须达到最低数额的规定。

其四，诉讼的赔偿问题。原告胜诉，则控股股东或公司董事必须对公司损害负赔偿责任，同时，原告的费用由公司支付，这样可以鼓励股东积极参与对公司利益的维护。原告败诉，如果原告的起诉是没有恶意的，则原告股东应该对作为被告的控股股东或董事的损失负赔偿责任，因为该损失的产生是由原告引起；如果原告的起诉具有恶意，则原告对公司和被告均负有赔偿责任，以避免滥诉或敲诈行为。

39.4.2 揭开公司面纱原则

公司人格独立和股东有限责任是现代公司制度的两大基石，但我国上市公司的不公允关联交易却破坏了其确立的基础。我国部分上市公司的控股股东利用关联交易大量转移上市公司的资产或利润，造成上市公司丧失偿债能力而侵害债权人利益的事件时有发生。为此，我国在2005年10月修订的《公司法》中引入了揭开公司面纱制度，但却没有对该制度的实施要求做出具体规范，因此，有必要在实践中对该制度的实施条件与程序作进一步完善。

具体而言，法院在援引该制度时应确立相应的使用标准，目前应主要考虑如下因素：① 其一，资本显著不足。要求公司在从事其经营活动时要有足够的资金来源，以便对经营过程中可能出现的损失予以填补，否则，便可以使用该原则。这样，可以避免控股股东利用设立关联企业的方式进行不公允交易后借助公司面纱而逃避责任的情形。其二，诈欺。规定上市公司的关联人在出现违反公共秩序或善良风俗等行为，或者在出现违反法规的违法行为而导致债权人的利益受到损害时，法院可以使用该原则揭开其面纱。例如，母公司利用关联交易的方式剥夺子公司的资产，或转移资产为母公司所有等。其三，资产混同。如果控制公司和上市公司的资产关系很难做出明确区分，控制公司在处理上市公司的财产时就像处理自己的财产一样，则可以揭开公司面纱。其四，不遵守适当的公司形式。例如，不按规定召开董事会或股东大会，关联交易不经过董事会或股东大会批准等。其五，过度控制。例如，母公司对上市公司经营有完全的支配性控制；母公司对上市公司行使控制权视为不正当的利益；母公司对上市公司的控制对债权人或股东造成损害；债权人的损害与母公司所行使的控制力有相当的因果关系。出现上述情形时，可以援引该制度。

另外，在实施该项制度时，可以实行举证责任倒置的原则，只要公司债权人能证明有控制问题存在即可。这样，可以减轻因信息不对称而造成的原告举证困难的问题，同时也可以对关联人实施不公允关联交易形成威慑。

---

① 施天涛：《关联企业法律问题研究》，法律出版社1998年版，第168~171页。

参考文献

1. Rugman, A. M. and L. Eden (eds.), Multinationals and transfer pricing, New York: St. Martin's Press. 1985.
2. Adolf, A. B. and G. C. Means, The modern corporation and private Property, Harcourt, Bruce and World. Inc.. 1968.
3. Charlesworth and Mores, Company Law (14th ed), Sweet and Maxwell Press. 1991.
4. Dine, J., The Governance of corporate group, New York: Cambridge University Press. 2000.
5. Sealy, L. S., Cases and materials in company law, Butterworths, 1985.
6. Robert, W. H., The law of corporations (4th ed), West Group. 1996.
7. [美] 莱瑞·D·索德奎斯特：《美国证券法解读》，法律出版社2004年版。
8. [美] 罗伯特·C·克拉克：《公司法则》，工商出版社1999年版。
9. [美] 玛格丽特·M·布莱尔：《所有权与控制》，中国社会科学出版社1999年版。
10. 施天涛：《关联企业法律问题研究》，法律出版社1998年版。
11. 蒋大兴：《公司法的展开与批判——方法·判例·制度》，法律出版社2001年版。

第 40 章

上市公司实际控制人与信息披露透明度研究*

实际控制人对上市公司的信息披露具有重要影响。本章以 2004~2006 年深圳证券交易所的国有上市公司和民营上市公司为样本，发现中央上市公司实际控制人的控制权、现金流权同信息披露透明度显著正相关；地方上市公司实际控制人的控制权、现金流权同信息披露透明度显著正相关，控制层次同信息披露透明度显著负相关；民营上市公司实际控制人的控制层次、控制权与现金流权的分离程度同信息披露透明度显著负相关。

40.1 引 言

我国的股票市场已经经历了 10 多年的发展历程，虽然上市公司信息披露总体上也有了较大的改观，但信息披露舞弊事件却是层出不穷，提高信息披露透明度已成为当务之急。

当股权分散时，代理成本主要表现在股东与经理人员之间；当股权集中时，代理成本主要表现在大股东与小股东之间（Shleifer and Vishny，1997）。在股权集中的情况下，大股东可以利用其控制权影响信息披露。我国上市公司的股权比较集中，研究大股东尤其是第一大股东对信息披露的影响对于提高上市公司的信息披露透明度具有重要意义。从表面上看，大股东拥有上市公司的控制权，但是上市公司只是其实际控制人控制链条中的一环，其行为最终受实际控制人的影响。而且，我国上市公司的第一大股东同其他大股东之间往往存在千丝万缕的联系（刘立国、杜莹，2003），在这种情况下使用第一大股东的数据进行研究可能会得到错误的结论。因此，本章突破传统的从第一大股东角度研究信息披露的模式，转而从实际控制人的角度研究信息披露。

---

* 本章内容发表在《经济管理》2009 年第 10 期。

40.2 理论分析及研究假设

下面通过一个模型来分析实际控制人对信息披露透明度的影响[①]。

假定上市公司需要披露的信息数量为1，实际披露 I（$0<I<1$）[②]，实际控制人的控制权为 α，现金流权为 β（$0<\alpha<1$，$0<\beta<1$，且 $\alpha \geqslant \beta$），控制权与现金流权的分离程度为 γ，实际控制人与上市公司之间的控制层次为 δ。

对于上市公司来说，对外披露信息具有收益，如披露信息可以揭示公司的价值，绩优的公司能够被发现并在资金争夺战中脱颖而出，而且较高程度的信息披露可以降低融资成本（Botosan，1997）。同时，信息披露具有成本，如产生、处理、鉴证和传递等直接成本，由于信息披露暴露商业秘密而造成竞争劣势等间接成本。

假定信息披露对企业价值的影响为 $V = I - bI^2$，其中 $b>0$。

对 V 取关于 I 的一阶导数并令其为0，即 $\frac{\partial V}{\partial I} = 1 - 2bI = 0$，得 $I = \frac{1}{2b}$，也就是说，当披露 $\frac{1}{2b}$ 的信息时，企业价值最大。

若实际控制人同其他股东的利益完全一致，实际控制人关于信息披露的收益为 $E = \beta(I - bI^2)$，对 E 取关于 I 的一阶导数并令其为0，即 $\frac{\partial E}{\partial I} = \beta - 2\beta bI = 0$，得 $I = \frac{1}{2b}$。

由此可知，当实际控制人同其他股东的利益完全一致时，企业价值最大时的信息披露量就是最佳的信息披露量。

但是，实际控制人同其他股东的利益并不完全一致，其不仅可以同其他股东一样通过上市公司的盈利来获取收益，而且可以利用其控制权通过关联交易、资金占用、违规担保等资产转移手段来谋取私人利益。假定 $S = -s\ln I$ 表示实际控制人转移资产的价值，由于该资产中实际控制人拥有的比例为 β，此时实际控制人的净收益为 $\beta s\ln I - s\ln I$，其中 $s = s(\alpha, \beta, \gamma)$。

因此，实际控制人关于信息披露的总收益 $E = \beta(I - bI^2) + \beta s\ln I - s\ln I$，对 E 取关于 I 的一阶导数并令其为0，即 $\frac{\partial E}{\partial I} = \beta - 2b\beta I - \frac{(1-\beta)s}{I} = 0$。

整理后得 $2b\beta I^2 - \beta I + (1-\beta)s = 0$。

[①] 该模型参考了王英英、潘爱玲（2008）所建立的控股股东对企业投资行为影响的模型。
[②] 此处假定上市公司披露的信息都是真实的、及时的，因此衡量信息披露透明度只需要考虑披露的数量。

因此，最佳信息披露数量为：

$$I = \frac{\beta + \sqrt{\beta^2 - 8bs\beta(1-\beta)}}{4b} = \frac{\beta}{4b} + \sqrt{\frac{\beta^2}{16b^2} - \frac{s\beta}{2b} + \frac{s\beta^2}{2b}} \quad (1)$$

其中，$\beta > \frac{8bs}{1+8bs}$。

40.2.1 实际控制人控制权对信息披露透明度的影响

实际控制人的控制权对其行为的影响具有两面性。一方面，随着控制权的增加，实际控制人的控制能力不断提高，通过利益侵占获取控制权私人收益的能力不断提高，因此侵占其他股东利益的可能性增加（Claessens et al.，2002），这种效应被称为"壕沟效应（Entrenchment Effect）"；另一方面，当其控制权达到一定程度时，利益侵占后自身的损失较大，因此通过利益侵占获取控制权私人收益的动机下降（Joh，2003），这种效应被称为"激励效应"（Incentive Effect）。

由于我国对中小股东的利益保护程度较低，实际控制人的控制权越大，相对于其他股东对公司的影响也就越大，通过损害中小股东的利益而达到自身利益最大化的可能性也就越大。结合前面的模型，可以认为$\frac{\partial s}{\partial \alpha} > 0$。

对（1）式取关于α的一阶导数，得

$$\frac{\partial I}{\partial \alpha} = \frac{1}{2}\left(\frac{\beta^2}{16b^2} - \frac{s\beta}{2b} + \frac{s\beta^2}{2b\alpha}\right)^{-\frac{1}{2}} \frac{\beta^2 - \beta}{2b} \frac{\partial s}{\partial \alpha}$$

因为$\frac{\partial s}{\partial \alpha} > 0$，$0 < \beta < 1$，所以$\frac{\partial I}{\partial \alpha} < 0$。

由此可见，上市公司信息披露透明度随着实际控制人控制权的增加而单调下降，也就是说实际控制人拥有的控制权越大，上市公司披露的信息越少。范和王（Fan and Wong，2002）发现随着实际控制人控制权的增加，东亚地区上市公司披露信息的可靠性下降。马忠和吴翔宇（2007）发现，终极控制人的控制权比例越高，上市公司自愿性信息披露程度越低。因此，本章提出如下假设：

假设1：实际控制人的控制权越大，上市公司信息披露透明度越低。

40.2.2 实际控制人现金流权对信息披露透明度的影响

现金流权（Cash Flow Right）是指上市公司股东通过付出的现金流而取得的权利。实际控制人拥有的现金流权越高，其从企业获得收益也就越多，则在更大的程度上与上市公司的利益趋于一致，当实施掏空等损害其他股东利益的行为时，实际控制人的损失会更大，因此，实施掏空等行为的可能性较小（La Porta et al.，2002；Claessens et al.，2002；Yeh，2005）。总结以上结论并同前面的模型相结合，可以认为 $\frac{\partial s}{\partial \beta}<0$。

对（1）式取关于 β 的一阶导数，得

$$\frac{\partial I}{\partial \beta}=\frac{1}{4b}+\frac{1}{2}\left(\frac{\beta^2}{16b^2}-\frac{s\beta}{2b}+\frac{s\beta^2}{2b}\right)^{-\frac{1}{2}}\left(\frac{\beta-4bs+8bs\beta}{8b^2}+\frac{\beta^2-\beta}{2b}\frac{\partial s}{\partial \beta}\right)$$

因为 $\frac{\partial s}{\partial \beta}<0$，$\frac{8bs}{1+8bs}<\beta<1$，所以 $\frac{\partial I}{\partial \beta}>0$。

由此可见，上市公司信息披露透明度随着实际控制人现金流权的增加而单调上升，即实际控制人拥有的现金流权越大，上市公司披露的信息越多。王俊秋和张奇峰（2007）发现终极控制人拥有较高的现金流量权会提高盈余信息含量。因此，本章提出如下假设：

假设 2：实际控制人的现金流权越大，上市公司信息披露透明度越高。

40.2.3　实际控制人控制权与现金流权分离对信息披露透明度的影响

实际控制人可以通过多种方式实现对公司的控制，拉波塔等（La Porta et al.，1999）发现，实际控制人常常利用金字塔结构、交叉持股结构和双重股权来构建一个复杂的控制链，这些形式的特点是控制权与现金流权产生了分离，实际控制人可以用较少的现金流获取更大比例的控制权。

当实际控制人的控制权与现金流权发生分离时，较大的控制权使实际控制人有动机去侵占其他股东的利益，而较小的现金流权却降低了侵占所带来的损失，因此，实际控制人控制权与现金流权的分离程度越大，侵占上市公司利益的可能性越大（La Porta et al.，1999；Claessens et al.，2002；叶，Yeh，2005；苏启林，朱文，2003）。总结以上结论并同前面的模型相结合，可以认为 $\frac{\partial s}{\partial \gamma}>0$。

对（1）式取关于 γ 的一阶导数，得

$$\frac{\partial I}{\partial \gamma}=\frac{1}{2}\left(\frac{\beta^2}{16b^2}-\frac{s\beta}{2b}+\frac{s\beta^2}{2b\alpha}\right)^{-\frac{1}{2}}\frac{\beta^2-\beta}{2b}\frac{\partial s}{\partial \gamma}$$

因为 $\frac{\partial s}{\partial \gamma}>0$，$0<\beta<1$，所以 $\frac{\partial I}{\partial \gamma}<0$。

由此可见，上市公司信息披露透明度随着实际控制人控制权与现金流权分离程度的增加而单调下降，即实际控制人控制权与现金流权的分离程度越大，上市公司披露的信息越少。范和王（Fan and Wong，2002）发现随着实际控制人控制权与现金流权分离程度的增加，东亚地区的上市公司披露信息的可靠性下降。弗朗西斯（Francis，2005）等发现在美国，最终控制人控制权和现金流量权的偏离降低了上市公司会计盈余的信息含量。马忠和吴翔宇（2007）发现终极控制人控制权和现金流权分离度越大，上市公司自愿性信息披露程度越低。因此，本章提出如下假设：

假设3：实际控制人的控制权与现金流权分离程度越大，上市公司信息披露透明度越低。

40.2.4 实际控制人控制层次对信息披露透明度的影响

控制层次指实际控制人控制上市公司经历的层级。在各控制层级的控制权小于100%的条件下，控制层次越多，现金流权越小，则控制权与现金流权之间的分离程度越大，实际控制人侵占上市公司利益的可能性越大。总结以上结论并同前面的模型相结合，可以认为 $\frac{\partial s}{\partial \delta} > 0$。

对（1）式取关于 δ 的一阶导数，得

$$\frac{\partial I}{\partial \delta} = \frac{1}{2}\left(\frac{\beta^2}{16b^2} - \frac{s\beta}{2b} + \frac{s\beta^2}{2b\alpha}\right)^{-\frac{1}{2}} \frac{\beta^2 - \beta}{2b} \frac{\partial s}{\partial \delta}$$

因为 $\frac{\partial s}{\partial \delta} > 0$，$0 < \beta < 1$，所以 $\frac{\partial I}{\partial \delta} < 0$。

由此可见，上市公司信息披露透明度随着实际控制人控制层次的增加而单调下降，即实际控制人的控制层次越多，上市公司披露的信息越少。王雄元和沈维成（2008）发现控制层次与信息披露质量负相关。因此，本章提出如下假设：

假设4：实际控制人的控制层次越多，上市公司信息披露透明度越低。

40.3 研 究 设 计

40.3.1 样本选择

本章选择2004～2006年[①]在深圳证券交易所[②]主板上市的国有上市公司和民营上市公司为研究对象，按如下标准对原始样本进行筛选：剔除属于金融和保险

[①] 我国上市公司自2004年的年报开始以实际控制人控制方框图的形式披露实际控制人的控制情况，因此样本的选取自2004年开始。由于2007年上市公司执行新的会计准则，而且新的准则体系对旧准则进行了较大规模的修改，财务信息的可比性下降，因此样本的选取至2006年。

[②] 从2001年起，深圳证券交易所每年都对在其交易所上市的公司进行信息披露考核，这是我国唯一的由权威机构发布的公开信息披露评价记录，因此，本章利用其评价上市公司信息披露透明度。

业的上市公司；剔除存在多个没有关联关系的实际控制人的上市公司；剔除无法计算实际控制人控制权和现金流权的上市公司；剔除实际控制人的控制权小于10%的上市公司；剔除没有透明度评价的上市公司，最终得到619个样本，其中2004年195家，2005年241家，2006年183家。按照实际控制人类别，中央上市公司101家，地方上市公司364家，民营上市公司154家。

40.3.2 变量设计

变量设计如表40-1所示。

表40-1　　　　　　　　　　　变量设计

变量名称	变量符号	变量定义
透明度	Tran	当被深交所评定为优秀取5，良好取4，及格取3，不及格取2。
控制权	Control	本章采用拉波塔等（La Porta et al., 1999）、克拉森等（Claessens et al., 2000）提出的计算方法，实际控制人控制权等于所有控制链上最弱的投票权之和。
现金流权	Cashflow	本章采用拉波塔等（La Porta et al., 1999）、克拉森等（Claessens et al., 2000）提出的计算方法，实际控制人现金流权等于所有控制链累积持有上市公司的所有权权益，其中每条控制链所持有的上市公司所有权权益等于该条控制链上各层股东持股比例的乘积。
控制权与现金流权分离程度	CSC	控制权与现金流权的差。
控制层次	Range	实际控制人与上市公司之间控制层级的数目。
资产收益率	Roa	净利润除以期初资产与期末资产的平均值。
资产负债率	Lev	期末负债除以期初资产与期末资产的平均值。
资产周转率	Turn	主营业务收入除以期初资产与期末资产的平均值。
成长能力	Grow	期末市场价值除以账面价值。
企业类型	ST	虚拟变量，若公司被ST则为1，否则为0。
企业规模	Size	期末资产的自然对数。

40.3.3 研究模型

本章建立以下模型，综合检验实际控制人的控制权、现金流权、控制权与现金流权分离和控制层次对信息披露透明度的影响。

$$Tran = \beta_0 + \beta_1 Control + \beta_2 Cashflow + \beta_3 CSC + \beta_4 Range + \beta_5 Roa + \beta_6 Lev + \beta_7 Turn + \beta_8 Grow + \beta_9 ST + \beta_{10} Size + \varepsilon$$

上市公司信息披露透明度的数据来自深圳证券交易所网站,控制权、现金流权和控制层次的数据手工收集,财务数据来自色诺芬(CCER)数据库。

40.4 实证检验

40.4.1 描述性统计

从表 40-2 可以看出,样本中信息披露达到或超过良好水平的公司比例超过了 60%,说明大部分上市公司的信息披露透明度较高,但是,超过 6% 的上市公司信息披露不及格,说明还有相当一部分企业的信息披露存在严重问题。如果按照研究设计中对透明度的定义进行打分,全体样本的均值是 3.65,也就是说,上市公司的总体披露水平已经及格但是尚未达到良好。具体到各年度,2004 年、2005 年、2006 年的均值分别为 3.73、3.61、3.63,各年度的信息披露透明度存在下降的趋势。

表 40-2　　　　　　　　　　信息披露透明度描述性统计

	2004 年		2005 年		2006 年		全体样本	
	个数	比例(%)	个数	比例(%)	个数	比例(%)	个数	比例(%)
优秀	14	7.18	20	8.30	18	9.84	52	8.40
良好	122	62.56	126	52.28	94	51.36	342	55.25
及格	52	26.67	75	31.12	57	31.15	184	29.73
不及格	7	3.59	20	8.30	14	7.65	41	6.62
合计	195	100	241	100	183	100	619	100
均值	3.73		3.61		3.63		3.65	

关于各变量的描述性统计,从表 40-3 可以看出,实际控制人控制权的均值为 40.69%,控制程度较高;现金流权的均值为 35.26%,与控制权存在 5.43% 的差距;控制层次的均值为 2.29。

表 40-3　　　解释变量描述性统计

	均值	标准差	最小值	最大值	分位数		
					1/4	2/4	3/4
Control	40.69	16.36	10	80.5	27.46	40	53.17
Cashflow	35.26	18.82	0.54	80.5	20.8	33.65	49.82
CSC	5.43	9.09	0	51.91	0	0	10.19
Range	2.29	0.82	1	6	2	2	3

按照利奇和莱西（Leech and Leahy, 1991）的研究结果，若第一大股东拥有的表决权比例超过25%，虽然并不占有绝对控制地位，但是，在表决权争夺中就比较容易赢得大多数其他股东支持而处于优势表决权地位。因此，本章将控制权小于25%时称为低控制，控制权大于25%小于50%称为相对控制，控制权大于50%称为绝对控制。按照同样的标准，本章将现金流权分为低现金流权、中等现金流权和高现金流权。另外，本章将控制权与现金流权的分离情况分为分离和未分离两类。由于控制层次为5和6的样本数量较少，分别只有4个和5个，因此，本章将控制层次为4、5和6的上市公司合并为一组进行检验。从表40-4可以看出，信息披露透明度随着实际控制人控制权、现金流权的增加而上升，随着控制层次的增加、控制权与现金流权的分离而降低。

表 40-4　　　不同条件下信息披露透明度描述性统计

	均值	标准差	最小值	最大值	分位数		
					1/4	2/4	3/4
Control < 25%	3.46	0.760	2	5	3	4	4
25% ≤ Control < 50%	3.59	0.703	2	5	3	4	4
Control ≥ 50%	3.89	0.680	2	5	4	4	4
Cashflow < 25%	3.42	0.768	2	5	3	3	4
25% ≤ Cashflow < 50%	3.72	0.650	2	5	3	4	4
Cashflow ≥ 50%	3.88	0.697	2	5	4	4	4
CSC > 0	3.46	0.793	2	5	3	4	4
CSC = 0	3.78	0.653	2	5	3	4	4
Range = 1	3.87	0.640	2	5	3.5	4	4
Range = 2	3.72	0.690	2	5	3	4	4
Range = 3	3.53	0.760	2	5	3	4	4
Range = 4、5、6	3.32	0.819	2	5	3	3.5	4

在描述统计的基础上,本章进行了 T 检验。从表 40-5 可以看出,实际控制人的控制权、现金流权越大,信息披露透明度越高;除控制层次为 3 时的信息披露透明度与控制层次为 4、5、6 时的信息披露透明度没有显著区别外,控制层次越多,信息披露透明度越低;实际控制人控制权与现金流权未分离时的信息披露透明度显著高于控制权与现金流权出现分离时。另外,本章进行了 Z 检验,结论同 T 检验的结论基本相符。

表 40-5　　　　　　不同条件下的信息披露透明度 T 检验和 Z 检验

	T 检验		Z 检验	
	T 值	Sig	Z 值	Sig
Control < 25% 与 25% ≤ Control < 50%	-1.685*	0.093	-1.625	0.104
Control < 25% 与 Control ≥ 50%	-4.983***	0.000	-4.901***	0.000
25% ≤ Control < 50% 与 Control ≥ 50%	-4.753***	0.000	-4.643***	0.000
Cashflow < 25% 与 25% ≤ Cashflow < 50%	-4.511***	0.000	-4.342***	0.000
Cashflow < 25% 与 Cashflow ≥ 50%	-6.028***	0.000	-5.778***	0.000
25% ≤ Cashflow < 50% 与 Cashflow ≥ 50%	-2.467**	0.014	-2.642***	0.008
CSC > 0 与 CSC = 0	-5.161***	0.000	-5.099***	0.000
Range = 1 与 Range = 2	1.820*	0.072	-1.645	0.100
Range = 2 与 Range = 3	2.570**	0.011	-2.605***	0.009
Range = 3 与 Range = 4、5、6	1.632	0.104	-1.345	0.179

40.4.2　多元回归分析

为了综合分析实际控制人控制权、现金流权、控制权与现金流权分离与控制层次对信息披露透明度的影响,本章对模型进行多元回归分析。

为了避免变量之间可能出现的多重共线性,本章在综合分析之前先对变量之间的相关性进行检验(具体结果限于篇幅未列示)。通过相关性分析可以发现,绝大部分变量之间的相关系数均小于 0.5,但是,控制权与现金流权之间的相关系数超过了 0.8,说明绝大部分变量之间并不存在共线性问题,而控制权与现金流权之间存在共线性,因此在检验时需要将其分开。多元回归分析的结果如表 40-6 所示。

表 40-6 　多元回归分析

	中央上市公司			地方上市公司			民营上市公司		
	模型 1	模型 2	模型 3	模型 1	模型 2	模型 3	模型 1	模型 2	模型 3
常数项	-0.937	-0.937	-1.006	2.520***	2.520***	2.241***	2.278*	2.278*	1.340
Control	0.010**		0.032**	0.004*		0.005	0.001		0.020
Cashflow		0.010**			0.004*			0.001	
CSC	-0.002	0.007		0.005	0.009		-0.001*	-0.001*	
Range	0.030	0.030		-0.105**	-0.105**		-0.151**	-0.151**	
Control_sq			-0.023			-0.001			-0.028
Roa	0.446	0.446	0.339	2.699***	2.699***	2.740***	0.378	0.378	0.403
Lev	0.202***	0.202***	0.242***	-0.333**	-0.333**	-0.314**	0.060	0.060	0.057
Turn	-0.072	-0.072	-0.097	0.055	0.055	0.051	0.154*	0.154*	0.158*
Grow	0.031	0.031	0.029	-0.005*	-0.005*	-0.005*	-0.002	-0.002	-0.003
St	-0.542**	-0.542**	-0.602**	-0.227**	-0.227**	-0.248**	-0.618***	-0.618***	-0.637***
Size	0.195***	0.195***	0.178***	0.067*	0.067*	0.069*	0.077	0.077	0.088
F 值	4.035***	4.035***	4.979***	15.669***	15.669***	16.833***	8.355***	8.355***	8.599***
R^2	0.277	0.277	0.293	0.274	0.274	0.264	0.341	0.341	0.320

首先，本章检验实际控制人的控制权对信息披露透明度的影响。当选取中央上市公司和地方上市公司时，Control变量的系数为正且显著，说明在中央上市公司和地方上市公司中，实际控制人的控制权对信息披露透明度的影响是正向的。那么该影响是否为非线性呢？本章设计了Control_sq变量代表实际控制人控制权的平方，当同时加入Control和Control_sq变量后，两个变量并不同时显著，说明实际控制人的控制权对信息披露透明度的影响是线性的，推翻假设1。当选择民营上市公司做样本时，Control变量的系数为正但不显著，说明在民营上市公司中，实际控制人的控制权对信息披露透明度并无显著影响，当加入Control和Control_sq变量后，两个变量均不显著，说明上市公司的信息披露透明度同实际控制人的控制权之间也不存在非线性关系，未证实假设1。总之，在国有上市公司中，实际控制人的控制权对信息披露透明度具有显著的正面影响，而在民营上市公司中，实际控制人的控制权对信息披露透明度的影响并不显著。究其原因，在国有上市公司中，随着实际控制人控制权的增加，控制权产生的激励效应大于壕沟效应，实际控制人愿意维护而不是侵占公司的利益，因此，信息披露透明度上升。而在民营上市公司中，实际控制人控制权的激励效应并不显著，因而信息披露透明度并没有随着控制权的增加而显著提高。

其次，本章检验实际控制人的现金流权对信息披露透明度的影响。当选取中央上市公司和地方上市公司时，Cashflow变量的系数为正且显著，这说明在国有上市公司中，实际控制人现金流权的增加引起上市公司信息披露透明度的显著提高，证实了假设2。但选取民营上市公司时，Cashflow变量的系数虽然为正但不显著，说明在民营上市公司中，上市公司的信息披露透明度并不会随着实际控制人现金流权的变化而出现显著变化，未证实假设2。究其原因，在民营上市公司中，现金流权对实际控制人的激励效应并不显著，即使拥有较高的现金流权，其仍然可以通过各种方法侵犯其他股东的利益[①]。

再次，本章检验实际控制人控制权与现金流权的分离对信息披露透明度的影响。当选取中央上市公司和地方上市公司时，CSC变量的系数均为正但不显著，说明在国有上市公司中，实际控制人控制权与现金流权的分离并不会显著影响上市公司的信息披露透明度，假设3并没有得到证实。但是，当选取民营上市公司时，CSC变量的系数为负且显著，说明民营上市公司的信息披露透明度随着实际控制人控制权与现金流权分离程度的增加而显著下降，假设3得到证实。

最后，本章检验实际控制人的控制层次对信息披露透明度的影响。当选取中央上市公司时，Range变量的系数不显著，说明中央上市公司实际控制人的控制层次对信息披露透明度没有显著影响，未证实假设4。而选取地方上市公司和民营上市

---

① 谷祺等（2006）认为，当拥有的现金流权较大时，实际控制人有动机通过"掠夺性分红"来获取收益，而且，由于民营上市公司在上市时往往以数十倍的市盈率发行，形成了高额的资本公积，因此，给实际控制人实施"掠夺性分红"创造了条件。

公司时，Range 的系数为负且显著，说明在地方上市公司和民营上市公司中，实际控制人控制层次的增加会导致信息披露透明度的显著下降，证实假设4。

40.4.3 可靠性检验

为了保证研究结论的可靠性，本章还进行了以下可靠性检验。

本章将评价结果为优秀和良好的上市公司组成一组，评价结果为及格和不及格的上市公司组成一组，将这两组数据利用 Logistic 回归的方法进行检验，结论没有实质性变化。由于透明度为及格和良好上市公司占样本的比例超过了80%，因此本章选取这两类上市公司利用相同的方法进行检验，结论没有实质性变化。

另外，本章用控制权与现金流权的比值代表控制权与现金流权的分离程度，结论没有实质性变化。

此外，本章还对属于连续性的解释变量在其分布的第1百分位及第99百分位上的观察值进行缩尾（winsorize）调整处理，结论没有实质性变化。

40.5 结论与政策建议

本章选取2004~2006年深圳证券交易所的国有和民营上市公司为样本，对实际控制人与信息披露透明度的关系进行了实证研究。结果发现，在中央上市公司，实际控制人的控制权、现金流权同信息披露透明度显著正相关，而控制权与现金流权的分离程度、控制层次与信息披露透明度无显著相关关系。在地方上市公司，实际控制人的控制权、现金流权同信息披露透明度正相关，控制层次同信息披露透明度负相关，而控制权与现金流权的分离程度与信息披露透明度无显著相关关系。在民营上市公司，实际控制人的控制层次、控制权与现金流权的分离程度同信息披露透明度负相关，而控制权、现金流权与信息披露透明度无显著相关关系。

基于以上研究结论，本章提出以下政策建议：

1. 充分发挥控制权的激励效应，在逐步降低国有上市公司实际控制人控制权的前提下允许其拥有适度的控制权。由于历史原因，我国绝大多数国有上市公司的实际控制人拥有绝对的控制权，为了减少其负面影响，政府采取了各种措施降低其控制权，例如股权分置改革。本研究的结论表明，国有上市公司实际控制人的控制权对信息披露具有激励效应，因此在进行股权改革时还要考虑到其正面影响，充分发挥其积极因素，在降低国有上市公司实际控制人控制权的前提下允许其拥有适度的控制权，达到正面影响与负面影响之间的均衡。

2. 建立对民营上市公司的信息披露监管机制，并对部分公司进行重点监控。

我国的民营上市公司在日常经营活动中发生利益侵占、违规信息披露的事件较多，因此，相关部门应该建立专门针对民营上市公司的信息披露监管机制，并对违规披露信息可能性较大的上市公司进行重点监控，如实际控制人的控制层次较多、控制权与现金流权分离程度较大等。同时，加大对相关责任人的处罚力度，形成足够的法律震慑。

参 考 文 献

1. Botosan, C. A., Disclosure level and the cost of equity capital, The Accounting Review, 1997, 72 (3): 323–349.

2. Claessens, S., S. Djankov, and L. Lang, The Separation of Ownership and Control in East Asian Corporations, Journal of Financial Economics, 2000, 58: 81–112.

3. Claessens, S., S. Djankov, J. Fan and L. Lang, Disentangling the incentive and entrenchment effects of large shareholdings, Journal of Finance, 2002, 57 (6): 2741–2772.

4. Fan, J. P. H. and T. J. Wong, Corporate ownership structure and the informativeness of accounting earnings in East Asia, Journal of Accounting and Economics, 2002, 33 (3): 401–425.

5. Francis, J., K. Schipper and L. Vincent, Earnings and dividend informativeness when cash flow rights are separated from voting rights, Journal of Accounting and Economics, 2005, 39 (2): 329–360.

6. Joh, S. W., Corporate Governance and firm profitability: evidence from Korea before the economic crisis, Journal of Financial Economics, 2003, 68 (2): 287–322.

7. La Porta, R., F. Lopez-de-Silanes and A. Shleifer, Corporate ownership around the world, Journal of Finance, 1999, 54 (2): 471–517.

8. La Porta, R., F. Lopez-de-Silanes, A. Shleifer and R. Vishny, Investor protection and corporate valuation, Journal of Finance, 2002, 57 (3): 1147–1170.

9. Leech, D. and J. Leahy, Ownership structure, control type classification and the performance of large British companies, The Economic Journal, 1991, 101 (409): 1418–1437.

10. Shleifer, A. and R. Vishny, A survey of corporate governance, Journal of Finance, 1997, 52 (2): 737–783.

11. Yeh, Y. H., Do controlling shareholders enhance corporate value? Corporate Governance: An International Review, 2005, 13 (2): 313–325.

12. 谷祺、邓建强、路倩：《现金流权与控制权分离下的公司价值——基于我国家族上市公司的实证研究》，载《会计研究》2006 年第 4 期。

13. 刘立国、杜莹：《公司治理与会计信息质量关系的实证研究》，载《会计研究》2003 年第 2 期。

14. 马忠、吴翔宇：《金字塔结构对自愿性信息披露程度的影响：来自家族控股上市公司的经验验证》，载《会计研究》2007 年第 1 期。

15. 苏启林、朱文：《上市公司家族控制与企业价值》，载《经济研究》2003 年第 8 期。

16. 王俊秋、张奇峰:《终极控制权、现金流量权与盈余信息含量——来自家族上市公司的经验证据》,载《经济与管理研究》2007年第12期。

17. 王雄元、沈维成:《上市公司控制结构与信息披露质量》,载《证券市场导报》2008年第4期。

18. 王英英、潘爱玲:《控股股东对企业投资行为的影响机理分析》,载《经济与管理研究》2008年第9期。

第 41 章

民营上市公司实际控制人与信息披露透明度研究*

实际控制人对上市公司的信息披露具有重要影响。本章以 2004~2006 年深圳证券交易所的民营上市公司为样本，对实际控制人与信息披露透明度的关系进行了实证研究。结果发现，民营上市公司实际控制人的控制权同信息披露透明度之间存在倒 U 形关系；实际控制人利用金字塔方式控制的上市公司信息披露透明度显著偏低，而且金字塔层级越多，信息披露透明度越低；实际控制人只担任董事长同信息披露透明度显著正相关，而控制家族占据董事长和总经理职位对信息披露透明度具有负面影响，当控制家族中的某个成员同时出任董事长和总经理时，该影响更为显著。

41.1 引 言

自 1992 年深圳证券交易所出现第一家民营上市公司以来，我国民营上市公司发展迅速，目前已经具备了一定的规模，成为资本市场上的重要力量①。但是，民营上市公司的信息披露存在较为严重的问题②，提高信息披露透明度已成为其加快发展的迫切需要。

当股权分散时，代理成本主要在股东与经理人员之间；当股权集中时，代理成本主要在大股东与小股东之间（Shleifer and Vishny，1997）。我国民营上市公司的股权比较集中，大股东可以利用其控制权影响信息披露，因此研究大股东尤其是第一大股东对信息披露的影响对于提高民营上市公司的信息披露透明度具有重要意义。但是，民营上市公司只是其实际控制人控制链条中的一环，其行为最终受实际控制人的影响（徐向艺、宋理升，2009），而且，我国民营上市公司的

---

* 本章内容发表在《山东大学学报哲社版》2010 年第 4 期。
① 根据深圳证券交易所的研究，到 2006 年年底，民营上市公司的数量已超过 400 家，市值占上市公司总市值的比例接近 10%。
② 根据上海证券交易所的研究，2003~2004 年，民营上市公司会计信息披露的违规比例和重复违规比例明显高于上市公司总体的违规比例，并且呈上升趋势。

第一大股东同其他大股东之间往往存在千丝万缕的联系①，在这种情况下使用第一大股东的数据进行研究可能会得到错误的结论。因此，本章从实际控制人的角度研究信息披露。

拉波塔（La Porta，1999）等发现实际控制人通常利用以下方式强化其控制：金字塔式控股；亲自担任董事长或总经理；掌握董事会或监事会一定比例的席位；交叉持股；股权质押；互为董事等，而我国民营上市公司的实际控制人主要采用前三种方式（苏启林、朱文，2003）。本章从前两种方式出发，研究实际控制人对信息披露透明度的影响。

41.2 理论分析及研究假设

41.2.1 实际控制人的控制权对信息披露透明度的影响

实际控制人大多拥有较高的控制权，较高的控制权对其行为具有两方面的影响。一方面，较高的控制权使实际控制人监督经理人员时可以获得高于成本的收益，从而有动机监督管理层（Grossman and Hart，1980）。同时，较高的控制权也赋予其监督经理人员行为的能力。因此，实际控制人拥有的较高的控制权能够有效抑制经理人员的道德风险，减少经理人员的机会主义行为，降低经理人员与股东的代理冲突（Shleifer and Vishny，1986），保护所有股东包括中小股东的利益，这种效应被称为"激励效应"（Incentive Effect）。此时，实际控制人为了企业的利益最大化，愿意披露相关的信息，信息披露透明度较高。徐向艺和宋理升（2009）发现国有上市公司实际控制人的控制权同信息披露透明度显著正相关。

另一方面，由于同中小股东利益不一致，实际控制人很有可能为了自身利益而通过关联交易、资产转移等方式侵占小股东的利益。随着控制权的不断增加，实际控制人的控制能力逐步提高，通过利益侵占获取控制权私人收益的能力随之提高，因此侵占其他股东利益的可能性增加（Claessens et al.，2002），这种效应被称为"壕沟效应"（Entrenchment Effect）。实际控制人为了避免其利益侵占行为被发现，必然会隐瞒或者虚假披露相关信息，信息披露透明度较低（徐向艺、宋理升，2009）。范和王（Fan and Wong，2002）发现随着实际控制人控制权的增加，东亚地区上市公司披露信息的可靠性下降。

还有的研究表明，实际控制人控制权的影响并非简单的"激励效应"和"壕沟效应"，而是两种效应同时存在，只不过在某种状态下"激励效应"占上

---

① 如2006年的泛海建设（000046），丽珠集团（000513），捷利实业（000996）等。

风，而在其他状态下"壕沟效应"占上风，因此实际控制人控制权的影响是一种"状态依存"的影响，由此可知实际控制人的控制权对信息披露的影响也非线性。

本章认为，由于我国对中小股东的利益保护水平较低，实际控制人拥有的控制权越大，其控制能力越强，侵占其他股东利益的可能性越大，信息披露透明度越低。因此，本章提出如下假设：

假设1：实际控制人的控制权同信息披露透明度负相关。

41.2.2　实际控制人的金字塔控制对信息披露透明度的影响

金字塔控制是实际控制人强化其控制的重要方式。由于金字塔控制链中的每一个链条并非100%控制，因此金字塔控制方式可以使实际控制人通过较小的代价获得较大的控制权，此时控制权与现金流权产生了分离（La Porta et al.，1999）。当实际控制人进行利益侵占时，其获得的收益大于付出的成本，因此激发了其侵占其他股东利益的动机，造成企业价值的下降（Claessens et al.，2002；苏启林、朱文，2003；张华等，2004），信息披露透明度必然较低。范和王（Fan and Wong，2002）发现东亚上市公司实际控制人控制权与现金流权分离程度越大，信息披露的可靠性越低，盈余的信息价值越低。徐向艺和宋理升（2009）发现民营上市公司实际控制人控制权与现金流权的分离程度同信息披露透明度显著负相关。

我国民营上市公司的实际控制人绝大多数采用金字塔方式控制上市公司，而且控制权与现金流权的分离程度较大（张华等，2004）。在对中小股东的利益保护不力的情况下，金字塔控制会加剧实际控制人对中小股东的利益侵占，信息披露透明度必然较低。因此，本章提出如下假设：

假设2：实际控制人的金字塔控制同信息披露透明度负相关。

41.2.3　实际控制人担任董事长或总经理对信息披露透明度的影响

为了保证公司的控制权掌握在自己手中，实际控制人通常掌握董事会或监事会一定比例的席位甚至亲自担任董事长或总经理，参与公司的重大经营管理决策。

实际控制人担任董事长或总经理对其行为的影响具有两面性。一方面，实际控制人担任董事长或总经理可以更好地履行出资人职能，保证了剩余索取权与剩余控制权的一致性，从而实现股东利益的最大化。安德森和瑞布（Anderson and Reeb，2003）发现由家族成员担任CEO的企业，其经营效率要比那些由非家族成员担任CEO的企业的效率要高。目前，我国民营上市公司大都处于发展时期，基本上都在创始人的掌控下，创始人的开拓进取和创新精神能够使得企业在初期得以不断发展和壮大（许永斌、郑金芳，2007）。在这种效应的作用下，实际控制人愿意披露企业的相关信息,信息披露透明度较高。

另一方面,实际控制人担任董事长或总经理会强化其对董事会以至于整个公司的控制,董事会的决议更大程度地体现其意志,此时的董事会可能会沦为实际控制人追求自身利益的工具,对其利益侵占行为反而起到促进作用。在这种效应的作用下,实际控制人为了隐瞒自己的利益侵占行为,必然不愿意披露相关信息,信息披露透明度较低。王俊秋和张奇峰(2007)发现控制性家族在上市公司任职与盈余信息含量显著负相关。

由于我国对中小股东的利益保护水平较低,若实际控制人担任董事长或总经理,这给其侵占中小股东利益的行为创造了更加有利的条件,信息披露透明度必然较低。因此,本章提出如下假设:

假设3:实际控制人担任董事长或总经理同信息披露透明度负相关。

41.3 研究设计

41.3.1 样本选择

本章以2004~2006年在深圳证券交易所上市的民营上市公司为样本,并按照下列步骤进行筛选,剔除:ST类上市公司;当年亏损的上市公司;无法准确计算实际控制人控制权的上市公司;存在多个没有关联关系的实际控制人的上市公司;实际控制人当年发生变更的上市公司;上市时间不足1年的上市公司;没有信息披露评价的上市公司;控制权小于10%的上市公司,最后得到197个样本。其中,2004年44个,2005年71个,2006年82个。

41.3.2 变量设计

1. 被解释变量。

Tran:信息披露透明度。当上市公司的信息披露被深圳证券交易所评定为优秀时取5,良好时取4,及格时取3,不及格时取2。[①]

2. 解释变量。

Control:实际控制人拥有的上市公司控制权的百分比。本章采用拉波塔等(La Porta et al.,1999)、克拉森(Claessens,2002)等提出的计算方法,实际控制人控制权等于所有控制链上最弱的投票权之和。

[①] 从2001年起,深圳证券交易所每年都对在其交易所上市的公司进行信息披露考核,这是我国唯一的由权威机构发布的公开信息披露评价记录,因此本章利用其评价上市公司信息披露透明度。

Controlsq：实际控制人拥有的上市公司控制权平方的百分比。
Type：若实际控制人通过金字塔方式控制上市公司则赋值1，否则为0。
Position：若实际控制人担任上市公司的总经理或董事长则赋值1，否则为0。[①]

3. 控制变量。

Out：独立董事占董事会的比例。
Audit：若上市公司聘请的会计师事务所具有复核资格则为1，否则为0。[②]
Roe：净资产收益率，即净利润除以期初净资产与期末净资产的平均值。
Lev：资产负债率，即期末负债除以期初资产与期末资产的平均值。
Grow：主营业务收入增长率，即本期主营业务收入与前期主营业务收入的差除以前期的主营业务收入。
Size：期末资产的自然对数。
GDP：若当年上市公司所处省份的人均GDP居于全国前十位则为1，否则为0。

41.3.3 研究模型

本章建立以下模型，综合检验实际控制人对信息披露透明度的影响。

$$Tran = \beta_0 + \beta_1 Control + \beta_2 Controlsq + \beta_3 Type + \beta_4 Position + \beta_5 Out + \beta_6 Audit + \beta_7 Roe + \beta_8 Lev + \beta_9 Grow + \beta_{10} Size + \beta_{11} GDP + \varepsilon$$

信息披露透明度评价来自深圳证券交易所网站，实际控制人的相关数据手工收集，其余数据来自CCER数据库。

41.4 实证检验

41.4.1 多元回归分析

为了综合分析实际控制人对信息披露透明度的影响，本章对模型进行多元回归分析，结果如表41-1所示。

---

① 有的民营上市公司的实际控制人虽然不是董事长或总经理，但是与董事长或总经理存在关联关系，本章也认为实际控制人担任是董事长或总经理。
② 被认定具有复核资格的会计师事务所共15家，它们是：天健会计师事务所、北京京都会计师事务所、毕马威华振会计师事务所、信永中和会计师事务所、上海立信长江会计师事务所、上海众华沪银会计师事务所、安永大华会计师事务所、德勤华永会计师事务所、普华永道中天会计师事务所、江苏天衡会计师事务所、浙江天健会计师事务所、厦门天健华天会计师事务所、广东正中珠江会计师事务所、深圳大华天诚会计师事务所、深圳天健信德会计师事务所。

表41-1　多元回归分析

变量	模型1		模型2		模型3		模型4		模型5	
	B值	T值	B值	T值	B值	T值	B值	T值	B值	T值
Constant	3.541	2.797***	2.452	1.870*	3.511	2.802***	3.216	2.550**	2.127	1.644
Control	0.004	1.197	0.052	2.849***					0.053	2.954***
Controlsq			-0.062	-2.661***					-0.066	-2.862***
Type					-0.342	-2.334**			-0.318	-2.174**
Position							0.216	2.295**	0.16	1.673*
Out	-0.737	-0.939	-0.762	-0.987	-0.968	-1.24	-0.741	-0.955	-0.934	-1.225
Audit	0.184	1.528	0.189	1.596	0.166	1.399	0.211	1.812*	0.153	1.292
Roe	3.143	4.369***	3.098	4.374***	2.652	3.603***	2.882	4.017***	2.503	3.460***
Lev	-0.1	-0.335	-0.156	-0.529	-0.16	-0.546	-0.199	-0.678	-0.215	-0.739
Grow	0.006	0.124	0.002	0.038	0.02	0.439	0.005	0.098	0.004	0.087
Size	0.007	0.118	0.024	0.394	0.038	0.605	0.027	0.438	0.057	0.923
GDP	-0.068	-0.67	-0.069	-0.691	-0.073	-0.723	-0.082	-0.812	-0.097	-0.977
F值	3.623***		4.111***		4.197***		4.172***		4.336***	
R^2	0.134		0.165		0.152		0.151		0.205	

关于实际控制人的控制权对信息披露透明度的影响，当单独将 Control 变量放入模型中时，Control 变量的符号为正但不显著，说明实际控制人的控制权对信息披露透明度并没有显著的线性影响，假设 1 没有得到证实。当同时加入 Control 变量和 Controlsq 变量时①，Control 变量和 Controlsq 变量的符号分别为正和负且均显著，说明实际控制人的控制权对于信息披露透明度存在倒 U 形影响。当实际控制人的控制权大于 41.94%②时，信息披露透明度随着实际控制人控制权的增加而下降；当实际控制人的控制权小于 41.94% 时，信息披露透明度随着实际控制人控制权的增加而上升。究其原因，民营上市公司实际控制人控制权的"激励效应"和"壕沟效应"同时存在。当实际控制人的控制权较小时，由于其处于控制地位而且利益侵占的成本较低，"壕沟效应"占上风，信息披露水平较低。随着实际控制人控制权的不断增加，"激励效应"越来越大，而"壕沟效应"越来越小，信息披露水平不断增加。当控制权达到一定水平时，随着实际控制人控制权的不断增加，"壕沟效应"越来越大，而"激励效应"越来越小，信息披露水平不断降低。

关于实际控制人的控制类型对信息披露透明度的影响，Type 变量的符号为负且显著，说明实际控制人采用金字塔方式控制上市公司对信息披露透明度具有显著的负面影响，也就是说实际控制人采用金字塔方式控制上市公司时信息披露透明度显著低于其他方式，假设 2 得到证实。

关于实际控制人担任董事长或总经理对信息披露透明度的影响，Position 变量的符号为正且显著，说明实际控制人担任上市公司的董事长或总经理对信息披露透明度具有显著的正面影响，也就是说实际控制人担任上市公司的董事长或总经理时信息披露透明度显著高于不担任董事长或总经理时，这同假设 3 正好相反。

41.4.2 进一步研究

多元回归分析的研究结论表明，实际控制人采用金字塔方式控制上市公司时信息披露透明度显著低于其他方式。那么，金字塔的层次数目对信息披露透明度有无影响？本章选取样本中被实际控制人利用金字塔方式控制的上市公司组成新样本，并引入 Range 变量来表示金字塔的层数，以检验其对信息披露透明度的影响。从表 41-2 可以看出，Range 变量的符号为负且显著，说明金字塔的层数对信息披露透明度具有显著的负面影响，也就是说，实际控制人采用金字塔方式控制上市公司时，金字塔层数越多，信息披露透明度越低。究其原因，金字塔的层数越多，实际控制人控制权与现金流权分离的程度越大，其进行利益侵占的可能性越大，信息披露透明度越低。

---

① 为了避免 Control 变量和 Controlsq 变量之间存在的严重的多重共线性，在将 Controlsq 变量加入之前，本章先对其进行了标准化处理。

② $0.052/(0.062 \times 2) \times 100\% = 41.94\%$。

表41-2　进一步研究

变量	模型6 B值	模型6 T值	模型7 B值	模型7 T值	模型8 B值	模型8 T值	模型9 B值	模型9 T值	模型10 B值	模型10 T值
Constant	3.112	2.674***	3.53	2.821***	3.488	2.752***	3.623	2.830***	3.644	2.902***
Range	-0.311	-5.137***								
Chair			0.229	2.439**						
Ceo					0.413	1.105				
Dual-1							-0.066	-0.543		
Dual-2									-0.315	-2.192**
Out	-0.681	-0.891	-0.58	-0.745	-0.686	-0.871	-0.714	-0.899	-0.712	-0.915
Audit	0.11	0.952	0.218	1.872*	0.227	1.920*	0.219	1.851*	0.229	1.957*
Roe	2.176	3.019***	2.866	4.002***	3.167	4.389***	3.108	4.312***	3.190	4.472***
Lev	-0.142	-0.506	-0.173	-0.59	-0.163	-0.551	-0.150	-0.503	-0.123	-0.420
Grow	0.001	0.019	0.001	0.027	0.013	0.276	0.013	0.271	0.010	0.219
Size	0.077	1.321	0.009	0.15	0.016	0.264	0.011	0.171	0.009	0.148
GDP	-0.116	-1.229	-0.037	-0.366	-0.067	-0.652	-0.046	-0.443	-0.019	-0.184
F值	5.586***		4.269***		3.5921***		3.460***		4.106***	
R^2	0.214		0.154		0.133		0.128		0.149	

多元回归分析的研究结论还表明，实际控制人担任上市公司的董事长或总经理时信息披露透明度显著高于不担任董事长或总经理时。扩展开来，实际控制人只担任董事长或者只担任总经理或者既担任董事长又担任总经理对信息披露透明度有何影响？本章引入 Chair、Ceo 和 Dual 变量，当实际控制人只担任董事长时，Chair 为 1，其余为 0；当实际控制人只担任总经理时，Ceo 为 1，其余为 0；考虑到有些上市公司的董事长和总经理虽然不为同一人，但却具有关联关系，因此本章将 Dual 变量分为两个变量：Dual - 1 和 Dual - 2，当控制家族占据了董事长和总经理职位时（包括一人同时出任董事长、总经理和两位关联人员分别出任董事长、总经理），Dual - 1 为 1，否则为 0；当控制家族的某位成员同时出任董事长和总经理时，Dual - 2 为 1，否则为 0。从表 41 - 2 可以看出，Chair 变量的符号为正且显著，说明实际控制人只担任董事长时对信息披露透明度具有显著的正面影响，也就是说实际控制人只担任董事长时信息披露透明度显著高于其他情况。Ceo 变量的符号为正但不显著，说明实际控制人只担任总经理对信息披露透明度具有正面影响但不显著，也就是说实际控制人只担任总经理时同其他情况相比信息披露透明度并没有显著差异。Dual - 1 变量的符号为负但不显著，Dual - 2 变量的符号为负且显著，说明控制家族占据了董事长和总经理职位对信息披露透明度具有负面影响，尤其是控制家族中的某个成员同时担任董事长和总经理时，该负面影响更为显著。

41.5 结论及政策建议

本章以 2004~2006 年深圳证券交易所的民营上市公司为样本，对实际控制人与信息披露透明度之间的关系进行了实证研究。研究结果证实，民营上市公司实际控制人的控制权同信息披露透明度之间存在倒 U 形关系：当实际控制人的控制权小于 41.94% 时，信息披露透明度随着实际控制人控制权的增加而上升；当实际控制人的控制权大于 41.94% 时，信息披露透明度随着实际控制人控制权的增加而下降。当实际控制人采用金字塔方式控制上市公司时信息披露透明度显著低于其他方式，而且金字塔的层级越多，信息披露透明度越低。实际控制人只担任董事长时信息披露透明度显著偏高，而控制家族垄断了董事长和总经理对信息披露透明度具有负面影响，尤其是控制家族中的某个成员同时出任董事长和总经理时，该影响更为显著。

基于以上研究结论，本章提出以下政策建议：

1. 允许民营上市公司的实际控制人拥有适当的控制权，但不应绝对控股。证券监管部门应该给予民营上市公司实际控制人的控制权足够的关注，在审批上市申请时将实际控制人的控制权是否合理作为评价的重要内容，上市以后，密切关注实际控制人控制权的变化,避免实际控制人拥有绝对的控制权。

2. 在监管民营上市公司的信息披露时,证券监管部门应把握重点,将被实际控制人利用金字塔方式控制且金字塔层次超过3层的上市公司列为重点监控对象,对其信息披露情况进行重点监控,尤其是其与关联方之间交易的相关信息。

3. 证券监管部门应完善相关制度,鼓励民营上市公司的实际控制人担任董事长并聘请职业经理人进行管理,限制实际控制人家族成员同时担任董事长和总经理,尤其是控制家族中的同一人兼任董事长和总经理。

参 考 文 献

1. Shleifer, A. and R. Vishny, A survey of corporate governance, Journal of Finance, 1997, 52 (2): 737–783.

2. 徐向艺、宋理升:《上市公司实际控制人与信息披露透明度研究》,载《经济管理》2009年第10期。

3. La Porta, R., F. Lopez-de-Silanes and A. Shleifer, Corporate ownership around the world. Journal of Finance, 1999, 54 (2): 471–517.

4. 苏启林、朱文:《上市公司家族控制与企业价值》,载《经济研究》2003年第8期。

5. Grossman, S. J. and O. Hart, Takeover bids, the free-rider problem, and the theory of the corporation, Bell Journal of Economics, 1980, 11 (1): 42–64.

6. Shleifer, A. and R. Vishny, Large shareholders and corporate control, Journal of Political Economy, 1986, 94 (3): 461–488.

7. Claessens, S., S. Djankov, J. Fan and L. Lang, Disentangling the incentive and entrenchment effects of large shareholdings, Journal of Finance, 2002, 57 (6): 2741–2772.

8. Fan, J. P. H. and T. J. Wong, Corporate ownership structure and the informativeness of accounting earnings in East Asia, Journal of Accounting and Economics, 2002, 33 (3): 401–425.

9. 张华、张俊喜、宋敏:《所有权和控制权分离对企业价值的影响——我国民营上市企业的实证研究》,载《经济学(季刊)》2004年第S1期。

10. Anderson, R. C. and D. M. Reeb, Founding-family ownership and firm performance: evidence from the SandP 500, Journal of Finance, 2003, 58 (3): 1301–1328.

11. 许永斌、郑金芳:《中国民营上市公司家族控制权特征与公司绩效实证研究》,载《会计研究》2007年第11期。

12. 王俊秋、张奇峰:《终极控制权、现金流量权与盈余信息含量——来自家族上市公司的经验证据》,载《经济与管理研究》2007年第12期。

第 42 章

终极控制股东与关联担保关系的实证研究[*]

终极控制股东对上市公司的关联担保具有重要影响。以 2007~2009 年沪深证券交易所的民营上市公司为样本，对终极控制股东与关联担保之间的关系进行了实证研究。研究结果证实，关联担保与终极控制股东的控制权、现金流权显著负相关，与控制权与现金流权的分离程度显著正相关。将关联担保分类后发现，为控股股东提供的担保与终极控制股东的现金流权显著负相关，与控制权与现金流权的分离程度显著正相关，与控制权无显著相关关系。

42.1 引　　言

在市场经济条件下，关联担保是一种正常的经营行为，它可以使关联企业能够方便、快捷地获取银行资金，促进企业的发展。但是，我国上市公司尤其是民营上市公司的关联担保存在严重的问题[①]，对上市公司和证券市场的发展产生了严重的负面影响。目前，关联担保已经成为备受广大投资者和监管机构关注的焦点问题，对其进行有效治理已成为当务之急。为了规范上市公司的关联担保，证监会及其他部门相继发布了《关于上市公司为他人提供担保有关问题的通知》、《关于规范上市公司与关联方资金往来及上市公司对外担保若干问题的通知》、《关于规范上市公司对外担保行为的通知》等一系列规章制度，对关联担保作了一系列限制性的规定，但是民营上市公司仍然向关联方提供了大量担保。那么，为什么民营上市公司在受到证监会严格限制的条件下仍然向关联方提供了大量担保？本章试图通过实证研究来对此问题做出解释。

我国民营上市公司的股权比较集中（张天阳，2008），大股东可以利用其控制权影响关联担保，因此研究大股东尤其是第一大股东对关联担保的影响对于规

---

[*] 本章内容发表在《经济与管理研究》2011 年第 11 期。
[①] 例如，截至 2009 年年末，S*ST 聚友（000693）为控股股东及关联方累计提供担保 36976 万元，而 2009 年的净资产为 -6858.7 万元。

范民营上市公司的关联担保具有重要意义。但是，民营上市公司只是其终极控制股东控制链条中的一环，其行为最终受终极控制股东的影响（王化成等，2007；徐向艺、宋理升，2009，2010），而且，我国民营上市公司的第一大股东同其他大股东之间往往存在千丝万缕的联系（徐向艺、宋理升，2009，2010），在这种情况下使用第一大股东的数据进行研究可能会得到错误的结论。因此，本章放弃传统的第一大股东视角，转而从终极控制股东[①]的视角研究民营上市公司的关联担保问题，探究终极控制股东对关联担保的影响，并为证券监管部门监管民营上市公司的关联担保提供理论依据和决策支持，具有一定的理论意义和实际应用价值。

本章的结构安排如下：第二部分进行文献回顾；第三部分从理论上分析终极控制股东对关联担保的影响并提出研究假设；第四部分选取样本、设计研究变量和模型；第五部分进行实证检验；第六部分总结研究结论并提出相关政策建议。

42.2 文献综述

国外对担保行为的研究大多将重点放在借款人与贷款人的关系方面，斯蒂格利茨和维斯（Stiglitz and Weiss，1981）发现品质较差的中小企业被要求提供担保，波佐罗（Pozzolo，2002）的研究表明，规模小、成立时间短、资产流动性差、资产负债率高、资信评级低的企业通常被要求其提供更多的担保。国外只有少数文献涉及第三方关联担保，伯克曼等（Berkman et al，2009）以我国的上市公司为样本，发现提供关联担保的上市公司规模较大，盈利能力、增长能力、公司价值以及股利收益率较低，资产负债率较高，国有非企业控制的上市公司提供关联担保的可能性相对较小，民营上市公司第二到第十大股东的持股比例越大，提供关联担保的可能性越小。

国内对关联担保的研究相对较多，主要集中在关联担保对公司的影响、控股股东对关联担保的影响以及关联担保的治理等方面。关于关联担保对公司的影响，甘丽凝（2007）发现关联担保对公司业绩有负面影响；高雷和宋顺林（2007）、王琨和陈晓（2007）、郑建明等（2007）发现关联担保降低了公司价值；龚凯颂和吴静（2005）、王克敏和罗艳梅（2006）发现关联担保使公司陷入财务困境。关于控股股东对关联担保的影响，高雷和宋顺林（2007）、唐松等（2008）、许慧（2009）发现控股股东的持股比例同上市公司的关联担保负相关；王琨和陈晓（2007）发现随着控股股东持股比例的增加，上市公司为关联方担保的概率呈现出先显著上升、其后不显著、最后显著下降的趋势；饶育蕾等

---

① 我国民营上市公司的终极控制股东或者是某一个民营企业家，或者是某一个家族。

（2008）发现当第一大股东持股比例低于60%时，存在大股东通过关联担保方式掏空上市公司的现象，当第一大股东持股比例高于60%时，通过关联担保方式掏空上市公司的现象得到了有效的抑制；徐千里和周旭辉（2009）发现上市公司为控股股东提供的担保与控股股东的持股比例呈正U形关系。关于关联担保的治理，高雷和宋顺林（2007）发现投资者利益保护水平的提高能够有效抑制关联担保，许慧（2009）发现加强董事会的治理能够抑制关联担保。

现有文献对上市公司的关联担保问题进行了深入的探讨并取得了丰硕的成果，为本章的研究奠定了基础。但是，现有文献都是从第一大股东的视角研究关联担保，缺少从终极控制股东的视角研究关联担保的文献。本章在深入分析现有文献的基础上，放弃传统的第一大股东的视角，转而从终极控制股东的视角研究关联担保问题。

42.3 理论分析及研究假设

自拉波塔等（La Porta et al., 1999）发现大多数国家上市公司的股权均较为集中以来，股权集中的观点得到越来越多的认可，克拉森等（Claessens et al., 2000）、维瓦塔纳唐（Wiwattanakantang, 2001）、法乔和郎（Faccio and Lang, 2002）的研究也证实了股权集中在世界范围内相对于股权分散更为普遍。在股权集中的情况下，控股股东拥有控制权，如果法律对投资者利益的保护程度不足，控股股东会为了实现自己利益的最大化而利用控制权侵占其他股东的利益（Shleifer and Vishny, 1997）。裴等（Bae et al., 2002）、李增泉等（2005）研究了控股股东通过关联并购实施利益侵占，法西奥等（Faccio et al., 2001）、毛里和帕贾斯特（Maury and Pajuste, 2002）、古勒和约格鲁（Gugler and Yourtoglu, 2003）、邓建平和曾勇（2005）、朱滔和王德友（2007）、宋玉和李卓（2007）、王化成等（2007）研究了控股股东通过现金股利分配进行利益侵占，张等（Cheung et al., 2006）、陈晓和王琨（2005）、佟岩和王化成（2007）、蔡卫星和高明华（2010）研究了控股股东通过关联交易进行利益侵占，李增泉等（2004）、高雷等（2006）、黎来芳等（2008）研究了控股股东通过占用资金进行利益侵占，约翰逊等（Johnson et al., 2000）把这些利益侵占行为称为"隧道行为"（Tunneling）。那么，上市公司对关联方提供担保是不是一种利益侵占行为呢？

上市公司向关联方提供担保实际上是承担了一项可能的负债，当贷款到期而关联方无法偿还时，上市公司就要承担赔偿责任。目前，上市公司主要为控股股东和子公司提供关联担保（唐松等，2008）。当上市公司向控股股东提供担保时，控股股东获得银行贷款，若贷款到期，控股股东往往不会偿还贷款，还款义务就由上市公司承担，控股股东相当于通过由上市公司为其提供担保的方式侵占了上市公司的利益。为控股股东提供担保是上市公司关联担保最初的主要形式，但是随着证监会出台了相关限制性的规定，上市公司大多不再直接向控股股东提供担保，转而向子公司提供担保。当上市公司向子公司提供担保时，子公司获得银行贷款，由于子公司受到上市公司的控制，而控股股东控制了上市公司，因此控股股东可能通过各种方式侵占子公司的利益，而最终的贷款由上市公司偿还，控股股东通过由上市公司为子公司提供担保的方式侵占了上市公司的利益。综上所述，上市公司的关联担保有可能是控股股东进行利益侵占的方式，现有的研究以及上市公司的实际案例也证实了这一点。那么，终极控制股东如何影响关联担保？本章从终极控制股东的控制权、现金流权以及控制权与现金流权的分离等角度研究终极控制股东对关联担保的影响。

42.3.1 终极控制股东的控制权与关联担保

现有研究表明，控股股东的控制权存在"激励效应（Incentive Effect）"和"壕沟效应（Entrenchment Effect）"（Shleife and Vishny，1997）。一方面，控股股东拥有较高的控制权，因此有足够的动机去监督管理人员（Grossman and Hart，1980），从而避免在股权集中的情况下所出现的"搭便车"的问题，而且控股股东有可能直接参与经营活动，消除了股东与管理人员之间的"信息不对称"问题。此外，控股股东拥有的较高的控制权使其同公司的利益具有较强的一致性，因此不会侵占公司的利益，这就是控股股东控制权的"激励效应"。黎来芳等（2008）发现控股股东持股比例越高，占用上市公司资金的规模越小。另一方面，终极控制股东同其他股东的利益不一致而且存在事实上的信息不对称，因此有可能利用其自身的优势地位侵占中小股东的利益获取控制权收益，这就是控股股东控制权的"壕沟效应"。唐清泉等（2005）发现第一大股东的持股比例与利益侵占正相关；石水平（2010）发现控股股东的控制权同利益侵占正相关，蔡卫星和高明华（2010）发现终极控制股东的控制权越大，利益侵占的水平就越高。

还有的研究表明，控股股东的控制权并非存在简单的"激励效应"和"壕沟效应"，而是一种"状态依存"的混合效应——在某种状态下呈现出"激励效应"，在其他状态下呈现出"壕沟效应"，李增泉等（2004）、王俊秋（2006）发现第一大股东占用的上市公司资金与其持股比例之间存在先上升后下降的非线性关系。

我们认为，在我国民营上市公司股权比较集中的情况下，终极控制股东拥有的控制权越大，其同上市公司的利益越趋于一致，通过关联担保进行利益侵占的水平越低。因此，提出如下假设：

假设1：民营上市公司终极控制股东的控制权同关联担保负相关。

42.3.2 终极控制股东的现金流权与关联担保

终极控制股东的现金流权是指其最终投入上市公司中的资本比例，也是其可以享有上市公司收益的比例。终极控制股东的现金流权越大，其同上市公司的利益越趋于一致，侵占上市公司利益时的成本越高，因此利益侵占的可能性越小。王鹏和周黎安（2006）发现控股股东的现金流权与资金占用负相关；王俊秋和张奇峰（2007）发现控制性家族"掏空"上市公司的概率与其拥有的现金流权显著负相关；石水平（2010）发现控股股东的现金流权与利益侵占负相关；蔡卫星和高明华（2010）发现终极控制股东的现金流权越大，利益侵占的水平就越低。因此，提出如下假设：

假设2：民营上市公司终极控制股东的现金流权同关联担保负相关。

42.3.3 终极控制股东控制权与现金流权的分离程度与关联担保

终极控制股东通常会利用金字塔结构、交叉持股结构和双重股权来构建一个复杂的控制链（La Porta et al., 1999），使其可以用较少的现金流权获取较大比例的控制权，导致控制权与现金流权产生了分离。当终极控制股东的控制权与现金流权发生分离时，较大的控制权使其有能力去侵占其他股东的利益，而较小的现金流权却降低了侵占所带来的损失，因此，终极控制股东会利用各种方式侵占上市公司的利益获取控制权收益，控制权与现金流权分离的程度越大，利益侵占的规模越大（La Porta et al., 1999）。陈晓红等（2007）发现控制权和现金流权的分离程度越大，家族企业的控制股东侵害中小股东利益的情况越严重；王俊秋和张奇峰（2007）发现控制性家族"掏空"上市公司的概率与其控制权和现金流量权的分离程度正相关；王斌和何林渠（2008）发现民营上市公司掏空行为发生的概率与控股股东控制权与现金流权的分离度正相关；吴红军和吴世农（2009）发现控制权与现金流权的分离程度越大，终极控制人对上市公司的掏空程度越大；刘运国和吴小云（2009）发现控制权和现金流权的分离程度越大，控股股东对上市公司的"掏空"行为越严重；蔡卫星和高明华（2010）发现终极控制股东控制权和现金流权的分离程度越大，利益侵占水平就越高；石水平（2010）发现控股股东控制权与现金流权的分离程度与利益侵占正相关。因此，提出如下假设：

假设3：民营上市公司终极控制股东控制权与现金流权的分离程度同关联担保正相关。

42.4 研究设计

42.4.1 样本选择

本章选取了 2007~2009 年沪深证券交易所的民营上市公司为样本,并剔除无法准确计算终极控制股东控制权的上市公司、终极控制股东的控制权小于 10% 的上市公司①、存在多个没有关联关系的终极控制股东的上市公司、终极控制股东当年发生变更的上市公司和上市时间不足 1 年的上市公司,最后得到 517 个样本。其中,2007 年 128 个,2008 年 187 个,2009 年 202 个。样本公司的行业分布如表 42 - 1 所示。

表 42 - 1　　　　　　　　样本公司的行业分布

行业分类	2007 年	2008 年	2009 年	合计
农、林、牧、渔业	2	4	5	11
采掘业	3	1	1	5
制造业	75	125	132	332
电力、煤气及水的生产和供应业	2	1	2	5
建筑业	0	2	2	4
交通运输、仓储业	2	3	3	8
信息技术业	13	11	8	32
批发和零售贸易	7	10	13	30
房地产业	15	18	21	54
社会服务业	4	1	1	6
传播与文化产业	0	0	1	1
综合类	5	11	13	29
合计	128	187	202	517

42.4.2 变量设计

1. 被解释变量。

Guarantee:上市公司向关联方提供担保的余额占当年末总资产的比例②。

---

① 目前,学术界对于控制公司的最低比例并没有定论,本章采用比较常用的 10% 作为最低控制比例。
② 若上市公司向关联方提供外币担保,则计算时用年末的汇率将外币折算为人民币。

2. 解释变量。

Control：终极控制股东拥有的控制权。本章采用拉波塔等（La Porta et al.，1999）、克拉森等（Claessens et al.，2002）提出的计算方法，终极控制股东的控制权等于所有控制链上最弱的投票权之和。

Cashflow：终极控制股东拥有的现金流权。本章采用拉波塔等（La Porta et al.，1999）、克拉森等（Claessens et al.，2002）提出的计算方法，终极控制股东的现金流权等于所有控制链累积持有上市公司的所有权权益，其中每条控制链所持有的上市公司所有权权益等于该条控制链上各层股东持股比例的乘积。

CSC：终极控制股东控制权与现金流权的分离程度。本章采用终极控制股东拥有的现金流权除以其拥有的控制权表示控制权与现金流权的分离程度，该数据越小，表明控制权与现金流权的分离程度越大。

3. 控制变量。部分民营上市公司发行 A 股的同时发行了 B 股。发行 B 股的上市公司信息披露透明度较高（崔学刚，2004；张程睿，2008），而较高的信息披露透明度降低了控股股东与中小股东之间的信息不对称，有利于中小股东监督控股股东的行为，控股股东进行利益侵占的可能性较小（高雷等，2006）。因此，本章选取以下变量作为控制变量：

Bshare：虚拟变量，若上市公司发行了 B 股则为 1，否则为 0。

由于独立董事具有独立性，没有任何利益纠葛使其能够公正地行使监督职能，而为了维护声誉和避免诉讼，独立董事也有动机忠实地履行职能，因此有可能对关联担保发表公正的意见[①]。另外，为了充分发挥独立董事的作用以控制上市公司的担保，证监会在 2003 年发布的《关于规范上市公司与关联方资金往来及上市公司对外担保若干问题的通知》中明确规定：上市公司独立董事应在年度报告中对上市公司累计和当期对外担保情况、执行本章件规定情况进行专项说明，并发表独立意见。综上所述，独立董事有可能对关联担保产生一定的限制作用，封思贤（2005）发现独立董事制度能有效约束和减少上市公司为控股股东及其关联方提供担保和抵押现象的发生，许慧（2009）发现独立董事能够抑制关联担保。因此，本章选取以下变量作为控制变量：

Out：独立董事占董事会的比例。

虽然我国的法治建设已经取得了巨大的进步，但是各地区的法治建设进程不统一，法治水平很不平衡（樊纲等，2010）。良好的法律环境提升了上市公司的信息披露透明度（魏志华和李常青，2009），抑制了控股股东的利益侵占。另外，我国证券监管部门制定了相关规章，对关联担保做了一些限制性的规定，良好的法律环境能够提高这些规章制度的执行力并有效地抑制关联担保。因此，本章选

---

① 例如，2005 年 6 月，巨化股份（600160）决定与浙江江山化工股份有限公司签订担保总金额不超过 5000 万元、担保期限最长为三年的《银行贷款互保协议》时，独立董事陶久华投了反对票。

取以下变量作为控制变量：

Law：上市公司注册地所在省份的法律环境指数。①

另外，公司的财务状况对关联担保也存在重要影响。对于财务状况较好的上市公司，控股股东更愿意通过资金占用、关联交易等直接方式侵占上市公司的利益，而对于财务状况较差的上市公司，由于无法通过直接侵占的方式获取控制权收益，因此控股股东会选择通过担保等间接方式进行侵占。唐松等（2008）发现上市公司提供关联担保的概率和数额与资产质量显著负相关。因此，本章选取下列变量作为控制变量。

Roe：净资产收益率，即净利润除以期初净资产与期末净资产的平均值。

Lev：资产负债率，即期末负债除以期初资产与期末资产的平均值。

Size：上市公司的规模，用期末资产的自然对数表示。

Tobin-Q：上市公司期末的 Tobin-Q 值。②

Cash：上市公司获取现金的能力，本章用每股经营活动的净现金流量表示。

42.4.3 研究模型

为了综合分析终极控制股东对关联担保的影响，本章建立以下模型，对终极控制股东与关联担保的关系进行检验。

$$Guarantee = \beta_0 + \beta_1 Control + \beta_2 Cashflow + \beta_3 CSC + \beta_4 Bshare + \beta_5 Out + \beta_6 Law + \beta_7 Roe + \beta_8 Lev + \beta_9 Size + \beta_{10} Tobin-Q + \beta_{11} Cash + \varepsilon$$

上市公司关联担保的数据、终极控制股东的相关数据、上市公司注册地所在省份的法律环境指数、上市公司期末的 Tobin-Q 值通过手工方式收集，其余数据来自锐思（RESSET）金融研究数据库。

42.5 实证检验

42.5.1 描述性统计

从表 42-2 可以看出，2007~2009 年，我国民营上市公司的关联担保占总

---

① 本章采用樊纲、王小鲁、朱恒鹏所著的《中国市场化指数——各地区市场化相对进程 2009 年报告》中各省市的法律指数表示。

② 考虑到上市公司的股权结构中存在非流通股，因此本章在计算时将流通股与非流通股分开计量，并用下列公式表示：Tobin-Q =（流通股股数×每股股价＋非流通股股数×每股净资产＋总负债的账面价值）÷总资产。

资产的比例平均为 4.9%，最高甚至达到了 1.562 倍，反映出民营上市公司的关联担保问题急需关注。从各年度看，2007 年、2008 年和 2009 年关联担保占总资产的比例分别为 5.1%、4.9%、4.7%，呈现出逐年下降的趋势。关于各个解释变量的均值，终极控制股东拥有的控制权和现金流权分别为 33.8%、22.4%，现金流权占控制权的比例为 64.4%，说明终极控制股东的控制权与现金流权出现了较大程度的分离。关于各个控制变量的均值，大约有 3.1% 的上市公司同时发行了 B 股，独立董事占董事会的比例为 31.4%，所在省份的法律指数为 7.416，净资产收益率为 -2.8%，资产负债率为 51.5%，总资产的自然对数为 20.958，Tobin-Q 值为 1.715，每股经营活动的净现金流量为 0.284。

表 42-2　　　　　　　　　　变量描述性统计

变量		均值	标准差	最小值	中位数	最大值
Guarantee	2007 年	0.051	0.075	0.000	0.021	0.516
	2008 年	0.049	0.136	0.000	0.008	1.562
	2009 年	0.047	0.103	0.000	0.017	1.231
	总体	0.049	0.111	0.000	0.016	1.562
Control		0.338	0.131	0.100	0.298	0.742
Cashflow		0.224	0.138	0.006	0.201	0.742
CSC		0.644	0.274	0.037	0.632	1.000
Bshare		0.031	0.173	0.000	0.000	1.000
Out		0.314	0.108	0.125	0.300	0.750
Law		7.416	3.145	1.530	6.610	13.870
Roe		-0.028	0.896	-16.772	0.066	0.362
Lev		0.515	0.210	0.069	0.526	3.094
Size		20.958	0.817	18.157	20.908	23.244
Tobin-Q		1.715	0.869	0.749	1.442	7.131
Cash		0.284	0.657	-3.252	0.230	6.553

为了研究不同终极控制股东控制下民营上市公司关联担保的区别,本章分别将终极控制股东的控制权、现金流权以及控制权与现金流权的分离情况按照是否大于均值分为两类,并采用描述性统计和 T 检验的方法进行比较研究。从表 42-3 可以看出,终极控制股东拥有较大控制权时的关联担保小于终极控制股东拥有较小控制权时,但是差距并不显著;终极控制股东拥有较大现金流权时的关联担保显著小于终极控制股东拥有较小现金流权时(在 1% 的水平上);终极控制股东的控制权与现金流权分离程度较大时的关联担保显著大于终极控制股东的控制权与现金流权分离程度较小时(在 1% 的水平上)。

表 42-3　　　　　　　　　不同条件下的关联担保分析

	均值	标准差	最小值	中位数	最大值	T 检验
Control < 0.338	0.053	0.117	0.000	0.015	1.562	0.961 (0.337)
Control ≥ 0.338	0.043	0.099	0.000	0.016	1.231	
Cashflow < 0.224	0.061	0.139	0.000	0.021	1.562	3.221*** (0.001)
Cashflow ≥ 0.224	0.033	0.050	0.000	0.008	0.316	
CSC < 0.644	0.063	0.144	0.000	0.021	1.562	3.062*** (0.002)
CSC ≥ 0.644	0.034	0.053	0.000	0.008	0.316	

注:括号内为 P 值。*** 表示在 1% 的水平上显著,** 表示在 5% 的水平上显著,* 表示在 10% 的水平上显著。

42.5.2　多元回归分析

为了综合分析终极控制股东对关联担保的影响,本章对第四部分所建立的模型进行多元回归分析。为了避免变量之间可能出现的多重共线性,本章在综合分析之前先对变量进行 Pearson 和 Spearman 相关性检验,具体结果如表 42-4 所示。

从表 42-4 可以看出,绝大部分变量之间的相关系数均小于 0.3,但 Control 与 Cashflow 之间的相关系数、Cashflow 与 CSC 之间的相关系数均超过了 0.6。因此,本章在进行多元回归分析时将上述变量分开,同时计算各个变量的膨胀因子(VIF),以检验是否存在多重共线性。多元回归分析的结果如表 42-5 所示。

表 42-4 变量的相关性检验

	Guarantee	Control	Cashflow	CSC	Bshare	Out	Law	Roe	Lev	Size	Tobin-Q	Cash
Guarantee	1.000									0.251*** (0.000)	-0.052 (0.242)	-0.040 (0.361)
Control	-0.111** (0.012)	1.000								0.173*** (0.000)	-0.018 (0.683)	0.067 (0.129)
Cashflow	-0.137*** (0.002)	0.748*** (0.000)	1.000							0.052 (0.236)	0.050 (0.256)	-0.006 (0.891)
CSC	-0.142*** (0.001)	0.177*** (0.000)	0.735*** (0.000)	1.000						-0.081* (0.065)	0.100** (0.024)	-0.049 (0.266)
Bshare	-0.025 (0.570)	-0.021 (0.635)	-0.024 (0.586)	-0.078* (0.076)	1.000					0.121*** (0.006)	0.009 (0.832)	0.035 (0.425)
Out	-0.143*** (0.001)	0.003 (0.945)	0.144*** (0.001)	0.185*** (0.000)	-0.009 (0.839)	1.000				-0.074* (0.094)	0.041 (0.357)	-0.019 (0.669)
Law	-0.026 (0.557)	0.126*** (0.004)	0.211*** (0.000)	0.206*** (0.000)	0.103** (0.019)	-0.034 (0.444)	1.000			0.137*** (0.002)	-0.062 (0.162)	0.090** (0.041)
Roe	-0.085* (0.054)	0.078* (0.077)	0.094** (0.034)	0.086* (0.052)	0.025 (0.579)	-0.002 (0.957)	0.087** (0.048)	1.000		0.254*** (0.000)	0.244*** (0.000)	0.345*** (0.000)
Lev	0.508*** (0.000)	-0.061 (0.167)	-0.123*** (0.005)	-0.148*** (0.001)	0.010 (0.826)	-0.233*** (0.000)	0.039 (0.372)	-0.255*** (0.000)	1.000	0.333*** (0.000)	-0.193*** (0.000)	-0.017 (0.703)

(Lev行与其他行: 0.332*** (0.000); -0.014 (0.749); -0.104** (0.018); -0.136*** (0.002); 0.013 (0.769); -0.270*** (0.000); 0.043 (0.331); 0.000 (0.993); 1.000)

续表

	Guarantee	Control	Cashflow	CSC	Bshare	Out	Law	Roe	Lev	Size	Tobin-Q	Cash
Size	0.033 (0.461)	0.182*** (0.000)	0.090** (0.040)	-0.066 (0.135)	0.109** (0.013)	-0.056 (0.202)	0.137*** (0.002)	0.103** (0.020)	0.234*** (0.000)	1.000	-0.420*** (0.000)	0.208*** (0.000)
Tobin-Q	-0.076* (0.083)	0.015 (0.735)	0.052 (0.241)	0.051 (0.244)	0.021 (0.642)	0.013 (0.770)	-0.040 (0.364)	0.012 (0.781)	-0.096** (0.028)	-0.311*** (0.000)	1.000	-0.014 (0.751)
Cash	-0.023 (0.595)	0.012 (0.780)	-0.013 (0.769)	-0.046 (0.301)	0.029 (0.513)	-0.018 (0.689)	0.092** (0.037)	0.094** (0.033)	-0.022 (0.610)	0.145*** (0.001)	-0.009 (0.835)	1.000

注：右上角为 Spearman 相关性检验结果，左下角为 Pearson 相关性检验结果，括号内为 P 值。*** 表示在 1% 的水平上显著，** 表示在 5% 的水平上显著，* 表示在 10% 的水平上显著。

表 42-5 多元回归分析——关联担保

变量	模型 1			模型 2			模型 3		
	B 值	T 值	VIF	B 值	T 值	VIF	B 值	T 值	VIF
Constant	-0.117	-1.068		-0.109	-1.003		-0.061	-0.562	
Control	-0.074**	-2.524	1.067						
Cashflow				-0.071**	-2.493	1.108			
CSC							-0.032**	-2.188	1.123
Bshare	-0.022	-1.002	1.027	-0.022	-1.009	1.028	-0.023	-1.069	1.034
Out	-0.077**	-2.157	1.081	-0.065*	-1.793	1.100	-0.063*	-1.723	1.114
Law	-0.001	0.928	1.053	-0.001	1.172	1.090	-0.001	1.142	1.100
Roe	-0.003	-0.682	1.136	-0.003	-0.637	1.137	-0.003	-0.601	1.140
Lev	0.108***	4.295	1.368	0.107***	4.289	1.369	0.110***	4.393	1.362
Size	0.007	1.239	1.366	0.006	1.047	1.331	0.003	0.652	1.314
Tobin-Q	-0.006	1.387	1.131	-0.006	1.413	1.133	-0.006	1.289	1.127
Cash	-0.001	-0.236	1.036	-0.002	-0.290	1.038	-0.002	-0.293	1.039
F 值	5.646***			5.627***			5.454***		
R^2	0.132			0.131			0.129		

注：括号内为 P 值。*** 表示在 1% 的水平上显著，** 表示在 5% 的水平上显著，* 表示在 10% 的水平上显著。

从表 42-5 可以看出，每个模型中所有变量的膨胀因子均小于 1.4，说明不存在显著的多重共线性问题。

关于终极控制股东的控制权对关联担保的影响，模型 1 中 Control 变量的符号为负且显著，说明终极控制股东的控制权对关联担保具有显著的负面影响，也就是说随着终极控制股东控制权的增加，关联担保随之减少，假设 1 得到证实。

关于终极控制股东的现金流权对关联担保的影响，模型 2 中 Cashflow 变量的符号为负且显著，说明终极控制股东的现金流权对关联担保具有显著的负面影响，也就是说随着终极控制股东现金流权的增加，关联担保随之减少，假设 2 得到证实。

关于终极控制股东控制权与现金流权的分离情况对关联担保的影响，模型 3 中 CSC 变量的符号为负且显著，说明终极控制股东控制权与现金流权的分离情况对关联担保具有显著的正面影响，也就是说随着终极控制股东控制权与现金流权分离程度的增加，关联担保随之增加，假设3到证实。

在控制变量中，Out 变量的符号为负且显著，说明独立董事对关联担保具有显著的负面影响，也就是说，独立董事在治理关联担保问题方面能够起到比较积极的作用。另外，Law 变量的符号并不显著，说明法律环境对关联担保并没有显著影响，也就是说良好的法律环境并不能显著地限制关联担保。

42.5.3 进一步研究

以上研究针对的是所有的关联担保，包括为控股股东的担保和为子公司的担保。但是，每种类型的关联担保发生利益侵占的可能性并不是完全相同的。从理论上讲，直接为控股股东的担保是最容易发生利益侵占的，也是对公司价值损害程度最大的（郑建明等，2007），虽被证监会所明令禁止，但是仍然存在。因此，本章以 Guarantee_share 为被解释变量，表示上市公司为控股股东担保的余额占总资产的比例，研究终极控制股东对为控股股东担保的影响。

首先，本章分别将终极控制股东的控制权、现金流权以及控制权与现金流权的分离情况按照是否大于均值分为两类，并采用描述性统计和 T 检验的方法比较不同终极控制股东条件下为控股股东担保的区别。从表 42-6 可以看出，终极控制股东拥有较大控制权时为控股股东的担保显著小于终极控制股东拥有较小控制权时（在 5% 的水平上）；终极控制股东拥有较大现金流权时为控股股东的担保显著小于终极控制股东拥有较小现金流权时（在 5% 的水平上）；终极控制股东的控制权与现金流权分离程度较大时为控股股东的担保显著大于终极控制股东的控制权与现金流权分离程度较小时（在 10% 的水平上）。

表 42-6　　　　　　　　不同条件下的为控制股东担保分析

	均值	标准差	最小值	中位数	最大值	T 检验
Control < 0.338	0.013	0.093	0.000	0.000	1.388	2.077**
Control ≥ 0.338	0.002	0.014	0.000	0.000	0.155	(0.039)
Cashflow < 0.224	0.015	0.098	0.000	0.000	1.388	2.413**
Cashflow ≥ 0.224	0.001	0.011	0.000	0.000	0.155	(0.016)
CSC < 0.644	0.015	0.101	0.000	0.000	1.388	1.890*
CSC ≥ 0.644	0.003	0.021	0.000	0.000	0.249	(0.060)

注：括号内为 P 值。*** 表示在 1% 的水平上显著，** 表示在 5% 的水平上显著，* 表示在 10% 的水平上显著。

为了综合检验终极控制股东的控制权、现金流权、控制权与现金流权的分离程度对为控股股东担保的影响，本章建立以下模型进行多元回归分析。具体结果如表42-7所示。

表42-7　　　　　　　　多元回归分析——为控股股东担保

变量	模型4			模型5			模型6		
	B值	T值	VIF	B值	T值	VIF	B值	T值	VIF
Constant	0.085	1.592		0.085	1.596		0.102*	1.920*	
Control	-0.019	-1.296	1.067						
Cashflow				-0.023*	-1.683	1.108			
CSC							-0.012*	-1.764	1.123
Bshare	-0.002	-0.186	1.027	-0.002	-0.215	1.028	-0.003	-0.286	1.034
Out	0.000	-0.021	1.081	0.004	0.210	1.100	0.005	0.295	1.114
Law	-0.001**	-2.093	1.053	-0.001*	-1.839	1.090	-0.001*	-1.780	1.100
Roe	-0.003	-1.211	1.136	-0.003	-1.172	1.137	-0.002	-1.130	1.140
Lev	0.027**	2.193	1.368	0.026**	2.158	1.369	0.027**	2.216	1.362
Size	-0.004	-1.446	1.366	-0.004	-1.524	1.331	-0.005*	-1.818	1.314
Tobin-Q	-0.002	0.953	1.131	-0.002	1.002	1.133	-0.002	0.931	1.127
Cash	-0.004	-1.436	1.036	-0.004	-1.486	1.038	-0.004	-1.507	1.039
F值	2.774***			2.908***			2.940***		
R^2	0.147			0.149			0.150		

注：括号内为P值。*** 表示在1%的水平上显著，** 表示在5%的水平上显著，* 表示在10%的水平上显著。

$$Guarantee\_share = \beta_0 + \beta_1 Control + \beta_2 Cashflow + \beta_3 CSC + \beta_4 Bshare + \beta_5 Out + \beta_6 Law$$
$$+ \beta_7 Roe + \beta_8 Lev + \beta_9 Size + \beta_{10} Tobin-Q + \beta_{11} Cash + \varepsilon$$

从表42-7可以看出，Control变量的符号为负但不显著，说明终极控制股东的控制权虽然对为控股股东担保有负面影响但不显著；Cashflow变量的符号为负且显著，说明终极控制股东的现金流权对为控股股东担保具有显著的负面影响，也就是说随着终极控制股东现金流权的增加，为控股股东提供的担保随之减少；CSC 变量的符号为负且显著，说明终极控制股东控制权与现金流权的分离程度对为控股股东担保具有显著的正面影响，也就是说随着终极控制股东控制权与现金流权分离程度的增加，为控股股东提供的担保随之增加。在控制变量中，Law 变量的符号为负且显著，说明良好的法律环境对为控股股东担保具有显著的限制作用。结合前面的结论，我们可以发现，良好的法律环境能够限制为控股股东担保，但是却无法限制其他类型的关联担保。究其原因，证监会及其他部门发布的相关规章对为控股股东提供担保进行了严格的限制，因此良好的法律环境能够使终极控制股东不敢通过法律明确禁止的为控股股东担保的方式进行利益侵占，但是却可以通过法律并没有完全禁止的其他类型的关联担保实施利益侵占。另外，Out 变量的符号并不显著，说明独立董事并不能限制上市公司为控股股东提供担保。结合前面的结论，我们可以发现，独立董事无法限制为控股股东担保，但是却可以限制其他类型的关联担保。究其原因，在现行的"一股独大"的条件下，独立董事不可能同控股股东完全独立，在此情形下也就无法限制上市公司向控股股东提供担保的行为，但是对其他类型的关联担保却能起到一定的限制作用。

42.5.4 稳健性检验

为了保证结论的可靠性，本章利用以下方法进行了稳健性检验。

第一，本章缩小样本，只选取样本中存在关联担保余额的上市公司组成新样本，并按照相同的方法进行研究，结果如表 42-8 所示，结论并没有实质性变化。

第二，本章以关联担保余额占净资产的比例作为被解释变量，并按照相同的方法进行研究，结论并没有实质性变化。

第三，本章以是否发生关联担保作为被解释变量，并采用 Logistic 回归分析的方法进行研究，结论并没有实质性变化。

第四，本章将终极控制股东的控制权、现金流权、控制权与现金流权的分离程度等解释变量分别定义为虚拟变量，如果大于各自的均值则为 1，否则为 0，并按照相同的方法进行研究，结论并没有实质性变化。

第五，本章还对各解释变量在其分布的第 5 百分位及第 95 百分位上的观察值进行缩尾（winsorize）调整处理，结论依然没有实质性变化。

表 42-8 稳健性检验

	关联担保						为控制股东担保					
	模型 7		模型 8		模型 9		模型 10		模型 11		模型 12	
	B 值	VIF	B 值	VIF	B 值	VIF	B 值	VIF	B 值	VIF	B 值	VIF
Constant	0.238 (1.428)		0.222 (1.334)		0.271 (1.625)		0.205** (2.309)		0.198** (2.235)		0.216** (2.439)	
Control	-0.087* (-1.901)	1.067					-0.028 (-1.453)	1.067				
Cashflow			-0.099** (-2.199)	1.117								
CSC					-0.046** (-2.042)	1.127			-0.037** (-2.355)	1.117	-0.017* (-1.906)	1.127
Bshare	-0.033 (-1.136)	1.037	-0.032 (-1.078)	1.035	-0.034 (-1.146)	1.037	0.001 (0.033)	1.037	0.001 (0.069)	1.035	0.000 (0.021)	1.037
Out	-0.099* (-1.879)	1.029	-0.081* (-1.933)	1.057	-0.076* (-1.920)	1.082	0.004 (0.130)	1.029	0.010 (0.362)	1.057	0.012 (0.416)	1.082
Law	0.002 (1.205)	1.106	0.003 (1.377)	1.13	0.003 (1.392)	1.141	-0.002* (-1.933)	1.106	-0.001* (-1.967)	1.130	-0.001* (-1.950)	1.141
Roe	-0.044*** (-3.470)	1.221	-0.043*** (-3.412)	1.224	-0.043*** (-3.395)	1.229	-0.023*** (-3.486)	1.221	-0.023*** (-3.422)	1.224	-0.023*** (-3.414)	1.229

续表

		关联担保						为控制股东担保					
	模型 7		模型 8		模型 9		模型 10		模型 11		模型 12		
	B 值	VIF	B 值	VIF	B 值	VIF	B 值	VIF	B 值	VIF	B 值	VIF
Lev	0.118*** (2.614)	1.351	0.120*** (2.675)	1.353	0.120*** (2.668)	1.353	0.030 (1.258)	1.351	0.031 (1.306)	1.353	0.031 (1.300)	1.353
Size	-0.009 (-1.137)	1.227	-0.009 (-1.152)	1.223	-0.011 (-1.396)	1.215	-0.009** (-2.162)	1.227	-0.009** (-2.157)	1.223	-0.010** (-2.333)	1.215
Tobin-Q	-0.008 (1.109)	1.152	-0.008 (1.163)	1.154	-0.007 (1.014)	1.138	-0.004 (1.155)	1.152	-0.004 (1.218)	1.154	-0.004 (1.112)	1.138
Cash	0.004 (0.521)	1.056	0.004 (0.492)	1.057	0.004 (0.509)	1.057	-0.003 (-0.708)	1.056	-0.003 (-0.741)	1.057	-0.003 (-0.726)	1.057
F 值	4.814***		4.969***		4.885***		4.335***		4.472***		4.416***	
R^2	0.132		0.135		0.133		0.120		0.123		0.122	

注：括号内为 T 值。

42.6　结论及政策建议

本章以2007~2009年沪深证券交易所的民营上市公司为样本，对终极控制股东与关联担保之间的关系进行了实证研究。研究结果证实，关联担保同终极控制股东的控制权、现金流权同显著负相关，同控制权与现金流权的分离程度显著正相关。单独选取关联担保中的为控股股东担保进行研究后发现，为控股股东提供的担保同终极控制股东的现金流权负相关，同控制权与现金流权的分离程度显著正相关，同控制权无显著相关关系。这个结论表明，控股股东通过关联担保实施利益侵占时，成本而不是控制力是最主要的影响因素。另外，关于对终极控制股东形成制衡的因素，本章发现良好的法律环境虽然能够限制为控股股东的担保，但是却无法限制其他类型的关联担保；独立董事虽然无法限制为控股股东的担保，但是却可以限制其他类型的关联担保。由此可以看出，终极控制股东较小的现金流权以及控制权与现金流权较大程度的分离所降低了通过关联担保进行利益侵占的成本，再加上我国的法律制度不甚健全，独立董事等监督机制并没有完全发挥应有的作用，所以民营上市公司的关联担保仍然屡禁不止。

基于以上研究结论，本章提出以下政策建议：

1. 严格限制终极控制股东控制权与现金流权的分离程度，最大限度地使终极控制股东的利益同其他股东的利益趋于一致。证券监管部门应该转换监管思路，不应只关注民营上市公司的股权结构，而应更加关注终极控制股东的控制情况，在审核其上市申请时将控制结构是否合理作为重要的评价标准，上市后密切关注控制结构的变化情况，避免终极控制股东的控制权与现金流权出现较大程度的分离。

2. 建立、健全相关监管体系，利用法律、行政和市场的力量对民营上市公司的关联担保实施全方位的监管。第一，证券监管部门在监管时应该分清重点，对终极控制股东的现金流权较小而且控制权与现金流权分离程度较大的民营上市公司进行重点监控；第二，加大对通过关联担保实施利益侵占行为的惩处力度，放大其违规成本；第三，加大对关联担保信息披露的监管，使关联担保能够得到及时、准确的披露，利用市场的力量监管关联担保；第四，改革独立董事的聘任制度，使独立董事真正同控股股东相互独立，充分发挥独立董事的监督和制衡作用；第五，完善相关法律法规，创造良好的法律环境，以此规范关联担保行为。

参 考 文 献

1. 张天阳：《基于股权结构的中国民营上市公司治理研究》，暨南大学出版社2008年版。

2. 王化成、李春玲、卢闯：《控股股东对上市公司现金股利政策影响的实证研究》，载《管理世界》2007年第1期。

3. 徐向艺、宋理升：《上市公司实际控制人与信息披露透明度研究》，载《经济管理》2009年第10期。

4. 徐向艺、宋理升：《民营上市公司实际控制人与信息披露透明度研究》，载《山东大学学报（哲学社会科学版）》2010年第4期。

5. Stiglitz, J. E. and A. Weiss, Credit rationing in markets with imperfect information, American Economic Review, 1981, 71 (3): 393–410.

6. Pozzolo, A. F., Secured lending and borrowers' riskiness [EB/OL]. http://papers.ssrn.com/sol3/papers.cfm?abstract_id=302124, 2002.

7. Berkman, H., R. A. Cole and L. J. Fu, Expropriation through loan guarantees to related parties: evidence from China, Journal of Banking and Finance, 2009, 33 (1): 141–156.

8. 甘丽凝：《市场化程度、集团性质和关联担保——来自中国上市公司的经验证据》，载《山西财经大学学报》2007年第8期。

9. 高雷、宋顺林：《掏空、财富效应与投资者保护——基于上市公司关联担保的经验证据》，载《中国会计评论》2007年第1期。

10. 王琨、陈晓：《控股股东所有权结构与关联方担保》，载《中国会计评论》2007年第1期。

11. 郑建明、范黎波、朱媚：《关联担保、隧道效应与公司价值》，载《中国工业经济》2007年第5期。

12. 龚凯颂、吴静：《上市公司对外担保与财务困境的实证研究》，载《财会通讯（综合）》2005年第11期。

13. 王克敏、罗艳梅：《中国上市公司对外担保与财务困境研究》，载《吉林大学社会科学学报》2006年第5期。

14. 唐松、周国良、于旭辉、孙铮：《股权结构、资产质量与关联担保——来自中国A股上市公司的经验证据》，载《中国会计与财务研究》2008年第2期。

15. 许慧：《股权结构、董事会与关联担保》，载《经济与管理》2009年第6期。

16. 饶育蕾、张媛、彭叠峰：《股权比例、过度担保与隐蔽掏空——来自我国上市公司对子公司担保的证据》，载《南开管理评论》2008年第1期。

17. 徐千里、周旭辉：《大股东制衡与关联担保的隧道效应》，载《生产力研究》2009年第13期。

18. La Porta, R., F. Lopez-de-Silanes and A. Shleifer, Corporate ownership around the world, Journal of Finance, 1999, 54 (2): 471–517.

19. Claessens, S., S. Djankov, J. Fan and L. Lang, The separation of ownership and control in East Asian corporations, Journal of Financial Economics, 2000, 58: 81–112.

20. Wiwattanakantang, Y., Controlling shareholders and corporate value: evidence from Thailand, Pacific Basin Finance Journal, 2001, 9 (4).

21. Faccio, M. and L. H. P. Lang, The ultimate ownership of Western European corporations, Journal of Financial Economics, 2002, 65 (3): 365–395.

22. Shleifer, A. and R. Vishny, A survey of corporate governance, Journal of Finance, 1997,

52（2）：737-783.

23. Bae, K. H., J. K. Kang and J. M. Kim, Tunneling or value added? Evidence from mergers by Korean business groups, Journal of Finance, 2002, 57（6）.

24. 李增泉、余谦、王晓坤：《掏空、支持与并购重组——来自我国上市公司的经验证据》，载《经济研究》2005年第1期。

25. Faccio, M., L. H. P. Lang and L. Young, Dividends and expropriation, The American Economic Review, 2001, 91（1）.

26. Maury, C. and A. Pajuste, Controlling shareholders, agency problems, and dividend policy in Finland, The Finnish Journal of Business Economics, 2002, 51（1）.

27. Gugler, K. and B. B. Yurtoglu, Corporate governance and dividend pay-out policy in Germany, European Economic Review, 2003, 47（4）.

28. 邓建平、曾勇：《上市公司家族控制与股利决策研究》，载《管理世界》2005年第7期。

29. 朱滔、王德友：《现金股利：缓解代理问题还是大股东剥削——基于最终所有权结构视角的研究》，载《山西财经大学学报》2007年第8期。

30. 宋玉、李卓：《最终控制人特征与上市公司现金股利政策》，载《审计与经济研究》2007年第5期。

31. Cheung, Y. L., P. R. Raghavendra and A. Stouraitis, Tunneling, propping, and expropriation: evidence from connected party transactions in Hong Kong, Journal of Financial Economics, 2006, 82（2）: 343-386.

32. 陈晓、王琨：《关联交易、公司治理与国有股改革——来自我国资本市场的实证证据》，载《经济研究》2005年第4期。

33. 佟岩、王化成：《关联交易、控制权收益与盈余质量》，载《会计研究》2007年第4期。

34. 蔡卫星、高明华：《终极股东的所有权、控制权与利益侵占：来自关联交易的证据》，载《南方经济》2010年第2期。

35. 李增泉、孙铮、王志伟：《"掏空"与所有权安排——来自我国上市公司大股东资金占用的经验证据》，载《会计研究》2004年第12期。

36. 高雷、何少华、黄志忠：《公司治理与掏空》，载《经济学（季刊）》2006年第4期。

37. 黎来芳、王化成、张伟华：《控制权、资金占用与掏空——来自中国上市公司的经验证据》，载《中国软科学》2008年第8期。

38. Johnson, S., R. La Porta, F. Lopez-de-Silanes and A. Shleifer, Tunneling, American Economic Review, 2000, 90（2）.

39. Grossman, S. J. and O. Hart, Takeover bids, the free-rider problem, and the theory of the corporation, The Bell Journal of Economics, 1980, 11（1）: 42-64.

40. 唐清泉、罗党论、王莉：《大股东的隧道挖掘与制衡力量——来自中国市场的经验证据》，载《中国会计评论》2005年第1期。

41. 石水平：《控制权转移、超控制权与大股东利益侵占——来自上市公司高管变更的经验证据》，载《金融研究》2010年第4期。

42. 王俊秋：《大股东控制与资金占用的实证研究》，载《工业技术经济》2006年第6期。

43. 王鹏、周黎安：《控股股东的控制权、所有权与公司绩效：基于中国上市公司的证据》，载《金融研究》2006年第2期。

44. 王俊秋、张奇峰：《法律环境、金字塔结构与家族企业的"掏空"行为》，载《财贸研究》2007年第5期。

45. 陈晓红、尹哲、吴旭雷：《"金字塔结构"、家族控制与企业价值——基于沪深股市的实证分析》，载《南开管理评论》2007年第5期。

46. 王斌、何林渠：《控股股东性质差异与剥夺行为——基于中国资本市场的实证检验》，载《经济与管理研究》2008年第3期。

47. 吴红军、吴世农：《股权制衡、大股东掏空与企业价值》，载《经济管理》2009年第3期。

48. 刘运国、吴小云：《终极控制人、金字塔控制与控股股东的"掏空"行为研究》，载《管理学报》2009年第12期。

49. Claessens, S., S. Djankov, J. Fan and L. Lang, Disentangling the incentive and entrenchment effects of large shareholdings, Journal of Finance, 2002, 57 (6): 2741 – 2772.

50. 崔学刚：《公司治理机制对公司透明度的影响——来自中国上市公司的经验数据》，载《会计研究》2004年第8期。

51. 张程睿：《上市公司透明度的影响因素研究——基于对2001~2006年深圳上市公司的经验分析》，载《软科学》2008年第5期。

52. 封思贤：《独立董事制度对关联交易影响的实证研究》，载《商业经济与管理》2005年第3期。

53. 樊纲、王小鲁、朱恒鹏：《中国市场化指数——各地区市场化相对进程2009年报告》，经济科学出版社2010年版。

54. 魏志华、李常青：《家族控制、法律环境与上市公司信息披露质量——来自深圳证券交易所的证据》，载《经济与管理研究》2009年第8期。

第 43 章

基于 SAMO 框架的中外上市公司信息披露机制比较研究[*]

随着安然、世通等上市公司财务丑闻的曝光，发达国家的公司治理体制弊端开始显现，尤其是信息披露方面的缺陷引发了公司治理理论界和企业界的共同反思。同时，由于发达国家的公司治理体制一直以来都是各国竞相效仿的模板，其普适性与有效性已经成为学术界研究的重点。本章选取美国、德国、日本和中国作为样本国家，基于 SAMO 框架分析其现行信息披露机制的特点。通过比较分析，认为我国应建立和完善严格监管与惩罚威慑并重的"双向"信息披露机制将更具有有效性。

43.1 引 言

上市公司信息披露长期以来被视为解决外部投资者与公司间信息不对称的有效途径。21 世纪初，随着安然、世通等上市公司财务丑闻的曝光，发达国家的公司治理体制弊端开始显现，尤其是信息披露方面的缺陷引发了公司治理领域的反思。本章分别选取美国、德国、日本和中国作为比较样本，利用徐向艺等（2006）提供的 SAMO 分析框架，即选择信息披露利益方（Stakeholders）、监管主体（Auditor）、监管手段（Means）、监管目标（Objective）四个维度对各国信息披露机制进行比较研究，分析其信息披露法律法规、监管体系的差异，以期为中国上市公司信息披露机制完善寻找有益的途径。

43.2 美德日三国上市公司信息披露机制分析

43.2.1 美国上市公司信息披露机制

信息披露利益方（S）——高度分散的股权持有者与日益崛起的机构投资者。

---

[*] 本章内容发表在《理论学刊》2012 年第 3 期。

20世纪初各种反托拉斯法律的订立，以及美国多元化文化带来的民主思想使得美国上市公司的股权日趋分散。这使得公司管理层逐渐掌握了上市公司的控制权，同时中小股东由于话语权的限制无法有效监管管理层，委托代理问题成为困扰美国资本市场与分散股东的主要难题。在这种背景下，机构投资者作为介于中小股东与控制股东中间的一个投资者群体，能够在一定程度上解决因为中小股东股权分散而不能有效行使投票权的问题。但是，值得引起注意的是无论中小股东还是机构投资者，都不能解决"实际控制人缺位"的问题，美国市场模式的公司治理传统导致了这一问题的形成。如何解决这一问题，并完善信息披露制度是美国资本市场急需解决的问题。因此，美国选择了独立的监管部门与严格的法律体系来规范资本市场的运行，一方面保护中小股东与机构投资者的利益；另一方面为解决代理问题提供了监管与法律保障。

监管主体（A）——美国证券交易委员会（SEC）。在美国的公司治理模式中，既不是借助公司法的力量，因为美国没有适用于全国的公司法，也不是借助股东的力量，因为美国是世界上少有的股权高度分散的国家，而是通过资本市场本身以及 SEC 有关信息披露的法规来进行规制。由于长期以来信奉自由竞争的市场原教旨主义，美国在 20 世纪 20 年代后期陷入了有史以来最严重的经济危机，即"大萧条"。富兰克林·罗斯福继任总统后，策划成立了美国证券交易委员会（SEC），依靠政府力量取代自由放任，加强对于资本市场的监管。从此，美国资本市场不再是自由放任，而是在美国 SEC 这一监管主体的规范下运行。总之，美国 SEC 作为资本市场监管的主体，在近百年的运作中承担着市场有序、规范运行的责任，可谓资本市场的"舵手"。

监管手段（M）——全面加强的强制信息披露监管。美国证券交易委员会（SEC）在 1933 年与 1934 年先后通过《证券法》与《证券交易法》，确立了信息披露制度，并对其进行了法律约束，美国由此进入了强制性信息披露时代。2000 年，美国颁布《信息公平披露法》，确立了公平披露规则，保证了市场交易主体能够公平的获取上市公司信息，消除了上市公司对于信息披露对象的歧视性。安然、世通的破产再次拷问美国信息披露机制，信息披露中介机构（如会计师事务所）与上市公司的合谋开始引起监管部门的注意。2002 年，美国国会通过了《萨班斯—奥克斯利法案》（SOX），不仅将证券分析师、审计师等信息披露中介纳入公司治理结构中，而且强化了上市公司董事会与经理层有关信息披露的责任，以保证信息披露的客观性与及时性。综合以上，美国信息披露的法律体系经历了一个逐渐强化的过程，监管范围不断扩大，信息披露要求越发严格并且越来越具体，更加有效地保护市场投资者的利益。

监管目标（O）——解决市场模式下的代理问题，依靠严格的监管保护股东利益以及规范资本市场的运行。由于美国资本市场的特殊性（股权高度分散、市场有效性不断提高、民主意识强烈、法律法规高度健全等），上市公司的董事会或者经理层成为公司的实际控制人。为了解决这一市场模式下固有的代理问题，美国采用专门的监管机构进行市场监管，并辅以严厉的法律规制与苛刻的法律处罚，以此保护股东利益以及规范资本市场的运行。例如，根据《萨班斯—奥克斯利法》（SOX）第802节、第903节、第904节、第906节等规定，上市公司管理层财务报告的蓄意瞒报、篡改或者销毁相关文件等，将处以最高20年的监禁、最高50万美元的罚金，或者并罚。而第1106节更是规定违反《证券交易法》的个人刑罚从原规定100万美元大幅增加到500万美元；违法监禁最高处以20年，而原规定为10年；对公司的处罚更为严厉，罚金高达2500万美元，原规定为250万美元。

43.2.2　德国上市公司信息披露机制

信息披露利益方（S）——银行主导下的大股东治理。容克资本主义在德国历史进程中的影响，一定程度上形成了国家在经济生活中的主导地位，而银行成为国家参与经济生活的重要工具。同时，由于德国没有实现证券业与银行业的分业经营，银行混业经营的存在导致德国形成了"产融结合"的局面，既扮演着传统商业银行的角色，又充当投资银行，发行股票。基于银行的特殊地位以及混业经营的特点，德国的股权分布呈现高度集中化的现象，这就形成在银行主导下的大股东治理模式。由于德国私人投资者一般不直接进入股票市场，而是将表决权委托给银行，由银行行使代理表决权；另外，德国缺乏必要的全面信息披露制度与大范围交叉持股强化了银行在资本市场中的作用。因此，德国选择了多层次的信息披露制度，重点规范大型企业及上市公司的市场行为，优先保证债权人的合法利益，并保证资本市场的有序运行。

监管主体（A）——年轻的联邦金融服务监管局。与德国经济悠久的历史相比，资本市场的监管机构则显得十分年轻。随着第二次世界大战后经济的飞速发展以及资本市场规模的迅速膨胀，市场投资者开始接受先进的经济思想以及金融市场相关知识，银行的主导地位开始受到挑战。市场投资者开始要求强化对于公司董事会的问责机制以及加强上市公司信息披露的透明度。德国政府于1994年推出《金融市场促进法》，并规定设立联邦证券交易监管局作为资本市场的监管者，强化联邦政府的监管权力。2002年，为了加速欧盟一体化进程，德国根据欧盟关于金融监管的规定，将本国银行业务、保险业务和证券业务的监管部门合并，形成了今天的联邦金融服务监管局。但是，基于长期的联邦制历史，德国在资本市场监管方面实行联邦政府与州政府共同监管的机制，即联邦政府宏观调控、州政府具体协调。因此，尽管联邦金融服务监管局是全国性的监管机构，但在实际操作中，各州的监管机构发挥着更大的作用，这也导致了在监管主体方面依旧沿袭着传统做法，联邦金融服务监管局的职能有待强化。

监管手段（M）——多层次与不充分信息披露制度。德国资本市场的信息披露制度最显著的特点就是信息披露要求的多层次性与不充分性。主要规定如下：（1）企业根据自身不同规模进行信息披露，呈现多层次性；（2）根据相关法规界定的中小企业被允许进行简化的资产负债表与损益表等报表的信息披露。原因主要有两个方面：一方面，由于特殊的历史背景，即长期松散的联邦制历史，德国各州的监管机构发挥着主要作用，即使在联邦金融服务监管局建立以后，各州监管机构依旧负责着具体协调与监管，基本采用传统的监管方式；另一方面，银行在资本市场中的重要地位，以及银行的风险偏好与对现金流的要求，使得德国资本市场的监管优先为债权人服务，保证作为债权人的银行能够获得更加理想的收益。

监管目标（O）——保证银行利益优先，兼顾扶持创业与中小企业发展。如上所述，由于特殊的历史原因与银行在资本市场中的主导地位，德国形成了特殊的信息披露机制，并且在对于信息披露的监管目标上也有别于其他国家，即优先考虑银行利益，避免因股东要求分红或者发放现金股利导致银行利润的缩减；同时兼顾扶持创业企业与保证中小企业的发展壮大，推动德国经济的稳定发展。

基于以上分析，德国现行的信息披露制度在全球公司治理机制出现趋同化趋势的情况下显然不合时宜，对于外国投资者的吸引力相对较低。为了保证能够更好地利用资本市场的资源再分配功能，许多德国跨国公司开始积极与国际接轨。霍格和冈瑟（Holger Daske and Gunther Gebhardt，2006）研究指出在20世纪90年代，戴姆勒与宝马公司率先参照一般公认会计原则（GAAP）与国际会计准则（IAS）进行信息披露后，许多德国公司纷纷仿效，尤其是1998年前后，参照国际通行会计准则进行披露的德国公司数量激增。由此可见，随着全球化的推进以及公司治理机制趋同趋势的显现，德国的信息披露制度呈现一种"自下而上"，自觉接轨国际通行会计准则的特点，以此保证国际市场竞争中优势地位的维持。

43.2.3　日本上市公司信息披露机制

信息披露利益方（S）——基于债权人利益的银行与企业共同治理。在公司融资结构方面，日本与德国有一个共同的特点，即债券融资比例相对高于股权融资比例。但是，与德国的监管利益方相比，日本自身的基于债权人利益的银行与公司共同治理模式则体现其特殊性。一方面，由于银行在资本市场中发挥重要的作用，日本上市公司主要融资渠道就是银行各种形式的贷款；另一方面，日本特殊的历史文化一定程度上影响了日本资本市场的形式与内容。日本特有的"和、诚"文化，是维系日本公司良好竞争关系的纽带，也成为日本在几次崛起中的精神动力。由于银行与公司的交叉持股，以及大企业集团的存在，日本资本市场相对其他成熟资本市场不够活跃，接管难度较大，难以进行有效的公司治理以及信息披露，保护投资者的利益，相反却更多的保护以银行为代表的债权人利益。因此，日本选择了所谓的"关系导向模式"，即银行与公司的共同治理模式，通过交叉持股的公司共同治理保证核心银行等债券人的利益。

监管主体（A）——集权体制下政股难分的日本金融厅。在资本市场发展的相当长的历史时期内，日本大藏省发挥着重要作用。为了适应资本市场的发展、保护投资者的利益以及建立独立的监督制度的需要，日本金融监管厅于1998年正式成立。但是，由于日本资本市场中大财团的存在以及银行与政府的特殊联系，日本金融监管再次做出调整，2000年成立金融厅，将金融决策权与监督权再次集中，形成了高度集中、政股难分的监管体制。考虑到文化因素以及历史进程，日本形成这种监管机制也基本符合路径依赖的进化模式，但是由于银行与政府、企业之间的特殊联系很难保证资本市场的信息披露机制能够更好地保护投资者利益。因此，集权体制下的日本金融厅尽管提出保护资本市场投资者的合法利益，但实际上更像是一个资本市场中财团企业的"庇护所"，而不是保护投资者利益的"执法者"。

监管手段（M）——不充分的信息披露制度及股东直接干预。明治维新后，日本参照欧洲各国先进的经验制定《商法》，规范本国市场参与主体的行为，并保证经济的快速有序的发展。第二次世界大战后，由于美国的短期接管，日本吸收了美国有益的资本市场经验，并制定了《证券交易法》，旨在保护投资者的利益。但是，日本信息披露制度的不充分成为制约日本资本市场进一步发展壮大的桎梏，其有关上市公司信息披露的内容规定较为宽松，强制性信息披露内容在资本市场发展过程中始终没有结合市场实践进行实质性的修改。考虑到日本资本市场的特殊性，其信息披露制度发展迟滞的原因可能在于日本上市公司特殊的公司治理模式，即以银行为核心的大财团通过交叉持股，形成较强的连接纽带，而如果股东对于关联公司管理层的绩效或者市场表现不满，可以直接进行干预，而不需要像其他国家股东那样"用脚投票"。因此，日本资本市场在股东直接干预的条件下，能够有效地保护大股东的利益；但是其不充分的信息披露制度并没有得到有效的完善，对于中小股东的保护是制约资本市场进一步发展的障碍。

监管目标（O）——保障财团的整体利益。日本在明治维新时期就开始扶持财团的发展，如日本政府将相关实业交给以三菱为代表的财团运作，第二次世界大战后，日本原通产省成立由索尼、松下等电子公司组成的联盟进行计算机的研发，并给予政策支持。日本资本市场的发展在为日本经济发展注入了强劲的活力的同时，也为诸多财团提供了便利的融资渠道与有利的政策倾斜。因此，日本资本市场的信息披露制度更多的是保障以银行为核心的财团的整体利益，而主要不是保护投资者的利益。

与德国一样，日本财团虽然在国内市场得到保护，但却要积极适应国际竞争，自觉遵守国际资本市场的游戏规则。为了更好地参与国际竞争，日本上市公司在本国信息披露不充分、强制性信息披露较宽松的情况下，自觉进行自愿性信息披露，以保证投资者更加及时、全面地了解公司运营状况，增加公司在资本市场的吸引力，同时借助更加全面的信息披露，完善自身的公司治理机制。由此可见，日本、德国等公司治理机制存在明显不足，在全球化趋势下，这些国家开始积极寻求与先进的公司治理机制接轨，一方面，进行公司治理机制的自我完善，更好地保护市场参与主体，尤其是投资者的利益；另一方面，增强本国公司的国际竞争力与对于全球投资者的吸引力，促进本国公司的进一步发展壮大。

43.3　中国上市公司信息披露机制分析

信息披露利益方（S）——国有资产代表人与公司终级控制人。郑海航（2008）提出正确区分国有资产所有者与国有资产代表人的概念，即在中国，全民是国有资产的实际所有者，而政府是国有资产所有者的代表人。由于全民所有制的特殊性，中国注定不能照搬西方发达国家的市场监管体制，而应该在结合本国实际的条件下借鉴发达国家的先进管理经验。但是，随着中国经济的发展与全球化的推进，非国有企业，尤其是民营中小企业的崛起，成为中国经济发展的重要推动力。因此在中国，信息披露利益方，在国有控股公司中是国有资产代表人，即国有资产管理机构；在非国有控股公司中是公司终极控制人。

监管主体（A）——中国证券监督管理委员会。20世纪90年代，上海证券交易所与深圳证券交易所先后成立，成为中国证券市场走向成熟的里程碑。为了适应证券市场走向成熟的背景，中国于1992年成立证券监督管理委员会（即证监会），开始确立统一的市场监管机制与目标。证监会成立以来，在中国资本市场的实践中摸索前行，与证券交易所等资本市场参与主体形成立体的监管机制。在中国资本市场发展的历程中，证监会发挥着重要的导向与监管作用，不仅根据国内外经济环境的变化进行政策性的变更与指导，并且不断强化对于市场行为的监管，其中对于信息披露的监管是其监管职能的主要体现。

监管手段（M）——由自愿披露制度向强制披露制度转变。中国资本市场形成初期，没有信息披露的强制性规定，属于信息自愿披露。1994年7月，中国第一部《公司法》正式生效，随后1999年7月《证券法》颁布，与《公司法》一并成为上市公司信息披露的原则性法律，对于上市公司的信息披露进行明确的界定，使得信息披露有法可依。由于经济全球化的推进，大量国外投资者开始寻求进入中国市场，也带来了先进的市场经验，同时使得中国资本市场的开放程度持续提高。证监会根据发达国家先进监管机制以不断调整、完善法律或者具体法规,以适应资本市场的创新与发展。2008年4月,证监会、财政部等五部门联合颁发《企业内部控制配套指引》,被外界称为中国版的《萨班斯—奥克斯利法》(SOX),原因在于其正式采用《萨班斯—奥克斯利法》(SOX)中最具争议的第404条款,即将内部控制纳入信息披露体系。至此,中国基本上建立了强制性信息披露制度。

监管目标(O)——保证市场公平性,重点监督内部人控制行为(国有控股公司)和实际控制人行为(民营公司)。在国有控股公司中,虽然股权分置改革在一定程度上稀释国有股比重,但是股权集中度依旧较高。国有股控制下的国有企业不仅要实现市场价值的最大化,还要兼顾诸如就业、税收等社会责任。所以在国有控股公司中信息披露的直接目标是监督内部人信息披露行为,以保证政府国有资产管理部门(实际控制人)利益。在民营企业中则相反,徐向艺、宋理升和王亚斌(2010)以2004~2006年深圳证券交易所的民营上市公司为样本,对实际控制人与信息披露透明度之间的关系进行了实证研究。研究结果证实,民营上市公司实际控制人的控制权与信息披露透明度之间存在倒U形关系:当实际控制人的控制权小于41.94%时,信息披露透明度随着实际控制人控制权的增加而上升;当实际控制人的控制权大于41.94%时,信息披露透明度随着实际控制人控制权的增加而下降。因此在民营企业中,信息披露的直接目标是监督公司实际控制人的行为,以保障利益相关者的利益。

综合以上,虽然资本市场监管机制在不断完善,但是中国资本市场的公平性问题依旧比较严重,不仅体现在企业的市场竞争中,还体现在不同所有制形式企业的责任上,在这样的情况下,如何保证市场参与的公平性,成为需要解决的难题。国内学者研究发现上市公司的信息披露因制度背景或者所有制性质的不同,而存在不同程度的差异,即使是与内部控制相关的审计功能,如雷光勇、李书锋与王秀娟(2009)研究发现审计功能受到制度背景的显著影响,包括政治背景、法治化水平等。

43.4 中外上市公司信息披露机制比较及政策建议

43.4.1 中外上市公司信息披露机制比较

通过对信息披露机制的多维度分析,样本各国由于历史原因、制度环境及资本市场的特点在信息披露机制上存在不同程度的差异,如表43-1所示。

表43-1　　　　　　　　各国信息披露现状比较

	中国	美国	德国	日本
信息披露利益方	国有资产代表人与公司终级控制人	中小股东为主	法人为主	法人为主
监管主体	证券监督管理委员会	美国证券交易委员会	联邦金融服务监管局	金融厅
监管手段	自愿披露制度向强制披露转变	全面强化的强制信息披露制度	多层次与不充分信息披露制度	不充分的信息披露制度及股东直接干预
监管目标	保证市场公平性，监督内部人控制行为和实际控制人行为	依靠市场模式，保护中小股东利益	保证银行利益优先，兼顾扶持创业与中小企业	保障财团的整体利益

根据表43-1的系统比较，样本国家信息披露基本分为三种类型：第一类：以美国为代表的市场机制。市场机制导向下的信息披露机制突出特点是：（1）信息披露主要依靠市场机制，即在高度分散的股权结构下，进行旨在保护中小股东利益的强制信息披露制度；（2）信息披露的监管主要依靠职能独立的、直属于美国联邦政府、具有独立的执法权美国证券交易委员会（SEC）。第二类：以日本、德国为代表的关系机制。关系机制导向下的信息披露机制突出特点是：（1）信息披露的监管根据本国资本市场现状，存在行政干预下的不充分信息披露或自愿信息披露，即存在银行、财团等大股东作为实际控制人的股权结构下，对其进行一定政策倾斜的信息披露制度。（2）信息披露的监管主要依靠相关政府职能部门，隶属于本国最高行政机构，如德国的联邦金融服务监管局、日本的金融厅。第三类：以中国为代表的混合机制。混合机制导向下的信息披露机制突出特点是：（1）信息披露的监管结合本国特殊的所有制形式，由自愿信息披露机制度向强制性披露制度转变，即在保证市场公平性的基础上，监督内部人控制行为和实际控制人行为，保障国有资产所有者和利益相关者利益。（2）信息披露的监管依靠职能独立的证监会，该机构直属于国务院，但不具备独立的执法权。证监会需要依照法律、法规和国务院授权，监督证券市场的有效运行。

43.4.2　研究结论与政策建议

通过比较研究，本章发现无论是以美国为代表的市场机制，还是以日本、德国为代表的关系机制，都在本国资本市场信息披露方面发挥重要作用，并且随着市场的发展不断自我完善。

但是应该注意的是，不同的信息披露机制并不存在绝对的优劣之分，都是根据各国的历史进程与国情进行修订。目前，各国公司治理模式的演进呈现一定的趋同趋势，以美国为代表的公司治理模式对银行持股的管制有所放松，而以日本、德国为代表的公司治理模式开始弱化银行对企业的监管、交叉持股比例有所下降。中国信息披露的混合机制，即处于关系机制向市场机制演进过程的一种过渡机制，所以市场机制与关系机制的优劣都会一定程度上体现在中国信息披露的实践中。

通过比较研究，发达国家的信息披露机制实践可以给予中国信息披露实践许多有益的指导：

1. 切实做到对于上市公司信息披露机制的严格的事前监管，而不能仅仅依靠严厉的惩罚和事后管制，以实现"法的建立"与"法的实施"的无缝整合。严格的法律条款可以保证市场公平与保护投资者，尤其是中小投资者的利益，但是如果不能很好地将法律条文落到实处，进行必要的监管，使得法律能够切实地在市场运行中起到规制作用，即使有完善的法律条文也将是一纸空文。

2. 推行区别性信息披露机制，针对主板与创业板企业成熟度的差异，明确扶持创业与中小企业的理念，有步骤的尝试不同市场上市公司信息披露的"双轨制"。通过"双轨制"的信息披露，资本市场监管部门在信息披露监管中，能够在保证资本市场健康良性发展的同时，可以有效地避免"一刀切"的问题。

3. 上市公司按照国际通行标准建立信息披露机制，完善信息披露的及时性、准确性与完整性，力争做到与国际接轨，以满足上市公司"走出去"的需要。在经济全球化的今天，上市公司面向的投资者也不仅仅限于国内，而且许多上市公司积极寻求海外上市，想要得到投资者，尤其是海外投资者的认可，就必须重新审视信息披露的重要性，避免海外上市公司被停牌的情况再次发生。

参 考 文 献

1. 徐向艺：《公司治理制度安排与组织设计》，经济科学出版社 2006 年版。
2. 甘培忠、楼建波：《公司治理专论》，北京大学出版社 2009 年版。
3. Daske, H. and G. Gebhardt, International financial reporting standards and experts' perceptions of disclosure quality, ABACUS, 2006, 42: 461 – 498.
4. 郑海航：《内外主体平衡论——国有独资公司治理理论探讨》，载《中国工业经济》2008 年第 7 期，第 5 ~ 15 页。
5. 徐向艺、宋理升、王亚斌：《民营上市公司实际控制人与信息透明度研究》，载《山东大学学报（哲社版）》2010 年第 4 期，第 101 ~ 106 页。
6. 雷光勇、李书锋、王秀娟：《政治关联、审计时选择与公司价值》，载《管理世界》2009 年第 7 期，第 145 ~ 155 页。

第 44 章

公司金字塔结构与股价信息含量[*]

本章基于委托代理理论与控制权理论，以沪、深两市 2007~2011 年度 1035 家上市公司为研究对象，实证研究了金字塔结构、审计师声誉与股价信息含量的关系，期望验证在两权分离情况下，是否存在母公司对于子公司的信息披露控制问题。研究发现：(1) 金字塔结构下，两权分离度与上市公司股价信息含量呈现显著正相关关系，即随着母公司现金流权的减少、两权分离程度的加大，股价信息含量也得到相应的提高；(2) 具有良好声誉的审计师能够调节母子公司金字塔结构与上市子公司股价信息含量的相关关系，即强化上市子公司的股价信息含量。最后，针对以上结论提出相应政策建议。

44.1 引　　言

作为以产权为纽带的企业联合体，母子公司较之于其他形式的企业联合体更为稳定，同时由于产权纽带的存在，母子公司更多的呈现金字塔结构，许多学者也通过研究证实了金字塔结构的普遍存在性。基于委托代理理论和控制权理论，考虑到信息披露在上市公司日常运营中的重要地位，母公司是否会借助其在母子公司中的地位对上市子公司的信息披露施加影响，以实现母子公司整体利益最优化或者控制权收益的最大化？如果这种影响存在，是否会因子公司在金字塔结构中的位置而存在一定的差异？这些问题的提出，为本章研究提供了必要性。另外，随着内部控制机制在我国的引入及推进，外部审计师在公司治理，尤其是内部控制方面发挥着越来越重要的作用，那么是否能够在母子公司治理中发挥应有的调节作用，即是否能够通过独立的外部审计实现母子公司整体利益的最优化，或者保证子公司的独立法人人格，进而保护子公司投资者的利益，也将纳入本章的研究框架，以期获得相关经验证据，为上市公司关于外部审计师的聘用提供有益的理论探索。

---

* 章内容发表在《华东经济管理》2013 年第 7 期。

44.2 文献综述

伴随着的资本市场理论与实践的发展及完善，投资者越来越多地借助于上市公司不同形式的信息披露作为依据，进行投资对象的甄别、投资决策的制定以及投资价值的判断。因此，上市公司能否保证披露信息的有用性与重要性，以保证引导外部投资者进行正确的甄别与价值判断，成为其能否实现真实价值与市场价值匹配的关键。为了有效识别信息的有用性与重要性，学者们进行了许多有益的探索，期望通过科学的方法构建反映信息有用性与重要性的指标。其中，股价信息含量作为解释上市公司业绩指标与市场评价关联程度的指标被应用于信息识别研究中。坎贝尔等（Campbell et al., 2001）指出上市公司股票价格受到市场与公司两个层面的影响。但是，考虑到市场层面的因素属于共有信息的范畴，通过基本面产生结构性影响，而公司层面因素则是真实信息的体现，其信息含量越高越能真实可靠地反映上市公司的真实价值，所以本章选用股价信息含量作为信息有用性与重要性的评价标准，用以识别上市公司真实价值与市场价值匹配的程度。袁知柱、鞠晓峰（2009）指出，股价能否真实的反映上市公司的真实信息，即股价信息含量决定了股价信息能够发挥引导资源优化配置的作用。

目前，国内外学者针对股价信息含量的影响因素研究涵盖了宏观因素与微观因素两条主线。关于宏观因素方面的研究，如资本市场的发展水平、相关法规准则的变迁等因素，通过研究发现股价信息含量确实受到相关宏观因素的显著影响。另外一部分学者则着眼于微观因素，诸如公司内部治理结构、中介机构监督等，结论也显示微观因素能够通过治理行为显著影响上市公司股价信息含量。无论着眼于宏观因素还是微观因素，学者们都期望通过研究验证影响的存在性与重要性，进而确定股价信息含量的主要权变因素，为投资者判断上市公司股价信息含量提供必要的理论与实践指导。

随着资本社会化程度的日益提高以及融资渠道的多样化，上市公司资本结构也经历着相应的变化。詹森和麦克林（Jensen and Meckling，1976）指出资本结构不仅仅是降低财务成本问题，其背后还隐藏着控制权的实际占有与支配问题。根据詹森（Jensen）、麦克林（Meckling）的观点，资本结构不再只是融资方式以及融资比例的问题，而已经成为一种控制权的制度安排，关系到控制权收益的分配问题。学术界关于金字塔结构与股价信息含量的研究相对于其他金字塔结构的研究还比较少，尤其是国内学者的研究还处于起步阶段，主要原因在于中国自2003年起才要求上市公司在年报中披露有关金字塔结构的信息。范和王（Fan and Wong，2002）通过实证研究，结论显示上市公司现金流权与控制权的两权分离度和会计盈余信息含量呈现显著负相关关系，即随着两权分离度的增大，上市公司会计盈余信息含量相应降低。王俊秋、张奇峰（2007）以中国家族控制的上市公司2003～2004年数据为样本，研究指出上市公司实际控制人控制权和现金流权的偏离能够加剧控制性家族与小股东之间的代理冲突，从而产生利益侵占效应，降低盈余信息含量。

综合以上研究，现有关于金字塔结构与信息含量的研究文献相对较少，并且针对能够直观反映上市公司真实价值与市场评价关系的股价信息含量研究也是学术界需要完善的研究领域，究其原因主要在于中国上市公司年报在2003年之前并不要求披露关于金字塔持股的股权结构，所以数据难以取得成为学术研究的现实难题。另外，现有研究主要采用盈余信息含量作为解释变量，对于财务会计信息赋予了相对较高的权重，而降低了年报中关于治理结构信息的权重，在信息含量的度量问题上存在一定的不足。上市公司关于金字塔持股结构的披露，为本研究的数据收集提供了可能性，同时，已有文献存在的问题则为本研究提供了必要性。

44.3 理论分析与假设提出

由于市场竞争的日趋激烈以及外部环境不确定性程度的提高，上市公司作为公众公司的特殊身份必须承担包括市场风险在内的经营风险。为了有效地规避风险，上市公司开始寻求走向联合，通过不同形式的合作来增强抵御风险的能力。在这种背景下，基于委托代理理论和控制权理论，学者们开始关注母子公司控制链延伸所导致的现金流权与控制权分离问题，以及由此产生的控制权配置问题。游家兴、罗胜强（2007），陈晓红等（2007）认为金字塔结构作为一种特殊的资本结构安排，优势在于能够保证实际控制人以较少的资本投入实现对于较大规模资源的控制，既规避了投资风险，又能够实现对于资本链的隐蔽控制。由于金字塔结构的以上特点，即实现现金流权与控制权的两权分离，而且可以借助延伸的资本链条增强实际控制权的隐蔽性，便于其获得相应的控制权收益，也正是控制权收益的存在，母公司有能力，也有动机通过其在母子公司中的核心地位对子公司的决策与运营施加影响，一定程度上弱化了子公司的独立法人人格。

那么在母子公司日常运营中，母公司在保证自身收益的情况下，是否有动机强化对于子公司的控制？如果有，原因何在？根据研究需要，下面将从博弈论角度出发，对该问题进行理论性探讨。首先，基于以下两个基本前提：

前提1：影响母子公司机制的其他因素独立于博弈双方（母公司与子公司），并不对博弈双方产生影响；

前提2：母子公司运营中，母公司对于子公司的控制权即存在控制权私利，也存在因为强化控制子公司而引起的控制成本，二者在实际运作中同时予以考虑，即进行收益与成本的权衡，并不存在顺序决策。

控制权私利，作为母公司持股的源动机之一，能够为母公司带来高于母子公司共享收益的私有利益。因此，假定母公司的收益分为共享收益（P）与控制权私利（C）两种可能性，且共享收益（P）比重为 p，则控制权私利（C）比重为 1-p。现假定，若只存在共享收益（P），则无法通过控制行为为自身谋取私利，但也不存在控制权成本的威慑，则收益为零；若存在控制权私利（C）则会从中获取一定私利，但也存在控制权成本的威慑。

控制成本，母公司为了保证其意志能够在子公司运营中有所体现，需要为控制行为以及规避外部和子公司利益方诉讼付出必要的成本。假定控制路径在母子公司运营中存在强化控制（D）与弱化控制（I）两种可能性，且强化控制（D）概率为 q，则弱化控制（I）概率为 1-q。现假定，若母公司强化控制（D），虽然会产生一定的成本，但如果能够获取控制权私利（C），则可以获得相当的控制权超额收益；若母公司弱化控制（I），则难以获取因控制权的存在引起的那部分超额收益。

一方面，当母公司弱化控制（I），且存在控制权私利（C）时，假定母公司此时 Payoff = 2，而子公司 Payoff = 0；当母公司弱化控制（I），且母公司不存在控制权私利时（P），则子公司 Payoff = 2，而母公司 Payoff = 0；另一方面，当母公司强化控制（D），且母公司不存在控制权私利时（P）时，由于需要付出必要的成本，子公司 Payoff = 1，而母公司 Payoff = -1；当母公司强化控制（D），且母公司存在控制权私利时（C）时，虽然因控制成本存在会抵消一部分收益，但因母公司控制权私利的存在，则母公司 Payoff = 2，而子公司因存在被剥夺的可能，假定 Payoff = -5。

根据以上界定，构建模型如图 44-1 所示。

		母公司 P	母公司 C
子公司	D	(-1, 1)	(2, -5)
子公司	I	(2, 0)	(0, 2)

图 44-1

故子公司收益为：强化控制（D）：$-1q + 2(1-q)$；弱化控制（I）：$2q$。

母公司收益为：只存在共享受益（P）：p；存在控制权私利（C）：$-5p + 2(1-p)$。

由于双方博弈并不存在均衡，因此属于混合策略的范畴，即随机化条件下，最佳对策预期收益相等，因此 $p = 1/4$，$q = 2/5$。

如果母公司为了获取更多控制权私利，采用强化控制的方式是不是一种好的方法？模型更改如图 44-2 所示。

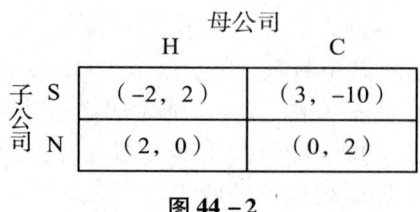

图 44-2

故子公司收益为：强化控制（D）：$-2q+3(1-q)$；弱化控制（I）：$2q$。

母公司收益为：只存在共享受益（P）：$2p$；存在控制权私利（C）：$-10p+2(1-p)$。

同理，$p=1/7(<1/4)$，$q=3/7(>2/5)$。即为了获取更多控制权私利，母公可以通过强化控制的方式实现。

从理论上讲，母公司存在通过控制子公司实现控制权私利的动机，这与其他学者研究结论一致。弗朗西斯等（Francis et al., 2005）研究指出在拥有发达资本市场以及较高程度的投资者保护水平的美国，实际控制人存在通过控制上市公司信息披露实现控制权私利最大化的动机。马忠、吴翔宇（2007）以中国家族控股上市公司 2002~2004 年数据为样本，研究结论显示上市公司实际控制人两权分离度越高，上市公司自愿性信息披露程度越低，即上市公司实际控制人为了获取控制权私利，倾向于抑制对外披露私人信息。因此，如果子公司位于母子公司金字塔结构的上端，即层级较高，则母公司由于现金流权与控制权偏离程度较小，需要承担的风险也就越大，所以母公司倾向于强化对于子公司信息披露的控制，也就容易导致股价信息含量偏低；相应地，如果子公司层级较低，则母公司现金流权与控制权偏离程度较大，承担的风险相对较低，所以母公司对于子公司信息披露的干预程度也就较低，子公司股价信息含量也就相应的较高。基于以上分析，本章提出假设1：

H1：假定其他因素不变，子公司位于金字塔结构的层级与上市子公司股价信息含量负相关。

委托代理理论认为，如果存在利益不一致和监管不完善问题，就容易导致机会主义行为的发生。在母子公司内部不可避免地存在利益不一致的情况，完善监管机制，尤其是外部监管就显得尤为重要。考虑到中国企业，尤其是国有企业存在强大的内部控制力，郑海航（2008）提出"内外主体平衡论"，强调了中国企业建立以外部董事、外部监事为主题的外部治理机制的必要性。审计师作为上市公司外部治理与约束机制的重要一极，在《萨班斯—奥克斯利法案》推出后被引入公司治理框架内。由于母子公司特殊的治理机制，母公司的核心地位决定了母子公司内部法人地位的不平等性，这就导致了子公司治理不仅丧失了自主性，而且还受到母公司相当程度的干预与控制。所以,母子公司治理机制不能寄望于内部治理机制来实现优化,而是需要借助外部治理机制,充分发挥监督与约束作用。林等(Lin et al.,2010)研究指出,不同的公司治理水平显著影响着外部审计师的选聘,原因就在于其内部治理机制的完备程度需要外部审计师的协同以实现其治理效果。如前所述,审计师,尤其是外部审计师,作为相对独立的监督力量,如果能够承担信托责任、勤勉地履行监督义务,充分发挥外部监督机制的作用,完全可以在母子公司治理机制的优化方面做出应有的贡献,具体表现在:一方面,良好的审计师监督,可以强化子公司的独立性,保证子公司利益相关者合理的利益诉求;另一方面,强化上市公司信息透明度,压缩实际控制人控制权私利的寻租空间,规范母子公司治理机制的合规性。张娟等(2010)以2001~2006年的上市公司数据为样本,研究发现我国上市公司选择具有良好声誉的审计师能向市场传递利好信号,加快公司资本结构优化调整速度。王烨(2009)、唐跃军(2011)、洪金明等(2011)也都通过研究指出审计师在公司治理中的积极作用。由此,本章提出假设2:

H2:假定其他因素不变,具有良好声誉的审计师能够调节母子公司金字塔结构与上市子公司股价信息含量的相关关系,即强化上市子公司的股价信息含量。

44.4 研究设计

44.4.1 变量定义

1. 被解释变量:股价信息含量(PII)。学者们关于股价信息含量的测度方法主要有股价波动非同步性指标、股价反映未来收益能力指标和知情交易指标(PIN值)等。通过对于测度方法的比较,股价反映未来收益能力指标虽然强调对于收益的预测能力,能够较好地从长期把握信息含量,但是预测指标选取的合理性对于结果的影响较大,且稳健性难以保证;知情交易指标的计量指标十分细化,但是由于数据收集难度较大,并没有得到广泛应用。基于以上分析,本章选用股价波动非同步性指标进行股价信息含量计量,这一方法也得到了较多的学者的认可。具体测度方法如下:

$$R_{i,t} = \alpha_i + \beta_i R_{m,t} + \varphi_i R_{n,t} + \varepsilon_{i,t}$$

其中,$R_{i,t}$表示i公司在t期的股票收益率,$R_{m,t}$表示t期的资本市场股票收益率,$R_{n,t}$表示t期的行业股票收益率。选取方程的样本可决系数R^2作为股价信息含量的替代变量。R^2越大,说明上市公司的股票收益率与资本市场股票收益率、行业股票收益率同步性越强,即股票收益率中包含的公司层面信息越少,股价信息含量越低。默克等（Morck et al.，2000），杜尔涅夫等（Durnev et al.，2004）均采用类似方法对股价信息含量进行计量。另外，考虑到 R^2 取值服从 $[0，1]$ 区间呈贝努里分布，固做以下变换，以符合多元回归分析的要求：

$$PII = \ln \frac{1 - R^2}{R^2}$$

2. 解释变量。两权分离度（Div）。本章考虑到子公司位于金字塔结构中的层级与两权分离度关系较为密切，即随着金字塔结构层级的延伸，母公司两权分离度将呈现增大的趋势，因此，采用上市公司两权分离度作为子公司位于金字塔结构层级的替代变量。具体计算方式如下式：

$$Div_1 = CR - CFR \ 与 \ Div_2 = \frac{CR}{CFR}$$

其中，CR 表示控制权，CFR 表示现金流权。

审计师声誉（Aud）。由于缺乏全面的审计师声誉评级标准，以及审计质量难以观察并量化，本章采用目前学者们常用的测度方法，即构建审计师是否"国际四大"（Top4）、是否"国内十大"（Big10）哑变量作为审计师声誉的替代变量。考虑到为了验证审计师声誉的调节作用，以及弱化两权分离度的影响，固赋值采用逆向赋值，即属于"国际四大"则赋值为 0，属于"国内十大"则赋值为 1，其他则赋值为 2。

3. 控制变量。综合考虑其他可能对待检验假设产生影响的因素，选取控制变量如下：

股权制衡度（Bal），采用第二至第五大股东持股比例之和与第一大股东持股比例的比值度量。具有较强股权制衡度的上市公司，相比较于一股独大的上市公司具有较好的资本民主体现，能够遏制实际控制人对于上市公司的潜在剥夺动机。

独立董事比例（Ind），采用董事会独立董事占比度量。独立董事的存在，能够保证上市公司信息披露的公正性，也是制衡大股东的重要力量。

β 系数（Beta）。资本资产定价模型将 β 系数视为上市公司对于资本市场风险的敏感性度量指标。如果上市公司存在潜在的经营风险，那么母公司强烈的保壳动机会促进"支持行为"的发生。

资本结构（Lev），采用资产负债率度量。如果上市公司具有较高的资产负债率，则意味着上市公司存在较大的债务压力，可能弱化母公司的剥夺动机。

公司规模（Size），采用上市公司总资产对数度量。由于企业规模与社会关注程度存在相关关系，所以具有较大规模的子公司可能受到较高的社会关注度，一定程度上可以弱化母公司对于控制权私利的追逐动机。

成长性（Growth），采用主营业务增长率度量。上市公司具有较高的成长性，直接体现在拥有充裕的现金流。根据现金流假说，现金流的充裕存在导致过度投资的可能，所以这就容易推动母公司占有上市公司的富裕现金流，侵害上市公司股东利益（见表44－1）。

表44－1　　　　　　　　　　变量汇总表

	变量名称	变量符号	测度方法
被解释变量	股价信息含量	PII	股价波动非同步性指标，方法如上
解释变量	两权分离度	Div_i	控制权与现金流权的差值和比值
	审计师声誉	Aud	是否"国际四大"、"国内十大"哑变量
控制变量	股权制衡度	Bal	第二至第五大股东持股比例之和与第一大股东持股比例的比值
	独立董事比例	Ind	董事会独立董事占比
	β系数	Beta	
	资本结构	Lev	资产负债率
	公司规模	Size	上市公司总资产对数
	成长性	Growth	主营业务增长率

44.4.2　模型设计

本章采用多元回归分析进行假设检验，构建模型如下：
模型Ⅰ：
$$PII = \alpha_0 + \alpha_1 Div_i + \alpha_2 Bal + \alpha_3 Ind + \alpha_4 Beta + \alpha_5 Lev + \alpha_6 Size + \alpha_7 Growth + \varepsilon$$
模型Ⅱ：
$$PII = \alpha_0 + \alpha_1 Aud + \alpha_2 Bal + \alpha_3 Ind + \alpha_4 Beta + \alpha_5 Lev + \alpha_6 Size + \alpha_7 Growth + \varepsilon$$
模型Ⅲ：（检验调节效应）
$$PII = \alpha_0 + \alpha_1 Div_i + \alpha_2 Aud + \alpha_3 Div_i * Aud + \alpha_i Control + \varepsilon$$

44.4.3　样本选择与数据处理

结合研究需要，以沪、深两市2007~2011年度A股上市公司为研究对象，样本公司相关数据取自国泰安CSMAR数据库，部分缺失数据根据公司年度报告手工整理。另外，为了保证数据的稳健性，根据相应标准对于数据进行剔除整理，具体标准如下：剔除金融类公司；剔除2007~2011年被ST和PT的公司；剔除极端值公司；剔除整体上市的公司及母公司资料不清晰的上市公司。按照以上标准，最终获取1035家上市公司数据作为研究样本。

本章分别采用Excel、SPSS17.0、Stata10.0进行数据收集与整理、数据前期处理和多元回归分析。

44.5 实证研究及结果分析

44.5.1 描述性统计

通过表44-2的描述性统计，样本公司的股价信息含量均值与方差分别为0.143与0.082，说明其股价信息含量相对较低且差异不大。样本公司的两权分离度方差为9.513与2.321，这显示了样本公司的两权分离度差异相对较大，也说明了样本具有较强的普遍性，能够揭示资本链复杂性的客观事实。股权制衡度、资产负债率、独立董事比例等指标方差较小，可以认为基本排除了异常值的影响。另外，值得注意的是独立董事比例指标均值与方差分别为0.366与0.003，即上市公司虽然按照法律规定，配置了至少1/3的独立董事，但是比例基本稳定，这说明中国上市公司对于独立董事的聘用动机较低，是否能够发挥独立董事的监督作用是一个需要探究的问题。

表44-2　　　　　　　　　　主要变量描述性统计

	Mean	Median	Variance	Min	Max
PII	0.143	0.035	0.082	0.000	2.626
Div_1	6.270	0.283	9.513	0.000	39.253
Div_2	1.542	1.013	2.321	1.000	48.265
Bal	0.493	0.322	0.242	0.010	3.695
Ind	0.366	0.333	0.003	0.091	0.714
Lev	0.566	0.536	0.165	0.002	6.740
Size	21.835	21.745	2.083	15.418	30.370

44.5.2 金字塔结构与股价信息含量分析

通过对于样本数据的整理与分析，以及排除了异常值、自相关与异方差的扰动影响因素后，采用Stata10.0对面板数据进行了Hausman检验后选用随机效应进行回归分析。具体结果如表44-3所示。

表 44-3　　金字塔结构与股价信息含量分析结果

	模型 I	
	股价信息含量（PII）	
Constant	0.328*** (3.07)	0.328*** (3.11)
Div_1	0.001** (2.11)	
Div_2		0.002** (2.10)
Bal	0.025** (2.17)	0.024** (2.10)
Ind	0.063 (0.61)	0.046 (0.45)
Beta	-0.001 (-0.44)	-0.006 (-0.21)
Lev	-0.019 (-1.41)	-0.018 (-1.31)
Growth	0.008*** (3.22)	0.009*** (3.44)
Size	-0.010** (-2.33)	-0.010** (-2.32)
Wald	26.83***	24.09***
Adjust R^2	0.214	0.196

注：*** 表示显著性水平为 1%，** 表示显著性水平为 5%，* 表示显著性水平为 10%，括号内数字为 Z 值。

模型 I 的结果显示两权分离度与股价信息含量呈现显著正相关关系，且显著性水平均为 5%，也就是说两权分离度与股价信息含量的变化方向一致，即随着上市公司资本控制链的延伸，趋向于资本控制链末端的子公司，其两权分离度逐渐增大，股价信息含量也就相应的增加。通过这一实证结果，母公司由于在资本控制链末端的现金流权相对较低，其风险程度较控制链前端有了较大的降低，所以其对于上市子公司信息披露的控制动机也就相应得到了弱化，证实了假设 1。另外，模型 I 的结果还有以下几个值得注意的方面：首先，股权制衡度与股价信息含量呈现显著正相关关系，且显著性水平为 5%。这说明子公司拥有较强的股东制衡能够显著提升其股价信息含量,更为有效地保护股东,尤其是中小股东的利益,一定程度上验证了股权制衡度在治理效率方面的积极作用;其次,规模变量与股价信息含量呈现显著负相关关系,且显著性水平为5%,这与预期结论并不一致,原因可能在于随着上市公司规模的壮大,其社会关注度也得到相应的提升,母公司为了保证母子公司整体利益、避免业绩过大波动,倾向于强化对于子公司信息披露的控制,从而导致股价信息含量的降低;最后,独立董事比例与股价信息含量并不存在显著相关关系,也与预期结论并不一致,这说明中国上市公司独立董事制度有效性值得探讨,实践中更加倾向于"消极合规",而非"积极守规",从一定程度上为独立董事"橡皮图章"的论断提供了支持。

44.5.3 审计师声誉的调节作用分析

通过加入审计师声誉变量,并借助模型Ⅱ与模型Ⅲ进行审计师声誉的调节作用分析。采用Stata10.0对数据进行了Hausman检验后仍然选用随机效应进行回归分析。具体结果如表44-4所示。

表44-4 审计师声誉的调节作用分析结果

	模型Ⅱ	模型Ⅲ	
	股价信息含量(PII)		
Constant	0.421*** (3.67)	1.433*** (3.04)	0.336*** (2.86)
Div_i		0.011*** (2.67)	0.033** (2.23)
Aud	0.020 (0.93)	0.055 (1.51)	0.007 (0.46)
Div_i * Aud		-0.005** (-2.40)	-0.017** (-2.12)
Bal	0.024** (2.08)	-0.002 (-0.05)	0.023 (0.97)
Ind	0.057 (0.55)	-0.304 (-1.44)	0.057 (0.56)
Beta	-0.005 (-0.19)	-0.045 (-1.04)	-0.003 (-0.11)

续表

	模型Ⅱ	模型Ⅲ	
	股价信息含量（PII）		
Lev	-0.019 (-1.37)	0.029 (0.85)	-0.017 (-1.25)
Growth	0.008*** (3.36)	0.008*** (2.51)	0.008*** (3.43)
Size	-0.012*** (-2.84)	-0.057*** (-2.74)	-0.011*** (-2.57)
Wald	26.15***	30.08***	32.06***
Adjust R^2	0.231	0.246	0.228

注：*** 表示显著性水平为1%，** 表示显著性水平为5%，* 表示显著性水平为10%，括号内数字为Z值。

模型Ⅱ结果显示审计师声誉与股价信息含量并不存在显著相关关系，即审计师声誉作为调节变量，并不存在对于股价信息含量的主效应影响，是否存在调节效应影响还需要模型Ⅲ进一步给予解释。其他变量结果与模型Ⅰ基本一致。

模型Ⅲ结果显示两权分离度与股价信息含量仍然呈现显著正相关关系，且显著性水平分别为1%与5%，与模型Ⅰ检验结果一致，证明结论具备了一定的稳健性。同时，加入审计师声誉调节变量后，两权分离度与股价信息含量呈现显著负相关关系，且显著性水平均为5%，说明随着具有良好声誉的审计师参与公司治理，能够弱化因为现金流权与控制权分离导致的母公司控制，并且使得股价信息含量显著提高，证实了审计师声誉调节效应的存在，证实了假设2。模型Ⅱ还有几个结论值得注意：首先，在加入审计师声誉调节变量后，股权制衡度与股价信息含量的相关关系不再显著，说明审计师的参与公司治理与股权制衡度在一定程度上存在替代效应，为后续研究提供了经验证据；其次，独立董事比例、成长性与规模变量结论与模型Ⅰ一致，证实了研究结论的稳健性。

44.5.4 稳健性检验

除了通过模型Ⅰ、模型Ⅱ、模型Ⅲ的结论比较检验稳健性外，本章还从以下途径检验了结论的稳健性：首先，引入现金流权变量，替代两权分离度代入回归分析，结论基本一致；其次，改变审计师声誉赋值方式，即对于属于"国际四大"及"国内十大"的审计师赋值为0，其他赋值为1，结论也无根本变化。由此，可以认为研究结论具有较强的稳健性。

44.6 研究结论与政策建议

本章以沪、深两市 2007～2011 年度 1035 家 A 股上市公司为研究对象，实证研究了金字塔结构、审计师声誉与股价信息含量的关系，期望验证在两权分离情况下，是否存在母公司对于子公司的信息披露控制问题。研究主要结论如下：

（1）金字塔结构下，两权分离度与上市公司股价信息含量呈现显著正相关关系，即随着母公司现金流权的减少、两权分离程度的加大，股价信息含量也得到相应的提高。结论证明在母子公司控制链下，由于母公司现金流权与控制权的分离程度的差异，子公司信息披露的受控程度也存在差异。处于控制链前端的上市公司由于两权分离程度较小，母公司需要承担相对较大的风险和责任，因而为了自身利益，母公司也就具有较强的动机对于子公司信息披露施加相应的控制，进而导致上市子公司股价信息含量偏低；另一方面，处于控制链末端的上市公司由于两权分离程度较大，母公司的现金流权相对较小，其风险与责任较之于前端的子公司也相对较小，所以其控制动机也相应降低，因此子公司股价信息含量也就相应的有所提高。

（2）具有良好声誉的审计师能够调节母子公司金字塔结构与上市子公司股价信息含量的相关关系，即强化上市子公司的股价信息含量。具有良好声誉的审计师参与公司治理，能够在保持独立性的同时，对上市公司信息披露进行审核，一方面能够保证信息披露的真实性与可靠性；另一方面能够起到制衡控股股东的作用，保证信息披露的独立性。

针对研究结论，提出相应政策建议如下：

（1）进一步完善"揭开法人面纱"原则的相关法律规定，制约母公司关于有限责任的滥用以及剥夺子公司的独立法人人格的不当行为。由于母子公司的资本链是维系其经营的核心纽带，母公司可以通过资本链实现对子公司决策与运营的干预与控制，不仅侵害子公司股东的合法利益，而且可以通过有限责任制度实现自我保护。新版《公司法》为了适应市场需要，对于"揭开法人面纱"原则进行了相关规定，但缺乏细则方面的解释，还需要进一步完善相关细则。因此，能否进一步完善"揭开法人面纱"原则的法规，并用以指导实践，对于子公司实现自我保护具有至关重要的作用，一方面可以为子公司提供法律保护与依据；另一方面可以限制母公司剥夺子公司的不当行为。

（2）在相关法规框架下适当扩大审计师的审计范围，将针对上市公司内部的审计扩展到结合内部决策机制与外部影响相结合、涉及信息披露程序合理性与独立性的全面审计。随着内部控制制度的推广，审计师的独立性与有效性得到了较大的提升，对于上市公司公司治理的推动作用已然显现。但是，母子公司特殊的组织形式下，能否保证子公司信息披露的自主性以及程序的合理性，将公司信息披露研究从内部向外部延伸，这不仅要求上市公司的董事会切实承担勤勉义务，也对于上市公司审计师提出了更高的要求。审计师应该将针对上市公司内部的审计扩展到结合内部信息与外部影响的全面审计，这就要求审计师不仅要保证信息披露的真实性与可靠性，还要保证信息披露程序的合理性与独立性，以将更加真实、全面的信息披露给外部投资者，消除信息不对称产生的各种机会主义行为。

参考文献

1. La Porta, R., F. Lopez – de – Silanes and A. Shleifer, Corporate ownership around the world, Journal of Finance, 1999, 54（2）：471 – 517.

2. Claessens, S., S. Djankov and L. Lang, The separation of ownership and control in East Asian corporations, Journal of Financial Economics, 2000, 58：81 – 112.

3. Faccio, M. and L. H. P. Lang, The ultimate ownership of Western European corporations, Journal of Financial Economics, 2002, 65（3）：365 – 395.

4. Campbell, J. Y., M. Lettau, B. G. Malkiel and Y. Xu, Have individual stocks become more volatile? An empirical exploration of idiosyncratic risk, Journal of Finance, 2001, 56（1）：1 – 43.

5. 袁知柱、鞠晓峰：《股价信息含量测度方法、决定因素及经济后果研究综述》，载《管理评论》2009 年第 4 期，第 42 ~ 52 页。

6. Morck R, Yeung B, Yu W. The information content of stock markets：why do emerging markets have synchronous stock price movements？. Journal of financial economics, 2000, 58（1）：215 – 260.

7. Li, K., R. Morck., F. Yang and B. Yeung, Firm specific variation and openness in emerging markets, The Review of Economics and Statistics, 2004, 86（3）：658 – 669.

8. Bae, K. H., W. Baile. and C. X. Mao, Stock market liberalization and the information environment, Journal of International Money and Finance, 2006, 25（3）：404 – 428.

9. 宋常、恽碧琰：《上市公司首次披露的非标准审计意见信息含量研究》，载《审计研究》2005 年第 1 期，第 32 ~ 40 期。

10. 柳木华：《业绩快报的信息含量：经验证据与政策含义》，载《会计研究》2005 年第 7 期，第 39 ~ 43 页。

11. Ding, Y., O. K. Hope, T. Jeanjean. And H. Stolowy, Differences between domestic accounting standards and IAS：measurement, determinants and implications, Journal of Accounting and Public Policy, 2007, 26（1）：1 – 38.

12. Beny, L. N., Insider trading laws and stock markets around the world：an empirical contribution to the theoretical law and economics debate, Journal of Corporation Law, 2007, 32（2）：237 – 300.

13. 袁知柱、鞠晓峰：《制度环境、公司治理与股价信息含量》，载《管理科学》2009 年第1期，第17~29页。

14. Piotroski, J. D. and D. T. Roulstone, The influence of analysts, institutional investors and insiders on the incorporation of market, industry and firm-specific information into stock prices, The Accounting Review, 2004, 79 (4): 1119 – 1151.

15. 朱红军、何贤杰、陶林：《中国的证券分析师能够提高资本市场的效率吗——基于股价同步性和股价信息含量的经验证据》，载《金融研究》2007年第2期，第110~121页。

16. Jensen, M. C. and W. H. Meckling, Theory of the firm: managerial behavior, agency costs and ownership structure, Journal of Financial Economic, 1976, 3 (4): 305 – 360.

17. 李增泉、辛显刚、于旭辉：《金融发展、债务融资约束与金字塔结构——来自民营企业集团的证据》，载《管理世界》2008年第1期，第123~135页。

18. Fan, J. P. H. and T. J. Wong, Corporate ownership structure and the informativeness of accounting earnings in East Asia, Journal of Accounting and Economics, 2002, 33 (3): 401 – 425.

19. 王俊秋、张奇峰：《终极控制权、现金流量权与盈余信息含量——来自家族上市公司的经验证据》，载《经济与管理研究》2007年第12期，第10~16页。

20. 游家兴、罗胜强：《金字塔股权结构、地方政府税收努力与控股股东资金占用》，载《管理科学》2007年第1期，第889~896页。

21. 陈晓红、尹哲、吴旭雷：《金字塔结构、家族控制与企业价值——基于沪深股市的实证分析》，载《南开管理评论》2007年第5期，第47~54页。

22. 徐向艺、孙召永：《论母子公司制条件下有限责任制度》，载《东岳论丛》2002年第1期，第14~17页。

23. Francis, J., K. Schipper and L. Vincent, Earnings and dividend informativeness when cash flows rights are separated from voting rights, Journal of Accounting and Economics, 2005, 39 (2): 329 – 360.

24. 马忠、吴翔宇：《金字塔结构对自愿性信息披露程度的影响：来自家族控股上市公司的经验验证》，载《会计研究》2007年第1期，第44~50页。

25. 郑海航：《内外主体平衡论——国有独资公司治理理论探讨》，载《中国工业经济》2008年第7期，第5~15页。

26. Lin, Z. J. and M. Liu, The determinants of auditor switching from the perspective of corporate governance in China, Advances in Accounting, Incorporating Advances in International Accounting, 2010, 26 (1): 117 – 127.

27. 张娟、李虎、王兵：《审计师选择信号传递和资本结构优化调整——基于中国上市公司的实证分析》，载《审计与经济研究》2010年第9期，第33~39页。

28. 王烨：《股权控制链、代理冲突与审计师选择》，载《会计研究》2009年第6期，第65~72页。

29. 唐跃军：《审计质量VS. 信号显示——终极控制权、大股东治理战略与审计师选择》，载《金融研究》2011年第5期，第139~155页。

30. 洪金明、徐玉德、李亚茹：《信息披露质量、控股股东资金占用与审计师选择——来自深市A股上市公司的经验证据》，载《审计研究》2011年第2期，第107~112页。

31. Wurgler, J., Financial markets and the allocation of capital, Journal of Financial Economics, 2000, 58 (1): 187 – 214.

32. Durnev, A., R. Morck and B. Yeung, Value enhancing capital budgeting and firm-specific stock returns variation, Journal of Finance, 2004, 59 (1): 65 – 105.

33. Brockman, P. and X. Yan, Block ownership and firm specific information, Journal of Banking and Finance, 2009, 33 (2): 308 – 316.

第 7 篇

公司有限责任与股份价值评估权制度

第7篇

公共有限責任公司的
外匯交易

第 45 章

现代企业母子公司体制的法律透视[*]

本章剖析了母子公司体制有限责任制度在实践中的缺陷，指出由于事实上母子公司之间已经形成了控制与被控制、领导与被领导的关系，子公司已经丧失了独立财产权、独立意志能力和独立法人人格。因此，现代公司法人制度中的独立法人人格、有限责任制度对母子公司已不完全适用。对此，本章提出了公司法人人格否认法理的应用、实施举证责任倒置原则、公司董事应履行"诚信义务"及子公司自我保护的对策建议。

45.1 问题的提出

随着我国经济体制改革的深入开展，母子公司体制在许多大企业逐步确立。母子公司体制适应了社会化大生产的要求，突破了单体公司的边界限制，促进了企业规模经济的发展。现代母子公司管理体制之所以被普遍采用，首先是因为子公司具有独立的法律人格，在一般情况下以自身财产对外承担责任，作为大股东的母公司以出资额为限对子公司的债务承担责任，得到有限责任的保护，能够降低投资风险。所以在企业经营风险很大时，母子公司制往往是母公司的最佳选择。

尽管母子公司管理体制具有很多经济和法律优点，但是也给公司独立法人人格和有限责任制度带来很大挑战。根据传统的和现行的法律观点，公司是法人，具有独立人格，是一个人格实体（juristic person），是特定的法律体系赋予其法人资格并在法律上以其具有那种人格来对待，因此而享有权利、义务的自然人实体或团体，以出资额为限对外承担有限责任。在形成初期，这一制度适应了经济发展的要求，发挥了很好的积极作用。但是母子公司体制的确立，在很大程度上破坏了公司法人和有限责任制度的存在基础和前提，其适用性也就值得进一步研究了。

---

[*] 本章内容发表于《财经研究》2002 年第 9 期。

45.2　母子公司体制中有限责任制度在实践中的缺陷

股东有限责任和公司法人人格独立是现代公司法人制度的两大基石，是其存在和发展的前提和基础。如果丧失了人格独立，公司法人制度就失去了存在和发展的基础，其存续和发展就会造成制度的低效率甚至无效率。

公司法人制度和有限责任制度的确立使得终极投资者从企业债务中解脱出来。当公司被普遍地授予取得和持有其他公司股份的权力时，母子公司的形成才成为可能，法律就面临着是否对母公司继续适用有限责任的问题，也就是说是否对母公司提供免于承担无限责任的法律保护。法院的反应纯粹局限于独立法人人格这一传统观念上，在事实上成为股东的母公司身上仍然应用同样的标准，而这里根本不涉及终极股东。因而，原本用于区分投资者和企业的有限责任制度，被延伸成为母公司提供庇护的法律制度，从而使其免于承担低级成员的债务，尽管二者都从事同一商业活动并应共同承担责任。因此，将有限责任适用于母子公司中的成员公司，抹杀了企业与终极投资者之间的明显界限。

当有限责任制度适用于母子公司，即母子公司共同经营一个商业实体时，不仅保护了终极投资者不承担责任，而且也保护了作为高级分子的母公司不对其他成员公司的债务承担责任。结果，公司的有限责任变成了关联企业内部高一级分子的有限责任。根据传统的学说，这种母子公司享有与普通公司法中个人投资者有限责任相同的利益。今天，母公司及其数目众多的子公司组成的巨型企业集团在世界经济中起着举足轻重的作用，不加调整就对其适用有限责任，违背了隔离终极投资者不承担债务的初衷，与设立有限责任制度的法律政策目标相去甚远。

从有限责任存在的法律环境来考察，有限责任赖以存在的前提条件是公司具有独立法人人格。而独立法人人格至少要具备两大要素：一是独立的财产；二是独立的意志。但是在母子公司形式下，由于控制因素的存在，子公司虽然还保持着法律形式上的"独立存在"，但已经丧失了事实上的独立人格，丧失了自我存在。这是因为：（1）为了母子公司整体利益的需要，母公司势必要掌握子公司的决策权，这种决策不仅包括公司事务，更重要的是子公司的财务。通过股东表决权或连锁高管的方式，母公司直接参与子公司的经营管理。事实上，在母子公司体制下，母公司往往实行统一管理、统一决策，子公司丧失了自我利益和自我意志，它必须以母公司的利益为最高利益，以母公司的意志为最高意志。（2）在母子公司中，子公司财产失去了真正意义上的独立。在大多数情形下，母公司就和处理自己的财产一样处理子公司的财产，或者实行资产混合，或者要求子公司转移利润。

综上所述，有限责任制度在母子公司中已经失去了存在的基础和前提。从实务上来看，与母子公司关系最密切相关的一个问题是，若在母子公司中实行有限责任，将会对从属公司的债权人等利益相关者产生极大的不公正。同时，对控股股东的行为缺乏必要的监督，很容易导致控股股东滥用有限责任和独立法人权利，规避其自身行为造成的责任，从而危害社会经济的良性运行。

通过以上分析可知，在母子公司制度下，无论其形成方式是资本参与、合同手段或其他形式，母子公司之间已经形成了控制与被控制、领导与被领导的关系，子公司已经丧失了事实上的独立财产权、独立意志能力和独立法人人格。由于子公司的业务经营活动已经完全由母公司掌握，母公司就应该对子公司的经营负责。在母公司的统一管理下，子公司事实上丧失了自己的独立人格，法律上的人格独立已经不再适用于现有的经济活动。换言之，在母子公司体制下，现代公司法人制度已经失去了赖以存在的前提和基础，独立法人人格和有限责任制度对母子公司已不再完全使用。

45.3 公司法人人格否认法理及其在实践中的应用

45.3.1 公司法人人格否认理论

公司法人人格否认又称"刺破公司面纱"或"揭开公司面纱"，是指为了防止滥用公司独立人格、保护公司债权人的利益和社会公众利益，就具体法律关系中的有限责任，责令公司的股东（包括自然人股东和法人股东）对公司利益或公共利益直接负责，以实现公平、正义目标而设置的一种法律措施。这里的公司面纱是指维护公司各为独立法人人格，其他公司不对本公司承担出资额以外责任的法律外壳。公司法人人格否认理论是通过大量判例建立起来的，已为许多国家和地区采纳和应用，是在处理关联企业中成员企业对其他企业应负责任时所运用的重要方法。

45.3.2 实施举证责任倒置原则

母公司实施的控制是否适当，是否导致子公司的损失，都涉及举证责任问题。一般地，不能因为存在母公司对子公司控制的表面现象，就决定母公司要对子公司直接承担责任，我们还需要证明母公司的控制行为导致子公司实施了不合营业常规的行为。通常来说，这种举证责任应由原告来承担。但是，子公司各利益相关者根本无法掌握母公司控制子公司的详细证据，或者获得这些证据所付出的成本代价太高，以至于子公司各利益相关者都不愿进行详细调查，宁愿坐等

"搭便车"，这就影响了否认公司法人人格的应用效果。因此，从公平和效率角度来考虑，我们应把否认公司法人人格时的举证责任移转给母公司。因为由母公司负责准备母子公司的往来资料，这要比由子公司方面的利益相关者负责搜集材料来证明母公司确实实施了不当控制更符合经济效益原则。如果原告无法证明母公司确实对子公司实施了控制权力，依布隆伯格（Blumberg）教授的观点，则认为是因为母公司对子公司的"控制证据"都掌握在母公司手中。所以原告只要证明了存在"随时可行使的控制"（Working Control），就应视为母公司事实上已经对子公司行使了控制权力，而不允许以反证方式推翻之。美国、德国等国家已经在司法实践中应用了举证责任倒置原则，取得了很好的效果。我国司法实践也应实施举证责任倒置原则，以保护弱者，维护公平。但是必须明确的是，一定要避免子公司滥用举证责任倒置的权利，影响母公司的正常运作，并进而侵犯其利益。

45.3.3 公司法人人格否认法理的运用

英美国家在"揭开公司面纱"理论的基础上，发展了以下几种公司法人人格否认形式：（1）实质合并原则（Substantive Sonsolidation Doctrine）。是在母公司或子公司或两者同时破产时，确定母子公司各自债权人如何分配各公司财产、或者说确定母公司债权人与子公司债权人受偿顺序的一项原则。该原则的目的就是要确保母子公司债权人的利益，尽量达到公平、正义之目标。（2）深石原则（Deep Rock Doctrine）。是指在母子公司场合下，如果子公司资本不足，并且存在为了母公司利益而不按照常规进行经营的情况，在子公司破产或重整时，母公司对子公司债权的地位应该在子公司优先股股东的权益后面。它在美国法院审理 Taylor v. Standard Gas and Electric Co. 案中涉诉的子公司——深石石油公司（Deep Rock Oil Corp.）时创立，并因此而得名。在以下几种情况下，母公司的债权应次于子公司的其他债权人：第一，子公司资本显著不足；第二，母公司行使对子公司的控制权，违反受托人应有的标准；第三，母公司不遵守独立公司应遵循的规范；第四，资产混合或利益输送。依此原则，子公司的债权人将能获得更好的保障，能够很好地防止母公司转嫁投资者风险、逃避债务责任现象的发生。

45.3.4 公司法人人格否认法理对中国立法的借鉴意义

否定公司法人人格法理对中国的相关立法，如公司法、破产法、关联交易法等，具有重要的借鉴意义。首先，可以借鉴这一理论对国内母子公司破产时的债务问题作出规定。母子公司作为企业扩大经营规模的一种手段，已经为人们普遍接受。但与此不相适应的是，中国法律在这方面的规定很不完善，有关母子公司破产方面的规定更是欠缺。目前唯一与此有关的法律性文件是最高人民法院《关于企业开办的其他企业被撤销或歇业后民事责任承担问题的批复》。但是从内容来看，《批复》主要侧重于对被开办企业的投资充足和是否具有法人资格的考虑，没有针对被开办企业的破产问题作出相应规定，也没有考虑母公司对子公司的不当行为可能引起的责任问题，其局限性和效力都是显而易见的。我国公司法承认一个公司可以向其他公司投资，但却没有就这种投资行为可能带来的一些负面后果，如对有关债权人利益造成的损害及保护问题，作出相应规定。但这种情况是客观存在的，如果母公司实施了不当行为，则很有必要为追究其责任提供必要的法律依据。在这种情况下，如果对母子公司中的子公司债权人的利益进行保护，否认子公司法人人格不失为一种可行的考虑。其次，鉴于部分合资公司的非常规经营，可以借鉴公司法人人格否认法理对跨国公司破产时的债务作出规定。特别是在一定条件下，当外国母公司在中国设立的子公司破产时，对外国母公司施以连带责任。如果国外母公司对子公司实施了过度控制，并通过这种控制进行欺诈或从事其他违法行为；或者对子公司实施侵权行为，不当干涉子公司的合同履行或自主管理；或者与子公司资产和财务存在着严重混同，那么子公司破产时，就应该考虑否认子公司的独立人格，追究国外母公司的责任。但是否认公司人格时，必须有严格的条件和充足的理由。否则，滥用这一理论会影响外商在华的投资积极性。总之，作为处理母子公司关系法律问题的重要理论，公司法人人格否认法理对中国立法的借鉴意义是不可忽视的。

45.4 公司董事的"诚信义务"及子公司的自我保护

45.4.1 公司董事应履行"诚信义务"

作为为他人利益而拥有权力、行使权力的人，公司董事在履行其职责时，必须符合特定的标准。这种特定的标准通常被称为诚信义务。J. Story 法官曾对诚信义务做了这样的归纳："只要委以信任，那就必须全力以赴地为他人利益，而不得有任何欺骗。一旦获得了影响力，那就不得利欲熏心、工于心计和损人利己。一旦掌握了个人控制的手段，这些手段就必须只限于用在诚实的目的。"[①] 诚信义务的基本原则是子公司的利益不受侵犯，只要股东或董事处于一种可能施加影响的地位，诚信义务就限制他们的行为。

某人代表某股份有限公司大股东出任其董事，该公司董事会要就某重大事项进行讨论，而该事项将导致这位董事所代表的股东利益与公司利益发生冲突。由

---

① J. Story：Commentaries on Equity Jurisprudence as Administrated in England and America,

于涉及金额较大，即便公司董事会通过了，还要召开股东大会审议讨论。在董事会讨论该议案和在股东大会审议表决时，该董事应该投什么票？如果该事项将使公司和全体股东利益受损，该董事应该反对。但他毕竟是代表大股东的意志，不能违背大股东的意志。正确的答案是，该董事在董事会讨论时与在股东大会上应该投相反的票，因为他在董事会和股东大会上的身份角色有所不同。在董事会上，他应该承担诚信义务，从全体股东也就是公司利益出发，对可能有损（或有利）全体股东和公司利益的议案进行反对（或赞成）。而在股东大会上，由于他的身份已经转变为代表某大股东，所以投下与在董事会上意见相反的票，是在行使其股东权利，无可非议。

但是在现实操作中，子公司的董事往往混淆这两种身份，始终把自己代表的大股东的利益放在第一位。如在某上市公司股东年会上，老总居然代表控股股东向全体与会股东报告说："我们成为我们省第一家拥有上市公司的企业"，他连自己的身份都忘记了，怎能想象他会考虑全体股东的利益？还有些公司作为大股东随心所欲地占用子公司巨额资金，长期不还，就是这种角色无法互换的结果。而由股东单位更换其在公司董事会中的董事人选，在股东大会对此表决时相关股东又不予回避，更是造成董事们忘记自己是全体股东选举出来的，不能仅代表自己的股东单位的原因。事实上，上市公司的全体董事必须牢固树立对全体股东负责的观念，切实改变董事只对派出公司负责的不正常现象。

为了充分体现母公司的诚信义务，母子公司之间的关系必须符合"公平原则"（Fairness as The Standard）。判断这种公平原则的测试标准主要有："诈欺"标准（Fraud Test）；"合法程序"标准（Lawful Procedure Test）；"常规交易"标准（Arm's Length Test）；"合理期待"标准（Expectation Test）；"利益与否"标准（Advantage/Disadvantage Test）；"经营判断"标准等。[①] 一旦子公司董事违反了这些标准，就可以认定他们违反了诚信义务，就要追究他们的连带责任。

45.4.2 子公司应增强自我保护意识

子公司各利益相关者处于明显的控制权劣势和信息劣势地位，这是一个不争的事实。因此，要想改善子公司的不利地位，就必须采取措施，削弱母公司的控制权地位和信息优势。由于母子公司体制对子公司运行方式的制约和限制，子公司职工、债权人、中小股东等利益相关者基本丧失了对公司的控制权，母公司作为控股股东处于绝对的控制权优势地位。在此情况下，必须努力提高子公司各利益相关者的自身素质，增强他们的自我保护意识。

首先，在服从母公司集中控制、整体利益的前提下，子公司不应把所有的经

---

① 施天涛：《关联企业法律问题研究》，法律出版社1998年版，第190页。

营管理权都交给母公司，即使交给母公司，也不应该放手不管。在掌握母公司经营决策信息的基础上，子公司的经营管理人员应该对母公司的控制进行监督，一旦母公司的决策行为严重超出了正常商业活动的限度，就要提出严重抗议，通过集体表决、诉诸上级主管部门等方式制止母公司的恶意行为。

其次，子公司应该尽量拓宽自身的业务范围，避免与母公司或其他子公司的业务完全相同，减少母公司实施利润转移、资金转移的机会。如前所述，子公司与母公司或其他子公司之间的业务雷同，是导致母公司实施恶意经营行为的一个重要前提条件。在汤普逊教授的统计分析中，母子公司经营的业务相同导致公司法人人格否认法理成立的比例极高，约占样本总数的81%。所以，子公司自身业务的多样化是避免母公司过度控制的一个重要手段。

再次，对子公司具有重要影响的决策问题，不应完全由母公司控制，子公司应拥有部分表决权。例如，母公司指使子公司的管理层做出决策，决定出售子公司70%以上的重要资产。一旦这项决策被实施，对子公司的影响是极大的。在这种情况下，建立一定的利益平衡机制，如建立对关键事项的职工代表表决制度，是保证子公司权益不受侵害的一项重要措施。

最后，子公司职工、当地政府部门、重要债权人参与子公司的董事会、监事会，保留对重要事项的决策、监督权利，避免母公司大权独揽的做法。对母公司通过购买股份设立的子公司，这一措施具有更为重要的意义。这是因为，母公司通过减免债务、无形资产投资来接管该子公司，其目的、动机的诚信度是值得怀疑的；即使它的最初目的是好的，也可能由于子公司经营状况不佳而改变。如果子公司的利益相关者参与董事会、监事会，就可实现对母公司的经营行为的直接监管，双方的信息不对称也会得到一定改观。由于股权份额的限制，子公司的各利益相关者可能已经失去了参加董事会、监事会的权利，但可以通过协议参与等方式加以弥补。随着双方关系的逐渐稳固，子公司利益相关者的管理参与也会因失去存在的必要性而逐渐弱化、消失。

参 考 文 献

1. Freedman, J., Limited liability: large company theory and small firms, the Modern Law Review, 2000, 63 (3): 317 - 354.

2. Poole, J. and P. Roberts, Shareholder remedies—corporate wrongs and the deriative action, Journal of Business Law, 1999.

3. 徐向艺等:《现代公司组织与管理》，经济科学出版社1999年版。

4. 施天寿:《关联企业法律问题研究》，法律出版社1999年版。

5. 朱慈蕴:《公司法人人格否认法理研究》，法律出版社1998年版。

6. 王志诚:《关系企业之法律规范》，载《比较法研究》1999年第3~4期。

第 46 章

母公司恶意经营行为及其治理*

随着我国经济体制改革的深入开展，母子公司管理体制在许多大企业中已经逐步确立。但是，由于现行法律法规存在诸多缺陷，部分母公司利用自身的管理优势、技术优势、信息优势和控制权优势，对子公司实施恶意经营行为，严重损害了子公司利益相关者的利益。本章结合我国实践，分析母公司恶意经营行为的方式及成因，并提出对母公司恶意经营行为的控制途径。

46.1 母公司恶意经营行为的方式分析

46.1.1 向子公司高价出让商标等无形资产

通过把自有的或与子公司共有的商标等无形资产高价转让给子公司，从子公司攫取大量利润和资金，是母公司普遍采用的一种方式，已经引起了社会的普遍关注。

1. 万家乐集团出让"万家乐"商标。2000年6月22日，万家乐股份（0533）董事会审议通过了以抵减万家乐集团公司应付公司往来款及历年利息的方式购买集团公司持有的"万家乐"商标的使用权，作价3亿元。但是，集团公司（母公司）仅比股份公司早成立1年零7个月，怎能说"万家乐"无形资产为母公司独创？在集团公司成立1年多的时间里，"万家乐"的品牌价值又有几何？

2. 湖北美尔雅集团出让"美尔雅"商标。2000年4月27日，美尔雅集团公司与美尔雅股份（60010）协商签订《商标转让合同》，决定采用现值收益法，以2000年3月31日为基准日，商标评估价格为2.33亿元，协商转让价格为2.2亿元。5月8日，股东大会通过了以1.2亿元现金向集团公司收购"美尔雅"商

---

* 本章内容发表于《山东科技大学学报（社会科学版）》2002年第4期。

标所有权的议案。对此，股份公司董事长郑重其事地称：收购的目的是要进一步减少上市公司与母公司之间的关联交易。

3. 恒泰集团收取商标使用费。从恒泰芒果（600097）1998 年报中得知，公司为母公司代垫了广告费 5751 万元。对此，恒泰芒果的解决方案为：根据双方协议，截至 1998 年年底，广告费由双方各承担 50%，但全部由子公司垫付，母公司的应付账款由恒泰芒果分 5 年摊销，抵减其商标使用费。实际上，通过收取商标使用费，母公司转移了恒泰芒果的利润，达到了利用控制权获取非正常收益的目的。

4. 宏远集团出让宏远商标。2000 年 7 月，粤宏远（0573）董事会公告，以 6.6 亿元受让集团公司的"宏远"商标。时隔不久，为宏远集团进行资产评估的广东大正联合资产评估有限责任公司发表声明：为宏远集团评出的 7.57 亿元价值并非"宏远"品牌，而是集团公司及股份公司四个经营项目的无形资产；同时还要求宏远集团和大鹏证券因"误解"、"曲用"其评估报告而发布澄清公告。在审核这一决议时，证券监管部门发现有四个关联董事参与了表决，违背了进行关联交易时关联董事必须回避的原则。在深交所的敦促下，粤宏远于 8 月 9 日重新召开董事会表决议案，关联董事回避了这次表决，但另外三位董事仍一致通过了该关联交易。在 9 月 6 日的公告中，迫于舆论压力，粤宏远声称"暂停购买宏远品牌"，但仍没有表明"终止购买宏远品牌"。尽管如此，这也是中国上市公司第一次对大股东（母公司）说出响亮的"不"字。

上述四项交易均涉及上市公司购买"母公司"的商标等无形资产，然而为创立无形资产立下了汗马功劳的也正是这些子公司。事实上，子公司被迫购买其母公司无形资产（商标、专有技术、专利权等）的事件甚多，被披露出来的只是极少一部分。为了保护子公司中小股东等利益相关者的利益，规范无形资产交易的法规亟须出台。

46.1.2 子公司为母公司及其关联公司进行高额贷款担保

近年来，上市公司为母公司及关联公司经济担保事件层出不穷，导致涉讼频繁、官司不断。

1. 涉及担保的公司数量众多。25.3% 的上市公司（即有 300 多家上市公司）涉及对外担保，而由担保引发的诉讼案件更是有增无减。根据最新年报的初步统计，有 327 家公司披露出来涉及重大担保事项，还有 137 家涉及诉讼仲裁，二者合计达 464 家之多，几乎每两家上市公司中就有一家涉及贷款担保问题。截至 1999 年年底，PT 中共发生债务诉讼案件 156 起，其中涉及债务担保的多达 102 起，涉及标的总额 9.1 亿元。

2. 为控股股东及关联企业提供巨额担保。1999 年报显示，猴王股份为母公司猴王集团的 1.87 亿元借款提供担保，而董事会公告则宣称：对外担保合计 24 笔，涉及金额 3.09 亿元，其中包括为猴王集团及其下属企业提供融资担保 19 笔，担保金额 2.43 亿元，占总担保额的 78.8%。截至 1999 年年底，PT 农商社为上海农工商集团总公司及其所属子公司、公司下属子公司、公司已经剥离的原下属子公司和外系统单位提供贷款担保 71047.4 万元、55 万美元、3500 万港元，而自身的资产状况极为恶化，7.069 亿元总资产中有 12.05 亿元负债，企业早已资不抵债。

3. 涉及担保的时间长。如西南药业为西南合成制药股份公司提供贷款担保 7000 万元，1995 年 11 月 30 日到 2002 年 8 月 31 日，担保时间长达 6 年 9 个月。在如此长的担保期内会发生多大变故，恐怕谁也说不清楚。

4. 不履行担保的信息披露义务。上市公司对担保守口如瓶，即使披露，也是惜墨如金、点到为止，所以投资者将此称为"地雷"。例如，宏业股份在 2000 年之所以被特别处理，不是因为 1999 年经营亏损，而是由于要为 2.68 亿元贷款担保承担连带责任。对于一笔发生于 1998 年 4 月的这么大的担保事项，在两年多的时间里，宏业股份竟然只字未露。自 1996 年上市以来，幸福实业没有及时披露大股东占用公司巨额资金等 5 起涉及公司经营的重大事件，也遭到上交所的公开谴责。

巨额贷款担保虽然方便了母公司及其关联公司的融资要求，为母公司创造了极大的经济利益，但是这种经济利益是建立在对他人利益损害的基础之上的。巨额担保增加了担保公司的经营风险，使中小股东及其他利益相关者在被蒙在鼓里的情况下损失了相当利益。鉴于此，中国证监会于 2000 年 6 月 6 日发出《关于上市公司为他人提供担保有关问题的通知》，从担保程序、防范风险措施以及全面信息披露等方面对上市公司的担保行为进行了规范。

46.1.3 严重拖欠子公司的往来账款且金额巨大

从上市公司的年报可以看出，很多母公司对其子公司（上市公司）负有巨额贷款和应付账款责任，占用了子公司的大笔资金，部分上市公司甚至因此被拖垮。如为猴王集团提供巨额担保的猴王股份同时拥有母公司高达 8.9 亿元的应收账款，远远超过猴王股份自身的资产存量。前述美尔雅集团及其子公司拖欠股份公司应收账款 1.86 亿元、其他应收款 3.34 亿元，累计金额高达 5.2 亿元，经出售"美尔雅"商标所有权所得 1.2 亿元抵减后，仍有 4 亿元的欠账。粤宏远 1999 年报披露，宏远集团（母公司）欠股份公司的其他应收款高达 2.4 亿元，再加上企业贷款等往来款项，欠款总额更是巨大。而恒泰集团做得更绝，将商标使用费与广告费混在一起，把应付给子公司的 5751 万元（由子公司事先垫付）列入待摊费用和其他应收款予以摊销，抹杀了"欠款"的直接含义。类似的挤占子公司资金的案例还有很多，他们都有一个共同点：母公司经营不善、无力偿还子公司的欠款，而子公司也对要求母公司归还借款不抱希望，不想抑或不敢与母公司搞僵关系。

目前，资本市场上资金紧张，各上市公司都在努力增股、配股进行融资。然而在所融资金中，母公司占用了很大一部分。大量的资金占用制约了子公司把握市场机会的能力，限制了子公司的发展，大大降低了子公司的盈利能力和发展潜力。此外，母公司往往对欠款采取消极态度，到问题非常严重、非解决不可时，又动起无形资产转让的脑筋。而子公司要钱无望，也乐于做个人情，接受这种明显不平等的交易。

46.1.4 通过转移定价，实现利润转移

转移定价是在跨国公司理论中提出的，是指跨国公司根据全球战略目标，在母子公司、子公司与子公司之间销售商品和劳务的一种内部价格。笔者认为，转移定价理论也适用于母子公司问题，在母子公司内部，无论是国内还是国际贸易，都存在着转移定价问题。所谓母子公司内部的转移定价，是指母公司根据自身整体发展的战略经营目标，在母公司与子公司之间、子公司与子公司之间销售产品、劳务的一种内部价格，它服从于母公司的整体战略目标，可能会损害某些公司的利益，但会使整体利益最大化。一般而言，转移定价有高定价和低定价两种形式，其目的都是为了降低母子公司的总成本，满足利益最大化和战略目标的需要。从某种程度上讲，转移定价对母子公司制度的发展起到很大的促进作用。

目前，我国合资企业表面上亏损非常普遍，但事实并非如此。北京有一家外资企业，自投产以来每年都亏损，但是外方投资者仍然每年都投资2000万美元。这就奇怪了，怎么会有这样的投资者呢？但经过查账就明白了：这个合资公司是"两头在外"的加工企业，产品的材料成本价格竟然高于美国成品价格的25%，应得利润早就通过转移定价的方式转移到国外了。在接受采访时，这个"亏损"企业的总经理承认自己很清楚这种情况，但是这种定价方式是由董事会决议通过的，她无权过问。这家合资公司实施转移定价的目的是规避中国的外汇管制、实现利润汇出。

许多企业都负有除实现经济效益以外的责任、目标，从而在实际运作中不得不采用转移定价的方法来平衡利益关系。例如，山东某产业集团的主导产品为阅卷机，市场销路较好，而这种阅卷机需要有配套的答题纸。目前，这种答题纸的印制技术已被许多印刷厂掌握，不再是专有技术。市场上其他的印刷厂服务态度好、印刷质量高、交货及时，但是集团公司却指定子公司（某印刷厂）为答题纸的印刷点，而该印刷厂的印制质量差、服务态度不好、交货不能保证阅卷及销售的需要，报价也要比其他公司高出20%以上。销售公司虽然有改换供应商的动

机,但是囿于集团公司的制约和威胁,该公司不得不花大钱买便宜货,做赔本生意。

类似案例还有很多,其目的都是为了实现集团公司的目标:规避税费,扶弱济贫,集中资金,抽逃资金等。而子公司之所以会接受这种定价方式,是因为其大部分股权都掌握在大股东手中,董事会也被大股东控制,公司领导人的任免都直接掌握在母公司手中,经营者为了追求地位稳定、关系融洽而不得不放弃一定的经济利益。

46.1.5 恶意经营子公司的品牌等无形资产

在企业合并特别是合资以后,母公司往往会对子公司的原有品牌实施不发广告、不加推广甚至不再使用、加以封存等压制手段,限制子公司发展,自身争取市场机会,从而达到不战而胜的目的。出现这种情况的子公司,与其原合资方之间无一例外地存在着业务重叠和品牌竞争、冲突。母公司通过品牌恶意经营手段,可以使对方的品牌在不知不觉中失去市场竞争力,等到对方察觉,往往为时已晚、回天无力。

1994年,北京日化二厂与美国宝洁公司合资建厂,协议租用"熊猫"品牌50年。但合资厂成立以后,宝洁对"熊猫"品牌的推广力度不够,致使"熊猫"品牌严重贬值。6年后,"熊猫"年销售量从合资前的6万吨降至当时的1万吨,而宝洁公司的产品销售额和品牌价值都得到了很大发展和提升。与外商合资的过程竟成了"熊猫"品牌被慢慢消灭的过程。鉴于此,北京日化二厂被迫收回"熊猫"品牌。

1989年,上海家化的"美加净"品牌销售量约占全国化妆品销售总额的10%;1991年年初"美加净"与美国庄臣公司合资,但当年"美加净"的品牌销售额就从以前的2.4亿元降到600万元。"美加净"面临着被外资吃掉的危险,上海家化被迫以1900万元购回"美加净",由自己独立开发使用该品牌。收回当年,"美加净"的销售额就实现了大幅回升。

46.1.6 任意提高子公司的管理费用、经营费用

在向子公司派遣人员时,母公司往往为他们提供很高的工资报酬和差旅补助,将子公司(尤其是海外子公司)作为本公司员工的培训、度假基地;不顾子公司的实际经营情况,过度分配利润;不合实际地提高经理人员的办公费用和职务补助,形成另一种形式的利润转移。如中美合资南京A.O史密斯公司给外方管理人员支付很高的报酬,租用高档写字楼,租住五星级宾馆,并且频繁更换外方管理人员,将南京公司当成了外籍员工的培训基地、"度假胜地",将到南京公

司工作作为高级员工的一种"福利收入"。种种行径致使南京公司1年的差旅费、招待费等超过1000万元，远远背离常规。提高子公司管理费用、经营费用的方法，侵蚀了子公司的正常经营利润，提高了子公司的经营成本，侵吞了子公司的大量资金，造成子公司虚假亏损的局面，影响了子公司的正常经营和发展。

46.1.7　迫使子公司从事高风险事业项目

现行公司法规定，有限责任公司的股东对外以出资额为限承担有限责任，这里的股东是指自然人股东，也是公司的最终投资者。但是，当有限责任制度自动移植到母子公司关系时，子公司的股东就变成了法人股东（母公司），对（法人）股东的保护就成为母公司滥用有限责任制度的保护伞。在进入新兴、高风险事业领域时，母公司往往设立、分离或兼并一个公司，使其成为该项目的试验基地。如果项目运作状况良好，母公司就继续加大投资力度，甚至将其吸收合并；一旦经营状况出现偏差，前景看淡，母公司就会利用有限责任的面纱来保护自己免受无限责任之牵连，仅仅承担以出资额为限的责任，可以很好地保护自身财产的安全。如一家公司计划购买一台价格高昂的先进设备，而且设备购入后的收益并不明确。这时，它就会设立一家子公司（可为全资、也可为控股）独立运作这一项目，即使亏损，也不会遭受更多的损失；但项目成功的收益却可以尽收囊中。通过把高风险的专用性投资交由子公司实施，将子公司的经营风险转嫁给子公司的其他利益相关者，母公司锁定了自己可能遭受的最大风险。这种现象早已引起了人们的关注，早在20世纪40年代，美国公司法就将其作为刺破公司面纱的依据之一应用于司法实践中。

46.1.8　通过后勤保障、资产租赁等方式转移子公司利润

目前，大部分子公司都与集团公司共用办公设备、水电供应及其他后勤服务。通过查阅上市公司的资料，笔者发现，大部分上市公司都租用了母公司的办公设施和后勤服务，如轻骑股份公司租用了轻骑（集团）公司的办公设施，浪潮科技公司租用了浪潮（集团）公司的办公设施等。由于后勤服务的计量、计价非常困难，缺乏统一的行业标准，操作起来没有什么标准可资参考，给母公司提供了转移定价的机会，对子公司的利润实施转移。对此，非上市子公司的问题更为严重。

母公司通过低价租入子公司的优质资产，也可以获得部分非正常收益，如当母公司需要某种先进设备时，往往指使子公司投资购买，再转租给母公司或其他关联公司，仅象征性地缴纳部分租赁费。特别是对高风险、高淘汰率、高专用性设备进行投资时，母公司采取这种方式的倾向更加明显。这种方式降低

了母公司的资金占用,有效转移投资风险,还能创造机会转移子公司的利润。在母公司严格控制子公司的情况下,这种情况最易发生,因为这样可以有效避免非一体化风险。

46.2　母公司恶意经营行为的负面影响分析

在恶意经营行为过程中,母公司利用较少的努力和成本侵占了子公司利益,并进而影响子公司其他利益相关者的利益,制造了极大的外部性。

46.2.1　对子公司债权人的损害

向子公司提供借款时,债权人按照一般公司经营的情况来考察借款的风险与收益,一般不会考虑母子公司体制下子公司的非完全独立性,仍将其视为意思自治、财产独立的法人实体,忽略了子公司受母公司控制、为外部利益运作的现实情况。一旦母公司对子公司实施了过度控制,使子公司丧失了完全意义上的独立人格,子公司的还款风险就大大增加了。例如,母公司迫使子公司对母公司的贷款进行担保,一旦母公司不能按期还债,子公司将承担连带责任,这种非系统风险大大降低了子公司的收益指标。前述宏业股份因为承担母公司贷款的连带责任而被特别处理,就属于这种情况。如果母公司对子公司实施转移资产、买空卖空,债权人的利益将同样被损害。有些外资企业打着投资建厂的旗号,在向地方政府大量贷款的同时,自身却通过转移定价等措施转出利润,降低子公司的利润率,子公司的资产保值增值能力很大影响,债权人的利益又作何保障呢?[①] 总之,母公司通过对子公司实施过度控制、实施恶意经营行为,是对子公司利润、资产的肆意侵占。在这一过程中,由于系统外的因素,子公司生产经营受到母公司的控制,资产不再独立、公司不再自治;如果债权人不能很好地预测这种系统外风险,其名义贷款成本就会低于实际成本,贷款风险指标受到很大影响。

46.2.2　对子公司中小股东的损害

由于控制资产的数量较少,子公司的中小股东往往不能很好地监控公司的运作行为,因为其监控成本要由自身来承担,而收益却要归所有股东分享,具有很强的外部性,所以他们只好放弃监控公司运作状况的想法,"用脚投票",消极地

---

①　济南市东外环有一家台商独资企业,台商共投资 700 万元,其中设备(多为破旧、淘汰设备)作价 500 万元。公司成立后,先后向地方政府借款高达 1000 万元,两年后公司因为经营不善而破产时,政府的债权全部成为坏账,台商则顺利转移了上千万元的资金。

处理公司的股票。

母公司实施过度控制，转移子公司资产、利润，降低子公司的账面利润，减少了子公司的可分配利润，直接影响了中小股东的应得红利；转移子公司资产，使子公司的资产净值受损，降低了子公司的股价；占用子公司的大量资金，限制子公司发展，降低了子公司的盈利能力。此外，与母公司之间的非正常经营行为，还会降低子公司在资本市场、产品市场、原材料市场的信誉和形象，必然进一步影响子公司的经营运作，降低其盈利能力，对中小股东的损害不言而喻。

利用子公司中小股东资金实力薄弱的缺陷，通过增资扩股，挤占子公司中小股东的股权份额，母公司可能将子公司的控制权集中到自己手中，达到排挤中小股东的目的。在前述案例中，艾欧史密斯在南京公司连续几年亏损的情况下，提出等比例增资扩股的要求，实际上就是利用中方合资方玉环公司资金紧张的弱点，来达到收购中方股权的目的。一旦外方全面控制了合资公司的股权，作为中小股东的玉环公司就被完全排挤出局，利益损失不言而喻。

46.2.3　对子公司职工及管理人员的损害

子公司职工和管理人员长期供职在企业，对企业已经产生了很深的感情，公司经营的成败与否与其休戚相关，因此母公司的过度控制和恶意经营行为会直接影响他们的利益。母公司通过转移定价等方式，转出子公司的利润，使子公司的经营业绩大大降低，从而减少了可分配利润和公司资产。在这种情况下，子公司职工的工资、福利待遇就会受到影响，而管理人员的工资、奖金、提升机会等也不能幸免。如果子公司因为母公司的过度控制而破产，公司员工的就业不可避免地受到影响，其工资奖金不能正常发放，就连各种生活补助金也可能失去保障，员工的损失可谓惨重。子公司的经理人员也会因为破产而遭遇失业境况，即使母公司将其召回，也很难再有大的发展。破产公司的经理人员在经理市场上的价值被不同程度地贬低了，试想，在同样的素质条件下，谁会选择一个有经营失败历史的经理人员？如果公司员工和经理人员对公司有着很深的感情成分，那么公司破产还会对他们造成很大的情感伤害。

46.2.4　对子公司所在地政府的损害

一般情况下，公司利润是政府征税的基础，税基越大，政府的收益就越大；反之亦然。但在母子公司关系下，母公司往往对子公司存在过度控制行为，子公司的经营活动不能按照经济常规运转，其利润可能被大量转出，税基就会降低，政府收益受到相应影响。当母子公司异地时，子公司所在地政府受到的影响最大，因为母公司将税金都转移到了母公司所在地。如前所述，很大一部分合资企业经营亏损，但是仍然每年继续大量投资，其实质就是母公司转移利润导致虚假亏损。如果是当地国有企业与其合资经营，那么部分国有资产也会被转移出去，这种资产的流失对地方政府来说也是一种损失。大量利润、资产的转出，不利于子公司所在地政府积累资金、发展经济，而经济发展较慢又会进一步影响当地居民的生活水平，形成恶性循环，出现多米诺骨牌效应；同时，政府主管部门官员的个人发展也会因此而受到一定影响。

46.2.5　对子公司供应商、销售商等业务关联企业的损害

母公司对子公司的控制剥夺了子公司的独立财产、独立意志，使子公司丧失了实施有限责任的前提和条件，并进而影响子公司的利润、资产和发展机会，加大了各业务关联企业的利益风险。例如，以正常商业经营为依据，在计算子公司的收益时，供应商认为各种经营指标都合乎其供货的要求，于是就决定按照商业标准为其供货。但是，由于存在母公司的过度控制，子公司的经营活动受到很大影响，经营利润、资产保值增值率都有很大偏差，供应商的回款风险就会增大，其实际供货成本比原来有了很大提高，经济利益受到很大损害。同样，对销售商来讲如，在决定销售某种商品前，销售商要先考察厂商的信誉水平和售后服务水平。但是，由于母公司对子公司经营活动的介入，对子公司的考察掺入不确定因素，论证分析结果的可信度降低，销售商的营业成本就会提高，并进一步降低整体商业信用。

46.3　公司法人人格否认理论及应用

公司法人人格否认，不是否认所有子公司的独立人格，而是在特定条件下才可以采用的。在司法实践中，适用公司法人人格否认法理的场合较为繁杂，学术界对此也众说纷纭，但基本都包括以下几种情况：

1. 公司资本显著不足。在股东有限责任原则的条件下，公司资本作为公司对外独立承担责任的最低保证，对公司债权人至关重要。所以，公司资本显著不足始终被作为导致适用公司法人人格否认法理的重要因素之一。在实践中，大多数法院也都是依靠显示公司资本不足的事实来证明公司独立存在的不公平性而应当否认公司法人人格。公司资本显著不足就会增加任何与公司发生关系的第三人的风险。衡量公司资本是否充足的时间标准为公司设立的时刻。若公司设立时资本充足，只是由于经营不善或其他原因而导致资本减少时，就不能认为是资本不足。但是因为支配股东的不当行为或不法行为（如故意减少、抽逃资金）发生公司资本不足的，就应视为否认公司法人人格的重要因素，而不能以公司设立时资

本充足为由来要求免除责任。公司资本不足表明股东没有利用公司法人人格经营的诚意。利用较少资本经营大规模企业或高风险事业的目的，就在于利用有限责任制度把投资风险降到必要极限之下，并通过公司形式将投资风险转嫁给公司的债权人。

2. 资产和事务的过度混同（Extreme Commingling）。过度混同是美国法院常用的一种否认公司法人人格的依据，是指子公司与母公司的资产和事务混合在一起，自己没有独立的财产和对事务的决策权。过度混同的表现有：共同的董事和雇员，合并的会计记录与账户，子公司对母公司在财务和经济上的依赖，子公司没有遵守公司的正常设立程序，共同的利润分配政策等。

3. 利用公司形式规避法律义务的情形。利用公司法人人格规避法律义务，通常指受强制性法律规范制约的特定主体，应承担作为或不作为的义务，但它利用新设公司或既有公司的法人人格，人为地改变了强制性法律规范的真正目的，从而使法律规范的目的落空。强制性法律规范是以调整社会整体利益为目的的，强调公司的社会责任。当事人规避法律义务的行为不仅具有欺诈性，还难以调整社会整体的利益，破坏了公平、正义的价值目标，违反了公司法人制度的根本宗旨。

4. 公司法人人格形骸化的情形。公司法人人格形骸化是指公司与股东完全混同，公司成为股东或另一公司的另一个自我，或成为其代理机构和工具，以至于形成股东即公司、公司即股东的情况。一旦发生类似情形，否认公司法人人格的诉讼成功率几乎接近百分之百。公司形骸化的表现主要有：公司与股东或母子公司、关联公司之间的财产混同；股东之间特别是母子公司内部各公司之间的业务混同；组织机构的混同。

应该注意的是，上述几种否认公司法人人格的理由彼此之间有重复因素，只是由于各国司法实践的差别，所援引的侧重点有所不同。此外，母公司对子公司的控制、对子公司资产和财务状况进行虚假陈述等也可以用来否认公司法人人格。

参考文献

1. 朱慈蕴：《公司法人人格否认法理研究》，法律出版社 1998 年版。
2. 张民安：《现代英美董事法律地位研究》，法律出版社 2000 年版。
3. 何晓晴：《小股东眼看着大股东巧取利益》，载《中国经营报》2000 年 7 月 18 日。
4. 何晓晴：《宏远品牌转让的台前幕后》，载《中国经营报》2000 年 9 月 12 日。

第 47 章

异议股东股份价值评估权的适用性分析*

公司立法中对于异议股东股份价值评估权制度是否适用于股份公司这一问题存在着争论,这一争论在金融经济学中的反映是人们对市场有效假说与资本资产定价模型所持的不同观点。近年来行为金融理论的出现,对市场有效假说与资本资产定价模型提出了强有力的挑战,从而为股份公司适用异议股东股份价值评估权制度提供了理论基础。

47.1 异议股东股份价值评估权的由来

异议股东股份价值评估权又有公司异议者权利、异议股东司法估价权、异议股东股份买取请求权、解约补偿权或退出权等不同称谓。所谓异议股东股份价值评估权,是指对于提交股东大会表决的公司重大事项(如兼并收购、重大资产出售、公司章程修改等事项)持有异议的股东,在该事项经股东大会资本多数表决通过时,有权依法定程序要求对其所持有的公司股份的"公平价值"进行评估并由公司以此买回股票,从而实现自身退出公司的目的。该制度的实质是一种小股东在特定条件下的解约退出权。该制度是公司立法利益平衡的产物,是在公司表决制度由全体股东"一致同意"原则向"资本多数决"原则演变过程中,法律为保护小股东的利益与意志不受资本多数与公司实际控制人的压迫与侵害,赋予小股东制衡公司实际控制人(董事会、经理或大股东)滥用权力而产生的。

对于股东缺乏有效退出途径的公司形式而言,异议股东股份价值评估权制度的作用是毋庸置疑的。但是,对于股份公司而言,股票市场的存在可以使股东将其所持有的股票在市场上流通变现,对公司发展前景或公司管理层的表现不满意的股东可以随时行使用"脚"投票权退出公司。对于这些公司而言,异议股东价值评估权制度是否有其存在的必要呢?对于这一问题的争论,在法学界由来已久。

---

* 本章内容发表于《东岳论丛》2004 年第 4 期。

47.1.1 限制司法估价权适用的"市场例外原则"

曼宁（Manning）教授不认可在股票市场之外对股票价值进行评估的做法，认为股票市场的存在，使得异议股东价值评估权制度的存在是毫无意义和没有必要的。在这种观点的影响下，《美国特拉华州普通公司法》从 1967 年首先规定了针对异议股东价值评估权适用范围的"股票市场例外原则"：规定在上市公司与股份分散到一定程度的公司中不适用异议股东股份价值评估权；但在异议股东在并购议案中被要求接受的股票对价不是存续公司的股票或者其他公众公司的股票的情况下，市场例外原则不适用，异议股东仍享有股票价值评估权。其后，股票市场例外原则得到了许多州公司立法的效仿。《美国标准商事公司法》的 1969 年版本也采用了市场例外原则。目前美国约有半数州的公司立法实行"股票市场例外原则"，规定异议股东股份价值评估权制度不适用于上市公司的股东。

47.1.2 法学界对"市场例外原则"的批评与质疑

然而，单纯依赖市场定价机制对异议股东股票价值进行评估的做法在美国公司法实践中远没有得到广泛的认同。《美国标准商事公司法》在 1987 年的修订中取消了"市场例外"原则，美国法律协会的《公司治理原则：分析与建议》中对于"市场例外"原则也未予认可，美国所有的州公司法中仍有过半数的不承认"市场例外"原则，允许司法估价权制度在股份公司中适用。这些公司立法体例认为，"市场例外"原则过分依赖市场定价机制进行股票价值评估的做法是难以令人信服的，在很多情况下，股票市场定价机制不能对小股东利益提供充分的保护。

1. 股价的剧烈波动。实证研究的结果已经表明，即使在缺乏公司经营形势、行业发展趋势发生变化的信息支持的情况下，一个公司股票价格也会在很短的时间周期内发生较大幅度的波动。由于对异议股东股票的"公平价值"进行评估时要求剔除触发交易事项的完成或者由其引起的预期所导致的股票价值的变化，在依赖股票市场进行股票定价的情况下，一般选择触发交易前的市场价格作为异议股东股票价值的参照标准。然而，由于股票价格在短期内的大幅度波动，很难相信任一时点的股票价格会比其他时点的股票价格更能准确反映股票的内在价值。因此，对触发交易时间的选择成为决定股票价值的关键因素。而对交易时间的决定权则由掌握在提议进行触发交易的公司控制人手中（多数情况下是公司的控股股东或管理层），如果公司控制人选择在公司股票价格低迷时提议进行触发交易，单纯依赖市场机制进行股票定价就会造成对小股东利益的损害。

2. 信息不对称与内部人控制。触发异议股东股票价值评估权的交易事项，如公司并购议案等，大多是由公司的控股股东提起的。在提议进行交易过程中，控股股东作为内部人有相对于小股东的信息优势，他们可能获得市场所无法获得的信息。如果单纯依赖市场机制进行股票价值评估，内部人可以通过这些信息优势谋取私人收益，这不利于对小股东利益的保护。另外，在现金挤出并购中，掌握公司经营控制权的控股股东为了能够以较低的价格收购小股东的股份，可以在并购交易之前，通过操纵公司的经营活动对股票市场上的公司股价进行打压。在这种情况下，股票市场上的股价并不是公司内在价值的反映，以此来决定小股东的权益价值是显失公允的。

正是基于上述理由，许多美国公司法学者认为，股票市场定价机制不能为小股东提供足够的利益保护，异议股东股份价值评估权应当在股份公司中适用，至少在公司控制人与小股东的利益冲突型交易中，应当完全废除"市场例外"原则，保障异议股东享有股份价值评估权。这对于防止公司内部人的代理风险、改善股份公司的治理结构有着重要的意义。

47.2 行为金融与数理金融之争：两种立法体例的金融经济学基础

在公司法学关于异议股东股份价值评估权制度是否应在公众公司中适用的争论中，焦点问题是股票市场定价机制是否是有效的，它是否能够为小股东利益提供足够的保护。对此问题的不同态度，反映出不同的金融经济学基础。

47.2.1 "市场例外"原则的金融经济学基础

公司立法中反对在股票市场价格之外对股票价值进行司法估价的"市场例外"原则认为，股票市场价格是股票内在价值的真实反映。这种观点是建立在以有效市场假说（EMH）与资本资产定价模型（CAPM）为核心的经典金融经济学理论基础之上的。

有效市场假说（EMH）认为，如果证券市场上的证券价格能够迅速充分地反映所有有关证券价格的信息，则证券市场上的证券价格变化就是完全随机的，投资者不可能利用某些分析模式和相关信息始终如一地在证券市场上获取超额利润。根据证券价格对信息反映的程度不同，效率市场可以分为弱势有效市场、半强势有效市场和强势有效。在弱势有效市场上，投资者无法利用历史信息牟取超额利润，在半强势有效市场上，投资者不但无法利用历史信息牟取超额利润，而且也无法利用所有公开发布的信息牟取超额利润，在强势有效市场上，投资者不但无法利用历史信息和所有公开发布的信息牟取超额利润，而且无法利用各种内幕消息牟取超额利润。有效市场假说由三个逐渐弱化的假定组成：第一，假定投资者是理性的，所以投资者能够根据每种证券未来现金流量经风险折合调整后的净现值，对证券价值做出理性评估；第二，假定即使有些投资者不是理性的，但由于交易的随机性，非理性的交易相互抵消，证券的价格不会受到影响；第三，即使投资者的非理性行为具有相关性，但由于市场中理性投资者套利行为，非理性投资者的财富在交易中将不断减少，其对证券价格的影响将被消除。

在有效市场假说基础上形成的 CAPM 假定，市场中的投资者的信念与预期是相同的，他们以相同的方式解读信息，有着同质的收益率预期。在一个有效的股票市场中，股票的价格反映了投资者根据风险与收益对股票内在价值的统一估计。从而，那些能够将其所持有的股票在一个高度发达的市场上卖出的投资者并没有获得估价权的需要。

以投资者理性为核心、建立在若干严格假定基础上的有效市场假说（EMH）与资本资产定价模型（CAPM）在 20 世纪 60 年代后期发达国家自由市场经济繁荣时期开始盛行，被认为是经典现代金融理论的基石。它为美国的公司立法提供了经济学基础并形成了巨大的影响，公司法中否认异议股东股份价值评估权在股份公司中适用的"市场例外"原则正是这种影响的产物。

47.2.2 评估救济在股份公司中的适用性：行为金融的解释

众多的涉及股份公司异议股东股份价值评估权的司法判例说明，异议股东股份价值评估权制度有在股份公司中存在的合理性。然而，这种制度的金融经济学基础是什么呢？尽管在大量司法判例的基础上，法院已经认识到，"如果股票市场作为一个所有因素依赖完全准确信息的完美市场而起作用，那么法院只需要参照股票市场的价格，对异议股东股票价值的评估将大大简化。不幸的是，完美的股票市场只是一个理论上的抽象的观点，现实世界中股票市场的变化程度并不是公司股价值的完美反映"，但是，要解释异议股东股份价值评估权制度在股份公司适用的合理性，还要到行为金融理论那里寻找答案。

行为金融理论是在经济学家不断对有效市场假说、资本资产定价模型等经典金融理论进行质疑与挑战的过程中逐渐形成与发展起来的。特别是在 20 世纪 80 年代以来，有效市场假说、资本资产定价模型在现代金融理论中的地位受到了逐渐兴起的行为金融理论的强烈挑战。

行为金融学的代表作是 2002 年诺贝尔经济学奖得主卡尼曼（Kahenmann）与托夫尔斯基（Tvershy）于 1979 年提出的关于人们在不确定条件下决策行为的期望理论。这两位集中于对人们的风险心理进行研究的学者指出，人们在现实经济决策过程中表现出来的行为特征与经典的现代金融理论的理性预期（Rational Expectation）、风险规避（Risk Aversion）等假定是相冲突的。例如，在投资决策过程中，人们并不看重其财富的绝对水平，而更关注相对于某一参考点的财富的变化情况；人们在收益确定条件下的决策表现出风险回避特征，但在损失确定条件下则呈现追求风险的行为特征，等等。在此基础上，行为金融学家总结了"心理账户"、"过于自信"等现实决策过程中人们的非理性行为模式，说明了行为人的实际决策过程受到其感知、信念、情绪、心态等许多方面的影响，并非总是理性的，并且这些系统性的非理性行为是以认知心理学的规律为基础的，不会因为统计平均而被消除。从而，有效市场假说（EMH）的前两个理论假定被推翻。

针对 EMH 的理性投资者的套利行为会消除噪声交易者非理性行为对证券价格的影响、使其回归基本价值的理论假定，行为金融学认为，完美的替代证券可能并不存在，或者即使存在这样的证券，套利行为的执行成本也是高昂的；另外，在噪声交易者众多的情况下，理性交易者承担风险的能力有限，其套利行为无力纠正价格的偏离。因此，套利行为总是受到限制并充满风险的，证券的错误定价不能因套利行为得到完全消除，市场并非是有效的。

针对资本资产定价模型中的同质信念假定，行为金融认为，在现实的投资行为中，面对风险与不确定性的人们的信念与预期是不同的，对相同信息的不同解读与判断，会导致投资者对某一投资回报的不同的估计。价值感受的不同导致了投资者对相同股票的不同投资需求。

行为金融理论从注重对人类个体与群体行为的研究出发，并以更贴近金融市场现实的解释能力，得到了现代经济学的认同。它的研究结果表明，股票市场有效定价只是一个特殊的例子，大多数情况下，股票价格并不是对其内在价值的真实反映；同时，股东对其所持有的股票的价值感受是不同的，单纯依赖市场机制进行股票价值评估的办法对那些对其持有的股票估价更为乐观的投资者而言是不公平的。尽管限制异议股东股份价值评估权制度在股份公司中适用的"市场例外"原则仍存在于美国许多州的公司立法中，但它只应被看作是司法界解决诉讼过程中股票定价困难的一个实用性的工具，而不应被看作对有效市场假说的称颂。从而，行为金融理论为公司立法中异议股东股份价值评估权制度在股份公司中适用提供了一个经济学解释。

47.3 结　论

无论是公司法的理论研究、外国公司法的司法实践，还是金融经济学的新发展都说明，在股份公司中，单纯依赖股票市场进行股票价值评估的做法在很多情况下不利于对小股东的利益保护。异议股东股份价值评估权制度在股份公司中适用是合理的。该制度在保护小股东利益、改善公司治理方面有着重要作用，对于我国完善公司立法与上市公司治理结构具有非常大的借鉴意义。

参 考 文 献

1. Manning, B., The shareholder's appraisal remedy: an essay for Frank Coker, Yale Law Journal, 1962, 72: 223-262.

2. Stout, L. A., Are takeover premiums really premiums? Market price, fair value, and corporate law, Yale Law Journal, 1990, 99: 1235-1296.

3. Wertheimer, B. M., The shareholders' appraisal remedy and how courts determine fair value, Duke Law Journal, 1998, 47: 613.

4. Seligan, J., Reappraising the appraisal remedy, Geo. Wash. L. Rev, 1984, 52: 829-864.

5. 刘力：《行为金融对效率市场假说的挑战》，载《经济科学》1999年第3期，第63~67页。

6. Mahoney, P. G. and M. Weinstein, The appraisal remedy and merger premiums, American Law and Economics Review, 1999, 1 (1): 239-275, note 2.

7. Kahneman, D. and A. Tversky, Prospect theory: an analysis of decision making under risk, Econometrica, 1979, 47 (2): 263-292.

8. Shleifer, A., Inefficient markets: an introduction to behavioral finance, New York: Oxford University Press, 2000: 13-16.

9. Miller, Risk, uncertainty, and divergence of opinion, Journal of Finance, 1977, 32 (4): 1151-1168.

10. Cunningham, L. A., Behavior finance and investor governance, Wash. and Lee L. Rev., 2002, 59: 767-838.

第 48 章

公司治理中的中小股东权益保护机制[*]

公司治理制度安排是围绕着对股东利益的保护而展开的。公司是一个包含各参与方在内的不完备契约的集合。在这样一个契约结构中，由于不确定性的存在，股东作为剩余风险的最后承担者，其利益不能像债权人、公司雇员的利益那样通过签订较为完备的契约得到保障。因此，如何确保股东的利益，特别是作为弱势群体的中小股东的利益，是公司治理所要解决的核心问题。

48.1 公司治理结构中小股东权力配置之缺陷

48.1.1 股东权利结构的一般性分析[①]

在公司制度安排中，司法救济制度之外股东个体所享有的权利一般可以分为收益权（剩余索取权）、股东大会投票权（剩余控制权）与退出权（股票市场用"脚"投票权）三种。

1. 股东收益权。股东收益权就是其剩余索取权，因为剩余索取权就是指对企业的全部收入减去所有的固定合约支付后的剩余额的要求权。它是与股东作为最终的风险承担者的角色相对应的权利。同时，它也是股东最为根本的目的性权利，因为股东参与公司契约的目的，就是为了在承担风险的同时获得收益，即资本的增值。股东的收益权或者剩余索取权，是股东利益保护的重点，也是公司治理结构的目标。公司治理的经典文献（Shleifer and Vishny，1997）认为，公司治理要解决的问题是，公司的资本供给者如何确保自己可以得到投资回报，他们怎

---

[*] 本章内容发表于《中国工业经济》2004 年第 9 期。
[①] 权利（right）与权力（power）的区别在于，后者指以某种行为控制与影响别人以达到某种效果的能力；前者除了这种意思之外，还指对物质资产所拥有的利益。因此，股东权利（shareholder rights）包括股东在公司契约中所拥有的权力（power）以及所享受的利益（interests）。

样使得经理人员将利润分配给他们,如何确保经理人员不会盗用资本或者将其投入到业绩差的项目中,他们是怎样对经理人员进行控制的。由此可以看出,股东的收益权是股东参与公司契约的目的所在。与此权利对应的股东所享有的其他权利,如投票权、市场选择权等,可以被看作实现收益权的手段。

2. 股东大会投票权。股东大会投票权,即股东表决权,是股东为了约束代理人行为而保留的部分控制权。从委托代理链条看,这部分权力属于委托人的剩余控制权。企业的契约理论把公司视为一个包括股东与经理人在内不同主体之间的不完备契约的集合,由于契约的不完备性,财产的控制权在所有者与代理人之间呈现一定的分配结构。格罗斯曼和哈特(Grossman and Hart,1986)将财产控制权分为特定控制权与剩余控制权,前者为契约中明确的那部分对财产的控制权,即经理人员的日常控制权,后者指契约中没有指定的权利,即股东的"所有权"。法玛与詹森(Fama and Jensen,1983)将经理人员的日常控制权称为"决策管理权"(包括对决策方案的提议权与执行权),而将股东(风险承担者)的剩余控制权描述为"决策控制权"(对经理人员的决策建议的批准权以及对其决策执行过程的监督权)。由此可见,股东大会投票权,即股东的剩余控制权,既是对经理人员日常管理活动的控制权,也是对自身财产权利的控制权,它的实质,是财产所有者通过对代理人决策管理活动的批准、监督、评价等控制权,实现保护自身财产权益之目的的行为与权利,它是股东防范代理风险的重要手段。伊斯特布鲁克和费希尔(Easterbrook and Fischel,1991)认为,如果有限责任是公司法的第一显著特征的话,则股东表决权就是公司法的第二显著特征。股东大会投票权的内容根据法律或公司章程的不同约定而不同。

3. 用"脚"投票权退出权。股东用"脚"投票权,又称为市场选择权,即不满意代理人表现的股东或者在二级股票市场上进行股份转让与资本变现、在不同的公司契约与代理人之间进行选择的权力。就其本质而言,它是股东所享有的退出权。但是应当指出,股东的退出权并不一定呈现为市场退出权的制度安排,也就是说,股东退出公司契约的方式,并不一定要借助股票市场、通过股份转让的形式来实现。[1] 公司法中的异议股东股份价值评估权就是股东在市场机制之外所享有的另一种退出权。[2]

一般意义上的股东退出权,就是股东为了保护自身的利益,防范代理风险与经营风险,在不能有效控制代理人行为时,及时终止与公司代理人的委托代理关系,从而退出公司契约的权力。股东(委托人)的退出权在契约结构中的地位是相当重要的。不完全契约理论(Grossman and Hart,1986;Hart,1995)已经指

---

[1] 一些学者(Hirschman,1970;Kostant,1999)将股东的用"脚"投票权等同于股东的退出权,进而把前者对于公司治理的缺陷等同于股东退出机制的缺陷,笔者认为这种观点值得商榷。

[2] 对于异议股东股份价值评估权作为股东退出机制的讨论,参见(Thompson,1995)以及本书47章的论述。

出，由于签约成本的存在，在订立契约过程中要想预期所有可能发生的事情、从而拟订一份无所不包的完全的契约是不可能的。在签订不完全契约的情况下，权力或者控制的配置变得十分重要；并且，由于契约一定会发生修订和重新谈判，所以契约最好是被看作是为这种谈判提供合适的背景或起点，而不应被看作是对最后结果的规定。由此可见，退出权可以被看作委托人在契约结构中的对于自身权益的最后的控制权。

所以从本质上，上述模型中股东所享有的权利可以概括为收益权（剩余索取权）、投票权（决策控制权）以及退出权三种。其中，收益权是投资的目的性权利，投票权与退出权是实现收益权、对代理人进行控制的两种手段。

48.1.2 退出权对于中小股东利益保护的重要意义

尽管股东大会投票权在理论上保证了股东参与公司治理的地位，但由于现代公司最高权力机关——公司股东大会的表决制度是资本多数表决原则，并且股权高度分散，这意味着掌握公司控制权的大股东可以通过用手投票的权力行使过程来左右公司的经营与管理，但就分散的中小股东而言，即使他们参加股东大会行使投票权，由于持股数量有限，在一股一票的表决方式下，也很难通过投票权的行使抗衡控制股东及其代理人的意志，防范代理风险。因而中小股东往往对于参与股东大会、行使股东投票权表现出"理性的漠然"，即缺乏行使投票权的激励。另外，传统条件下股东大会投票权的行使具有较高的交易成本，这更加剧了中小股东对于股东大会表决事项所具有的"搭便车"倾向。这种中小股东理性的漠然或者说搭便车行为，成为制约中小股东参与公司治理的重要因素。在投票权不能保护中小股东的切身利益的情况下，退出权对于中小股东而言意义非同寻常，因为自由、公平的退出机制，成为中小保护自身的财产权利免受代理风险侵蚀的最后的"武器"。

48.1.3 市场主导型股东退出机制的效率缺陷

1. 用"脚"投票权的核心地位。在传统公司治理理论（Fama，1980；Fama and Jensen，1983）中，用"脚"投票权这种市场主导的权力配置机制居于核心地位。具体而言，由于普通股中剩余要求权的无限制可转让产生了一个对这些组织而言特有的外部监督机构——具体是对普通股定价和以低成本转让普通股的股票市场。股票价格是简要说明有关现在和未来净现金流量的内部决策的各种含义的无形标志。资本市场通常能根据不确定与不完美信息的表象对企业价值做出理性评价。所以，在股票市场的作用下，所有权与管理权的分离不但不会削弱反而会加强私人财产权对管理的间接控制。因为虽然股东对企业管理发言权很少，中小股东对经理的任用几乎根本没有影响力,但是股东可以通过自由买卖股票来控制自己的财产值。这种自由买卖可以压低或抬高股票价格,形成对经理的强大的间接控制能力,此种压力比股东直接管理企业时要大得多。如果经理经营不善或机会主义行为,企业的股票价格会下跌。一方面,该经理人员在管理劳动市场的声誉下降,从而影响其未来人力资本的价值;另一方面,有能力的企业家或其他公司就能用低价买进足够的股份,从而接管该企业,赶走在任的经理,重新组织经营,获取利润。股票市场所施加的外部监督的压力,使公司决策程序以享有剩余要求权者利益为目的。

上述市场主导的公司治理权力配置机制是建立在股票市场有效性假说基础之上的。其前提是市场上的股票价格是其内在价值的准确反映。这种公司治理理论可以用图48-1模型来表示。

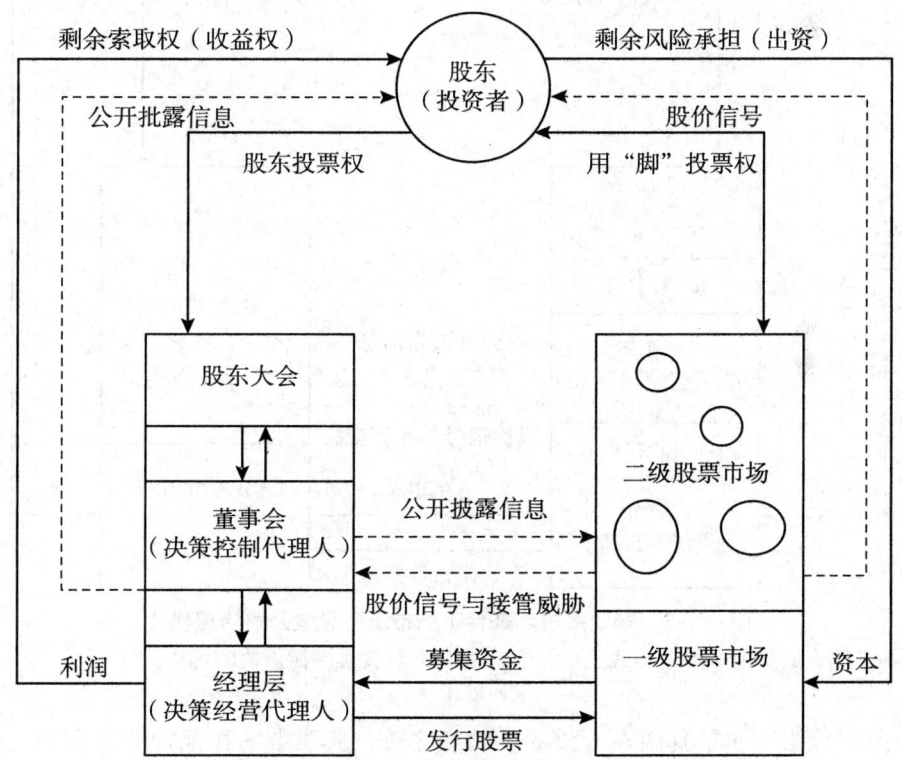

图48-1 有效市场假说条件下是市场主导型公司治理模式

注:图中股价信号用单虚线表示,意味着股价是股票内在价值的真实反映。

2. 用"脚"投票权的低效率:行为金融的启示。股票市场有效性假说是传统金融理论的核心命题,它是以投资者理性选择理论与完全套利理论两大理论模块为支撑的。

然而，近年来行为金融理论的逐渐兴起，却对市场有效性假说提出了全面的挑战。行为金融心理学实验和对金融市场的实证研究为基础，以期望理论与有限套利理论两大理论模块分别挑战理性选择理论与完全套利理论，其基本的结论之一是，由于行为人的心理因素的影响导致了其对理性认知的偏离，以及现实金融市场中套利策略充满了风险并且成本高昂，因而股票市场的定价并非是有效率的。在绝大多数的情况下，股票价格并非是其内在价值的准确反映。① 行为金融理论对于公司治理结构的影响可以用图 48-2 表示。

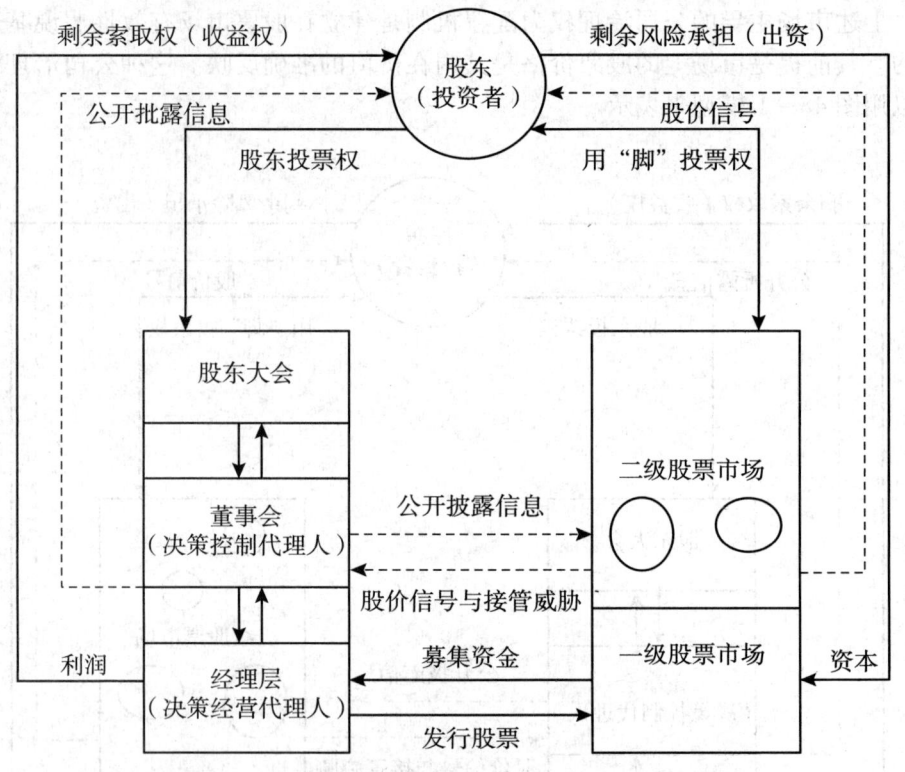

图 48-2 非效率市场条件下的市场主导型公司治理模式
注：图中股价信号用双虚线表示，意味着股价对股票内在价值的偏离。

股票价格并非是其内在价值的反映意味着，股票市场在保护股东利益、约束公司代理人方面的作用是非常有限的：第一，股东在股票市场上的用"脚"投票权并不能有效保护自身的权益，在价格低于股票内在价值的情况下，股东无法通过市场退出机制收回其所投入的资本。特别是对于无表决权优势、无法通过股东

---

① 行为金融理论的综述（Barberis and Thaler, 2002）；行为金融对公司治理结构之影响的讨论（卞江、徐向艺，2004）。

大会投票权保护自身利益的中小股东而言，在股票市场上用"脚"投票的选择往往是面对代理风险时的无奈之举。第二，由于噪声交易者的存在，理性股东用"脚"投票的行为并不一定导致股票价格的下跌，出于私人控制权收益之目的而滥用控制权的公司代理人通常情况下不会受到由于股票价格下跌所导致的接管威胁。公司财务理论中的"红利之谜"、"自由现金流"现象很好地说明了这一点。

上述公司治理结构中股东投票制度与市场退出机制的种种缺陷表明，中小股东在公司中处于弱势地位，其利益不能通过股票市场机制得到充分保护，应该借助法律手段对其施以必要的救济。

48.2 主要的中小股东法律救济手段及其法经济学分析

为了防止公司董事、经理人员或者控制股东侵害中小股东的利益，各国公司法都赋予了作为公司意思机关的董事会及其成员种种义务，或者赋予了中小股东种种权利。[①] 然而，当代理人或控制股东违反自身的义务，使法律规定形同虚设时，中小股东最终可以实际选择的保护自身利益的手段主要有异议股东股份价值评估权制度与股东诉讼制度两种。

48.2.1 异议股东股份价值评估权

异议股东股份价值评估权具有若干不同的称谓，如公司异议者权利、异议股东司法估价权、异议股东股份买取请求权、解约补偿权或退出权等。它是指对于提交股东大会表决的公司重大交易事项持有异议的股东，在该事项经股东大会资本多数表决通过时，有权依法定程序要求对其所持有的公司股份的"公平价值"进行评估并由公司以此买回股票，从而实现自身退出公司的目的。该制度的实质是一种中小股东在特定条件下的解约退出权。它是股东从公司契约中的直接退出机制，导致了股权资本与公司契约的直接分离。在股东利益保护与约束代理人机会主义行为方面，该种直接退出行为可以起到两方面的效果，一方面，异议股东通过司法估价权得到了与其所持有的股份相对应的公平价值，通过直接退出公司契约而保护了自身的财产免受潜在代理风险的进一步侵蚀；另一方面，对于公司或者公司的代理人而言，由于买回异议股东的股份所导致的资金流出会直接导致公司规模的缩小，即代理人可控制的资产的减少，因此，这种直接退出机制会对代理人的行为产生威慑与约束作用，迫使他们在特定行动之前必须考虑公司众多

---

① 对于股东所享有的各种权利的性质、分类以及保护措施的详细论述（刘俊海，2004）；对于董事所负有的各种义务的详细论述（张民安，2003）。

中小股东对于其所选择的行动方案的意见。

48.2.2 股东诉讼制度

中小股东在权利受到公司代理人或者控制股东侵害时,还可以通过股东诉讼制度来保护自身的权益。股东诉讼制度分为直接诉讼与派生诉讼两种形式。前者是指股东在作为公司成员所享有的个人权利受到侵害时所提起的一种诉讼;而派生诉讼是指当董事、经理等公司高级管理人员实施某种越权行为或不当行为时,由于公司董事会、监事会或股东大会对此不提起诉讼,而由公司一个或多个股东代表公司对实施越权行为或不当行为者提起的诉讼。在司法实践中,股东派生诉讼是中小股东利益保护的主要诉讼形式。

48.2.3 两种救济制度的效率比较

从法经济学的角度来分析,笔者认为,异议股东股份价值评估权制度与股东派生诉讼制度相比,前者是更有效率的一种中小股东救济制度,这是因为异议股东股份价值评估权制度具有以下几方面的优势。

首先,对股东行使权利的激励程度更加明显。异议股东股份价值评估权在性质上是一种股东自益权。也就是说,从产权的角度看,异议股东享有司法估价权,是契约自由思想的体现。异议股东并没有直接阻止公司从事由公司代理人或者大股东所发起的特定交易事项的权利,对此权利的行使,只是在支配属于股东自身的那一份公司资产,司法估价收益归异议股东个人所有。并且,由于在公司契约中,公司所积聚的资产规模是一定的,异议股东行使司法估价权并退出公司契约的行为,势必造成公司资产规模的缩减,这种资产规模的缩减积累到一定程度,将导致管理层原计划实施的特定交易事项或企业发展战略无法实施。异议股东股份价值评估权制度的自益权属性以及对代理人的约束功能使其行使激励前者的。相比较而言,派生诉讼则属于股东的共益权,即使股东最终胜诉,胜诉后的判决收益则归公司所有。作为原告的股东只能根据公司法的规定与其他股东分享此收益。派生诉讼的这种外部性特征容易使股东在公司利益被侵害时产生"搭便车"的行为,造成股东选择提起诉讼的激励不足。

其次,适用范围更加确定。各国公司法对于异议股东股份价值评估权制度的适用范围的规定各不相同,但一般都适用于公司并购、资产出售、章程修改等重大交易事项,并允许公司章程就该制度的适用范围做出各自的规定。从而,中小股东对于在何种情况下自身享有异议者权利有明确的预期,权利的行使不必以对公司的利益造成侵害为前提,而只是取决于自己对风险程度的判断。从而可以明确地做出是否行使异议者权利的选择。但在派生诉讼制度中,股东对于何种侵害公司利益的行为能够提起诉讼的判断，则是不确定的。因为在派生诉讼制度中，股东针对其认为的侵害公司利益的行为而提起的诉讼请求，可能被公司特别诉讼委员会以"商事判断原则"为借口而驳回。一旦这种情况发生，尽管法庭对于是否驳回诉讼具有自由裁量权，但多数情况下会适用"商事判断原则"驳回股东的派生诉讼。

再次，制度成本更加低廉。先行协商与支付模式，股东可以在较短的时间内获得公司所认可的估价支付，并在法院最终司法估价裁决后有进一步获得估价补偿的可能。而在股东派生诉讼制度中，为了防止一些非善意的股东企图通过提起派生诉讼的方式而追求自身利益所造成的诉权滥用行为，同时也为了使被告能在胜诉时从原告处获得补偿，各国公司法一般都规定了原告提供诉讼费用担保的制度。这无疑加大了派生诉讼制度的交易成本。

最后，权利行使程序更加便捷。在异议股东股份价值评估权制度中，股东只要就异议事项在股东大会表决前向公司提交反对通知，在股东大会表决时表明自己的反对态度，并在规定期限内提出股份买取请求，就可以获得相应的司法估价救济。而派生诉讼制度则适用"竭尽公司内部救济"之原则，即准备提起诉讼的股东必须首先向公司董事会或股东大会提出要求对侵害公司利益的行为人之侵害事实采取纠正措施的请求，只有这种请求被拒绝后才能提起诉讼。派生诉讼繁杂的程序以及时间的延误都大大降低了该制度对中小股东的救济效率。

上述分析表明，异议股东股份价值评估权制度较之股东派生诉讼制度，有较为明显的效率优势。它为中小股东在自身利益受到潜在威胁时提供了一条市场机制之外的退出机制，应当成为中小股东权益保护机制的主要内容。

48.3 异议股东股份价值评估权：我国中小股东权益保护机制创新

针对公司治理中中小股东利益保护的问题，学者们近年来仁者见仁，提出了许多对策建议，如规范股东大会制度；实行累积投票制度；建立股东派生诉讼制度；确立控股股东对上市公司及其他股东的诚信义务；规范关联交易、回避表决与上市公司的担保行为，等等[①]。笔者认为，我国中小股东利益保护机制建设的重点应该是充分借鉴西方国家公司立法的经验，建立和完善异议股东股份价值评估权制度，使其成为公司契约中的强制性规范，使中小股东在利益不能得到保障的情况下有自由公平地退出公司契约的权利。

---

① 对于公司法学界学者们近年来就中小股东利益保护问题的对策建议的提炼中的综述性文章（顾功耕，2002，2003；王保树、朱慈蕴、施天涛、汤欣，2004）。

目前，我国异议股东股份价值评估权制度的引入尚处于萌芽阶段，我国《公司法》中无相关内容，其他法规中仅有《上市公司章程指引》以及《到境外上市公司章程必备条款》中有极少泛泛的规定。结合目前我国公司立法与公司治理结构之现状，笔者认为以下几方面的配套改革对于发挥异议股东股份价值评估权制度公司监管及中小股东利益保护的功能有着重要的现实意义。

48.3.1　网络股东大会与股东电子投票权技术的实施

异议股东对股份价值评估权的享有一般要以其履行对公司的通知义务以及参与股东大会的表决为前提的，这涉及公司与股东之间较为频繁的信息传递，并使司法估价权与股东大会投票权紧密联系在一起，从而前者救济功能的充分发挥必须以其积极参与股东大会为前提。在传统的股东大会表决机制下，由于参与股东大会的交易成本高昂，中小股东行使投票权的激励不足。这在客观上会导致异议股东股份价值评估权制度对中小股东救济功能的减弱。

近年来，在西方国家逐渐兴起的网络股东大会与股东电子投票权技术，为充分解决传统股东大会投票表决机制的弊端、降低股东参与股东大会的交易成本，提供了有效的技术支撑。以美国为例，美国《特拉华州普通公司法》自2000年开始，已经认可了网络股东大会的法律效力，允许公司董事会自主决定股东大会是否以网络形式召开，《美国修正标准商事公司法》也允许股东授权代理人以电子邮件或其他电子形式进行代理投票。近年来股东对于电子文件传输、在线授权代理投票权以及在线参与股东大会的需求成倍的增长，这充分说明网络股东大会与电子投票权的实施不仅可以降低股东大会的会议成本，而且可以唤醒个人投资者积极参与公司治理的热情。

就我国现状而言，目前，网络股东大会投票系统分别在上海证券交易所与深圳证券交易所测试成功，这说明网络股东大会与股东电子投票权技术在我国的应用已具备了条件。因此，我国公司立法改革应充分认识到网络技术的进步对于中小股东参与公司治理的激励作用，积极推广网络股东大会与电子投票权技术在我国公司治理中的应用，为中小股东利益保护创造条件。

48.3.2　公司资本制度向授权资本制的改革

异议股东股份价值评估权制度的本质是中小股东在利益受到潜在侵害情况下的退出权，异议股东收回资本的退出行为以及公司为维持正常运营而补充资本的需求，必将导致公司资本的增减变化，这就要求公司适用灵活的资本制度。英美法系国家实行的授权资本制度适应了这一要求，从而为异议股东股份价值评估权制度实施的奠定了基础。而我国目前实行的是以法定资本制为主的混合资本制度，即内资企业实施法定资本制度、外资企业实行授权资本制度。法定资本制中"资本三原则"对于公司资本要求过于僵化、缺乏弹性的时代局限①，客观上不能适应公司法引入异议股东股份价值评估权制度后公司资本灵活调整的需要。在国际范围内，公司资本制度由法定资本制向授权资本制的变化是各国公司立法改革的普遍趋势，我国目前的公司法修改应顺应这一改革趋势，尽快实施公司资本制度由法定资本制向授权资本制的改革，为异议股东股份价值评估权制度的真正实施创造必要的前提条件。

48.3.3 异议股东司法救济范围的确定

我国对于异议股东股份价值评估权制度的引入存在着其适用范围与条件的设计问题，就此，国内已有学者根据英美等国的立法经验提出了对我国异议股东股份价值评估权制度的构想。笔者认为，要充分发挥异议股东股份价值评估权制度对于中小股东的救济功能，必须在借鉴国外立法经验的同时，还要看到国际上公司治理变革的趋势与我国公司治理所面临的体制背景，从而在制度设计中进行必要的改革。

1. 就适用交易事项的范围而言，英美等国的异议股东股份价值评估权制度一般是以公司并购、资产出售、章程修改等为触发交易事项。仅以这些交易事项为基础对于我国异议股东实施司法救济是不够的，这是因为：

首先，近年来全球范围内的公司治理危机使得重新界定股东与管理者之间的权利分配、扩大股东参与公司治理的范围已经成为各国公司立法改革所普遍面临的任务。我国作为一个股票市场发展程度相对落后、中小股东利益保护机制不健全的发展中国家，更应该积极扩大股东的权利。在这方面，毕查克（Lucian Bebchuk，2004）指出，股份公司的股东应该在公司"游戏规则决策"（"Rule-of-the-game" Decisions，包括关于公司章程修改与注册地变更的决策）、"游戏终止决策"（Game-ending Decisions，包括并购、资产出售以及清算等决策）、"缩减规模决策"（Scaling-down Decisions，即以现金或非现金形式的分配来缩减公司规模的决策）三方面拥有提议及批准的权利。笔者认为，这一扩大股东权利的基本思路对于我国确定异议股东的司法救济范围有极大的参考价值。

其次，我国上市公司中流通股与非流通股股东并存、国有股"一股独大"等独特的公司制度特征决定了多数派股东可以通过形式多样的关联交易抽取上市公司及中小股东的利益，因而上市公司与控股股东等关联方的关联交易应当被纳入对中小股东实施司法救济的触发交易事项范围内。

2. 异议股东股份价值评估权制度在股份公司中的适用性问题。美国半数州

---

① 对于法定资本制中"资本三原则"的局限性的详细论述（冯果，2001）。

的公司法令限制异议股东股份价值评估权制度在股票公开交易的股份公司中适用，认为股票市场的作用可以对中小股东利益提供充分的保护，这就是该制度的"市场例外（Market Exception）"原则。然而近年来迅速兴起的行为金融理论对于股票市场定价效率的质疑，以及国内外股票市场大幅度动荡的经济现实都表明，单纯依赖股票市场退出机制不能有效保护中小股东的利益，异议股东股份价值评估权制度的"市场例外"原则缺乏合理的理论基础，已经受到了国外学者的广泛质疑。[1] 因此，我国在引入异议股东股份价值评估权制度时，不应采用"市场例外"原则，应该确保该制度对于众多上市公司的广大中小股东救济功能的发挥。

48.4 结　论

公司治理模型是否能对代理人形成有效的约束机制，取决于委托人所享有的投票权与退出权这两种控制手段是否能够有效约束代理人。由于股东大会实行资本多数表决原则，中小股东不能以投票权的行使来控制代理人；又由于投资者的非理性因素导致了股票市场定价效率的缺陷，使得中小股东在市场上用"脚"投票的退出行为也难以约束代理人并保护自身利益。因而，中小股东的利益保护需要借助法律救济手段来实现。在众多可供选择的法律救济手段中，异议股东股份价值评估权制度为中小股东提供了一种在利益受到潜在威胁时自由退出公司契约的机制，是一种富有效率的手段，应当成为我国中小股东利益保护机制建设的重点。对于该制度的引入，应该在借鉴国外立法经验的基础上，结合我国公司立法的现状以及国际范围内公司治理与公司立法改革之趋势进行。重点需要解决的问题是通过网络技术的应用降低该司法救济制度的交易成本，进行配套的公司资本制度改革，以及设计适合我国国情的司法救济制度的适用范围。

参 考 文 献

1. Hirschman, A. O., Exit, voice, and loyalty: response to decline in firms, organizations, and states, Harvard University Press. 1970.

2. Shleifer, A., Inefficient markets: an introduction to behavioral finance, New York: Oxford Press. 2001.

3. Shleifer, A. and R. W. Vishny, A survey of corporate governance, Journal of Finance, 1997, 52(2): 737-783.

4. Wertheimer, B. M., The shareholders' appraisal remedy and how courts determine fair value,

---

[1] 学者们对于"市场例外"原则的质疑与批评（Wertheimer, 1998; Cunningham, 2002）。

Duke Law Journal, 1998.

5. Fama, E. F., Agency problem and the theory of firm, Journal of Political Economy, 1980, 88 (2): 288 – 307.

6. Fama, E. F. and M. C. Jensen, Separation of ownership and control, Journal of Law and Economics, 1983, 26.

7. Easterbrook, F. H. and D. R. Fischel, The economic structure of corporate law, Harvard University Press. 1991.

8. Grossman, S. and O. Hart, The cost and benefits of ownership: a theory of vertical integration, Journal of Political Economy, 1986.

9. Cunningham, L. A., Behavior finance and investor governance, Wash. and Lee Law Review, 2002.

10. Bebchuk, L., The case for increasing shareholder power, forthcoming in Harvard Law Review, 2004.

11. Barberis, N. and R. Thaler, A survey of behavioral finance, NBER Working Paper 9222 Http://www.nber.org/paper/w9222, 2002.

12. Hart, O., Firms, contracts and financial structure, Oxford University Press. 1995.

13. Thompson, R. B., Exit liquidity and majority rule: appraisal's role in corporate law, Georgetown Law Journal, 1995.

14. 张民安：《公司法上的利益平衡》，北京大学出版社2003年版。

15. 蒋大兴：《公司法的展开与评判——方法·判例·制度》，法律出版社2001年版。

16. 王保树、朱慈蕴、施天涛、汤欣：《投资者利益保护》，社会科学文献出版社2003年版。

17. 顾功耕：《公司法律评论》，上海人民出版社2002年版、2003年版。

18. 冯果：《论公司资本三原则的时代局限》，载《中国法学》2001年第3期。

19. 刘俊海：《股份有限公司股东权的保护》，法律出版社2004年版。

20. 卞江、徐向艺：《异议股东股份价值评估权在股份公司中的实用性研究》，载《东岳论丛》2004年第4期。

第8篇

公司管理层收购与价值评估

第49章

管理层收购的投资价值及最优投资时机选择*

在管理层收购中,基于实物期权的评估方法充分考虑到企业未来增长机会、收购灵活性、收购后企业经营柔性产生的期权价值,但是,由于自身资源及能力限制,企业只能选择利用实物期权,同时,竞争的存在,改变了管理层收购决策灵活性及投资机会的价值。管理层只有在对目标企业自身内部优劣势、外部竞争条件进行充分分析,并对管理层收购中竞争对手的反应和可能采取的措施分析的基础上,才能准确确定管理层收购的实物期权价值并做出最优投资决策。本章利用期权博弈方法,结合传统的战略分析研究管理层收购中目标企业的投资价值和最优投资决策。

49.1 引 言

在实物期权的框架下,管理层收购中目标企业的投资价值由企业的自身价值、自身增长机会价值、管理层收购的实物期权价值与管理成本节约及战略整合效应而产生的收购增加价值构成。这种方法充分考虑到企业未来增长机会、收购灵活性、收购后企业经营柔性产生的期权价值和管理层收购所创造的价值,对准确衡量企业的价值具有重要的意义。但是,由于自身资源及能力限制,企业只能选择利用一部分符合自身发展战略的投资机会。在不确定条件下,由于存在期权价值,管理层有动力延迟收购投资,但竞争对手的抢先投资威胁,使管理层投资时必须在两者之间进行权衡。管理层只有在对目标企业自身内部优劣势、外部竞争条件进行充分分析,并对管理层收购中竞争对手可能采取的措施和反应分析的基础上,才能准确确定管理层收购的实物期权价值并做出最优投资决策。本章利用期权博弈方法,结合传统的战略分析,研究在不确定和竞争条件下,影响管理层收购中目标企业投资价值的各种因素确定出期权博弈投资战略分析的价值函数,并在竞争条件下确定出管理层收购的最佳时机,最终形成最优投资战略。

---

* 本章内容发表于《经济与管理研究》2007年第3期。

49.2 实物期权框架下管理层收购中目标企业投资价值评估模型

49.2.1 实物期权框架下管理层收购的投资价值

在实物期权的框架下,管理层收购中的目标企业投资价值的评估模型为:

$$V_I = Va + C + Vo + Vs \tag{1}$$

式中,V_I 代表企业的投资价值;Va 代表管理层收购中目标企业自身现实价值,是目标企业自身已公开的投资机会和现有业务未来的增长所能产生的现金流;C 代表管理层收购中目标企业自身拥有的未来投资增长机会的价值,即在将来的某一时段内,支付一定的投资费用而得到投资收益,企业可以根据行使期间内项目投资形式的好坏来决定行使或放弃这种权利的实物期权价值;Vo 代表管理层收购的期权价值,是管理层在收购过程中所获得的收购灵活性、收购后企业经营柔性产生的期权价值;Vs 代表管理层收购所创造的管理成本节约及战略整合效应价值。

49.2.2 管理层收购中实物期权的分析

斯图尔特·麦尔斯(Stetwart Myers,1977)指出一个企业的价值包括"现实资产"的价值,再加上一个对未来投资机会的选择,由 DCF 方法得到的价值只是企业价值的一部分,另一部分则是代表未来增长机会的实物期权价值,这些投资机会可以看作是目标企业持有的增长期权。管理层收购作为一种战略投资行为,也具有一定的期权特征,表现为管理层在收购过程中所获得的实物期权。开始时,管理层要做出是否收购的决策,这一决策可能带给管理层取得企业控制权、充分施展个人才能、获取企业剩余索取权及整合业务改善管理的机会,可以看作是增长期权,管理层可以通过收购投资执行期权;当管理层拥有了收购企业的权利后,可以考虑等待、观察一段时间,等信息明确时再选择有利的时机进行收购,这表现为延迟期权;在有效期内,如果市场状况非常差以至于执行收购对管理层反而不利时,管理层可以放弃该项收购,即拥有放弃期权;收购活动实施后,管理层拥有的相机处理目标企业资产的权利,也可以视为实物期权。例如,管理层有权终止企业的已有项目,延缓到市场行情较好的时候进行开发,这表现为悬置期权。管理层可以根据形势的发展,在多种决策间进行选择:当有利情况出现、投资的产出和市场状况比预期好的时候,不同程度地对目标企业追加投资；反之，则缩减投资，这表现为投资规模变动期权；管理层还有权根据目标企业的优势，更为有效地运用目标企业资源，这表现为变换期权。如果并购后整合的情况相当差或者当存在良好的套利机会时，管理层甚至可以在适宜的时机，将资产出售或者包装上市，以获取更多的收益，减少收购的损失，这表现为放弃期权。

管理层收购的投资决策，从准备收购到收购实施再到战略整合以及后期投资或转让出售等，决策信息是一个随着时间推移不断积累的过程，投资决策往往要分阶段进行，每一阶段的投资时间及投资额都取决于前一阶段的投资成果。在管理层收购中，存在着后一个期权是在前一个期权的基础上产生，后续期权的存在会改变前面期权的价值，这样就构成了复合期权。由于彼此间的相关性，复合期权的价值不是孤立的、单个实物期权的价值或者他们价值的简单相加。

综上所述，在管理层收购中，存在许多实物期权，既有各种类型的单一期权，也有复合实物期权，对企业发展和价值形成具有重要的作用，在价值评估中如何理清复合期权之间的相互关系，发现主要的实物期权，对于目标企业的投资价值评估至关重要。

49.2.3 实物期权的特征

实物期权（Real Options）是与金融期权相对的概念，与金融期权相比，实物期权具有以下四个特性：(1) 非交易性。实物期权与金融期权本质的区别在于非交易性。不仅作为实物期权标的物的实物资产一般不存在交易市场，而且实物期权本身也不大可能进行市场交易。(2) 非独占性。许多实物期权不具备所有权的独占性，即它可能被多个竞争者共同拥有，因而是可以共享的。对于共享实物期权来说，其价值不仅取决于影响期权价值的一般参数，而且还与竞争者可能的策略选择有关。(3) 先占性。先占性是由非独占性所导致的，它是指抢先执行实物期权可获得的先发制人的效应，结果表现为取得战略主动权和实现实物期权的最大价值。(4) 复合性。在大多数场合，各种实物期权存在着一定的相关性，这种相关性不仅表现在同一项目内部各子项目之间的前后相关，而且表现在多个投资项目之间的相互关联。

49.3 实物期权价值的影响因素

49.3.1 竞争因素的影响

吴建祖、宣慧玉研究表明（2006），竞争促使企业提前进行 RandD 投资，从而消减了企业 RandD 等待期权的价值,市场需求的不确定程度越大,投资成本越高,企业越晚投资;而先动优势越大,企业越早投资,在不确定的竞争环境中,企业选择其最优的 RandD 投资时机时,将面临等待以获得期权价值和抢先投资以获得先动优势之间的权衡。格雷纳迪尔(Grenadier,2002)指出,在竞争激烈的市场中期权价值由"企业联合组织"共同享有,期权的价值将低于在垄断时的期权价值,并且在一般情况下,实物期权价值将随着在产品市场中竞争者的数量的增加而非常迅速的降低。宁文昕、于明涛(2006)研究认为由于企业资源的有限性和基于核心竞争力的考虑,企业不可能对所有成长期权都进行相应的投资。企业要根据自己的资源和发展战略确定去实施相应的期权类型,而放弃其他的期权,竞争的加剧必然会减少期权的价值,并根据格雷纳迪尔(Grenadier,2002)的研究,先计算垄断情况下的整个行业的期权价值。安瑛晖、张维(2001)在对实物期权进行估价的同时,引入博弈分析,在两家竞争的市场情况下,经济租金可以由垄断租金(Monopolyrents)转化为两家共享租金(Duopoly Rents)。在完全竞争和垄断竞争的市场情况下,不存在博弈分析,项目投资决策仅仅依赖于含实物期权的项目价值估价结果并追求利润最大化,也不存在博弈分析,而寡头竞争的情况下,在进行项目投资估价和决策时则必须考虑其他竞争者经营策略、经营状况以及经济租金的转化和竞争者进入后的期权变化问题,即必须引入博弈分析方法。雷星晖、李来俊(2004),杨勇、达庆利(2005)等结合实物期权方法和博弈论的期权博弈方法评价双寡头垄断的市场结构下企业 R and D 投资决策问题,分析了两家实力均衡的企业在进行研发投资决策时可能采取的策略。

在没有竞争的情况下,投资机会是专有的,投资者只需考虑项目未来的收益和其中所包含的实物期权价值即可做出正确决策。但是,由于竞争的存在,还必须考虑竞争对项目价值,尤其是实物期权价值的影响。在管理层收购中部分实物期权是非独占性的,因此竞争的加剧必然会减少期权的价值。不同的投资外部性可能会带来不同的影响,这种影响在具有战略替代性的市场上(负的外部性)是负面的,会减少实物期权的价值;而在具有战略互补性的市场上(正的外部性)是正向的,会增加实物期权的价值。

49.3.2 企业自身因素的影响

在管理层收购中,存在许多实物期权,但是并不是所有的实物期权对企业发展和价值形成都具有重要的作用,只有那些符合企业发展战略、具有竞争价值和潜力而且能够带来竞争优势的投资机会和决策选择权才能够给目标企业的发展起到积极的作用,在某些相对于竞争对手处于弱势的投资机会可能会给企业的发展带来不利的影响,因此,管理层和目标企业要根据自己的资源和发展战略确定去实施相应的期权类型，而放弃其他的期权。另外，管理层和目标企业是否有足够的资源来利用所有理论上可以利用的期权呢？回答是否定的，因为出于管理层收购目的、管理层自身能力、资本市场等环境条件的限制，管理层对收购中的时间延长、转换投资、战略整合等不可能进行无限制的选择，有限的公司资源不可能支撑无限的市场需求，更不可能在未来的每一个增长机会上进行"试验"。因此在价值评估中如何从中发现主要的实物期权，同时如何理清复合期权之间的相互关系，对于管理层收购中实物期权的价值评估至关重要，我们必须根据管理层收购的具体情况和企业的核心竞争力的要求进行相应的期权选择。

管理层首先应该对目标企业未来可能的投资机会、管理层收购中的决策灵活性、收购后相机处理企业资产和业务的机会进行分析，充分发现管理层收购中可能出现的实物期权及类型和性质，对所有的实物期权进行梳理，明确管理层收购以及企业自身发展过程中全部实物期权，并分析其特点、价值及依存条件，再根据收购的目的、收购后企业的发展战略、管理层自身的专业素质和管理能力、融资能力、资本市场的状况、企业的资源和核心竞争力、产品市场的状况等确定有价值的实物期权。如果一个决策灵活性的实物期权的存在，可以给管理层留下更广阔的决策空间，并且是管理层在现有获未来可预测状况和下可实现的，是当前或未来可预测外部环境条件下可操作的，这样的决策柔性或相机资产处置的实物期权是适用的实物期权；如果一个目标企业的潜在的投资机会符合企业的发展战略，可以给企业增长搭建一个新的平台，如果这些新的市场机会能够给企业带来新的增长，同时企业又有能力进入这样的市场并在市场中保持自己的优势地位，那么这样增长机会就可以定义为主要实物期权；如果由于竞争的存在等而使得收入的潜在增长没有增加，那么就不能把这一市场机会当作主要实物期权；如果在第二步中所确定的实物期权，已经被大量的有战略资产的竞争者所共享，那么我们就必须把这个实物期权取消。

49.3.3 实物期权博弈投资战略分析理论框架的建立

实物期权博弈投资战略分析方法的基本依据是建立在扩展的净现值最大化基础之上的。不确定条件下竞争的管理层收购中目标企业的投资价值可以表示为：
竞争条件下的投资价值 = 静态的投资价值 - 根据企业自身情况不能有效利用的实物期权的价值 - 竞争的影响，即：

$$VI' = Va + Vs + C' + Vo' \qquad (2)$$

式中，VI'代表目标企业考虑到竞争因素和自身资源及发展战略调整后的投资价值；Va代表管理层收购中目标企业自身现实价值；C'代表管理层收购中目标企业考虑到竞争因素和自身资源及发展战略调整后的自身拥有的未来投资增长机会的价值；Vo'代表管理层收购中考虑到竞争因素和自身资源及发展战略调整后的收购灵活性、收购后企业经营柔性产生的期权价值；Vs 代表管理层收购所创造的管理成本节约及战略整合效应价值。

49.4 管理层收购最优投资时机的期权博弈分析

现在以延迟期权为例，分析竞争对管理层收购决策和实物期权价值的影响。当管理层拥有了收购企业的权利后，可以考虑等待、观察一段时间，等信息明确时再选择有利的时机进行收购，管理层拥有的这个可延迟的投资机会，就如同拥有一个标的物未支付红利股票的美式看涨期权，也就是说他可以在项目所允许的延迟期内，选择最佳的投资点，而不必马上做出投资与否的决定，这就是管理层在收购中所拥有的延迟期权。延迟期权的作用在于，在投资机会有效期内等待一定的时间，等待是否有对管理层收购决策产生重大影响的信息，以便做出更优的决策。

假设管理层对企业实施收购所要支付的收购成本为 I，企业是风险中性的，收购是不可逆的，无风险利率为 r。管理层收购实施后，目标企业的投资价值 $V(t)$ 服从几何布朗运动：

$$dV(t) = \alpha V(t) + \sigma V(t) dz \tag{3}$$

其中，V 是目标企业的投资价值，$V(t)$ 表示在时刻 t 进行投资目标企业的投资价值，α 是期望增长率，σ 是瞬时波动率，dz 是标准的维纳过程增量，$dz = \varepsilon t dt$，$\varepsilon t \sim N(0, 1)$。

49.4.1 垄断情形下的最优投资时机分析

按照传统的 NPV 法中，当 V > I 时，应当投资；当 V < I 时，应当放弃投资。但在考虑存在实物期权的情况下，由于存在实物期权，V 往往是不确定的，所以，投资决策就需要找出最优投资临界点 V_m 和管理层收购的最优投资时机。当管理层处于独占地位时，即不存在竞争对手抢先投资威胁的情况下，管理层收购的最优投资决策，根据实物期权理论，是一个最优停止问题，即存在某个投资临界值 V_m，当 $V \leq V_m$ 时，等待是最优的；当 $V \geq V_m$ 时，投资是最优的，相应的最优投资时机 T_m 为 V 首次到达 V_m 的时刻，即 $T_m = \inf(t | V \geq V_m)$。由于投资时机本身是与投资临界值相关的随机变量，在下面的讨论中，我们将只给出有关的投资临界值，不再给出相应的最优投资时机。

假设延迟期权的价值为 F(V)，根据资本市场均衡条件：

$$rFdt = E(dF)$$

式中 E 为期望收益，即延迟期权的价值在单位时间的期望变化等于是资本量为 F 的五封信收益，由伊藤引理可知：

$$dF = F'(V)dV + F''(V)(dV)^2 \quad (4)$$

整理得到：
$$E(dF) = \alpha V F'(V)dt + \sigma^2 V^2 F''(V)dt$$

两边同除以 dt 得到微分方程：
$$\alpha V F'(V) + \sigma 2 V 2 F''(V) - rF = 0 \quad (5)$$

这个方程为一个二阶齐次线性方程式，在最优投资临界点 V_m，该方程必须满足：
$$F(0) = 0 \quad (6)$$
$$F(V_m) = 1 \quad (7)$$
$$F'(V_m) = 1 \quad (8)$$

其中式（6）表示当管理层收购中目标企业的投资价值为 0 时，拥有这个项目的期权也为 0，式（7）表示价值匹配条件（Value Matching），即期权的价值必须等于通过执行期权获得的净值，V_m 投资最优时的管理层收购项目的价值，式（8）表示平滑粘贴条件（Smooth Pasting），即连续平滑。

其解为：
$$F(V) = AV^{\beta_0}$$

其中，$A = V_m(1 - \beta_0)/(r - \alpha)\beta_0$

β_0 为下列方程的正根
$$\frac{1}{2}\alpha^2\beta^2 + (\alpha - 0.5\sigma^2)\beta - r(1 - \beta_0) = 0 \quad (9)$$

可以得到管理层收购前后的投资益 E 和投资临界值 V_m：
$$E = (V/V_m)^{\beta_0}[V_m/(r - \alpha) - I], \quad V \leq V_m \quad (10)$$
$$E = V/(r - \alpha) - I, \quad V \geq V_m \quad (11)$$
$$V_m = \beta_0(r - \alpha)I/(\beta_0 - 1) \quad (12)$$

按照传统的 NPV 法中，当 V > I 时，应当投资；当 V < I 时，应当放弃投资，即 V_{npv}。由式（9）可以证明 $\beta 1 > 1$，因此，$V_m > I$，即实物期权理论中的最优投资临界值 V_m 应大于传统 NPV 法的最优投资临界值 V_{npv}，实物期权方法与投资净现值比较，导致投资阈值提高。这说明，在不确定条件下，由于存在等待的期权价值，管理层有动力延迟收购投资。

投资决策规则为：当管理层收购中目标企业的投资价值超过投资成本一定幅度（到达 V_m）时才进行投资，换言之，$x = \max\{V - V_m, 0\}$，如果 $x \geq 0$，则进行投资决策，反之，继续等待，即继续持有期权，因为延迟收购的机会即期权拥有价值。

49.4.2 竞争情况下投资战略分析

当管理层要对目标企业实施收购时，可能有其他的投资者出于战略投资或产业发展的需要等已经对该目标企业产生兴趣，特别是在中国国有企业目前正在推动的产权制度改革中，为民营企业、外资企业实施并购、迅速扩大规模提供了一个有力的平台，随着资本市场的发展，企业的资本运作意识增强，通过并购实现迅速扩张案例每年在大量增长。因此管理层收购同样可能面临着竞争。

为了研究方便，假设企业管理层在目前市场上存在一个竞争对手，有意收购目标企业，两者中先投资实施收购者将得到收购机会，另一方同时失去该投资机会，成功的收购方获得所有可能的利润。目标企业原股东在选择股权转让对象时无明显偏好，并且，任何一方实施收购均可取得收购成功，企业的决策符合理性预期，即企业行为的出发点是以最少的投入获得最大的利益。

49.4.3 完全信息条件下的最优投资时机

假设管理层完全知道竞争对手对目标企业的评价，在所有参与者当前收购价值给定的前提下，管理层的策略是指在当前无人投资的情况下，它是否投资。

1. 管理层与竞争对手对目标企业期望价值和收购成本完全相同时。当管理层与竞争者对目标企业的期望价值完全相同时，即 $V = V_C$，$I = I_C$，可以证明在条件对称时，纳什均衡策略也是对称的，临界值（设为 V_N）（N 代表 Nash）对所有参与者来说都是相同的。当 $V = V_C$，$I = I_C$，所有参与者的均衡策略是唯一的，即 $V_N = I$。

当管理层与竞争者对目标企业的期望价值完全相同时，如果被竞争对手抢先投资，就意味着丧失整个项目的价值，在这种情况下，投资变成了一个 now or never 的机会问题。在这种情况下，当管理层对目标企业期望价值大于收购成本的情况下，管理层的最优决策是立即投资。此时，管理层收购所拥有的延迟期权的价值为 0。相对于传统的投资评价方法，期权价值趋向于导致投资延迟，但在行动失败（被竞争对手抢先投资）的极端的状况下，延迟期权的价值完全消除，在这个意义上讲，抢先行动的激励是与期权价值直接相矛盾的。

2. 管理层与竞争者对目标企业期望价值和收购成本并不完全相同时。现在假设管理层与竞争者对目标企业期望价值和收购成本并不完全相同，那么如果一方对目标企业的期望价值在对方之前超过 I，该公司的投资回报就为正值。

在完全知道竞争者对项目评价前提下，唯一的纳什均衡策略是：

延迟，　　if $V < I$

延迟，　　if $I < V < V_m$ and $V < I_c$

收购，　　if $I < V < V_m$ and $V_c \geq I_c$

收购，　　if $V \geq V_m$

表明当管理层对收购的期望价值超过临界值而竞争对手没有到达相应的临界值时，管理层可以推迟收购。然而当竞争对手的期望回报为正时，非合作竞争使得管理层在这之前进行投资。

49.4.4　不完全信息条件下的最优投资时机

假设管理层关于竞争对手的信息是不完全的,管理层不知道竞争对手抢先投资的临界值 V_{CP} 的值,只知道 V_{CP} 是服从分布 $Y(x)$ 的独立随机变量。换句话说,管理层不知道竞争对手的抢先投资时机,但可以按某个概率分布对此做出推测。$Y(x)$ 是累积概率函数,$0 \leq Y(x) \leq 1$ 且单调递增,并且在分布区间 $[V_L, V_U]$ 上,$Y(x)$ 具有连续可导的概率密度函数 $y(x) = Y'(x)$。

由于管理层推测只有期望价值 V 首次到达某个临界值 V_P 时,竞争对手才投资,所以,当 V 在时刻 t 到达某个新的更高的值 V' 时,管理层通过观察竞争对手的投资行为获得有关竞争对手的最新信息。具体来讲,如果此时竞争对手投资,则其临界值就是当前值 V'。如果此时竞争对手没有投资,则管理层知道竞争对手的投资临界值是介于当前值 V 和分布区间上界 V_U 之间的一个值,即 $V_{CP} \in [V', V_U]$。根据贝叶斯法则,此时管理层对竞争对手投资临界值 V_{CP} 分布的条件推测为:

$$Y(V_{CP}|V') = P\{V \leq V_{CP}|V \geq V'\} = [Y(V_{CP}) - Y(V')]/[1 - F(V')] \quad (13)$$

$$V' = \sup_{0 \leq \tau \leq t}[V(\tau)] \quad (14)$$

由式(11)可知,$Y(V_{CP}|V')$ 为管理层推测的投资临界值为 V_{CP} 的竞争对手在未来 $(V \geq V')$ 继续持有期权(不投资)的可能性。相应地,$1 - Y(V_{CP}|V')$ 为管理层推测的竞争对手在未来抢先投资的可能性。为了反映管理层对竞争对手在 V_{CP} 处瞬时抢先投资威胁程度的推测,我们定义危险率(Hazard Rate)$h(V_{CP}|V')$ 为:

$$h(V_{CP}|V') = \lim_{\varepsilon \to 0} P\{V_{CP} \leq V \leq V_{CP} + \varepsilon | V \geq V'\} \varepsilon = y(V_{CP})/[1 - Y(V_{CP})] \quad (15)$$

在给定竞争对手投资临界值的分布 $Y(x)$ 后,危险率 $h(V_{CP}|V')$ 表示管理层推测的竞争对手在临界值 V_{CP} 处抢先投资的可能性。注意到,由于 $V_{CP} \geq V'$,所以,$h(V_{CP}|V') = h(V_{CP})$,即危险率 $h(V_{CP}|V')$ 与 V' 无关,而只与分布 $Y(x)$ 和投资临界值 V_{CP} 有关。也就是说,管理层对竞争对手在 V_{CP} 处抢先投资可能性的推测,只与它对竞争对手投资临界值 V_{CP} 的推测有关,而与 V 的当前值 V 无关。

由于管理层需要随时根据新的更高的 V 值来更新对竞争对手投资临界值 V_{CP} 的推测,并据此做出自己的投资时机决策,因此,不难知道,管理层的收益 V_P 也是 V' 的函数,即 $V_P = V_P(V, V')$。而且,管理层要确保抢在竞争对手之前投资,就必须有 $V_P < V_{CP}$,其中,V_P 为管理层的抢先投资临界值。由式(14)可知,V' 是一个跳跃的单调递增的变量,其值域为一个递增的序列。当 $V' \leq Y \leq V_P$

时，在 V' 保持不变的区域，即不考虑 V' 的情况下，根据标准的实物期权模型，E_P 满足如下微分方程：

$$\frac{1}{2}\sigma^2 V^2 E_P''(V, V') + \alpha E_P'(V, V') - rE_P(V, V') = 0 \quad (16)$$

并且满足如下边界条件：

$$E(V_P, V_P) = V_P/(r-\alpha) - I$$

$$\lim_{Y \to 0} E(V, V) = 0$$

根据风险中性条件，管理层在 V' 处的收益 $\partial E(V, V')/\partial V'$ 应该等于它被竞争对手抢先的期望损失，后者为投资收益与危险率的乘积，即 $E(V, V')h(V')$，因此，结合式（15），我们有：

$$\partial E(V, V')/\partial V' = E(V, V') \times \partial Y(V')/\partial V'/[1 - Y(V')]$$

结合上述边界条件，求解式（16），可得：

$$E_P(V, V') = (V/V_P)^{\beta_0}[V_P/(r-\alpha) - I] \times [1 - Y(V_P)]/[1 - Y(V')] \quad (17)$$

为了求管理层的投资临界值 V_P，我们对式（15）关于 V_P 求导并令其等于零，得：

$$1/(r-\alpha) - \beta_0/V_P \times [V_P/(r-\alpha) - I] - y(V_P)/[1 - Y(V_P)] \times [V_P/(r-\alpha) - I] = 0 \quad (18)$$

根据危险率定义，将 $h(V_P) = y(V_P)/[1 - Y(V_P)]$ 代入式（18），整理可得：

$$V_P^2 + [(\beta_0 - 1)/h(V_P) - (r-\alpha)I]V_P - \beta_0/h(V_P) \times (r-\alpha)I \quad (19)$$

求解方程（17），即可得到管理层的投资临界值 V_P。

下面，我们来证明方程（17）有解，并分析 V_P 与 V_a 和 V_m 的关系。令方程（17）的左边等于函数 $g(V_P)$，由于 $h(V_P) > 0$，结合式（3）和（4），可知 $g(0) < 0$，$g(V_m) > 0$，$g(V_a) < 0$，从而，二次方程（14）存在唯一的正根 VP，且

$$V_{npv} \leq V_P \leq V_m \quad (20)$$

由此可知，企业 1 的投资临界值 V_P 介于传统的 DCF 法的 V_{npv} 和实物期权垄断投资临界值 V_m 之间。这表明，不完全信息减缓了竞争对管理层收购投资等待期权价值的侵蚀，使得管理层即使在面临竞争对手抢先投资威胁的情况下，等待而非立即投资仍然是有价值的，换句话说，不完全信息延缓了企业的投资。

49.5 竞争条件下管理层收购中目标企业投资价值及决策步骤

通过上面的分析可以看出，管理层收购中的实物期权价值评估首先要强调竞

争和战略分析,然后进行相应的数学计算和科学决策,只有这样我们才能得出一个比较合理的评估价值(见图49-1)。

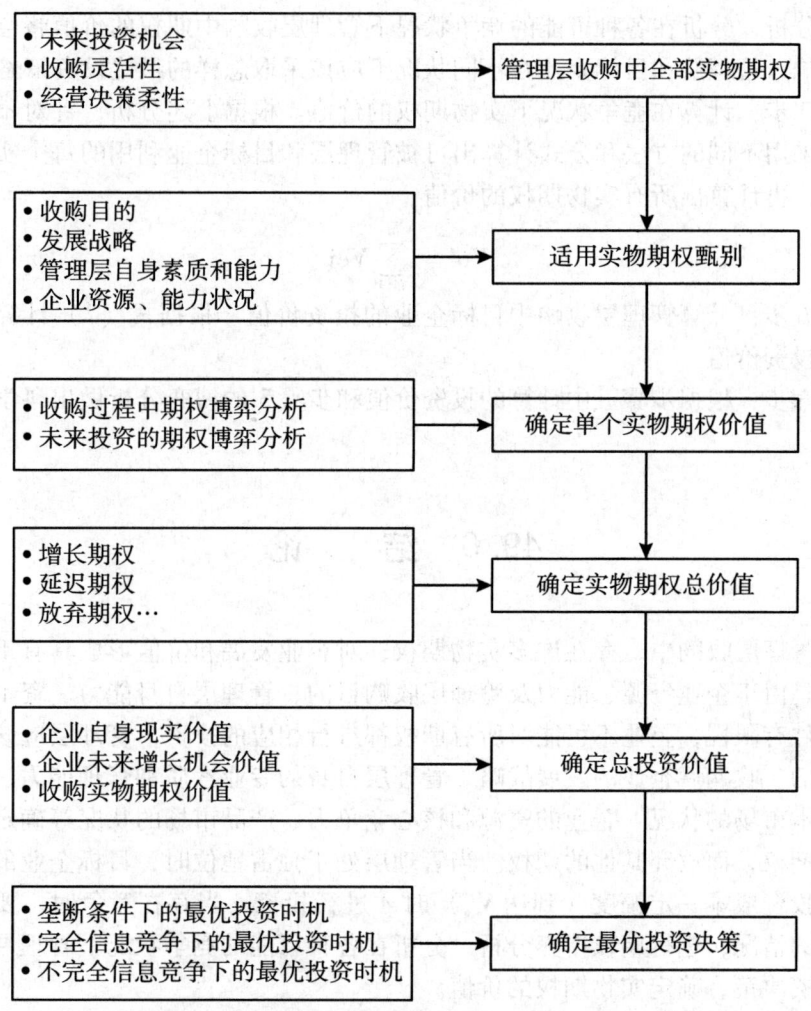

图49-1 管理层收购的期权博弈投资决策分析步骤

第一步:分析管理层收购中所包含的实物期权及其种类。对目标企业未来可能的投资机会、管理层收购中的决策灵活性、收购后相机处理企业资产和业务的机会进行分析,充分发现管理层收购中可能出现的实物期权及类型和性质。

第二步:利用战略分析确定主要实物期权。根据管理层收购的目的及收购后企业的发展战略和方向,结合收购过程中潜在的竞争对手及目标企业所在的行业竞争环境和企业核心竞争力的分析,得出哪些实物期权可以给管理层的投资及企业带来最大化的价值,在现有的可利用资源情况下,管理层和目标企业有没有能力执行这样的期权。根据战略分析，确定企业的主要实物期权。

第三步：进行竞争分析，确定竞争者的交互作用对实物期权价值的影响。对管理层收购过程中及收购完成后潜在市场中竞争者的数量、实力等情况，进行期权博弈分析，分析在各种可能的竞争状况下管理层收购中期权的价值将会受到怎样的影响，管理层和目标企业在不同状况下应该采取怎样的最优投资策略。

第四步：计算在竞争状况下实物期权的价值。根据上述分析，针对不同的实物期权采用不同的方法和公式计算出可被管理层和目标企业利用的每个实物期权的价值，再计算出所有实物期权的价值。

$$Vo' = \sum_{i=1}^{n} Vci \tag{21}$$

第五步：计算管理层收购中目标企业的投资价值。根据式（2）计算出管理层收购投资价值。

第六步：根据步骤五中计算的投资价值和步骤3的博弈分析做出科学的投资决策。

49.6 结　　论

在管理层收购中，存在许多实物期权，对企业发展和价值形成具有重要的作用，但是由于企业资源、能力及管理层收购目的、管理层自身能力、资本市场等环境条件有限性，企业不可能对所有期权都进行相应的投资，管理层应该根据收购的目的、收购后企业的发展战略、管理层自身的专业素质和管理能力、融资能力、资本市场的状况、企业的资源和核心竞争力、产品市场的状况等确定有价值的实物期权，而放弃其他的期权。当管理层处于独占地位时，目标企业的投资价值超过投资成本一定幅度（到达 V_m）时才进行投资；当存在竞争时，要根据竞争对手的情况，进行期权博弈分析，分析在各种可能的竞争状况下管理层收购的最优投资决策，确定实物期权的价值。

参 考 文 献

1. 安瑛晖、张维：《期权博弈理论的方法模型分析与发展》，载《管理科学学报》2001年第2期，第38~44页。

2. 雷星晖、李来俊：《竞争环境下基于期权博弈的 RandD 投资决策研究》，载《管理科学》2004年第1期，第85~89页。

3. 吴建祖、宣慧玉：《不完全信息条件下企业 RandD 最优投资时机的期权博弈分析》，载《系统工程理论与实践》2006年第4期，第50~54页。

4. 宁文昕、于明涛:《实物期权理论在高新技术企业价值评估中的应用》,载《工业技术经济》2006 年第 1 期,第 90~93 页。

5. 王五祥、李松、刘冰:《不确定条件下投资战略期权博弈分析》,载《西安电子科技大学学报(社会科学版)》2006 年第 3 期,第 36~38 页。

6. 杨勇、达庆利:《RandD 投资评价的期权博弈方法应用研究》,载《东南大学学报(哲学社会科学版)》2005 年第 7 期,第 51~54 页。

7. 孟力、张青新:《竞争条件下公司最优投资策略纳什均衡分析》,载《数学的实践与认识》2005 年第 5 期,第 44~48 页。

8. 黄见柏、扶缚龙、熊凌云:《策略互动条件下实物期权评估方法的应用》,载《科技进步与对策》2006 年第 5 期,第 133~135 页。

9. 张润东、吴育华:《基于实物期权博弈的企业技术创新投资策略的研究》,载《科学管理研究》2005 年第 6 期,第 25~28 页。

10. 孟力、孙威:《期权博弈理论在房地产投资决策中的应用》,载《沈阳工业大学学报》2006 年第 2 期,第 102~106 页。

11. Dixit, A. K. and R. S. Pindyck, Investment under uncertainty, Canbride: Princeton University Press. 1994.

12. Lambrecht, B. and W. Perraudin, Real options and preemption under incomplete information, Journal of Economic Dynamics and Control, 2003, 27 (4): 619 – 643.

第 50 章

基于实物期权方法的管理层收购中企业价值评估[*]

管理层收购（MBO，Manage Buy-out）是指企业的管理者或经理层利用自有或借贷所融资本购买本企业的股份，从而改变企业所有权结构、控制权结构和资本结构，进而重组企业并获取预期收益的一种收购行为。实施管理层收购的核心问题是定价问题，而企业的价值评估是定价的基础。传统的企业价值评估方法没有考虑到企业未来增长机会、收购灵活性、收购后企业经营柔性产生的期权价值和管理层收购所创造的价值，因此，不能准确衡量企业的价值。管理层收购作为企业战略并购的一种特殊方式，具有一定的期权特征。本章采用实物期权方法从交易双方的角度研究管理层收购中的企业价值评估模型，首先介绍企业自身价值评估的实物期权方法；其次对企业的投资价值进行分析计算；最后形成企业价值评估的整体框架。

50.1 企业的价值区间及其确定

目前，在我国已经实施的管理层收购中，一般采用的是净资产定价法，即对目标企业的资产进行评估，以评估后的净资产为基础，综合考虑职工安置、债务承担等因素，由转让双方协商确定转让价格。净资产定价法的计算依据直接来自企业财务报表的数据资料，具有客观性强、计算简单、资料易得等特点。但以净资产定价有着不可逾越的缺陷：其一，净资产的计算很大程度上取决于公司选择的会计政策，容易被操纵；其二，净资产并不能反映企业的未来盈利能力，它反映的是历史成本；其三，由于当前会计核算的局限，某些无形资产，如客户关系、自创的商誉等未能在资产负债表上反映出来。另外，企业资产评估后给出的净资产值是一个确定的、具体的数值，而非一个数值区间，这种缺乏弹性的评估结论使得其在定价时的实用性、可操作性及可信度大打折扣。管理层收购作为企

---

[*] 本章内容发表于《现代财经》2007 年第 1 期。

业战略并购的一种特殊方式，科学的定价方法应选择适当的评估方法从交易双方的角度对企业的自身价值和战略投资价值分别进行全面的评估，形成一个合理的价值区间，以此价值区间为基础，结合转让双方的谈判能力及管理层收购实施的实际情况具体确定转让价格。

50.1.1 企业的自身价值和投资价值

企业的自身价值是指企业的内在价值，是从企业的角度提出的，从财务角度出发的公司价值。目标企业的投资价值是指收购方在特定环境与投资要求下的价值，这种价值包括了特定的战略收购者通过收购取得的战略整合和综合收益，又称战略价值或期望价值。同样的目标企业对不同的战略收购者具有不同的投资价值，因为不同的收购者得到的收购收益不同。企业的投资价值超出自身价值的部分是企业控制权价值。企业控制权之所以具有价值，是因为持有大宗股权的股东可以得到与其所持股份不相称的超额收益。管理层收购的主要目的之一就是获得企业的控制权，因此，合理的管理层收购的定价应该包括控制权的价值。

50.1.2 管理层收购中企业的价值区间

管理层收购中企业价值区间的下限，是转让方即原股东能够接受的最低价格，低于此价，原股东不会出售企业。企业价值区间的上限，是从收购方管理层的角度提出的，是指管理层愿意支付的最高价格，高于此价，管理层不会收购目标企业。假设企业的自身内在价值为 T_V，投资价值为 V_I，转让价格为 P。从转让方原股东的角度看，只有 $P \geq T_V$ 时，原股东才有可能出售其所持有的企业的股权，低于企业的自身内在价值，原股东不会出售企业。因此，企业的自身价值构成了价值区域的下限。从受让方管理层的角度看，当价格离目标企业自身价值越远，离其投资价值越近，交易对管理层就变得越没有吸引力，因为，以接近于投资价值的价格收购，要求收购方必须充分取得所有预期的收益，而且必须及时获得预期的价值，同时，收购价格越接近收购方的投资价值，则该收购为管理层创造的价值就越少，允许管理层犯错误的可能性也越小，当转让方要价太高时，管理层最好的选择就是拒绝这笔交易，转而寻找具有更大的创造价值潜力的企业，因此，只有 $P \leq V_I$ 时，管理层才会收购目标企业，这样，企业的投资价值构成了价值区间的上限。故企业的价值区间为：$T_V \leq P \leq V_I$。

50.2 管理层收购中企业自身价值的确定

50.2.1 基于现金流折现法的企业现实资产价值的评估

传统的企业价值评估方法主要有三类：一是以资产价值为基础的成本法，如账面价值调整法、清算价值法和重置成本法等；二是以交易乘数为基础的市场法，又称相对价值法，是以市场上类似企业的相关指标为基础估算企业价值，如市盈率法，托宾Q值法等；三是以未来盈利为基础的收益法，包括现金流贴现法、利润贴现法、红利贴现法、EVA法等。现金流折现法是以企业过去的历史经营情况为基础，将企业所有的资产在未来继续经营的情况下产生的预期收益，按照设定的折扣率折算成现值作为企业价值，被认为是最为科学的企业价值评估方法，是世界著名的咨询公司麦肯锡公司推荐的企业价值评估的最佳方法，用公式表达为：

$$V_a = \sum_{i=1}^{n} FCF_t/(1+WACC)^t + V_n/(1+WACC)^n$$

式中，V_a 表示企业自身的现实价值；FCF_t 表示各年份的自由现金流量；WACC 表示贴现率或加权平均资本成本；V_n 表示战略期末目标企业的现金流量（或说为终值）；n 表示预测期。

50.2.2 企业自身的期权价值的评估

斯图尔特·麦尔斯（Stetwart Myers，1977）指出一个企业的价值包括"现实资产"的价值，再加上一个对未来投资机会的选择，由 DCF 方法得到的价值只是企业价值的一部分，另一部分则是代表未来增长机会的实物期权价值。这主要是因为目标企业在管理层收购实施前作为一个独立的企业，必然拥有一些投资机会，这也相当于目标企业拥有这样一种权利，在将来的某一时段内，支付一定的投资费用而得到投资收益，企业可以根据有效期内项目投资形势的好坏来决定执行或放弃这种权利。

根据 Black-Scholes 期权定价公式（Black-Scholes，1973），企业自身的期权价值：

$$C = SN(d_1) - Xe^{-r(T-t)}N(d_2)$$

其中：

$$d_1 = [\ln(S/X) + (r + \sigma^2/2)(T-t)]/\sigma(T-t)^{1/2}$$

$$d_2 = [\ln(S/X) + (r - \sigma^2/2)(T-t)]/\sigma(T-t)^{1/2} = d_1 - \sigma(T-t)^{1/2}$$

在上式中，C 表示企业自身的期权价值；S 表示标的物的价格，即投资产生的现金流量的折现值；N（ ）表示标准正态分布的累计概率分布函数；X 表示期权的协定价格，即项目的投资支出；e 是自然对数之底的近似值 2.71828；r 表示无风险利率；T 表示期权的有效期，即在不丧失投资机会的前提下，投资决策可能推迟的最长时间；ln（ ）表示自然对数；σ 表示标的资产收益的波动性，即投资收益的不确定性。

50.2.3 基于实物期权方法的企业自身价值的计算

在考虑了企业自身增长机会的评估体系下，企业自身的价值由两部分组成，一部分是由 DCF 方法得到的价值，另一部分则是代表未来增长机会的实物期权价值。即：$T_V = V_a + C$。

式中：T_V 表示企业的自身价值；V_a 表示企业现实资产价值；C 表示企业自身的期权价值。

50.3 管理层收购中企业投资价值的确定

50.3.1 管理层收购的期权价值确定

1. 管理层收购的期权特征分析。管理层收购作为一种战略投资行为，具有一定的期权特征，表现为管理层在收购过程中所获得的实物期权。开始时，管理层要做出是否收购的决策，这一决策可能带给管理层取得企业控制权、充分施展个人才能、获取企业剩余索取权及整合业务改善管理的机会，可以看作是增长期权，管理层可以通过收购投资执行期权。管理层一旦做出要收购的决策，就拥有了这一收购的买权，可以得到收购收益。当管理层拥有了收购企业的权利后，可以考虑等待、观察一段时间，等信息明确时再选择有利的时机进行收购，这表现为延迟期权。在有效期内，如果市场状况非常差以至于执行收购对管理层反而不利时，管理层可以放弃该项收购，即拥有放弃期权。收购活动实施后，管理层拥有的相机处理目标企业资产的权利，也可以视为实物期权。例如，管理层有权终止企业的已有项目，延缓到市场行情较好的时候进行开发，这表现为悬置期权。管理层可以根据形势的发展，在多种决策间进行选择：当有利情况出现、投资的产出和市场状况比预期好的时候，不同程度地对目标企业追加投资；反之，则缩减投资，这表现为投资规模变动期权；管理层还有权根据目标企业的优势，更为有效地运用目标企业资源，这表现为变换期权。如果并购后整合的情况相当差或者当存在良好的套利机会时，管理层甚至可以在适宜的时机，将资产出售或者包装上市，以获取更多的收益，减少收购的损失，这表现为放弃期权。

事实上，管理层收购的投资决策，从准备收购到收购实施再到战略整合以及后期投资或转让出售等，决策信息是一个随着时间推移不断积累的过程，投资决策往往要分阶段进行，每一阶段的投资时间及投资额都取决于前一阶段的投资成果。在准备阶段，管理层根据所掌握的信息与有关股东接触，就管理层收购实施的可行性进行分析论证，在对公司现状、发展前景、实施管理层收购后的战略调整、投资收益及收购资金的来源等情况进行了充分论证并取得股东及政府相关部门的支持和批准后，管理层取得了收购企业的权利；在取得收购的资格和权利后，管理层可以根据市场行情、政府政策导向等选择有利时机与企业原股东商定转让价格、融资、组织交易以及办理产权过户等实施收购；在管理层支付收购价款取得目标企业的控制权后进入战略整合阶段，根据企业的发展战略对企业的资源和业务进行重新分配和调整，根据战略整合情况决定增加投资或出让退出。企业的投资价值，不仅取决于初始准备阶段所产生的现金流入，还取决于由于收购实施阶段及后续战略整合阶段投资机会的价值，即以一个管理层收购的机会开始，以此购买了实施管理层收购的期权，进而以此购买了一个战略整合的期权，这就是说，后一个期权是在前一个期权的基础上产生的，这样就构成了一个复合期权。由于彼此间的相关性，后续期权的存在会改变前面期权的价值，因此，复合期权的价值不是孤立的、单个实物期权的价值或者他们价值的简单相加。

2. 基于复合实物期权模型的管理层收购期权价值的计算。管理层收购的投资决策，从准备收购到收购实施再到战略整合，每个阶段都可以看作是下一个阶段的看涨期权，这样就构成了一个复合看涨期权。现以看涨期权为例来计算管理层收购中所存在的复合期权的价值（见图50-1）。图50-1中，在t_0时刻对准备阶段的投资K_0将获得实施管理层收购的机会，从而形成了第一个看涨期权，其到期时间为t^*，执行价格是在实施阶段所需的投资K^*。如果在t^*时刻，第一个期权被执行，即实施阶段的投资通过评估达到预期的效果，投资成功，这将获得在T时刻进入战略整合阶段的投资机会，从而形成了第二个看涨期权，其到期时间是$(T-t^*)$，执行价格是对战略整合阶段的投资K。由于这里存在2个期权，且第一个期权导致了第二个期权的产生，所以它是一个复合期权。只有当第二个期权的价值大于第一个期权的交割价格时，复合期权可在第一个到期日执行。

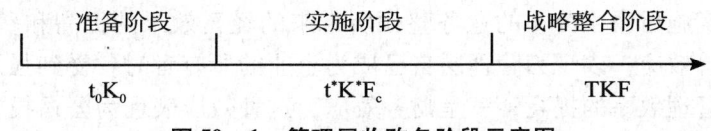

图 50-1 管理层收购各阶段示意图

在复合期权到期日 t^* 使得标的买权的价值等于复合期权执行价格 K^* 的标的资产价格时，标的资产价格 F_c 为第一个看涨期权被交割时项目的临界值，即 F_c 满足：

$$F_c e^{-\delta(T-t^*)} N(d_1') - K e^{-r(T-t)}(d_2') = K^*$$

式中，$d_1' = [\ln(F_c/K) + (r - \delta + \sigma^2/2)(T - t^*)]/\sigma(T - t^*)^{1/2}$；$d_2' = d_1' - \sigma(T - t^*)^{1/2}$；$N(\ )$ 为单维正态分布的累计概率分布函数；σ 为描述不确定性的波动率；r 表示无风险利率；δ 为股利支付率。此式是一个非线性方程，可通过迭代方法解出 F_c。

对于复合期权买方，在该复合期权到期时，如果 F 大于 F_c，标的期权的价值大于 K^*，看涨期权的看涨期权将被执行，而看涨期权的看跌期权将被放弃。反之，如果 F 小于 F_c，标的期权的价值小于 K^*，看涨期权的看涨期权将被放弃，而看涨期权的看跌期权将被执行。

假设管理层收购的价值遵循一般的几何布朗运动，并且考虑到类似股利支付率的滞后影响，即生产与销售产量价值比，则评价该复合实物期权可利用盖斯克模型：

$$V_0 = F e^{-\delta(T-t^*)} M(a, b, \rho) - K e^{-r(T-t)} M(a - \sigma(t - t^*)^{1/2}, b - \sigma(T-t)^{1/2}, \rho) - K^* e^{-r(t^*-t)} N(a - \sigma(t - t^*)^{1/2})$$

式中：$a = [\ln(F/F_c) + (r - \delta + \sigma^2/2)(t^* - t)]/\sigma$；$b = [\ln(F/K) + (r - \delta + \sigma^2/2)(T - t)]/\sigma$；$M(a, b, \rho)$ 为第一个变量小于 a，第二个变量小于 b，而变量之间相关系数为 ρ 的标准二维正态分布的累计概率函数；$\rho = (t^* - t)/(T - t)$；F 为在 T 时刻进行整合后得到的现金流入的现值；F_c 为第一个看涨期权被交割时项目的临界值，即第二个期权价值等于第一个期权交割价格时项目的价值，可利用 Black – Scholes 模型计算；t 为任意时刻。

50.3.2 管理层收购的管理成本节约及战略整合效应价值的确定

1. 管理层收购的管理成本节约及战略整合效应分析。由于管理层收购所具有的降低代理成本、增强激励以及管理层收购后对企业战略调整，必然会促使企业提高经营效率、改善企业收益，这就是管理层收购的管理成本节约及战略整合效应。这种效应主要表现为以下四种基本形式：一是经营效率提高效应，表现为管理层收购实施后由于公司的业务整顿所带来的经营效果的提高和费用节约等；二是管理改善效应，表现为管理层自己成为企业的所有者时，受到强烈的产权激励而带来的管理效率的提高；三是财务效应，这种效应表现为公司投资活动更为审慎，有效利用资金，不断降低资金成本，提高资金利用效果；四是战略调整效应，表现为管理层取得企业的控制权后对企业进行战略调整、重新整合带来的资源充分利用、企业竞争能力的提高等。管理层收购的管理成本节约及战略整合效应经常是很多管理层收购的动机和原因，战略整合效应本身因为可以为企业带来更多的收益而具有价值，因此，在评估企业的投资价值时，应该考虑这部分潜在价值。

2. 管理成本节约及战略整合效应价值的确定。管理成本节约及战略整合效应的价值由管理层收购给企业带来的未来收益的增加值决定，可以采用改进的折现现金流模型计算：

$$V_s = = \sum_{i=1}^{n} \Delta FCF_t / (1 + WACC)^t \quad (t = 1, 2, \cdots, n)$$

式中，V_s 代表管理层收购管理成本节约及战略整合效应的价值；ΔFCF_t 代表管理层收购后第 t 年由于管理成本节约及战略整合效应而产生的自由现金流增量；n 代表预测期；r 代表折现率。

预测未来每年自由现金净流量增加值。即：

$$FCF_t = EBIT + DEP - T - C_t$$

式中：FCF_t 为自由现金流量；EBIT 表示息税前利润；DEP 表示折旧；T 表示所得税；C_t 表示资本性支出和营运资本的净增加，即资本需求；

增量现金流为：$\Delta FCF_t = \Delta EBIT + \Delta DEP - \Delta T - \Delta C_t = \Delta S_t - \Delta C_o - \Delta T - \Delta C_t$

这样，通过测算管理层收购实施后企业销售收入的增加额（增量现金流 ΔS_t）、产品成本的降低额（ΔC_o）、所得税的减少额（ΔT）和资本需求的减少额（ΔC_t）可以得到增量现金流 ΔFCF_t。

确定折现率（资本成本）。DCF 模型中的 WACC，体现的是收购方管理层的期望报酬率，也就是管理层收购投资的资金成本。

$$WACC = \lambda K_s + (1 - \lambda) \cdot K_b \cdot (1 - T)$$

式中：WACC 为加权平均资本成本；K_s 为股东资本成本；K_b 为长期负债资本成本；T 为企业所得税率；λ 为股本占企业总资本的比重；$(1 - \lambda)$ 为长期债务占企业总资本的比重。

K_s 可用资本资产定价模型（Capital Asset Pricing Model，简称 CAPM 模型）计算。

$$K_s = K_f + (K_m - K_f) \cdot \beta$$

式中：K_f 为市场无风险报酬率；K_m 为市场风险报酬率；β 为企业的风险程度。根据企业的行业情况、企业实施管理层收购前企业的经营及产品情况、管理

50.3.3 管理层收购中目标企业投资价值评估模型

综合上面的分析,管理层收购中的企业投资价值的评估模型为:
$$V_I = T_V + V_o + V_s = V_a + C + V_o + V_s$$

式中,V_I 代表企业的投资价值;T_V 代表企业自身价值;V_a 代表企业自身现实资产的价值;C 代表企业自身的实物期权价值;V_o 代表管理层收购的期权价值;V_s 代表管理层收购的管理成本节约及战略整合效应价值。

50.4 管理层收购中目标企业价值评估的整体框架

通过运用实物期权调整的现金流折现法得到了企业自身的内在价值,通过复合期权定价模型和改进的现金流折现模型确定了管理层收购的期权价值和管理成本节约及战略整合效应价值,两者构成了企业的价值区间,作为管理层收购中企业的定价的基础和依据。通过以上分析,本章构建了管理层收购中企业价值评估的总体框架和思路,如图 50-2 所示。

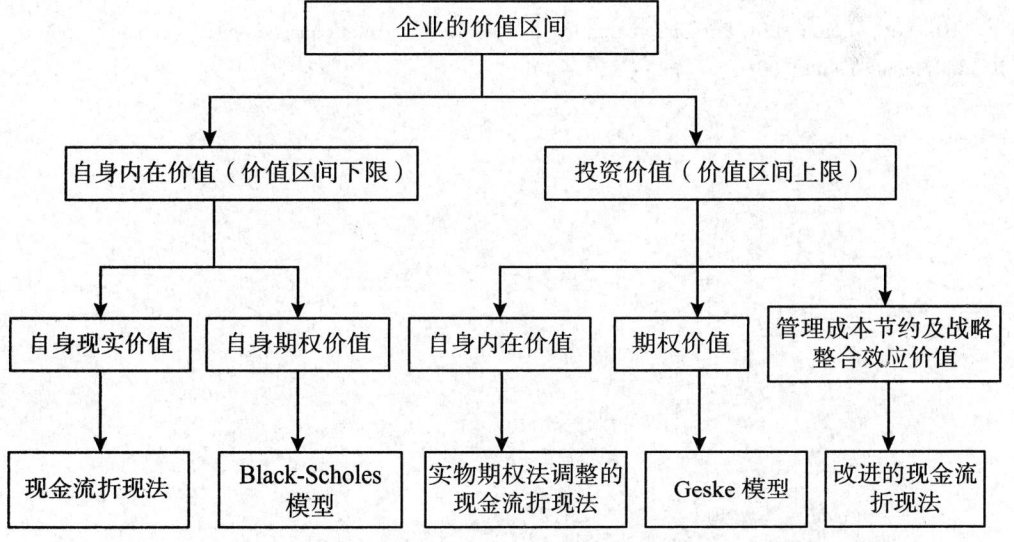

图 50-2 基于实物期权方法的管理层收购中企业价值评估的总体框架

参 考 文 献

1. 齐安甜、张维：《实物期权框架下的企业并购价值评估》，载《系统工程学报》2004年第4期。

2. 弗兰克·C·埃文斯、大卫·M·毕晓普著，郭瑛英译：《并购价值评估——非上市并购企业价值创造和计算》，机械工业出版社2003年版。

3. 蒋顺才：《我国上市公司MBO定价问题研究》，载《上海会计》2003年第11期。

4. 曹艳、孙彦琳等：《石油工程项目投资决策中复合期权模型的应用》，载《大庆石油学院学报》2003年第4期。

5. 龚朴、何志伟：《复合期权理论方法及应用最新研究进展》，载《管理学报》2004年第11期。

6. 殷仲民、杨莎：《基于实物期权方法的并购中目标企业价值评估》，载《经济管理·新管理》2005年第16期。

7. Black, F. and M. Scholes, The pricing of options and corporate liabilities, Journal of Political Economy, 1973, 81 (3): 637–659.

8. Jensen, K. and P. Warren, The use of options theory to value research in the service sector, RandD Management, 2001, 31 (2): 173–180.

9. Kestr, W. C., Turning growth options into real assets, . In: Aggarwal, R. (ed.), Capital Budgeting Under Uncertainty, Prentice Hall, 1993: 187–207.

10. Lee, J. and D. A. Paxson, Valuation of RandD real American sequential exchange options, RandD Management, 2001, 31 (2): 191–201.

第 9 篇

公司治理与技术创新

第 51 章

生命状态干扰下的公司规模对成长性的影响[*]

针对公司规模与成长性关系的研究仍未取得一致性结论的重要原因在于忽视了公司生命状态的干扰效应。本章选取高科技中小上市公司为研究样本，从非线性视角实证检验了公司规模与成长性之间的关系，以及公司生命状态的两个维度——成长阶段和生存风险对两者关系的显著干扰效应。研究结果表明：成长期的公司比成熟期具有更高的成长性，生存风险能够对公司的成长性产生显著的抑制效应；对公司的生命状态进行控制后，公司的员工、资产与销售规模均与成长性呈现出显著的倒 U 形变动关系。因此，高科技中小上市公司在扩张过程中存在规模报酬递增到递减的演化规律，应寻求最优的员工、资产和销售规模以实现公司绩效最大化和可持续成长。

51.1 引 言

高科技中小上市公司具有运作效率高、创新能力强、资本密集程度高等特点，其可持续发展对于我国产业结构转型和自主创新能力的提升具有重要意义。然而，高科技中小上市公司的生存能力较低，成长状况长期堪忧。因此，公司成长性及其影响因素成为学术界探讨的焦点。已有研究表明，公司规模是高科技中小上市公司成长性低下的重要原因。公司规模以及公司的资源额、产出量、利润额等相关变量是决定中小型高科技企业成长性的重要指标。成长性较高的中小上市公司通常频繁地进行融资，不断地提高市场占有率和销售规模，在极短的时间内实现迅速扩张。而规模扩张是否能够促进公司成长性一直备受争论。主流观点表明，公司规模的扩张能够带来管理成本的增加和财务风险的提高，因此对公司成长性的提高产生抑制效应。但依照规模经济理论，随着公司规模的扩张，生产要素的不可分割性以及财务费用的递减使得公司在成长过程中会享受到规模报酬递增带来的效率优势。

---

[*] 本章内容发表于《科技进步与对策》2012 年第 23 期。

公司规模与成长性之间的关系尚无定论的重要原因是忽视了公司的生命状态能够对成长性的影响。高科技中小上市公司所处的成长阶段以及面临的生存风险均能通过不同的作用机制影响公司的成长潜力和公司绩效。遗憾的是，现有文献均没有对公司生命状态的干扰效应进行有效控制，并且针对规模与成长性的关系研究缺乏非线性思考。基于非线性视角，本章选取成长性较好、资本密集程度较为集中的高科技中小上市公司为研究样本，通过控制生命状态的干扰效应，围绕员工、资产和销售规模三个维度对公司规模与成长性的关系展开研究。

51.2 文献回顾及假设提出

51.2.1 生命状态的干扰效应

资金缺乏导致的流动性风险和营利性风险是威胁企业生存，降低公司成长性的主要原因。当环境变化使得具有高成长性的公司需要的现金流超过公司预期时，公司资金容易陷入缺乏状态。同时，公司规模扩张带来的规模与财务政策的不相容性，势必要求高成长性公司提高融资能力，以获得现金流支持。因此，没有现金流支持的快速成长具有很大生存风险，高速成长的背后往往隐含着巨大的隐患。尽管公司具备较高的融资动机，但融资带来的违约风险和财务风险同样成为公司走向衰败的催化剂。拜德（Bhide, 1994）指出，25%的企业尝试引入风险资本，但仍以失败告终。可见，资金风险是威胁中小上市公司生存发展的重要因素。作为融资渠道的重要来源之一，负债融资虽能够改善公司的资本结构，提高股东收益效率，但对于高风险的高科技中小上市公司而言，资金实力并不雄厚，应对负债压力的能力相对薄弱。负债水平的提高带来的还款付息压力更容易增加公司的生存风险。因此本章选取负债水平作为生存风险代理变量，并提出假设：

H1：我国高科技中小上市公司生存风险能够显著降低公司的生长性。

依照企业生命周期理论，企业存在着从生到死，由盛而衰的过程。在不同的成长阶段中，企业特征与其面临的问题具有差异性，需要权变的选择解决问题的方法和战略。动态能力理论认为，与过去环境相适应的企业异质资源并不总能满足新的环境需求，成长阶段的演进使得特定阶段的资源杠杆效应不一定能够帮助企业实现持续的竞争优势。因此，不同的成长阶段能够赋予企业不同的成长性。处于成长期的企业，其产品具有一定的知名度，销售量迅速激增，融资需求强烈，利润显著增加，所以企业能够获得良好的成长性来支持企业的持续发展。但是，若成熟期的企业不能寻求新的利润增长点，企业规模和融资能力均不能显著提高，容易陷入成长困境。经验数据表明，由于生命周期的干扰，在时间序列下不能观察到公司盈利的反应系数，成长期的公司的资本费用、销售收入、商标价值的反应系数明显高于衰退期的公司。种种证据表明，公司成长阶段能够对成长性产生影响，基于此本章提出假设：

H2：处于成长期的我国高科技中小上市公司，其成长性显著高于成熟期的公司。

51.2.2 非线性视角的提出

公司规模的高速扩张会使得公司管理风格以及相关管理制度发生变化，内外部协调以及信息沟通会变得更为复杂和频繁，进而对公司成长的不同态势产生影响。公司扩张速度与破产风险以及资金投入成本具有密切关系，较大的公司规模能够与财务政策产生不相容性，公司在经营效益没有显著改善的情况下，片面寻求高速增长可能导致公司财务杠杆的提高和风险的增加，负债水平在规模扩张压力下不断提高，偿债能力如若不能及时提升，容易因债务危机而引致公司破产风险。斯刘维贞（Sleuwaegen，2002）和达万（Dhawan，2001）分别通过考察科特迪瓦和美国上市公司的成长情况，发现公司成长和公司规模之间存在显著的负相关关系。艾丽西亚（Alicia）用随机前沿面方法在剔除了市场份额、控股环境及雇员结构等因素之后，发现公司成长和公司规模、年龄之间负相关。然而，公司可以通过规模扩张，利用不同地域的资源优势来缩减成本，提高公司生产经营效率和成长能力。同时，"规模—薪酬"效应使得大规模公司中非生产性专家的人力资本优势凸显，因此产生更高的生产效率和成长性。再者，随着规模的扩大，公司可通过组织学习获取知识与技能，构成公司异质资源的基础，提高成长潜力。就资本密集型的高科技上市公司而言，其主营业务收入和上市公司总资产规模随着时间的变化有比较快的增长，公司规模对人均销售收入以及产出率存在着一致性的正相关关系，研发人员比例对于利润率和产出率均存在一定程度的正向影响。

线性视角下对规模与成长性的研究通常忽略了二者之间错综复杂的传导机制。从组织创新的角度出发，公司规模越大，越有助于技术创新。技术创新是形成核心竞争力的主导因素，技术创新能力的提高能够显著促进公司持续性成长。公司规模与技术创新能力存在的倒U形非线性关系得到了经验数据的证明。另一方面，尽管公司在前期能够享受到初始规模扩张带来的种种优势，但扩张到一定程度后，因专业化造成的氛围问题，及有限理性造成的沟通扭曲等问题使得组织变得松懈，沟通效率下降。此外，个人机会主义行为动机、官僚主义无能、个人激励弱化等因素能够使得公司进入规模报酬递减阶段，所以公司规模的持续扩张必定会导致公司成长性的下降，即公司的成长性存在极值。因此公司先享受由规模扩张带来的效率递增优势，但随着规模的继续扩大，管理、协调成本激增，管理者面临的不确定性和复杂性提高，公司科层的纵向和横向关系将更加复杂。因此本章提出假设：

H3：我国高科技中小上市公司规模与其成长性存在曲线关系。

51.3 研究设计

51.3.1 样本选取与样本来源

本章严格按照国家统计局、财政部等部门2003年颁发的《中小公司标准暂行规定》，以员工人数、销售额、资产总额三个指标为标准，对深交所中小公司板、创业板，以及上交所和深交所主板上市的公司进行筛选。截至2009年12月31日，在中小公司板上市的公司数量为327家，在创业板上市的公司为36家，在两家交易所主板上市的中小规模公司有86家，剔除部分已ST、*ST的公司，中小上市公司总计433家。按照原国家科委1991年的《高技术产业区技术公司认定条件和办法》中规定的四个标准（知识或技术密集、学历以及科研人员比例、研发费用投入、技术性收入与高技术产品产值总和占总收入的比例），对433家中小上市公司进行二次筛选，得到高新技术中小上市公司样本104家。涉及样本的所有的原始数据均来自上市公司在其指定信息披露媒体上所公布的年报、公告以及招股说明书，部分数据来自CSMAR数据库。

51.3.2 变量及其度量

结合已有研究以及《中小公司标准暂行规定》，选取2007~2009年样本公司雇员人数、资产总额和销售总额的均值对公司规模进行度量。选取样本3年的资产负债率均值来衡量公司面临的生存风险。公司成长阶段的度量通过比较近3年投资活动产生现金流量净额之和与近3年筹资产生现金流量净额之和来实现，如果投资为正，筹资为负，为成熟期，赋值为1；投资为负，筹资为正，为成长期，赋值为0。本章认为，公司成长性应由公司绩效和成长潜力来综合衡量，公司绩效旨在衡量公司的成长资质和成长基础，而成长潜力能在成长基础上为公司长期的发展提供拉力。因而，公司成长性被解释变量由绩效和成长潜力加权获得。对样本公司3年的资产收益率和资产利润率取均值，并进行变异系数赋权，加权获得公司绩效数据；同样，成长潜力指标通过对销售增长率以及总资产增长率的加权获得（见表51-1）。

表51-1　　　　　　　　　　研究变量具体定义

		变量名称	变量代码	衡量指标
解释变量	公司规模（Size）	员工规模	Agnt	员工总数
		资产规模	Capit	资产总额自然对数
		销售规模	Sales	销售总额自然对数
	生命状态（Stus）	生存风险	Debt	资产负债率
		成长阶段	Stage	净现金流量
被解释变量	成长性（Grot）	公司绩效	Perf	净资产收益率 总资产利润率
		成长潜力	Poten	销售增长率 总资产增长率

51.3.3　模型设计

本章通过设计如下多元回归模型来对研究假设进行验证：

模型1：$Grot_j = c + \rho_1 Debt + \rho_2 Stag + \varepsilon$；j = 1，2，3；

模型2：$Grot_j = c + \rho_1 Debt + \rho_2 Stag + \alpha_i Size_i + \varepsilon$；i = 1，2，3；j = 1，2，3；

模型3：$Grot_j = c + \rho_1 Debt + \rho_2 Stag + \alpha_i Size_i + \beta_i Size_i^2 + \varepsilon$，i = 1，2，3；j = 1，2，3。

模型1的设计旨在检验公司生命状态对成长性的干扰效应，本章预期生存风险能够降低公司绩效和成长潜力，进而对公司成长性产生抑制效应，成长期的高科技中小上市公司比成熟期具有更优的绩效和成长潜力。模型2中，引入公司规模解释变量，分别用员工、资产以及销售规模进行模型回归，通过对模型2进行检验，可以得出在生命状态对成长性的干扰效应进行有效控制的前提下，检验公司规模与成长性之间的线性关系是否显著。模型3中，将员工、资产以及销售规模进行平方运算，引入模型3，验证规模与成长性的曲线关系①。本章预期，公司规模平方项的回归系数 β_i 均比较显著，且均为负数，模型3的拟合优度应优于模型2，即公司规模与成长性的倒U形关系比线性关系更显著。

51.4　数据分析

为验证变量之间的作用形式与作用机制，验证公司规模对公司成长性的非线

---

① 为避免公司规模一次方项与二次方项存在的多重共线性问题，本章对数据进行了中心转换处理。

性关系，文章采用 SPSS 17.0 对数据进行分步多元回归分析①。

51.4.1 员工规模对成长性的影响

表 51-2 报告了生命状态及员工规模变量对高科技中小上市公司成长性的影响。高科技中小上市公司的负债水平的提高能促进公司绩效改善（$\rho_1 = 0.553$），然而却对成长潜力的提高产生压力（$\rho_1 = -0.188$），降低公司成长性（$\rho_1 = -0.292$），表明负债水平高的公司，短期内能实现资金的充足供给，提高绩效，但长期内，负债水平引致的生存风险却降低了公司成长性，假设 1 被证实；上市公司向成熟期的演进过程中，规模扩张带来的短期效率优势提升了公司绩效（$\rho_2 = 0.297$），但是阻碍了高科技中小公司的成长潜力（$\rho_2 = -0.541$），同样抑制了公司的成长性（$\rho_2 = -0.519$）假设 2 被证实。

表 51-2　　　　　　　生命状态及员工规模对公司成长性的影响

	公司绩效			成长潜力			成长性		
	M_1	M_2	M_3	M_1	M_2	M_3	M_1	M_2	M_3
Debt	0.553***	0.565***	0.565***	-0.188*	-0.185*	-0.181*	-0.292***	-0.292***	-0.292***
Stag	0.297***	0.280***	0.278***	-0.541***	-0.546***	-0.545***	-0.519***	-0.519***	-0.519***
Agnt		0.750	0.146		-0.285**	-0.045		-0.020**	-0.019
Agnt²			0.76			-0.023**			-0.021**
R^2	0.482	0.488	0.498	0.382	0.383	0.470	0.435	0.435	0.501
F	47.05***	31.72***	23.61***	31.25***	20.67***	13.35***	38.87***	25.66***	19.05***

注：本章的回归结果中，*、**、*** 分别表示 P 值小于 0.05、0.01、0.001；样本数 N = 104；回归系数为非标准化数据。

在模型 2 中引入员工规模变量，尽管员工规模的增加对于公司成长潜力的提升具有一定的抑制作用（$\alpha_1 = -0.285$），进而提高公司的成长性（$\alpha_1 = -0.020$）。但在模型 3 引入员工规模平方项后，模型拟合优度得到明显改善。表明与线性模型相比，公司规模与成长性表现出的非线性模型更具有解释力。同时，平方项对成长潜力以及成长性呈现出显著的解释能力（-2.3%；-2.1%），表明高科技公司员工规模与公司成长潜力和成长性之间存在倒 U 形的变动关系，即存在最优的员工规模，能使得公司成长性实现最大化。

---

① 变量之间的方差膨胀因子在 1.04~1.31 之间，Durbin-Watson 的检验值在 1.78~2.13 之间，因此变量之间并不存在多重共线性的问题，且被解释变量的残差之间不存在自相关。

51.4.2 公司资产规模与成长性回归分析

表51-3显示了样本公司成长性对资产规模的回归结果。在控制了生命状态对被解释变量的影响后,资产规模对公司绩效(α_2 = 0.208)、成长潜力(α_2 = 0.057)、成长性(α_2 = 0.020)均表现出了显著的促进作用。说明我国高科技上市公司的资产规模普遍偏小,存在规模报酬递增的趋势。但在模型3中引入资产规模的平方项后,拟合优度显著提高,表明模型3比模型2更具有解释力。并且,资产规模的平方项对公司绩效、成长潜力以及成长性的解释能力分别为-16.5%、-21.7%、-22.0%,即尽管资产规模的增加能够在短期引起绩效的上升,但是长期来看,资产规模与公司绩效和成长性之间存在显著的倒U形变动关系,即存在资产规模使得公司成长性达到最优。

表51-3   公司资产规模对成长性的影响分析

	公司绩效			成长潜力			成长性		
	M_1	M_2	M_3	M_1	M_2	M_3	M_1	M_2	M_3
Debt	0.553***	0.541***	0.543***	-0.188*	-0.195*	-0.196*	-0.292***	-0.294***	-0.296***
Stag	0.297***	0.283***	0.285***	-0.541***	-0.548***	-0.550***	-0.519***	-0.521***	-0.523***
Capit		0.208**	0.162*		0.057*	0.146*		0.020*	0.185
$Capit^2$			-0.165**			-0.217*			-0.220**
R^2	0.482	0.494	0.497	0.382	0.385	0.391	0.435	0.435	0.441
F	47.05***	32.49***	24.43***	31.25***	20.90***	15.89***	38.88***	25.70***	19.53***

51.4.3 公司销售规模与成长性回归分析

表51-4报告了高科技中小上市公司成长性对销售规模的回归结果。把销售规模引入模型后,生命状态的两个分变量依然显示出了对公司绩效、成长潜力、成长性较强的解释力,说明生命状态对被解释变量的干扰效应具有稳健性。尽管销售规模的扩大能够引起绩效的提升(α_1 = 0.103),但是却对成长潜力(α_1 = -0.042)和成长性(α_1 = -0.009)带来增长压力。引入销售规模平方项后,模型拟合优度提高。销售规模的平方项对公司绩效、成长潜力与成长性的解释程度分别为-8%、-20.6%、-19%。即销市场规模的高速扩张为公司带来了较高的组织成本,使之难以对现有市场进行有效消化,降低了公司成长潜力以及成长性。假设3得到证实。

表 51-4　公司销售规模对成长性的影响分析

	公司绩效			成长潜力			成长性		
	M_1	M_2	M_3	M_1	M_2	M_3	M_1	M_2	M_3
Debt	0.553***	0.547***	0.547***	-0.188*	-0.191*	-0.192*	-0.292***	-0.292***	-0.293***
Stage	0.297***	0.279***	0.277***	-0.541***	-0.548***	-0.545***	-0.519***	-0.520***	-0.517***
Sale		0.103**	0.029		-0.042*	-0.231*		-0.009*	-0.183
$Sale^2$			-0.080**			-0.206*			-0.190**
R^2	0.482	0.492	0.493	0.382	0.384	0.390	0.435	0.435	0.441
F	47.05***	32.35***	24.11***	31.25***	20.77***	15.85	38.87***	25.67***	19.49***

51.5　结论与建议

本章选取高科技中小上市公司为研究样本，通过多元分步回归的方法验证了以生存风险和成长阶段刻画的生命状态变量对公司成长性的影响作用，在控制生命状态对公司成长性干扰效应的基础上，证实了在我国高科技中小上市公司规模与公司成长性之间的倒U形曲线关系。研究结果显示：第一，生存风险和成长阶段均对公司成长性起到影响作用，进而对公司规模与成长性的关系研究产生了干扰效应。作为生存风险的代理变量，负债水平的提高尽管能够在短期促进绩效的提升，但是却在长期抑制了公司的成长性。成熟期的高科技中小上市公司比成长期具有更优秀的绩效表现，但是成长潜力的不足直接降低了公司成熟期的成长性。第二，在控制公司生命状态对成长性关系的干扰效应后，我国高科技中小上市公司规模与成长性表现出显著的曲线关系。员工规模与成长性之间存在较为显著的倒U形关系。单纯地增加劳动力要素的投入会引起规模报酬从递增到递减的演变。资产规模对高科技中小上市公司的绩效、成长性均具有短期促进效应。我国高科技中小上市公司仍具有资产规模扩张带来的报酬递增优势，然而资产规模与成长性的长期倒U形关系证明了高科技中小上市公司存在增长极限。同样，销售规模的扩张在长期内为成长潜力的提升带来压力，进而对成长性产生抑制效应。因此实现绩效与成长的"双赢"关键在于寻求公司规模与成长性曲线的"凸点"，即保证适度的员工规模，合理设计负债融资容量，保障市场份额的有效性和适度扩张。

基于研究结论，首先，本章认为我国高科技中小上市公司首先应对资产负债率、营运资金比率、现金比率等风险指标进行规律性分析，以保障资金链的畅通和稳固，降低生存风险；其次，根据公司需求，通过合理考核，在保证生产力的基础上，缩减员工人数，寻求合理员工规模；再次，降低资金扩充速度，通过合理分析投资必要性和投资效率来控制资本总量，提升资金运营效率。最后，市场扩张应与产品生产、资金保障体系相协调，保障市场扩张的稳健性和连续性，实现高科技中小上市公司的可持续成长。

参 考 文 献

1. Delmar, F. and S. Shane, Does business planning facilitate the development of new ventures? Strategic Management Journal, 2003, 24 (12): 1165－1185.

2. Osborn, F., The USSR and the atom, International Organization, 1951, 5 (3): 480－498.

3. Díaz, M. A. and R. Sánchez, Firms' size and productivity in Spain: a stochastic frontier analysis, Small Business Economics, 2008, 30 (3): 315－323.

4. Morone, P. and G. Testa, Firms growth size and innovation an investigation into the Italian manufacturing sector, Economics of Innovation and New Technology, 2008, 17 (4): 311－329.

5. Adizes, I., Organizational passages: diagnosing and treating lifecycle problems of organizations, Organizational Dynamics, 1979, 8 (1): 3－25.

6. Greiner, L. E., Evolution and revolution as organizations grow, Harvard Business Review, 1972, 50 (4): 37－46.

7. Barringer, B. R., F. F. Jones and P. S. Lewis, A qualitative study of the management practices of rapid growth firms and how rapid growth firms mitigate the managerial capacity problem, Journal of developmental Entrepreneurship, 1998, Fall: 97－122.

8. Steyn, B. W., W. D. Hamman and E. V. D. M. Smit, The danger of high growth combined with a large noncash working Capital base—a descriptive analysis, South African Journal of Business Management, 2002, 33 (1): 41－47.

9. Bhide, A., Efficient markets, deficient governance: U. S. securities regulations protect investors and enhance market liquidity. But do they alienate managers and shareholders? Harvard Business review, 1994, 72 (8): 128－140.

10. Teece, D. J., G. Pisano and A. Shuen, Dynamic capabilities and strategic management, Strategic Management Journal, 1997, 18 (7): 509－533.

11. 肖虹：《中国上市公司融资决策的产品生命周期因素分析》，载《经济评论》2007年第2期，第81~89页。

12. 文芳：《企业生命周期对RandD投资影响的实证研究》，载《经济经纬》2009年第6期，第86~89页。

13. Chin, C. L., S. M. Tsao and H. Y. Chi, Trademark value and accounting performance: analysis from corporate life cycle, Journal of American Academy of Business, 2005, 7: 106－112.

14. Greiner, L. E., Evolution and revolution as organization grow, Harvard Business Review, 1972, 50 (4): 37－46.

15. Higgins, R. C., How much growth can a firm afford? Financial Management, 1977, 6

(3): 7-16.

16. Sleuwaegen, L. and M. Goedhuys, Growth of firms in developing countries, evidence from Cote d'Ivoire, Journal of Development Economics, 2002, 68 (1): 117-135.

17. Dhawan, R., Firm size and productivity differential: Theory and evidence from a panel of US firms, Journal of Economic Behavior and Organization, 2001, 44 (3): 269-293.

18. Dias, M. and R. Sanchez, Firm size and productivity in Spain: a stochastic frontier analysis, Small Business Economics, 2008, 30 (3): 315-323.

19. Grossmann, V., Firm size, productivity, and manager wages: a job assignment approach, Advances in Theoretical Economics, 2007, 7 (1): 1321-1321.

20. 张胜、袁泽沛:《从组织学习到竞争优势的传导机制》,载《科技进步与对策》2005年第2期,第115~116页。

21. 郭斌:《规模、RandD 与绩效:对我国软件产业的实证分析》,载《科研管理》2006年第1期,第121~126页。

22. Worley, J. S., Industrial research and the new competition, Journal of Political Economy, 1961, 69: 183-186.

23. 李陈华:《公司规模报酬与规模边界:一个研究书评》,载《产业经济研究》2009年第4期,第8页。

第 52 章

控制权激励双重性与技术创新动态能力分析[*]

控制权激励是一种重要的高管隐性激励契约,但其在本质上具有双重性。授予高管控制权能否对企业的技术创新动态能力产生影响?影响方式如何?本章基于创新经济学相关理论,运用中国高科技上市公司 2007~2010 年的平衡面板数据,对高管控制权激励与技术创新动态能力的关联性进行实证检验,结果表明:技术创新动态能力由技术创新投入能力、技术创新产出能力、技术创新转化能力三个维度构成;控制权激励与技术创新动态能力之间存在显著的倒 U 形关系,即当控制权激励达到极值之前,控制权的积极性使其对技术创新动态能力产生促进效应,但超过此极值,控制权激励的消极性得到凸显,使其对技术创新动态能力具有抑制效应。因此,保持适度的控制权激励力度、并对显性激励与隐性激励进行合理配置是提升上市公司技术创新动态能力的理论选择。

52.1 问题提出

具有可持续性的技术创新能力是现代公司在高度动态的竞争环境中得以生存与发展的必要条件,这对于高科技公司尤为重要。而如何使这类公司能够拥有这种能力,成为理论界与实践界急需解决的问题。创新经济学集中考察企业层面上创新引入的决定因素以及这种引入所产生的影响,技术创新与制度创新的互动关系已成为该理论体系的重要构成。以此为基础而产生的组织控制理论指出,作为企业制度的核心,公司治理的主旨应是通过资源的有序协调与合理配置而实现对技术创新的支持作用(O'Sullivan,2000)。而高层管理者也被认为是技术创新或生产要素组合的主要组织者与推动者。因此,在公司治理诸多机制中,设计合理的高管激励契约是引导公司高管支持技术创新的动机与行为,从而不断提升公司技术创新能力的必要措施。

在实践发展与理论演进双重驱动的影响之下,国内外诸多学者开始将高管激

---

[*] 本章内容发表于《中国工业经济》2012 年第 10 期。

励与技术创新的关联性作为研究重点（Wu and Tu，2007；李春涛，宋敏，2010；Tien and Chen，2012），但多数文献将高管激励锁定于货币薪酬激励、股权激励等显性激励（Explicit Incentives），并且由于数据易得性等原因，只关注于高管激励对技术创新投入的影响。因此，现有研究体系具有明显的局限性。首先，高管激励是一个契约体系，显性激励与隐性激励（Implicit Incentive）并存（Dale – Olsen，2012）。显性激励是在一定时限内高管可获得的实质性补偿的总和，具有明确的合同约定，如货币薪酬激励、股权激励等。隐性激励则是一种寻求代理成本最小化的补偿性契约安排，并不存在明确的合同约定，但具有能够使被激励者实现自激励、激励作用持久等特点，最为常见的便是控制权激励。黄群慧（2000）认为，从企业家激励约束问题的本意看，企业家的报酬无疑是最直接的影响因素，但实质上控制权对企业家的激励约束更具有根本的决定意义，因为企业家获得经营控制权是企业家激励约束问题产生的前提。王昌林、蒲勇健（2005）提出，在人力资本所有者享有控制权的情况下，虽然代理成本有所提高，但人力资本所有者的努力程度也会将提高，企业绩效相对提高，同时也证明了享有控制权有利于抑制技术创新中的机会主义行为。但至今，鲜有研究对控制权激励与技术创新能力的关联性进行系统的理论与实证研究。因此，对上述论题进行深入剖析是对现有研究体系的深化与拓展。

此外，目前有关技术创新的实证研究多将研发（R&D）投入作为技术创新的操作变量。但在实践中，研发过程中的投入只是创新实现的必要而非充分条件，研发过程的复杂性和风险性也决定了其结果的不确定性（顾群、翟淑萍，2012）。因此，仅用研发投入对技术创新能力进行量化是有待商榷的。本章认为，技术创新动态能力（Technology – innovation Dynamic Capability）才是体现技术创新过程性与累积性，诠释技术创新能力的有效指标。鉴于此，本章以高科技上市公司为例，对技术创新动态能力的界定及其构成维度进行理论与实证探讨，并将控制权激励与技术创新动态能力的关联性作为研究重点，克服了以往研究的局限性，并且能够对企业创新实践提供更为可靠的理论依据。

鉴于此，本章的贡献在于：第一，借鉴委托代理理论与管理层权力理论等的观点，对控制权激励的本质与双重性进行理论诠释；第二，以创新经济学与动态能力理论为基础，对技术创新动态能力及其构成维度进行全新解构与测度；第三，运用中国高科技上市公司2007~2010年的平衡面板数据，对控制权激励与技术创新动态能力的关联性进行实证检验，以期充分揭示两者的关联机理，从而为高科技公司进行技术创新导向的高管激励机制设计提供有益参考。

52.2 理论分析与研究假设

52.2.1 控制权激励的本质及其双重性

迄今为止，有关控制权激励效应的研究仍未取得一致的结论。究竟高管控制权激励是解决委托代理问题的手段，还是导致委托代理问题的来源？这需要从控制权激励的本质出发，对其激励机理进行剖析。一般而言，企业的收益可以分解为控制权收益和货币收益，格罗斯曼和哈特（Grossman and Hart, 1986）, 哈里斯和拉维夫（Harris and Raviv, 1988）, 阿洪和博尔顿（Aghion and Bolton, 1992）由此对企业的权利安排进行了深入的研究。货币收益是货币形态的收益，容易量化，而控制权收益是控制者通过对控制权的行使而占有的难以量化的全部价值之和，这些收益一般为拥有控制权的企业家或高管人员所直接占有，如特殊权力带来的满足感、可享受到有形或无形的在职消费（Perk）①。黄群慧（2000）指出，企业家控制权激励机制是一种通过决定是否授予特定控制权以及选择对授权的制约程度来激励约束企业家行为的制度安排。从本质上看，企业家控制权激励机制是一种动态调整企业家控制权的决策机制，决策的内容包括是否授予控制权、授予谁和授权后如何制约等，决策的结果在很大程度影响着企业家的产生、努力程度和行为。本章认为，将控制权授予高管，同样可以作为一种激励机制，其本质是把特定控制权授予与否、授予后控制权的制约程度作为高管努力程度和贡献大小的相应回报，因此，控制权激励的有效性取决于高管对公司做出的贡献与他所得的控制权之间的对称性。委托—代理理论（Agency – Principle Theory）与管理层权力理论（Managerial Power Theory）是高管激励研究体系中最为常用的两种理论，本章基于上述两种理论对控制权激励的双重性进行剖析。

1. 控制权激励的积极性：解决代理问题的手段。现代公司经营权与控制权的分离导致了代理问题的出现，高管激励机制是解决代理问题的重要手段。除了常见的薪酬激励、股权激励等显性激励之外，控制权激励是一种被普遍采用的隐性激励机制。公司将特定的控制权通过契约或其他方式授权给公司代理人，一般而言，这种特定控制权只有高管人员拥有，包括日常的生产、销售、雇佣，以及享受在职消费等权力。由于这些特定权力的稀缺性与价值性，拥有它们便会对高管产生激励。另外，周其仁（1997）提出，控制权存在"控制权回报"，而"控

---

① 陈冬华等（2010）定义下的在职消费满足以下特征：（1）与高管的工作和职位相关；（2）能够提升高管的效用；（3）对公司价值提升并无此消彼长的直接联系；（4）发生的数量、目的、时点更为弹性，而且不受制于明示的契约；（5）体现了高管个人的主观意愿、兴趣与社会资本。

制权回报"意味着以"继续工作权"或"更大的继续工作权"作为对经营者"努力工作"的回报,而这种回报能够激发高管人员对于工作本身的热情与满足感。根据赫斯伯格的双因素理论,这种与工作本身相关的因素才能真正起到激励作用。相比而言,薪酬激励等是与工作条件相关的,仅是一种保健因素。根据激励相容性原理,一种有效的激励契约,要求经营者在追求个人利益的同时,其行为所取得的客观效果实现了机制设计者的目标,即实现了委托人所要达到的目的。因此,对于那些通过控制权的增加而获得自我价值实现和成就需要的经营者来说,控制权激励具有显著的积极作用,并且这种激励机制可在不增加其他支付前提下提高公司绩效。

2. 控制权激励的消极性:代理问题的重要来源。根据管理层权力理论(Bebchuk et al.,2003),由于管理层寻租效应的存在,如同其他高管激励契约一样,控制权激励并不能有效解决代理问题,反而成为代理问题的一部分。如前文所述,控制权激励的有效性取决于高管所做出的贡献与他所得的控制权之间的对称性。如果高管对于公司的贡献大于其所获得的控制权,那么控制权的激励效果将不能得到较好地体现,这种状态一般被称为"激励不足"(Underpayment)。但如果高管获得的控制权大于其对公司所做的贡献,即"激励过度"(Overpayment),此时将产生更为严重的后果,控制权激励的消极性便会突显出来。因为高管获得了远超过其贡献的控制权,就有能力影响他们各自的报酬水平,也有能力采取寻租行为,并能够采取措施掩盖寻租行为以达成次优的激励契约,因而损害委托人利益。尤其是在公司治理约束机制尚待完善的情况下,他们会放弃通过提高经营业绩而获得报酬的合理途径,反而利用所拥有的权力运用一些机会主义手段来大肆攫取高额报酬。此时,控制权激励便成为代理问题的重要来源。

52.2.2 技术创新动态能力的理论释义:投入能力、产出能力与转化能力的整合

动态能力理论(Dynamic Capability Theory)是基于资源基础观提出的。进入20世纪90年代以来,急速变化的竞争环境对传统的资源基础观提出了挑战,促进了由静态视角向动态视角的演进。蒂斯等(Teece et al.,1997)指出,动态能力是整合、建立、重置和再造内外部资源和能力以满足环境变化需求的能力,并于2007年提出阐释动态能力的理论框架,具体将动态能力分为"感知"能力(Sensing)、"攫取"能力(Seizing)和"转化"能力(Transforming)。尽管对于动态能力的维度目前仍不存在统一的定论,但从动态能力的本质来看,它强调企业通过整合、利用、再造资源来创造新的竞争能力以达到与外部环境相匹配的目的(林海芬、苏敬勤,2012)。同样,技术创新一直被认为是推动企业持续成长

和不断更新最强有力的推动者，而拥有持续的技术创新能力是企业应对高度动荡的外部环境所必备的资源条件。有关技术创新能力的研究也必须摒弃以前的静态观点，应从动态能力视角出发进行重新界定。

本章认为，技术创新是一个累积性的复杂过程，受到不同层次因素的多重影响。考虑到技术创新的过程性、累积性以及不确定性特征，应该借鉴动态能力理论的相关观点，将技术创新能力从一个动态的视角进行诠释，即构建"技术创新动态能力"对技术创新能力进行全新解构。引用动态能力的内涵，结合技术创新的特点，本章将"技术创新动态能力"界定为"为积极应对环境变化，企业持续地进行一定的技术创新投入，带来相应的技术创新产出，并能进行有效技术创新转化的能力"。在此理论释义中，有三个关键词：技术创新投入、技术创新产出与技术创新转化。技术创新投入是技术创新的必要条件，也是创新过程的开端，只有投入足够的物质资本与人力资本，才能为创新提供丰富的资源条件。技术创新产出是技术创新过程的直接成果，如专利等。但需要强调的是，技术创新产出也是创新过程的一部分，而不是最终成果。若想技术创新能够真正地创造价值，还必须进行有效的转化。创新产出经过转化，成为能够为公司创造价值的资产，才实现了技术创新的目的。所以说，技术创新的每个指标都有其特殊的意义，需要进行提炼归纳，从而更好地衡量技术创新动态能力。由上述分析可知，技术创新投入能力、技术创新产出能力与技术创新转化能力是技术创新动态能力的重要构成维度。因而提出以下假设：

H1：技术创新动态能力由技术创新投入能力、技术创新产出能力与技术创新转化能力三个维度构成。

52.2.3 控制权激励对技术创新动态能力的影响：促进，还是抑制？

1. 控制权激励对技术创新动态能力的促进效应。奥沙利文（O'Sullivan，2000）以创新经济学为基础提出的组织控制理论认为，从创新过程的特点出发，得出推动企业创新的公司治理机制必须体现财务支持（Financial commitment）、组织整合（Organizational integration）和内部人控制（Insider control），通过组织控制而不只是市场控制，将企业的重要资金和知识资源配置到创新过程中去。其中，内部人控制，也即战略控制，是指企业的实际控制者必须对技术创新有足够的热情，并且拥有足够的知识和技能推动企业创新的开展。因此，高层管理者作为上市公司战略决策的主体，其动机与行为将对上市公司的技术创新动态能力产生重要影响。从该理论出发，控制权激励作为主要的隐性激励机制，并由于其本身具有的成就需要激励与激励相容等积极效应，对上市公司的技术创新可能会产生一定的促进效应，与技术创新动态能力也将呈现出显著的正向关系。王昌林、蒲勇健（2005）通过理论模型构建与分析，证明了让高管享有控制权有利于抑制技术创新中的机会主义行为。

  2. 控制权激励对技术创新动态能力的抑制效应。但也有学者指出，控制权激励对技术创新并不会起到促进作用，反而会产生抑制。正如方（Fong，2012）的研究结论那样，在高技术密集型行业内 CEO 激励过度会降低企业的 RandD 投入，而在经理人控制的企业中，CEO 激励过度对 RandD 投入的负面影响更大。一般而言，控制权激励有两种表现形式，一类是可以货币化的在职消费；另一类是满足心理需求难以货币化的收益，因此，通常采用"在职消费"额度来对高管的控制权激励进行测度。而在高管薪酬结构中，在职消费是以高管人员"在其位"为前提的，与企业绩效并不直接相关（黄再胜，2012）。桑德兰和雅默克（Sunderan and Yermack，2007），德沃斯等（Devers et al.，2008）指出，诸如"在职消费"这些具有固定收益特征的薪酬成分比例越高，高管获得的报酬与风险之间的不对称性越大，他们就越倾向于安于现状，甚至热衷于巩固自己目前的"地位"，而不去积极寻找和实施有利于企业价值创造的技术创新或其他投资。此外，由于技术创新投资的高度风险性，一旦该项投资失败，高管面临被解职的风险就会大大增加。因此，为了能够保留住现有职位所带来的权力，高管也可能倾向于追求短期利润，而非以技术创新为支撑的长远目标。综合上述观点，控制权激励对于技术创新动态能力应该具有抑制效应。

  3. 控制权激励与技术创新动态能力的非线性关系：从促进到抑制的转化。那么，究竟控制权激励对于技术创新动态能力的影响作用是以促进效应为主，还是以抑制效应为主？本章认为，由控制权激励的本质与双重性分析可知，控制权激励的有效性取决于高管对公司的贡献和他所得的控制权之间的对称性。当高管所做出的贡献小于他所获得的控制权，即处于激励不足状态，在这种情况下，随着控制权激励力度的增加，控制权对于高管的激励效应将逐步增强，对于技术创新的支持力度便会增加，公司的技术创新动态能力也会随之得到提升；当控制权激励力度达到了一定程度，高管获得的控制权与他所做出的贡献大致相等，付出与回报达到平衡，而此时控制权激励对于技术创新动态能力的正向效应也达到极点；超过此极点之后，随着高管拥有的控制权的增加，高管所做的贡献与所拥有权力之间的非对称性将继续加剧，此时，控制权激励的消极作用开始逐步显现，继而导致控制权激励对技术创新动态能力也开始呈现出抑制效应。由此可知，基于控制权激励的双重性，控制权激励与技术创新动态能力之间并不存在显著的线性关系，而是倒 U 形的非线性关系。因此，提出以下假设：

  H2：控制权激励与技术创新动态能力之间存在倒 U 形关系，即控制权激励力度存在极值，在经过此极值之前，控制权激励对技术创新动态能力具有促进效应，但经过此极值后，控制权激励对技术创新动态能力则产生抑制效应。

52.3 研究设计

52.3.1 样本选取与数据来源

鉴于技术创新能力对于高科技上市公司的重要性以及高科技上市公司创新实践的典型性，本章选择高科技上市公司作为研究样本，选择 2007～2010 年为研究区间。根据证监会 2001 年颁布的《上市公司行业分类指引》及其他学者的研究，王华、黄之骏（2006）确定电子业、医药生物制品业、信息技术业、化学纤维制造业、化学原料及化学制品制造业、仪器仪表及文化和办公用机械制造业等行业的企业为高科技企业。本章引用上述对高科技企业的界定，对 ST 类公司、被停止上市的公司以及部分数据缺失的样本进行剔除之后，每年度分别得到 102 家上市公司，4 年共计 408 个有效观测样本的平衡面板数据。实证检验所使用的财务数据、公司治理数据等均来自国泰安中国股票市场研究数据库（CSMAR 数据库）。技术人员数据由笔者通过手工整理公司年报披露的员工构成情况获得。专利数据来自中国知识产权网专利信息服务平台，通过购买与手工查询获得。

52.3.2 变量设计

1. 技术创新变量设计。以往多数文献将"研发支出"作为技术创新的操作变量，然而考虑到技术创新的过程性特点，对其界定与衡量不能仅仅局限在一个单一静态的维度。因此，本章从技术创新投入、技术创新产出与技术创新转化三个关键点出发，选择研发投入强度、技术人员强度、专利申请总量，发明申请总量、技术资产比率等多个指标作为技术创新能力变量，并通过对这些指标进行因子分析，从而获得技术创新动态能力的构成维度。各个指标的定义与计算方式如表 52-1 所示。

表 52-1　　　　　　　　　　技术创新变量设计

变量名称	符号	变量定义与计算方式
研发投入强度	R&D input	公司年末披露的研发支出[①]/主营业务收入
技术人员强度	R&D employee	公司年末披露的技术人员数[②]/企业总人数
专利申请总量	Patent	所有类型专利（发明、实用新型、外观设计）年度申请数[③]

续表

变量名称	符号	变量定义与计算方式
发明申请总量	I-Patent	发明专利④年度申请数
无形资产比率	Intangible	公司年末披露的无形资产⑤/总资产

注：①自2007年开始实施的会计准则要求上市公司应当在年报中详细披露公司的研发投入等技术创新情况；

②技术人员是企业技术创新的主体，技术人员数量的多少能够从一定程度上反映一个企业技术创新投入能力的高低；

③相对于专利申请量而言，专利授予数量更容易受到专利机构等众多人为因素的影响，使其不确定性大大增强而容易出现异常变动，因此，专利申请量比专利授予量更能反映创新产出的真实水平（Croby，2000）；

④发明专利，是指对产品、方法或者其改进所提出的新的技术方案；

⑤顾群、翟淑萍（2012）指出无形资产是企业创新活动所形成的非物质形态的价值创造来源，因此，用技术资产，即无形资产比率作为创新的产出指标。

2. 控制权激励与控制变量设计。高管拥有控制权，就能够享受到诸多在职消费，因此，控制权激励一般用"在职消费（Perk）"来量化。在职消费的具体内容包括：办公费、差旅费、业务招待费、通讯费、出国培训费、董事会费、小车费和会议费等，这些费用是高管人员处理公司日常事务合法且必要的支出，高管人员有权力一定范围内支配这些费用，满足自身效用（陈冬华等，2010）。因此，本章选取公司年报中披露的该八项费用之和与公司主营业务收入之比作为控制权激励的衡量指标，并通过查阅上市公司年报附注中"支付的其他与经营活动有关的现金流量"项目收集（见表52-2）。

表52-2　　　　　　　　控制权激励变量及控制变量设计

变量类别	变量名称	符号	变量定义与计算方式
解释变量	控制权激励	CI	公司年末披露的办公费、差旅费、业务招待费、通讯费、出国培训费、董事会费、小车费和会议费等八项费用之和与主营业务收入之比
控制变量	股权集中度	CR	公司第一大股东持股比例
	股权属性	OW	根据终极控制人是否具有国有性质，将上市公司分为国有控股上市公司，设为1，与非国有控股上市公司，设为0
	两职合一情况	PLU	经营者与董事长或副董事长兼任，设为1，否则为0
	独立董事监督	IB	公司年末独立董事占董事总数的比例
	公司规模	Size	公司期末总资产的自然对数

续表

变量类别	变量名称	符号	变量定义与计算方式
控制变量	成长性	Grow	总资产增长率＝(期末总资产－期初总资产)/期初总资产
	财务杠杆	LEV	公司年末披露的资产负债表中负债总额与资产总额的比值
	盈利能力	ROE	公司年末扣除非经常性损益后的净资产收益率

52.3.3 研究方法与模型构建

首先，运用因子分析将原有的技术创新变量进行浓缩，即将原有变量中的信息重叠部分提取和综合成最终因子，进而探究技术创新动态能力的主要构成维度。运用主成分分析、方差最大化旋转等方法，得到因子分析结果。

其次，运用面板数据分析方法对参数进行估计。与运用截面数据与时间序列数据进行分析相比，面板数据可以减少解释变量之间的共线性，克服前两者较易出现的误差项序列相关性与异方差性等问题，也可以显著地减少缺省变量所带来的内生性问题，从而改进计量经济估计的有效性。同时，为检验控制权激励与技术创新动态能力的非线性关系，在模型中加入控制权激励二次项（已经过标准化处理）。基本模型设计如下：

$$TII_{i,t} = \alpha + u_i + b_1 CI_{i,t} + b_2 CI^2_{i,t} + b_3 CR_{i,t} + b_5 OW_{i,t} + b_4 PLU_{i,t} + b_5 IB_{i,t} + b_6 Size_{i,t} + b_7 Grow_{i,t} + b_8 Lev_{i,t} + b_9 ROE_{i,t} + e_{i,t}$$

$$TIO_{i,t} = \alpha + u_i + b_1 CI_{i,t} + b_2 CI^2_{i,t} + b_3 CR_{i,t} + b_5 OW_{i,t} + b_4 PLU_{i,t} + b_5 IB_{i,t} + b_6 Size_{i,t} + b_7 Grow_{i,t} + b_8 Lev_{i,t} + b_9 ROE_{i,t} + e_{i,t}$$

$$TIT_{i,t} = \alpha + u_i + b_1 CI_{i,t} + b_2 CI^2_{i,t} + b_3 CR_{i,t} + b_5 OW_{i,t} + b_4 PLU_{i,t} + b_5 IB_{i,t} + b_6 Size_{i,t} + b_7 Grow_{i,t} + b_8 Lev_{i,t} + b_9 ROE_{i,t} + e_{i,t}$$

$$TIDC_{i,t} = \alpha + u_i + b_1 CI_{i,t} + b_2 CI^2_{i,t} + b_3 CR_{i,t} + b_5 OW_{i,t} + b_4 PLU_{i,t} + b_5 IB_{i,t} + b_6 Size_{i,t} + b_7 Grow_{i,t} + b_8 Lev_{i,t} + b_9 ROE_{i,t} + e_{i,t}$$

在模型中，α 表示截距项，$b_i(i=1,2,\cdots)$ 为模型回归系数，i 表示横截面的个体，t 表示时间，$e_{i,t}$ 表示随机干扰项。因子分析使用的是 SPSS16.0，分年度描述性统计与面板数据分析采用的是 Stata10.0。

52.4 实证结果分析与讨论

52.4.1 主要变量描述性统计

表 52-3 是对主要变量进行的分年度描述性统计。由其可知，2007~2010 年高科技上市公司的控制权激励（CI）均值分别为 0.0948、0.1092、0.1234 与 0.1197，大约在 10%。由于高科技公司激烈的竞争环境与独有的行业特征，控制权激励水平较一般上市公司略低。四年来，样本的研发投入强度（R&D input）均值一直未超过 0.4%，与西方国家的高科技公司相差非常悬殊。更有甚至，仍有部分公司连续 4 年的研发投入强度一直为 0。对于高科技公司而言，这样的研发投入水平的确有待提高（见表 52-3）。

表 52-3　　主要变量分年度描述性统计

年度	变量	平均值	标准差	最小值	最大值
2007	控制权激励	0.0948	0.0643	0.0146	0.3427
	研发投入强度	0.0023	0.0077	0.0000	0.0499
	技术人员比例	0.1774	0.1727	0.0000	0.9100
	专利申请总数	8.0098	26.6694	0.0000	203.0000
	发明申请总数	3.2353	11.2198	0.0000	101.0000
	无形资产比率	0.0405	0.0414	0.0000	0.2191
2008	控制权激励	0.1092	0.0643	0.0230	0.3093
	研发投入强度	0.0031	0.0090	0.0000	0.0490
	技术人员比例	0.1920	0.1735	0.0000	0.9150
	专利申请总数	11.2157	31.6965	0.0000	228.0000
	发明申请总数	4.6471	13.3599	0.0000	110.0000
	无形资产比率	0.0461	0.0392	0.0000	0.2116

续表

年度	变量	平均值	标准差	最小值	最大值
2009	控制权激励	0.1234	0.0933	0.0260	0.6811
	研发投入强度	0.0036	0.0114	0.0000	0.0868
	技术人员比例	0.1944	0.1792	0.0000	0.8970
	专利申请总数	16.5098	41.9315	0.0000	236.0000
	发明申请总数	9.2059	28.7472	0.0000	236.0000
	无形资产比率	0.0482	0.0390	0.0000	0.1914
2010	控制权激励	0.1197	0.1144	0.0216	0.3543
	研发投入强度	0.0036	0.0110	0.0000	0.0667
	技术人员比例	0.1916	0.1829	0.0000	0.8870
	专利申请总数	18.5686	46.0595	0.0000	332.0000
	发明申请总数	9.0784	25.2311	0.0000	200.0000
	无形资产比率	0.0470	0.0522	0.0000	0.4435

注：专利申请总数与发明申请总数的单位是"项"。

在研究区间内，逐年增长趋势最为明显的变量是专利申请总量（Patent），均值分别为8.0098项、11.2157项、16.5098项与18.5686项，2010年比2007年增长了132%。但专利申请数在样本公司之间的不平衡性是一个较为突出的问题，专利申请数最多的公司一年能达到数百个，但有的公司却连续多年为0，而且标准差也逐年增大。发明申请总量（I-patent）也呈现出增长态势，年度均值分别为3.2353项、4.6471项、9.2059项与9.0784项，但2010年比2009年减少了1.2%。这表明，虽然2010年的专利申请数量增加了，但最具创新性的发明专利申请总量却减少了，即在技术创新产出数量持续增长的情况下，产出质量有所降低。

值得强调的是，无形资产比率（Intangible）这一变量四年的变化并不明显。这在一定程度上说明，专利申请增长速度虽然很快，但这些申请的专利真正成为高科技上市公司的知识产权，计入无形资产价值，还未在短期内实现。由此可知，技术创新转化是高科技公司的弱项。而若想进一步提升高科技公司的技术创新动态能力，克服技术创新转化这一短板将成为高科技公司下一步加强的重点。

52.4.2 技术创新动态能力因子分析

由表52-4可知，巴特利特检验统计量的观测值为760.014，相应的概率p等于0.000，小于显著性水平0.05，应拒绝零假设，认为相关系数矩阵与单位阵有显著差异。同时，KMO值为0.786，根据Kaiser给出的KMO度量标准可知原有变量适合进行因子分析。而且，最终因子对变量的累积解释达到85.473%，相应得到三个最终因子（F1，F2与F3）。

表52-4　　　　　　　　　　因子解释原有变量总方差的情况

因子编号	初始因子解			因子解			最终因子解		
	特征根值	方差贡献率（%）	累积贡献率（%）	特征根值	方差贡献率（%）	累积贡献率（%）	特征根值	方差贡献率（%）	累积贡献率（%）
1	1.917	38.337	38.337	1.917	38.337	38.337	1.909	38.186	38.186
2	1.292	25.837	64.174	1.292	25.837	64.174	1.263	25.260	63.446
3	1.065	21.299	85.473	1.065	21.299	85.473	1.101	22.026	85.473
4	0.635	12.703	98.176						
5	0.091	1.824	100.000						

注：KMO样本充分性检验：0.786；Approx. Chi-Square：760.014；Sig：0.000。

如表52-5所示，三个因子均具有命名解释性。F1主要由专利申请总数（Patent）与发明专利总数（iPatent）构成（权重超过0.5）。专利申请总数反映的是技术创新产出的数量，而与实用新型与外观设计相比，发明是最具创新性的专利，因而专利申请总量反映的是技术创新产出的质量，两者相结合形成了技术创新产出能力的综合指标。F2主要由研发投入强度（R&D_input）与技术人员强度（R&D_employee）构成。可以说，研发投入强度是"物质资本（主要是资金成本）"投入，技术人员强度是"非物质资本（主要是人力资本）"投入，两者均是技术创新投入所必需的资源条件，共同构成了技术创新投入能力的综合指标。F3主要由无形资产比率（intangible）构成。戴维德、希特和吉梅诺（David, Hitt and Gimeno, 2001）指出，研发投资代表着创新对于企业的战略重要性，是企业在开发无形资产等方面的重要投入。由研发投资而产生的知识产权最终都会计入无形资产，因而无形资产应作为研发投资的最终产出结果。因此，本章将F3设定为反映公司技术创新成果转化能力的指标。综上所述，分别将上述因子界定为：技术创新产出能力（TIO）；技术创新投入能力（TII）；技术创新转化能力（TIT）。每个因子的计算方式如下：

表 52-5　　　　　　　　　　　因子得分系数矩阵

初始因子	最终因子		
	F1：技术创新产出	F2：技术创新投入	F3：技术创新转化
无形资产比率（intangible）	0.015	0.067	0.853
专利申请总量（patent）	0.512	-0.010	0.003
发明申请总量（ipatent）	0.512	-0.009	0.019
研发投入强度（R&D_input）	-0.020	0.691	0.273
技术人员强度（R&D_employee）	0.002	0.560	-0.331

注：提取方法为主成分分析；旋转方法为方差最大正交旋转。

$$TIO = 0.015\ intangible + 0.512\ patent + 0.512\ ipatent - 0.020 RandD\_input + 0.002\ RandD\_employee$$

$$TII = 0.067\ intangible - 0.010\ patent - 0.009\ ipatent + 0.691 RandD\_input + 0.560 R\&D\_employee$$

$$TIT = 0.853 intangible + 0.003\ patent + 0.019\ ipatent - 0.273 RandD\_input - 0.331\ R\&D\_employee$$

最后，采用计算因子加权总分的方法，对技术创新动态能力进行综合评价。以三个因子的方差贡献率作为权数，得到"技术创新动态能力"计算公式为：

$$TIDC = 0.38186\ TIO + 0.25260\ TII + 0.22026\ TIT$$

通过上述因子分析结果可知，技术创新动态能力由技术创新投入能力、技术创新产出能力与技术创新转化能力三个维度构成，假设 1 得证。

52.4.3　面板数据回归分析结果

表 52-6 列示了对面板数据模型进行回归分析的结果，分别以技术创新投入能力、技术创新产出能力、技术创新转化能力与技术创新动态能力作为被解释变量。由其可知，四个模型在进行 Hausman 检验之后，均选择了随机效应模型（RE）。模型Ⅰ的 Wald 检验值为 21.95，P 值为 0.02，说明该模型整体有效。控制权激励一次项（CI）的系数在 0.05 水平上显著为正，而其二次项（CI2）的系数在 0.05 水平上显著，且为负值。这表明，控制权激励与技术创新投入能力之间的确存在倒 U 形关系。由模型Ⅱ可知，Wald 检验值为 60.67，P 值为 0.000，证明了模型的整体有效性，观察解释变量的系数会发现，控制权激励一次项系数显著为正，二次项显著为负，且均在 0.05 的水平上显著，证明了控制权激励与技术创新产出能力之间的非线性关系。模型Ⅲ也具有整体有效性（Wald = 37.53，

$P=0.0001$),由解释变量的系数可知,控制权激励一次项的系数在 0.05 显著性水平上显著为正,二次项的系数在 0.01 的显著性水平上显著为负,由此可知,控制权激励与技术创新转化能力也存在倒 U 形关系。

表 52-6　　　　　　　　　　　面板数据分析

模型 变量	Model Ⅰ 技术创新投入	Model Ⅱ 技术创新产出	Model Ⅲ 技术创新转化	Model Ⅳ 技术创新动态能力
控制权激励 (CI)	2.5612** (2.22)	2.0409** (2.53)	2.3062** (2.04)	43.326*** (2.82)
控制权激励 二次项(CI^2)	-0.0200** (-1.96)	-0.0210** (-2.16)	-0.0470*** (-3.42)	-0.7247*** (-2.69)
股权集中度 (CR)	-0.1562 (-0.618)	-0.5099 (-1.57)	-0.0427 (-0.12)	-9.2185 (-1.56)
股权属性 (OW)	-0.0061 (-0.07)	-0.0155 (-1.07)	-0.0866 (-0.55)	-0.9716 (-0.57)
两职合一情况 (PLU)	0.1743* (1.95)	0.3787** (2.28)	0.0547 (0.50)	6.4240** (2.18)
独立董事比例 (IB)	-0.3010 (-0.34)	-0.8487 (-1.06)	-0.1154 (-0.14)	-11.125 (-0.81)
公司规模 (Size)	0.0828 (1.43)	0.4518*** (4.39)	-0.0201 (-0.29)	8.5996*** (4.52)
成长性 (Grow)	-0.1227* (-1.95)	-0.1856** (-2.44)	-0.1043 (-1.10)	-2.9780** (-2.35)
财务杠杆 (LEV)	-0.2011 (-0.99)	0.6171** (2.20)	0.9668** (2.44)	8.7274* (1.68)
盈利能力 (ROE)	0.3952 (1.03)	0.2685 (0.62)	-2.5518* (-1.94)	0.1631 (1.59)
R^2	0.1151	0.1076	0.2814	0.1179
F/Wald 检验	Wald=21.95 P=0.02	Wald=60.67 P=0.000	Wald=37.53 P=0.0001	Wald=32.70 P=0.0003
Hausman 检验	chi2<0 采用 RE	chi2<0 采用 RE	chi2=13.28 P=0.2084 采用 RE	chi2=3.45 P=0.9687 采用 RE

注:***、**、*分别表示1%、5%、10%的显著性水平,括号内为 Z 值;Hausman 检验:P 大于 0.05 则接受原假设,意味着模型为随机效应模型(RE);否则拒绝原假设,采用固定效应模型(FE);对 Hausman 设定检验无法判别的模型,采用随机效应模型(RE);本表未报告常数项。

最后，由模型Ⅳ可知，Wald 检验值为 32.7，P 值为 0.0003，模型整体有效。控制权激励一次项系数为正，且在 0.01 水平上显著，二次项系数显著为负，也在 0.01 水平上显著。这充分说明，控制权激励与技术创新动态能力之间具有更为明显的倒 U 形关系，假设 2 得到证实。由上述结果可知，控制权激励与技术创新动态能力及其三个维度之间均存在倒 U 形关系，即控制权激励力度存在极值，在达到该极值之前，控制权激励对技术创新动态能力具有促进效应，但经过此极值后，随着控制权激励力度的增加，技术创新动态能力却呈递减趋势，控制权激励对于技术创新动态能力的影响作用从促进效应转化为抑制效应。

52.5 主要结论与政策建议

本章基于委托代理理论与管理层权力理论，对控制权激励的本质与双重性进行理论诠释，然后以创新经济学与动态能力理论为基础，运用中国高科技上市公司 2007～2010 年的平衡面板数据，对技术创新动态能力的构成维度进行全新解构，并对控制权激励与技术创新动态能力的关联性进行实证检验。主要结论如下：（1）控制权激励的本质是授予高管控制权以补偿其对公司所做出的贡献，高管拥有权力与其贡献的对称性决定了控制权激励的双重性质；（2）技术创新动态能力是"为积极应对环境变化，企业持续地进行一定的技术创新投入，带来相应的技术创新产出，并能进行有效技术创新转化的能力"，由技术创新投入能力、技术创新产出能力与技术创新转化能力三个维度构成；（3）控制权激励与技术创新动态能力之间存在倒 U 形关系，即控制权激励力度存在极值，在经过此极值之前，控制权激励对技术创新动态能力具有促进效应，但经过此极值后，控制权激励对技术创新动态能力则产生抑制效应。根据上述结论，本章提出以下政策建议：

1. 构建合理的高管激励契约体系，通过不同激励契约的协同与配置，特别是寻求股权激励等长期契约对控制权激励的替代作用，以实现控制权激励的最优效应。由上述结论可知，若想提升高科技公司的技术创新动态能力，仅靠控制权激励是难以实现的，构建技术创新导向的高管激励契约体系才是必然选择。从理性决策的视角看，高管的风险决策和行为是否有利于企业价值的创造，取决于风险结果在委托人和代理人之间的分摊情况（黄再胜，2012）。这种分摊的合理性仅用一种激励机制难以实现，需要不同激励机制的协同作用。霍奇森和卡斯尔顿（Hoskisson and Castleton，2009）提出，单个治理机制边际效用递减，甚至会产生因过度使用而导致的负面作用，其实际达到的经济效率总是次优的。由该原理可知，不同激励机制之间也存在交互作用。因此，基于控制权激励双重性及其对技术创新能力影响的双重作用，应该通过高管显性激励契约与隐性激励契约的合理配置，发挥不同激励机制之间的协同效应，以凸显控制权激励对技术创新的促进效应，规避其抑制效应。近年来，股权激励逐渐受到上市公司的青睐。股权激励是授予高管一定数量的公司股票，使其拥有股票所带来的经济利益与权力，从而促进代理人利益与委托人利益相一致。而公司股票带来的这种利益与权力，使股权激励能够对控制权激励产生一定的替代作用。冯根福、赵珏航（2012）通过理论模型分析证实了这种替代关系。因此，应构建合理的高管激励契约体系，必要时用股权激励来替代控制权激励，以更好地控制激励过度风险。

2. 基于控制权激励的双重性，应进一步完善公司内部权力制衡体系，尽量削弱控制权激励的消极性及其对技术创新的抑制效应。高明华（2011）根据2010年高管在职消费的相对值，将上市公司分为"激励过度"、"激励适中"与"激励不足"三个类别，分别拥有431家、863家与431家公司。其中，ST北生（600556）的高管在职消费达到当年营业收入的28倍之多，南京熊猫（600775）与ST远东（000681）也分别达到了13倍与12倍。可见，在部分上市公司中，控制权激励过度的情况较为严重，这也影响了上市公司技术创新动态能力的形成与提升。控制权激励发挥积极作用的前提是拥有完善的公司治理监督机制。但现阶段，诸多治理机制对高管权力的约束力还有待加强，应在上市公司中构建由独立董事、监事、控股股东、债权人等对高管具有监督作用的主体所构成的权力制衡体系，尽可能地防止由高管权力激增而引起的攫取控制权收益的行为，从而削弱控制权激励的消极效应以及由其引起的对技术创新动态能力的抑制作用。

3. 加强经理人市场的完善与运作，构建科学合理的经理人声誉评价体系，充分发挥控制权激励的积极性及其对技术创新的促进效应。控制权激励的作用机理是使高管通过获得控制权而拥有在职消费，而在精神层面，他们会拥有满足感与成就感。而相对于物质激励，这种满足感与成就感对于高管的激励作用更加强烈与持久。而如果想要这种感觉继续得到拓展，其影响力继续得以扩大，那么，就需要将这种感觉以及所带来的激励效应延伸到经理人市场。经理人市场为公司提供了广泛筛选、鉴别职业经理人候选人素质和能力的基础制度，一般是通过声誉显示的信号传递功能，以及运用竞争效应形式构建市场选择与评价机制、市场控制机制来提供外部约束作用（徐宁，2012）。而其中的声誉传递功能主要是通过构建声誉显示机制，通过经理人能力和努力程度的公开显示与评价，来防止经营者做出可能摧毁其未来职业生涯的行为。高管在经理人市场的声誉得到提升，其控制权激励的积极作用也会相应得到大幅度增强。因此，在完善的经理人市场与科学的声誉评价体系之下，高管获得的控制权激励将发挥更为积极的作用，对于技术创新的促进效应也会得到强化。

4. 在高科技上市公司内部进行技术创新导向的高管激励契约设计，并将技术创新动态能力及其三个构成维度加入高管绩效考核指标体系。技术创新动态能力是高科技公司保持持续发展的主要推动力，鉴于高管激励对于技术创新动态能力的显著性影响，构建创新导向的高管激励体系是此类公司在实践中亟待解决的问题。因此，应从促进技术创新的视角出发，将高管激励契约设计与技术创新动态能力的形成与提升相联系。具体而言，应在高管绩效考核指标体系中加入技术创新投入、技术创新产出与技术创新转化等反映技术创新动态能力的指标，并将这种创新性的指标体系应用于高管绩效评价中，以使货币薪酬激励中的风险薪酬会与其挂钩，股权激励中的授予条件、行权条件与解锁条件等也与其挂钩，从而减少高管的短期行为，引导公司战略决策能够更多地将资源向创新活动转移。总之，在高科技公司内部应进行技术创新导向的高管激励契约设计，积极引导高管支持技术创新的动机与行为，不断提升技术创新动态能力，从而为公司自主创新提供不竭的原动力。

参 考 文 献

1. Bebchuk, L. A. and J. M. Fried. Executive compensation as an agency problem, Journal of Economic Perspectives, 2003, 17 (3): 71 – 92.

2. Belloc, F. Corporate governance and innovation: a survey, Journal of Economic Surveys, 2011, (1): 1 – 37.

3. Devers, C. E., Moving closer to the action: examining compensation design effects on firm risk, Organization Science, 2008, 19 (4): 548 – 566.

4. Dale – Olsen, H., Executive pay determination and firm performance—empirical evidence from a compressed wage environment, The Manchester School, 2012, 80 (3): 355 – 376.

5. David, P., M. A. Hitt and J. Gimeno, The influence of activism by institutional investors on RandD, Academy of Mangement Journal, 2001, 44 (2): 144 – 157.

6. Fong, E. A., Relative CEO underpayment and CEO behavior towards RandD spending, Journal of Management Studies, 2012, 47 (6): 1095 – 1122.

7. Eisenhardt, K. M. and J. A. Martin, Dynamic capabilities: what are they? Strategic Management Journal, 2000, 21 (10 – 11): 1105 – 1121.

8. Hoskisson, R. E., M. W. Castleton and M. C. Withers, Complementarity in monitoring and bonding: more intense monitoring leads to higher executive compensation, Academy of Management Perspectives, 2009, 23 (2): 57 – 74.

9. Crosby, M., Patents, innovation and growth, The Economic Record, 2000, 76 (234): 255 – 262.

10. O' Sullivan, M., The innovation enterprise and corporate governance, Cambridge Journal of Economics, 2000, 24: 393 – 416.

11. Sundaram, R. and D. Yermack, Pay me later: inside debt and its role in managerial compensation, Journal of Finance, 2007, 62 (5): 1551 – 1588.

12. Teece, D. J., Explication dynamic capabilities: the nature and micro foundations of (Sus-

tainable) enterprise performance, Strategic Management Journal, 2007, 28 (4): 1319 – 1350.

13. Wu, J., and R. Tu, CEO stock option pay and RandD spending: a behavioral agency explanation, Journal of Business Research, 2007, 60 (5): 482 – 492.

14. 陈冬华、梁上坤、蒋德权：《不同市场化进程下高管激励契约的成本与选择：货币薪酬与在职消费》，载《会计研究》2010年第11期，第56~64页。

15. 冯根福、赵珏航：《管理者薪酬、在职消费与公司绩效——基于合作博弈的分析视角》，载《中国工业经济》2012年第6期，第147~160页。

16. 高明华：《中国上市公司高管薪酬指数报告》，经济科学出版社2011年版，第78~79页。

17. 黄慧群：《控制权作为企业家的激励约束因素：理论分析及现实解释意义》，载《经济研究》2000年第1期，第41~47页。

18. 黄再胜：《经理薪酬激励风险效应与风险治理研究述评》，载《外国经理与管理》2012年第5期，第67~74页。

19. 李春涛、宋敏：《中国制造业企业的创新活动：所有制和CEO激励的作用》，载《经济研究》2010年第5期，第55~67页。

20. 林海芬、苏敬勤：《管理创新效力机制研究：基于动态能力观视角的研究框架》，载《管理评论》2012年第3期，第49~57页。

21. 王华、黄之骏：《经营者股权激励、董事会组成与企业价值——基于内生性视角的经验分析》，载《管理世界》2006年第9期，第102~116页。

22. 王昌林、蒲勇健：《企业技术创新中的控制权激励机制研究》，载《管理工程学报》2005年第3期，第52~56页。

23. 徐宁、徐向艺：《股票期权激励契约合理性及其约束性因素——基于中国上市公司的实证分析》，载《中国工业经济》2010年第2期，第100~109页。

24. 徐宁：《中国上市公司股权激励契约安排与制度设计》，经济科学出版社2012年版，第188页。

25. 周其仁：《"控制权回报"和"企业家控制的企业"——"公有制经济"中企业家人力资本产权的案例研究》，载《经济研究》1997年第3期。

第 53 章

金字塔结构对技术创新绩效抑制效应分析[*]

公司治理结构与技术创新绩效之间的关联性问题受到理论界与实践界的共同关注。本章运用 2007~2010 年中国中小上市公司的平衡面板数据,对于金字塔结构的主要变量——终极控制人现金流权、控制权、两权分离度等对技术创新绩效的影响进行实证检验,研究发现:终极股东现金流权与技术创新投入显著正相关,控制权与技术创新产出显著负相关;两权偏离程度对技术创新投入与产出均具有显著的抑制效应。同时,也证实了机构投资者对于技术创新绩效的积极效应。因此,应对中小上市公司的金字塔结构进行合理优化,强化机构投资者的积极治理行为,并构建声誉激励与信任评价等机制积极引导控股股东支持技术创新的长期行为。

53.1 引 言

美国学者卡纳和里弗金 (Khanna and Rjvkin,2000) 指出,现代公司股权结构的主流状态多数呈现出以大股东控制为主的特征。在存在少数控股股东控制公司的情况下,实际控制人往往通过金字塔结构等方式将现金流权(所有权)与控制权(投票权)相分离,以较少的股份获取对公司绝对的控制。而此种控制形式使控制股东对于中小股东进行侵害的成本远远小于其获得的利益,从而增加了控制股东对于中小股东进行侵害,获得控制权私利的动机与能力,进而抑制其对公司长期价值增长的追求,尤其是对技术创新这类具有不确定性的长期投资产生影响。在实践中,由于金字塔结构的上述特性,是否对中小上市公司的技术创新绩效会产生显著的抑制效应?这类问题的解决将为中小上市公司构建有利于技术创新的股权结构提供重要的理论依据。然而,在目前的研究中,鲜有文献对于两者的关联性问题进行系统的实证分析。鉴于此,本章运用 2007~2010 年中国中小上市公司的平衡面板数据,对金字塔股权结构的主要变量——终极控制人现金流

---

[*] 本章内容发表在《理论学刊》2013 年第 3 期。

权、控制权、两权分离度等对技术创新绩效的影响进行实证检验,以期为中小上市公司构建技术创新导向的股权结构提供有益参考。

53.2 理论分析与研究假设

在金字塔结构下,存在三方面的利益主体:控股股东、中小股东与经营者,并存在两种相互联系的治理关系,即股东与经营者之间监督与被监督的关系,以及控股股东与中小股东之间的侵占与被侵占的关系,由此产生了两类委托代理链条。在这种结构下,中小上市公司的控股股东往往倾向于与经理人合谋获取私利,致使对于经理人的监督机制失灵。因此,中小上市公司的控制主体较为倾向于关联交易等能够在短期内获取超额利益的事项,而技术创新这种具有高度不确定与风险性的投资有可能受到影响。不同的实际控制权结构会导致产生迥异的利益相关者之间的利益制衡关系,因此,终极控股股东的现金流权、控制权以及两权的分离程度均会对中小上市公司的技术创新产生重要影响。

53.2.1 终极控股股东的现金流权、控制权与中小上市公司技术创新

比利时学者贝希特(Becht,1997)提出,全球范围内的现金流权与控制权存在四种非对称的关系:现金流权分散,投票权分散;现金流权分散,投票权集中;现金流权集中,投票权分散;现金流权集中,投票权集中。在这四种关系中,现金流权与控制权均不相等,控制权或大于现金流权,或小于现金流权。其中,第二种形态表现为弱势经营者,弱势所有者,强势表决权控制者,或强势经营者,弱势所有者。在欧洲大陆国家、东亚及新兴市场最为普遍。在这种形态下,控股股东也许只承担了寻租活动的成本,却能获得这种活动的全部收益。由此可以推断,在中国上市公司中,相对集中的现金流权与相对分散的控制权可能会克服上述弊端,更加有利于企业的技术创新。

国内学者刘星、宋小保(2008)通过构造实物期权模型,研究了企业技术创新投资选择过程中控股股东与中小股东之间的委托代理关系。他们指出,控股股东的现金流权存在正向的激励效应,控股股东现金流权的增加会使得其与企业价值取向更加一致。企业价值的增长与控制权私利的获取是控股股东最为主要的两个收益来源。当控股股东的现金流权比较低的时候,他们获得控制权私利的边际收益会与边际成本产生较大差异,因而引导他们去努力获得控制权私利。但当其现金流权比较高的时候,由于侵占边际成本的增加,其获取控制权私利的动机会大幅度降低。正如贝希特(Becht,1997)提出的那样,相对集中的现金流权可

以使股东具有直接监督与激励的动力。因此，股东将更多地选择技术创新投资。然而，集中的控制权却可能会使控股股东与经营者合谋，谋求控制权私利，侵害公司及中小股东利益，也会大大降低股份的流通性和分散化，使股东可能监督过度，从而压抑经营者自主性。因此，提出以下假设：

假设1：中小上市公司终极控股股东的现金流权与技术创新绩效显著正相关，而终极控股股东的控制权与技术创新绩效显著负相关。

53.2.2 终极控股股东的两权分离度与中小上市公司技术创新

控制股东对于公司的现金流权是其获得控制权的基础，但不是唯一途径，而且在实践中两者往往并不相等，两者的分离程度在一定程度上影响了控制股东会否采用"隧道挖掘行为"（Tunneling）来剥夺中小股东。如果控制权与现金流权出现严重分离，尤其是出现较大的控制权与较小的现金流权这样的股权结构，那么也就形成了控股股东的剥削型控制结构。两者分离的程度越大，股权结构的剥削性越大，控股股东获得私利的动机也就越大。鉴于中小上市公司资源的稀缺性，股东会更倾向于选择其他途径来谋求财富，却难以将资金与精力倾注到技术创新这样具有高度不确定性与风险性的长期投资上面。因此，提出以下假设：

假设2：中小上市公司现金流权与控制权的分离程度与技术创新绩效显著负相关，即两权分离度对技术创新绩效具有显著的抑制效应。

53.3 样本选取与研究设计

53.3.1 样本选取与数据来源

本章以深圳证券交易所中小企业板、创业板上市以及沪深证券交易所主板的中小规模公司作为研究样本。对于在上海、深圳证券交易所主板上市的中小规模上市公司的筛选，严格遵循国家统计局、财政部等部门2003年联合颁发的《中小企业标准暂行规定》。该规定按照行业差异从职工人数、销售额、资产总额三方面设定了不同的划分标准。2007年是新会计准则正式实施的第一年，要求上市公司应当在年报中详细披露公司的研发投入等技术创新情况，为上市公司技术创新投入的研究提供了更为准确的数据支持。此外，为更好地突出全流通时代的特征，本章选择2007~2010年[①]为研究区间。在上述样本中，逐步剔除金融类公

---

① 2007年我国开始推行新会计准则，该准则要求上市公司应当在年报中详细披露公司的研发投入等技术创新情况，为上市公司技术创新投入的研究提供了更为准确的数据支持。

司、ST类公司、被停止上市的公司以及数据不完全的公司之后，得到每年度267个上市公司，四年共计1068个有效观测样本的平衡面板数据。本章使用的上市公司治理结构数据与相关财务指标数据均来自于国泰安（CSMAR）数据库，有关数据经查询巨潮资讯网公布的公司年报及其他公告予以确认。

53.3.2 变量设计

1. 技术创新因变量。以往多数文献将"研发支出"作为技术创新的操作变量，然而考虑到技术创新的过程性特点，对其研究不能仅仅局限在一个单一静态的维度。本章选择创新投入与创新产出两类指标来对技术创新绩效进行衡量，其中创新投入选择研发投入强度与技术人员强度两个具体指标，创新产出则采用专利申请总量、发明申请总量与技术资产比率三个指标表示。

2. 控制权结构自变量。终极控制人所有权（OR），又称现金流权，也就是股东的分红权，是股东所有权的体现。企业的价值是由未来的现金流所决定的，企业价值实际上是由未来各个年度的现金流的折现，因此称为现金流权。计算方式为：

$$CR = \min(S_i)，其中 i \in [1, 2, 3, \cdots, n]①$$

终极控制人控制权（CR），是股东参与企业决策的投票权，而投票的目的是对公司决策产生影响，从而形势对公司控制的权力。

$$OR = \prod_{i=1}^{n} S_i = S_1 \times S_2 \times S_3 \times \cdots \times S_n，其中 i \in [1, 2, 3, \cdots, n]②$$

两权分离度（SQ），用控制权与所有权之差来表示，即 CR − OR。在实践中，控制权与所有权并不是一一对应的关系。虽然所有权是获得控制权的基础，但并非是获得控制权的唯一途径。全部变量定义与计算方式如表53 − 1所示。

表53 − 1　　　　　　　　　　变量设计

变量分类	变量名称	符号	变量定义与计算方式
			因变量
技术创新绩效	研发投入强度	RDI	公司年报中披露的研发支出/主营业务收入
	技术人员强度	EMP	公司年报中披露的技术人员数/企业总人数
	专利申请总数	PAT	公司年度发明专利、实用新型、外观设计申请总量
	发明申请总数	INV	公司年度发明专利申请总量
	技术资产比率	INT	公司年报中披露的无形资产/总资产

---

① 该公式表示最终控制人拥有公司 n 的控制权为这条控制链中所持有股份的最小值。
② 该公司表示最终控制人拥有的现金流权为其持有这条控制链上的所有股份的乘积。

续表

自变量		
变量名称	符号	变量定义与计算方式
控制权（投票权）	CR	等于控制链上所持有股份的最小值
所有权（现金流权）	OR	等于最终控制人控制链上各个控制环节持股比例的乘积
两权分离系数	SQ	控制权与现金流权之差，即 CR – OR

控制变量		
变量名称	符号	变量定义与计算方式
终极产权属性	OW	虚拟变量。终极控制人为国有取值为1，为非国有取值为0
机构投资者持股比例	II	公司年末十大股东中机构投资者持股数量与股权总数的比例
公司规模	Size	公司期末总资产的自然对数
成长性	Grow	总资产增长率 =（期末总资产 – 期初总资产）/期初总资产
资产负债率	LEV	公司年度披露的资产负债表中的负债总额与资产总额的比值
行业特性	IND	虚拟变量。处于高科技行业设为1，其他行业设为0
盈利能力	ROE	公司年末扣除非经常性损益后的净资产收益率

53.3.3 研究方法与模型设计

为克服截面数据分析的局限性，本章采用面板数据分析方法来进行参数估计。模型设计如下：

$$Y_{i,t} = \alpha + u_i + b_1 OR_{i,t} + b_2 CR_{i,t} + b_3 SQ_{i,t} + b_4 OW_{i,t} + b_5 II_{i,t} + b_6 Size_{i,t}$$
$$+ b_7 Grow_{i,t} + b_8 Lev_{i,t} + b_9 IND_{i,j} + b_{10} ROE_{i,j} + e_{i,t}$$

在模型中，Y 分别代表 RDI、EMP、PAT、INV、INT，i 表示横截面的个体，t 表示时间，α 表示截距项，b_i（$i = 1, 2, \cdots$）为模型回归系数，$e_{i,t}$ 表示随机干扰项。数据基本分析使用的是 SPSS16.0，面板数据分析采用的是 Stata10.0。

53.4 实证结果分析与讨论

53.4.1 描述性统计

1. 技术创新变量描述性统计结果。表 53 – 2 列示了技术创新各个变量的描述性统计结果，包括各个年度的最大值、最小值、平均值与标准差。研发投入强度的均值从 2007 年的 0.1% 增长到 2010 年的 0.27%，4 年增长了 2.7 倍，但即使这样，2010 年的绝对值还达不到 1%，距离英美国家的研发投入水平还是有一定差距。但某些公司在这方面还是有所突破的，比如中发科技（600520）的研发投入强度于 2010 年达到了 16.2%。技术人员强度从 2007 年的 15.7% 增长到了 16.9%，也呈逐渐递增的趋势。而此变量的最大值为海隆软件（002195），其技术人员比例一直在 90% 左右，是实至名归的高科技企业。从创新投入变量看出，2007～2010 年，中小上市公司的技术创新投入呈逐渐增加的趋势，但不同公司之间仍然存在较大差异。技术创新产出指标也呈现出明显的增长态势。2007～2010 年的专利申请总量均值分别为 7.49 项、10.03 项、11.96 项与 13.43 项，2010 年比 2007 年增长了近 1 倍。同一时期内，发明专利申请总量的均值分布为 2.14 项、3.32 项、5.21 项与 5.45 项，2010 年比 2007 年增长了 1.55 倍。

表53-2　　　　　　　　　　技术创新变量描述性统计

变量	年度	2007	2008	2009	2010
研发投入强度 （RDI，%）	平均值	0.1%	0.15%	0.21%	0.27%
	最大值	5.0%	4.9%	8.7%	16.2%
	最小值	0.0%	0.0%	0.0%	0.0%
	标准差	0.51%	0.64%	0.83%	1.28%
技术人员强度 （EMP，%）	平均值	15.7%	16.4%	16.8%	16.9%
	最大值	91.0%	91.5%	89.7%	88.7%
	最小值	0.0%	0.0%	0.0%	0.0%
	标准差	15.03%	15.49%	15.60%	15.80%
专利申请总量 （PAT，项）	平均值	7.49	10.03	11.96	13.43
	最大值	203	228	236	332
	最小值	0	0	0	0
	标准差	21.38	27.42	30.02	32.52
发明申请总量 （INV，项）	平均值	2.14	3.32	5.21	5.45
	最大值	101	110	236	200
	最小值	0	0	0	0
	标准差	7.80	9.65	18.67	16.55

续表

变量	年度	2007	2008	2009	2010
技术资产比率 （INT，%）	平均值	4.2%	4.8%	5%	4.8%
	最大值	22%	46.7%	44.1%	46%
	最小值	0.0%	0.0%	0.0%	0.0%
	标准差	4.18%	5.29%	5.52%	5.67%

2. 终极控股股东控制结构变量描述性统计结果。由表53-3可知，样本公司的终极控制人所有权均值在27%~29%，而控制权在32%~34%，两权分离度的最小值为0.00%，也就是说，多数中国中小上市公司终极控制人的控制权是大于后者等于所有权的，即普遍存在控制权大于所有权的剥削型股权结构。从总体趋势上来看，两权分离程度均值是逐步降低的，从2007年的6.17%下降到2010年的4.73%，这说明近年来这种股权结构有所改善。但是，公司个体之间的差异仍然比较大，山东如意（002193）在2008年的两权分离度达到39.4%，登海种业（002041）在同年的两权分离度也达到了37%。此外，芜湖港（600575）2009年的两权分离度为29.7%，威尔泰（002058）2010年的两权分离度为28.5%。其中，芜湖港4年来的研发投入强度与专利申请总数均为0，威尔泰2007~2009年连续3年没有进行研发投入，登海种业则是2008~2010年连续3年没有申请任何专利。而两权分离度为0的公司，如同洲电子（002052）2007~2010年的专利申请总数分别为203项、228项、219项与332项，其中发明专利申请数也达到101项、110项、101项与200项；苏泊尔（002032）2008年的专利申请数为225项；天奇股份（002009）四年的专利申请总数也均超过百项。

表53-3　　　　　　　终极控股股东控制结构变量描述性统计

变量	年度	2007	2008	2009	2010
终极控制人所有权 （OR，%）	平均值	31.9%	31.8%	31.1%	31.9%
	最大值	92.4%	77.89%	77.89%	75.92%
	最小值	0.83%	2.39%	2.71%	2.55%
	标准差	17.21%	15.92%	15.93%	15.61%
终极控制人控制权 （CR，%）	平均值	39.1%	38.3%	37.7%	37.5%
	最大值	98.8%	77.36%	77.89%	75.92%
	最小值	3.94%	3.94%	7.75%	4.80%
	标准差	16.17%	15.22%	15.18%	15.12%

续表

变量	年度	2007	2008	2009	2010
两权分离度 (SQ, %)	平均值	6.17%	5.71%	5.12%	4.73%
	最大值	31.8%	39.4%	29.7%	28.5%
	最小值	0.00%	0.00%	0.00%	0.00%
	标准差	8.56%	8.80%	8.24%	7.44%

53.4.2 面板数据分析

表53-4是面板数据分析及 Hausman 检验的结果。其中，Model Ⅰ、Model Ⅱ、Model Ⅲ、Model Ⅳ、Model Ⅴ是因变量分别为研发投入强度、技术人员强度专利申请总量、发明申请总量与技术资产比率的回归结果。根据 Hausman 检验结果可知，除 Model Ⅰ采用固定效应模型（FE）之外，其他四个模型均应采用随机效应模型（RE）。

表53-4　　　　　　　　　面板数据分析结果

变量＼模型	Model Ⅰ	Model Ⅱ	Model Ⅲ	Model Ⅳ	Model Ⅴ
终极控制人所有权	0.0222** (1.87)	-4.9140 (-0.92)	0.5597 (0.17)	-0.0007 (-0.29)	0.0152 (0.62)
终极控制人控制权	-0.0033 (-0.25)	-9.8327 (-1.53)	-6.3741* (-1.90)	-0.0034 (-1.16)	-0.0230 (-0.83)
两权分离度	0.0279 (1.35)	-18.2243** (-2.38)	-11.3085*** (-2.71)	-0.0063** (-2.29)	-0.0827** (-2.20)
终极产权属性	-0.0077 (-1.45)	-1.0018 (-0.72)	-0.1220 (-0.12)	-0.0003 (-0.60)	0.0015 (0.18)
机构投资者	0.0134 (0.64)	20.1919** (2.23)	8.4492 (1.33)	0.0117** (2.04)	0.1154** (2.02)
公司规模	0.0086*** (2.72)	7.3031*** (5.43)	3.7008*** (4.69)	0.0001 (0.36)	0.0065 (1.41)
成长性	0.0003 (0.09)	-2.8660*** (-4.36)	-1.4994*** (-3.70)	-0.0003 (-1.33)	-0.0055 (-1.57)

续表

变量＼模型	Model Ⅰ	Model Ⅱ	Model Ⅲ	Model Ⅳ	Model Ⅴ
资产负债率	-0.02814** (-1.76)	1.4051 (0.50)	0.0781 (0.05)	-0.0007 (-0.65)	-0.0221 (-1.62)
行业特性	(dropped)	6.4652* (1.65)	4.9958*** (2.66)	0.0017** (2.08)	0.0337* (1.83)
盈利能力	-0.0106*** (-16.13)	0.1374 (1.59)	0.0499 (0.99)	0.0001 (0.42)	-0.0001 (-0.20)
R^2	0.2350	0.1651	0.1719	0.1843	0.1829
F/Wald 检验	F=35.01 P=0.007	Wald=78.77 P=0.000	Wald=70.37 P=0.000	Wald=39.00 P=0.0001	Wald=376 P=0.000
Hausman 检验	chi2=23.5 P=0.000 <0.05	chi2=1.24 P=0.998 >0.05	chi2=2.68 P=0.976 >0.05	chi2<0	chi2<0
模型选择	固定效应模型（FE）	随机效应模型（RE）	随机效应模型（RE）	随机效应模型（RE）	随机效应模型（RE）

注：***、**、*分别表示1%、5%、10%的显著性水平，括号内为t值（或z值）；Hausman检验：P大于0.05则接受原假设，意味着模型为随机效应模型（RE）；否则拒绝原假设，采用固定效应模型（FE）；对Hausman设定检验无法判别的模型，采用随机效应模型（RE）。本表未报告常数项。

由Model Ⅰ的回归结果可知，F值为35.01，P为0.007，R^2为0.2350，因此，模型整体有效。由各个变量的系数与显著性可知，终极控制人现金流权（OR）与研发投入强度之间具有显著的正相关关系（系数为0.0222，且在0.05的水平上显著）。由Model Ⅱ的回归结果可知，Wald值为78.77，P为0.0000，R^2为0.1651，证实了模型整体的有效性。由各个变量的系数与显著性可知，两权分离度（SQ）与技术人员强度之间具有显著的负相关关系（系数为-18.2243，且在0.05的水平上显著）。Model Ⅲ与Model Ⅳ也通过了整体模型有效性检验（Model Ⅲ：Wald值为70.37，P为0.000，R^2为0.1719；Model Ⅳ：Wald值为39.00，P为0.001，R^2为0.1843）。由Model Ⅲ的回归结果可知，终极控制人控制权（CR）与两权分离度（SQ）与专利申请总量之间均具有显著的负相关关系，终极控制人控制权（CR）的系数（-6.3741）在0.05水平上显著，两权分离度（SQ）的系数（-11.3085）在0.01%的水平上显著。由Model Ⅳ的回归结果可知，两权分离度（SQ）与发明申请总量显著负相关（系数为-0.0063，在0.05水平上显著）。由上述结果可得出结论：终极控制人控制权（CR）、两权分离度（SQ）与技术创新产出具有显著的负相关关系。由 Model V 可知，模型整体有效（Wald = 376，P = 0.000，R^2 为 0.1829）。两权分离度（SQ）与技术资产比率具有显著的负相关关系（系数为 -0.0827，在 0.05 水平上显著）。此外，由表 4 可知，机构投资者对于技术人员强度、发明申请总数与技术资产比率等技术创新绩效变量均具有显著地正向影响，这与崔、朴和洪（Choi、Park and Hong，2012）的研究结论相一致。

53.5　主要结论与政策建议

本章运用 2007～2010 年中国中小上市公司的平衡面板数据，对金字塔股权结构的主要变量——终极控制人现金流权、控制权、两权分离度等对技术创新绩效的影响进行实证检验，得出以下结论：终极股东现金流权与技术创新投入显著正相关，即终极股东现金流权越大，技术创新投入越多；终极股东控制权与技术创新产出显著负相关，即终极股东控制权越大，技术创新产出越少。终极控股股东现金流权与控制权的偏离程度（两权分离度）对技术创新投入与产出均具有显著的负相关关系，即金字塔股权结构对中小上市公司技术创新绩效具有明显的抑制作用；此外，同时发现了机构投资者对于中小上市公司技术创新绩效的促进效应。

基于此，本章提出以下政策建议：一是对中小上市公司的金字塔结构进行合理优化，尽量减少金字塔结构的层级，降低控制权与现金流权的分离程度，从而削弱其对技术创新绩效的抑制作用；二是在中小上市公司中引入多元持股主体，尤其增加机构投资者的持股比例，并通过拓展机构投资者参与公司治理的途径与方式，强化机构投资者的积极治理行为，以促进技术创新绩效的提升；三是通过构建声誉激励与信任评价等机制积极引导控股股东的长期行为，并探索多种途径为中小上市公司提供全方位的技术创新支撑体系。

参 考 文 献

1. Khanna, T. and J. M. Rivkin, Estimating the performance effects of business groups in emerging markets, Strategic Management Journal, 2001, 22 (1): 45 - 74.

2. Shleifer, A. and R. Vishny, Large shareholders and corporate control, Journal of Political Economy, 1986, 94 (3): 461 - 488.

3. 徐向艺、徐宁：《金字塔结构下股权激励的双重效应研究——来自我国上市公司的经验证据》，载《经济管理》2010 年第 9 期，第 59～65 页。

4. Becht, M., Beneficial ownership of listed companies in the United States, European Corpo-

rate Governance Network, 1997, 4: 1-28.

5. 刘星、宋小保:《控股股东控制权、现金流权与技术创新投资——基于实物期权的分析》,载《管理工程学报》2008年第4期,第95~99页。

6. 梁益琳、张玉明:《我国不同区域中小上市公司成长性研究》,载《证券市场导报》2011年第2期,第59~64页。

7. 何强、陈松:《我国上市公司董事会结构对RandD投入的影响》,载《系统管理学报》2009年第6期,第612~619页。

8. 徐宁、徐向艺:《控制权激励双重性与技术创新动态能力——基于高科技上市公司面板数据的实证研究》,载《中国工业经济》2012年第10期,第109~121页。

9. Choi, S. B., B. I. Park and P. Hong, Does ownership structure matter for firm technological innovation performance? The case of Korean firms, Corporate Governance: An International Review, 2012, 20 (3): 267-288.

第 54 章

中小上市公司股权激励与技术创新投入的关联性研究*

以股权激励的利益趋同效应假说与壕沟效应假说为基础，利用我国中小上市公司 2007~2010 年的平衡面板数据，对经营者股权激励与技术创新投入的非线性关系进行实证检验，并基于终极控制人的不同性质，将上市公司分为国有控股与非国有控股两组分别进行检验，研究发现：中小上市公司的经营者股权激励与技术创新投入之间存在倒 U 形曲线关系；终极产权性质对这种关联性具有显著影响，即在国有控股公司中，股权激励与技术创新投入之间存在正相关关系，而在非国有控股公司中，股权激励与技术创新投入之间则存在倒 U 形曲线关系。

54.1 引　言

熊彼特（Schumpeter，1934，1942）提出的传统创新理论以及由其发展而来的诸多理论与研究文献，似乎都难以解释："为什么在相似的外部环境与规模之下，企业在技术创新方面却存在迥异的差别？"随着对该问题的质疑日益激增，技术创新与制度创新的互动与协同理论逐渐形成，并成为创新经济学研究的重要主题。徐向艺，徐英吉（2008）提出，技术创新与制度创新的协同程度直接影响到企业的成长性。而对于具有强烈成长需求的中小上市公司而言，两者的协同更是至关重要。但在实践中，隐匿在诸多中小上市公司技术创新不足背后的则是制度创新的缺失。具体而言，由于技术创新具有高投入、高风险、周期长、见效慢等特点，该类公司的技术创新投入受到遏制，而缺乏有效的激励机制则是其经营者规避技术创新风险、减少技术创新行为的主要动因（马富萍，2009）。因此，在中小上市公司中构建合理有效的激励机制是促进其技术创新投入、提高其技术

---

* 本章内容发表在《财贸研究》2012 年第 2 期。

创新源动力的关键。

詹森和麦克林（Jensen and Meckling，1976）指出，通过对经营者实行股权、股票期权等激励机制安排可以使经营者与所有者的利益保持一致，可有效提高经营者对技术创新的支持力度。因此，股权激励作为降低代理成本，促进激励相容的长期激励机制，是推动技术创新的一种重要的制度创新措施。2006年《上市公司股权激励管理办法（试行）》的颁布，标志着股权激励制度正式引入中国。在此背景下，股权激励与上市公司技术创新投入的相互关系得到部分学者的关注（唐清泉等，2009；李春涛、宋敏，2010），但该类研究尚待完善，尤其缺乏以中小上市公司为研究对象的实证研究。近期中小板、创业板频频出现高管离职以及减持套现风潮，尤其是诸多非国有控股上市公司中的高管更是通过此种方式使个人财富激增。这不禁引起我们的思考：在中小上市公司中，经营者股权激励是否能够发挥预期效应？其与中小上市公司技术创新投入的关联性如何？而在不同的终极产权性质影响下这种关联性是否存在显著差异？

针对上述问题，本章运用在深圳证券交易所中小企业板、创业板以及上海、深圳证券交易所主板上市的中小规模公司2007～2010年的平衡面板数据，对经营者股权激励与技术创新投入的关联性进行实证检验。本章的主要贡献为，以股权激励的双重效应为基础，深入探讨股权激励与技术创新投入的非线性关系。而另一贡献在于，基于上市公司终极控制人的不同性质，将其分为国有控股与非国有控股两组样本，分别进行实证检验，以考察终极产权性质对股权激励与技术创新投入关联性的影响，以期为我国中小上市公司技术创新现状的改善与股权激励制度的推行提供理论支持和实证证据。

54.2 文献回顾与研究假设

54.2.1 股权激励的双重效应

自现代公司制度建立之后，代理问题日益突出，经理人以追求短期利益为目的的盲目扩张使多数公司积弊丛生。为整治此类顽疾，股权激励作为重要的公司治理改革举措，在西方产生并迅速推广。根据委托代理理论，代理成本源自经营者无法获取企业的剩余收益，而通过授予经营者股权等方式使其拥有剩余索取权，从而促进股东与代理人的利益相一致。因此，股权激励的初衷是解决现代公司中的委托代理问题，即实现利益趋同效应（Convergence of Interests Effect）。但在实践中，却可能事与愿违，即产生壕沟效应（Entrenchment Effect）。股权激励的双重效益受到学者们的广泛关注，詹森和麦克林（Jensen and Meckling，1976）

提出的利益趋同假说认为，经营者持股比例的增加会降低股东与经营者之间的代理成本。而法玛和詹森（Fama and Jensen，1983）提出的壕沟效应假说则认为，经营者持股水平的提高会扩大其投票权与影响力，从而增强其抵制外部压力的能力。别布丘克和弗里德（Bebchuk and Fried，2003）提出的管理层权力理论，更是将对利益趋同效应的质疑推向高潮，其核心观点为：股权激励并不能有效解决代理问题，反而因为管理层权力的存在成了代理问题的一部分。在上述假说的基础上，国内外学者对股权激励效应展开了广泛研究，取得了丰富的研究结论但尚未统一。而这两种假说同样适用于股权激励对技术创新投入的促进效应，这也是目前有关两者线性关系的研究结论迥异的重要原因，而基于两种假说的非线性关系则是该类研究亟须拓展的。

54.2.2 股权激励与技术创新投入的关联性

代理问题的存在导致经营者更加关注个人财富、权力威望以及个人效用的最大化，从而严重影响和削弱了其对创新的追求（Wright et al.，1996）。而基于利益趋同效应假说，通过对经营者实行股权激励可以使经营者与所有者的利益保持一致，可有效提高经营者对技术创新的支持力度（Jensen and Meckling，1976）。近年来，国内外学者已经通过实证研究证明，股权激励作为解决代理问题的重要激励机制，在降低代理成本的同时，对于技术创新同样具有促进作用。吴和涂（Wu and Tu，2007）利用面板数据检验了 CEO 的股权激励与上市公司的研发支出间的关系，并发现公司的业绩越好，CEO 的股权激励对公司的研发支出的正面效应越大。唐清泉等（2009）研究发现，上市公司股权激励与企业的研发活动显著正相关，股权激励是技术创新和企业可持续发展的动力。张洪辉等（2010）从公司治理结构视角出发，对上市公司治理结构与公司创新效率关系进行了实证探讨，结论表明：公司高管持股比例与创新效率高度正相关。但也有学者并未发现两者的显著关系，如陈昆玉（2010）运用创新型企业作为实验组，与控制组企业相对比之后却发现：经营者股权激励对创新产出的变化没有显著影响。

然而，上述研究均局限于股权激励与技术创新的线性关系。本章认为，两者并不是简单的线性关系，而是由股权激励双重效应所决定的非线性关系。具体而言，由于股权激励利益趋同效应与壕沟效应的双重影响，股权激励在一定范围内可能会促使中小上市公司的经营者加大研发投入强度。当中小上市公司实施适当的股权激励时，经营者会从技术创新中分享相应的收益，且如果这种收益超过了相应的成本，经营者会乐意于增加创新投入；而当股权激励超过一定范围之后，经营者承担研发失败的风险加大，成本也随之增加，使其对技术创新投入的意愿降低。因此，经营者股权激励与技术创新投入之间可能存在两种不同的反应与最优的激励范围，从而提出以下假设：

假设1：经营者股权激励与技术创新投入之间存在倒U形曲线关系。

54.2.3 终极产权性质对股权激励与技术创新投入关联性的影响

鉴于我国国有控股公司的特殊属性，终极产权性质对于股权激励效应的影响一直受到学者们的普遍关注，徐向艺、徐宁（2010）经实证研究发现，股权性质能够影响股权激励与控股股东不同效应的体现以及两者的关系。而股权激励与技术创新的关联性也同样受到终极产权性质的影响，李春涛、宋敏（2010）研究了不同所有制结构下经理人激励对企业创新投入和产出两方面的影响，得出结论：对CEO的股权激励能促进企业进行创新，而国有产权降低了激励对创新的促进作用。林等（Lin et al.，2011）发现对经营者的激励机制能够显著促进民营企业的创新活动，但是尚未回答激励机制对国有企业创新性的影响。

本章认为，针对中小上市公司而言，终极产权性质对于股权激励效应的作用更加明显。中小板、创业板出现的高管离职以及减持套现风潮，是股权激励壕沟效应的真实体现，尤其是在非国有控股上市公司中，诸多高管更是通过此种方式使个人财富激增。但国有控股上市公司的高管受到国资委等部门的种种制约，更加严格恪守相关要求。并且，为保持国有经济的控股地位，国有控股上市公司中经营者的持股数量远低于非国有控股上市公司，股权激励力度相对不足，因而壕沟效应尚未显现。因此，提出以下假设：

假设2：在国有控股上市公司中，经营者股权激励与技术创新投入之间存在正相关关系。

假设3：在非国有控股上市公司中，经营者股权激励与技术创新投入之间存在倒U形曲线关系。

54.3 研 究 设 计

54.3.1 样本选取与数据来源

本章选择2007~2010年为研究区间，以在深圳证券交易所中小企业板、创业板以及上海、深圳证券交易所主板上市的非金融类中小规模公司为研究样本。2007年是新会计准则正式实施的第一年，要求上市公司应当在年报中详细披露公司的研发投入等技术创新情况，为上市公司技术创新投入的研究提供了更为准确的数据支持。在剔除了ST类公司、被停止上市的公司以及数据缺失的样本之后,最终每年度分别得到243个上市公司,共计972个有效观测样本的平衡面板数据。本章使用的上市公司数据来自CSMAR数据库。

54.3.2 变量设计

1. 被解释变量与解释变量。根据相关文献,本章选取技术创新投入强度(R&D Intensity)来衡量上市公司的技术创新投入,计算方式为"上市公司年报中披露的研发支出与主营业务收入的比值"。解释变量股权激励(EI)则采用公司年末经营者持股数与总股份的比值,其中,经营者包括总经理、总裁、CEO、副总经理、副总裁、董秘和年报上公布的其他管理人员。

2. 控制变量。除股权激励之外,企业技术创新投入还受到其他公司治理因素的影响,包括股权集中度、独立董事比例、两职合一情况、董事会规模、监事会规模等(张洪辉等,2010;陈昆玉,2010)。此外,上市公司的规模、成长性等因素会促进企业的研发投资(Ryan and Wiggins,2002),而负债则对研发投资具有限制作用(汪晓春,2002)。因此,本章选择上述公司治理因素与公司基本特征因素作为控制变量。

表54-1列示了本章所涉及的变量定义及计算方式。

表54-1 变量设计

因变量			
变量名称		符号	变量定义与计算方式
技术创新投入		R&D	公司年报中披露的研发支出/主营业务收入
自变量			
变量名称		符号	变量定义与计算方式
股权激励		EI	公司年末经营者持股数与总股份的比值
控制变量			
变量名称		符号	变量定义与计算方式
公司治理变量	股权集中度	CR	公司第一大股东股权比例
	两职合一	PLU	经营者与董事长或副董事长兼任,设为1,否则为0
	独立董事比例	IB	公司年末独立董事人数占董事会总人数的比例
	董事会规模	BS	公司年末董事会总人数
	监事会规模	SS	公司年末监事会总人数

续表

控制变量			
变量名称		符号	变量定义与计算方式
企业特征变量	公司规模	Size	公司年末总资产的自然对数
	成长性	Grow	总资产增长率=(期末总资产-期初总资产)/期初总资产
	资产负债率	LEV	公司年度披露的资产负债表中的负债总额与资产总额的比值
	所处行业	Ind	根据上证指数分类法，设置12个行业虚拟变量①

54.3.3 研究方法与模型设计

为克服横截面数据或混合数据分析中较易出现误差项的序列相关性与异方差性等问题，本章采用面板数据分析方法来估计参数，该方法能够解决由不随时间变化的遗漏变量所产生的内生性问题。基于上市公司实际控制人的不同性质②，将上市公司分为国有控股与非国有控股两组，分别对两组样本进行检验，以考察不同产权属性对股权激励与技术创新投入关联性的影响。模型设计如下：

1. 股权激励与技术创新投入的线性关系检验模型：

$$R\&D_{i,t} = \alpha + u_i + b_1 EI_{i,t} + b_2 CR_{i,t} + b_3 PLU_{i,t} + b_4 IB_{i,t} + b_5 BS_{i,t} + b_6 SS_{i,t} \\ + b_7 Size_{i,t} + b_8 Grow_{i,t} + b_9 Lev_{i,t} + b_j \sum_{j=10}^{22} IND_{i,j} + e_{i,t} \quad (1)$$

2. 股权激励与技术创新投入的非线性关系检验模型：

$$R\&D_{i,t} = \alpha + u_i + b_1 EI_{i,t} + b_2 EI_{i,t}^2 + b_3 CR_{i,t} + b_4 PLU_{i,t} + b_5 IB_{i,t} + b_6 BS_{i,t} \\ + b_7 SS_{i,t} + b_8 Size_{i,t} + b_9 Grow_{i,t} + b_{10} Lev_{i,t} + b_j \sum_{j=11}^{23} IND_{i,j} + e_{i,t} \quad (2)$$

数据基本分析使用的是SPSS16.0，面板数据分析采用的是Stata10.0。

54.4 实证结果分析

54.4.1 描述性统计

由表54-2可知，随着股权激励制度的推行，我国中小上市公司2007~2010

---

① 分别为农、林、牧、渔业；采掘业；制造业；电力、煤气及水的生产和供应业；建筑业；交通运输、仓储业；信息技术业；批发和零售贸易；房地产业；社会服务业；传播与文化产业；综合类。

② 根据终极控制人是否具有国有性质，将上市公司分为国有控股与非国有控股，国有包括政府部门、国有企业或单位，非国有包括民营企业、外资、集体企业以及社会团体和职工持股会。

年的经营者股权激励力度呈逐年上升趋势。从纵向的时间序列来看,国有控股公司的股权激励力度平均值 2007 年仅为 0.07%,到 2010 年增长到 1.22%,4 年增长了十几倍,而非国有控股公司 2007 年已经达到 3.25%,到 2010 年更是增长到 9.54%,增长了近 2 倍。但从横向比较来看,国有控股公司与非国有控股公司之间相对差距较大,2010 年非国有控股公司的股权激励力度是国有控股公司的 7.8 倍。这与国有控股上市公司在股权激励契约的设计与实施方面却有着更为严格的限制①。除迫于政策规制的震慑作用之外,舆论环境的紧张将会也会给国有上市公司股权激励的实施带来空前的压力。中小上市公司的技术创新投入水平从 2007~2010 年,其强度也是稳步提升的。其中,国有控股公司从 2007 年的 0.14%,增长到 2010 年的 0.31%,涨幅水平为 121%,非国有控股从 2007 年的 0.14%,增长到 2010 年的 0.28%,涨幅水平为 100%。因此,从描述性统计结果可以看出,技术创新投入水平与股权激励力度的增长趋势是一致的,但究竟两者之间存在怎样的关联性,则要通过面板数据分析的结果逐一确定。

表 54-2　　　　　　　　　　描述性统计

变量		经营者股权激励(EI,%)		技术创新投入强度(R&D,%)	
		国有控股	非国有控股	国有控股	非国有控股
2007 年	平均值	0.07	3.25	0.14	0.14
	最大值	2.62	79.10	2.37	4.99
	最小值	0.00	0.00	0.00	0.00
2008 年	平均值	0.59	4.91	0.21	0.16
	最大值	9.17	69.29	3.06	4.90
	最小值	0.00	0.00	0.00	0.00
2009 年	平均值	1.23	5.02	0.29	0.21
	最大值	17.87	48.38	4.94	8.68
	最小值	0.00	0.00	0.00	0.00
2010 年	平均值	1.22	9.54	0.31	0.28
	最大值	17.59	55.87	6.67	16.25
	最小值	0.00	0.00	0.00	0.00
总计	平均值	0.78	5.68	0.24	0.20

---

①　2008 年 10 月由国资委和财政部颁布的《关于规范国有控股上市公司实施股权激励制度有关问题的通知》,其中多数约束性门槛使大部分国有控股上市公司望而兴叹。

54.4.2 面板数据分析

表 54-3 报告了股权激励与技术创新投入的线性效应检验结果,分别对总体样本、国有控股上市公司与非国有控股上市公司分组样本进行固定效应与随机效应的检验。由 Hausman 检验可知,三组样本的 P 值均大于 0.05,则接受原假设,即模型均采用随机效应模型(RE)。因此,对于总体样本与非国有控股上市公司而言,股权激励与技术创新投入并不存在显著的线性相关关系。而在国有控股上市公司中,股权激励与技术创新投入存在显著的正相关关系(系数为 0.1468,显著性水平为 1%),这与假设 2 相一致。

表 54-3　　　　　总体样本与分组样本的线性效应分析

模型 I 因变量: 技术创新投入	总体样本		国有控股		非国有控股	
	固定效应 (FE)	随机效应 (RE)	固定效应 (FE)	随机效应 (RE)	固定效应 (FE)	随机效应 (RE)
股权激励	-0.005 (-1.46)	-0.002 (-0.96)	0.1412*** (3.06)	0.1468*** (3.18)	-0.0061* (-1.77)	-0.0031 (-1.54)
股权集中度	-0.010** (-2.15)	-0.005* (-1.94)	-0.0026 (-0.71)	-0.005 (-1.42)	-0.0107** (-1.23)	-0.0036 (-1.23)
两职合一	0.001 (0.71)	0.001 (0.92)	0.0023 (1.21)	0.0026* (1.69)	0.0006 (0.65)	0.0004 (0.56)
独立董事比例	-0.001 (-1.18)	-0.011* (-1.70)	0.002 (0.35)	0.0002 (0.04)	-0.0104 (-1.09)	-0.0098 (-1.41)
董事会规模	-0.001** (-2.30)	-0.001*** (-3.19)	-0.0003 (-1.49)	-0.0006** (-2.10)	-0.0007** (-2.01)	-0.0007** (-2.53)
监事会规模	0.001 (1.43)	0.001** (2.00)	0.0013*** (2.67)	0.0011** (2.21)	0.0011 (1.00)	-0.0003 (0.96)
公司规模	0.002*** (3.33)	0.0003 (0.71)	0.0005 (0.62)	-0.0003 (-0.05)	0.0018*** (2.78)	0.0001 (0.22)
成长性	-0.001 (-1.49)	-0.0004 (-1.06)	0.0022** (2.15)	0.0022*** (2.59)	-0.0008 (-1.42)	-0.0004 (-0.94)
资产负债率	0.002 (0.97)	-0.002 (-1.10)	0.0006 (0.49)	-0.0003 (-0.29)	0.0037 (1.06)	-0.0010 (0.63)

续表

模型 I 因变量： 技术创新投入	总体样本		国有控股		非国有控股	
	固定效应 （FE）	随机效应 （RE）	固定效应 （FE）	随机效应 （RE）	固定效应 （FE）	随机效应 （RE）
所处行业	控制	控制	控制	控制	控制	控制
常数项	-0.032** (-2.20)	0.008 (0.98)	-0.0111 (-0.71)	0.0094 (0.71)	-0.0272 (-1.63)	0.0105 (1.10)
F/Wald 检验	F = 2.22 P = 0.018	Wald = 35.2 P = 0.000	F = 1.98 P = 0.048	Wald = 18.1 P = 0.054	F = 1.74 P = 0.078	Wald = 26.2 P = 0.003
Hausman 检验	chi2 = 15.73 P = 0.07 > 0.05 （RE）		chi2 = 4.73 P = 0.857 > 0.05 （RE）		chi2 = 13.50 P = 0.1412 > 0.05 （RE）	

注：***、**、*分别表示1%、5%、10%的显著性水平，括号内为t值；Hausman检验：P大于0.05则接受原假设，意味着模型为随机效应模型（RE）；否则拒绝原假设，采用固定效应模型（FE）；对Hausman设定检验无法判别的模型，采用随机效应模型（RE）；本表未报告常数项与行业虚拟变量的回归系数。

为进一步检验在总体样本与非国有控股上市公司样本中，股权激励与技术创新投入的非线性关系，本章对模型 II 继续进行检验，表54-4报告了检验结果。由 Hausman 检验可知，两组样本的 P 值均大于0.05，则模型均采用随机效应模型（RE）。就总体样本而言，股权激励的一次项与技术创新投入在5%的水平上显著正相关，二次项与技术创新投入在1%的水平上显著负相关，表明股权激励与技术创新投入之间确实存在倒 U 形关系，支持了假设1。通过进一步计算得出股权激励的拐点是21.02%，这说明在经营层持股未达到21.02%之前，虽然技术创新风险较大，但由于经营者持股比例不高，创新成功能够增加企业价值，使经营者可以分享较大的收益，而创新失败的风险则由全体股东共同承担，此时经营者与股东的利益更容易趋于一致，即"利益趋同效应"起主导作用。然而，当经营层持股超过21.02%，持股比例越高，经营者承担创新失败的风险越大，则进行创新投资的意愿将大幅降低，此时"壕沟"效应便凸显出来。事实上，多数国有控股上市公司的股权激励水平远低于此，仍处于"利益趋同效应"占主导的阶段，因而呈现出显著的正相关关系。但由对非国有控股上市公司的检验结果可知，股权激励的一次项与技术创新投入在5%的水平上显著正相关，二次项与技术创新投入在1%的水平上显著负相关，即存在倒 U 形关系，但拐点为18.17%，这说明在非国有控股公司中，由于政策规制的震慑作用较小等原因，开始显现"壕沟"效应的股权激励水平相对较低。

表 54-4　　总体样本与非国有控股上市公司的非线性效应分析

模型Ⅱ 因变量：技术创新投入	总体样本		非国有控股	
	固定效应（FE）	随机效应（RE）	固定效应（FE）	随机效应（RE）
股权激励	0.0098 (1.41)	0.0153** (2.48)	0.0050 (0.77)	0.0101** (2.03)
股权激励^2	-0.0307** (-2.07)	-0.0364*** (-3.05)	-0.0226 (-1.60)	-0.0278*** (-2.82)
股权集中度	-0.0086** (-1.97)	-0.0040 (-1.53)	-0.0098* (-1.87)	-0.0026 (-0.88)
两职合一	0.0004 (0.57)	0.0006 (0.88)	0.0005 (0.53)	0.0004 (0.51)
独立董事比例	-0.0101 (-1.23)	-0.0109* (-1.71)	-0.0108 (-1.13)	-0.0100 (-1.43)
董事会规模	-0.0007** (-2.32)	-0.0007*** (-3.19)	-0.0007** (-2.04)	-0.0007** (-2.52)
监事会规模	0.0012 (1.47)	0.0006** (2.00)	0.0011 (1.02)	-0.0003 (1.05)
公司规模	0.0017*** (2.90)	0.0000 (-0.10)	0.0016** (2.41)	-0.0002 (-0.39)
成长性	-0.0006 (-1.02)	-0.0001 (-0.40)	-0.0006 (-1.09)	-0.0002 (-0.47)
资产负债率	0.0027 (1.11)	-0.0012 (-0.90)	0.0040 (1.14)	-0.0007 (-0.46)
所处行业	控制	控制	控制	控制
常数项	-0.0249* (-1.78)	0.008 (0.98)	-0.0220 (-1.32)	0.0145 (1.57)
F/Wald 检验	F = 2.23 P = 0.015	Wald = 38.3 P = 0.000	F = 1.70 P = 0.078	Wald = 29.1 P = 0.002
Hausman 检验	chi2 = 16.54 P = 0.09 > 0.05 （RE）		chi2 = 15.22 P = 0.12 > 0.05 （RE）	

注：***、**、* 分别表示 1%、5%、10% 的显著性水平，括号内为 t 值；Hausman 检验：P 大于 0.05 则接受原假设，意味着模型为随机效应模型（RE）；否则拒绝原假设，采用固定效应模型（FE）；对 Hausman 设定检验无法判别的模型，采用随机效应模型（RE）；本表未报告常数项与行业虚拟变量的回归系数。

54.5 结论与政策建议

本章运用我国中小上市公司 2007~2010 年的平衡面板数据,对经营者股权激励与技术创新投入的非线性关系进行实证检验,并基于终极控制人的不同性质,将上市公司分为国有控股与非国有控股两组分别进行检验,主要结论如下:中小上市公司的经营者股权激励与技术创新投入之间存在倒 U 形曲线关系;终极产权性质对这种关联性具有显著影响,即在国有控股公司中,股权激励与技术创新投入之间存在正相关关系,而在非国有控股公司中,股权激励与技术创新投入之间则存在倒 U 形曲线关系。这种基于股权激励双重效应的非线性结论,克服了已有研究单向线性关系的局限,进一步深化与拓展了已有研究领域,并对中小上市公司股权激励契约安排提供了更为具体的理论指导。因此,基于上述结论,提出以下政策建议。

一是合理安排股东与经营者之间的股权配置比例是保证中小上市公司技术创新投入的必要手段。目前,我国中小上市公司的创新行为普遍表现为"创新动力缺失",而由本章结论可知,适当的经营者股权激励对技术创新投入具有促进作用;对经营者给予合理的股权激励可以使其更加为公司的长远利益考虑,提高其自主创新动力。但随着股权激励力度的增加,这种激励作用会衰减,甚至产生"壕沟"效应,因此,股权激励应控制在最优范围之内,从而建立合理的股东与经营者的股权配置比例。

二是在设计股权激励契约时,将技术创新相关指标作为上市公司股权激励绩效条件的维度之一。合理的激励条件应具有使用多维度指标,不仅包括反映股东回报和公司价值创造等综合性指标,反映公司盈利能力及市场价值等成长性指标以及反映企业收益质量的指标等,还应该适当加入与技术创新相关的各项指标,包括技术创新投入、技术创新产出以及技术创新效率等。此外,还应适当延长激励有效期以及行权限制期,以更好地股权激励的长期性特征。通过股权激励契约的合理设计,来引导上市公司以增强其技术创新的原动力。

参 考 文 献

1. 陈昆玉:《创新型企业的创新活动、股权结构与经营业绩——来自中国 A 股市场的经验证据》,载《宏观经济研究》2010 年第 4 期,第 49~57 页。
2. 李春涛、宋敏:《中国制造业企业的创新活动:所有制和 CEO 激励的作用》,载《经济研究》2010 年第 5 期,第 55~67 页。
3. 马富萍:《高管持股与技术创新的相关性研究:基于文献综述》,载《科技管理研究》

2009 年第 11 期，第 172～175 页。

4. 唐清泉、徐欣、曹媛：《股权激励、研发投入与企业可持续发展——来自中国上市公司的证据》，载《山西财经大学学报》2009 年第 8 期，第 77～84 页。

5. 汪晓春：《企业创新投资决策的资本结构条件》，载《中国工业经济》2002 年第 10 期，第 89～95 页。

6. 徐向艺、徐英吉：《企业技术创新、制度创新及企业持续成长性的协同度研究》，载《东岳论丛》2008 年第 2 期，第 80－85 页。

7. 徐向艺、徐宁：《金字塔结构下股权激励的双重效应——来自中国上市公司的经验证据》，载《经济管理》2010 年第 9 期，第 59～65 页。

8. 洪辉、夏天、王宗军：《公司治理对我国企业创新效率影响实证研究》，载《研究与发展管理》2010 年第 3 期，第 44～50 页。

9. Bebchuk, L. A. and J. M. Fried, Executive compensation as an agency problem, Journal of Economic Perspectives, 2003, 17 (3): 71－92.

10. Fama, E. F. and M. C. Jensen, Agency problems and residual claims, Journal of Law and Economics, 1983, 26 (2): 327－349.

11. Jensen, M. C. and W. H. Meckling, Theory of the firm: managerial behavior, agency costs and ownership structure, Journal of Financial Economics, 1976, 3 (4): 305－360.

12. Belloc, F., Corporate governance and innovation: a survey, Journal of Economic Surveys, 2011, (1): 1－37.

13. Lin C., P. Lin, F. Song and C. Li, Managerial incentives, CEO characteristics and corporate innovation in China's Private Sector, Journal of Comparative Economics, 2011, 39 (2): 176－190.

14. Wu, J. and R. TU, CEO stock option pay and RandD spending: a behavioral agency explanation, Journal of Business Research, 2007, 60 (5): 482－492.

15. Ryan Jr H E, Wiggins III R A. The interactions between R&D investment decisions and compensation policy. Financial Management, 2002: 5－29.

第 55 章

中小上市公司董事会结构与技术创新绩效的关联性研究*

结构合理并且运作良好的董事会应当以公司的长远发展为主旨，更加偏好于公司成长的科学决策[①]。因此，对于技术创新这类长期投资，中小上市公司的董事会治理也起到较为显著的作用。本章运用 2007～2010 年中国中小上市公司面板数据，对董事会结构与技术创新水平的关联性进行实证检验，得出以下结论：董事会结构中董事会规模、董事会独立性与两职合一情况等变量与中小上市公司技术创新具有显著的关联性。具体而言，董事会规模与技术创新投入与产出均具有显著的倒 U 形关系，董事会独立性、两职合一与技术创新产出之间存在显著的正相关关系。因此，中小上市公司应保持合理董事会规模，在董事会多样化与决策效率之间找寻平衡点，同时加强董事会独立性，并强化独立董事监督的积极性。

55.1 引　言

在如今变化剧烈的环境中，提高技术创新能力是中小上市公司应对以市场导向为主题的战略变革的必然选择，也是其在国际竞争新形势下提升可持续发展能力的积极途径。然而，隐匿在诸多中小上市公司技术创新不足背后的关键是制度创新的缺失。只有技术创新与制度创新协同发展才能对企业成长产生促进效应（徐向艺、徐英吉，2008）。鉴于此，作为公司制度的核心，公司治理与技术创新的关联性成为现阶段理论界与实践界共同关注的焦点。而在公司治理机制中，董事会治理对技术创新的影响更为显著。因为董事会对于公司治理的各个领域均会施加影响，例如，通过持有股份、制订战略、调整薪酬、实施反并购条款以及甄选 CEO 等途径来影响治理（Zahra et al. , 2000），并且作为公司的战略决策主体，董事会战略参与涵盖了公司战略制度、实施、控制与评价的整个过程。而对于中国中小上市公司而言，其董事会治理与技术创新绩效具有怎样的关联关系？

---

* 本章内容发表在《经济与管理研究》2013 年第 2 期。

何种董事会结构能够对中小上市公司的技术创新绩效产生明显的促进效应？这成为理论界与实践界共同关注的焦点。

郝云宏（2012）指出，公司治理应该是基于公司的治理，董事会既是股东的代理人也是公司的代表，代表问题与代理问题同等重要。在实践中，董事会应该向公司及全体股东负责，并在公司与某些利益相关方发生冲突的时候以公司整体利益为重。因此，结构合理且运行良好的董事会应当以公司的长远发展为主旨，更加关注公司成长战略的科学决策。为探究如何在中国中小公司中构建合理的董事会，本章运用2007~2010年中国中小上市公司面板数据，对董事会结构特征与技术创新绩效的关联性进行实证检验，以期为中小上市公司技术创新提供有效的组织基础。

55.2　理论分析与研究假设

55.2.1　董事会规模与技术创新

迄今为止，董事会规模对公司绩效或价值的影响尚未取得一致结论，而其对于技术创新的影响也尚待确定。有学者认为，随着董事会规模的扩大，董事的多样性也随之增加，能够为技术创新决策提供各种互补性知识的概率也会增加，保证有足够多的观点进行碰撞，提高决策的准确性，从而提高技术创新效率、降低创新风险。因此指出，规模较大的董事会规模能够显著提高技术创新水平。然而，也有学者指出，虽然董事会的监控能力会也许会因为董事会规模的扩大而提高，但即便如此，由规模扩大所带来的成本也将超过由其带来的利益，而这些成本的来源一般为决策的低效率、对风险分担的偏离以及搭便车效应等（Lipton and Lorsch，1992）。这些学者认为，规模较小的董事会拥有更为灵活的决策机制，对环境的应变能力更强，因此对企业的技术创新具有更为明显的促进作用。还有一部分学者认为，董事会规模与技术创新之间的关系不是简单的线性关系，而是倒U形的非线性关系，如雅默克（Yermack，1996）经过实证检验发现，董事会的规模与技术创新之间存在显著的倒U形关系。萨拉等（Zahra et al.，2000）以1991~1997年美国制造业中239个中等规模的企业数据为样本，通过实证检验发现，董事会规模与企业创新（产品、过程和组织创新）存在显著的倒U形关系。

国内学者张洪辉等（2010）用专利申请数作为衡量创新效率的标准，对中国上市公司治理结构与公司创新效率关系进行实证分析之后发现：董事会规模对创新效率没有显著影响。但本章认为，上述研究是针对所有类型上市公司进行的，但由于规模的差异,不同类型上市公司应该具有不同的研究结论,因此,基于全部上市公司的实证研究或许无法得出客观的结论。本章以中小上市公司为研究对象,对董事会规模与技术创新之间的关联性进行更加深入的探究。对于中国中小上市公司而言,随着董事会规模从零开始增大,董事的多样化逐步增强,能有利于吸收来自各方的不同意见,减少经营风险,继而会对技术创新产生明显的促进效应,但如果董事会规模达到最高值之后继续增大,决策速度会随之降低,也会影响董事会成员之间的沟通与协调,而且搭便车现象会更加严重,对于风险的分担也会产生偏离,而此时技术创新水平会受到抑制。因此,提出以下假设:

H1:董事会规模与技术创新之间具有显著的倒 U 形关系。在未达到最高点之前,随着董事会规模的增大,中小上市公司的技术创新水平会逐步提高,但当经过最高点之后,随着董事会规模的继续增大,中小上市公司的技术创新水平反而会明显下降。

55.2.2 董事会独立性与技术创新

公司是相对独立而又特殊的社会组织,与多方面的利益相关者密切关联,承担广泛的社会责任。而为确保董事会以公司利益为重,坚持公司法人所有权导向的治理逻辑和战略决策,董事会的相对独立性至关重要(郝云宏,2012)。国内外诸多文献表明,较高的独立董事比例能够有助于改善公司治理,提高公司价值。德肖(Dechow,1996)、比斯利(Beasley,1996)等的研究均发现,存在财务舞弊问题的公司其独立董事比例相对较低,因而指出,独立董事的存在,有助于减少公司的财务舞弊现象。雅默克(Yermack,1996)对董事会的规模和结构进行研究发现,企业引入一定数量的独立董事,能够为企业提供各种不同的创新意见,使企业做出更加科学的创新决策。

国内学者陈昆玉(2010)通过实证检验发现,独立董事与企业技术创新存在正相关关系,董事会中独立董事占比较高的企业技术创新投入明显高于独立董事占比较低的企业。刘星、张建斌(2010)实证检验了公司治理与银行创新之间的关系。结果发现,董事会规模、独立董事的比例与银行的创新能力呈正相关关系。赵旭峰、温军(2011)在代理理论的框架内考察了董事会治理与企业技术创新投入的关系,并基于 2004~2008 年 501 家中国上市公司的数据对此进行了实证研究。结果表明:独立董事占比与企业技术创新投入存在显著的正相关关系,独立董事比例较高的企业其技术创新投入要显著高于独立董事占比较低的企业。

英国 Hermes 投资基金管理公司在其《公司治理声明》中,要求独立董事履行三个方面的职能:一是战略上的职能,即在战略决策过程中引入他们的独立判断;二是专长职能,即提供公司所没有的技能和经验,这对于中小企业尤为重要;三是治理功能,即确保遵守最佳行为准则,参与新董事的任命和监督执行董事的行为。由此推断，对于中国中小上市公司而言，独立董事的作用更加重要，其有效监督能够抑制各种机会主义行为，引导董事及高管以公司长远利益为出发点，从而对技术创新具有明显的促进效应。因此，提出以下假设：

H2：董事会独立性与技术创新显著正相关，即董事会独立性越大，中小上市公司的技术创新水平越高。

55.2.3　董事会领导权结构与技术创新

"两职合一"（CEO Duality）一般是指董事长与 CEO 兼任还是分离，也被称为"领导权结构"。它通常反映了公司董事会的独立性与高层管理者创新自由的空间，是董事会职能争论中最有争议的问题之一。对于此争议的研究一般基于代理理论与管家理论两种基础理论，基于代理理论的逻辑进行分析，两职合一会增加管理层的权力，减少董事会的独立性，从而促进管理者的道德风险，对公司价值产生一定的损害；但从管家理论的观点出发，两职合一却能够有助于高管采取创新性的行动，增加企业应对环境的灵活性。而以上述两类观点为基础，有关"两职合一"对公司价值影响的实证研究也得出了不同的结论，主要有积极影响论、消极影响论、综合影响论与无影响论。赵旭峰、温军（2011）在代理理论的框架内考察了公司治理之董事会治理与企业技术创新投入的关系，并基于 2004~2008 年 501 家中国上市公司的数据对此进行了实证研究。结果表明：董事长与总经理两职分离的制度安排对企业技术创新投入有显著的积极影响，两职分离的企业其技术创新投入要显著高于两职合一的企业。

但由组织控制理论可知，企业的实际控制者必须对创新有足够的激励，并且拥有足够的知识和技能推动企业创新的开展。因此，"内部人"而非外部股东的控制是开展创新的必要条件。能够支持这种创新企业制度条件的公司治理是属于组织控制而不是市场控制。而正如该理论所阐释的那样，两职合一能够增加高层管理者的决策自主权，提升他们的创新积极性，从而影响企业的技术创新能力。因此，提出以下假设：

H3：两职合一情况与技术创新显著正相关，即董事长与总经理兼任的情况下，中小上市公司的技术创新水平越高。

55.3　样本选取与研究设计

55.3.1　样本选取与数据来源

本章以深圳证券交易所中小企业板、创业板上市以及沪深证券交易所主板的中小规模公司作为研究样本，选择 2007~2010 年为研究区间。在上述样本中，逐步剔除金融类公司、ST 类公司、被停止上市的公司以及数据不完全的公司之后，得到每年度 267 个上市公司，连续 4 年共计 1068 个有效观测样本的平衡面板数据。本章使用的上市公司治理结构数据与相关财务指标数据均来自国泰安（CSMAR）数据库，有关数据经查询巨潮资讯网公布的公司年报及其他公告予以确认。专利数据来自中国知识产权网专利数据库。

55.3.2 变量定义与计算方式

1. 董事会结构变量。借鉴以往学者的研究，本章选择董事会规模、独立董事比例与两职合一情况等变量来测量董事会结构，如表 55-1 所示。

表 55-1　　　　　　　　　变量设计

变量分类	变量名称	符号	变量定义与计算方式
因变量	研发投入强度	RDI	公司年报中披露的研发支出/主营业务收入
	技术人员强度	EMP	公司年报中披露的技术人员数/企业总人数
	专利申请总数	PAT	公司年度发明专利、实用新型、外观设计申请总量
	发明申请总数	INV	公司年度发明专利申请总量
	技术资产比率	INT	公司年报中披露的无形资产/总资产
自变量	董事会规模	BS	公司年末董事会总人数
	董事会独立性	DB	公司年末独立董事人数占董事会总人数的比例
	两职合一情况	PLU	虚拟变量。经营者与董事长或副董事长兼任，设为 1，否则为 0
控制变量	公司规模	Size	公司期末总资产的自然对数
	成长性	Grow	总资产增长率 =（期末总资产 - 期初总资产）/期初总资产
	资产负债率	LEV	公司年度披露的资产负债表中的负债总额与资产总额的比值
	行业特性	IND	虚拟变量。处于高科技行业设为 1，其他行业设为 0
	盈利能力	ROE	公司年末扣除非经常性损益后的净资产收益率

2. 技术创新因变量。以往多数文献将"研发支出"作为技术创新的操作变量，但考虑到技术创新的过程性特点，对其研究不能仅仅局限在一个单一静态的维度。根据徐宁、徐向艺（2012）的研究设计，本章选择创新投入与创新产出两类指标来对技术创新绩效进行衡量，其中创新投入选研发投入强度与技术人员强度两个具体指标，创新产出则采用专利申请总量，发明申请总量与技术资产比

率等三个指标表示。

55.3.3 研究方法与模型构建

为克服截面数据分析的局限性，并克服由时间产生的内生性问题，本章采用面板数据分析与豪斯曼（Hausman）检验来进行参数估计。

对于董事会规模与技术创新的非线性关系检验，设计模型如下：

$$Y_{i,t} = \alpha + u_i + b_1 BS_{i,t} + b_2 BS_{i,t}^2 + b_3 Size_{i,t} + b_4 Grow_{i,t} + b_5 Lev_{i,t} + b_6 IND_{i,t} + b_7 ROE_{i,t} + e_{i,t}$$

对于董事会独立性、两职合一与技术创新的线性关系检验，设计模型如下：

$$Y_{i,t} = \alpha + u_i + b_1 DB_{i,t} + b_2 PLU_{i,t} + b_3 Size_{i,t} + b_4 Grow_{i,t} + b_5 Lev_{i,t} + b_6 IND_{i,t} + b_7 ROE_{i,t} + e_{i,t}$$

在模型中，$Y_{i,t}$分别为$RDI_{i,t}$、$EMP_{i,t}$、$PAT_{i,t}$、$INV_{i,t}$、$INT_{i,t}$，i表示横截面的个体，t表示时间，α表示截距项，$b_i(i=1,2,\cdots)$为模型回归系数，$e_{i,t}$表示随机干扰项。数据基本分析使用的是Excel与SPSS16.0，分年度变量分析、相关性分析与面板数据分析均采用的是Stata10.0。

55.4 实证研究结论

55.4.1 分年度描述性统计

表55-2是对中小上市公司董事会结构、董事会行为、董事会资本三个层面的董事会治理变量进行了分年度的描述性统计。尤其可知，董事会规模、董事会独立性与两职合一情况的均值年度变量并不明显。董事会规模的平均值在8.8左右，董事会独立性的均值在0.365左右，两职合一的均值在0.28左右。

表55-2　　　　　　　　　　　　　分年度描述性统计

年度	变量	平均值	标准差	最小值	最大值
2007	董事会规模	8.861	1.659	3.000	15.000
	董事会独立性	0.363	0.046	0.286	0.667
	两职合一情况	0.296	0.457	0.000	1.000
2008	董事会规模	8.775	1.625	5.000	15.000
	董事会独立性	0.361	0.047	0.143	0.571
	两职合一情况	0.285	0.452	0.000	1.000

续表

年度	变量	平均值	标准差	最小值	最大值
2009	董事会规模	8.674	1.581	3.000	15.000
	董事会独立性	0.369	0.051	0.250	0.667
	两职合一情况	0.285	0.452	0.000	1.000
2010	董事会规模	8.708	1.468	5.000	15.000
	董事会独立性	0.366	0.046	0.300	0.571
	两职合一情况	0.266	0.443	0.000	1.000

55.4.2 面板数据分析结果

表 55-3 董事会规模（BS）与技术创新的倒 U 形关系检验结果。由表的第一列可知，当因变量为研发投入强度时，董事会规模的一次项系数为 0.0024，在 0.05 水平上显著，二次项系数为 -0.0001，也在 0.05 水平上显著。这证明了董事会规模与研发投入强度具有显著的倒 U 形关系。根据系数的绝对值，计算出董事会规模的最高点为 12 人。由表第三列可知，董事会规模与专利申请总量也呈现出显著的倒 U 形关系（董事会规模一次项与二次项系数分别为 4.1288 与 -0.1791，且均在 0.05 显著性水平上显著）。经计算得出，最高点为 11.5。同理，由第四列可知，以发明申请总量为因变量，董事会规模一次项为正，在 0.05 水平上显著，二次项为负，在 0.1 水平上显著，两者呈现出显著的非线性关系，并由系数绝对值计算可得，董事会规模的最高点为 11.4。由上述分析可知，董事会规模与技术创新投入及产出均存在显著的倒 U 形关系，并且可以据此推断，有利于中小上市公司技术创新水平提高的董事会规模应为 11~12 人。可见，董事会规模过大并不能很好地促进企业的技术创新。在实践中，为了增强公司灵活度以适应变化的经营环境，本田公司于 2012 年 2 月 22 日宣布将大幅度变更公司董事体制，董事会人数将由 20 人减少到 12 人。

表 55-3 董事会规模与技术创新的倒 U 形关系检验

模型 变量	Model I： 研发投入强度	Model II： 技术人员强度	Model III： 专利申请总量	Model IV： 发明申请总量	Model V： 无形资产比率
董事会规模 （BS）	0.0024** (2.26)	-0.0083 (-0.86)	4.1288** (2.53)	1.7298** (2.03)	-0.0082 (-1.34)
董事会规模平方项（BS2）	-0.0001** (-2.24)	0.0002 (0.47)	-0.1791** (-2.09)	-0.0759* (-1.68)	0.0003 (1.01)

续表

模型 变量	Model Ⅰ: 研发投入强度	Model Ⅱ: 技术人员强度	Model Ⅲ: 专利申请总量	Model Ⅳ: 发明申请总量	Model Ⅴ: 无形资产比率
公司规模	0.0021 *** (3.50)	0.0099 * (1.94)	7.5080 *** (5.66)	3.6569 *** (5.08)	0.0056 (1.46)
成长性	-0.0005 (-1.53)	-0.0048 (-1.29)	-2.8056 *** (-4.32)	-1.4392 *** (-3.62)	0.0013 (0.32)
资产负债率	-0.0018 (0.73)	-0.0179 (-1.25)	1.1970 (0.40)	-0.2806 (-0.18)	-0.0192 (-0.87)
行业特性	(dropped)	0.0375 ** (2.00)	7.1986 * (1.82)	5.2600 *** (2.72)	(dropped)
盈利能力	-0.0041 (-0.99)	0.0129 (0.71)	2.3235 (0.65)	0.1675 (0.06)	-0.0972 ** (-2.13)
R^2	0.122	0.013	0.151	0.133	0.068
F/Wald 检验	F = 3.03 P = 0.0061	Wald = 374 P = 0.000	Wald = 69.74 P = 0.000	Wald = 70.37 P = 0.000	F = 2.41 P = 0.0258
Hausman 检验	chi2 = 19.02 P = 0.0041 <0.05	chi2 < 0	chi2 = 4.60 P = 0.5954 >0.05	chi2 < 0	chi2 = 18.17 P = 0.0058 <0.05
模型选择	固定效应模型 (FE)	随机效应模型 (RE)	随机效应模型 (RE)	随机效应模型 (RE)	固定效应模型 (FE)

注：***、**、* 分别表示1%、5%、10%的显著性水平，括号内为 t 值（或 Z 值）；Hausman 检验：P 大于 0.05 则接受原假设，意味着模型为随机效应模型（RE）；否则拒绝原假设，采用固定效应模型（FE）；对 Hausman 设定检验无法判别的模型，采用随机效应模型（RE）。本表未报告常数项。

表 55-4 列示了董事会独立性（DB）、两职合一情况（PLU）等董事会结构变量与技术创新的线性关系检验结果。由第三列可知，董事会独立性与专利申请总量之间呈现出显著的正相关关系，显著性水平为 10%，即董事会独立性越强，中小上市公司的专利申请数量越多；由第四列可知，两职合一与专利申请总量以及发明申请总量均具有显著的正相关关系，显著性水平均为 5%，说明在董事长与总经理兼任的情况下，中小上市公司的专利申请总量与发明申请总量均较高。但由检验结果可知，董事会独立性与两职合一等董事会结构变量仅对于中小上市公司的技术创新产出有一定程度的正向影响，但对于技术创新投入的影响并不显著。

表 55-4　董事会独立性、两职合一与技术创新的线性关系检验

模型 变量	Model Ⅰ： 研发投入强度	Model Ⅱ： 技术人员强度	Model Ⅲ： 专利申请总量	Model Ⅳ： 发明申请总量	Model Ⅴ： 无形资产比率
董事会独立性	-0.0008 (-0.13)	0.0680 (1.14)	17.522* (1.68)	4.8232 (-0.80)	-0.0026 (-0.07)
两职合一	0.0008 (1.09)	-0.0067 (-0.62)	5.0199** (2.23)	0.0759** (2.46)	0.0003 (0.07)
公司规模	0.0020*** (3.48)	0.0137** (2.48)	7.5927*** (5.81)	3.6955*** (5.26)	0.0012 (0.49)
成长性	-0.0005* (-1.72)	-0.0068** (-2.36)	-2.5900*** (-3.91)	-1.3254*** (-3.25)	0.0018 (0.34)
资产负债率	-0.0016 (0.71)	-0.0134 (-0.98)	1.2905 (0.47)	-0.0293 (-0.02)	-0.0147 (-1.01)
行业特性	(dropped)	(dropped)	6.664* (1.75)	4.8672*** (2.71)	-0.0024 (-0.41)
盈利能力	-0.0044 (-1.08)	0.0061 (0.29)	0.7272 (0.19)	0.8250 (-0.28)	-0.094** (-2.17)
R^2	0.007	0.015	0.0542	0.043	0.060
F/Wald 检验	F = 2.61 P = 0.0166	F = 2.46 P = 0.0029	Wald = 75.32 P = 0.000	Wald = 73.25 P = 0.000	Wald = 429.38 P = 0.000
Hausman 检验	chi2 = 19.03 P = 0.0041 <0.05	chi2 = 14.17 P = 0.0278 <0.05	chi2 = 6.3 P = 0.3904 >0.05	chi2 <0	chi2 = 5.22 P = 0.5164 >0.05
模型选择	固定效应模型 (FE)	固定效应模型 (FE)	随机效应模型 (RE)	随机效应模型 (RE)	随机效应模型 (RE)

注：***、**、*分别表示1%、5%、10%的显著性水平，括号内为t值（或Z值）；Hausman 检验：P 大于 0.05 则接受原假设，意味着模型为随机效应模型（RE）；否则拒绝原假设，采用固定效应模型（FE）；对 Hausman 设定检验无法判别的模型，采用随机效应模型（RE）。本表未报告常数项。

55.5　主要结论与政策建议

结构良好并且运作合理的董事会应当以公司的长远发展为主旨，更加关注公司成长战略的科学决策。而对于技术创新这类长期投资，中小上市公司的董

事会治理也起到较为显著的作用。本章运用 2007～2010 年中国中小上市公司面板数据，对董事会结构特征、董事会行为、董事会资本等董事会治理因素与技术创新水平的关联性进行实证检验，得出以下结论：董事会结构中董事会规模、董事会独立性与两职合一情况等变量与中小上市公司技术创新具有显著的关联性。具体而言，董事会规模与技术创新投入与产出均具有显著的倒 U 形关系，董事会独立性与技术创新产出之间存在显著的正相关关系，两职合一与技术创新产出之间也存在显著的正相关关系。根据上述结论，本章提出以下建议：

1. 保持合理董事会规模，在董事会多样化与决策效率之间找寻平衡点，同时通过多种方式增强董事之间的沟通。对于中国中小上市公司而言，随着董事会规模从零开始增大，董事的多样化逐步增强，能有利于吸收来自各方的不同意见，减少经营风险，继而会对技术创新产生明显的促进效应，但如果董事会规模达到最高值之后继续增大，决策速度会随之降低，也会影响董事会成员之间的沟通与协调，而且搭便车现象会更加严重，对于风险的分担也会产生偏离，而此时技术创新水平会受到抑制。因此，在中小上市公司中，保持合理的董事会规模（一般 11～12 人），能够有利于技术创新。同时，构建灵活的决策机制，通过多种方式增强董事之间的沟通与交流也是必要措施。

2. 加强董事会独立性，并强化独立董事监督的积极性。董事会的独立性，通常会直接关系到董事会是否能做到不被少数股东或内部人所操纵而最大限度地维护各方利益，也会关系到董事会作出的决策是否公平，进而影响到公司治理的有效性以及创新资源的配置。因此，在中小上市公司的董事结构设计中，应该进一步加强外部董事及独立董事的比例，从而增强董事会独立性。而由前文结论可知，独立董事委托而非亲自参加会议的比例与技术创新之间存在显著的负相关关系。由此可知，除进行结构设计之外，加强董事会独立性更为重要的措施是强化中小上市公司独立董事监督的积极性，从而提高其尽职程度。这可以通过两方面来进行：一是通过外部声誉机制与法律制度的约束从外部推动中小上市公司独立董事的尽职行为，如倘若委托参加会议次数超过一定比例，就会对其声誉产生较大影响，同时，建立一个整体的独立董事资料库，由第三方从具备资格的人员中以差额的方式向中小上市公司推荐独立董事，使独立董事的产生机制真正能够脱离要制约的对象，尽量从源头上解决逆向选择问题；二是通过重构中小上市公司独立董事的激励机制，如独立董事报酬由基本薪酬以及与长期业绩挂钩的风险性薪酬，甚至股权等长期激励机制（徐宁，2012），在内部拉动独立董事进行积极的监督行为，从而减少独立董事任职过程中的道德风险。综上所述，应从外部推动与内部拉动，以及解决逆向选择与道德风险等方面出发，全方位强化独立董事监督的积极性。

参考文献

1. 徐向艺、徐英吉：《企业技术创新、制度创新及企业持续成长性的协同度研究》，载《东岳论丛》2008 年第 2 期，第 80～85 页。
2. 郝云宏：《公司治理内在逻辑关系冲突：董事会行为的视角》，载《中国工业经济》2012 年第 9 期，第 96～108 页。
3. Zahra, S. A., D. O. Neubaum and M. Huse, Entrepreneurship in medium-size companies: exploring the effects of ownership and governance systems, Journal of Management, 2000, 26 (5): 947 –976.
4. Lipton M, Lorsch J W. A modest proposal for improved corporate governance. The business lawyer, 1992, 48 (1): 59 –77.
5. Yermack, D., Higher market valuation of companies with a small board of directors, Journal of Financial Economics, 1996, 40 (2): 185 –211.
6. 张洪辉、夏天、王宗军：《公司治理对我国企业创新效率影响实证研究》，载《研究与发展管理》2010 年第 3 期，第 44～50 页。
7. 陈昆玉：《创新型企业的创新活动、股权结构与经营业绩——来自中国 A 股市场的经验证据》，载《宏观经济研究》2010 年第 4 期，第 49～57 页。
8. 刘星、张建斌：《中国上市银行公司治理与创新能力的实证研究》，载《重庆大学学报（社会科学版）》2010 年第 6 期，第 44～48 页。
9. 赵旭峰、温军：《董事会治理与企业技术创新：理论与实证》，载《当代经济科学》2011 年第 5 期，第 110～128 页。
10. 上海国家会计学院：《公司治理》，经济科学出版社 2011 年版，第 131 页。
11. 马永斌：《公司治理与股权激励》，清华大学出版社 2010 年版，第 246 页。
12. O' Sullivan, M., The innovation enterprise and corporate governance, Cambridge Journal of Economics, 2000, 24: 393 –416.
13. 何强、陈松：《我国上市公司董事会结构对 RandD 投入的影响》，载《系统管理学报》2009 年第 6 期，第 612～619 页。
14. 徐宁、徐向艺：《控制权激励双重性与技术创新动态能力——基于高科技上市公司面板数据的实证研究》，载《中国工业经济》2012 年第 10 期，第 109～121 页。
15. 徐宁：《中国上市公司股权激励契约安排与制度设计》，经济科学出版社 2012 年版，第 183 页。

第 56 章

高科技上市公司技术创新导向的高管激励整合效应*

基于创新经济学的组织控制理论推动了公司治理的核心问题从"价值分配"到"价值创造"的演进。本章从促进技术创新这个重要维度对高管激励效应进行重新界定与测度,并运用我国高科技上市公司 2007～2010 年的平衡面板数据,对薪酬激励、股权激励以及控制权激励等主要激励契约之间的交互关系及其对技术创新的整合效应进行实证检验,得出以下结论,股权激励在薪酬激励与控制权激励的双重调节作用下,对高科技公司的技术创新具有促进效应,即三者的整合,而非单一机制对技术创新产生作用;具体而言,股权激励与薪酬激励存在互补关系,与控制权激励之间存在互替关系。因此,以技术创新为导向,应在高科技公司内部建立以强化股权激励、稳定薪酬激励、弱化控制权激励为特征的高管激励整合体系。

56.1 引 言

现代公司之间的竞争实际上就是创新能力的竞争,而归根到底是知识资源的产生、占有与有效利用方面的竞争。然而,代理问题的存在导致公司高管可能更加关注财富、权力以及个人利益的最大化,从而削弱了对知识资源的追求。基于高管行为对技术创新的重要影响,诸多学者开始从制度创新与技术创新的协同视角出发,积极探索促进技术创新的制度变革,尤其是支持创新的公司治理制度体系。创新经济学框架下组织控制理论的产生便是这一领域的重要理论创新。创新经济学集中考察企业层面上创新引入的决定因素以及这种引入所产生的影响,以此为基础,组织控制理论指出,公司治理的核心问题应是资源的协调与合理配置对创新的支撑。作为重要的治理机制,设计合理的高管激励契约是引导公司高管支持技术创新动机与行为的必要措施。

---

* 章内容发表在《科研管理》2013 年第 9 期。

来自实践发展与理论演进的双重驱动，国外学者开始从技术创新的视角对高管激励契约进行重新审视。国内学者唐清泉等（2009），李春涛、宋敏（2010）等也将高管激励与技术创新的关联性作为研究重点。然而，目前此类研究主要停留于单一激励机制对技术创新的影响。贝洛克（Belloc，2011）指出，单个治理机制的边际效用是递减的，甚至会因使用过度而产生负面效应。陈冬华等（2010）、孙世敏等（2011）也通过理论或实证研究得出结论，不同高管激励机制之间存在交互作用。但上述研究多关注于激励机制对公司绩效或价值的影响。而有关高管激励机制对于技术创新的整合作用却鲜有研究涉及。本章认为，深入研究高管激励各个维度之间的交互作用及其对技术创新的整合效应是对该领域的深化与拓展。后股权分置时代，我国高科技上市公司成为股权激励的积极实践者，随着股权激励制度的发展，在此类公司中形成了货币薪酬激励（以下简称"薪酬激励"）、股权激励与控制权激励的高管激励体系。从公司治理整合的观点出发，不同的高管激励机制在影响技术创新的过程中是否存在交互效应？它们的整合如何对技术创新产生影响？上述问题的深入剖析将为现有研究提供新的思路与证据，也是本章的切入点。

针对已有研究的局限性，本章以创新经济学框架下的组织控制理论为基础，从促进技术创新这个重要维度对高管激励效应进行重新界定与测度，并基于公司治理整合观点，运用我国高科技上市公司2007~2010年的平衡面板数据，对高管薪酬激励、股权激励以及控制权激励等主要高管激励契约之间的交互关系及其对技术创新的整合效应进行实证检验，深入探究高管激励契约对技术创新的作用机理，以期为我国高科技上市公司进行技术创新导向的高管激励机制设计提供有益参考。

56.2 理论分析与研究假设

56.2.1 基于创新经济学的高管激励效应重构

以市场配置效率最优观点为基础，形成了两种公司治理理论——单边治理理论与共同治理理论。单边治理倾向于强调股东的主体性，认为企业目标是实现股东利益；共同治理将委托人范围拓展到利益相关者，提出企业目标是实现全体利益相关者利益最大化，但其在实践中可操作性的缺失受到广泛质疑。这两种理论的核心问题都是剩余分配，且均致力于为不同利益集团的"剩余索取权"提供解释，在论证不同利益集团享有剩余索取权的合理性时，必然存在立场差异，因而存在分歧。与之不同的是，基于创新经济学的组织控制理论却把目标聚焦于企业的创新活动上，其核心观点为合理的公司治理结构必须有利于企业的创新，将企业的重要资金和知识资源配置到创新过程中去。基于该理论，高管激励契约的设计主旨应从交换领域转向生产领域，探究如何通过促进知识资源的开发与利用来创造价值，从而建立支持创新的高管激励体系。

56.2.2 高科技上市公司中的高管激励契约整合及其对技术创新的促进效应

詹森和麦克林（Jense and Meckling，1976）指出，通过对经营者实行股票期权以及其他与当期业绩挂钩的激励契约安排可使经营者与所有者利益一致，以提高经营者对技术创新的支持力度。近年来，有关高管激励单一契约，尤其是股权激励对于技术创新的促进效应，国内外学者做了诸多研究。吴和涂（Wu and Tu，2007）检验了 CEO 股权激励与公司的研发支出间的关系，并发现公司业绩越好，CEO 股权激励对研发支出的正面效应越大。林等（Lin et al.，2009）发现 CEO 股权激励对民营企业研发支出的促进效应。唐清泉等（2009）经检验得出，股权激励与研发活动显著正相关，高新技术企业的股权激励能对研发投入产生更大的影响。张洪辉等（2010）检验了治理结构与创新效率的关系，发现高管持股比例与创新效率高度正相关。

然而，在实践中，高管激励各个子契约之间的交互作用及其对技术创新的整合效应却不容忽视。国外上市公司的高管激励体系较为成熟，主流方式包括货币薪酬激励、股权激励、控制权激励等。随着股权激励制度的发展，在中国高科技上市公司中也形成了多种激励契约并存的高管激励体系。阿格拉沃尔和克罗伯（Agrawal and Knoeber，1996）指出，单个治理机制边际效用递减，甚至会产生因过度使用而导致的负面作用，其实际达到的经济效率总是次优的，不同治理机制的组合才是最优的治理机制。沃德等（Ward et al.，2009）通过实证检验证实了公司治理机制之间的互补或替代关系。而将这种公司治理机制整合的观点延伸到高管激励效应的研究中是该研究领域发展的必然趋势。已有学者指出，不同激励机制之间存在交互作用，单一激励机制是在激励机制交互效应的影响之下起作用的。由此推断，在对技术创新产生影响的过程中，并非是单一激励机制的作用。股权激励、薪酬激励与控制权激励等激励契约之间具有三维交互效应，即三者的整合对技术创新产生促进作用。由已有研究可知，股权激励是促进技术创新的主导因素，而这种促进效应受到薪酬激励与控制权激励两个调节变量的共同影响。因此，本章提出以下假设：

H1：高管股权激励在薪酬激励与控制权激励的双重调节作用下，对高科技上市公司的技术创新具有促进效应。

56.2.3 高科技上市公司中高管激励契约的整合机理

不同激励契约如何实现整合效应？对其整合机理的探究应从三种激励契约的特点及基本作用机制出发。具体而言，薪酬激励（上市公司普遍采用的是年薪制）作为中短期激励，股权激励作为长期激励，两者应具有互补的关系。控制权激励的效用则表现在两方面：一是控制权本身体现个人成就感与能够拥有权力的满足；二是控制权所带来的收益，高管拥有的控制权，尤其是剩余控制权越多，就越能够享受到诸多有形或无形的在职消费，可以说这是一种隐性的货币薪酬。由此可知，控制权第一种效用与股权激励的效用类似，而第二种效用与薪酬激励的效用相仿。据此推断，控制权激励与股权激励、薪酬激励之间均存在互替效应。因此，本章提出以下假设：

H2a：在对高科技上市公司技术创新作用的过程中，高管股权激励与薪酬激励之间存在互补效应；

H2b：在对高科技上市公司技术创新作用的过程中，高管股权激励与控制权激励之间存在互替效应；

H2c：在对高科技上市公司技术创新作用的过程中，高管薪酬激励与控制权激励之间存在互替效应。

56.3 研究设计

56.3.1 样本选取与数据来源

本章选择高科技上市公司为研究样本。王华、黄之骏（2006）根据证监会2001年颁布的《上市公司行业分类指引》等，确定如下几个行业的企业为高科技企业：化学原料及化学制品制造业（C43）、化学纤维制造业（C47）、电子业（C5）、仪器仪表及文化和办公用机械制造业（C78）、医药生物制品业（C8）、信息技术业（G）。本章引用上述对高科技企业的界定，在剔除了ST类公司、被停止上市的公司以及数据缺失的样本之后，最终每年度分别得到102家上市公司，研究区间为2007~2010年[①]，共计408个有效观测样本的平衡面板数据。本章使用的上市公司数据来自于CSMAR数据库。

---

① 2007年是新会计准则正式实施的第一年，准则要求上市公司应当在年报中详细披露公司的研发投入等技术创新情况，为上市公司技术创新研究提供了更为准确的数据支持。

56.3.2 变量设计

1. 被解释变量。本章选择技术创新投入指标来衡量上市公司的技术创新，用被广泛采用的研发投入密度（R&D，研发支出/主营业务收入）来表示。也有学者认为主营业务收入指标不稳定，用其计算的研发投入强度比实际波动更大，而企业总资产相对稳定，因此，本章采用研发支出/总资产来做稳健性检验。

2. 解释变量。沿用诸多学者在研究文献中对高管激励机制的界定，本章选取高管持股数量与总股份的比值来表示股权激励（EI），选取公司前三位高管薪酬之和的自然对数作为薪酬激励（MI）的操作变量。而对于控制权激励（CI）的衡量则采用在职消费（Perk）来表示。在职消费[①]的具体内容包括：办公费、差旅费、业务招待费、通讯费、出国培训费、董事会费、小车费和会议费等，这些费用是高管人员处理公司日常事务合法且必要的支出，高管人员有权力一定范围内支配这些费用，满足自身效用。而高管拥有控制权，就能够享受到诸多在职消费，因此本章选取公司年报中披露的该八项费用之和与公司主营业务收入之比作为控制权激励的衡量指标[②]。

3. 控制变量。本章将对公司技术创新具有重要影响的公司治理因素与公司特征因素作为控制变量。公司治理因素具体包括终极产权性质（OW）、股权集中度（CR）、两职合一（PLU）、独立董事比例（IB），而公司特征因素包括公司规模（Size）、成长性（Grow）、资产负债率（LEV）。

所有变量定义与计算方式如表 56-1 所示。

表 56-1　　　　　　　　　　变量定义

变量名称	符号	变量定义与计算方式
被解释变量		
技术创新	R&D Input	公司年报中披露的研发支出/主营业务收入
解释变量		
变量名称	符号	变量定义与计算方式
股权激励	EI	公司年末高管持股数量与总股份的比值
薪酬激励	MI	公司前三位高管薪酬之和的自然对数

[①] 陈冬华等（2010）定义下的在职消费满足以下特征：(1) 与高管的工作和职位相关；(2) 能够提升高管的效用；(3) 对公司价值提升并无此消彼长的直接联系；(4) 发生的数量、目的、时点更为弹性，而且不受制于明示的契约；(5) 体现了高管个人的主观意愿、兴趣与社会资本。

[②] 在职消费数据通过查阅上市公司年报附注中"支付的其他与经营活动有关的现金流量"项目收集。

续表

解释变量		
变量名称	符号	变量定义与计算方式
控制权激励	CI	公司年报中披露的办公费、差旅费、业务招待费、通讯费、出国培训费、董事会费、小车费和会议费八项费用之和与主营业务收入之比

控制变量			
变量名称		符号	变量定义与计算方式
公司治理变量	终极产权性质	OW	根据终极控制人是否具有国有性质,将上市公司分为国有控股上市公司,设为1,与非国有控股上市公司,设为0。
	股权集中度	CR	公司第一大股东股权比例
	两职合一	PLU	经营者是否与董事长或副董事长兼任,兼任设为1,否则为0
	独立董事比例	IB	公司年末独立董事人数占董事会总人数的比例
公司特征因素	公司规模	Size	公司年末总资产的自然对数
	成长性	Grow	总资产增长率=(期末总资产-期初总资产)/期初总资产
	资产负债率	LEV	公司年度披露的资产负债表中的负债总额与资产总额的比值

56.3.3 模型设计与研究方法

相对于横截面数据或混合数据分析,面板数据分析能够解决由不随时间变化的遗漏变量所产生的内生性问题,并且能够克服前者较易出现的误差项序列相关性与异方差性等问题。因此,本章采用面板数据分析来对参数进行估计。基本模型设计如下:

$$R\&D_{i,t} = \alpha + u_i + b_1 EI_{i,t} + b_2 MI_{i,t} + b_3 CI_{i,t}$$
$$+ b_4 OW_{i,t} + b_5 CR_{i,t} + b_6 PLU_{i,t} + b_7 IB_{i,t}$$
$$+ b_8 Size_{i,t} + b_9 Grow_{i,t} + b_{10} Lev_{i,t} + e_{i,t}$$

为了检验股权激励、薪酬激励与控制权激励之间的关系,本章引入三个两两交互项以及三者的乘积项(已做标准化处理)。对于两两交互项而言,若交互项回归系数显著为正,则一个变量的边际效应随着另一变量的增加而递增,即两者之间存在一种互补关系;反之,若交互项回归系数显著为负,则一个变量的边际效应随着另一变量的增加而递减,即两者之间存在一种互替(冲突)关系。而若三者的乘积项显著,则说明三者之间具有三维调节关系,即股权激励受到薪酬激励与控制权激励的共同调节效应。加入交互项的模型设计如下:

$$R\&D_{i,t} = \alpha + u_i + b_1 EI_{i,t} + b_2 MI_{i,t} + b_3 CI_{i,t} + b_4 EI_{i,t} \times MI_{i,t} + b_5 EI_{i,t} \times CI_{i,t}$$
$$+ b_6 MI_{i,t} \times CI_{i,t} + b_7 EI_{i,t} \times MI_{i,t} \times CI_{i,t} + b_8 OW_{i,t} + b_9 CR_{i,t}$$
$$+ b_{10} PLU_{i,t} + b_{11} IB_{i,t} + b_{12} Size_{i,t} + b_{13} Grow_{i,t} + b_{14} Lev_{i,t} + e_{i,t}$$

在模型中,i 表示横截面的个体,t 表示时间,α 表示截距项,b_i(i = 1, 2,…)为模型回归系数,$e_{i,t}$ 表示随机干扰项。数据基本分析使用的是 SPSS16.0,面板数据分析采用的是 Stata10.0。

56.4 实证结果分析与讨论

56.4.1 描述性统计

表 56 – 2 是对股权激励、薪酬激励、控制权激励与技术创新投入的描述性统计。由此可知,2007~2010 年高科技公司授予高管的薪酬与股权激励均呈现出逐年递增的趋势。尤其是股权激励,更是出现了翻倍增长的态势。值得注意的是,高管薪酬逐年增加,尤其是当 2008 年受全球金融危机的影响多数公司净利润出现大幅下降的时候,高管薪酬仍然保持增长的趋势,由此可知,其业绩敏感性较低,如果没有其他高管激励机制的补充,很容易强化"内部人控制"并增加代理成本。控制权激励的均值一直较稳定,但也表现出一定的增长趋势。

表 56 – 2 主要变量描述性统计结果

变量	年度	2007	2008	2009	2010
股权激励 (EI)	平均值	0.024	0.051	0.061	0.101
	最大值	0.546	0.636	0.484	0.552
	最小值	0.000	0.000	0.000	0.000
	标准差	0.092	0.122	0.105	0.150
薪酬激励* (MI)	平均值	779613	924363	1008520	1204740
	最大值	2903000	3559000	3812000	5240000
	最小值	96000	117100	31600	32200
	标准差	543967	678468	770670	959100

续表

变量	年度	2007	2008	2009	2010
控制权激励 （CI）	平均值	0.095	0.108	0.122	0.111
	最大值	0.343	0.309	0.681	0.354
	最小值	0.015	0.020	0.023	0.022
	标准差	0.064	0.063	0.092	0.069
技术创新投入 （RandD Input）	平均值	0.002	0.003	0.004	0.005
	最大值	0.050	0.049	0.087	0.067
	最小值	0.000	0.000	0.000	0.000
	标准差	0.008	0.009	0.011	0.011

注：*为了表述更加清晰，表56-2描述性统计中的薪酬激励是前三位高管的薪酬之和，未取自然对数。

股权分置改革之前，我国在股权激励的实践方面做了诸多探索，从经营层激励试点到管理层持股（MBO），均未取得预期成效。而自2005年开始的股权分置改革为我国资本市场的发展提供了良好平台，也为股权激励的实施扫清了制度障碍，上市公司以此为契机开始了对股权激励的实践。2006~2009年，股权激励在政策上经历了从试点到推广，再到成熟的发展历程。随着相关配套政策的不断完善和细化，股权激励实践风起云涌，尤其是高科技行业中的上市公司更是异军突起，成为推行股权激励的主力军。由于股权激励推行与实施有一定的滞后期，2007~2010年的股权激励指标更能显示出高科技公司股权激励的迅猛发展。

与此同时，高科技公司技术创新投入均值也呈现递增的趋势，如石基信息（002153）2009年的技术创新投入达到营业收入的8.7%，双鹭药业（002038）2010年的技术创新投入比率也达到6.7%。双鹭药业于2006年通过股权激励计划并开始实施，2007~2010年该公司的技术创新投入比率分别为1.5%、2.9%、4.9%与6.7%。通过上述分析可初步得知，股权激励对于高科技公司技术创新起到主要的推动作用，而薪酬激励与控制权激励的作用可能弱于股权激励，但对两者与股权激励的交互作用将用以下回归模型来判断。

56.4.2 面板数据分析

表56-3列示了运用高科技公司面板数据进行多元回归以及Hausman检验的结果。其中，模型M1仅加入控制变量，模型M2加入了控制变量与解释变量，每一个模型均报告了固定效应模型与随机效应模型的分析结果。由M1可知，应选择随机效应模型（$P=0.65>0.05$），且模型显著（$P=0.01$）。通过随机效应模型结果可知，控制变量中仅成长性（Grow）显著，其他变量均不显著，且R^2

为 0.028。M2 加入了股权激励（EI）、薪酬激励（MI）与控制权激励（CI）等解释变量，通过 Hausman 检验确定选择随机效应模型（chi2 < 0），且模型显著（P = 0.01），Wald 值也有所增加，但三个解释变量都不显著。由于控制变量中公司规模与资产负债率显著性提高，所以 R^2 也有所提高，ΔR^2 为 0.012。综上所述，在未加入交互项之前，三类激励机制解释变量均不显著，即在没有其他激励机制的调节作用下，单一的高管激励机制对技术创新难以发挥显著的促进效应。

表 56-3　　　　　　　　　　面板数据回归分析结果

模型 变量	M1 固定效应（FE）	M1 随机效应（RE）	M2 固定效应（FE）	M2 随机效应（RE）	M3 固定效应（FE）	M3 随机效应（RE）
控制变量：						
OW	-0.0003	0.0009	-0.0003	0.0008	-0.0002	0.0007
CR	-0.0054 **	-0.0022	-0.0051 **	-0.0010	-0.0032	0.0004
PLU	0.0011	0.0014	0.0009	0.0012	0.0004	0.0009
IB	-0.0108	-0.0065	-0.0089	-0.0053	-0.0029	0.0012
Size	0.0021 **	0.0008	0.0028 **	0.0011 **	0.0031 **	0.0015 **
Grow	-0.0023 **	-0.002 **	-0.0027 **	-0.0019 **	-0.0028 **	-0.0018 **
LEV	0.0012	-0.002	0.0005	-0.0051 **	-0.0006	-0.0064 **
解释变量：						
EI			-0.0085	0.0061	0.0055 *	0.0043 *
MI			0.0004	0.0004	-0.0008	0.0001
CI			-0.0030	0.0114	-0.0038	-0.0131
交互项：						
EI × MI					0.0011 **	0.0010 **
EI × CI					-0.0027 **	-0.0020 **
MI × CI					0.0001	0.0007
EI × MI × CI					-0.0013 **	-0.0011 **
R^2	0.041	0.028	0.064	0.040	0.17	0.138
ΔR^2			0.023	0.012	0.106	0.098
F/Wald 检验	F = 1.43 P = 0.10	Wald = 19.7 P = 0.01	F = 1.23 P = 0.26	Wald = 24.1 P = 0.01	F = 1.07 P = 0.38	Wald = 27.8 P = 0.02
Hausman 检验	chi2 = 5.12 P = 0.65 > 0.05 （采用 RE）		chi2 = -4.41 （采用 RE）		chi2 = 4.80 P = 0.98 > 0.05 （采用 RE）	

注：***、**、* 分别表示 1%、5%、10% 的显著性水平；Hausman 检验：P 大于 0.05 则接受原假设，意味着模型为随机效应模型（RE）；否则拒绝原假设，采用固定效应模型（FE）；对 Hausman 设定检验无法判别的模型，采用随机效应模型（RE）；本表未报告常数项。

在模型 M3 中，除加入解释变量之外，也加入了两两交互项以及三者的乘积项。由 Hausman 检验结果可知，应采用随机效应模型（P = 0.98 > 0.05），且模型亦显著，Wald 值也有所增加。更为明显的是，R^2 值为 0.138，ΔR^2 为 0.098，且为 M2 模型 R^2 值的 3.45 倍，这一点首先说明了调节效应的显著性。再从变量的显著性变化可知，股权激励与薪酬激励的交互项（EI × MI）、股权激励与控制权激励的交互项（EI × CI）均在 5% 的显著性水平上显著，三者的交互项 EI × MI × CI 也在 5% 的显著性水平上显著。同时，股权激励显著为正。由此可知，薪酬激励与控制权激励在股权激励对技术创新产生促进效应的过程中起到调节作用，并且两者是同时在起作用（EI × MI × CI 显著），这说明三者具有三维调节关系，即上市公司高管股权激励在薪酬激励与控制权激励的双重调节作用下，对上市公司技术创新具有促进效应，则 H1 得证。

从两两交互项的符号来看，股权激励与薪酬激励的交互项（EI × MI）显著为正，而股权激励与控制权激励的交互项（EI × CI）显著为负。这说明，股权激励的边际效应随着薪酬激励的增加而递增，即两者之间存在互补关系，而股权激励的边际效应随着控制权激励的增加而递减，即两者之间存在互替关系，H2a 与 H2b 得证。

56.5 主要结论与政策建议

本章以创新经济学框架下的组织控制理论为基础，从促进技术创新这个重要维度对高管激励效应进行重新界定与测度，并运用我国高科技上市公司 2007 ~ 2010 年的面板数据，对高管薪酬激励、股权激励以及控制权激励等激励机制之间的交互关系及其对技术创新的整合效应进行实证检验，主要结论如下：

第一，高管股权激励在薪酬激励与控制权激励的双重调节作用下，对高科技上市公司技术创新具有促进效应，即股权激励、薪酬激励与控制权激励对于技术创新的影响具有三维交互效应。因此，在高科技公司中应建立以强化股权激励、稳定薪酬激励、弱化控制权激励为特征的高管激励整合体系，并通过高管激励契约结构的优化，突出强化技术创新的理念，引导公司决策能够更多地将资源向创新活动转移。

第二，股权激励的边际效应随着薪酬激励的增加而递增，即两者之间存在显著的互补关系。因此，在强调股权激励对于技术创新主导作用的同时，应加强高管薪酬激励与技术创新绩效之间的敏感度，提高其对股权激励的正向调节作用。具体而言，应将薪酬激励中的绩效薪酬部分与技术创新指标相关联，考虑到技术创新的过程性与累积性特征，技术创新绩效应该强化创新投入、产出以及创新效率等指标。

第三，股权激励的边际效应随着控制权激励的增加而递减，即两者之间存在显著的互替关系。基于控制权激励本身隐含的风险及其对股权激励的替代作用，应建立公司治理权力制衡体系，防止权力激励过度。该制衡体系既包括由独立董事等主体所构成的内部制衡体系，也包括诸多外部约束机制，如建立信息披露质量评价体系以及独立有效的审计系统等，从而降低高管恶意操纵而获得过多控制权收益的动机与能力。

参 考 文 献

1. 温成玉、刘志新：《技术并购对高技术上市公司创新绩效的影响》，载《科研管理》2011年第5期，第1~7页。
2. Wright, M., R. E. Hoskisson and L. W. Busenitz, Firm rebirth: buyouts as facilitators of strategic growth and entrepreneurship, Academy of Management Executive, 2001, 15 (1): 111 - 125.
3. 张治河、周国华、胡锐、谢忠泉：《创新学：一个驱动21世纪发展的新兴学科》，载《科研管理》2011年第12期，第143~156页。
4. O'Sullivan, M., The innovation enterprise and corporate governance, Cambridge Journal of Economics, 2000, 24: 393 - 416.
5. Hemmer, T., O. Kim and R. Verrecchia, Introducing convexity into optimal compensation contacts, Journal of Accounting and Economics, 1999, 28: 307 - 327.
6. Chen, M. Y., Managerial compensation and RandD investments: the role of the external managerial labour market, International Review of Applied Economics, 2010, 24 (5): 553 - 572.
7. 唐清泉、徐欣、曹媛：《股权激励、研发投入与企业可持续发展——来自中国上市公司的证据》，载《山西财经大学学报》2009年第8期，第77~84页。
8. 李春涛、宋敏：《中国制造业企业的创新活动：所有制和CEO激励的作用》，载《经济研究》2010年第5期，第55~67页。
9. Belloc, F., Corporate governance and innovation: a survey, Journal of Economic Surveys, 2011 (1): 1 - 37.
10. 陈冬华、梁上坤、蒋德权：《不同市场化进程下高管激励契约的成本与选择：货币薪酬与在职消费》，载《会计研究》2010年第11期，第56~64页。
11. 孙世敏、王昂、贾剑峰：《基于价值创造和动态基础薪酬的经营者激励机制研究》，载《中国管理科学》2011年第5期，第153~159页。
12. 徐宁、徐向艺：《公司治理理论演进趋势研究——基于经济学与法学的整合视角》，载《经济与管理研究》2009年第12期，第62~66页。
13. 刘金石、王贵：《公司治理理论：异同探源、评介与比较》，载《经济学动态》2011年第5期，第80~85页。
14. Jensen, M. C. and W. H. Meckling, Theory of the firm: managerial behavior, agency costs and ownership structure, Journal of Financial Economics, 1976, 3 (4): 305 - 360.

15. Wu, J. and R. Tu, CEO stock option pay and RandD spending: a behavioral agency explanation, Journal of Business Research, 2007, 60 (5): 482 – 492.

16. Lin, C., P. Lin, F. Song and C. Li, Managerial incentives, CEO characteristics and corporate innovation in China's private sector, Journal of Comparative Economics, 2011, 39 (2): 176 – 190.

17. 张洪辉、夏天、王宗军：公司治理对我国企业创新效率影响实证研究》，载《研究与发展管理》2010 年第 3 期，第 44~50 页。

18. Dale – Olsen, H., Executive pay determination and firm performance: empirical evidence from a compressed wage environment, The Manchester School, 2012, 80 (3): 355 – 376.

19. Algrawal, A. and C. R. Knoeber, Firm performance and mechanisms to control agency problems between managers and shareholders, Journal of Financial and Quantitative Analysis, 1996, 31 (3): 377 – 397.

20. Ward, A. J., J. A. Brown and D. Rodriguez, Governance bundles, firm performance, and the substitutability and complementarity of governance mechanisms, Corporate Governance: An International Review, 2009, 17 (5): 646 – 660.

21. 黄慧群：《控制权作为企业家的激励约束因素：理论分析及现实解释意义》，载《经济研究》2000 年第 1 期，第 41~47 页。

22. 姜付秀、黄继承.：《经理激励、负债与企业价值》，载《经济研究》2011 年第 5 期，第 46~60 页。

23. 王华、黄之骏：《经营者股权激励、董事会组成与企业价值——基于内生性视角的经验分析》，载《管理世界》2006 年第 9 期，第 102~116 页。

24. 任海云：《股权结构与企业 RandD 投入关系的实证研究——基于 A 股制造业上市公司的数据分析》，载《中国软科学》2010 年第 5 期，第 126~135 页。

徐向艺教授出版著作一览表
（1991～2014）

1. 徐向艺、房林林、宋立升：《上市公司内部人交易行为研究》，经济科学出版社 2014 年版。
2. 徐向艺主编：《现代公司治理》，经济科学出版社 2013 年版。
3. 徐英吉、徐向艺：《企业技术创新与制度创新的协同及可持续成长研究》，经济科学出版社 2013 年版。
4. 张晓锋、徐向艺等：《高校经营性资产的经营与管理研究》，经济科学出版社 2012 年版。
5. 徐向艺、王俊韡、张立达：《公司治理视角下的资本结构与公司绩效关联性研究》，经济科学出版社 2011 年版。
6. 徐向艺等：《制度创新与企业成长研究》，经济科学出版社 2011 年版。
7. 徐向艺主编：《创业管理》，化学工业出版社 2011 年版。
8. 徐向艺、陈振华、李治国：《中国上市公司关联交易生成机制及规范治理研究》，经济科学出版社 2010 年版。
9. 徐向艺主编：《企业战略管理》，经济科学出版社 2010 年版。
10. 徐向艺：《公司治理：理论与实证研究》，经济科学出版社 2008 年版。
11. 马磊、徐向艺：《公司治理若干重大问题述评》，经济科学出版社 2008 年版。
12. 徐向艺、辛杰主编：《企业知识管理》，山东人民出版社 2008 年版。
13. 马国臣、柳丽华、徐向艺著：《基于企业团队和员工个人双重视角的知识管理》，经济科学出版社 2007 年版。
14. 杨惠馨、徐向艺等：《开放经济与中国产业组织研究》，商务印书馆 2006 年版。
15. 徐向艺等：《公司治理制度安排与组织设计》，经济科学出版社 2006 年版。
16. 钟耕深、徐向艺主编：《战略管理》，山东人民出版社 2006 年版。
17. 徐向艺：《政府干预与市场经济秩序》，山东人民出版社 2005 年版。
18. 徐向艺主编：《管理学》，山东人民出版社 2005 年版。
19. 臧旭恒、徐向艺、杨惠馨主编：《产业经济学》，经济科学出版社 2005 年版。

20. 徐向艺：《高等学校教育创新与教学管理研究》，山东大学出版社2004年版。

21. 徐向艺主编：《高等学校教学质量管理体系研究》，山东人民出版社2004年版。

22. 徐向艺主编：《管辖治理——管理学的历史、现状与未来》，山东大学出版社2003年版。

23. 徐向艺主编：《企业战略管理》，黄河出版社2002年版。

24. 徐向艺主编：《新世纪教学论丛（第一辑）》，山东大学出版社2001年版。

25. 徐向艺：《比较·借鉴·创新：企业改革的国际经验与中国道路选择》，经济科学出版社2001年版。

26. 徐向艺：《管理创新：通用汽车公司发展之谜》，山东大学出版社2001年版。

27. 徐向艺、陈志军等：《现代公司组织与管理》，经济科学出版社1999年版。

28. 徐向艺：《企业制度变迁与管理创新》，山东大学出版社1997年版。

29. 徐向艺：《现代工业经济管理学》，山东大学出版社1995年版。

30. 徐向艺：《毛泽东经济思想研究》，人民中国出版社1993年版。

31. 徐向艺、张敦胜、钟耕深、陈志军：《政府、企业、个人经济行为研究》，中国经济出版社1993年版。

32. 徐向艺主编：《股份有限公司理论与实务》，青岛海洋大学出版社1993年版。

33. 靳东来、徐向艺等：《股份经济通论》，青岛海洋大学出版社1993年版。

34. 徐向艺主编：《工业公司管理学》，山东大学出版社1991年版。

35. 徐向艺主编：《现代企业经济活动分析》，山东大学出版社1991年版。

徐向艺

2015年7月23日

后　　记

　　我自1991年给本科学生开设"公司管理"课程，至今已有24个年头了。期间我给硕士生开设"企业组织与公司治理"、给博士生开设"公司治理专题研究"，在教学与科学研究基础上，出版了多部研究公司管理、公司制度和公司治理的著作。其中一部是我研究论文的结集——《比较·借鉴·创新：企业改革的国际经验与中国道路选择》（2001年），收录了我1991~2001年10年发表的50多篇关于企业改革、公司化改组与管理创新的论文。后来又出版了《公司治理：理论与实证研究》（2008年），收录了我2001~2007年发表的20篇论文。自那部书的出版至今已近8年了，这期间我自己及和我的博士后、博士生合作新发表了数十篇公司治理研究论文。这部《公司治理论》著作是对我2002~2014年12年间发表的研究公司治理的论文精选（只有五篇是之前发表的论文）。我花费了两年的精力对发表的论文重新进行了梳理，有的做了较大的修改，力图使该书的内容有内在的逻辑性。

　　细心的读者可能看到，本书的内容大多以论文形式在国内著名刊物上发表。本书的内容是我近10年研究公司治理问题的主要成果。需要说明的是，其中许多成果是我和我指导的硕士生、博士生、博士后共同开展研究取得的，有的文章发表时也署上了他（她）们的名字，他（她）们是：卞江、谢明亮、陈振华、张志波、汤业国、李德志、孙召永、高军、马磊、杨秀华、张立达、张晓峰、王俊韡、宋理升、庞金勇、李鑫、徐宁、王旭、李鑫（女）、[韩]尹英集、方政，以及我授过课的徐鹏博士，等等。这些青年学者勤于读书、敏于思考、思想活跃，在和他（她）们合作研究过程中，我也学到了许多东西。出版该书时征得他（她）们的同意，将共同研究发表文章的内容收进该书。在此，向他（她）们表示谢意。

徐向艺

2015年5月8日